전갈의 절규

전갈의 절규

북한의 대미 불신의 기원과 내면화

초판 1쇄 발행 2017년 6월 30일

지은이 김성학
펴낸이 윤관백
펴낸곳 도서출판 선인

등록 제5-77호(1998.11.4)
주소 서울시 마포구 마포대로4다길 4 곶마루빌딩 1층
전화 02)718-6252 / 6257
팩스 02)718-6253
E-mail sunin72@chol.com
Homepage www.suninbook.com

정가 50,000원
ISBN 979-11-6068-106-2 93300

전갈의 절규

북한의 대미 불신의 기원과 내면화

김성학

서 언

남북관계는 서로 얼굴을 마주보고 한평생을 살 수밖에 없는 한 몸뚱이를 공유한 샴쌍둥이 간의 관계가 아닌가 하는 생각이 든다. 한반도라는 한 몸뚱이에 한국전 이후 휴전선이라는 탯줄에 남북이 각각 연결되어 서로 다른 생각을 가지고 성장해 왔다. 어느 한쪽이 욕설이나 위협을 하게 되면 다른 한쪽은 귀를 막고 못들은 체 할 수는 없다. 두려운 마음을 가질 수밖에 없고 마음의 상처가 쌓일 수밖에 없다. '너 죽고 나 죽자'는 식으로 자해공격 위협을 하더라도 어쩔 수 없이 위협에 휘둘릴 수밖에 없다. 물리적으로 연결된 공동운명체이기 때문이다. 북한의 위협이 도를 넘더라도 휴전선 이북의 북한 땅을 칼로 무 자르듯 잘라 태평양으로 떠내려 보낼 수는 없는 노릇이다. 같이 사이좋게 잘 먹고 잘 살면 될 텐데 한 쪽이 지나치게 호전적이다. 다른 한쪽은 왜 서로에게 고통을 주어야 하는지 도대체 이해할 수가 없다.

이러한 심정이 바로 남한 국민들의 북한 정권을 바라보는 심정이 아닌가 싶다. 나는 도대체 왜 북한이 외부의 시각으로 볼 때 그렇게 '비이성적인' 행동과 발언을 끊임없이 쏟아내는가 궁금했다. 김정일이 사망하고 김정은 체제가 본격 가동되면서 북한의 개혁 개방에 대한 외부의 기대가 높았다. 청소년기 스위스 유학 경험을 바탕으로 김정은이 대외 친화적인 길을 걷지 않을까 하는 조심스런 기대였다. 그러나 미키마우스와 미니스커트가 등장한 악단이 김정은 체제하의 북한의 전부가 아니었다. 외부의 북한의 변화에 대한 기대를 비웃기라도 하듯 김정은이 권력을 장악한 북한은 헌법에 핵보유국임을 명시하고 장거리 로켓 발사시험과 핵실험을 단행했다. 북한은 “나라의 자주권과 최고 존엄을 훼손한다면 미국 본토를 핵미사일로 타격하겠다”라는 공개 으름장까지 서슴지 않았다. 김일성이 시작하고 김정일이 이어받은 ‘반제반미투쟁’은 김정은 시대에도 계속되었다. 오히려 그 투쟁의 수위가 더 높아진 것처럼 보인다. 공개적인 ‘미국 본토 핵타격’ 위협은 김정일 시기에는 나올 수 없었던 발언 수위이기 때문이다. 그러한 노골적 대미 핵위협은 미국의 ‘심리적 레드라인’을 넘어서는 행위이다. 김정일은 미국이 그어 놓은 명시되지 않은 ‘심리적 레드라인’을 넘지 않기 위해 미국의 반응을 살펴보며 핵활동과 대미 발언 수위를 조심스럽게 조절했던 바 있다.

혹자는 북한을 ‘전갈과 개구리’ 우화에 등장하는 전갈에 비유한다. 산불을 피해 도망치다 강을 만난 전갈은 헤엄칠 줄 모르기 때문에 개구리에게 자신을 업고 강을 건너달라고 부탁한다. 전갈의 독침이 두려운 개구리가 거절하자 “너를 찌르면 나도 함께 강에 빠져 죽을 텐데 내가 왜 너를 독침으로 찌르겠어?”라며 전갈이 개구리를 설득한다. 그러나 설득당한 개구리가 전갈을 등에 업고 강을 절반쯤 건넜을 때 전갈이 개구리를 독침으로 찌른다. “같이 죽을 걸 뻔히 알면서 왜 나를 찔렀어? 왜?” 독침에 마비된 개구리가 전갈과 함께 강물 속으로 가라앉으며 외치자 “나도 어쩔 수가 없어! 이게 내 본성이야!”라며 전갈이 절규한다. 북한의 전갈에의 비유는 북한은 공격적 본성을 지닌 전갈이므로 개구리(국제사회)가 아무리 선의를 가지고 북한의 행동을 변화시키기 위해 노력하더라도 헛수고라는 메시지가 담겨 있다. 북한은 핵무장을 멈추지 않을 것이며 실제로 사용할 수 있는 여건이 되면 우화 속의 전갈처럼 자멸할 것을 알면서도 핵을 사용할 것이라는 확대 해석도 가능하다. 북한을 힘으로 제압하는 것 외에 달리 방법이 없다는 얘기다. 이처럼 ‘북한 전갈론’을 주장하는 이들도 북한이 어떻게 해서 전갈이 되었는지 그 탄생의 비밀에 대해서는 설명하지 못하고 있다.

나는 이 책을 통해 북한이라는 전갈의 탄생의 비밀을 파헤치려 한다. 또한 전갈이 지닌 '대미 불신'이라는 독이 어떻게 여러 역사적 사건을 거치며 강해져 왔는가를 추적하고자 한다. 물론 북한이라는 전갈의 본성을 '자살핵공격' 성향으로 정의하고 있지는 않다. 나는 전갈의 본성을 '반제반미투쟁(대미불신)'으로 정의한다. 북한의 반제반미투쟁은 우화 속의 전갈이 중단하고 싶어도 중단할 수 없는 본성처럼 북한 스스로 억제할 수 없는 '딜레마'가 되고 말았다.

이 책에서 전갈의 탄생이 영화 '엑스맨 탄생'처럼 그 탄생 과정이 드라마틱하게 연출되지는 않았을지 모른다. 하지만 고루한 학술서에 지루함을 느끼는 독자 중 북한 원문을 접해보지 못한 이들은 신선한 충격을 받을지도 모르겠다. 북한의 역사서, 논문, 언론, 단행본, 김일성 연설 및 저작 등 상당한 북한 원전이 가감 없이 인용되었다. 또한 북한의 대미관을 조망하고 대미 인식의 일관성을 추적해야 했기에 내재적 시각이 동원되었다. 하지만 본서는 이념적으로 편향된 서적이 아니다. 좌도 우도 아닌 객관적 사실을 제시하고 학술적 접근 방식을 취하였다. 좌편향 혹은 우편향적 시각에 치우쳐 있다고 비판받는 대북 정책입안자들 모두에게 내 책을 권하고 싶다. 좌든 우든 북한의 실체와 의도를 알아야 치유책을 찾을 수 있기 때문이다. 예컨대 북한을 정신병자로 비난하는 이들도 그 정신병자가 어떤 환청을 듣고 어떤 환상을 보는지 알아야 다음 행동을 예측할 수 있다. 병의 근본 원인을 알아야 치료가 가능한 것도 당연하다. 대북정책입안자들이 북한의 반제반미투쟁의 기원을 제대로 이해해야 하는 이유이다.

나는 평소 "실제 위협수준을 뛰어넘는 강경한 북한의 대미 레토릭이 과연 대미 협상의 우위를 점하기 위한 전술적 수사인가, 아니면 스스로 진실이라 믿는 '악의 실체'를 고발하기 위한 절규인가"라는 의문을 가졌다. 정치적 수사인가 아니면 신념의 토로인가에 의문에 대한 답을 얻기 위해 북한의 대미 불신의 깊이를 이해해야 했다. 북한의 대미 불신의 기원을 추적하기 위해 김일성의 반제반미투쟁이 어떠한 대내외적 시대적 배경에서 시작되었는지 분석했다. 또한 북한은 왜 김일성이 시작한 반제반미투쟁을 멈출 수 없는 지에 대한 구조적 원인을 분석했다. 북한의 대미 역사 인식과 대미 비난 레토릭의 일관성을 추적해 북한의 대미 불신이 무의식 속에 뿌리 깊이 내면화되어 있음을 보여주려 하였다. 이를 위해 내면화 된 북한의 대미 불신이 실제 대미 정책실패로 이어지는 사례 연구가 필요했다. 그러한 사례로 북미 제네바합의 붕괴를 소개했다. 실타래처럼 꼬였던 의문은 하나 둘 씩 풀려 갔다. 나에게 스스로 던진 의문에 대한 답을 얻는 과정의 연구는 나의 박사학위 논문으로 완성되었고, 본 졸저는 그 논문을 수정 보완한 것이다.

사례 연구로 북미 상호 불신에 따른 제네바합의 붕괴를 소개하면서 경수로가 가진 정치군사적 효용가치를 재해석 한 것은 스스로 자부심을 갖는 부수적 성과다. 경수로를 대규모 핵무기 프로그램으로 전용하는 것이 기술적으로 가능하기 때문에 북한은 '담보용' 경수로에 집착했고 미국은 경수로 제공에 회의적이었다. 경수로의 잠재적 핵전용 가능성에 대한 기술적 이해는 공학을 전공한 학부 시절부터 따로 핵물리학을 공부해 둔 것이 많은 도움이 되었다.

내가 북한에 대해 본격적인 관심을 갖게 된 것은 미 시사주간지 TIME에서 북한문제를 취재하면서부터이다. 2006년 북한이탈주민들을 처음으로 인터뷰하면서 이들의 슬픔에 함께 눈물을 흘렸던 기억이 난다. 탈북여성들 예닐곱 명과 한 자리에서 만났는데 이들 중 상당수는 북한에 남아 있는 자식과 탈북 후 중국 농부에게 강제로 팔려가 살며 낳은 아이들 모두를 한국으로 데려오기 위해 온갖 힘든 일을 하며 돈을 모으고 있었다. 한국전 종전 60여 년이 흐른 지금도 한반도 어디엔가는 무고한 이념의 희생자들의 비극과 아픔에 계속되고 있다. 우리는 인종청소가 자행되고 있는 아프리카 내전 국가들에 대해 미개하다고 손가락질 하면서도, 우리 또한 한국전쟁기에 같은 규모의 '이념 청소'가 자행되었다는 사실을 왜 잊고 있는가. 전쟁이 다시 발발하면 또다시 자의적인 이념의 잣대로 수없이 무고한 희생자들이 나오지 말라는 법이 있는가. 북한연구를 하면서 이런 저런 고민을 하게 되었다.

한반도 이슈에 몰두하면서 일생에 기억으로 남을 만한 특종을 잡기도 했다. 이러한 TIME 특종 기사들은 거의 모든 국내 언론에 의해 재인용되어 그 영향력을 실감할 수 있었다. 2009년 초 김정은 후계확정 보도를 세계 언론 중 처음으로 내보냈다. 천안함 합동조사보고서를 세계에서 최초로 사전 입수, 분석해 보도하기도 했다. 2012년 2월 김정은 초상화가 표지에 나온 김정은 커버스토리를 전 세계 TIME에 싣기도 했다. 김정일 사후 장성택 섭정설과 군부 집단지도체제 등 급변사태를 염두해 둔 다양한 설이 국내외 언론에서 난무할 때 나는 김정은이 이미 권력을 확고히 장악하고 있다고 커버스토리에서 결론 내렸다. 사전취재를 통해 김정은이 2002년 김일성군사종합대학에 입학하면서 본격적으로 후계수업을 받기 시작했고, 김정일이 뇌졸중으로 쓰러진 2008년보다 한 두 해 전에 이미 핵심 권력엘리트들은 김정은에게 충성맹세를 했으며, 2009년부터 김정은은 국가안전보위부 등 핵심 권력기구를 김정일로부터 인계 받아 공동통치를 시작했다는 것을 알고 있었기 때문이다. 나는 장성택과 군부는 권력균형을 이루고 있어 어느 한 쪽이 권력을 장악하는 데 한계가 있다고 판단했다. 특히 북한에서 '수령'이 누리는 초헌법적 특수 지위를 외부세계가 제대로 인식하지 못하고 있다. 장성택이든 군부든 쿠데타로 정권을 잡더라도 2,400만 북한 주민은 '김일성의 피가 흐르는' 수령이 아닌 이상 지도자로 받아들이지 않을 것이다. 국정 경험이 미천한 젊은 지도자 김정은이 자신의 수령의 정통성을 각인시키기 위해 자신과 '김일성 수령'의 젊은 시절 외양, 제스처, 인민친화적 스킨십의 유사성을 부각시키는 이유이다. 하지만 김정은은 '김일성 수령의 보호망' 속에 자신을 가둠으로써 경제 개혁에 대한 의지에도 불구하고 김일성이 시작한 주체 혁명과 반제반미투쟁의 정치적 경로로부터 이탈하는 것이 더욱 어렵게 되었다.

감사드릴 분들이 너무 많다. 총 1만 시간을 투자해 '두께로 승부한' 본 졸저가 북한 관련 처음이자 마지막 저서가 될 지도 모른다는 불안감에 이 기회를 빌어 가능한 많은 분들께 감사하고 싶다. 우선 자유로운 지성의 날개를 달아주신 김경민 교수님께 감사드린다. 세종연구소 정성장 박사님께 감사드린다. 본 저서를 '학문의 집'에 비유하자면 정성장 박사님은 설계와 대들보 작업에서부터 완공 후 인테리어까지 도움의 손길을 안 준 곳이 없어 그 분의 도움이 없었다면 나는 '첫 삽'도 뜨기 힘들었을 것이다. 신제도주의 경로의존성 이론의 화두를 던져 주신 김성수 교수님께 감사드린다. 끙끙거리다 연구실로 쳐들어가면 마다않고 막힌 곳을 뚫어 주신 홍용표 교수님께 감사드린다. 나의 국제정치학 학문의 시원(始原)이자 정신적 지주인 강성학 교수님께 감사드린다. 감수 뿐 아니라 각종 자료까지 챙겨주신 김양희 박사님께 감사드린다. 박유현 박사님과 북한이탈주민 1호 북한학 박사인 김병욱 박사님 그리고 김유은 교수님의 많은 조언에 감사드린다. 마찬가지로 박정수, 남근우 박사님께 감사드린다. 퇴고 과정에서 신선한 아이디어와 열정을 다시 불어넣어 준 Kay Kang에게 감사한다. 손정훈, 장해성 님을 포함 인터뷰에 응해준 많은 북한이탈주민, 한 · 미 고위 당국자, 대북 정책가, 북한전문가, 핵물리학자들에게 감사드린다. 원자핵공학 관련 감수에 참여한 '불알친구' 민경화, 표지 디자인 선택과 저자소개 구성에 도움을 준 친구 김성배, 이병곤, 이진원, 편집에 도움을 준 후배 김세일, 박준모, 최성탁, 장석환에게도 감사한다. 동료 외신기자들에게도 감사한다. 미국 정부의 대북 시각을 객관적으로 일깨워준 TIME의 Bill Powell 기자, 한국전쟁과 관련하여 숨은 진실을 알려준

'Scorched Earth, Black Snow'의 저자 Andrew Salmon 워싱턴타임즈 기자, 탈북자 설문조사를 도와준 VOA의 김은지 기자에게 감사한다. Press TV의 Frank Smith 기자, AP의 Kelly Olsen, CBS Radio의 Don Kirk 기자의 조언에 감사한다. 마지막으로 수익성에 연연치 않고 출판에 흔쾌히 응해 준 도서출판 선인에 깊이 감사한다.

끝으로 집필을 핑계로 아빠로서 많이 못 놀아준 용감한 현우와 똑똑이 현수 그리고 애들 엄마에게 미안함과 더불어 감사의 마음을 함께 전한다.

2017년 6월

저자

목 차

부 록

표목차

그림목차

제1장

서 론

1절 문제의 제기와 연구목적

부시 행정부 시기 북한이 쏟아 놓았던 대미 비난 레토릭은 실제 위협수준을 훨씬 뛰어넘는 강경한 어조 일색이었다. 특히 미국이 9 · 11 직후 아프간에서 반테러전쟁을 개시하고, 이어 북한을 악의 축으로 규정한 이후 선제공격독트린을 천명하고 이라크 전쟁을 시작한 후에는 마치 북미 간 전쟁이 벌어지는 게 아닌가 하는 위기감이 고조되기까지 하였다. 군사긴장이 고조되는 와중에도 핵 줄다리기를 하며 미국을 불신하는 북한의 대미 비난 레토릭(rhetoric)의 강도는 누그러질 줄을 몰랐다. 이를 지켜보며 필자는 스스로에게 다음과 같은 질문을 하게 되었다. "북한이 미국을 악의 화신(化身)으로 묘사하며 쏟아내는 강경한 대미 레토릭과 그 논리는 협상의 우위를 점하기 위한 단순한 '전술적 수사(修辭)'인가, 아니면 스스로 진실이라고 믿는 신념을 관철시키기 위해 부르짖는 '절규'인가?"

이 질문은 북한의 대미 불신의 깊이를 측정해 볼 수 있는 중요한 질문이다. 단순히 전술적 레토릭에 불과하다면 미국의 정권이 바뀌고 그에 따른 대북 정책의 변화가 있다면 북한의 대미 레토릭 또한 그에 따라 바뀔 것이다. 부시 행정부 시기에 북한의 대미 레토릭은 9 · 11 이후 부시의 강경한 '대북고립압살정책'에 맞서 '작용 · 반작용' 식으로 반응하는 일시적 반발일 뿐 미국의 후임자가 대북포용정책을 펼칠 경우 언제든 대미 인식과 반응이 변화할 수 있는 가능성이 있다는 가정이다.

반면 북한이 오랜 기간을 두고 공고화해온 대미 의식에 기초해 진실로 믿는 신념임을 주장하는 후자의 경우 북한의 대미 불신은 외부에서 생각하는 것보다 훨씬 깊고 내면화(內面化)되어 있다고 봐야 한다. 이 경우 북한이 취할 수 있는 대미정책은 매우 경직되어 있으며 뿌리 깊은 대미 불신감으로 인해 미국의 배신(defection)을 항상 염두하고 모든 대미 협상에 나설 것이다. 미국의 정권과 대북정책이 바뀌더라도 북한의 근본적인 대미 인식은 변화하지 않으므로 깊숙이 내면화된 대미 불신을 바탕으로 한 북한의 대미 노선의 급격한 선회를 기대하기 힘들다.[1)]

상기 질문에 대한 답을 찾기 위해 필자는 부시 행정부 시기보다 과거로 거슬러 올라가 북한의 정권 탄생기부터 부시행정부에 이르기까지 레토릭의 이면에 자리 잡은 북한의 대미 불신의 기원과 구조를 살펴보고자 한다. 오랜 기간에 걸쳐 내면화되고 구조화되어 시대를 불문하고 고착화된 북한의 대미 인식이 부시행정부 시기에 동일한 구조와 논리적 틀 속에서 작용하고 있다면 부시행정부 시기 이후에도 그러한 대미 불신의 기본 구조는 변함이 없을 것이다. 부시행정부 시기 미국의 '대북적대시정책'으로 북미 간 합의가 표류하여 오히려 대미 불신이 더욱 심화되었다면 북한 당국은 그 경험을 '미제국주의의 악의적 실체'를 고발하는 대미 역사의식의 공고화에 활용할 것이다.

북한의 대미 불신의 기원을 파악하기 위해서는 북한 정권의 탄생 과정에서 김일성이 어떤 배경에서 어떤 대미 인식을 가지고 있었고 그 대미 인식이 당, 국가, 사회 전체에 어떻게 수용되었는지를 반드시 이해해야 한다. 김일성의 '반제반미(反帝反美)[2)]' 혁명 투쟁의 자아정체성과 북한 전체 사회의 자아

---

1) 물론 북한의 대미 비난 레토릭에는 협상의 우위를 점하기 위한 전술적 차원의 레토릭과 신념 차원의 레토릭이 동시에 중첩되어 있을 수 있으나 집필의 한계 상 그러한 예를 다루지는 않았다. 이 책은 북한의 대미 불신의 기원과 구조 속의 역사적 맥락에서 부시 행정부 시기 대미 비난 레토릭을 분석함으로써 북한의 대미 인식에 대한 보다 근원적인 답을 얻고자 하였다.

정체성이 일치화되는 과정은 그의 권력투쟁 및 권력독점 과정과 밀접한 연관성이 있다. 북한은 김일성 유일사관을 지향하는 수령 중심의 당·국가체제이고 전 인민은 신민(臣民)화되어 김일성 사상과 교시를 가감 없이 수용하도록 체제에 의해 강요받는 사회이기 때문이다. 김일성 유일체제가 구축된 이후에도 주민의 사상 통제와 정권안보 차원에서 미국의 실제 위협을 조작·과장한 측면도 북한의 대미 불신을 심화시키는 데 기여했을 것이다. 물론 실제로 발생했던 한국전쟁의 상흔과 대북 핵·군사위협에 따른 적개심도 대미 불신을 심화시키는 데 기여했음은 물론이다. 이러한 여러 대미 불신의 요인이 어떻게 체계적으로 구조화되어 북한에 내면화되었는지를 분석하고 부시행정부 시기의 대미정책에도 그러한 깊은 대미 불신이 동일하게 작용하였음을 살펴봄으로써 부시행정부 시기가 북한의 대미 인식의 뿌리와 줄기에서 단절되지 않고 연속선상에 있음을 보여줄 것이다. 이것은 부시 행정부 시기 북한의 대미 레토릭과 자신의 주장을 정당화하려는 논리가 김일성 북한 정권 탄생 이후 체계적인 구조로 내면화된 대미 인식의 틀에서 벗어나지 않고 모두 그 안에 포획되고 있음을 보여줌으로서 가능하다.

경수로 지원을 둘러싼 북미 간 충돌로 제네바합의가 붕괴되는 과정은 부시 행정부 시기 북미 상호 불신에 의한 정책실패의 중요한 예가 된다. 또한 북한의 대미 불신이 실제로 존재하고 그 깊이가 얼마나 깊이 내면화되어 있는지를 현상적으로 보여준다는 데서 이 책의 사례연구(case study)로 활용할 가치가 충분히 있다. 상대방의 배신을 의심하는 불신에 기인한 안보 합의의 좌초 과정은 상대방의 배신에 의해 자신이 입을 수 있는 '최대의 위험(maximum

2) 북한은 반미반제투쟁이라 하지 않고 반제반미투쟁이라고 명한다. 이는 반미를 위한 반제투쟁이 아니라 반제국주의투쟁이라는 대명제 하에 미국을 제국주의이기 때문에 반대한다는 의미이며, 역사적 경로상 항일무장투쟁을 기원으로 하는 반제국주의투쟁의 연장선상에서 미국과 투쟁한다는 것을 의미한다. 국내 문헌 중 적지 않은 수가 북한의 '반제반미'를 인용하면서 남한중심적 사고를 바탕으로 '반미반제'로 표기하는 오류를 범하고 있다.

risk)'을 최소화(minimize)하려는 미니맥스(mini-max)전략을 구사하는 '죄수의 딜레마(prisoner's dilemma)'를 연상시킨다. 북한으로서는 핵협상을 통해 북미 관계를 정상화하고 CVID 식의 완전한 핵 포기를 하더라도 미국이 배신하여 대북적대정책으로 회귀한다면 북한식 표현 그대로 '목숨과도 같은 자주권을 상실해 벌거벗겨진 채 굴복하고' 정권의 종말을 맞이할 수밖에 없는 최악의 상황에 처하는 것이다.

죄수의 딜레마 게임에서 서로 협조보다는 배신하는 결과를 낳는 이유는 상대방이 배신할 것이라는 불신 때문이다. 상대에 대한 불신에 대한 강도가 크면 클수록 배신할 가능성은 더 커진다. 북한의 대미 불신의 기원과 구조 분석을 통해 북한의 대미 불신의 내면화된 깊이가 상상 외로 크다면 제네바 기본합의는 상호 깊은 불신으로 인한 죄수의 딜레마 게임의 종결처럼 이미 파행으로 이어질 것임이 그 탄생과 함께 예견된 것이다. 북한의 대미 불신의 기원과 구조 그리고 그에 따른 대미 경직성은 앞으로 북한과 핵협상을 재개하더라도 반드시 고려해야 할 요소이며 서로의 배신을 경험한 이상 상호 불신의 골은 그 어느 때보다 깊어진 상태라고 봐야 한다. 따라서 북한의 대미 불신은 빙산의 일각이라고 할 수 있는 표면적 현상 뿐 아니라 그 표면 하부에 거대하게 자리 잡고 있는 기원과 구조를 살펴보는 것이 북한이 앞으로 나아갈 방향과 속도를 예측하는 데 더욱 중요하다.

필자가 북한의 대미 의식 구조에 더욱 관심을 가지게 된 또 하나의 계기는 외부세계의 눈으로 볼 때 북한의 만성적인 피해의식과 습관적인 책임 떠넘기기 행태이다.[3] 북한은 한국전에 대해서도 한국전 종전 이후 지금까지 '미

3) 그러한 단적인 예로는 이 책의 범위는 벗어나지만 최근의 천안함 사건과 연평도 포격 사건이 있다. 북한은 명백한 자신의 도발 행위에 대해서 천암함 침몰 사건처럼 도발 자체를 극구 부인하고 남한과 미국의 자작극이자 모략극이라고 비난하거나, 연평도 포격사건처럼 도발의 책임을 상대방에게 떠넘기는 행태를 보여 왔다. 이는 과거 아웅산 테러나 KAL기 폭파사건 때도 마찬가지였다.

제국주의가 배후에서 조종하는 남한괴뢰정부에 의한 북침'이며 북한은 성공적인 방어전쟁을 치렀을 뿐이라고 주장한다. 한국전 당시 민간인 학살에 대한 도발 또한 미국 사령관의 지시에 의한 조직적 범죄라고 주장하며 신천박물관을 세워 주민들에게 체계적 학습과 세뇌를 시키고 있다. 한국전 종전 이후 지금까지 수많은 정전협정 위반을 해 왔지만 이에 대해 인정하거나 사과하는 적이 없다. 북한의 문건을 분석해 봐도 북한의 역사인식은 외부세계와는 180도 다른 자신의 눈으로 바라본 세상에 국한되어 있다.[4] 북한은 미국에

---

[4] 외부의 세계가 보기에 비이성적인 북한의 일관된 자기합리화와 관련하여 미국 롱아일랜드 지하철 총기난사 사건은 필자의 눈길을 끈다. 1993년 12월 7일 콜린 퍼거슨(Colin Ferguson)은 미국 뉴욕 시 통근열차에 탑승, 총기를 난사하여 승객 6명을 사살하고 19명에게 부상을 입힌다. 충격적이지만 단순한 총기난사사건으로 끝날 수 있었던 이 사건은 콜린 퍼거슨이 재판이 진행 중이던 중간에 자신의 변호인단을 해임하고 무죄임을 주장하며 스스로를 변론하면서 전 세계의 이목을 집중시킨다. 퍼거슨은 사용된 권총은 자신이 소유한 권총이 맞지만 자신은 지하철에서 졸고 있었으며 어떤 백인이 자신이 소지한 권총을 몰래 빼앗아 총을 쏘아 승객들을 죽인 것이라고 주장하였다. 총기난사사건 당시 퍼거슨은 자신의 권총 탄창을 갈아 끼우던 중 주변 승객들에 의해 제압당해 현장에서 체포되었고, 수많은 승객과 부상당한 희생자들이 퍼거슨이 범인이라고 지목하며 증언하고 있던 상태였다.
자메이카 출신 흑인인 퍼거슨은 부유한 집안환경에서 자랐고 대학교육까지 받았으나 미국으로 이민 온 후 인종차별에 대한 극도의 반감을 가지고 백인들에 대한 증오심을 키웠다고 한다. 퍼거슨은 이 사건 전에도 직장과 학교에서 백인에 대한 위협과 공격적인 행동으로 기피 대상으로 낙인찍혀 주변에서 소외되었던 바 있다. 퍼거슨이 사살한 승객 중 흑인은 없었다. 법원 정신과 의사도 정상적인 사고와 이성을 갖춘 피의자로서 재판에 회부되는 데 아무 문제가 없다고 진단하였다. 놀라운 사실은 퍼거슨이 자신은 총을 쏘지 않았고 아무도 죽이지 않았다고 법정에서 스스로를 변론하며 항변하는 모습을 관찰한 심리학자들은 퍼거슨이 자신은 승객들을 죽이지 않았다고 정말로 믿고 있다고 분석하였다. 거짓말 탐지기를 동원해도 퍼거슨은 통과할 것이라는 분석이었다. 심리학자들과 정신과 전문의들은 퍼거슨이 '자신은 총을 쏘지 않았고 범인이 아니다. 자신은 백인의 인종차별주의의 희생자일 뿐이다'라는 피해의식에 가득찬 자기합리화적 암시와 자기세뇌를 반복하다 보면 실제로 그렇게 믿게 되고 행동한다고 전문가 견해를 제시했다. 변호인의 권고대로 정신착란 상태에서 저지른 범죄라는 '심신장애(insanity)' 변론을 편다면 법정최고형을 피할 수 있는 일말의 희망이라도 있었을 터인데 범죄를 저지른 직후 현장에서 시민들에 의해 현행범으로 체포되어 유죄가 확실시되는 상황에서 유죄인정변론을 권고

대한 깊은 불신과 증오에 불타고 있으며 김일성 저작집, 김정일 선집, 북한 관영매체 및 역사서는 미국을 6·25 당시 북한 주민을 상대로 잔혹한 만행을 저지른 "원쑤"이자 북한을 호시탐탐 노리고 침탈하려는 '악의 세력'으로 묘사하고 있다. 핵으로 북한을 압살시키려는 미국의 악의적 의도는 6·25 당시나 지금이나 변함없이 계속되고 있다는 뿌리 깊은 불신을 가지고 있는 것이다. 이러한 북한의 편집증적 대미 불신과 적대감은 단순히 대외협상에서 우위를 차지하고 내부결속을 다지기 위한 정치외교적 수사(rhetoric)로 치부하기에는 너무나 일관된 모습을 보이고 있다.

북한은 이성적인 판단 능력을 갖춘 체제임에도 불구하고 대외적으로 표명하는 것은 국제사회에서 받아들이기 힘든 억지주장이 많다. 또 이로 인하여 스스로를 고립시켜 국익에 반하는 결과를 초래하는 경우가 빈번하다. 북한의 대미 비난과 자기합리화가 과연 정치적으로 유리한 고지를 선점하기 위한 전술적 레토릭에 불과한가 아니면 자신이 진실이라고 믿는 신념을 바탕으로 대미 억지(deterrence)를 위한 행동을 실천하고 있는가는 입증하기 힘든 난해한 질문이 될 수 있다. 필자는 후자에 비중을 두고 북한의 대미 불신의 기원과 구조적 내면화 과정을 분석하여 북한의 '비이성적' 발언과 행동은 철저히 내면화된 '이성적' 의식구조에 기인함을 보여주려 한다.

하는 변호인단을 해임하고 스스로 무죄변론을 펼치는 것은 자신이 범인이 아니라는 확신이 있지 않고는 설명하기 힘들다. 북한의 사고와 행동은 퍼거슨 사건과 많은 유사성을 보여준다. 미국 롱아일랜드 지하철 총기난사 사건 및 콜린 퍼거슨에 관련 내용은 필자가 주지해온 사실과 더불어 아래의 사이트를 참조함.

http://law.jrank.org/pages/3671/Colin-Ferguson-Trial-1995.html

http://en.wikipedia.org/wiki/Colin_Ferguson_(convict)#cite_note-PierrePierre1210-1

http://articles.sfgate.com/1995-01-27/news/17792496_1_colin-ferguson-black-man-mr-ferguson

http://law.jrank.org/pages/3671/Colin-Ferguson-Trial-1995.html

2절 기존 연구 검토

우선 필자는 집필을 구상하고 관련 서적을 찾으면서 북한의 대미 불신 관련 문헌이 거의 전무하다는 사실에 놀라지 않을 수 없었다.[5] 수많은 문헌이 북한과 미국 간의 핵문제 등 표면적 갈등을 기술하고 있으나 정작 북한이 왜 미국에 대해 깊은 불신을 가지게 되었는가를 체계적으로 분석하는 문헌은 찾을 수가 없었다. 북한의 대미 불신을 논하더라도 단편적인 주제나 사건에 국한되었다. 서로 전쟁을 치렀으니 북한은 미국을 불신하고 미국은 북한을 불신하는 것이 너무나 당연스럽게 받아들여져 그 불신의 기원과 구조에 대해 분석하는 것이 큰 연구 가치가 없다고 판단했을는지도 모른다. 물론 불신의 기원과 구조는 아니더라도 북미관계를 다룬 책과 논문은 수없이 많다.

그러나 북한학을 전공하지 않은 국제정치학자들은 대부분 외재적 시각에서 북한을 바라보며 서구중심적 혹은 남한중심적 사고에서 벗어나지 못하고 있었다. 북한을 북한의 시각에서 있는 그대로 보지 못하고 '희망적 사고'[6]를 투영하여 바라봄으로써 북한과 미국 양쪽을 다 바라보지 못하고 시야를 미국 중심으로 좁히는 한계를 보였다. 반면 북한학을 전공한 연구자들은 북한 내부 체제 연구에만 몰입하여 미국을 북한 체제 형성과 발전의 주요 매개변수

5) 북한에서 발행한 연구문헌은 기존연구 검토 대상에서 제외함.

6) 정성장, 「북한정치 연구와 남한중심주의」, 『정치 · 정보 연구』 제10권 1호(2007), 92~93쪽.

로 연결지어 연구에 담아내지를 못하고 있다. 북한 중심적 연구에만 치중하고 있는 것이다. 연구범위도 특정 시기나 주제에 국한되어 있어 북한의 대미 불신의 기원과 구조를 연구하기 위해 필자는 특정 주제나 시기에 관한 연구를 하나하나 참고해 북한의 대미 불신에 관한 논리를 구성해 가야하는 어려움이 있었다.

그럼에도 불구하고 부분별로 이 책에 참조할 만한 기존연구들이 눈에 띄었다. 이미경은 북한의 역사서술 속의 대미의식의 특징과 함의를 분석하였다.[7] 특히 그의 미국의 침략 · 침탈 그리고 미 · 일 공모설에 대한 북한의 역사서술은 많은 참조가 되었다. 육영수의 북한 『력사사전』 분석[8]은 북한 중심의 세계관과 적대적 대미 역사관을 이해하는 데 도움이 되었다. 한성훈은 북한의 민족주의와 미국이라고 하는 적대적 외부 요인과의 상관관계를 분석하고 있다.[9] 북한의 민족주의 형성이 내부요인 뿐 아니라 미국이라는 외부요인에 많은 영향을 받았다는 분석이다. 김재웅은 해방 후 건국기 북한의 논리를 통해 재구성된 미국의 적대적 이미지를 그리고 있다.[10] 특히 부정적 기독교관이 미국과 강하게 접목되는 과정에 대한 설명은 선교사를 '미제 침략의 앞잡이'로 적대시하는 북한의 인식이 어떻게 형성되는지 이해하는 데 큰 도움을 주었다. 하지만 김일성의 권력독점 과정과의 연관성은 아예 언급이 없다는 것이 한계로 지적된다. 상기 연구자 대부분이 정치학자가 아닌 역사학자이므로 역사기술에 정치적 해석을 덧붙이는 데 제약이 따르는 것으로

---

7) 이미경, 「북한의 역사서술 속의 대미인식의 특징과 함의」, 『한국정치외교사논총』 제25집 제1호(2003a).

8) 육영수, 「냉전시대 북한의 '주체적' 서양역사 만들기: 력사사전(1971) 분석을 중심으로」, 『역사학보』 제200집(2008.12).

9) 한성훈, 「북한 민족주의 형성과 반미 애국주의 교양」, 『한국근현대사연구』 제56집(2011년 봄호).

10) 김재웅, 「북한의 논리를 통해 재구성된 미국의 상(1945~1950)」, 『한국사학보』 제37호(2009).

사료된다.

역사서이더라도 김광운의 해방 후 김일성 항일유격대 출신들을 중심으로 북한의 권력구조가 형성되고 간부가 충원되는 과정을 수많은 1차 자료를 바탕으로 구체화한 1천 페이지 분량의 방대한 연구서[11]는 북한의 당, 군과 정권기관이 김일성을 중심으로 구축되어가는 건국 초기 상황을 이해하는 데 많은 도움이 되었다. 김학준 또한 북한 건국(1948.9.9)까지의 방대한 역사서[12]를 집필하여 이 글에 필요한 부분에 대한 역사적 사실을 참조할 수 있었다. 백학순은 해방 직후부터 김일성, 김정일과 김정은에 이르기까지 북한 권력의 역사[13]를 권력투쟁과 확대를 가늠 짓는 주요 사건별로 정리하여 북한 권력의 진화와 발전 과정의 역사 이해에 도움이 되었다. 이종석의 북한 연구도 북한 체제를 이해하는 데 빼놓을 수 없는 자료이다.[14]

서보혁은 북한이 미국을 상대로 자아와 적을 구분짓는 '구별짓기' 식의 정체성 정치를 펼치는 것을 분석하여 북한의 국가정체성과 대미 적대시 정책의 상관관계를 보여 주었다.[15] 북한의 정체성에 관하여는 김일성 개인의 정체성을 빼놓고 설명할 수 없다. 필자는 본 책에서 북한의 대미 불신의 기원을 김일성의 항일무장투쟁(반제국주의투쟁)과 이를 자신의 정치적 정통성으로 내세우며 권력투쟁을 전개한 데서 찾고 있다. 김일성과 김일성 항일무장

---

11) 김광운, 『북한 정치사 연구: 건당 · 건국 · 건군의 역사』(서울: 선인, 2003).

12) 김학준, 『북한의 역사 제1권: 강대국권력정치 아래서의 한반도분할과 소련의 북한 군정개시(1863년~1946년 1월)』(서울: 서울대학교출판부, 2008); 김학준, 『북한의 역사 제2권: 미소냉전과 소련군정 아래서의 조선민주주의인민공화국 건국(1946년 1월~1948년 9월)』(서울: 서울대학교출판부, 2008).

13) 백학순, 『북한 권력의 역사』(파주: 한울, 2010).

14) 이종석, 『현대북한의 이해: 사상 · 체제 · 지도자』(서울: 역사비평사, 1995); 이종석, 『새로 쓴 현대북한의 이해』(서울: 역사비평사, 2000); 이종석, 『조선로동당연구: 지도사상과 구조변화를 중심으로』(서울: 역사비평사, 2003).

15) 서보혁, 『북한 정체성의 두 얼굴』(서울: 책세상, 2003).

투쟁에 관한 연구는 서대숙의 연구[16]가 이후 학자들의 모든 관련 연구의 대들보 역할을 한다고 해도 과언이 아니며, 와다 하루키[17]는 김일성 항일무장투쟁 관련 연구에 있어 서대숙과 쌍벽을 이루고 있다. 서재진은 김일성 개인숭배와 통치력 강화를 위해 그의 항일무장투쟁이 어떻게 날조·은폐·과장되었는가를 연구한 바 있다.[18]

외국 학자 중 북한의 내재적 시각을 반영하여 북한이 왜 대미 안보불안감을 느낄 수밖에 없는가를 연구한 대표적 인물은 브루스 커밍스이다. 그는 한국전쟁을 신수정주의적 시각에서 조망하였고[19] 최근 저서에서는 한국전쟁에서 입은 북한의 피해의식[20]에 대해 북한의 입장에서 서술하고 있다. 유사한 시각으로 한국전쟁에서 북측 지역에 대한 무차별 민간인 지역 폭격으로 북한 주민들이 느끼는 피해의식과 '상시 포위 심리(permanent siege mentality)'에 대해서는 샐리그 해리슨의 저서가 있다.[21] 한국전쟁기 양민학살에 대한 기억은 북한이나 남한 모두에게 깊은 상처로 남아 있다. 북한은 아직도 미군이 북한인민들을 잔혹하게 대량 학살하였다고 주장하며 주민사상교육에 활용하고 있다. 남한연구는 양민학살은 미군은 직접 개입하지 않았고 남북 좌우익 간의 충돌로 빚어진 것으로 결론짓고 있으나 미군의 방조적 방관이 그

---

16) Suh, Dae-sook, *The Korean Communist Movement, 1918~1948*(Princeton: Princeton University Press, 1967); Suh, Dae-sook, *Kim Il Sung: The North Korean Leader*(New York: Columbia University Press, 1988).

17) 와다 하루키 지음, 이종석 옮김, 『김일성과 만주항일전쟁』(서울: 창작과 비평사, 1992).

18) 서재진, 『김일성 항일무장투쟁의 신화화 연구』(서울: 통일연구원, 2006b).

19) Cumings, Bruce, *The origins of the Korean war: liberation and the emergence of separate regimes 1945-1947*(Princeton: Princeton University Press, 1981); Cumings, Bruce, *Child of conflict: the Korean-American relationship, 1943-1953*(Seattle: University of Washington Press, 1983).

20) Cumings, Bruce, *The Korean War: A History*(New York: Modern Library Chronicles, 2010).

21) Harrison, Selig S., *Korean Endgame: A Strategy for Reunification and U.S. Disengagement*(Princeton: Princeton University Press, 2002).

대량 참사에 일조하였음은 분명하다.[22] 북한은 미군이 대대적으로 세균전을 감행하였다고 믿고 있다. 미군의 세균전 감행을 주장하거나 인정하는 외부 세계의 문헌은 북한의 믿음을 더욱 확고히 하고 대미 적개심을 키우는 데 일조하고 있다.[23]

---

22) 김기진, 『한국전쟁과 집단학살: 미국 기밀문서의 최초 증언』(서울: 푸른역사, 2005); 김삼웅, 『해방 후 양민학살사』(서울: 가람기획, 1996).

23) Endicott, Stephen; Hagerman, Edward, *The United States and Biological Warfare: Secrets from the Early Cold War and Korea* (Bloomington: Indiana University Press, 1998); 노병천, 『이것이 한국전쟁이다』(서울: 21세기군사연구소, 2000); 데이비드 콩드 지음, 최지연 옮김, 『한국전쟁 또 하나의 시각 2』(서울: 과학과 사상, 1988).

3절 연구방법

1. 북한연구의 내·외재적 시각과 국가체제 특수성 고려

북한 연구는 그 방법론에 있어 많은 논쟁[24]이 있다. 북한사회를 어떻게 볼 것인가에 대한 연구시각에 있어 내재적 시각과 외재적 시각 사이의 괴리에 관한 논쟁이 있을 수 있다.[25] 또한 북한체제의 성격을 이해하는 데 있어서 특수성과 보편성을 둘러싼 논쟁이 있다. 북한체제의 특수성을 강조하는 연구는 북한의 국가 성격을 유격대 국가체제[26], 수령제[27], 조합주의적 사회

24) 북한연구 방법론에 대한 논쟁은 다음을 참조. 최완규, 「북한연구방법론 논쟁에 대한 성찰적 접근」, 경남대학교 북한대학원 엮음, 『북한연구 방법론』(파주: 한울, 2003), 9~45쪽; 곽승지, 「북한체제 연구의 쟁점」, 현대북한연구회 엮음, 『현대북한연구의 쟁점 2』(파주: 한울, 2007).

25) 외재적 접근법의 한계와 단점을 내재적 접근법으로 극복하려는 노력의 대표적 학자들로 송두율, 강정구, 이종석 등이 있으며 이들의 문헌을 참고. 송두율, 『현대와 사상: 사회주의·(탈)현대·민족』(서울: 한길사, 1990), 114~154쪽; 강정구, 「연구방법론」, 『북한의 사회』(서울: 을유문화사, 1990), 11~40쪽; 이종석, 「북한연구의 진전을 위한 일제언: 연구방법과 문헌분석을 중심으로」, 서울대학교 대학원 자치회 편, 『반시대』 창간호(1994).

26) 김일성 시대에 김일성을 최고사령관으로 하여 북한인민 전체가 유격대원이 되는 체제. 대표적 학자로 와다 하루키 참고. 와다 하루키 저, 서동만·남기정 역, 『북조선: 유격대국가에서 정규군국가로』(파주: 돌베개, 2002); 와다 하루키(1992).

27) 수령이 최정점에서 구심점이 되어 수령의 영도 아래 당-대중이 일사분란하게 움직

주의 체제[28], 군사국가 체제[29] 등으로 다양하게 개념화 하였다. 이러한 북한 연구 방법론의 쟁점을 종합적으로 평가한 정성장은 북한체제의 특수성과 보편성의 한계를 모두 지적하며 남한의 가치와 문화를 잣대로 북한을 평가하려는 '남한중심주의'를 바탕으로 한 북한에 대한 '희망적 사고'를 경계한다.[30]

필자는 본 책에서 정성장의 지적처럼 '남한중심적 사고'에서 벗어나 북한이 스스로 인식하고 있는 대미 불신에 대해 가급적 그들의 표현을 가감 없이 그대로 인용하였다. 남한의 잣대로 북한을 평가하기보다 북한을 '있는 그대로' 조망하고자 하였다. 이를 두고 내재적 시각에 편중되었다는 비판이 있을

이는 유기체적 사회. 대표적 학자로 스즈키 마사유키 참고. 스즈키 마사유키 지음, 유영구 옮김, 『김정일과 수령제 사회주의』(서울: 중앙일보사, 1994). 이 외에도 수령제를 논한 학위논문으로 다음을 참조. 김광용, 「북한 '수령제' 정치체제의 구조와 특성에 관한 연구」(한양대학교 대학원 박사학위논문, 1995); 김연철, 「북한의 산업화 과정과 공장관리의 정치(1953~1970): '수령제' 정치체제의 사회경제적 기원」(성균관대학교 대학원 박사학위논문, 1996).

28) 김일성과 김정일 개인을 권력의 정점으로 하고 그들의 가족과 조선로동당, 빨치산파, 관료, 지식인, 전문인, 사무원, 프로레타리아트, 농민이 하향식으로 위계질서를 형성하고 있는 유교적 조합주의 성격이 강한 사회구성체. 부르스 커밍스, 「북한의 조합주의」, 김동춘 엮음, 『한국현대사 연구 I』(이성과현실사, 1988).

29) 김용현은 북한이 한국전쟁과 분단국가의 경험을 거치면서 '당 · 군 일체화를 통한 정치의 군사화', '군사적 동원체제를 통한 사회의 군사화', '경제 · 국방 병진노선을 통한 경제의 군사화'를 바탕으로 군사국가를 구축하였다고 설명한다. 김용현, 「북한 군사국가화의 기원에 관한 연구」, 『한국정치학회보』 37집 1호(2003b); 김용현, 「북한의 군사국가화에 관한 연구: 1950~60년대를 중심으로」(동국대학교 대학원 박사학위논문, 2001).

30) 정성장(2007), 89~103쪽. 브라이언 마이어스도 서구의 가치관을 투영해 북한을 이해하려는 접근법을 경계한다. 서구의 가치관을 투영해 북한을 이해하려는 접근법은 지나치게 북한을 단순화함으로써 북한의 행동의 근원을 제대로 파악하지 못하게 만든다. 예를 들어 한국전쟁기 국가 전역의 초토화를 경험한 북한은 지금까지도 안보위협을 느끼고 있고 따라서 미국과의 관계정상화를 통해 안보를 보장받으려 한다는 것은 지나치게 단순하고 편협한 해석이다. 북한의 행동은 그 이상의 내부적 요인에 기인하며 그 내부적 요인이란 정치 군사 경제 문화 사상 등 다양한 요인을 망라한다. Myers, B. R., *The Cleanest Race: How North Koreans See Themselves-And Why It Matters*(New York: Melville House, 2010), p.14.

지 모르나 북한의 시각과는 별도로 대다수 주류의 학자들이 증거에 입각해 내린 결론을 함께 제시함으로써 북한이 믿는 바와 실제의 사실은 다름을 분명히 하였다. 다시 말해 내재적 시각과 외재적 시각의 균형을 맞추려 노력하였다. 예를 들어 김일성의 항일무장투쟁에 대한 북한의 시각과 주장을 내재적 시각에서 담고 있으나 이는 신격화 수준으로 과장되고 일부 역사가 왜곡되어 있음을 국내외 주류 학자들과 필자의 연구결과를 토대로 동시에 지적하였다. 북한의 6·25 북침주장, 한국전쟁 기간 중 미군의 만행 주장 등에 대해서도 마찬가지이다. 학계에서도 논란이 있어 진실을 규명하기 힘든 내용은 북한의 시각과 반대 시각을 모두 예시하는 수준에서 필자의 책임을 제한하였다. 그럼에도 불구하고 이 책은 북한의 대미 불신의 기원과 구조를 바탕으로 대미 불신의 깊이와 내면화 정도를 분석하고 있으므로, 사실과 왜곡 논쟁을 떠나 '북한의 시각에서 바라본 미국'이 글의 논리전개에 있어 가장 중요한 부분을 차지한다.

북한체제의 특성에 대해서도 사회주의 체제로서의 보편적 특성과 특수한 국가체제로서의 다양한 특수성을 함께 고려하였다. 예컨대 김일성 항일무장투쟁을 정권의 정통성의 근간으로 하여 김일성의 '반제반미' 혁명전통과 혁명위업을 군과 인민의 일상생활에도 실천할 것을 요구하는 '항일유격대식' 실천 구호는 북한을 유격대국가체제에 가깝게 보이게 한다. 유격대국가체제는 미국의 체제위협을 강조하는 김정일의 선군정치 시대에 들어 군사국가체제에 좀 더 근접하는 국가체제로 전환되었다. '사회정치적 생명체'론에서 당과 대중은 뇌수에 해당하는 수령의 지도에 절대복종하며 수령을 목숨을 바쳐 결사옹위 해야 한다는 지도이념은 수령 중심의 국가관을 보여준다. 국가지도자가 제시한 사상(주체사상)을 비판 없이 받아들이고 '수령의 적(미제국주의)'은 당과 군, 인민 모두가 투쟁해 타도해야 할 '공동의 적'이라는 사고는 북한의 대미 불신을 수령 중심의 당·국가체제[31] 하에서 이해하는 데 더 용이하게 한다. 하지만 이 책에서는 상기한 어느 한 체제 성격에 경도되어 종속되지 않고 다양한 북한 국가체제의 특수성을 모두 인정하여 분석 영역에 따라 두드러지게 강조되는 각 북한 체제의 특성을 빌어 설명하고자 한다. 다시 말해 북한을 어느 한 체제로 규정하지 않고 다양한 체제 성격의 특수성을 인정하는 것이다.

안보(security) 개념에 있어서도 마찬가지로 북한체제의 특수성과 국제정치학의 안보 개념을 함께 고려하였다. 프롤레타리아 국제연대를 바탕으로 전 세계 공산화를 지향하는 사회주의의 보편적 이론상 프롤레타리아 국제혁명이 완성되면 사라진다는 '국가'의 개념을 가진 북한이 서구의 안보개념에 단순히 끼워 맞춰질 수 없다. 북한은 '안보'라는 용어를 사용하지 않는다. 프롤레타리아독재를 수행하는 사회주의 국가만을 민주국가로 인식[32)]하는 북한은 '국가안보'라는 용어를 사용하지 않으며 정치사전에도 '안보' 혹은 '국가안보'라는 용어가 등장하지 않는다. 현실주의 국제정치학의 '국가안보'라는 용어는 북한에 있어 '조국보위'[33)] 또는 체제 · 정권안보 차원의 '수령결사옹

---

31) 북한의 공식문헌은 '수령의 유일적 영도체계'를, "수령의 사상을 지도적 지침으로 하여 혁명과 건설을 수행하며 수령의 사상과 명령, 지시에 따라 전당, 전국, 전민이 하나와 같이 움직이는 체계"라고 정의하고 있다. 사회과학원 철학연구소, 『철학사전』(평양: 사회과학출판사, 1985), 388쪽.
이에 근거하여 박형중은 북한이 스스로를 바라보는 체제의 자화상은 외부 학자들의 표현(신정체제, 유일적 지도체제, 유격대국가론 등)만 다를 뿐이지 '수령제'로 귀결된다고 설명한다. 다시 말해 지도자가 국가 구성원에게 자신의 의지를 강요하고 실제로 움직이게 할 수 있으며 국가기구 내부의 모순과 갈등을 고려하지 않고 국가를 수령 중심의 '유일적' 통합 행위체로 인식하는 것이다. 박형중, 『북한의 개혁 · 개방과 체제변화: 비교사회주의를 통해 본 북한의 현재와 미래』(서울: 해남, 2004), 45~46쪽.
수령을 중심으로 한 통일된 단위체로서 군사국가화된 북한은 현실주의 국제정치학에서 국가를 '블랙박스(black box)' 형태의 단일행위체(unitary actor)로 인식하고 생존을 위한 권력(power)을 추구하는 국가개념과 유사성을 가진다.

32) 『정치사전』(평양: 사회과학출판사, 1973), 78~79쪽.

33) 북한 사전은 '보위'를 "원쑤들의 침략이나 침해로부터 보호하고 지키는것"으로 정의

위'라는 표현에 가깝다고 봐야 할 것이다.[34] 따라서 외부세계가 인식하는 안보개념과 북한이 인식하는 안보개념이 서로 다를 수 있다. 이처럼 북한체제의 보편성과 더불어 다양한 특수성을 함께 이해하지 않고는 북한의 대미 불신의 기원과 구조 그리고 북한의 안보불안을 다양한 시각에서 심층적으로 분석할 수 없다.

2. 신제도주의 이론과 분석의 틀

1) 신제도주의와 경로의존성

정치현상을 설명하는 데 있어 정치지도자나 권력엘리트 등 행위자에 중요성을 강조하는 측면과 구조 혹은 제도 결정론에 의거한 분석은 수많은 상호비판을 통해 보완적 관계로 발전해 왔다. "영웅이 시대를 낳는가, 아니면 시대가 영웅을 낳는가"의 식의 역사의 논쟁처럼 정치학에서도 행위중심의 설명과 구조중심의 설명이 두 축을 형성해 왔다. 하지만 행위자와 구조라는 이분법을 넘어 "행위자는 제도를 창출하지만 그 제도는 행위를 제약한다"는 행위자와 구조 사이의 상호작용을 '제도' 라는 매개의 개념으로 설명하려는 노력[35]이 최근 부상하고 있다. 이러한 시도의 대표적인 이론이 신제도주의이다. 신제도주의는 1960~1970년대의 행태주의(behavioralism)와 구조적 기능주의(structural functionalism)의 비판에서 출발해 제도가 개인행위에 영향을 미치는 구조적

하고 있다. 사회과학원 언어학연구소, 『현대조선말사전』(서울: 백의, 1988), 1198쪽.

34) 탈북 출신 북한 군사 · 안보 연구 학자(북한학 박사) 김병욱 인터뷰(2011.8.24; 2011.11.25).

35) 이호철, 「행위자와 구조, 그리고 제도: 제도주의의 분석수준」, 『사회비평』 제14권(1996), 63~85쪽.

제약요인(structural constraints)에 주목하고 있다.

신제도주의는 크게 역사적 제도주의, 사회학적 제도주의, 합리적 선택 제도주의의 3갈래로 분류되는데 각각 공통점과 차이점을 가지며 상호배타적이라기보다는 상호보완적[36]인 성격을 갖는다.[37] 각 분파의 공통적 관점은 구조화된 제도는 안정성을 지녀 쉽게 변하지 않으며 상호작용을 통해 개인 행위와 선호(preference)를 제약한다는 것이다. 또한 제도는 공식적 규칙과 법률 뿐 아니라 비공식 차원의 규범, 관습, 인지 · 문화적 상징체계를 모두 의미한다고 본다.[38] 각 신제도주의는 다양한 해석이 있으나 간략히 정의하자면 다음과 같다. 역사적 제도주의는 역사적 사건과 맥락 속에서 형성된 제도가 행위자의 전략과 선호 형성에 미치는 영향에 주된 관심을 갖는다.[39] 합리적 선택 제도주의는 신제도주의 중 행위자의 역할에 가장 많은 비중을 두고 있는데, 각 개인이 주어진 제도의 제약 속에서 제도와의 의식적 상호작용을 통해 자신의 이익을 극대화할 수 있는 계산에 따라 합리적 선택을 하면 그 총합이 파레토 최적(Pareto optimum)의 균형을 이루며 그러한 균형이 바로 제도라는 논리이다.[40] 반면 사회학적 제도주의는 개개인의 효용가치 추구보다는

---

36) 이명석, 「합리적 선택론의 신제도주의」, 정용덕 외, 『합리적 선택과 신제도주의』(서울: 대영문화사, 1999), 22쪽.

37) Koelble, Thomas, "The New Institutionalism in Political Science and Sociology", *Comparative Politics*, Vol 27, No. 2(Jan. 1995), pp.241~243.

38) 하연섭, 『제도분석: 이론과 쟁점』(서울: 다산출판사, 2011), 336~337쪽.

39) 주목할 것은 제도가 행위자의 선호를 제약하고 형성하지 결정(determine)하지 않는다는 것이다. 또한 역사적 제도주의는 제도가 유일한 제약 요소라는 것도 부정한다. Kathleen Thelen and Sven Steinmo, "Historical Institutionalism in Comparative Politics", Sven Steinmo, Kathleen Thelen, and Frank Longstreth, *Structuring Politics: Historical Institutionalism in Comparative Analysis* (Cambridge: Cambridge University Press, 1992), pp.2~3.

40) 김선명, 「신제도주의 이론과 행정에의 적응성」, 『한 · 독 사회과학논총』 제17권 제1호(2007년 여름), 223쪽.

대다수의 구성원들이 공통으로 '당연하게 받아들이며(taken-for-granted)' 수용하고 있는 문화, 상징체계, 공유된 태도와 가치관, 기대, 윤리, 자아정체성 등의 무형의 인식체계까지도 제도의 개념으로 끌어들여 개인의 행동을 제약하는 틀로 보고 있다. 이러한 인식체계는 수직적으로 국가가 조직과 개인에게 강제하여 이식시키는 것과 수평적으로 행위자 간의 자발적 인식의 공유로 형성되는 것 등의 두 가지 차원[41]을 모두 포함한다. 강제와 모방이라는 규범적 압력(normative pressure)을 통해 상·하부 조직 및 행위자 간에 인식체계의 수직·수평적 동형화(同形化, isomorphism)[42]가 이루어지는 것이다.

역사적 제도주의는 합리적 제도주의와 사회학적 제도주의를 절충한 개념으로서 제도를 일반적으로 "정치 및 정치경제 조직 구조에 내재된 공식·비공식적 절차(procedures), 관행(routines), 규범(norms), 협약(convention)"[43]으로 정의하고 있다. 역사적 제도주의가 다른 제도주의와 달리 정치학 연구의 이론적 분석틀로 활용되는 주된 이유는 정치영역이 사회에 대해 상대적 자율성을 가지고 사회구성원들의 불평등한 권력관계 속에 제도가 형성된다고 보기 때문이다.[44] 불평등한 권력관계 속에서 권력우위를 점한 정치집단의 주도로 제도가 형성되고 나면 희소한 사회적 가치를 둘러싼 불평등한 배분관계를 지속시키고 고착화하려는 관성[45]을 가지게 된다. 이러한 이유로 특정 시점

41) Peter A. Hall and Rosemary C. R. Taylor, "Political Science and the Three New Institutionalisms", *Political Studies*, XLIV(1996), pp.949~950.

42) Edward Alan Miller and Jane Banaszak-Holl, "Cognitive and Normative Determinants of State Policymaking Behavior: Lessons from the Sociological Institutionalism", *Publius*, Vol. 35, No. 2(Spring 2005), pp.197~203.

43) Peter A. Hall and Rosemary C. R. Taylor(1996), p.938.

44) 하연섭, 「역사적 제도주의」, 정용덕, 『신제도주의 연구』(서울: 대영문화사, 1999), 21~24쪽.

45) Pierson, Paul, "Increasing Returns, Path Dependence, and the Study of Politics", *The American Political Science Review*, Vol. 94, No. 2(June 2000), p.263.

에 형성된 제도는 사회경제적 환경이 바뀌어도 환경변화에 맞춰 제도의 효율을 높이기 위해 함께 변화하기보다는 이미 수립된 과거의 제도에 영향을 받으며 특정한 경로를 밟게 된다. 즉, 과거의 역사적 사건과 맥락의 그늘 속에서 벗어나지 못해 '최적의 적응'에 실패하고 '경로의존성(path dependence)'을 갖게 된다는 것이다. 역사적 제도주의에 있어 제도의 경직성과 경로의존성은 안정된 제도의 지속성을 보장해 주지만 제도의 변화[46]를 어렵게 만들고 제도의 변화는 우연한 사건(contingent event)에 의해 중대한 전환점을 만나 예상 못한 시점에 급격하게[47] 발생하게 된다. 따라서 내부요인보다는 전쟁과 경제위기 등 외생적(exogenous) 충격에 의해 제도의 변화가 발생할 가능성이 크다. Krasner는 오랜 균형을 유지하던 제도가 외부의 충격에 의해 새로운 경로를 밟게 되는 현상을 '단절된 균형(punctuated equilibrium)'[48]이라고 부른다. 경로의존성이 경로의 시작과 끝이 행위자의 계획대로 이동하는 것이라는 것을 의미하는 것은 아니다. 우연한 사건과 역사적 맥락 속에서 발생한 중대한 전환점을 만나 의도되지 않은 제도의 제약을 받으며 경로는 미결정된(indeterminate)[49] 상태에서 자체적 방향성을 갖는다.[50]

---

46) 제도의 지속성(durability)과 변화(change) 모델에 대한 다양한 논의는 다음을 참조. Elisabeth S. Clemens and James M. Cook, "Politics and Institutionalism: Explaining Durability and Change", *Annual Review of Sociology*, Vol 25(1999), pp.441~466.

47) B. Guy Peters, Jon Pierre, and Desmond S. King, "The Politics of Path Dependency: Political Conflict in Historical Institutionalism", *The Journal of Politics*, Vol. 67, No. 4(Nov. 2005), p.1289.

48) Krasner, Stephen D., "Approaches to the State: Alternative Conceptions and Historical Dynamics)", *Comparative Politics*, Vol. 16, No. 2(1984), B. Guy Peters and Jon Pierre, *Institutionalism* (London: SAGE, 2007), pp.446~450.

49) 역사학자(국제정치이론가) E. H. Carr 또한 "역사에서 불가피한(inevitable) 것은 없다"며 결정론을 부정한다. Carr, E. H., *What is History?*, 2nd edition from 1961(London: Macmillan Press, 1986), p.90. 이는 경로의 이동 방향과 종착점이 결정되어 있지 않다는 역사적 신제도주의 관점과 동일하다. 그러면서도 Carr는 역사 속의 인과관계(causation in history)를 간과하지도 않아 그의 역사인식은 역사적 인과관계의 지배

이 책의 분석의 틀은 역사적 신제도주의의 경로의존성에 주목하며 사회학적 제도주의와 합리적 제도주의를 보완적으로 수용한다.[51] 과거 특정시점의 역사적 원인이 현재에도 영향을 미친다는 역사적 인과관계의 지배를 받는 경로의존성에 있어 제도는 종속변수이자 독립변수로 작용한다. t시점에서 형성된 제도는 t시점에서는 종속변수이지만 t+1시점에서는 독립변수로 작용하여 경로의 이탈을 막는 역할을 한다.[52] 따라서 독립변수에 해당하는 과거의 제도를 형성한 역사적 사건의 맥락과 영향력을 이해해야 경로의존성의 강도를 가늠할 수 있다.

정치제도가 어떤 한 경로를 택하게 되면 그 경로를 이탈하는 것은 시간이 지날수록 더욱 어려워지게 된다. 시간이 지날수록 현상유지에 따른 편익이 증대되고 경로이탈에 따른 비용이 증가하는 '수확체증(increased return)'의 원리가 적용되기 때문이다.[53] 이러한 경로의존성 원리의 단적인 예가 David가 제언한 QWERTY(타자기 키보드 배열)이다.[54] 1870년대 QWERTY 배열의 타자기가 출시되어 시장을 선점하자 타자기 생산자와 구매자, 타자수, 타자학

를 받는 경로의존성과 배치되지 않는다. 같은 책, pp.81~102.

50) Mahoney, James, "Path Dependence in Historical Sociology", *Theory and Society*, Vol. 29, No. 4(Aug. 2000), pp.535~537.

51) 경로의존이라는 개념은 역사적 신제도주의의만의 전유물이 아니고 합리적 선택 제도주의와 사회학적 제도주의에 있어서도 중심개념이 되고 있어 신제도주의 모든 분파의 공통된 특징으로 자리 잡았다. 예를 들어 문화적 제약요인이 행위자의 인식을 제약하고, 이러한 행위자의 주관적 인식이 행위자의 선택을 제약함으로써 제도의 변화는 본질적으로 점진적이며 경로의존적이라는 것이다. 이렇듯 신제도주의의 세 분파는 다른 분파의 장점을 끌어들여 각자의 단점을 보완하기 위해 방법론적 수렴과정을 거치고 있다. 하연섭(2011), 355~365쪽. 이 책도 이러한 이론적 입장을 수용하고 있다. 추가 참조 Peter A. Hall and Rosemary C. R. Taylor(1996), pp.955~957.

52) 하연섭(2011), 57쪽.

53) Pierson(June 2000), pp.251~267.

54) Paul David, "Clio and the Economics of QWERTY", *The American Economic Review*, Vol. 75, No. 2(May 1985), pp.332~337.

원 등 관련 이해관계자들의 기득권이 형성되었고 1930년대 더 효율적 배열의 타자기가 나왔지만 시장에서 받아들이질 않은 것이다. QWERTY 배열 중 하나만 변경하더라도 경로이탈로 인해 이해관계자들이 치러야 할 비용은 매우 컸기 때문이다. 동 배열은 오늘날의 컴퓨터와 무선통신기기에도 그대로 적용되고 있고 음성인식 기술 같은 외생적 충격이 없는 한 특정 경로를 유지하고 있다.[55] 현대의 대부분의 표준화된 첨단기술은 모두 이러한 우연한 발생과 수확체증의 원리에 의한 경로의존성을 보여주고 있다. 신제도주의는 정치 영역에서도 마찬가지 수확체증의 원리를 차용해 시간과 사건배열(sequence)에 따른 역사적 맥락 속에서의 경로 발생과 안정되고 경직된 경로의존성을 설명하고 있다.

2) 분석의 틀

북한의 대미 불신의 기원과 구조 및 내면화 과정을 보여주는 이 책은 역사적 제도주의의 경로의존성을 중심으로 합리적 선택 제도주의와 사회학적 제도주의를 포함한 신제도주의 이론을 분석틀로 하여 '북한의 반제반미투쟁(대미 불신)'이라는 유무형의 제도[56]의 기원과 경로를 추적한다. 일제치하의 기존의 제도로부터 경로를 완전히 이탈한 새로운 제도의 탄생은 미소 연합군에 의한 일본의 패망과 해방이라는 역사의 우연에 의해 창출된 공간 속에서 김일성이 소련에 의해 북한의 지도자로 선택되어 옹립되면서 시작한다.

---

55) Boas, Taylor C., "Conceptualizing Continuity and Change: The Composite-standard Model of Path Dependence", *Journal of Theoretical Politics,* Vol. 19, No. 1(2007), pp.35~38.

56) 여기서 말하는 '북한의 반제반미투쟁(대미 불신)'이라는 유무형의 제도는 당 · 군 · 국가 체제 하의 모든 조직구조에 내재된 공식 · 비공식적 규범과 관행에서부터 북한의 통치집단과 피통치집단이 함께 공유하고 있는 사상 · 이념, 대미 역사인식, 가치관, 반미 문화, 상징체계 등을 모두 포함한다.

김일성의 반제반미투쟁은 그 뿌리를 자신의 항일무장투쟁에 두고 있다. 김일성 자신의 반미투쟁의 경로에 있어 그 기원은 항일 빨치산 투쟁인 것이다. 소련 군정 하에서 북한의 권력집단은 권력투쟁에서 승리하기 위해서는 소련의 지지가 반드시 필요하였고 미소 냉전이 본격화하면서 김일성 빨치산파뿐 아니라 모든 정치엘리트들은 자신의 효용가치를 극대화하기 위해 반제반미투쟁에 뛰어드는 '합리적 선택'을 하였다. 당시만 해도 반미감정이 전 인민을 대상으로 한 인식체계에 수용되지는 않았다. 다만 김일성을 정통성을 갖춘 지도자로 인식하고 그를 받아들였는데 북한 주민들이 인식한 그의 정통성의 근간은 바로 김일성의 '전설적' 항일무장투쟁이었던 것이다. 김일성의 정통성은 김일성 항일무장투쟁의 신화화, 토지개혁 등 각종 민주개혁 및 대중정당 구축으로 강화되었고 김일성이 주도하는 반미 상징 조작은 점차 정치지도층과 전 인민에게 수용되어가기 시작한다. 김일성이 도발한 한국전쟁도 김일성 항일무장투쟁을 기원으로 한 반제반미투쟁 제도의 경로의존적 상징조작 및 권력투쟁과 맞물려 발생한 역사적 사건으로 해석할 수 있다.

반제반미투쟁의 경로의존성은 두 가지 역사적 맥락 속에서 급격히 강화된다. 두 가지는 별개가 아닌 서로 교차하는 역사적 맥락으로 해석될 수도 있는데, 하나는 한국전쟁이고 다른 하나는 김일성의 권력독점이다. 첫째, 북한 주민들이 경험하고 기억하는 한국전쟁 기간 미군의 민간인에 대한 무자비한 군사공격이 남긴 상흔(trauma)은 미국에 대한 적개감을 고조시키고 자발적인 반미 인식체계를 수립하는 계기가 되었다. 김일성의 반제반미 선전이 사실이라는 것을 주민들은 몸소 전쟁이라는 경험을 통해 확인하게 되었고, 미제국주의는 '악의 화신'이라는 상징(symbol)이 고착화되는 역사적 사건이 된 것이다. 둘째, 한국전쟁을 전후하여 권력투쟁에서 승리한 김일성은 그의 충성세력인 빨치산파와 함께 북한의 권력을 독점하였다. 박헌영과 남로당파를 미제간첩으로 몰아 처형하고 1956년 8월 종파사건을 계기로 소련파와 연안파까지 전원 숙청함으로써 김일성 빨치산을 중심으로 한 독재권력이 구축되었다. 이후 김일성 빨치산 세력 외 모든 권력 그룹은 잠재적 적대세력으로 간주되어 모든 정치세력은 김일성 빨치산 그룹을 중심으로 재편되는 김일성 중심의 권력의 제도화가 이루어졌다. 다시 말해서 정치행위자들은 남로당 계열과 연안파와 소련파와 자신이 연루되는 것을 극도로 조심하였고, 김일성에게 절대적으로 충성하는 충성경쟁에 몰입하게 되는 제도가 형성된다. 시간이 지남에 따라 더욱 심화되어가는 권력의 극심한 불균형은 김일성 빨치산파의 이익을 극대화하는 권력제도의 경로의존성을 증대시켰다. 이에 따라 김일성과 그의 빨치산 그룹 이외의 다른 정치권력 형성의 가능성은 제도적으로 제약받게 된다.

북한 주민들이 겪은 한국전쟁의 상흔과 김일성 빨치산파의 권력독점은 모방과 강제라는 규범적 압력을 통해 상·하부 조직 및 행위자 간에 반미 인식체계의 수직 및 수평적 동형화(isomorphism)를 촉진시킨다. 그 어떤 정치엘리트도 김일성 유일체제에 반하는 경로이탈을 시도할 수 없었고 김일성 혁명사상인 반제반미투쟁의 자발적 그리고 강제적 순응(compliance)은 행위자의 결정과 선호를 제약하며 경로의존성을 더욱 심화시켰다.

특히 자주성을 핵심 테제로 한 김일성 주체사상은 북한의 자생적 저항 민족주의와 맞물려 상기한 동형화를 촉진시키기 위한 사상적 틀(structure)을 마련해주었다. 김일성은 제국주의에 대항하여 '조선 인민을 해방시킨 무장투쟁 영웅'으로서의 과장된 정체성을 바탕으로 권력투쟁에서 성공하였으며, 그의 반제국주의 사상은 주체사상이라는 통치이념으로 당, 국가, 사회 전체에 투영되었다. 주체사상의 골간인 '자주'라는 강력한 집단 정체성을 형성하여 자신을 포함한 모든 구성원이 '자주권(체제)' 수호를 위해 반제반미투쟁에 앞장설 수밖에 없는 구조에 스스로를 속박하게 된 것이다. 또한 제도 내의 행위자에 대한 철저한 정보조작(역사왜곡과 반미 위협수준 및 상징조작)은 정보의 수준을 낮춰 행위자의 합리적 선택의 폭을 제한하고 제도의 경로이탈을 통한 더 큰 효용가치를 획득할 수 있는 가능성을 배제시켰다. 정보의 독점과 조작은 김일성의 권력독점과 유일체제 구축으로 가능하였다.

경로의존적인 반제반미투쟁 제도는 한국전쟁을 겪은 북한 정권이 가지는 대미 안보 불안으로부터 수립되는 정책(군사·체제·정권안보 차원)들로 인해 시간이 흐름에 따라 점차 구조적으로 공고화되어 왔다.[57] 어느새 반제반미투쟁이라는 유무형의 제도는 모든 구성원들이 공통으로 '당연하게 받아들이며(taken-for-granted)' 수용하고 있는 문화이자 가치관이 되었고 개인과 국가의 자아정체성의 중요한 일부분으로서의 의미를 가지는 인식체계가 되어 결과적으로 대미 불신을 극대화하고 개인의 행동을 더욱 제약하였다. 이러한 강화된 제도의 제약은 피통치자인 주민들 뿐 아니라 권력엘리트와 최고권력자인 김일성·김정일 자신의 행위와 선호 및 결정에도 가해졌다. 북미간 대결구도를 해소할 수 있는 주변 환경의 변화에 따른 제도변화와 효율성 제고의 기회가 있었음에도 불구하고 제도의 경로 이탈은 더욱 힘들어져만 갔다. 스탈린 사망 후 흐루시초프의 평화공존 표방기라던가, 1970년대 데탕트, 1990년대 초 구소련 해체 및 탈냉전기, 이후 북미 관계정상화의 기회 등 북미 간의 긴장관계를 종식시킬 수 있는 변화된 환경 속의 계기가 있었지만 반제반미투쟁이라는 제도의 경로의존성은 약화되지 않았다. 주변 환경의 전환기 북한은 주체사상(중소 이념분쟁기), 우리식사회주의·애국애족적민족주의·조선민족제일주의(사회주의권 붕괴기), 고난의 행군 및 선군정치(김일성 사후), 우리민족끼리(부시행정부의 '대북적대시정책' 시기) 등의 사상과 담론으로 무장한 '반제반미 자주성'을 중심축으로 하여 제도 경로의 이탈을 막으며 경로의존성을 유지하였다. 냉전의 구조 속에 전개된 미국의 대북 군사·

57) 국가안보, 체제안보, 정권안보 차원의 대미 불신의 구조적 내면화 과정을 다룬 본문 제3장 제1절, 제2절, 제3절을 참조.

그림 1-1. 분석의 틀: 반제반미투쟁(대미 불신) 제도의 경로의존성

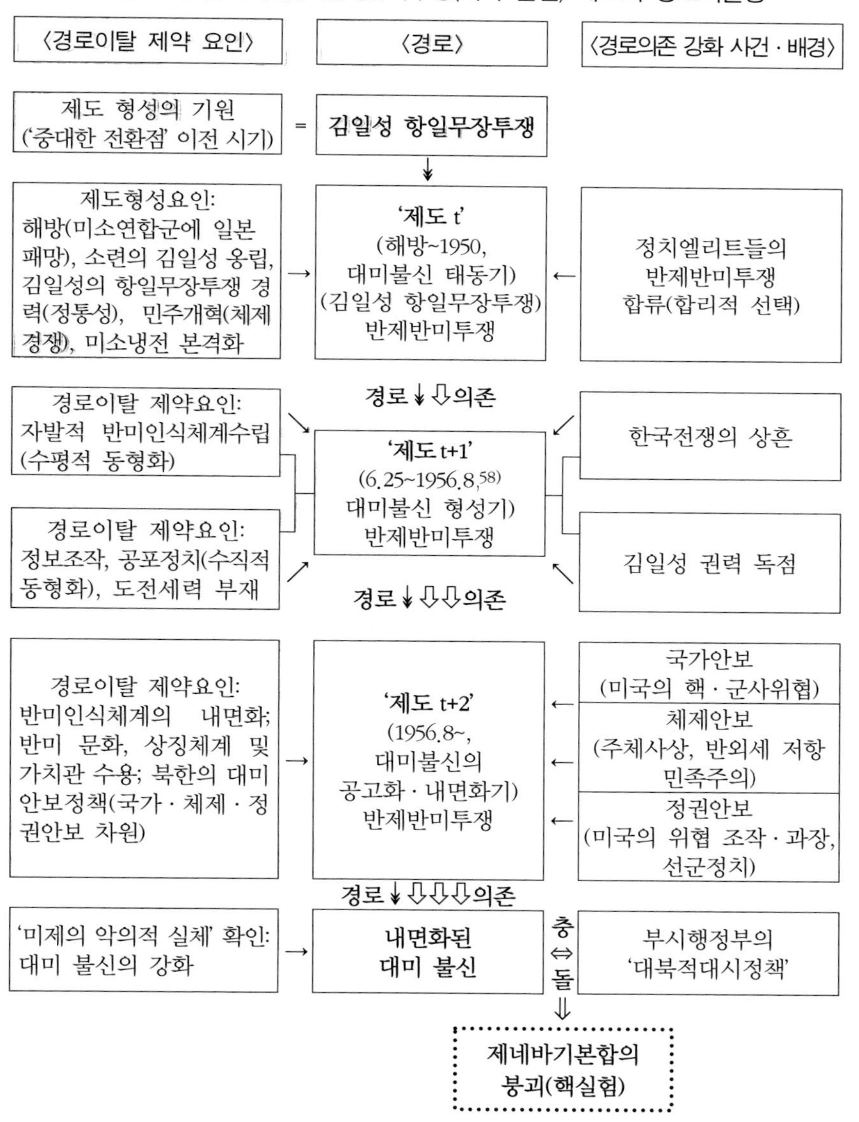

핵 위협은 제도의 경로의존성을 강화하는 반발성 기제로 작용하였고, 그러한 냉전시기의 환경이 변화하였다고 해서 이미 강화된 경로의 이탈을 유발하지는 못했다. 이 글에서 다루고 있는 부시행정부 시기에도 마찬가지이다. 북한의 입장에서 볼 때 미국은 경수로 제공을 거부하고 제네바기본합의를 붕괴시킨 '주범'으로서 북한의 대미 불신을 한층 가증(加增)시켜 경로의존성 강화에 기여했을 뿐이다.

김일성의 항일무장투쟁은 북한의 반제반미투쟁(대미불신)이라는 제도의 원초적 기원이자 강력한 독립변수로서 동 제도의 경로이탈을 막는 동력으로 작용하고 있다. 이 책은 김일성 항일무장투쟁에서 반제반미투쟁으로의 전이와 김일성 권력독점 이후 북한의 대미 불신의 공고화 과정에서의 제도의 경로를 추적할 것이다. 부시행정부 시기까지도 제도는 경로를 이탈하지 않았고 경로의존성은 지속적으로 강화되었음을 역사적 접근을 통해 밝힐 것이다. 그러한 경로의존성을 바탕으로 장기간 내면화된 북한의 대미 불신이 제네바기본합의를 붕괴시킨 중대하고도 직접적인 원인이었음을 또한 보여줄 것이다.

3. 북한문헌 활용 및 인터뷰

이 책은 전술한 신제도주의 이론의 '경로의존성'을 분석의 틀로 하여 역사적 맥락 속에서 북한의 대미 불신의 경로를 추적하는 방법을 취하였다. 역사적 사건의 맥락과 순서에 따라 북한 문헌을 분석해 인용하여 북한의 대미 인식과 반제반미투쟁의 제도는 그 기원으로부터의 현재에 이르기까지 경로

58) 1956년 8월 종파사건으로 연안파와 소련파가 숙청된 이후 김일성에게 도전할 만한 정치세력이 완전히 사라졌음을 의미.

를 이탈하지 않고 경로의존성을 강화하며 대미 불신을 내면화하였음을 보일 것이다. 북한의 대미 불신의 내면화 경로에는 경로의존을 강화하는 사건과 배경 그리고 동시에 경로이탈을 제약하는 요인이 상존하므로 이들을 경로의 흐름과 함께 분석해 나갈 것이다. 김일성과 김정일의 저작 내용과 북한 역사서·문헌 및 로동신문을 상호비교 함으로써 북한의 대미 역사인식과 대미 불신의 논리가 과거 기원이 되는 시점부터 부시행정부 시기까지 일관성 있게 이어져 내려 왔는지를 1차적으로 살펴본다. 국내외 문헌을 통해 그러한 인식과 논리의 배경과 경로 이탈의 제약요인들을 분석한다. 더불어 통계학적으로 유의미할 정도의 양적 분석은 아니더라도 탈북자와 북한전문가 인터뷰를 진행하여 북한문헌 분석을 통해 확인한 북한의 대미 인식을 북한의 정치행위자 및 일반 주민들이 마찬가지로 수용하고 있는지를 질적 분석을 통해 확인한다.

이 책에서 가장 많이 활용한 북한의 문헌은 김일성과 김정일의 저작 그리고 로동신문이다. 우선 북한을 이해하고 연구하기 위해 김일성의 저작을 읽지 않고는 불가능하다는 말은 결코 과장이 아니다. 김일성 집권기 북한에서 정치, 경제, 사회, 문화 등 모든 영역에서 독자적 사고를 하고 그것을 공개적으로 말 할 수 있는 유일한 사람은 바로 김일성 자신뿐이었기 때문이다.[59] 북한 정권의 수립에서 북한의 역사 및 대미의식 형성 그리고 유일 수령지배체제 확립에 이르기까지 김일성의 지배력은 독보적이고 모든 영역에 있어 그의 어록은 사후(死後)에도 초법적 지위를 누리고 있다. 김정일을 포함해 그 누구도 김일성이 구축해 놓은 사상과 사고의 틀을 벗어나지 못하며 북한에서 과거와 현재 발행된 모든 문헌은 김일성 저작의 '각주(脚註)'에 불과하다고 해도 과언이 아니다. 행위자는 제도를 창출하지만 일단 형성된 제도는

---

59) 류길재, 「김일성·김정일의 문헌을 어떻게 읽을 것인가」, 경남대학교 북한대학원 엮음, 『북한연구 방법론』(서울: 한울, 2003), 50쪽.

행위자의 선택과 선호를 제약하여 경로의존성을 갖는다는 신제도주의의 이론에서처럼 북한의 반제반미투쟁 제도 형성에 가장 크게 기여한 행위자인 김일성 자신도 자신이 만든 제도에 구속될 수밖에 없었다. 특히 김일성 자신의 대미 발언이 담긴 '오류가 없는(infallible)' 어록은 북한의 피통치집단 뿐 아니라 자신을 포함한 통치집단이 반제반미투쟁을 지속할 수밖에 없는 족쇄로 작용하였으며 대미 강경 일변도의 국가노선을 고수하게끔 강요하였다.

김일성 저작류는 『김일성 선집(초판 총4권, 재판 총6권)』, 『김일성 저작선집(총10권)』, 『김일성 저작집(총44권)』 등이 있으나 본 책에서는 1930년 6월부터 1994년 7월 김일성 사망 시점까지의 전 기간을 포함하고 가장 많은 권수에 포괄적인 내용이 담겨 발간된 『김일성 저작집(총44권)』을 주로 인용하였다. 『김일성 저작집』은 1979년부터 발간되어 김일성이 사망하던 1994년까지 총 44권이 발간되었는데 '해방자로서의 소련'에 대한 문구를 모두 삭제하고 각종 용어와 내용을 주체사상의 틀에 맞게 수정하였다. 『김일성 선집(1953~1954년 발간)』과 『김일성 저작집(1979년 발간)』을 비교한 이주철은 『김일성 저작집』은 원본의 전체적인 윤문(潤文)이 있었으나 구체적인 사실은 크게 다르지 않았고 전체적인 이해를 왜곡하지 않아 내용 자체를 문제 삼을 수준은 아니라면서 저작물 변조·왜곡에 대한 지나친 우려를 불식시켰다.[60] 필자도 1979년 및 1980년 각각 발행된 『김일성 저작집 제4권(1948.1~12)』, 『김일성 저작집 제5권(1949.1~1950.6)』과 1954년 발행된 『김일성 선집 제2권(1948.3~1950.5)』에 중복되어 등장하는 김일성 연설문이 근 30년 후에 얼마나 '손질되었는지' 비교하였으나 문장을 가다듬는 정도 외에 대미 발언 관련 내용상 차이가 없음을 확인할 수 있었다.

북한에서 발행한 김정일의 저작류는 이 책의 연구범위인 2006년 10월 9일

60) 이주철, 「북한연구를 위한 문헌자료의 활용」, 경남대학교 북한대학원 엮음, 『북한연구 방법론』(서울: 한울, 2003), 130~133쪽.

현재『김정일 선집』하나밖에 없으며 제1권(1964~1969)부터 제15권(2000~2004)까지 총15권이 출판되었다. 황장엽은『김정일 선집』이 김정일이 결정하거나 직접 발언한 사안을 담고 있다고 회고하여 그 중요성에 대해 언급한 바 있다.[61)]

1967년 유일사상체계가 확립된 이후 모든 북한 문헌은 김일성의 저작류에 나와 있는 교시를 인용하고 있고 무비판적으로 받아들여야 하는 '절대진리'로 제시된다. 김일성 교시에 반하는 의견은 있을 수 없으며 단지 해설과 찬사 등의 각주만이 허용된다. 사상의 해석권은 당이 아닌 김일성과 김정일이 독점하고 있다.『철학사전』,『정치사전』,『력사사전』등 각종 사전류는 김일성 저작류에 수록된 연설과 담화문을 인용하여 짜깁기했을 정도로 김일성의 '교시'를 불변의 진리로 받아들이고 있다. 레닌의 인용마저 사라져버렸고 북한의 당출판물과 학술서적도 '김일성 교시'와 '김정일 말씀'을 기준으로 그에 대한 해설로 구성되어 있다.[62)]

북한의 로동신문은 조선로동당 중앙위원회 기관지이며 북한에서 최고의

---

61) 김정일이 측근정치를 통해 측근들로부터 의견을 취합하여 내린 결론이나 자신의 의사를 표명한 발언들은 곧 "당중앙위원회 책임일꾼들과 한 담화"나 "×××에게 하신 말씀" 등으로 논리적으로 정리되어 해당분야에 공식 지시로 하달된다. 측근연회에서 하는 발언들 뿐 아니라 김정일이 개별적 간부에게 전화로 하는 발언들과 현지시찰 과정에서 측근간부들에게 하는 발언들도 모두 녹음되어 공식문헌으로 정리된 다음 지시로 하달되거나『김정일 선집』과 같은 노작으로 만들어져 발표된다. 황장엽,『북한의 진실과 허위』(서울: 통일정책연구소, 1998), 56쪽(현성일,『북한의 국가전략과 파워 엘리트－간부정책을 중심으로』(서울: 선인, 2007), 222쪽에서 재인용). 측근들에게는 사무실과 자택에 김정일과의 직통전화가 설치된다. 이 전화에는 전화벨이 울릴 때 다른 전화와 혼동하지 않도록 안테나 모양의 붉은 신호등이 설치되어 있고 김정일과의 모든 통화내용이 테이프에 자동으로 녹음되도록 되어 있다. 또한 김정일의 현지지도 혹은 현지시찰에 자주 동행하는 간부들에게는 최고급 소형 녹음기가 지급되어 김정일의 모든 발언을 의무적으로 녹음하도록 한다. 황장엽,『나는 역사의 진리를 보았다』(서울: 한울, 1999), 262쪽.

62) 류길재(2003), 63~64쪽.

권위를 가지고 주민사상통제의 중추적 역할을 하는 관영매체이다. 주체사상의 지도적 이념 하에 책임주필이 최고책임자의 지위를 맡는다. 책임주필은 기자동맹 위원장을 겸하며 로동신문의 위상과 정치적 역할을 고려하여 당의 고위 핵심인물이 기용된다.[63] 로동신문의 사설은 노동상의 선전 선동과 찬양, 외세비판 등을 통해 당의 의도를 대표적으로 반영하고 있다.[64] 로동신문은 뉴스전달보다는 선전선동에 비중을 두고 있으며 당과 국가기관 간부나 논평원의 논평이 일상적으로 실린다. 로동신문의 사설과 논평은 당이 정하는 국내외 정세의 방향을 설정하는 지표가 되며 다른 모든 방송과 신문은 로동신문의 사설과 논평을 기준으로 편집 방향을 설정한다. 당의 의사를 가장 잘 반영하기 위해 수직적으로 체계화 되어 있으며, 당과 국가의 검열을 받아 철저한 통제 하에 집필되고 있다. 중앙위원회 선전선동부 산하 신문지도과가 로동신문사를 관리하고 있으며 이와 별개로 선전선동부 부부장 차원에서 로동신문사를 직접 관리감독하고 있다.[65]

김일성은 일찌감치 해방 직후 당보(로동신문)의 중요성에 대해 역설하며[66] 당보를 통해 당원들이 일사분란하게 당의 결정과 지침을 이해하고 수행하도록 지시한 바 있다.[67] 김정일도 인민들의 당 사상교양 강화를 위한 출

---

63) 예컨대 북한의 실세인 김기남은 로동신문 책임주필 출신이다. 2009년 8월 김대중 전 대통령 서거 시 조문단을 이끌고 방한한 김기남 당중앙위원회 선전선동담당 비서는 김정일 위원장의 공식활동을 가장 많이 수행한 최측근 중의 하나이다.

64) 안영섭, 「남북한 언론체제의 차이에 관한 소고」, 『한국정치학회보』 34집 3호(2000), 207쪽.

65) 차현석, 「북한의 매스컴을 통한 선전선동에 관한연구」, 고려대학교 대학원 석사학위논문(2009).

66) “당보는 당원들과 인민대중을 옳게 교양하며 그들을 혁명투쟁에로 조직동원하는데서 매우 중요한 역할을 합니다.” 〈김일성 저작집 제1권, 북조선공산당 중앙조직위원회 선전부일군들과 한 담화〉 「당보를 창간할데 대하여」(1945.10.17), 357쪽. 이하 『김일성 저작집』과 『김일성 선집』 등의 인용 출처는 〈제목, 챕터〉 「해당 연설문 제목」의 형태로 표기하기로 한다.

판보도(언론)의 역할을 강조하고 선전선동부의 지도능력강화를 주문하였고, 김정일의 주문대로 로동신문과 외무성대변인 담화 등의 대외관계 관련 보도는 중앙통신사가 중심이 되어 대내외에 전달되고 있다.[68] 김정일은 언론의 중요성을 깨닫고 1980년 10월 조선로동당 제6차 당대회에서 후계자로 공식적이고 공개적으로 등장한 이후 출판보도물에 대한 집중 통제와 활용을 통해 주민에 대한 당의 장악력과 사상통제를 본격화하는 수단으로 활용하였다.[69] 김정일은 특히 로동신문의 역할을 강조하며 당 간부들이 많은 논평을 실을 것을 요구하고 로동신문에 대한 당의 철저한 검열과 통제를 주문한다.[70] 김일성 사후 선군정치를 본격화하면서도 김정일은 언론의 중요성을

---

[67] "당은 당보를 통하여 전체 당원들에게 자기의 정책을 알려주며 행동방향을 지시하며 신호를 줍니다. 특히 당보의 사설은 당중앙위원회 상무위원회의 결정과 의도를 반영하는 가장 중요한 기사입니다. 거기에서 당원들은 일상적인 투쟁방향과 지시를 찾아볼 수 있습니다." 〈김일성 저작집 제13권, 생산기업소 당조직원 및 당위원장들, 도, 시, 군 당위원장들의 강습회에서 한 연설〉 「당사업방법에 대하여」(1959.2.26), 108~147쪽.

[68] "출판보도부문의 역할을 높여야 하겠습니다. 출판보도부문의 역할을 높여야 당원들과 근로자들을 우리당 정책으로 무장시키는 사업과 당정책관철에로 불러일으키는 사업을 잘해나갈수 있습니다. (중략) 출판보도부문 사업에서 결함이 나타나고 있는 것은 당중앙위원회 선전부에서 이 부문에 대한 장악지도사업을 바로하지 못하고 있는 것과도 관련되여있습니다. (중략) 대외관계에 대한 보도를 잘하자면 이 사업을 중앙 통신사에서 통일적으로 보도록 하여야 합니다." 〈김정일 선집 제10권, 조선로동당 중앙위원회 책임일군들 앞에서 한 연설〉 「당사상교양사업에서 나서는 몇가지 과업에 대하여」(1990.1.11), 41~43쪽.

[69] "출판보도물은 당의 수중에 장악된 예리한 사상적무기이며 대중을 교양하고 조직동원하는 위력한 선전선동수단입니다. (중략) 출판보도선전에서 당의 정책적요구를 옳게 구현하는것은 당적출판보도물의 본성적요구입니다. 우리는 모든 출판보도물을 높은 정책적수준에서 편집함으로써 그것이 훌륭한 당정책선전수단이 되게 하고 당정책관철에 적극 이바지하도록 하여야 하겠습니다. (중략) 출판보도선전에서는 당의 유일사상체계를 세우기 위한 선전을 계속 강화함으로써 전당과 전체 인민이 오직 수령님의 사상의지대로 숨쉬고 행동하도록 하는데 적극 이바지하여야 합니다." 〈김정일 선집 제7권, 전국당선전일군회의에서 한 결론〉 「당사상사업을 더욱 개선강화할데 대하여」(1981.3.8), 26~27쪽.

강조하며 언론인들에게 선군정치와 반미 반제 투쟁의 선봉장 역할을 할 것을 주문한다.[71)]

필자는 탈북자 인터뷰를 통해 북한문헌 분석으로 확인한 북한의 당·국가 차원의 공식적 대미 인식(선전)을 북한의 정치행위자 및 일반 주민들이 그대로 수용하고 있다는 것을 확인하였다. 평양을 포함한 북한 전역에서 각기 다른 직업과 배경을 가진 30명의 탈북자를 선별해 대면 혹은 전화 인터뷰하였다. 탈북 시기는 부시행정부 출범 이전인 1990년대 말과 부시행정부 시기를 모두 포함하였다(1998~2008년). "탈북 전 북한 거주 시점 주변의 북한 주민(간부)들은 미국에 대해 다음과 같이 생각하고 있다."를 모두에 제시하고 아래와 같은 세부 질문에 "예" 혹은 "아니오"로 답하게 하였다.

---

70) "특히 당보《로동신문》을 리용하여 선전을 잘하여야 하겠습니다. 당은 당보를 통하여 매 시기 활동방향과 임무를 전당에 제시해줍니다. 당보의 사설은 당의 지시나 같습니다. 당보를 비롯한 출판보도물을 보지 않으면 당의 정책적의도를 잘 알수 없고 그에 맞게 선전선동사업을 벌릴수 없습니다. 우리 당 선전일군들은 매일아침마다 먼저 당보의 사설을 비롯한 중요기사를 보는것을 생활화, 습성화하여야 하며 전당과 온 사회에 하루일을 신문을 보고 아침방송보도를 듣는것으로부터 시작하는 기풍을 세우도록 하여야 하겠습니다. (중략) 당조직들은 출판보도물이 대중연단으로서의 기능과 역할을 원만히 수행할수 있도록 로농통신원들을 활발히 움직이는 한편 간부들이 글을 많이 쓰도록 하여야 하겠습니다. (중략) 모든 출판보도물들이 해당 시기의 당정책적요구에 맞게 바로 편집되는가 하는것을 정상적으로 료해검토하고 옳게 이끌어주어야 하며 모든 출판물들이 해당한 비준절차를 엄격히 밟고 편집발간되도록 장악통제하여야 하겠습니다." 〈김정일 선집 제7권〉 「당사상사업을 더욱 개선강화할데 대하여」(1981.3.8), 29~30쪽.

71) "출판보도사업은 우리 당사상사업의 주공전선입니다. (중략) 붓과 마이크로 혁명의 수뇌부를 결사옹위하는데 적극 이바지… (중략) 선군정치를 사회주의위업을 완성할 때까지 항구적으로 틀어쥐고나가야 할 전략적인 정치방식으로 완성하고 그 위력으로 사회주의수호전에서 위대한 승리를 이룩한 우리 당의 선군혁명실록을 폭넓고 깊이 있게 선전하여야 하겠습니다. (중략) 오늘의 정세는 기자, 언론인들이 반제투쟁의 필봉을 더 높이 추켜들 것을 요구하고 있습니다." 〈김정일 선집 제15권, 조선기자동맹 제8차대회 참가자들에게 보낸 서한〉 「기자, 언론인들은 우리의 사상, 우리의 제도, 우리의 위업을 견결히 옹호고수하는 사상적 기수이다」(2001.11.18), 208~219쪽.

1) 미국은 제국주의이고 침략적, 약탈적 속성을 가지고 있다.
2) 미국은 남한을 강점하였고, 남한은 미국의 식민지이다.
3) 조선전쟁(한국전쟁)은 미국의 조종을 받은 남한이 북침한 북침전쟁이다.
4) 미군은 조선전쟁 시기 수많은 북한 주민을 잔혹하게 학살하였다.
5) 신천박물관에 전시된 신천군 학살은 미국에 의해 저질러진 사건이다.
6) 역사적으로 미국은 호시탐탐 북한을 침략할 기회만 노리고 있다.
7) 미국은 일본과 공모하여 군사결탁을 하였고 일본도 미국과 함께 북한을 침략하기 위해 기회를 노리고 있다.
8) 남한과 미국이 남한에서 과거부터 벌이고 있는 팀스피리트 훈련 등 한미합동군사훈련은 북침(핵)전쟁연습이다.
9) 미국은 남한민족과 북한민족을 분열시키고 통일을 가로막는 세력이다.
10) 미국은 북한과 공식적으로 합의한 사항도 미국 자신의 이익에 도움이 되지 않는다고 생각하면 언제든 합의를 어기고 지키지 않는다.

인터뷰 결과, 거의 대부분(28명)의 답변자들이 모든 항목에 주저 없이 "예"라는 답을 하였다. 단순 설문이 아닌 1대1 심층 대화를 통해 정성적(qualitative)으로 분석을 하였기 때문에 그들이 왜 그렇게 답을 했는지도 이해할 수 있었다. 상기 질문 내역은 한국전쟁을 거치면서 권력을 독점한 김일성이 북한에 심어 놓은 대미 인식에 해당하며 이 책 '제2장 북한의 대미 불신의 기원'에서 다룬 내용이다. 그러한 대미 인식이 북한 피통치집단에 의해 그대로 수용되고 유지되어왔음을 보여주는 결과로, 마지막 10)번 질문은 미국의 북미 간 합의 이행 의지에 대한 북한의 대미 불신을 보여준다. 하지만 동 인터뷰는 통계학적으로 유의미한 정도의 대규모 인터뷰가 아니어서 이 책에 그 세부 내용을 소개하지는 않았다. 다만 필자가 동 인터뷰를 진행하면서 북한의 대미 불신에 대해 새롭게 습득한 사실과 시각은 글의 전개과정 속에 간간이 인용하여 전개 논리를 강화하였다.

이 책과는 별도로 필자는 TIME에서 2006년부터 현재까지 북한문제 및 한반도 이슈 관련 다양한 분야의 전문가와 정책결정자들을 단독 인터뷰해왔다. 이들과의 소통은 북한을 여러 다른 각도에서 바라볼 수 있는 균형 잡힌 시각을 기르는 데 큰 도움이 되었고 그러한 시각은 본 책에도 그대로 반영되어 있다. 전 · 현직 정부(대북 · 외교안보) 정책결정자인 피회견자들과도 인터뷰하였으나 사전동의를 받지 못해 이 책에서 인용할 수 없음은 아쉬움으로 남는다.

이 책의 대북 시각에 영향을 미친 인터뷰 피회견자들은 다음과 같다. 탈북자(전직 외교관, 군출신, 간부 출신, 금융계, 학계, 전직 언론인, 문학가, 화가, 예술가, 정치범 수용소 수감자 출신, 일반인 등등), 북한 관련 단체(NGO), 북한전문가(통일연구원, 세종연구소, 국가전략연구소 원 · 소장 및 연구원, 국내 주요 연구원장 및 연구원), 학자, 개성공단 관계자, 전현직 6자회담 수석대표(한국), 전현직 청와대외교안보수석, 전현직 통일부장관, 외교통상부장관, 정부 각 부처 대북정책 실무관, 국정원(퇴임 대북 차장 포함), 국회 외교통상통일위 · 정보위 · 국방위(위원 및 위원장), 북한인권대사, 전현직 군 장성, 그리고 미(외)국인으로는 미 정부(백악관, 국무부) 대북 정책 관리(6자회담 미측 대표 포함) 및 미 대북전문가, 전 미 국방장관, 전 미 핵군축 · 안보담당 상원의원, 미국무부 통역(2002.10 켈리-강석주 담판 등 통역), 안보 관련 국제기구 관리 및 해외 안보연구소 연구원, 미 핵무기 정책담당 핵물리학자, 세계식량계획(WFP) 전 사무총장, 후지모토 겐지(김정일의 요리사), 북한담당 외신기자(미 · 일 · 중 · 러) 등.

4절 북한의 대미 불신의 개념과 구조

1. '북한의 대미 불신'의 개념

이 책에서 사용한 '대미 불신'이라는 표현에서 대미 '불신'은 대미 적개심 혹은 반미(反美)감정과 어떻게 다른가라는 의문을 제기할 수 있다. 불신은 신뢰와 대비되는 개념으로 연구자들은 신뢰를 '행위자의 협조(cooperation)를 예상하는 기대', '행위자가 예상대로 자신에게 도움이 될 특정한 행동을 할 것이라는 기대', '상대방에게 자신의 상호의존성과 취약성을 높이는 위험가능성을 수용' 등 다양한 개념정의를 하고 있다.[72] 이러한 신뢰에 대한 정의를 바탕으로 현실주의 국제정치학의 개념을 빌어 불신을 정의하자면 불신이란 '상대방이 배신(defect)할 것이라는 기대', '잠재적 안보위협 행위에 대한 예상', '상호의존성(inter-dependence)과 취약성(vulnerability) 노출에 대한 회피'[73] 등으로 정리할 수 있다.

양자 간 협조를 제약하는 죄수의 딜레마 게임이나 다자 간 협조를 제약하는 루소의 '사슴의 우화'에서 볼 수 있듯이 상대 행위자에 대한 불신, 즉 배신

---

72) 강오순, 「신뢰와 불신에 대한 문화심리학적 연구: 신뢰와 불신의 기반 분석」, 중앙대학교 석사학위논문, 2003, 10~12쪽.

73) 상호의존성과 취약성에 대해서는 코헨과 나이의 상호의존론을 참조. Robert O. Keohane and Joseph S. Nye, Jr., *Power and Interdependence: World Politics in Transition* (Boston: Little Brown, 1977).

에 대한 예상으로 인해 최적의 결과를 도출하는 데 실패한다. 왈츠는 '사슴의 우화'를 예로 들며 "(사슴사냥 대열을 유지하는 대신) 내가 먼저 토끼를 잡으러 이탈하지 않으면 다른 사람이 먼저 이탈해 토끼를 잡아갈 것"이라는 타인에 대한 '이성에 근거한' 의심으로 인해 무정부상태의(anarchic) 국제체제에서도 마찬가지로 국가 간 협력이 이루어질 수 없음을 설명한다.[74] 홉스의 자연상태[75]처럼 북한은 미국이 북한을 침략할 기회만 엿보고 있다는 안보불안감에 시달리며 안보딜레마[76]에 빠져있다. 또한 주체와 자주성을 강조하며 미국과의 상호의존적 관계에 편입되어 자신의 취약성이 높아지는 것을 극도로 경계하고 있다. 종합적으로 요약하자면 이 책에서 사용한 북한의 대미 '불신'이란 '배신(합의위반)에 대한 의심', '안보위협 의식', '예속에 대한 경계' 등으로 정의내릴 수 있다. 예컨대 본 책 4장의 북미 간 죄수에 딜레마게임 분석에서는 '배신에 대한 의심'이 북한의 대미 불신을 정책실패와 연결 지어 잘 설명해주고 있다.

대미 적개심이나 반미감정과 불신이 구분되는 것은 불신은 상대의 미래의 행동에 대한 예측에 기초한다는 것이다. 대미 적개심이나 반미감정을 품는 것과 미국이 합의를 위반하고 자신을 배신할 것이라는 행동에 대한 확신을 갖는 것과는 사안별로 별개의 문제가 될 수 있다. 딱지를 떼이면서 운전자가 감정적으로 교통경찰을 증오할 수는 있지만 경찰이 당시 합의한 사항을 이

---

74) Waltz, Kenneth N., *Man, the State, and War* (New York: Columbia University Press 2001), pp.167~171.

75) 만인의 만인에 대한 투쟁 상태. 자연상태(natural condition)에서 인간은 폭력적 죽음(violent death)에 대한 공포심을 가지며 삶은 고독(solitary), 가난(poor), 비참(nasty), 잔인(brutish)하고 짧다(short). Hobbes, Thomas(edited by Richard Tuck), *Leviathan* (New York: Cambridge University Press, 1996), pp.86~89.

76) 안보불안을 해소하기 위해 군비증강을 하면 상대방도 군사력을 증강시킴으로써 오히려 안보불안이 가중된다는 딜레마. 김열수, 『국가안보: 위협과 취약성의 딜레마』(파주: 법문사, 2010), 37쪽.

행하지 않을 것이라고 불신하지는 않는 것과 마찬가지다. 북한 주민들이 한국전쟁이 미국의 배후조종에 의한 남한의 북침이 아닌 김일성의 계획적인 기습남침에 의한 것이었다는 것을 알면 전쟁의 상흔으로 인한 대미 적개심은 여전할지는 몰라도 미국이 북한을 침략하기 위해 호시탐탐 기회를 노리고 있다는 안보위협에 대한 대미 불신은 대폭 줄어들 것이다. 적개심은 상대방의 과거의 행위에 대한 반발적 감정인 반면 불신은 상대방의 과거의 행동에 기초한 미래의 행동에 대한 이성적 기대와 더 깊은 연관성을 갖는다.

그럼에도 불구하고 장기간에 걸쳐 학습되어 온 대미 적개심은 미국에 대한 부정적 이미지를 강화하고 미국은 '제국주의 악의 화신'이라는 상징(symbol)을 고착화시켜 미국의 악의적 의도를 부각시킴으로써 미국은 악의적 행위를 지속할 것이라는 미래행위에 대한 불신을 조장할 수 있다. 이러한 점에서 불신은 적개심보다 포괄적인 상위의 개념이다.

2. 북한의 대미 불신의 내면화 구조: 국가안보, 체제안보, 정권안보

이 책은 북한의 대미 불신의 기원을 항일무장투쟁 경력을 정권의 정통성으로 내세운 김일성의 권력 독점 과정에서 찾고 있다. 한국전쟁은 그런 면에서 중요한 의미를 갖는다. 전쟁의 목적달성은 실패했지만 김일성은 오히려 전쟁기간 남로당과 연안파 및 소련파의 거두를 제거하고 권력독점의 발판을 마련한다. 북한주민들은 미군으로부터 경험한 전쟁의 상흔으로 인하여 자발적으로 김일성의 대미 역사인식과 반미 인식체계를 수용하게 된다. 하지만 전쟁의 도발 책임이 있는 김일성은 전쟁이 끝난 이후 주한미군의 강력한 화력 앞에 극심한 안보불안에 시달린다. 김일성은 독재권력을 구축하고 주민들이 자발적으로 수용한 대미 적개심을 자신의 정권안보 차원에서 반미의식화 강화에 활용한다. 또한 대내외적 안보 불안 요소를 주체사상이라는 김일성 사회주의 체제를 무기로 헤쳐 나간다. 종합컨대 북한의 대미 불신의 내면화 구조는 신화화된 항일무장투쟁의 연속선상에서 반제반미투쟁을 전개해 나가는 김일성 · 김정일 독재권력의 유지 · 강화 노력의 부산물인 것이다. 결국 북한의 대미 불신의 내면화 구조는 김일성 · 김정일(그리고 김정은) 체제의 영속화를 위한 대미 안보체계와 맞물려 있다.

본 책 제4장은 어떠한 구조적 틀에서 북한의 대미 불신이 깊이 내면화 되어 왔는지를 보여주고 있다. 북한의 대미 불신의 구조적 틀을 짜기 위하여 북한이 미국으로부터 지배적으로 느끼는 안보위협의 유형을 우선적으로 살펴보았다. 더불어 국제정치학에서 정의하는 안보의 개념과 북한의 시각을 절충하여 북한의 대미 불신의 구조적 틀(국가안보, 체제안보, 정권안보)을 구성하였다. 동 구조는 균형 잡힌 내 · 외재적 시각을 바탕으로 안보 영역별로 연역적으로 구성한 구조임과 동시에, 북한의 대미 안보불안으로부터 촉발된 대미 비난 레토릭을 유형별로 분류하여 귀납적으로 도출해 낸 구조적 틀이기도 하다.

북한의 대미 불신을 단순화해 표현하면 '미국이 북한의 자주권을 침해한다'는 것이다. 북한의 대미 불신의 기원은 김일성 항일무장투쟁 혁명 전통으로 거슬러 올라간다. 김일성이 국가권력을 장악하는 과정에서 항일무장투쟁 정신은 반제반미 투쟁으로 확장되고 김일성 주체사상이 확립되면서 '자주성'과 '미 제국주의 속성'은 피할 수 없는 충돌을 겪게 된다. 북한에게 '목숨보다 중요하다'는 '자주'는 주체사상의 핵심원리이며, 미제국주의는 침략적 속성상 다른 나라의 자주권을 침해하지 않고서는 생존할 수 없다는 것이 북한의 주장이다. 북한의 통치이념인 주체사상[77]은 '사상에서의 주체', '정치에서의 자주', '경제에서의 자립', '국방에서의 자위'라는 4대 영역별 자주 노선을 확립해 놓고 있다. 필자는 북한의 대미 불신의 구조를 북미 간 대립하는 북한의 자주권의 영역에서 찾았다. '사상에서 주체'는 '체제안보'로 '정치에서의 자주'와 '경제에서의 자립'은 '정권안보'로 그리고 '국방에서의 자위'는 '국가안보'로 각각 정형화하여 대미 불신 구조의 준거의 틀로 삼았다. 물론 각 안보 영역의 구분이 상호 배타적으로 명확히 구분된다기보다는 상호 보완적 성격을 띠며 중첩되는 영역이 존재함을 미리 밝힌다.

'경제에서의 자립'을 '정치에서의 자주'와 함께 묶어 '정권안보'로 통합한 이유는 북한은 정치적 내정간섭 뿐 아니라 경제봉쇄, 원조 등도 침략을 위한 경제적[78] 내정간섭으로 인식하고 있기 때문이다. 북한은 미국이 북한의 내정간섭을 통해 정권을 붕괴시키려고 음해하고 있다고 주장하는데, 북한은 '내정간섭'을 "다른 나라의 정치, 경제, 사상, 문화 등 모든 분야에 간섭하며 그 나라의 자주권을 침해하는 침략적행위"라고 정의하고 있다.[79] 또한 국가 권력의 효율성을 제고해 경제적 혜택을 주민들에게 분배하지 못하면 정권의 권위를 상실해 정권안보가 약화될 수 있다는 점도 고려하였다.

북한의 체제안보는 주체사상(자주)에 의해 떠받쳐지고 있다고 해도 과언이 아니다. 주체사상은 북한만의 특수한 사회주의체제로서의 정체성을 부여해 주고 있으며 그 뿌리를 김일성 항일무장투쟁 혁명 전통에 두고 있다.[80]

---

77) 주체사상에 대해서는 이 책 '제3장 제2절 1. 주체사상과 자주성' 참조.

78) 북한은 미국의 경제력을 위시한 원조외교를 "딸라외교정책"이라 부르며 "경제원조를 미끼로 다른 나라들을 회유, 매수 또는 위협공갈하는 침략적대외정책"이라고 비난한다. 사회과학원 력사연구소, 『력사사전 II』(평양: 사회과학출판사, 1971), 1124쪽.

79) 『정치사전』(1973), 244쪽.

80) 백학순은 "특정 권력추구자가 권력투쟁에서 성공하여 최고 권력자가 되면 그가 개인적 차원에서 추구해온 사상과 정체성은 이제 '전당 · 전국가 · 전사회적' 공유를 통해 결국 당, 국가, 사회 전체의 지도사상(공식이데올로기)과 집단적 정체성이 되며, 이는 권력자 자신을 포함한 모든 사람의 권력행위 전반을 속박 내지 제한하게 된다"라고 말한다(백학순(2010), 24쪽). 백학순의 분석을 빌어 필자는 다음과 같은 해석을 한다. 김일성은 제국주의에 대항하여 조선 인민을 해방시킨 무장투쟁 영웅으로

서보혁은 "주체사상은 수령과 대중을 하나로 묶는 집단주의의 사상적 원리로 작용했고, 그 집단주의가 기반이 되어 민족주의적 정향과 주체적 사회주의 노선을 양대 축으로 하는 북한의 정체성이 형성되었다"고 분석한다. 그러한 정체성은 대내적으로 개인 · 집단 · 국가를 하나로 '동일시'하고 대외적으로 외부세력과 자아간 이질성을 강조해 '구별짓기'함으로써 국가의 일체감과 독립성을 유지하는 데 기여한다.[81] '자주권 수호'로 대변되는 북한의 정체성은 북한이 볼 때 '타 국가의 자주권을 침략과 약탈로 훼손하며 생존하는 미제국주의 속성'과 정면으로 충돌한다. 북한은 주체사상(자주)과 반외세 저항민족주의를 바탕으로 대내 이념적 정체성을 뚜렷이 하고, '미제국주의의 악의적 실체'와 그 위협을 과장함으로써 대미 정체성 충돌과 이질성을 극대화하며 체제의 결속을 다진다.

현실주의 국제정치의 대외 안보 측면에서도 체제와 이념은 중요한 역할을 한다. 정통성(legitimacy)을 갖춘 국가권력은 대외정책(foreign policy)을 펼침에 있어 정통성을 인정받지 못하는 국가권력보다 더욱 효율적으로 자신의 대외 의지를 관철시킬 수 있다. 대내적으로 확고히 정립된 정치이념(political ideology)은 이처럼 국가권력이 대외적 자율성과 효율성을 높일 수 있는 정통성을 부여해준다.[82]

서의 자신의 정체성을 바탕으로 권력투쟁에서 성공하였으며, 그의 반제국주의 사상은 주체사상이라는 통치이념으로 당, 국가, 사회 전체에 투영되었고 '자주'라는 강력한 집단 정체성을 형성하여 자신을 포함한 모든 구성원이 '자주권(체제)' 수호를 위해 반제반미투쟁에 앞장설 수밖에 없는 구조에 스스로를 속박하게 되었다. 이러한 구조적 제약은 '반제반미투쟁' 제도의 신제도주의 이론적 경로의존성(path dependence)을 잘 설명해주고 있다.

81) 서보혁(2003), 47 · 63쪽.

82) Morgenthau, Hans J.(7th Ed. revised by Kenneth W. Thompson and W. David Clinton), *Politics Among Nations: The Struggle for Power and Peace* (New York: McGraw-Hill, 2006), p.32.

북한은 '정권'을 "계급독재를 실현하기 위한 계급의 정치적 지배권"[83]으로 정의하고 있다. 피통치집단에 대한 강력한 강제력을 동원할 수 있는 정치권력을 의미하는 것이다. 당과 대중의 위에서 초법적 지위를 누리는 수령은 북한의 모든 최고 국가기관이 복종해야 하는 정치권력의 최정점이자 구심점이다. 따라서 정권안보라 함은 김일성 수령과 수령의 지위를 승계한 김정일의 '체제보위(수호)'로 요약될 수 있다. 이 책에서 '정권안보'라는 용어를 선택한 것은 북한(특히 김정일 정권)이 제3세계 연약국가의 정권안보 특징과 상당한 유사점을 보여주고 있기 때문이다. Brian L. Job은 정통성이 취약한 제3세계 연약국가(weak state)의 정권안보(regime security) 관련 특징으로 1) 군사화(militarization) 2) 억압과 공포정치 3) 외부 적의 위협을 과장하여 내부의 불만과 관심 전환 유도라는 세 가지를 지적하고 있다.[84] 이들 정권이 자학에 가까울 정도로 국민을 대상으로 테러를 자행하는 이유로 내부 불만세력의 요구를 충족시킬 수 있을 정도의 유연한 개혁 정책을 펼 수 없는 정권의 '경직성'을 지목한다. 억압을 통한 공포정치는 정책의 성공 가능성이 높아서 만이 아니라 효율성 있는 대안을 제시할 수 없는 정치 제도 및 경제적 자원의 빈약함에서 기인한다. 이들 정권은 대외적 국가안보 위협을 과장하면서 군사력 강화 등 정권안보 강화 정책의 정당성을 확보하려는 속성을 가진다. 정권은 국민 다수의 지지를 받지 못하는 것을 두려워하여 이들에게 권한을 분배하는 것보다 원하든 원치 않든 군부 엘리트들이나 외부 세력과 규합하여 군사력을 바탕으로 한 단기적인 안보를 보장받으려 한다. 권력의 핵심에는 군부가 있고, 대외적 위협과 대내적 위협의 구분이 희미해져 국가안보와 정권안보의 경계가 모호해지는 상태에 이른다. 한 가지 주목할만한 점은 이들

83) 『정치용어사전』(평양: 사회과학출판사, 1970), 454쪽.

84) Job, Brian L., *The Insecurity Dilemma: National Security of Third World States* (Boulder: Lynne Rienner Publishers, 1992), pp.28~31.

제3세계 연약국가의 정권이 추구하는 안보는 장기적인 안보보다는 근시안적으로 단기적인 안보에 매달리는 속성이 있다. 이렇게 단기적이고 비효율적인 안보자원의 분배로 인해 이들 정권이 추구하는 안보는 국가안보보다는 정권의 존속에 급급하는 정권안보로 귀착된다.[85] 이러한 특징은 선군정치를 펼치며 국가 비효율성에 불만이 팽배한 주민통제를 강화하고 미국의 위협을 조작·과장하면서 정권안보에 급급하던 김일성 사후 김정일 정권이 보여준 행태와 매우 유사하다. 인위적으로 '미 제국주의의 침략'이라는 대외적 위협을 과장하면서 정권안보에 집착할 수밖에 없는 북한 정권의 특징과 구조적 경직성에 대해 살펴본다.

'국방에서의 자위' 영역에 해당하는 북한의 대미 불신 준거의 틀로 '국가안보(군사위협)'를 차용하였다. 정치, 경제, 사회, 문화와 군이 상호 교차·중첩되어 군사국가화되어 있는 북한의 특성상 국가안보(national security)와 군사안보(military security)가 상당부분 중첩되어 있다. 한국전쟁기 미군으로부터 북한이 겪은 트로마(trauma)는 주민의 철저한 사상무장을 위한 정권의 상징조작과 맞물려 확대재생산됨으로써 아직까지 그 상흔이 가시지 않고 있다. 한국전쟁기와 이후 미국의 지속적인 대북 핵위협은 북한 지도부가 인식하는 가장 큰 군사위협의 요인이 되고 있다. 이러한 배경에서 한국전쟁과 미국의 한반도 핵정책을 국가안보 차원에서 북한의 대미 불신을 결정짓는 가장 큰 요인으로 인식하였다.

---

85) 이러한 연약국가의 정권안보 특징에 따라 이승만 정권과 김정일 정권이 장기적 국가이익 추구 대신 단기적 정권안보를 추구하데 대한 연구는 다음을 참조. Hong, Yong-Pyo, *State Security And Regime Security: President Syngman Rhee and the Insecurity Dilemma in South Korea in 1953-60* (Hampshire: Antony Rowe Ltd., 2000); 홍용표, 『김정일 정권의 안보딜레마와 대미·대남정책』(서울: 통일연구원, 1997).

5절 연구범위 및 구성

이 책의 역사적 사건의 시기적 범위는 김일성 항일무장투쟁시기부터 부시행정부 2기 2006년 10월 9일 북한이 지하핵실험을 강행하는 시점까지이다. 각 장의 역사적 사건의 시기적 범위는 다음과 같다. 제2장과 제3장은 북한의 대미 불신의 기원과 구조를 다루고 있으며 가급적 그 시기를 부시행정부 출범 이전으로 국한하였다.[86] 불신의 기원을 다룬 제2장은 1930년대 김일성 항일무장투쟁 시기부터 1950년대 말(1956년 8월 종파사건) 김일성의 권력독점이 사실상 완료되는 역사적 사건적 시점까지를 대미 불신의 기원으로 보고 있다. 이 책은 이 시점(1950년대 말)이 불신이라는 빙산의 거대한 하부구조라고 할 수 있는 북한의 대미인식체계(역사의식 포함) 형성이 1차적으로 완료된 시점으로 판단해 이 시기를 기원의 영역으로 포함시켰다. 김일성이 항일무장투쟁 경력을 정권의 정통성으로 내세우며 격화되는 권력투쟁 속에 반제반미투쟁을 확대해 한국전쟁을 도발하고 자신의 권력을 극대화해 나가는 과정을 북한의 대미 불신의 기원이라고 보았기 때문에 제2장은 김일성 항일무장투쟁 시기, 해방 후 김일성의 권력투쟁과 반제반미투쟁 및 한국전쟁, 8월종파사건 등의 사건이 포함된다. 경로의존적(path dependent) 역사적 사건에 있어서는 상기한 시간적 범위가 정해져 있지만, 동 시기에 형성된 북한의

---

86) 김정일의 선군정치 등 부시행정부 출범 이전에 시작되었으나 출범 이후에도 지속된 정책은 부시행정부 출범 이후의 자료도 일부 기술될 수 있음을 밝혀둔다.

대미 역사 인식을 설명하기 위하여 동 시기 이후의 역사 자료들을 함께 인용하였다. 사건이 발생한 당시 시점의 역사적 맥락을 이해하기 위한 1차 자료로는 당시의 김일성 연설을 활용하였다.

불신의 내면화 구조를 다룬 제3장은 부시행정부 출범 전까지의 사건을 다룬다. 기원과 구조가 시기적으로 양분되는 것은 아니다. 대미 불신의 기원이 형성되는 시기에 구조화와 내면화도 동시에 진행될 수 있는 것을 인정하고 구조의 배경을 설명하기 위해서는 기원을 함께 설명해야 하는 경우도 있기 때문에 기원과 구조의 시기적 선을 긋지는 않았다. 한국전쟁의 경우 제2장에서도 일부 다루고 있고 제3장의 국가안보 영역에서도 다루고 있으나 전자의 경우 한국전쟁을 김일성의 반제반미투쟁의 결과물로 보아 전쟁도발을 위한 '정의의 전쟁' 명분 쌓기와 북한주민이 실제로 경험한 상흔(trauma)을 바탕으로 자발적으로 반미인식체계가 수용되는 배경을 비중 있게 다뤘다. 후자의 경우 '북침설'과 미군의 '만행' 과장 등 국가차원에서 대미 적개심과 불신을 조장하고 조직적인 사상교육에 활용하는 수직적 반미 인식체계 확산에 더 비중을 두었다. '북침' 및 전쟁기 미군의 '양민학살'에 대해서는 오랜 기간을 두고 공고화된 북한의 대미 인식에 의거하여 피통치집단 뿐 아니라 통치집단까지 부동의 사실로 믿고 있어 대미 군사위협의식의 실체로 작용한다는 점에서 군사안보 영역에 포함시켰다. 제3장을 부시행정부 출범 전까지로 시간적 범위를 제한한 것은 부시 행정부 시기에도 구조적으로 내면화된 북한의 대미불신(반제반미투쟁)의 경로가 이탈 없이 지속적으로 강화되어 왔음을 이후의 장에서 보여주기 위함이다.

제4장은 2010년 11월 북한이 우라늄 농축시설을 공개한 시점에서의 북한 HEU프로그램 분석 외에는 2006년 10월 9일 북한의 1차 핵실험 실시 직전까지의 부시행정부 시기를 다루고 있다. 제5장은 2001년 1월 부시 행정부 출범 이후 북한의 지하핵실험일(2006.10.9)까지의 북한의 대미 비난 레토릭을 북한

관영매체 위주로 정리하였다.

이 책에서 2006년 10월 9일 북한이 지하핵실험을 강행하는 시점까지를 연구범위로 정한 것은 그 시점을 '제네바합의의 붕괴'로 보았기 때문이다. 2006년 5월 KEDO 집행이사회가 경수로사업 종료를 결정하고 북한은 7월 대포동 2호를 시험발사한 뒤 10월 9일 핵실험을 강행한다. 이 책은 경수로 지원을 둘러싼 북미 간 상호 불신을 제네바합의 붕괴의 근본 원인으로 해석하고 있어, 경수로 사업의 공식 종료와 북한의 핵실험은 북미 간 합의의 핵심사항에 대한 명백한 위반이자 상대방의 이행의지가 없다고 확신하고 또 스스로 이행의지가 없음을 대내외적으로 천명하는 행위로 판단된다. 그래서 이러한 행위를 공식적(de jure)은 아니지만 사실상(de facto)의 '제네바합의의 붕괴'로 본 것이다.87)

북한의 반제반미투쟁은 클린턴, 부시, 오바마 행정부를 가리지 않고 경로를 이탈하지 않고 경로의존성을 유지 · 강화하며 대미 불신을 내면화해왔다. 하지만 이 책에서 북한의 대미 비난 레토릭 분석 시기를 부시 행정부에 국한시킨 것은 부시 행정부 시기 북한은 앞뒤의 민주당 행정부와 대비해 가장

87) 북미 제네바기본합의 붕괴 시점을 언제로 보느냐는 보는 관점에 따라 다를 수 있다. 북미 간 상호 제네바합의 위반을 주장하는 시점을 따지면 2002년 말 경이 합의 붕괴의 시작점이 된다. 2002년 10월 켈리-강석주 담판에서 불거진 북한의 'HEU프로그램 시인' 사건으로 11월 미국이 북한의 제네바합의 위반을 비난하며 대북 중유공급 중단을 결정하고 이에 반발한 북한은 12월 핵동결 해제를 선언하는 시점이다. 2005년 9 · 19 공동성명은 '제네바합의를 대체할 새로운 한반도 프로세스를 담고 있다'(고유환, 「북한의 핵보유 선언과 '9 · 19 공동성명' 평가와 과제」, 『북한학연구』 창간호(2005), 103쪽)는 점에서 제네바합의의 붕괴시점으로 해석하는 이도 있다. 하지만 필자는 제네바합의의 핵심 이행 사안인 '대북 경수로 제공'에 주목하여 2006년 KEDO 집행이사회의 경수로사업 종료 결정에 이은 북한의 탄도미사일 발사 및 핵실험을 북미 간 경수로 프로젝트 이행의지가 없음을 상호 확인하는 중요한 사건으로 인식하여 제네바합의의 붕괴시점으로 설정하였다. 반면 9 · 19 공동성명은 "적절한 시기에 경수로문제에 대해 논의"하기로 함으로써 대북 경수로 제공에 대한 여지를 남겨놓았다.

심각한 안보위기감(이 책에서 분석한 군사 · 체제 · 정권안보 차원)을 느꼈으며 가장 강도 높고 많은 대미 비난 레토릭을 쏟아내었기 때문이다. 부시 행정부는 반테러전을 수행하면서 북한을 핵선제공격 대상으로 지목하여 북한에 심각한 군사안보 위기감을 조성하였고, 북한을 악의 축으로 규정하고 대북인권법을 제정하는 등 북한의 체제안보를 뒤흔드는 정책을 입안하였으며, 김정일과 그의 정권 교체를 공공연히 드러내며 김정일 통치자금줄의 길목인 BDA를 대상으로 금융제재를 가동해 북한의 정권안보를 위협한 바 있다. 북한도 수많은 레토릭 뿐 아니라 자주권 수호를 천명하며 지하핵실험을 단행한다. 군사 · 체제 · 정권안보 영역에서 북한의 대미 안보불안감에 따라 북한의 대미 인식이 극명하게 드러나는 다양한 주제의 대미 비난 레토릭을 수집하고 분류해 과거의 그것과 비교할 수 있다는 연구의 편의성을 고려하여 부시행정부를 레토릭 분석 시기로 선정하였다.

이 책의 논리적 흐름은 다음과 같다. 제2장 제3장에서 북한의 대미 불신의 기원과 구조를 다룬다. 제4장에서는 불신에 의한 북미 간 정책실패의 사례(case study)로 부시 행정부시기 북미 간 경수로를 둘러싼 제네바합의의 붕괴과정을 '죄수의 딜레마(prisoner's dilemma) 게임'으로 풀어본다. 상호 불신의 정도가 크면 클수록 죄수의 딜레마 게임에서 상호 배신할 가능성이 크다. 제5장은 제2장~제3장에서 논의한 북한의 대미 불신의 기원과 구조가 부시 행정부 시기 대미 비난 레토릭의 형태로 표출되는 것을 정리하였다. 그 레토릭은 제2장~제3장에서 논의한 북한의 대미 불신의 기원과 구조의 논리적 범주를 벗어나지 않고 내면화된 안보불신의 구조적 틀 속에 모두 포획되고 있어 북한의 평소 대미 비난 레토릭이 단순 전술적 수사(修辭)가 아니라 김일성 항일무장투쟁시기부터 현재에 이르기까지의 오랜 기간을 두고 깊이 내면화된 경로의존적(path-dependent) 대미 불신에 기인하고 있음을 보여주고 있다. 수령 유일체제 국가의 지도자가 과거 권력을 장악해 나가면서 형성한 대미 역사의식과 위협의식, 사상, 정체성을 바탕으로 대미 논리와 레토릭이 오랜 기간을 두고 일관성을 유지하며 전개되었다면 그 레토릭은 표면적 수사라기보다는 내면화된 신념에 근거하고 있다고 봐야 한다.

제3장의 북한의 대미 불신의 구조적 틀은 '국가안보', '체제안보', '정권안보'라는 3가지 차원에서 구성하였는데 그 배경과 각각의 개념에 대해서는 앞 절에 이미 소개한 바 있다. 다만 각각의 구조적 틀은 서로 '두부 자르듯' 명확히 구분되는 개념이라기보다는 상호중첩되고 상호보완적인 성격도 있다는 것을 미리 밝혀둔다.

제5장은 북한이 미국과 부시행정부를 비난하며 쏟아내는 다양한 레토릭을 상기 3가지 대미 불신의 구조적 틀 안에 정리하였는데 의제별로 1가지 차원이 아니라 2가지 혹은 3가지 모두에 해당하는 의제가 있을 수 있다. 예를 들어 미국의 대북 인권 제기는 북한의 시각에서 볼 때 3가지 모두의 차원에서 설명이 가능하다. 즉 내정간섭을 통한 정권안보를 약화시키려는 의도와, 인도주의적 개입이라는 명분으로 북한 급변사태 시 대북 군사개입의 위험성을 내포하고 있으며, 북한을 인권유린국으로 지정해 '불량국가'로 낙인찍어 북한의 정체성을 훼손하려는 '체제안보' 차원의 대북공세로도 인식이 가능하다. 다만 북한이 미국의 대북 인권문제 제기에 대해 주로 자국의 정치적 자주성을 침해하는 내정간섭의 도구로 받아들이고 있기 때문에 인권문제는 '정권안보'차원의 틀 속에 배정하였다. '주한미군철수 주장'도 군사 영역인 국가안보 차원에 배정할 수도 있지만 북한은 주한미군을 '남조선을 강점한 제국주의 군대'로서 '민족의 자주권 침해'와 북미 간 정체성충돌(제국주의 대 반제국주의) 차원에서 주한미군철수를 주장하고 있어 체제안보에 포함시켰다.

제2장
북한의 대미 불신의 기원

• • •

북한의 대미 불신의 시원(始原)은 김일성의 항일무장투쟁이다. 해방 직후 소련에 의해 북한의 지도자로 옹립된 김일성은 자신의 항일무장투쟁 경력을 타 정치 파벌과 차별화되는 정통성의 근거로 내세우며 미국을 일본제국주의를 대체한 주적으로 지목하고 '반제반미투쟁'의 기치를 높인다. 김일성 항일무장투쟁은 실제보다 크게 부풀려져 신화화되고 통치이념화되며 반제반미투쟁으로 확대된다. 미소냉전이 본격화하면서 모든 정치엘리트들이 반제반미투쟁에 동참하고 김일성의 반제반미투쟁은 권력투쟁과 맞물려 격화되어 한국전쟁도발이라는 새로운 국면으로 치닫는다. 한국전쟁도발과 함께 국가의 일체권력을 장악한 김일성은 전쟁기간 남로당파 · 연안파 · 소련파 지도자를 제거하며 권력독점의 기반을 다진다. 1956년 8월 종파사건을 계기로 김일성 빨치산파는 북한의 권력을 완전히 독점하게 되고 김일성 혁명사관이 투영된 반미 역사의식이 북한사회 전반에 뿌리내린다. 미국의 무차별 공격으

그림 2-1.
〈빨치산 동료와 함께〉
두번째 줄 가운데가 김일성. 출처: 『조선중앙연감』, 1995

로부터 경험한 한국전쟁의 상흔은 북한 주민들이 반미 의식체계를 자발적으로 수용하게끔 하였고, 김일성의 권력 독점은 경로의존적(path-dependent) 반제반미투쟁으로부터의 경로이탈을 강력히 제약하는 요인이 된다.

1절 김일성의 항일무장투쟁과 반제국주의

김수민은 '강제력의 제도화', '신념의 공유', '효율성'이라는 세 가지 준거의 틀을 바탕으로 북한 지도자들이 해방 후 정권의 정통성 확보를 위해 어떠한 노력을 기울였는지 분석한다.[1] 김일성은 강제력을 제도화하기 위해 당, 행정기관, 군대를 장악하였다.[2] 신념의 공유를 위해서는 정치적 상징과 의식, 선거 등을 활용했다. 정권의 효율성을 제고하기 위해 토지개혁을 비롯한 개혁[3]을 단행하였다. 김일성은 강제력의 제도화, 신념의 공유, 효율성 제고 등

---

1) 김수민, 「북한 정권의 정통화 시도 1945-1950」, 『북한연구학회보』 제3권 제2호(1999), 187~223쪽.

2) 김일성은 북조선공산당을 서울 조선공산당 중앙의 직접 통제에서 분리시킨 후 남·북로동당을 통합하여 조선로동당 위원장을 차지해 당권을 장악했다. 김일성은 소외 계층을 포용, 대중정당을 구축하여 자신의 대중적 지지기반을 넓혀 나갔다. 김일성은 북조선임시인민위원회 위원장으로서 북한의 행정권 또한 장악했다. 더불어 자신이 이끌던 빨치산그룹을 군과 보안대 사령관 및 요직에 앉혀 장악함으로써 '총대를 틀어쥐고' 정적을 숙청하면서 철권독재통치를 강화할 수 있었다.

3) 북한에서의 해방 이후 각종 사회개혁은 일제 치하에서 소외된 국민들의 못 가진 한과 못 배운 한을 풀어주는 혁명적 조치였으며 북한정권이 대중의 전폭적 지지를 받을 수 있는 결정적 계기를 마련했다. 친일파와 한국인 지주의 토지를 몰수하여 무상분배하는 토지개혁을 단행하였고, 노동법과 남녀평등법을 공포하여 여성과 노동자의 근무시간과 노동환경을 대폭 개선하였다. 교육개혁을 통해 초등 및 고등 교육기관 수를 몇 배로 늘리고 사회교육도 강화하여 문맹을 퇴치하고 대다수의 국민에게 교육의 기회를 제공하였다. 이러한 '위로부터의 혁명'이라 할 수 있는 혁명적 개혁은 사회적으로 억압 받던 농민, 노동자, 여성 등 사회적 약자들에게 신분상승의 기회를 제공하였고 자연스럽게 북조선공산당과 지도자김일성에 대한 지지로 이어졌다.
북한은 1946년 3월 한 달 만에 성공적으로 단행된 자신들의 토지개혁을 '친일 봉건

정통성을 확보해 나가는 과정에서 자신의 항일무장투쟁 경력을 다른 모든 정치 지도자와 차별화된 정통성의 근간으로 삼았다. 조선인민군의 뿌리를 빨치산에 두고 조선인민혁명군창건일인 1932년 4월 25일을 군의 기원으로 인식하고 있고, 이승만을 항일무장투쟁경력이 있는 자신과 구별하여 친일 매족 반동으로 매도하였으며, 친일파와 지주의 토지를 몰수한 후 무상분배하는 토지개혁을 실시하였고, 일과 생활에서도 모두가 항일유격대정신으로 임할 것을 요구하였다. 각종 매체를 통해 김일성의 항일무장투쟁은 신화화(神話化)되고, 역사는 항일무장투쟁을 중심으로 재구성되며, 김일성은 스탈린과 레닌에 비견할 만한 민족의 영웅으로 우상화된다. 이를 바탕으로 김일성은 타 지도자와 대비한 자신의 도덕적 우월성을 권력의 정통성으로 내세우고 남한과 체제경쟁을 한다. 미제국주의를 일제를 대체할 타도 대상으로 삼아 악으로 묘사하고 자신의 '존재의 이유(raison d'être)'를 존속 확대시킨다. 김일성은 다른 배경과 지지세력을 가진 경쟁자들과의 권력투쟁에서 확고한 우위를 점하기 위하여 항일무장투쟁의 담론을 극대화하고 결국 '미제강점 남한의 해방'이라는 기치를 내세워 한국전쟁을 감행한다. 빨치산 항일유격대 시절의 풍부한 전투경험을 바탕으로 김일성은 극한의 한국전쟁 상황을 정치적으로 자신에게 유리하게 이용하여 정적을 제거하고 유일체제를 구축하기 위한 발판으로 삼는다.

1. 김일성의 항일무장투쟁과 정통성

북한에서 김일성이 누리는 지위는 살아있을 때나 죽어서나 모두 절대적이

잔재를 청산하지 못한' 남한과 해방기 가장 크게 차별화된 체제우위 요인으로 꼽고 있다. 민주주의 민족전선 편집, 『해방조선 II』(서울: 과학과 사상, 1988), 566~587쪽.

다. 북한의 역사가 김일성의 역사라고 해도 과언이 아닐 정도로 김일성을 떼어놓고 북한의 정치와 역사를 논할 수 없다. 또한 김일성을 논할 때 젊은시절 김일성의 항일무장투쟁을 빼놓고 그의 정체성에 대해 설명할 수 없다. 항일무장투쟁을 이끈 김일성의 자아정체성이 김일성 유일체제 구축 과정에서 국가정체성으로 투영되었고 반제 · 반일 · 반미는 북한체제의 정통성과 국가정체성을 이루는 근간이 되어 정치사회적 경직성을 낳고 북한은 국제사회로부터 고립되었다. '사회정치적 생명체'론에서 뇌수에 해당하는 수령의 지도에 절대복종하며 수령을 목숨을 바쳐 결사옹위 해야 한다는 사상교육에 북한주민은 길들여졌고, 수령의 적은 인민 모두의 적이자 타도 대상이 되었다. 이는 모두 일제 식민 치하에서 해방된 후 김일성이 국가지도자로 등극하는 과정에서 항일무장투쟁 전력을 지도자로서의 가장 중요한 자질 중의 하나로 국민들이 받아들였기 때문에 가능하였다.

정치지도자의 정통성은 대중과의 상호관계의 결과이며 피통치자의 자발적 참여를 보장받는 정치기제이자 권력의 원천[4]이다. 정통성을 확보한 정권은 대중의 자발적 복종과 순응을 유도하여 체제의 안정과 효율성을 제고할 수 있다.[5] 2002년 실시된 탈북자 대상 설문조사에 따르면 탈북자 67.2%는 북한 주민들이 김일성을 '인류 최고의 위인'으로 믿고 있으며 그 이유로 다수(41.1%)가 "김일성이 민족을 일본의 식민지 통치로부터 해방시킨 지도자"이기 때문이라는 답을 하였다. 또한 "조국해방전쟁을 승리로 이끌고 조국을 지

---

4) 강성학은 민주국가 뿐 아니라 전체주의 국가라 할지라도 권력자는 자신의 물리력을 정당화하고 자신의 권력에 정당성을 부여하려 노력한다고 말한다. 야만적 물리력에 기초한 권력은 지속가능하지 않은 사상누각에 불과하기 때문이다. 단, 정통성이 부족하여 물리력의 위협과 행사에 의존하는 정권에 있어서는 정보자원에 대한 독점과 조직적 통제력이 중요한 역할을 하게 된다. 강성학, 『무지개와 부엉이: 국제정치의 이론과 실천에 관한 논문 선집』(서울: 박영사, 2010), 77~79쪽.

5) 김수민(1999), 190~191쪽.

켜냈고", "공화국에 사회주의 국가를 건설한 사람"이기 때문이라는 답이 뒤따랐다. 그들은 김정일 체제 하에서 경제상황이 악화되어 김정일에 대한 불만은 있었지만 김정일을 지도자로 받아들였다. "김정일이 위대한 지도자 김일성의 아들"이라는 이유 하나만으로도 김정일의 정통성을 인정하는 것이다.[6] 이 설문조사결과는 유일지배체제하에 수령으로 신격화된 김일성의 절대적 권위를 보여준다. 제국주의의 핍박으로부터 북한 주민을 해방시킨 '해방자'로서의 김일성의 이미지가 주민들의 뇌리 속에 깊이 뿌리박혀 있으며 그 정통성이 해방 후 국가탄생 시점부터 지금의 김정일에 이르기까지 이어지고 있는 것이다. 설문에 대한 답은 '경제정책에 무능한' 김정일의 정통성도 정치 · 사상적 정통성을 갖춘 김일성으로부터 나오고 있음을 보여준다.[7] 김일

---

6) 전우택은 2002년 7월 및 10월 하나원에 입소한 탈북자 241명에게 북한의 지도자에 대한 질문을 하였다. 그들은 김일성 사후 김정일 체제 하에서 경제상황이 악화되었기 때문에 김정일의 통치를 부정적으로 받아들이고 있었다(133명, 55.2%). 그럼에도 불구하고 김정일의 국가 통치를 당연시하였는데 가장 큰 이유로 "김정일 개인의 능력이 실제로 우수하기 때문에(26명, 10%)"라기보다 "김정일이 위대한 지도자 김일성의 아들이기 때문에(168명, 69.7%)"라는 이유를 꼽았다. 일반 북한 주민들이 진심으로 김일성을 '인류 최고의 위인'으로 존경하고 있다고 생각하는가라는 질문에 "매우 그렇다(72명, 29.9%)"와 "그렇다(90명, 37.3%)"가 대다수를 차지해(총 67.2%) 북한 주민은 김일성을 '인류 최고의 위인'으로 생각하고 있다는 결과를 보여주었다. 그들이 북한 체제를 이탈한 탈북자임을 감안해볼 때 실제 북한 거주 주민들은 김일성에 대한 맹목적 경외감이 더욱 클 것으로 추정해 볼 수 있다.
김일성을 존경하는 가장 큰 이유로 답변자들은 "그가 민족을 일본의 식민지 통치로부터 해방시킨 지도자이기 때문에(99명, 41.1%)"라는 답을 하였다. 그 다음 순위로 "조국해방전쟁을 승리로 이끌고 조국을 지켜냈기 때문에(20명, 8.3%)"와 "공화국에 사회주의 국가를 건설한 사람이기 때문에(20명, 8.3%)"가 같은 비율로 나왔다. "북한 주민들을 잘먹고 잘살게 해 주었기 때문에(17명, 7.1%)"는 소수에 불과하였다(무응답32.8%). 전우택, 「북한주민들의 사회의식 및 김일성 부자에 대한 태도 조사—남한 내 탈북자들에 대한 설문 조사를 중심으로」, 『통일연구』 제9권 제1호(2005), 50~52쪽.

7) 2007년 통일부가 실시한 탈북자 인터뷰도 유사한 결과를 보여주고 있다. 북한 주민들은 북한이 어려움에 처한 원인을 김정일의 잘못된 국가운영에 돌리고 있고 "김일성과 김정일은 하늘과 땅 차이"라는 인식이 확산되고 있으나 지도자 교체에 생각은

성이 북한 주민의 정치적 사고에 얼마나 큰 영향을 미치는지를 보여주는 대목이다.

서재진 또한 남한에 온 탈북자들이 김일성은 위대한 지도자라고 평가하고 있다는 데 동의한다.[8] 필자가 인터뷰한 탈북자들도 마찬가지의 성향을 보이고 있다. 김정일을 반대하지만 김일성의 아들이기 때문에 지도자로서의 정통성은 갖췄음을 인정하며, (김정은이 후계자로 확정되기 이전에도) 김일성의 혈통과 정신을 이어받은 손자(김정일의 아들)가 통치할 수밖에 없을 것이라고 예견할 정도였다. 김정일은 김일성 사후에도 김일성의 강력한 정통성의 후광 뒤에서 유훈통치를 하며 자신의 정통성을 유지해 나갔다. 2008년 김정일이 뇌졸중으로 쓰러진 후 김정은으로의 후계체제를 급속히 진행하여 2010년 9월 김정은이 공식석상에 나왔을 때 김정은은 김일성의 젊은 시절 모습을 그대로 빼다 박은 모습을 하고 등장하였다. 성형의혹이 제기될 정도였다. 김일성과 동일한 헤어스타일과 몸집 등 일부러 김일성의 이미지를 강하게 내비치려 하는 의도가 역력했다. 2011년 10월 17일 로동신문 1면 사진[9]에 김정일보다도 김정은이 더욱 초점이 맞춰져 등장한 현지지도 사진에는 김정은이 과거 그 어느 때보다도 김일성의 젊은 시절 모습을 연상시키는 모습과 포즈를 취하고 있다. 김일성의 정통성을 물려받았다는 것을 암시하기 위한 상징조작인 것이다. 김정일 사후에도 김정은을 대상으로 한 그러한 상징조

아예 상상을 하지 못하고 있다. 이 때문에 김정일 정권의 실정으로 인한 총체적 난국에도 불구하고 주민들은 무관심과 회피로 일관하고 있어 북한의 수령 중심의 당·국가체제가 유지되고 있는 것으로 탈북자들은 지적하고 있다. 북한주민들은 '위대한' 김일성이 세운 체제에 대한 도전을 무의식적으로 금기시하고 있는 것이다. 통일연구원 편, 『새터민의 증언으로 본 북한의 변화』(서울: 통일연구원, 2007), 21~22쪽.

8) 서재진, 『북한의 개인숭배 및 정치사회화의 효과에 대한 평가연구』(서울: 통일연구원, 1993); 서재진(2006b), 245쪽.

9) 사진은 정성장 세종연구소 선임연구원이 중국 방문 중 입수하여 제공.

작은 계속되고 있다.

김일성이 항일무장투쟁에 투신했던 것은 사실이나 그 내용이나 업적은 매우 왜곡·과장되어 해방 후 소련이 북한지도자로 자신의 입맛에 맞는 지도자를 '옹립'하는 데 정당성을 부여하기 위한 수단으로 이용되었다. 북한에 친소정권을 수립하기 위해 스탈린은 88정찰여단의 김일성 대위를 직접 면담하고 낙점하였다. 소련파인 허가이, 박창옥, 남일 등이 지도자 후보로 거론되었으나 항일무장투쟁경력이 없고 소련의 공민인 이들은 북한 주민들로부터 많은 저항이 있을 것으로 판단되어 부적합하다는 판단이 내려졌다.[10] 반대로 김일성은 항일무장투쟁 기간 중 이끈 보천보 전투가 국내 언론에도 소개된 바 있어 대중의 지명도를 바탕으로 영웅으로 미화하기에 수월하였다. 소련은 김일성을 북한에 1945년 9월 19일 입국시키고 10월 14일 평양시 군중대회에서 김일성을 '민족의 영웅' 및 유명한 빨치산의 지도자로 소개한다. 소련은 스탈린식의 김일성 개인숭배를 주도하였고 김일성을 소련의 위성국 지도자[11]로 키워 나가려 하였다. 김일성 개인숭배의 주된 내용은 그의 빨치산 활동을 과장해 선전하는 것이었다. 김일성은 정치지도자로 부각되었으며 빨치산파가 정권의 상징적 주체가 되었다.

이렇듯 김일성의 항일무장투쟁경력은 소련의 정치적 목적에 의해 점차

10) 소련 극동군 총사령관 바실레프스키 원수의 부관 출신 전 소련공산당 중앙위원회 국제부 부부장 코바넨코 이반 이바노비치 증언. 중앙일보 특별취재반, 『조선민주주의인민공화국(하)』(서울: 중앙일보사, 1993), 202~204쪽.

11) 소련은 주둔 초기인 1945년 8월부터 1946년 2월까지 사실상 군정을 하였으나 김일성을 1946년 2월 북한의 초기 중앙정부 성격인 임시인민위원회 위원장에 임명하면서 김일성을 통하여 북한의 내정을 간접 통제하였다. 토지개혁과 주요산업 국유화 등 모든 '민주개혁'은 김일성의 이름으로 집행되었고 김일성은 점차 대소 자율성을 확대해 나갔다. 이완범, 「분단국가의 형성 2: 소련점령군과 '조선민주주의인민공화국'의 수립」, 김용직 편, 『사료로 본 한국의 정치와 외교: 1945~1979』(서울: 성신여자대학교 출판부, 2005), 105~111쪽.

그림 2-2. 〈1945.10.14. 평양시 군중대회 김일성 연설 장면〉
출처: 『김일성동지략전』.

신화(神話)화 되었고 확대재생산되어 정권의 정통성을 대표하는 상징으로 굳어졌다. 소련이 2차대전에 참전하여 일본에 선전포고를 함으로써 일본은 소련과 북한의 공동의 적이기도 하였고, 대중의 심리를 잘 읽은 소련군정이 김일성을 앞세워 항일무장투쟁과 정권의 정통성을 접목시켜 북한체제를 정비해 나갔다.

물론 항일무장투쟁으로부터 나온 김일성의 정통성이 소련에 의해 단순히 북한의 '소비에트화' 전략의 일환으로 조작되었다고 볼 수만은 없다. 김일성의 항일무장투쟁 경력은 중국에서 항일무장투쟁경력이 있는 연안파는 아니더라도 소련파나 남로당파와의 경쟁에서 우위를 점할 수 있는 정당성을 충분히 부여해 주었다. 소련도 중국과의 경쟁을 고려하여 연안파를 지도자로 내세우고 싶지 않았을 것이기에 항일무장투쟁 경력이 있는 김일성을 대중성을 고려하여 경쟁력이 있다고 판단하여 선택한 것이다. 이러한 면에서 김일성이 북한의 지도자로 등극할 수 있었던 것은 개인의 자질과 소련의 영향력이 맞물려 작용하였기에 가능하다고 봐야 한다.

항일무장투쟁의 신화(神話)화를 통해 정통성을 확보하고 정권을 장악해 나간 김일성은 실제보다 지나치게 부풀려진 자신의 항일무장투쟁사를 내세우며 이승만 정권과의 차별화를 꾀하고 체제경쟁을 시작한다. 이승만 정권을 '미제국주의자들이 남한을 강점해 심어놓은 친미, 친일, 매국매족 괴뢰정권'으로 매도하며 '북침전쟁준비에 미쳐 날뛰는 한줌도 못되는 괴뢰정권'으로부터 남한을 해방시켜야 한다는 '항일무장투쟁정신'을 강조한다. 2차대전 후 동서냉전이 본격적으로 시작되던 시기에 김일성의 반일 반미 반제국주의 구호는 소련이 외치고 싶던 구호를 대신 외쳐주는 것이나 다름없었다. 김일성의 항일무장투쟁의 정통성은 개인우상화와 함께 확대재생산되어 점차 '미제국주의강점 남한의 해방'이라는 구호로 옮겨가기 시작한다. 한국전쟁의 비극은 김일성의 항일무장투쟁의 정통성과 이의 신화(神話)화를 바탕으로 한 개인우상화로부터 싹트고 있었던 것이다.

북한은 항일무장투쟁을 중요한 용어로 정치사전에 기록해놓았다. '항일무장투쟁'을 "조국의 독립과 인민의 자유와 해방을 이룩한 위대한 혁명투쟁"[12]으로 정의하고 대한민국의 해방의 근원으로 인식한다. 또한 "위대한 수령 김일성동지에 의하여 항일무장투쟁시기에 이룩된 사상체계와 투쟁정신, 사업방법과 사업작품, 투쟁경험과 업적을 기본내용으로 하는 빛나는 혁명전통은 우리 당과 조선혁명의 깊고도 억센 뿌리이며 혁명발전에서 위대한 힘의 원천으로 되는 우리 당의 귀중한 재부이다."라며 당의 건립이념과 실천행동의 근간으로 받들고 있다. 끝으로 "항일무장투쟁은 일본제국주의를 패망시킴으

12) 『정치사전』(1973), 1190쪽.

로써 제국주의 세력을 약화시키고 국제혁명력량을 강화하였을 뿐 아니라 식민지 및 예속국가 인민들에게 커다란 고무적 영향을 주었다. (중략) …식민지나라인민들의 반제민족해방투쟁의 훌륭한 귀감으로 투쟁의 기치로 되었다."[13] 라며 항일무장투쟁정신을 반제민족해방투쟁의 지침으로 받들고 있다. 남한주민을 '미제국주의가 소수의 괴뢰정부를 통해 강점한 미 식민치하의 동족'으로 보는 북한체제로서는 남한을 항일무장투쟁의 원칙을 견지해 해방시켜야 하는 대상으로 인식하고 있다.

미제국주의와 '한 줌도 안되는' 그들의 앞잡이 남한 괴뢰정부라는 '외부로부터의 적'을 찾을 수밖에 없었던 이유는 해방 후 북한 통치 체제의 태생적 특성에도 기인한다. 19세기 초기 자본주의체제에 대한 저항에서 탄생한 마르크스주의와 19세기 말 제정 러시아의 전제체제에 대한 저항에서 탄생한 레닌주의와 달리 북한 통치 이데올로기는 소련 점령군이 만들어놓은 공산체제를 승계 받으면서 그 체제를 정당화하기 위한 현실 방어적 사상적 체제의 특성을 지니고 있기 때문이다.[14] 북한은 해방 직후 1946년 3월 북조선 임시인민위원회 위원장인 김일성의 이름으로 토지개혁을 단행하였고 이후 북한에는 투쟁해야 할 부르주아 계급도 사라져[15] 타도해야 할 뚜렷한 대상을 내부에서 찾을 수 없었다. 마르크스-레닌주의를 승계한 김일성은 부재한 내부의 적을 미제와 그 괴뢰 남조선에서 찾아 계급투쟁을 지속하면서 자신의 정치적 정통성을 강화하기 위하여 '반제국주의 항일무장투쟁 전통'을 더욱 강

---

13) 위의 책, 1193쪽.

14) 김영수, 「북한의 통치 이데올로기의 변화」, 『현대북한연구』 4권 1호(2001), 91~93쪽.

15) 해방 직후 북한의 교육 수준은 전체 인구의 86%가 문맹자였다. 대부분의 지주, 자본가 및 종교인 등 지식인층은 남쪽으로 월남하면서 북한 주민구성은 마르크스-레닌주의를 맹목적으로 흡수할 수밖에 없는 토양을 갖추고 있었다. 토지개혁과 산업시설의 국유화 이후에는 대지주나 거대 자본가가 북한지형에서 완전히 사라지게 된다. 안찬일, 「조선민주주의인민공화국: 통치이념 및 체제변형의 58년」, 『北韓』(2006.9), 146~147쪽.

조할 수밖에 없었다. 이렇듯 김일성의 항일무장투쟁은 북한 정권 탄생과정에서의 정통성을 부여했을 뿐 아니라 패망한 '일본 제국주의를 대체한 미 제국주의'[16]와의 지속적인 투쟁을 고취시키며 북한 김일성 정권을 유지 강화하기 위한 정치적 이데올로기의 근간으로 자리 잡았다.

2. 김일성 항일무장투쟁의 실제와 신화(神話)

우선 김일성의 유년기와 항일무장투쟁 경력을 간략히 살펴보자.[17] 김일성은 1912년 4월 15일 평양 대동강 기슭의 만경대에서 태어났다. 가족은 만주로 이주하였고 아버지 김형직은 김일성이 14세 때, 어머니 강반석은 20세 때 각각 젊은 나이에 생을 마감하였다. 두 부모 사망 후 김일성은 두 동생(김철주, 김영주)를 데리고 험한 세상을 혼자 헤쳐 나가야 했다. 평양과 만주 등 소학교를 3번 옮긴 후 지린(吉林)의 위원(毓文)중학교 2학년을 마치고 중퇴한 김일성은 '타도제국주의동맹'이라는 항일단체와 지린에 있던 조선공산당 산하의 만주총국에 중학생 신분으로 참여했으며 1929년 체포되어 17세의 나이로 옥살이를 경험했다. 이후 김일성은 학교로 돌아가지 못하고 항일 단체에 가입하여 활동하기 시작한다. 김일성은 동북항일연군에 투신하여 항일무장

16) "해방후 남조선반동파들은 일본제국주의자들대신 미제국주의자들을 새 주인으로 섬기고있습니다." 〈김일성 저작집 제4권, 북조선로동당 함경남도 제2차대표회의에서 한 보고〉 「당중앙위원회사업에 대하여」(1948.2.21), 135쪽.

17) 김일성의 항일무장투쟁 경력에 대해서는 서대숙의 연구를 기본으로 하여 와다 하루키, 신주백의 연구를 참조해 필자가 간략히 핵심만 정리함. 서대숙 지음, 서주석 옮김, 『북한의 지도자 김일성』(서울: 청계연구소, 1989); 서대숙, 『현대 북한의 지도자: 김일성과 김정일』(서울: 을유문화사, 2000); Suh(1988); 와다 하루키(1992); 신주백, 『1920~30년대 중국지역 민족운동사』(서울: 선인, 2005); 신주백, 『1930년대 민족해방운동론 연구 II: 만주 항일무장투쟁자료편』(서울: 새길, 1990).

투쟁을 하였다. 동북항일연군은 양징위가 1933년 일본의 만주 침략 2주년을 맞아 발족시킨 중국인민혁명군을 근간으로 1936년 조직되었으며 양징위가 1940년 전사할 때까지 일본군에 대항한 무장투쟁 단체이다.

동북항일연군은 중국 공산당의 명령을 따르는 공산군이며 모스코바의 코민테른과도 연계하였다. 중국인과 조선족이 함께 하였으나 지도자들은 대부분 중국인이었다. 조선의 독립을 위해 싸운 단체가 아닌 중국의 항일투쟁조직이었던 것이다. 북한의 역사학자들은 이 사실을 왜곡하여 김일성이 중국공산당 동북항일연군의 일원이 아닌 조선인민혁명군이라는 항일무장단체를 조직하여 조선의 독립투쟁을 독자적으로 전개했다고 주장한다. 북한은 김일성의 항일무장투쟁이 북한의 혁명전통의 출발점이고 그의 빨치산 투쟁만이 유일한 민족의 독립운동이라고 주장한다. 북한 혁명운동의 역사는 김일성으로 시작하여 김일성의 유훈으로 그 종결점을 찾아간다는 논리이다.

김일성은 동북항일연군 제2군 제6사(師)의 사장(師長)을 지냈으며 동북항일연군 재편 후 2방면군의 군장의 지위에까지 올랐다. 김일성은 약 1934년부터 1940년까지 6년간 만주에서 유격전을 벌였고 동북항일연군이 일본 토벌군에 패한 후 1941년 소련 연해주로 건너가 그 곳에서 조선의 해방을 맞았다. 그의 무장투쟁 중 동북항일연군 제2군 제6사장 시절 치른 1937년 6월 4일 보천보 전투가 최고의 유격전으로 손꼽힌다. 보천보 전투는 국경을 넘어 국내로 진공한 첫 사례이며, 국내언론에도 보도되었고, 보천보 전투 이후 일본 토벌대의 대대적인 반격이 시작된다. 일제 토벌대의 대대적 반격으로 김일성의 부대도 이를 피해 1938년 12월~1939년 봄에 걸쳐 100일간 험난한 지형과 혹독한 추위를 뚫고 압록강 연안 북부국경일대로 이동하지 않을 수 없었다. 이를 북한은 '고난의 행군'이라 부르며 김일성 항일유격대 투쟁정신의 상징으로 삼고 있다. 결국 일본에 회유당한 동북항일연군의 중국 및 조선인 동료의 배신과 일제의 대대적 토벌작전으로 김일성은 1941년 소련으로 피신하여 소련 극동군 산하의 88여단에 입대한다. 김일성은 재편된 동북항일연군 제1로군 지도자 중 유일하게 살아남은 인물이었다.

해방 후 소련이 북한 주민에게 '민족의 영웅'으로 소개할 만큼 김일성의 항일무장투쟁이 과연 실제로 화려한가에 대해서는 논란이 있다. 현재의 정설은 김일성이 항일무장투쟁을 한 것은 맞으나 북한의 과대선전과는 큰 차이가 있다는 것이다. 서재진은 그러한 왜곡과장을 실체가 없거나 보잘것없는 김일성 항일무장투쟁의 인위적 '신화화(神話化)'라고 부르고 있다.[18] 서대숙은 북한은 김일성의 항일무장투쟁을 왜곡·과장하기는 하였지만 김일성의 항일무장투쟁은 고증된 역사적 현실 자체로 그 가치를 인정하여야 한다고 평가한다.[19] 신주백[20]과 와다 하루키[21]도 역사적 고증을 바탕으로 김일성의 항일무장투쟁을 기술하고 있다. 이들 주요 김일성 항일무장투쟁 연구가들은 공통적으로 김일성의 항일유격대의 활동 그 자체에 대해서는 이견이 없이 실제의 역사임을 인정하나 북한의 역사학자들의 주장은 지나치게 과장되거나 왜곡되었다고 결론내리고 있다.

북한의 김일성 항일무장투쟁 역사 왜곡·과장의 대표적 예를 몇 가지 들겠다. 첫째 역사의 날조이다. 북한은 김일성이 14세이던 1926년 10월 17일 'ㅌ·ㄷ'[22](타도제국주의동맹)이란 혁명조직을 결사하였다며 이를 김일성이 시작한 조선의 혁명역사의 원점이자 출발점으로 주장하고 있다. 또한 김일성이 18세이던 1930년 6월 카륜회의에서 역사적 '조선혁명의 진로'[23]라는 연

18) 서재진(2006b).

19) 서대숙(2000).

20) 신주백(2005).

21) 와다 하루키(1992).

22) ㅌ·ㄷ는 '타도제국주의동맹'을 북한식으로 줄여 쓰는 축약어이다. 북한은 김일성이 타도제국주의동맹을 결성한 1926년을 '조선인민의 현대사'의 개막으로 규정하고 있다.

23) 〈김일성 저작집 제1권, 카륜에서 진행된 공청및반제청년동맹 지도간부회의에서 한

그림 2-3. '타도제국주의동맹' 결사 기념행사
출처: 『조선중앙연감』, 1997.

설을 하면서 주체사상을 창시했다고 주장한다. 하지만 연구자들은 김일성의 나이와 당시의 주변 환경을 고려할 때 불가능한 일이라고 결론 내린다.

둘째 역사의 은폐이다. 북한은 중국공산당 동북항일연군의 지도를 받아 김일성이 항일무장투쟁을 하였다는 사실을 역사에서 숨기고 김일성이 1932년 4월 25일 조선인민혁명군을 창설하여[24] 모든 항일무장투쟁을 지휘한 사령관으로 묘사하고 있으나 마찬가지로 역사적 사실과 다르다. 중국공산당의 지도를 받은 것 뿐 아니라 일본 토벌대의 추격을 피해 소련 하바로프스키로

보고〉「조선혁명의 진로」(1930.6.30), 1~11쪽.

24) 『정치사전』(1973), 1190쪽. 북한은 1978년부터는 조선인민군의 창군일을 1948년 2월 8일에서 조선인민혁명군창건일인 1932년 4월 25일로 소급시켜 기념하고 있다. 이종석(1995), 244쪽.

피신하여 1941년 소련 극동군 산하 88여단에 배속되었다가 입국한 사실도 은폐하고 있다. 중국과 소련의 영향력에서 탈피한 주체사상을 구축하고 독자적 항일무장투쟁을 국가통치이데올로기화하기 위함인 것이다. 북한은 미소연합군에 의해 일본이 항복하면서 조국이 해방되었다는 언급 없이 해방을 김일성 항일무장투쟁의 승리로 귀결시키고 있다.[25] 또한 북한은 소련과 중국으로부터의 탈피 뿐 아니라 우리민족의 보편적 역사를 김일성 유일의 역사관으로 왜곡 편향시켜 놓았다. 다시 말해 일제식민치하 35년간 수만은 조선독립군이 목숨 바쳐 항일운동을 전개한 내용은 북한의 역사서에서 사라졌다.[26] 김일성도 역사적으로 큰 맥락에서 보면 수많은 독립군 장수 중의 하나에 불과하나 북한은 김일성의 항일무장투쟁을 유일한 조국행방운동으로 규정하며 일원적 역사관을 수립하고 있다.

---

25) 북한은 1940년 8월~1945년을 항일무장투쟁을 중심으로 한 반일민족해방운동의 전환기라 칭하고, 김일성이 "대부대의 활동을 소부대활동으로 변경하고 지하투쟁을 강화하였다"며 일본군과의 대규모 전투가 부재한 것을 합리화하고 있다. 또한 같은 맥락에서 "소부대들과 정치공작원들을 적 후방 깊이까지 파견하시여 적에 커다란 타격을 주고 인민대중을 반일반전투쟁에로 세차게 불러일으키시였다"고 부연하고 있다. 『정치사전』(1973), 1191쪽.

26) 1949년 연안파 최창익이 참여하여 역사편찬위원회가 발간한 『조선민족해방투쟁사』와 1956년 8월 종파사건 이후 연안파가 제거된 후 1958년 출판된 『조선민족해방투쟁사』를 비교해 보면 김일성 외의 항일무장투쟁조직이 갑자기 역사서에서 사라졌음을 발견할 수 있다. 1949년판은 만주의 김일성 부대와 화북의 조선의용대를 동급으로 평가하며 "김일성장군의 무장유격부대는 화북에 있어서의 조선의용군과 함께 조선인민이 낳은 유일한 항일무장대로써 일본제국주의에 직접적인 타격을 주었을 뿐만 아니라 해방 후 조선인민군대의 골간으로 되었다"고 기술한다. 조선의용군의 활약과 주요 인물에 대해서도 기술하였는데 연안파 숙청 이후의 1958년판에는 조선의용군이 완전히 사라진다. 또한 1949년 판에는 조선의 해방을 '위대한 소련군대'의 역할로 기술하고, "소 · 미 · 영 연합군"에 일본이 무조건 항복하였다고 언급하였다. 소련과 함께 미국이 연합군의 일원으로 언급된 것은 북한의 역사서 중에서 1949년 판이 유일무이하다. 서재진(2006b), 141~146쪽.

표 2-1. 역사적 사건별 주도자에 대한 사실과 북한 역사서 왜곡[27)]

역사적 사건	실제 사실	북한 역사서 왜곡
만주항일무장투쟁의 주체	중국공산당, 동북인민혁명군 / 동북항일연군	김일성 조선인민혁명군
동북항일연군 군장	양징위	김일성
ㅌ · ㄷ동맹 창설자	이종락, 1929년~1930년	김일성, 1926년
조선혁명군 창설 및 지휘	이종락, 양세봉	김일성
조국광복회 조직	공산국제(코민테른) 7차회의 결정[28)]	김일성[29)]
조선해방전투	소련극동군 25군	김일성 조선인민혁명군

셋째 역사의 과장이다. 대표적인 예가 보천보 전투이다. 김일성[30)]은 1937년 6월 4일 100명 정도의 빨치산을 이끌고 보천보 주재 일본 경찰을 습격하여 국경 수비대 7명을 죽이고 7명에 중상을 입히는 전과를 올렸다.[31)] 국내언론

---

27) 위의 책, 217쪽에서 재구성.

28) 신주백, 「김일성의 만주항일유격운동에 대한 연구」, 『역사와 현실』 제12권(1994), 173~180쪽.

29) 북한은 조국광복회가 1936년 5월 5일 김일성에 의해 창립되었다고 주장한다. 조선로동당출판사 편, 『조국광복회 운동사 1』(평양: 조선로동당출판사, 1986), 122~136쪽.

30) 이명영 교수는 서평(와다 하루키, 1992)에서, 자신의 과거 연구를 바탕으로 보천보 전투의 김일성은 북한의 지도자가 된 김일성이 아니라고 반박한다. 이명영, 「Book Review / 와다 하루키의 공들인 '오판': "김일성" 과 만주항일전쟁」, 『한국논단』(1993년 9월호). 하지만 이명영의 이러한 주장에 대해 이종석은 재반박한다. 이종석(1995), 167~172쪽.
다수의 정설은 "김일성이라는 이름은 다수의 독립운동가들이 가명으로 사용하였고, 북한의 지도자 김성주도 김일성이라는 가명을 사용하여 유명세의 덕을 본 것은 사실이다. 그러나 보천보 전투에 참여한 동북항일연군 제2군 제6사장 김일성은 북한의 지도자 김일성이 맞다"는 것이다. 이러한 논지를 견지하며 김일성 가짜설을 일축한 문헌은 다음을 참조: 서대숙 저, 현대사연구회 역, 『한국 공산주의 운동사 연구』(서울: 화다, 1985), 236~240쪽; 이종석(1995), 160~179쪽; 신주백, 「김일성 가짜설」, 역사비평 편집위원회, 『논쟁으로 본 한국사회 100년』(서울: 역사비평사, 2000), 353~359쪽.

인 동아일보는 보천보 전투를 연일 대서특필하여 당시의 상황이 꽤 자세히 알려져 있다. 6월 4일 야간 습격 다음날부터 "보천보속보"가 이어졌으며 초기 보도에는 "보천보를 습격하고 도주하는 김일성일파와 이를 추격하는 경관대가 충돌"하여 경관 사망자 수가 4명 혹은 7명 등으로 엇갈리게 나오나 "김일성 일파"의 사망자는 25명 부상자는 30명으로 일관성 있게 보도하고 있다.[32] 6월 9일자는 현장에 출동한 기자의 글을 담아 좀 더 정확한 보도를 하고 있는데 "보천보에 김일성일파 백여 명이 갑작이 습격을 했고 경관은 불과 4, 5인이었다"고 전하고 "보천면사무소, 우편소, 소방회관"과 같은 주요 건물이 불탔으나 (보천보 내) 피살자는 일본인 2명에 그쳤다고 보도하고 있다.[33] 요약하면 김일성이 1백 명가량의 항일무장투쟁 대원들을 이끌고 보천보를 습격하여 현지 일본인 2명을 죽이고, 주요 관공서를 불살랐으며, 이후 추격하는 일본 경관 7명을 사살한 것이 전과의 전부라고 할 수 있다. 국내언론이 이를 대서특필할 수 있었던 것은 보천보습격사건이 항일무장투쟁의 일환이 아닌 마적단과 같은 부류의 국경지대 공비 습격 사건으로 다루어졌기에 가능했던 것으로 보인다.

이처럼 작은 규모의 전과임에도 불구하고 북한은 보천보 전투를 대대적으로 과대 선전해왔다. 보천보 참패에 경악한 일본군이 정예부대 1,500명을 급히 출정시켜 김일성이 이끄는 조선인민혁명군을 토벌하려 하였지만 모두 김일성군에 의해 몰살당하였다는 식의 선전이다. 보천보전투는 "일본제국주의 침략자들을 무서운 공포의 도가니속에 몰아넣고 놈들속에서 심각한 사상적 동요가 일어나게 함으로써 그 멸망을 앞당긴 획기적인 사변이었다"라고 북

31) 서대숙(2000). 43쪽. 김일성도 회고록에서 보천보전투의 전과를 기술하고 있다. 김일성, 『(김일성 회고록) 세기와 더불어 6권』(평양: 조선로동당출판사, 1995), 149~179쪽.

32) 『동아일보』(1937.6.5 · 6.6 · 6.7).

33) 『동아일보』(1937.6.9).

그림 2-4. '현대 북한의 항일무장투쟁정신 계승'을 위한 보천보전투 승리 기념탑

출처: 『세기와 더불어』 6, 103쪽.

한은 선전하고 있다[34]. 또한 김정일도 보천보 전투로인해 "김일성 장군님이 축지법을 쓰시여" 신출귀몰하며, "물우에 종이 한장을 펴시고 강을 건느신다는 전설이 널리 전해졌다"라는 식의 과대선전에 가담하였다.[35] '김일성장군 만세를 외치며 환호하는 보천보 군중들의 뜨거운 눈물'을 극화하며 김일성의 보천보 '해방'을 일제강점 조선의 해방과 연결 지어 조선해방의 전조이자 축소판으로 선전하고 있는 것이다.

보천보 전투 이후 일본 토벌대의 대대적 반격으로 김일성부대가 궁지에 몰려 쫓겨 이동하던 고난의 행군도 마찬가지다. 북한은 고난의 행군에 대하여 보천보 전투의 후유증으로 초래된 연관성을 배제한 채 고난의 행군의 '위

34) 황만청, 『보천보의 메아리』(평양: 금성청년출판사, 1987), 48~51쪽.

35) 위의 책, 65~69쪽.

대한 역사성'만을 선전하고 있다. 혹독한 대외적 시련에 맞서 대원들에 대한 김일성 '어버이'의 사랑[36]과 대원들의 김일성에 대한 맹목적 충성이 '유격전술의 불패의 신화를 이루며 혁명을 승리'로 이끌었다는 드라마틱한 연출[37]을 통해 주민사상교육에 적극 활용하고 있다.[38] 북한은 김일성 사후 1997~1999년까지의 기간 동안 국가붕괴위기까지 초래한 수많은 아사자가 발생했을 때 '고난의 행군'이란 정치적 구호를 외치며 주민들에게 고통을 감내할 것을 요구한 바 있다. 아직까지도 '고난의 행군 정신'은 대내외적 어려움이 닥쳤을 때 이를 극복하기 위한 주민의 정신무장 목적으로 활용되고 있다.

김일성의 항일무장투쟁 관련 역사의 날조, 은폐, 과장은 다양한 정치사회적 상징조작을 통해 이루어졌다.[39] 로동신문 등 각종 대중매체와 문헌[40]은

---

36) 조선청년사 편, 『고난의 행군의 피어린 자욱』(도쿄: 조선청년사, 1970), 44~54쪽; 조선로동당출판사 편, 『고난의 행군』(평양: 조선로동당출판사, 1977), 136~162쪽.

37) 고난의 행군을 기술한 역사서 자체로도 드라마틱하지만 북한은 이를 소설로도 출판하여 그 극적 효과를 사상교육에 활용하고 있다. 조선작가동맹 중앙위원회, 『불멸의 력사 고난의 행군』(평양: 문예출판사, 1976). 본 장편소설은 1981년과 1991년에 재출판되었다. 석윤기, 『고난의 행군』(평양: 문예출판사, 1991).

38) 조선로동당출판사 편, 『항일빨찌산 참가자들의 회상기』(평양: 조선로동당출판사, 2003), 93~99쪽. 동 회상기는 과거 출판된 〈항일빨찌산 참가자들의 회상기〉, 〈항일빨찌산 참가자들의 전투회상기〉, 〈인민의 자유와 해방을 위하여〉를 종합하여 〈항일빨찌산 참가자들의 회상기〉라는 하나의 제목으로 재판한 것이다. 항일빨찌산 참가자들의 회상기는 지속적으로 재출판되고 있으나 김일성 유일체제 하에 역사왜곡이 체계화, 본격화되기 이전 빨치산 대원들이 직접 저술한 회고록 형식의 초기 문헌이 그나마 연구 가치가 있다고 본다. 그러한 문헌으로 다음을 참조. 조선로동당 당력사연구소 편, 『항일빨찌산 참가자들의 회상기 1』(평양: 조선로동당출판사, 1959); 조선인민군출판사소 편, 『항일빨찌산 참가자들의 전투회상기 1』(평양: 조선인민군출판사, 1960); 조선인민군출판사소 편, 『항일빨찌산 참가자들의 전투회상기 2』(평양: 조선인민군출판사, 1960); 림춘추, 『항일무장투쟁시기를 회상하여』(평양: 조선로동당출판사, 1960).

39) 김일성의 빨치산 항일무장투쟁과 개인에 대한 정치사회적 상징조작에 대하여는 김용현의 문헌을 참조. 김용현, 「로동신문 분석을 통한 북한정치 변화연구: 1945~1950」, 『북한연구학회보』 제7권 제1호(2003a), 113~121쪽.

40) 김일성의 항일무장투쟁 관련 상징조작의 대표적인 초기 북한의 문헌으로는 한설야의

"우리민족의 절세의 애국자이시며 민족적 영웅이신 공화국 내각수상 김일성 장군이시여!"라는 식으로 김일성에게 최고의 헌사를 바쳤다. 1946년 5월 1일 『정로』는 한설야의 연재를 통해 김일성 개인에 대한 대대적인 소개를 시작해 "김일성장군인상기"를 연재했다. 1949년부터는 김일성의 동상이 건립되어 당정의 주요 지도부가 참석한 가운데 제막식을 가졌다. 30대의 나이에 생존자에 대한 동상 건립은 사회주의 국가들에서도 유례없던 것이었다. 김일성의 주요 연설은 중대방송을 통해·시민들이 청취해야 하는 대상이 되었고 각 지방, 사회단체 열성자대회에서 지지행사가 연이어 개최되어 김일성의 '어록'은 아래로부터 동의와 지지를 확보하는 방식으로 전형화 되었다. 보천보 전투 관련 과장된 기사가 로동신문에 기사화되었고, 1950년 1월 최현을 필두로 항일빨치산과 무관한 연안파의 거두 무정까지 군 핵심인사들이 김일성의 빨치산을 칭송하는 회상기를 로동신문에 릴레이식으로 연재하였다.

남한으로 망명한 황장엽 또한 과거를 회고하며 김일성의 항일무장투쟁 혁명관련 역사는 상당 부분 왜곡되거나 과장되었다고 비판한다. 김일성의 항일무장투쟁은 북한 '해방'에 직접적으로 기여한 것은 없으나 북한은 김일성의 항일무장투쟁이 조선의 해방을 가져다 준 것처럼 왜곡하고 있다. 소련의 붉은군대가 '북조선 해방'의 유일한 기여자임을 드러내지 않기 위해 스탈린 생전에 김일성이 연설 끝에 "위대한 수령 스탈린 대원수 만세!"라고 외친 기록은 모든 연설문에서 삭제되었다. 김일성 외에 이순신 같은 한국사 속의 명장들은 사라졌고 김일성 출생일을 기준으로 '주체연호'를 쓰며 김일성 유일 혁명전통사관을 수립해 놓았다. 또한 김일성은 항일투쟁역사와 전통을 자신

『영웅김일성장군』(평양: 신생사, 1947)이 있다. 저자 한설야는 1947년 북조선문학예술총동맹 중앙위원장에 임명되었다. 한설야의 문학을 통한 김일성에 대한 시각과 그 변천에 관하여는 다음 논문을 참조. 강진호, 「해방 후 한설야 소설과 김일성의 형상」, 『민족문학사연구』(2004), 270~301쪽.

과 자신의 가계의 투쟁역사와 전통으로 바꾸어 놓았다. 예를 들어 항일빨치산 투쟁 근거지를 중국공산당 영도 하의 만주가 아닌 조선혁명을 위해 싸웠다는 것을 선전하기 위해 백두산으로 왜곡하고 거기서 김정일을 낳았다고 하며 김정일의 '백두산 밀영 탄생설'을 조작해 후계체제에 이용하는 것이다. 빨치산투쟁 참가자들이 회상기를 쓰면서 나무껍질을 벗기고 '조선독립 만세!'라는 구호를 쓴 적이 있다고 언급한 적이 있는데 구호나무 찾기 운동이 벌어지면서 도처에서 구호나무가 발견되는 해프닝이 벌어지기도 하였다. 김일성의 회고록 집필에도 직접 간여했던 황장엽은 김일성 회고록의 항일빨치산투쟁기는 선전부 작가들이 소설이나 영화에서 본 것을 재미있게 상상력을 발휘하여 작성한 것이라고 증언한다.[41]

그림 2-5. 극(劇)화 한 항일무장투쟁
출처: 『조선중앙연감』, 1983.

41) 황장엽, 『북한의 진실과 허위』(서울: 시대정신, 2006), 38~48쪽.

그림 2-6. 신화화된 김일성 항일무장투쟁
출처: 『조선중앙연감』, 1970.

그림 2-7. 항일무장투쟁 극화
출처: 『조선중앙연감』, 1970.

그림 2-8. 고난의 행군 극화
출처: 『세기와더불어』 7, 86쪽.

그림 2-9. 구호나무
출처: 『조선중앙연감』, 1991.

그림 2-10. 유리관에 보호된 구호나무
2006년 동국대 김양희 박사 촬영.

3. 김일성 항일무장투쟁의 통치이념화와 반제반미로의 확장

이종석은 "김일성의 카리스마는 카리스마를 절대화한 사회질서와 윤리를 새로이 창출해 내는 데까지 이르렀다"는 점에서 스탈린, 모택동 등의 카리스마와 구별되며, "현대 사회주의와 봉건적 가족국가관이 결합되어 김일성이 국가의 호주가 된다"는 점을 들어 김일성의 독특한 카리스마를 설명한다.[42] 그는 이러한 카리스마가 "김일성의 항일무장투쟁의 정통성을 신화화(神話化)하고 치열한 권력투쟁과 숙청을 통한 절대권력에 기초하여 형성되었으며, 북한의 모든 가치를 사유화(私有化)하고 장기간 진행된 당의 학습 체계를 동원한 개인숭배 조장을 통하여 강화되어 왔다"[43]고 부언한다. 김일성 개인의 카리스마를 바탕으로 한 북한의 정권 장악은 소련의 지원과 항일무장투쟁의 신화화 그리고 김일성이 한국전쟁을 주도하면서 정적을 무자비하게 숙청해 나감으로써 가능하게 된다.

김일성은 항일무장투쟁의 정통성을 위시해 소련에 의해 해방조선의 북측 지도자로 옹립되었다. 김일성의 항일무장투쟁을 높이 숭상하는 방식의 개인숭배는 소련에 의해 주도되었다. 그 증거로 소련이 언론을 장악하고 대중을 홍보한 내용을 들 수 있다. 북한에 진주한 소련군 25군 정치사령관을 역임한 레베데프(표 2-2)는 소련군정 당시 북한에 대한 언론정책을 상세히 증언하였다. 그의 증언에 따르면 소련은 입북 직후 평양매일신문의 설비 일체와 사무실을 그대로 접수해 소련군 신문사를 조직하여 한글로 신문을 발행했다. 북한 언론은 소련군정이 정해 놓은 한계 내에서만 움직여야 했다고 한다. 소련군 매체를 직접 통제하고 기타 매체는 검열 방식으로 간접 통제하였다. 통제

42) 이종석(1995), 228쪽.

43) 위의 책, 232~233쪽.

표 2-2. 소련군정 조직체계도[44)]

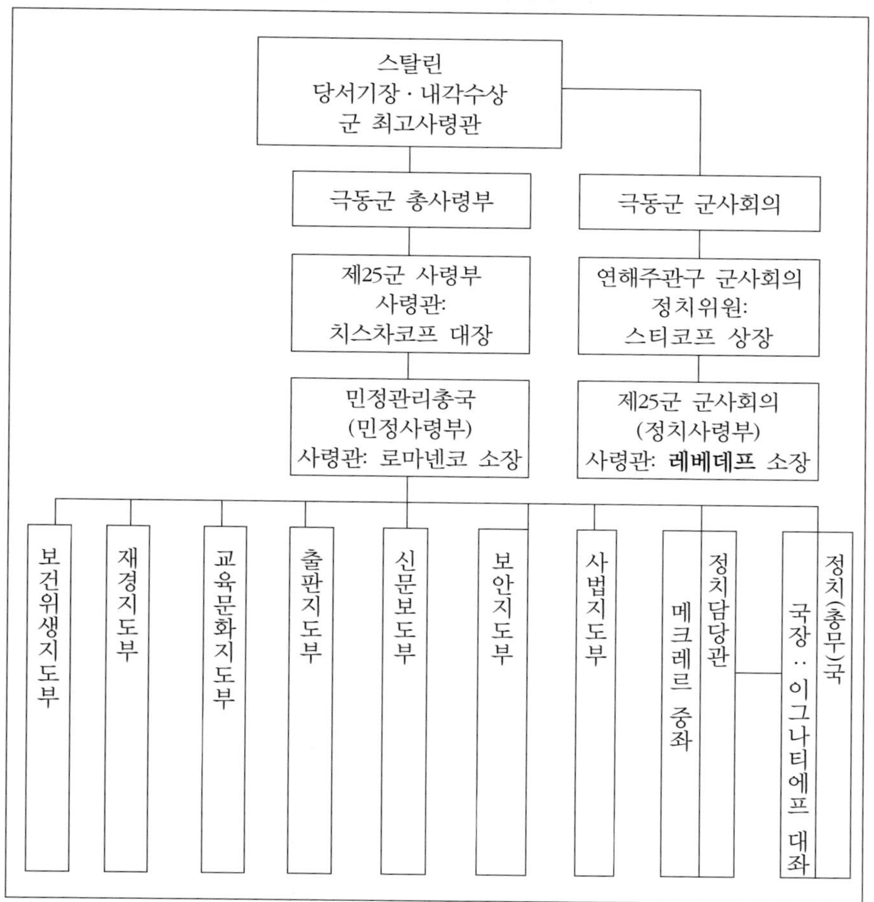

기준은 두 가지였는데, 첫째 '조선을 해방한 붉은군대'에 대한 선전이다. 동구권을 소비에트화 하는 데도 이와 같은 언론정책이 동원되었다. 일제가 심어놓은 '적색 제국주의' 이미지에서 탈피해 민주와 평화를 수호하는 국제주의

44) 중앙일보 특별취재반, 『조선민주주의인민공화국』(서울: 중앙일보사, 1992), 93쪽에서 수정.

체현자로서 거듭날 필요성이 있었던 것이다.[45] 둘째, 김일성을 정치지도자로 부각시키는 일이었다. 김일성을 항일 민족 영웅으로 만드는 것이 소련군정의 긴급 과제였으며 소련 군정은 가능한 모든 매체를 동원해 김일성이 소련의 절대적 지지를 받는 인물이며 장차 지도자가 될 사람이라는 것을 인민들에게 암시하도록 했다고 한다. 국내파라든가 의용군, 무정(연안파) 등 다른 항일단체는 일체 언급하지 않았고 방송국에서는 방송의 시작과 종료 시 '김일성 장군의 노래'를 반드시 틀도록 했다고 한다. 1945년 10월 14일 평양

---

45) 일제시대 일본은 소련을 '적색 제국주의'로 조선인들에게 교육시켰었는데 해방 후 북한의 대소 이미지는 대미 이미지와 대비하여 어떠한 변화를 겪었나를 살펴보면 정치적 이유에서 북한 지도자에 의해 미국과 소련의 이미지를 새롭게 형상화하는 과정을 엿볼 수 있다. 러일 전쟁 이전에도 일본은 시베리아 횡단열차의 지선인 동청철도의 부설을 근거로 러시아가 침략적 본성을 가지고 있으며 일본의 군사주둔은 러시아의 침략을 막기 위해 불가피한 선택으로 선전했던 바 있다. 러일전쟁에서 러시아의 패배로 러시아는 한반도를 포기하였지만 조선인들에게 각인된 '침략적 이미지'는 그대로 유지되었다. 일본은 1930년대 후반부터 혁명 러시아에 대한 정보사상전 차원에서 스탈린 정권은 포악한 독재정권이고 소련은 침략성을 가진 '적색 제국주의'이며 소수민족에 대한 비인도적 탄압이 극심하다는 선전전을 조선인을 대상으로 전개하면서 일본만이 군사력과 경제력으로 소련의 공세를 막아낼 수 있다는 논리를 폈다. 정진아, 「북한이 수용한 '사회주의 쏘련'의 이미지」, 『통일문제연구』 통권 제54호(2010), 143~148쪽.

김일성은 소련의 사회주의 문화를 부단히 배우고 섭취할 것을 주문하였고 미화된 소련의 모습은 시, 소설, 영화를 통해 북한주민에게 반복적으로 각인되었으며 소련문화 수용 붐이 일었다. 소련의 물적 인적 무상지원은 소련의 이미지 제고에 기여하였고, 김일성의 영도력은 스탈린의 영도력을 중심으로 한 '사회주의 쏘련'의 이미지 속에서 오히려 강화되었다. 같은 책, 148~163쪽.

김일성과 북한은 정치적인 이유로 침소봉대 식의 대미 비난 공세와는 달리 해방 초기 소련 주둔군의 북한 주민에 대한 악행에 대해서는 함구하고 있다. 북한 점령 직후에는 소련군의 경제적 약탈과 폭력행사가 주민의 삶을 크게 위협하면서 소련군에 대한 저항이 도처에서 발생한 바 있다. 김광운(2003), 71쪽.

북한 진주 과정에서 소련군이 행한 여성에 대한 농락, 생필품 약탈, 폭행과 살인 등은 잔인한 점령군의 모습, 그것이었다. 일본제국주의 침략의 생생한 경험을 갖고 있는 북한주민들은 소련의 이러한 행동에 강하게 반발한 것이다. 정진아(2010), 146~147쪽.

공설운동장에서 열린 소련군 환영대회장에서 김일성이 가짜라는 말이 나왔을 때 소련 군정은 몹시 당황하여 곧바로 김일성 생가인 만경대를 기자들에게 취재하게 하여 '소련군신문' 등 기타 매체에 특집으로 대대적으로 실었고 김일성 띄우기는 점차 성공을 거두었다.[46)]

위와 같은 식으로 소련이 여론을 장악해 김일성을 옹립하고 김일성과 빨치산의 통치기반이 확장되면서 항일무장투쟁은 신화화되었고 신화화된 항일무장투쟁은 확대재생산되어 김일성의 통치이데올로기로 제시되는 수준에 다다른다. 주민들은 사상학습을 통해 김일성의 빨치산 항일유격대 정신을 본받아 모든 행위의 준거(準據) 틀로 삼을 것을 강요받았다. 고난의 행군과 같은 항일무장투쟁시기 고통스럽고 어려웠던 시기를 상기시키며 현실의 어려움을 이겨낼 것을 주문받았다. 고난의 행군 정신은 수십만[47)] 명 이상이 굶어죽던 김일성 사후 김정일 시기에도 강요되었다. 지금도 북한의 문화예술작품 배경이나 소재는 항상 제국주의에 대항하는 항일무장투쟁이 단골로 등장한다.

김일성이 항일무장투쟁을 정통성의 골간으로 하여 정치지도자로 부상함에 따라 북한 정권은 친일잔재를 청산하고 토지개혁을 통해 주민들의 민심을 얻는 것 또한 더욱 수월해진다. 친일파, 민족반역자에 대한 광범위한 규정[48)]이 이루어지고, 이들로부터 뺏은 토지가 농민에게 분배된다. 김일성은 토지개혁을 발표하며 "일제와 친일파, 민족반역자, 지주들의 소유였던 토지를 밭갈이하는 농민들에게 넘겨주는"[49)] 개혁이라고 설명한다. 북한은 항일

---

46) 중앙일보 특별취재반(1993), 58~61쪽.

47) 2010년 11월 통계청은 북한의 고난의 행군기(1996~2000) 초과 사망자 수를 33만 6,000여 명으로 추산했다. 「북한주민 기대수명 남한보다 11세 낮아」, 『연합뉴스』(2010. 11.22).

48) 〈김일성 저작집 제2권, 북조선림시인민위원회에서 채택〉「친일파, 민족반역자에 대한 규정」(1946.3.7), 113~114쪽.

무장투쟁을 건국 및 통치 이데올로기의 근간으로 삼음으로써 일본과의 관계 개선을 통한 경제발전을 꾀할 수 없는 태생적 한계에 직면하게 된다. 북한은 김일성의 항일무장투쟁을 왜곡과장선전하고 일제치하의 피해상을 선전 차원에서 부풀렸기 때문에 타도 대상인 일본과 훗날 배상문제를 협상하더라도 북한이 인식하고 있는 엄청난 피해의식에 버금가는 배상이 이루어져야 과거 정권이 선전해온 바를 정당화할 수 있을 것이다.

김일성이 소련의 후원에 의해 1946년 2월 북조선임시인민위원회 위원장에 임명되기 전부터 미국에 대한 원색적 비난 레토릭을 쏟아낸 것은 아니었다. 해방 후 1945년 후반 김일성은 제국주의인 미국에 현혹되지 말 것을 주문하며 경계심을 표현하는 정도였다.[50] 2차세계대전 시기 미국과 소련은 독일, 이탈리아, 일본으로 상징되는 국제파시즘에 대한 공동전선을 구축하였고, 미소협조체제가 완전히 붕괴되지 않은 상태에서 남로당(조선공산당)은 미소간의 국제협조노선이 유지될 것으로 기대하고 타협을 통한 '대미협조노선'을 유지하였다. 북한의 좌익도 미국의 제국주의적 성격은 비판하면서도 포츠담선언에서 약속한 파쇼 잔재 축출을 위한 국제협조노선의 중요성 또한 강조하였다.[51] 하지만 미군정이 친일파를 등용하고 1946년 5월 미소공동위원가 결렬되면서 공산주의자는 스탈린주의자라는 인식 하에 좌익 탄압을 본격화

---

49) 〈김일성 저작집 제2권, 신문 《정로》에 발표한 담화〉 「토지개혁법령발포는 민족적 복리에서 출발한 것이다」(1946.3.9), 116쪽.

50) 그 예는 다음과 같다. "남조선에서 미국사람들이 하고있는 모든 행동은 심상치 않으며 과거 일제가 조선에서 감행한 행동과 조금도 다른것이 없다는것을 느끼게 합니다. (중략) 만일 우리가 제국주의국가인 미국이 우리 나라에 완전독립을 가져다 주리라고 기대한다면 그것은 매우 어리석은 일로 될것입니다." 〈김일성 저작집 제1권〉 「허헌선생에게」(1945.12.20), 492쪽.

51) 해방 직후 남한과 북한 좌익의 대미인식에 대해서는 다음을 참조. 고지훈, 「해방 직후 조선공산당의 대미인식」, 『역사문제연구』 제17호(2007.4), 203~233쪽; 김주환, 「특집 근현대의 변혁운동과 90년대: 해방직후 북한의 대미인식과 민주기지론」, 『역사비평』 통권10호(1990), 60~84쪽.

하자 남한과 북한의 좌익은 모두 대미 강경노선 일변도로 전환한다. 남북 공산주의자들의 대미인식의 변화는 연합군의 2차대전 승리 후 공동의 적이 사라진 상태에서 이데올로기의 충돌로 미소 냉전이 본격화[52]함에 따른 소련의 대미관 변화와 무관치 않다. 김일성은 냉전의 보호망 아래 소련의 대미관에 편승하여 자신이야말로 반제국주의 혁명의 기수로서 전 조선의 혁명을 완수

---

52) 냉전 시작 이전 러시아는 역사적으로 미국의 우방이었다. 러시아는 미국의 독립을 지지했고 미국의 '1812년 전쟁'을 지원했을 뿐 아니라 미 남북전쟁에서 북부의 편을 들었으며 1, 2차 세계대전 모두에서 미국의 동맹군이었다. 독립전쟁을 통해 탄생한 미국은 역사적으로 전 세계 혁명을 지지하였으나 1917년 러시아의 볼셰비키 혁명 이후 혁명을 반대하는 입장으로 전환하였다. 그럼에도 불구하고 1, 2차 세계대전에서는 공동의 적에 맞서 연합전선을 구축하였다. 그러나 2차대전 승리로 공동의 적이 사라진 후 미소 간 이데올로기의 충돌이 시작되며 냉전이 본격화된다. 2차대전 직후 미국과 소련은 이데올로기와 자국의 안보 강화를 목적으로 자유진영과 공산진영의 영역과 세력을 급속히 확장시켰다. 예컨대 미국은 영국, 프랑스 북아프리카, 터키, 사우디아라비아, 파키스탄, 대만, 한국 등에 주둔하였고 그 영향력은 다른 나라들로도 급속히 확산되어 나갔다. 소련도 마찬가지로 동유럽과 동아시아 등 자신의 영향력을 확대하면서 자유진영과 충돌하였다. 1946년 2월 22일 주소련 미대사관의 러시아전문가 조지 케난(George F. Kennan)은 장문의 본국 전송문을 통해 "러시아는 본질적으로 미국과 공존을 택할 수 없다"면서 "러시아의 확장을 봉쇄해야만 한다"라고 권고하였다. 1946년 11월 주미 소련대사 또한 마찬가지로 본국에 "미국은 엄청난 경제력으로 전 세계를 지배하려는 야욕을 가지고 있고, 소련과 국경을 맞대고 있는 국가들에 대한 소련의 영향력을 제거하려고 하며, 독일과 일본을 소련과의 전쟁에 이용하기 위해 준비시키고 있다"는 전송문을 보냈다. 소련과 미국의 영향력 확장과 충돌은 1947년 3월 12일 좌익무장세력에 의한 그리스 공산화와 터키에 대한 소련의 압력을 막기 위해 양국에 대한 경제 · 군사원조를 약속하며 '무장체제전복세력과 외부의 압력으로부터 자유진영을 수호하겠다'는 미국의 정책을 선언한 트루먼 독트린으로 공식 표면화되었다. 이러한 원칙은 미국 외교정책의 기조가 되었으며 CIA 창설, 마셜플랜 및 NATO 설립으로 구체화되어 갔다. 트루먼 독트린은 '공산주의와의 전쟁' 선언으로 받아들여졌고 소련을 자극하기에 충분했다. Bagby, Wesley M., *America's International Relations Since World War I* (New York: Oxford University Press, 1999), pp.137~152.
한편 미국이 '전체주의(totalitarianism)'로 규정한 공산주의 진영의 부상과 이에 대한 반작용으로, 1947년을 기점으로 해서 냉전이 촉발 · 심화되는 과정에 관하여는 다음을 참조. Gleason, Abbott, *Totalitarianism: The Inner History of the Cold War* (New York: Oxford University Press, 1995), pp.72~88.

할 적임자임을 항일무장투쟁의 정통성을 바탕으로 증명해 보이려 하였다. 김일성의 항일무장투쟁 경력은 미화되고 신화화 되었으며 김일성은 일제와 미제를 동일시하고 대미투쟁과 함께 '미제국주의에 의해 강점된 남한'과 북한을 차별화하며 체제 경쟁을 시작한다.

김일성은 자신의 항일무장투쟁을 강조하며 남한의 이승만과 자신을 대비시켜 북한의 체제 우월성을 강조한다. 김일성은 지도자로 부상한 초기부터 '이승만 일당'을 친일파이자 미국의 앞잡이이며 매국노로 규정하고 '이승만 뒤에서 제국주의식 식민지 정책을 펼치는' 미국을 비난하기 시작한다. '일본 제국주의를 대체한 미제국주의의 악랄한 속성'에 대한 경계감을 부추기는 것이다.

> 미제국주의자들은 군정을 실시하면서 애국적민주력량을 가혹하게 탄압하는 한편 리승만도당을 내세워 통일적민주주의림시정부수립을 반대하고있으며 우리 나라를 자기들의 식민지로 만들려고 책동하고있습니다. (중략) 미제국주의자들도 침략선《샤만》호를 대동강에 침입시킨것을 비롯하여 이미 오래전부터 조선에 대한 침략과 략탈만행을 끊임없이 감행하여왔습니다. (중략) 지난날 미제국주의자들이 종교의 탈을 쓰고 조선에서 숭미사상을 퍼뜨렸기 때문에 적지 않은 사람들은 미제에 대하여 환상을 가지고있습니다. 학교에서는 미제의 악랄성과 교활성에 대한 구체적인 자료를 가지고 학생들을 가르쳐주어야 합니다.[53)]

---

53) 〈김일성 저작집 제2권, 중앙고급지도간부학교개교식에서 한 연설〉「민족간부는 새 조선 건설의 기둥이다」(1946.7.1), 284~287쪽.
1946년 유사한 김일성의 대미비난 발언으로 〈김일성 저작집 제2권, 북조선림시인민위원회 상무위원회에서 한 연설〉「북조선통신사창설에 대하여」(1946.12.5), 570쪽. 이 있다: "오늘 남조선을 강점하고있는 미제국주의자들은 우리 나라를 자기들의 영원한 식민지로 만들려고 획책하고있으며 리승만매국도당은 조선에 대한 미제의 식민지예속화정책에 적극 추종하면서 우리 조국을 또다시 망국의 길로 끌어가려고 광분하고있습니다."

상기 인용한 '제너럴 셔먼호 사건'이나 '미제국주의자들이 종교의 탈을 쓰고 숭미사상을 퍼뜨린다'는 북한의 주장은 이후 모든 북한의 문헌에서 대미 비난 선전에 단골로 등장하는 소재가 된다.

김일성은 정치권력을 쟁취하고 공고화해나가는 과정에서 지속적으로 자신의 항일무장투쟁경력을 부각시키고 강조하며 북한의 모든 간부와 군인, 당원 및 주민이 이를 따라 행동과 사고의 준거로 삼을 것을 주문한다. 당 · 군 · 민은 항일무장투쟁에서 얻은 혁명경험과 혁명업적들을 계승하며 그들의 투쟁정신을 본받고 실천하도록 교육받는다. 수많은 예 중 몇 가지만 들어보면 아래와 같다.

> 항일무장투쟁시기 혁명선렬들이 피흘려싸운 혁명전통자료들을 많이 알려주어 학생들을 참다운 애국주의와 혁명사상으로 무장시키며 항일혁명선렬들처럼 혁명에 끝없이 충실한 혁명전사가 되도록 하여야 할것입니다.[54]

> 군인들에게 우리 나라의 혁명투쟁력사를 가르쳐 그들이 오랜 기간에 걸치는 항일무장투쟁에서 이룩된 고귀한 혁명투쟁경험과 투쟁업적을 계승하며 항일선렬들의 불요불굴의 혁명정신을 본받도록 하여야 합니다.[55]

> 지도검열에서는 또한 좋은 경험들을 살리며 그것을 일반화하여 당사업전반을 발전시키도록 하여야 합니다. 특히 항일무장투쟁시기의 당사업경험을 꾸준히 배우며 그것을 더욱 발전시키기 위하여 적극 노력하여야 하겠습니다.[56]

---

54) 〈김일성 저작집 제3권, 중앙보안간부학교 교직원, 학생들과 한 담화〉 「중앙보안간부학교의 임무」(1947.4.25), 236쪽.

55) 〈김일성 저작집 제3권, 평양학원 제3기졸업식축하연회에서 한 연설〉 「참다운 인민의 군대, 현대적인 정규군대를 창건하자」(1947.10.5), 463쪽.

56) 〈김일성 저작집 제4권, 경비대문화일군회의에서 한 연설〉 「부대의 당정치사업을 강화하기 위하여」(1948.10.21), 464쪽.

> 오늘 남조선의 매국도배들은 그전부터 일제의 앞잡이노릇을 하면서 나라와 민족을 말아먹으며 인민을 탄압하던 민족의 반역자들이지만 우리 공산주의자들은 일제때부터 나라와 민족을 위하여 풍찬로숙하면서 영용하게 싸워온 참다운 애국자들이며 열렬한 혁명가들입니다. 인민군대는 항일유격대의 빛나는 혁명전통을 계승하여야하며 인민군군인들은 유격대원들의 열렬한 애국주의사상과 백절불굴의 혁명정신을 본받아야 합니다. 군인들속에서 혁명전통교양을 강화하여 모든 군인들이 항일유격대원들처럼 나라와 민족을 열렬히 사랑하며 조국과 인민을 위하여 목숨바쳐싸우도록 하여야 하겠습니다.[57)]

1956년 8월 종파사건[58)]으로 연안파와 소련파가 숙청된 이후 빨치산이 권력을 독점하는 시대가 도래하면서 김일성의 항일무장투쟁에 대한 신화화는 더욱 가속화되었고, 항일무장투쟁 정신을 본받고 따라야 한다는 사상적 교양도 심화되었다.

항일무장투쟁의 정신은 주체사상과 유일사상의 토대를 마련하였고, 수령을 절대화한 유일체계수립의 중심담론을 제공하였다. 1967년 조선로동당은 유일사상체계를 지도이념으로 채택하고 김일성의 주체사상을 도입하고 1972년 헌법개정시 주체사상을 유일로 한다는 결정을 명문화시켰다. 이후부터 수령의 신격화가 본격화되었다. 1974년 4월에는 김정일이 '당의 유일사상체계 확립의 10대 원칙'을 발표하는데 여기에는 '김일성의 혁명사상을 유일한 지도지침으로 하여 항일무장투쟁시기 이룩한 혁명전통과 혁명위업을 이어받아 끝까지 완성하여 나가자'라는 중심구호가 담겨 있다.

같은 해에 김일성의 혁명전통과 혁명위업을 군과 인민의 일상생활에도 실

---

57) 〈김일성 저작집 제5권, 인민군대는 현대적정규무력으로 강화발전되여야 한다〉「조선인민군 제655군부대군관회의에서 한 연설」(1949.7.29), 207쪽.

58) 소련의 스탈린 격하운동에 고무되어 1956년 8월 당 중앙위원회 전원회의에서 연안파와 소련파가 김일성의 스탈린식 개인숭배를 비판하려다가 김일성과 빨치산계의 역공으로 숙청당하게 된 사건.

천할 것을 요구하는 '생산도 학습도 생활도 항일유격대식으로'라는 구호가 시작된다. 이후 항일유격대정신은 북한의 정치사회경제 활동의 준거가 되어 항일무장투쟁의 통치이념화는 사회 전체로 확산되었다. 항일무장투쟁정신은 정치, 경제, 사회 모든 분야의 사업방식의 원형으로 등장하였고[59] 군도 1978년부터는 조선인민군의 창군일을 1948년 2월 8일에서 김일성의 항일유격대 창건일이라는 1932년 4월 25일로 바꾸어 기념하기 시작하였다. 항일무장투쟁의 전통을 바탕으로 한 북한의 국가군사화는 수령 중심의 수직적 지휘체계를 형성하여 김일성의 독점적 권력을 더욱 공고화하는 기제로 작용하였다.

해방 후 한국전쟁까지 시기의 김일성의 담화를 분석해 보면 많은 담화의 구조가 "항일무장투쟁 시기 그 열악한 조건과 환경에서도 조국해방이라는 승리를 쟁취했는데 현재의 상황은 그 어느 때보다 북측에 유리하다. 따라서

---

59) 항일유격대식 삶은 북한 전체 주민들의 지향점이자 최고의 선으로 통치이념화되어 주입되었다. '항일유격대식 사업방식', '항일유격대식 학습방식', '항일유격대식 생활기풍' 등의 슬로건이 일상에 자리잡았다. 김용현(2003b), 184~185쪽. 북한은 김일성 항일무장투쟁 혁명전통 연구, 계승을 위한 '김일성 교시록'을 만들어 출판한 바 있다. 조선로동당출판사 편, 『항일무장투쟁시기의 김일성동지의 교시』(평양: 조선로동당출판사, 1968). 항일유격대의 경험을 본받자는 취지로 항일무장투쟁시기 경험을 담은 문헌들에 대해서는 다음을 참조. 조선청년사 편, 『항일유격대원들은 자신의 혁명화를 위하여 어떻게 힘썼는가』(도쿄: 조선청년사, 1970); 조선청년사 편, 『항일무장투쟁시기 청년공산주의자들의 사업경험』(도쿄: 조선청년사, 1969); 강제욱 편, 『항일무장투쟁 시기 로동운동』(평양: 조선로동당출판사, 1964); 과학원 언어문학연구소, 『항일무장투쟁 과정에서 창조된 혁명적 문학 예술』(평양: 과학원출판사, 1960); 전성호, 「위대한 수령 김일성동지의 령도밑에 항일무장투쟁시기 창조발전된 혁명적 시가문학의 사상예술적특성」, 『조선어문』 루계 제130호(2003년 제2호); 리경철, 「위대한 수령님의 현명한 령도밑에 항일무장투쟁시기에 마련된 조선어발전의 튼튼한 토대」, 『문화어학습』 루계 제214호(2003년 제3호); 최원근, 「항일무장투쟁시기 조선공산주의자들의 군중전취사업」, 『근로자』 루계 제301호(1967년 제3호); 리상훈, 「항일무장투쟁시기에 발휘된 자력갱생의 혁명정신」, 『근로자』 루계 제226호(1963년 제12호).

우리는 항일무장투쟁의 정신만 이어받아 실천하면 무엇이든 백전백승할 수 있다"는 논리로 구성되어 있다. 김일성은 한국전쟁을 준비하면서도 이러한 논리로 당과 군의 자신감을 고취시키고 있다.

> 국내정세도 과거 우리가 항일무장투쟁을 할 때와는 비할바없이 유리합니다. 그때 일본제국주의 자들은 전아세아침략을 꿈꾸면서 방대한 무력을 가지고있었습니다. 항일유격대는 적들보다 수적으로도 훨씬 적었으며 무장장비도 락후하였습니다. 더우기 항일유격대는 아무러한 국가적지원도 받지 못하였으며 무기와 식량을 비롯한 모든 것을 자체로 해결하면서 싸우지 않으면 안되었습니다. 그러나 항일유격 대원들은 필승의 신념을 가지고 온갖 난관과 애로를 극복하면서 일제와 끝까지 싸워 마침내 승리를 이룩하였습니다. 당시일제를 반대하여 싸운 국내 지하운동자들도 얼마 되지 않았습니다. 그런데 오늘은 어떠합니까? 우리의 민주력량은 반동세력보다 비할바없이 강대합니다. 우리 인민들의 정치의식수준과 애국심은 매우 높으며 민주주의 정당, 사회단체들의 집결체인 북조선민전산하에는 600여만명의 군중이 굳게 결속되여있습니다. 그리고 우리에게는 어떠한 원쑤들의 침략도 능히 물리칠수 있는 강력한 인민군대가 있으며 인민군대에 무기와 탄약, 식량과 피복을 원만히 공급할 수 있는 튼튼한 경제토대가 있습니다. 오늘 조선에 대한 미제의 식민지예속화정책은 우리 인민들의 완강한 투쟁에 의하여 파탄되고있으며 리승만괴뢰도당은 인민들로부터 완전히 고립되여 있습니다.
>
> 이러한 국내외정세하에서 우리가 왜 승리할 수 없겠습니까. 우리는 반드시 승리할 수 있습니다. 미제국주의자들은 조선에서 불피코 쫓겨날 것이며 우리 조국은 반드시 통일될 것입니다.[60]

---

60) 〈김일성 저작집 제5권, 북조선민주주의민족통일전선 중앙위원회가 제37차회의에서 한 연설〉 「조국통일민주주의전선결성과 관련하여 각 정당, 사회단체들은 무엇을 할 것인가」(1949.5.16), 100쪽.

한국전쟁 중에도 김일성은 항일무장투쟁의 전통을 계승하였기에 반드시 전쟁에서 승리한다고 주장한다. 조선의 해방과, '조국해방전쟁'을 김일성은 자신의 항일무장투쟁의 연장선상에서 해석하고 있다.

> 우리 당과 인민은 오랜 기간 일제침략자들과 싸워이긴 항일무장투쟁의 빛나는 혁명전통을 가지고있습니다. 항일의 혁명전통은 우리 혁명의 가장 고귀한 뿌리입니다. 항일무장투쟁의 빛나는 혁명전통을 계승하였기때문에 우리 인민은 해방 후 자기 손으로 인민주권을 세우고 민주기지를 다져놓을수 있었으며 오늘 미제국주의자들의 침략을 성과적으로 물리치면서 전쟁의 종국적승리를 확신성있게 내다볼수 있는 것입니다.[61]

항일무장투쟁에 정통성을 두고 있는 김일성은 지도자로 부상하며 자신의 권력을 공고화 해 나가는 과정에서 반제국주의 투쟁의 구호를 점차 높여나간다. 김일성은 자신의 항일무장투쟁을 강조하면서 박헌영을 위시한 국내파 공산주의자와 소련파 공산주의자들과의 차별화를 꾀한다.[62] 중국내 항일 무장투쟁의 경력을 가진 연안파와도 김일성은 투쟁의 강도 면에서 경쟁우위를 확보하기 위해 더욱 거칠고 강력한 반제구호를 외치고 민족해방통일의 기치를 부르짖음으로써 그들과의 차별화된 정통성을 확보해 나간다. 미소 연합군에 의해 일제가 패망한 후 미소 간 냉전의 시대가 도래하는 상황에서 소련의 과거의 적국인 일본과 소련의 현재와 미래의 적으로 부상하는 미국을 제

---

61) 〈김일성 저작집 제6권, 예술인, 과학자들과 한 담화〉「우리의 예술은 전쟁승리를 앞당기는데 이바지하여야 한다」(1950.12.24), 224쪽.

62) 김계동은 박헌영과 김일성이 대남투쟁에 있어 경쟁관계였으며 김일성보다는 못하지만 어느 정도 소련의 지원을 등에 업은 박헌영이 '통일민주국가'수립을 목표로 한 투쟁을 선언하자 김일성 또한 박헌영보다 더 적극적인 자세를 취하여 남한 정복을 통한 정통성 확보에 열을 올렸다고 평가한다. 김계동, 『한반도의 분단과 전쟁: 민족분열과 국제개입 · 갈등』(서울: 서울대학교출판부, 2000), 192~195쪽.

국주의로 규정하고 반제반미(反帝反美) 구호를 외침으로써 김일성은 소련으로부터 보다 확고한 지지를 구한다.[63] 또한 '조선을 해방시킨 항일무장투사'로서 김일성은 자신의 정치적 정체성을 더욱 공고화하고 권력투쟁에서 독보적인 지위를 확대 강화하기 위해 조선의 나머지 반쪽까지 해방시켜야 한다는 민족해방론 구호를 외치고 반제반미 투쟁의 선봉에 나서는 모습을 보인다. 더욱이 김일성 빨치산부대의 항일무장투쟁 역사는 실제보다 매우 과장되었고 또 많은 부분이 왜곡되었기 때문에 김일성으로는 항일무장투쟁이 왜곡과장된 허위가 아니라는 것을 입증해보이기 위해서라도 더욱 강력히 제국주의에 반대하는 민족해방을 부르짖었어야 했다. '제국주의의 속성은 결코 변하지 않는다'라는 역사관을 바탕으로 김일성은 미제국주의가 일본을 동아시아 진출의 본거지로 삼고 남한을 식민지화 하여 북한을 포함한 공산 진영을 침략하기 위한 준비를 하고 있다고 주장하며 이에 대비할 것을 자국민들에게 호소할 뿐 아니라 소련과 중국에게도 요구한다. 김일성의 항일무장투쟁혁명이라는 정체성은 패망한 일제를 대체할 새로운 제국주의인 미제국주의에 대항해 남조선을 해방시켜야 한다는 당위성을 스스로에게 부여한다. 항일무장투쟁을 통치이념으로 통합시키면서 항일무장투쟁 정신을 배우고 이를 모든 영역에서 실천함으로써 승리를 쟁취할 수 있다는 자신감을 북한 주민에게 심어주면서 김일성은 한국전쟁 도발을 위한 준비를 차근차근 해나간다.

---

63) 해방 직후 뿐 아니라 한국전쟁 기간에도 스탈린은 김일성의 반제반미 투쟁에 대해 소련에 정치적으로 유리하다는 판단을 하고 김일성을 지지했다. 1950년 10월 미군의 총반격으로 인민군에 대한 통제력을 완전히 상실하고 사면초가에 밀려 백두산 깊숙한 후방사령부에서 소련군과 함께 은둔하고 있으면서도 김일성은 북한은 충성스런 소련의 우방임을 거듭 강조하고 자신을 지지해줄 것을 촉구했다. 특히 김일성은 적에 대항한 빨치산 전쟁 전개 시나리오까지 준비하고 이를 소련군 정보분석관 가브릴 코로트코프에게 자세히 설명하기도 하였다. 가브릴 코로트코프 지음, 어건주 옮김, 『스탈린과 김일성』(서울: 동아일보사, 1993), 76~79쪽.

한국전쟁의 도발을 위한 준비단계로서 대내외적 심리전을 펼치기 위해 김일성은 미국의 제국주의적 속성을 강조한다. 김일성 자신의 제국주의에 대한 관념이 얼마만큼이나 레닌의 제국주의론으로부터 영향을 받았는지는 알 수 없다. 김일성은 해방 시점까지 소련의 극동군 88여단에서 5년간 군사훈련과 마르크스-레닌주의 정치교육을 받으면서 일생에 있어 레닌의 제국주의 이론을 가장 심도 있게 경험할 기회를 가진 바 있다.[64] 레닌은 일본이 제국주의국가에 속한다는 것을 명확히 했고 전 세계를 제국주의국가와 식민화된 국가, 상대적으로 선진적이고 상대적으로 후진적 국가, 억압민족과 피억압민족으로 구분하였다. 레닌은 자본주의 최고의 단계인 제국주의 시대에 억압받는 식민지 민족의 해방을 위하여 제국주의에 대항하는 민족해방전쟁의 개연성과 필연성을 지적하였고[65] 김일성은 이러한 레닌의 사상에 영향을 받았을 것이다. 하지만 만주에서의 항일무장투쟁을 중국공산군 편제가 아닌 자신이 주도한 '반제국주의 혁명군'으로 주장하는 김일성은 제국주의에 대해서도 마르크스-레닌의 제국주의론[66] 인용 없이 자신만의 반제국주의 신념을 제시한다. 김일성의 제국주의 속성에 대한 정의는 해방 전 그의 어록을 담은 김일성 저작집 제1권부터 등장한다.

> 제국주의를 반대하는 무장투쟁을 전개하는것은 식민지민족해방운동발전의 합법칙적요구이기도 합니다. 제국주의는 자체의 침략적, 략탈적 본성으로 하여

---

64) 서재진, 『북한의 맑스-레닌주의와 주체사상 비교연구: 체제형성에 미친 영향과 개혁 · 개방의 논리를 중심으로』(서울: 통일연구원, 2002), 35쪽.

65) 노태구, 「맑스의 민족주의 이해에 대하여: 레닌의 제국주의론으로」, 한국정치학회 춘계학술회의(2000), 16~17쪽.

66) 마르크스, 레닌의 제국주의 이론에 대해서는 다음을 참조. 안소니 브루어 지음, 염홍철 옮김, 『제국주의와 신제국주의: 마르크스에서 아민까지』(서울: 사계절, 1984); V. I. 레닌 지음, 남상일 옮김, 『제국주의론』(서울: 백산서당, 1988); 디터 클라인 대표집필, 권영경 옮김, 『자본주의 정치경제학 II(제국주의 편)』(서울: 세계총서, 1990).

> 식민지에서 결코 스스로 물러가지 않으며 식민지통치를 유지하기 위하여 례외없이 야수적인 폭력에 매달리고있습니다. 그런것만큼 제국주의침략세력은 혁명적무력으로 때려부셔야 합니다.[67]

'제국주의는 그 본성이 원래 악하고 폭력적인 식민정책을 펼치기 때문에 무장 투쟁 말고는 다른 퇴치 대안이 없다'는 결론을 내리고 있다. 본 연설 이후의 김일성의 모든 저작집과 북한의 문헌은 동일한 맥락의 주장을 되풀이할 뿐이다. 상기한 제국주의는 2차대전 이후 일본에서 미국으로 바뀌었을 뿐이고 제국주의 '침략적, 약탈적' 본성으로 인해 미국은 강점한 남한에서 결코 자발적으로 물러나지 않을 것이며, 강점한 식민지에서는 미국에 의한 폭력과 침탈이 난무하므로 항일무장투쟁의 전통을 이어받은 북한이 남한을 미제국주의의 폭압으로부터 해방시키고 민족통일을 이루어야 한다는 논리를 이후의 담론에서 일관성있게 펼쳐나가고 있다. 이러한 논리전개 속에서 북한은 미군철수 주장을 현재까지도 결코 중단한 바가 없다. 북한의 대미 대남 인식은 해방 직후나 지금이나 바뀐 것이 없다는 것이다. 그들에게 남한정권은 미제국주의가 식민통치를 위해 앞잡이들을 대리인으로 심어 놓은 식민지 괴뢰정부에 불과하다. 남한은 김일성의 항일무장투쟁정신으로 북한이 해방시켜야 할 대상이며 다만 힘의 균형(Balance of Power)의 상태에서 물리력을 동원한 강제적 해방이 불가능할 뿐이므로 우회 방식의 민족해방전술을 구사할 뿐이다.

---

67) 〈김일성 저작집 제1권〉(1930.6.30), 9쪽. 동 인용문은 김일성이 혁명의 자주화, 주체화 역설을 통해 주체사상을 창시했다는 '역사적' 카륜 연설문을 인용한 것이다. 카륜연설은 존재하지 않는다는 전문가들의 결론과 동 저작집이 1979년 출간되었다는 점을 고려해볼 때 인위적으로 사실을 조작해 연설집에 추가해 넣은 것으로 보여진다. 하지만 북한이 역사적인 연설로 칭송하는 이 연설문의 내용을 분석해보면 북한이 보여주고자 하는 김일성의 '반제국주의관'과 통치이념을 이해할 수 있다.

남한은 북한의 반제반미 투쟁에 상응하는 반중·반소 투쟁을 전개하지 않고 적대적 투쟁 대상을 북한과 반공이데올로기에 국한시켰다. 북한은 정권의 탄생과 정통성을 반제국주의 민족해방투쟁에서 찾은 반면 남한은 반중·반소투쟁과 정권의 정통성 사이에 직접적 연관성이 없었기 때문이다. 김일성의 반제반미 민족해방 투쟁이 극단적인 폭력적 형태로 확대된 한국전쟁은 북한과 미국 사이에 다시는 화해할 수 없는 루비콘 강을 건너게끔 하는 역사적 분기점이 된다.

2절 김일성 독재권력 구축과 반미 역사의식의 형성

1. 김일성의 권력투쟁과 한국전쟁

'미제국주의로부터 조선을 해방시킨다'는 명분으로 도발한 한국전쟁은 실패하였고 북한 전역은 전쟁의 참화 속에 무참히 파괴되었지만 북한의 지도자 김일성은 이에 대한 책임을 지지 않았다. 오히려 김일성은 한국전쟁을 거치면서 자신의 권력을 더욱 공고히 하였고 각 정파의 지도자급 경쟁자들을 제거함으로써 권력독점체제를 굳혀나갔다.

김일성은 1946년 2월 소련에 의해 초기 정부 수반 격인 북조선(임시)인민위원회 위원장에 임명되긴 하였지만 그에게 충성하는 빨치산파가 정권 각 부문의 핵심 권력을 장악하지 못하였기 때문에 김일성이 행사할 수 있는 권위도 한계가 있었다. 같은 해 8월 북조선로동당[68] 창당대회가 개최되어 43명의 중앙위원회 위원들을 선출하였는데 빨치산파는 4명(김일성, 김책, 안길, 김일)밖에 선출되지 못한다. 12명의 연안파와 6명의 소련파 그리고 13명의 국내파(공산주의자)가 선출된 것과 대조적이다. 당 위원장에도 김일성이 아

---

68) 조선신민당과 북조선공산당의 합당으로 탄생. 1949년 6월 남조선로동당을 흡수하여 오늘에 이르는 조선로동당으로 단일화된다.

표 2-3. 해방 후 북한지역 내의 주요 정치파벌[71]

연고	출 신	주요인물
국내파	남한(남로당파)	박헌영 · 리승엽 · 리강국 · 허헌 · 리영 · 백남운 · 홍명희 등
	함경도	오기섭 · 정달헌 · 최용달 · 리순근 · 리주하 · 주영하 · 김동용 · 장순명 등
	평안도	김용범 · 김재갑 · 장시우 · 백용구 · 현준혁 등
	갑산파	박금철 · 리효순 · 박달 · 리송운 · 허석선 · 김왈룡 · 허학송 · 김도만 등
해외파	빨치산파	김일성 · 최용건 · 김책 · 강건 · 김일 · 안길 · 박성철 · 최현 · 오진우 · 서철 · 류경수 · 림춘추 · 김동규 · 한익수 · 오백룡 · 리을설 · 전문섭 · 강위룡 · 리봉수 · 김룡연 · 리두익 · 김경석 · 김창봉 · 김정숙 · 김옥순 등
	연안파	김두봉 · 무정 · 최창익 · 박일우 · 김원봉 · 김창만 · 허정숙 · 한빈 등
	소련파	허가이 · 방학세 · 박창옥 · 남일 · 박영빈 · 김열 · 김승화 · 박의완 · 태성수 · 한일무 · 박길룡 등

닌 연안파 김두봉이 선출되었고 김일성은 부위원장에 머물렀다.[69] 이러한 인적 구성은 해방공간에서 각 정치세력의 비중을 의미하는 것이고 해방 전 조직적 기반과 지도력이 반영된 결과라 할 수 있다.[70]

해방 후 자생적 공산주의 조직이 빈약한 북한의 권력공백을 메우기 위해 진입한 파벌[72]로는 김일성이 이끄는 빨치산파, 중국에서 활동하다 들어온

69) 서대숙(1989), 74쪽.

70) 최성, 『북한정치사: 김정일과 북한의 권력엘리트』(서울: 풀빛, 1997), 54쪽.

71) 서대숙(2000), 62~62쪽; 와다 하루키(2002), 33쪽; 이종석(2003), 159~168쪽; 이종석(2000), 476~489쪽.
해방 전 북한지역의 공산주의자(국내파)들 중 상당수는(오기섭, 정달헌, 이주하, 최용달) 서울에 본부를 둔 조선공산당의 정통성을 인정하고 박헌영의 지도를 따랐다. 그리고 남로당파 외 국내공산주의자들은 결집력이 약해 파로 부르기 힘들다. 따라서 필자는 국내파를 남로당파와 대비하여 권력투쟁에 뛰어든 파벌로 보지 않았다. 조국광복회 출신 갑산파 또한 국내에 연고를 두고 김일성의 만주 빨치산파와 긴밀히 연계해 활동을 하였기에 빨치산파의 하위그룹으로 분류해도 무방하다.

72) 민족주의계열의 거두인 조선민주당(朝鮮民主黨) 대표 조만식은 반탁운동을 펼치다 1946년 초 소련에 의해 가택연금되어 북한의 정치지형에서 완전히 사라졌으므로 필자는 그를 권력의 파벌에 언급하지 않았다. 김일성을 만들어 낸 소련 군정 정치

표 2-4. 북한정권 수립(1948.9) 시 각 파벌의 권력배분 상황[73)]

파벌	이름	최고인민회의	내 각
빨치산파	김일성		수상
	김 책		부수상 겸 산업상
	최용건		민족보위상
남 로 당 및 기타 남한출신	허 헌	의 장	
	리 영	부의장	
	홍남표	상임부위원장	
	박헌영		부수상 겸 외무상
	홍명희		부 수 상
	리승엽		사 법 상
	백남운		교 육 상
	박문규		농 림 상
	허성택		노 동 상
	리병남		보 건 상
	리극로		무임소상
연 안 파	김두봉	상임위원장	
	김원봉		국가검열상
	박일우		내 무 상
	최창익		재 정 상
	허정숙		문화선전상
북한지역 국 내 파	장시우		상 업 상
	주영하		교 통 상
기 타	김달현	부 의 장	
	강량욱	서 기 장	
	홍기주	상임부위원장	
	정준택		국가계획위원장
	김정주		체 신 상
	리 용		도시경영상

김두봉과 무정 등의 연안파, 소련에서 입국한 소련국적 한인 허가이를 중심

사령부 사령관 레베데프(1992년 5월 사망)는 1991년 인터뷰에서 1945년 8월 평양 입성 후 조선인 최고지도자에 대한 정보를 전혀 가지고 있지 않은 상태에서 조선 인민들로부터 추앙받던 조만식을 최고지도자 후보에 염두 해두고 있었다고 증언하였다. 박길용 · 김국후, 『김일성 외교비사: 사후에 밝혀진 김일성 외교전략』(서울: 중앙일보사, 1994), 19~20쪽.

으로 한 소련파 그리고 서울에서 공산주의 활동을 펼치다 북으로 넘어온 박헌영이 이끄는 남로당파가 있다. 이들 4개의 파벌은 상호 교류 없이 완전히 격리되어 활동하였기 때문에 서로 다른 배경으로 인해 각기 파벌은 지도자급 인사들을 중심으로 정파를 형성하여 갈등관계가 조성되었다.

각 정파들 간의 상호 경계심은 초기부터 시작되어 점차 격화되었다. 남로당파는 연안파와 소련파를 자신들이 전개했던 지하조직투쟁과는 상관없는 망명자에 불과한 것으로 격하하였고, 빨치산파는 소련파를 소련에서 태어나 한국말도 제대로 못하는 사이비 조선인으로 간주하여 싫어하였으며, 소련파는 빨치산파를 아무런 교육도 받지 못했을 뿐이라 행정경험이 없다고 무시하였다.[74] 김일성은 이들 파벌간의 갈등을 교묘히 이용해 파벌의 우두머리들을 제거해 나가면서 자신이 신임하는 빨치산을 중심으로 급속히 권력을 장악해 나갔다. 소련의 후원 하에 '민족의 영웅' 칭호를 받으며 평양에 입성하기는 하였으나 토착공산주의자들과는 달리 북한지역에 권력기반이 전무하였던 김일성은 해방 후 건국기 꾸준히 권력을 확대해 나가면서 한국전쟁을 기회삼아 스스로 정치력을 발휘해 권력독점 기반을 확보하였다.[75]

---

73) 현성일(2007), 58~59쪽; 이종석(2003), 206~213쪽. 소련파는 최고인민회의나 내각에 등용되지 않고 당, 군 보안기관에 집중되었다. 소련파 허가이는 북로당 중앙위원회 부위원장을 맡았고 이듬해 1949년 6월 남·북로동당 합당으로 출범하는 조선로동당 중앙위 부위원장과 당 비서 및 정치위원으로 선출되었다. 배성동, 「조선로동당의 조직과 기능」, 강성윤 외, 『북한 정치의 이해』(서울: 을유문화사, 2000), 136~137쪽.

74) 안드레이 란코프는 당시 파벌 간 정파싸움을 경험한 인물들에 대한 인터뷰를 바탕으로 당시 파벌 간 갈등의 골이 매우 깊었다고 설명한다. 1947년에 이미 빨치산 출신들이 연안파와 소련파를 악의적으로 비난할 정도로 갈등이 심화되었다고 한다. 안드레이 란코프 저, 김광린 역, 『소련의 자료로 본 북한 현대정치사』(서울: 오름, 1999), 110~111쪽.

75) 서대숙은 김일성의 권력독점 과정을 단순히 소련의 후원만으로 설명할 수 없다고 지적한다. 그는 김일성의 정치력과 토착공산주의자들의 분열과 정치적 무능력을 김일성 권력독점의 가장 큰 원인으로 꼽는다. 김일성은 연안파의 지지를 이용하여 남한 출신 공산주의자들을 숙청하고 이후에는 연안파까지 제거하였다. 서대숙

한국전쟁은 전쟁 직후 국가의 일체권력을 장악한 군사위원회(전시 비상기구) 위원장[76]이자 조선인민군 총사령관인 김일성이 타 파벌을 무력화시키고 자신의 1인 독재권력을 구축하는 데 매우 유리한 환경을 마련해 주었다. 이는 김일성 최대의 정적인 남로당 수뇌부 박헌영과 이승엽, 소련파 지도자격인 허가이, 화려한 항일무장투쟁 경력을 갖춘 연안파의 거물 무정이 한국전쟁 중 김일성에 의해 제거되었다는 결과만 보더라도 잘 알 수 있다. 박헌영과 이승엽은 미제간첩죄가 씌워져 사형선고를 받았고[77] 남로당파는 급격히 몰락한다. 허가이는 당직을 박탈당하고 농업담당 부수상으로 좌천되었다가 미군기의 공습으로 파괴된 저수지 복구사업을 제대로 못했다는 책임을 묻기 위한 조선로동당 중앙위원회 정치국 회의 소환을 앞두고 자살한다.[78] 사망 후에도 그는 김일성 지도부에 의해 반당종파분자, 혁명의 배신자, 변절자로 공개적으로 낙인찍힌다.[79] 연안파 무정은 평양방위사령관으로서 평양을 지키지 못하고 적에게 내주었다는 이유로 직위해제된 후 숙청당하여 죄수부대

(1985), 284~299쪽.

76) 최고인민회의 상임위원회는 전쟁기간 중에 국가의 일체 권력을 장악할 군사위원회(위원장: 김일성)를 구성하여 국가운영을 전시체제로 전환시켰다. 이종석(2000), 72쪽. 북한 내 주권은 군사위원회에 집중되었고, 전체의 공민들과 일체 주권, 기관·정당, 사회단체 및 군사기관들은 군사위원회의 결정과 지시에 전적으로 복종하였다. 6·25 다음날 김일성은 방송연설을 통해 모든 인력과 물자를 동원해 전쟁을 수행하도록 지시했다. 한성훈, 「조선인민군의 당·국가 인식과 인민형성: 동원, 징병, 규율을 중심으로」, 『사회와 역사』 제89집(2011), 241~242쪽.
백학순은 김일성이 연안파 무정과 소련파 허가이 같은 거물을 숙청할 수 있었던 것은 그가 전시 비상기구인 군사위원회 위원장으로서 모든 권력을 단독으로 장악하고 행사할 수 있는 위치에 있었기 때문이라고 분석한다. 백학순(2010), 99쪽.

77) 이에 대한 자세한 내용은 본 책 '제3장 제3절 1. 1) 정적 숙청과 미제간첩 혐의 조작' 참조.

78) 안드레이 란코프는 허가이가 자살한 것이 아니라 김일성 지시에 의한 '자살을 위장한 암살'로 규정한다. 안드레이 란코프(1999), 178~183쪽.

79) 이종석(2000), 416쪽.

에서 복역하다가 중국에 인도된 후 병사한다.[80] 조선로동당 건립 시(1949년 6월 남·북 로동당 합당) 김일성(위원장)의 양대 견제세력이었던 박헌영(부위원장)과 허가이(부위원장)[81]가 한국전쟁기 제거됨으로써 김일성은 자신에게 충성하는 사람 중심으로 당내 권력을 재편할 수 있는 기반을 마련하였다. 한국전쟁 이전 '이미지로서 공고한 권력'이 한국전쟁 이후 '제도로서 공고한 권력'으로 강화된 것이다.[82] 또한 지도자격 거물들을 잃은 소련파와 연안파는 정치적 입지가 점차 좁아져 1956년 8월 종파사건 이후 완전히 몰락하였고, 무제한 권력을 휘두르는 김일성 1인 독재체제를 견제할 그 어떤 세력도 더 이상 북한에 남아있지 않게 된다.

김일성은 한국전쟁을 정적제거의 호기로 활용하였을 뿐 아니라 전쟁책임을 타인에게 전가하고 자신의 역할을 미화하며 권력을 확장해 나갔다. 남침

80) 이종석은 무정의 철직 후 김일성이 무정에 대해 "퇴각과정에서 법적 수속도 없이 사람을 마음대로 총살하는 봉건시대의 제왕과도 같은 무법천지의 군벌주의적 만행을 저질렀다"며 격렬하게 비판한 것은 김일성이 무정과 팽덕회와의 특별한 관계를 염두해 무정을 회복 불능의 처벌을 내리기 위함이라고 지적한다. 팽덕회는 중국혁명과정에서 무정과 함께 싸운 전우이며 무정의 결혼까지 주선해준 인물이었다. 이종석(1995), 199~200쪽.

81) 박갑동은 김일성의 예상과 달리 전쟁 초기 전세가 역전되고 김일성의 최측근 김일과 임춘추가 면직되고 당과 군대 내에서 김일성에 대한 비판의 소리가 일던 상태에서 박헌영과 허가이가 급속히 가까워지자 위기감을 느낀 김일성이 중국공산당직계파와 연대하여 이들을 제거하였다고 주장한다(박갑동은 1950년 4월 남로당지하당 임시총책이었으나 1953년 남로당 숙청으로 피검 감금 되었다가 석방 후 일본으로 탈출하였다). 박갑동 지음, 구윤서 옮김, 『한국전쟁과 김일성』(서울: 바람과 물결, 1990), 182~185쪽.

82) 이종석은 철수(1948년 말)하던 소련군의 소련파의 당 핵심부로의 진출 지원, 허가이의 당내 장악력과 남·북로동당의 합당 시 남로당에 할당된 지분 등으로 비추어 볼 때 김일성이 1949년까지는 당내 조직화된 기반이 부족하였다고 지적한다. 하지만 한국전쟁을 거치면서 박헌영(남로당계)과 허가이가 숙청됨으로써 1953년 김일성을 중심으로 한 당내 권력구조 개편이 가능해졌고 이미지 뿐 아니라 조직화된 제도의 뒷받침을 받은 김일성 권력의 공고화를 이룰 수 있게 되었다. 이종석(2003), 257~261쪽.

후 UN군의 반격으로 북한 영토를 거의 잃다시피 했고 중국의 참전으로 영토를 회복하였으나 '혁명 지도자' 김일성은 군사지휘권을 팽덕회에게 넘겨주는 수모를 겪었다. 한국전쟁으로 북한 전역은 폐허로 변하였다. 하지만 '북침론'에 입각한 '김일성의 효율적 방어론'에 의해 김일성은 '구국의 영웅'으로 재탄생하였고 스탈린위상과 동격인 '수령'이라는 호칭을 받기까지 하였다.[83] 전쟁의 환경을 자신의 권력투쟁에 유리하게 이용하여 타 파벌의 거두(巨頭)를 모두 제거하고[84] 권력독점을 본격화 한 김일성은 서서히 1인 지배체제 시대를 열어 나간다.

김일성이 해방 직후 소련에 의해 북한의 지도자로 옹립되면서부터 '민족해방전쟁'을 통한 조국의 통일을 꿈꿨는지는 알 수 없다. 하지만 김일성 자신의 권력의 공고화를 위한 목적만을 떼어놓고 보자면 한국전쟁은 김일성에게 유리한 방향으로 흘러가고 있었다. 전 절에서 살펴보았듯이 김일성은 자신이 이끄는 빨치산 외 타 파벌과의 차별화와 정통성과 권력의 경쟁우위를 위해 항일무장투쟁을 처음부터 강조하였고, 이의 신격화를 넘어서 통치이념으로 확대시켰다. 자신의 정치적 정체성을 공고화하기 위해 항일무장투쟁의 연장선에서 일본제국주의를 대체할 미제국주의를 타도대상으로 삼았고 남

83) 전현준, 「김일성: 빨치산에서 수령으로」, 강성윤, 『김정일과 북한의 정치: 어제 오늘 그리고 내일』(서울: 선인, 2010), 34~38쪽. 한국전쟁기(1952.12.15) 시작된 김일성의 수령화 작업은 1961년 4차 당대회에서 가시화되어 1967년 7월부터 김일성은 공식적으로 '위대한 수령'으로 불리며 수령 중심의 당·국가 체제를 갖춰나간다. 1972년 개헌을 통해 수령을 제도화하여 주석제를 신설함으로써 유일지배체제 구축을 완성한다.

84) 이 책에서 주요 파벌에 포함되어 기술되지는 않았지만 조선인민들에게 추앙받았으나 신탁통치 반대로 1946년 초부터 연금상태에 들어간 민족주의계를 대표한 조만식도 한국전 중 총살되었다. 북한 외무성 부상 등을 지내다 소련으로 망명한 박길룡은 1950년 10월 유엔군의 반격으로 북한군이 퇴각하면서 조만식과 '반동분자' 500명을 평양형무소에서 총살하였다고 증언한다. 총살 전 김일성이 주재한 3인 대책위가 이들의 총살을 결정하였다는 또 다른 전직 고위관리의 증언도 있다. 중앙일보 특별취재반(1992), 331~334쪽.

한을 미제로부터 해방시켜야 할 동족으로 강조하였다. 어느새 '민족해방'은 김일성 자신의 '존재의 이유(raison d'être)'가 되어 버렸다. '항일무장투쟁을 통해 일제로부터 조국을 해방시킨 민족의 영웅'으로서 출발한 자신의 정통성을 강화하고 권력투쟁에서 승리하기 위해서 '민족해방'의 구호는 점점 거세어질 수밖에 없었다. 자신의 항일무장투쟁이 왜곡되고 과장되었음을 알기에 그러한 구호는 더욱 커져만 갔다. 또한 교육수준이 미천한 빨치산이 타 파벌 대비 가진 경쟁우위는 바로 항일무장투쟁으로 단련된 전쟁경험이었다. 전쟁 중의 위기관리체제 하에서 김일성은 외부의 반발을 정면돌파하면서 극단적인 숙청방식으로 권력의 경쟁자들을 제거해 나간다. 타 파벌 중심인물들의 제거는 종전 후 연안파와 소련파 출신 대항 세력을 완전히 제거하고 유일체계를 본격화해나갈 수 있는 토대를 마련하였다.

표 2-5. 김일성과 빨치산집단의 권력독점 과정[85)]

시 기	계 기	숙청된 정파와 주요인물	권력 잔여 정파
1949. 6	남·북 로동당 합당	조선로동당 탄생, 계파별 권력 분점	빨치산파·갑산파·연안파·소련파·국내파·남로당파
1953. 8	제6차 당 전원회의	남로당파: 박헌영, 리승엽 등 소련파: 허가이 * 연안파 무정은 한국전쟁 기간 중 숙청	빨치산파·갑산파·연안파·소련파 일부
1956. 8	8월 전원회의	연안파: 최창익, 윤공흠 등 소련파: 박창옥 등 국내파: 오기섭 등	빨치산파·갑산파 * 9월 소련과 중국의 압력으로 이들의 숙청이 철회되었으나 이듬해 '반종파투쟁'을 벌여 연안파와 소련파는 대부분 제거됨
1967. 5	제4기 15차 당 전원회의	갑산파: 박금철, 리효순, 김도만 등	빨치산파
1969. 1	인민군당 제4기 4차 전원회의	빨치산파: 김창봉, 허봉학, 김광협 등 * 1·21, 푸에블로 사태 등 일련의 군사 모험주의의 예봉을 꺾고 유일사상체계를 확립코자 함	김일성 직계

85) 현성일(2007), 61쪽; 이종석(2003), 275~284쪽; 이종석(2000), 422~424쪽; 백학순(2010), 605~608쪽.

다음 항에서는 김일성이 한국전쟁을 준비하면서 '정의의 전쟁'이라는 명분을 부여하기 위해 어떻게 '미제국주의의 악의적 실체'를 알리고 미국과 그들의 앞잡이 '남한괴뢰정부'에 대한 적개심을 고취시켰는지를 그의 연설과 담론을 통해 살펴보기로 한다.

2. '정의의 전쟁': 한국전쟁의 상흔(trauma)과 반미상징의 고착화

어느 집단이건 일단 전쟁을 하기로 마음먹게 되면 전쟁에 승리하기 위한 명분을 축적하고 강화해 나가는 과정을 거친다. 김일성도 '정의의 전쟁' 이라는 명분을 북한 군인과 인민들에게 심어주기 위해 한국전쟁 준비 과정에서 적극적인 선전선동을 펼쳐 나간다. 김일성의 연설과 담론에서 전쟁 명분축적을 위한 선전 논리는 크게 몇 가지 범주로 나뉜다. 첫째, '미제국주의의 악의적 실체'를 폭로하는 것이다. 제국주의 속성상 다른 국가를 강점하여 식민침탈하여야만 생존할 수 있는 미국은 남한을 식민지화하여 약탈하고 있다는 것이다. 둘째, 이승만 정권을 괴뢰정부로 매도하는 것이다. 남한의 이승만 정권은 침략적 미제국주의가 심어놓은 친일, 친미 괴뢰정부로서 매국배족 행위를 일삼고 있으며 미국의 사주를 받아 북한을 침공할 기회만 엿보고 있다는 선전이다. 셋째, 남한 정권에 대비한 북한 체제의 우월성 강조이다. 남한 주민들은 미제와 남한 괴뢰정부의 침탈에 의해 유린당하며 그 고통에 신음하고 있다고 선전한다. 김일성은 이러한 남한 주민의 고통스러운 삶을 설명하면서 일제 잔재를 청산하고 토지개혁과 노동법, 남녀평등법 시행 등 개혁을 단행한 북한의 체제의 우월성을 함께 보여주려 하고 있다.

종합적으로 김일성은 항일무장투쟁을 전개해 정통성을 갖춘 자신과 '미제의

그림 2-11. 북한의 '조국해방전쟁40돌축하' 행사
한국전쟁을 승리한 조국해방전쟁으로 미화하고 있다. 출처: 『조선중앙연감』, 1994.

주구' 이승만 정권을 차별화하고 이들이 북침한다면 조국해방전쟁을 치러 승리해 고통에 신음하는 남한의 동족을 미제국주의의 침탈과 노예상태로부터 구해내야 한다는 '제2의 조국해방전쟁의 당위적 메시지'를 점차 확대하며 반복적으로 던지고 있다. 일제가 미제로 바뀌었을 뿐 항일무장투쟁 시기의 반제투쟁메시지가 동일하게 재연되고 있는 것이다. 미제국주의를 타도대상으로 삼아 '악마화(demonize)'하여 증오심과 적개심을 부추기는 것은 '정의의 전쟁'이라는 명분을 북한주민과 인민군에게 심어주기 위해 반드시 필요하였다. 따라서 과장된 표현과 다양한 수사어가 미제국주의를 악의적으로 표현하는 데 동원되었고 역사적 사실을 일방적 시각으로 해석해 제국주의의 침략적 속성은 변하지 않는다는 일관적 논리를 전개하였다.

김일성은 해방 직후부터 남한에 주둔한 미국의 팽창주의적 침략 속성에 대해 강한 우려를 나타내며 군대 창설의 필요성을 역설하였다.

> 우리는 미국이라는 나라가 어떻게 생겨났으며 어떻게 팽창되여왔는가를 잘 알고있는것입니다. 미제는 19세기말부터 우리 나라에 침략의 마수를 뻗쳐왔으며 1905년에는 가쯔라와 타프트의 비밀협약을 체결하고 일제의 조선강점을 도와주었습니다. 오래전부터 우리 나라를 호시탐탐 노려오던 미제침략군대가 오늘 조국남반부에 주둔하게 되는 현 정치정세는 우리들에게 혁명적경각성을 더욱 높일것을 요구하고있으며 외래제국주의침략자들로부터 나라와 민족을 보위할수 있는 강력한 자기의 민족군대를 창건할것을 지체할수 없는 절박한 과업으로 제기하고있습니다.[86)]

김일성은 북한정권이 수립되던 초창기에는 '미제국주의의 악의적 실체'와 침탈행위 폭로에 주력하였다. 일제시대와 해방 후에나 제국주의 침탈에 시달리는 남한은 변한 것이 없다며 북한체제의 우월성을 강조하는 것이다.

> 미군정은 나라와 민족을 배반한 친일파, 친미파, 민족반역자들을 규합하여 자기의 충실한 주구로 만들고 반동분자들이 제 마음대로 활개치며 온갖 반인민적만행을 감행하게 하고있습니다. 오늘 미군은 남조선에서 언론, 출판, 집회, 결사, 신앙의 자유 등 인민들의 초보적인 민주주의적 자유와 권리마저 무참하게 유린하고있으며 애국자들과 인민들을 닥치는대로 검거투옥, 학살하고있습니다. 그뿐아니라 미제국주의자들은 응당 조선인민의 소유로 되여야 할 공장,

86) 〈김일성 저작집 제1권, 군사정치간부들앞에서 한 연설〉「해방된 조국에서의 당, 국가 및 무력 건설에 대하여」(1945.8.20), 264쪽. 김일성은 이 시점에서 아직 북한에 도착하기 전이므로 연설 날짜 혹은 내용이 출판 시기에 인위적으로 편집된 것으로 추정된다. 이는 저작집에 게재된 해방 이전 시점의 연설도 마찬가지이다.

광산, 탄광을 비롯한 산업기관들을 《적산》이란는 명목으로 모두 자기 수중에 장악하고 그 주인행세를 하고있습니다. (중략)
미제의 만행을 폭로규탄하는 사업을 힘있게 진행하여야 하겠습니다. 전체 인민들에게 미제의 침략적본성과 미군정이 남조선에서 감행하고있는 온갖 죄행을 똑똑히 알려주어야 합니다. 그리고 미군정의 반동적책동을 반대배격하는 군중대회들을 가지며 전세계에 미제국주의자들이 남조선에서 감행하고있는 만행을 낱낱이 폭로하여야 합니다. 그리하여 전조선적으로, 나아가서는 전세계적으로 여론을 환기시켜야 하겠습니다.[87)]

남조선에서는 토지문제가 전혀 해결되지 않고있다. 농민들은 일제시대와 마찬가지로 지주의 가혹한 착취를 받고있으며 온갖 가렴잡세와 공출제도에 시달리고있다. 변동이 있다면 일본인지주의 소유였던 토지가 조선인대지주에게 넘어갔을따름이며 일제의 《동척회사》가 미제의 《신한공사》로 바뀌여졌을뿐이다.[88)]

이윽고 1946년 6월 경부터 김일성은 "일제와 미제는 조선인민의 철천의 원쑤"[89)]로 일컬으며 미국을 일본과 동격의 악의적 제국주의로 규정하고는 일제시대 조선통독부에 빗대어 약탈적 "미국총독정치"를 비난한다. 일제치하에서 '북조선은 해방되었지만' '미제국주의 치하의 남한'은 이제 또 다른 해방의 대상이 되어버린 것이다.

미제국주의자들은 일제식민지통치때와 마찬가지로 남조선인민들에게서 정권

87) 〈김일성 저작집 제2권, 북조선민주주의민족통일전선 중앙위원회 제6차회의에서 한 결론〉 「미제의 반동적책동을 폭로분쇄하자」(1946.9.18), 414~415쪽.

88) 〈김일성 저작집 제2권〉 「북조선로동당의 창립과 남조선 로동당의 창건 문제에 대하여」(1946.9.26), 441쪽.

89) 〈김일성 저작집 제2권, 중앙당학교개교식에서 한 연설〉 「중앙당학교는 당간부를 키워내는 공산대학이다」(1946.6.3), 242~257쪽.

> 을 빼앗아내여 직접 자기 손에 장악하고있으며 인민의 원쑤인 친일파, 친미파, 민족반역자를 비롯한 반동분자들을 규합하여 자기들의 심부름꾼으로 만들고 그들로 하여금 인민들을 탄압하고 략탈하는 반동적행동을 감행하게 하고있습니다. 미제국주의자들은 인민들이 자주적으로 남조선각지에 수립하였던 인민위원회들을 탄압해산하고 그 간부들을 체포투옥하는 한편 응당 조선인민의 소유로 되여야 할 과거 일본국가와 일본인자본가들이 가지고있던 공장, 광산, 철도운수, 체신, 은행기관들을 틀어쥐고 자기들의 략탈정책 수행에 리용하고 있습니다. 이와 같이 미제국주의자들은 남조선인민들에게서 정치적 권리와 자유를 박탈하였으며 우리 민족의 피땀으로 이루어졌고 우리 인민의 복리향상에 필요한 모든 재부를 빼앗았습니다. 이것이 바로 미국총독정치의 구체적표현이 아니고 무엇이겠습니까.[90)]

"남조선을 강점한 미제국주의자들은 민주력량에 대한 탄압을 강화하는 한편 한줌도 못되는 반동세력들을 긁어모아 제놈들의 지반을 꾸리면서 전조선을 자기들의 식민지로, 아세아침략의 전초기지로 만들려고 미쳐날뛰고있다."[91)] 며 원색적인 비난을 시작한다. 조선을 아시아침략의 전초기지로 만들려 한다는 미국의 책략에 대한 북한의 역사의식은 현재까지도 변하지 않고 있다.

김일성은 "인민의 원쑤는 미제국주의자들과 친일친미파, 민족반역자를 비롯한 반동파들"이라 칭하며 일제와 미제에 이어 이승만 정권을 원수로 규정하고 "《리승만도당을 타도하자!》라는 구호를 붙이고 남조선반동파를 반대하여 투쟁하도록 교양"[92)]할 것을 주문한다.

---

90) 〈김일성 저작집 제2권, 보통강개수공사완공경축대회에서 한 연설〉「민주수도건설의 첫 성과를 축하한다」(1946.7.21), 302~303쪽.
"미쳐 날뛰고 있다" 혹은 "광분하고 있다"라는 레토릭은 북한이 현재까지도 강력하게 미국을 비난 할 때 즐겨 쓰는 표현이다.

91) 〈김일성 저작집 제3권〉(1947.4.25), 229쪽.

92) 〈김일성 저작집 제3권, 평양제2인민학교 교원, 학생들과 한 담화〉(1947.7.4), 344쪽.

1947년 말에 이르러 김일성은 미국이 대북 침략 전쟁을 본격적으로 준비하고 있다는 선전을 강화하면서 북한 또한 '강한 인민군대 창설'이 필요함을 역설한다. 미국이 남한을 앞잡이로 내세우고 '미일 군사공모'를 통해 북한과 아시아를 침략해 나간다는 북한의 역사의식은 현재까지도 변하지 않고 있다. 미일공모를 강조함으로써 김일성은 일본에게 가지고 있던 북한주민의 적개심을 미국에 그대로 투영시키고 있는 것이다.

> 세계시장에서의 자기들의 독점적지위를 확보하며 침략적목적을 이룩하기 위하여 새 전쟁도발을 꾀하고있습니다. (중략) 원조라는 미명밑에 다른 나라들을 경제적으로 예속시키며 정치적으로 지배하려고 날뛰고있습니다. (중략) 미제국주의자들은 모스크바3상회의결정을 공공연하게 위반하면서… 조국의 완전독립과 통일적림시정부수립을 방해하고 자기들의 남조선 강점을 영구화하며 조선을 식민지로 만들며 조선인민을 또다시 노예화하려고 꾀하고있습니다. (중략) 미제국주의자들은 일본을 다시 동방에서의 전쟁발원지로, 민주주의진영을 반대하는 군사기지로 만들고있습니다. 미제국주의자들은 조선인민의 불구대천의 원쑤인 일본제국주의자들을 또다시 무장시키고있으며 그들을 조선인민의 자주독립을 침범하며 그밖에 다른 동방민족을 침략하는데서 자기들의 앞잡이로 동원하려고 꾀하고있습니다. (중략) 우리 민족의 불구대천의 원쑤인 일본침략자들은 우리 조국강토에서 쫓겨났으나 오늘 미제국주의자들의 비호밑에 또다시 우리 나라를 침략하려는 어리석은 생각을 하고있다는것을 모든 군관들과 전사들에게 똑똑히 알려주어야 하겠습니다.[93]

1948년에 접어들어 김일성은 '미제의 식민지략탈정책'으로 남한의 경제가 파탄 나 남한은 "인간생지옥"으로 상황이 매우 악화되었고 "미제의 침략적군

---

93) 〈김일성 저작집 제3권, 중앙보안간부학교 제1기졸업식에서 한 연설〉「조국과 인민에게 충실히 복무하는 인민군대의 간부가 되여야 한다」(1947.10.26), 497~500쪽.

사기지"로 완전히 전락하고 말았다고 주장하며 '남조선 정세의 절실함'을 역설한다. 또한 "미제와 리승만괴뢰도당은 전쟁준비에 더욱더 미쳐날뛰며, 미제는 리승만역도를 부추겨 매일같이 《북벌》을 떠벌이면서 괴뢰군을 늘이고 있으며 38분계선일대에 무력을 대대적으로 증강하고있다."며 '항일무장투쟁의 혁명전통을 직접 이어받은' 인민군대는 '북침' 전쟁에 대비해 "정치사상적으로 튼튼히 무장하고 군사기술적으로 만반의 준비"를 할 것을 주문한다.[94] 미국은 2차대전 이후 "자체모순으로 인하여 심각한 경제공황에 직면하고 있어 자기의 (제국주의) 취약성을 감추기 위하여 새로운 전쟁을 선동하고 있다"[95]는 논리도 함께 펼친다. 김일성은 1948년 남한 5 · 10단독선거도 "미제국주의자들과 그들의 조종밑에 있는 친일파, 민족반역자들에 의하여 꾸며진"[96] 괴뢰정부를 세우기 위한 미국의 '식민지예속화정책'의 일환으로 치부한다. 단독선거가 치러진 후 김일성은 "남조선단독선거의 실시로 말미암아 조국의 분렬이 영구화되며 남조선이 미제국주의의 완전한 식민지로 전락될 위험이 목전에 닥쳐왔다" 며 "조국통일의 기치를 높이 들고 궐기하지 않는다면 조선인민은 영원히 우리를 용서하지 않을것이다."[97]라며 통일을 위한 궐기를 촉구하며 북한의 자체적 헌법채택의 당위성을 강조한다.

김일성은 1949년 신년사에서 소련 군대가 북한에서 철수한 상태에서 미국이 장기주둔을 획책하고 있는 이유는 조선민족을 영구히 식민노예로 만들기 위함이며, "남한의 민족반역자와 친일파들이 미군의 장기주둔을 애걸복걸"

---

94) 〈김일성 저작집 제4권, 조선인민군 제395군부대 포병구분대군관들앞에서 한 연설〉 「군인들을 백발백중의 명포수로 키우자」(1948.2.20), 124~125쪽.

95) 〈김일성 저작집 제4권〉(1948.2.21), 133쪽.

96) 〈김일성 저작집 제4권, 남북조선 정당, 사회단체들의 지도자협의회에서 한 보고〉 「남조선단독선거와 관련하여 우리 조국에 조성된 정치정세와 조국통일을 위한 투쟁대책」(1948.6.29), 352쪽.

97) 〈김일성 저작집 제4권, 북조선인민회의 제5차회의에서 한 보고〉 「조선민주주의인민공화국 헌법 실시에 관하여」(1948.7.9), 379쪽.

하는 이유는 "남한 정부가 전조선 인민들로부터 완전히 고립되고 오직 미군의 총검 하에서만 목숨을 유지하고있는 남조선괴뢰정부"이기 때문이라고 주장한다. 1949년부터 김일성은 남한 국민들이 미제와 이승만정권으로부터 가혹한 착취와 억압을 받고 학살당하고 있으므로 이들을 몰아내고 조국통일을 이루어야 한다는 '조국해방전쟁'을 정당화하는 구호를 제시하기 시작한다.

한 가지 흥미로운 사실은 1949년 1월부터 1950년 6월까지의 김일성 어록을 담은 『김일성 저작집 제5권』에는 '국토완정(國土完整)'이라는 용어가 빈번하게 등장한다는 것이다. 김일성은 1948년 9월 9일 북한정권수립 후 다음 날 최고인민회의 제1차회의에서 발표한 정강에서 정부의 과업으로 "조선민주주의인민공화국 정부는 나라의 완전한 통일을 실현하며 부강한 민주주의자주독립국가를 건설할 목적으로 투쟁할것입니다."라며 '국토완정'과 민족통일을 위해 모든 노력을 다할 것을 다짐한다.[98] 1949년 신년사에서 김일성은 '국토의 안정과 조국의 통일을 위하여 궐기하자'[99]는 제목으로 조국 통일에 대한 의지를 불태운다.

김일성은 스탈린에게 끈질기게 남침을 승인해달라고 48차례나 요구하였고[100] 1949년 3월 소련이 또다시 남한의 선제공격에 대한 반격만을 승인하자 김일성은 스탈린의 결정에 불만을 토로하기도 하였다.[101] 1949년 6월 미군이 남한에서 철수를 시작하자 김일성은 소련과 중국에 남침승인 요청을 재개하

98) 〈김일성 저작집 제4권, 조선민주주의인민공화국 최고인민회의 제1차회의에서 발표한 정강〉「조선민주주의인민공화국 정부의 정강」(1948.9.10), 437~338쪽.

99) 〈김일성 저작집 제5권, 1949년을 맞이하여 전국인민들에게 보낸 신년사〉「국토의 안정과 조국의 통일을 위하여 궐기하자」(1949.1.1), 1~13쪽.

100) KBS가 입수한 비밀 전문. 김일성은 소련에 48차례나 남침 승인을 요청했지만 거절당했고 대신 게릴라전을 소련이 주문했다는 비밀전문을 KBS가 입수하여 보도함. KBS 뉴스(2010.6.24), 「소련, '남침 준비 부족, 게릴라전 주력하라」(http://news.kbs.co.kr/tvnews/news9/2010/06/24/2118018.html#)

101) 김영호, 『한국전쟁의 기원과 전개과정』(서울: 성신여자대학교 출판부, 2006), 138쪽.

였고 1949년 12월 스탈린과 마오쩌뚱은 김일성 제안을 또다시 반대하였다. 그러나 스탈린은 결국 1950년 4월 마오쩌뚱의 동의를 전제로 김일성에게 남침을 승인한다.[102] 이를 토대로 볼 때 김일성은 최소한 1949년에는 이미 남침의사를 굳힌 것으로 보인다.[103] 이를 반증하듯 1949년부터 로동신문 3면은 거의 매일 군 관련 기사들로 도배되다시피 하였다.[104] 또한 1949.1.1~1950. 6.22 기간을 다룬 『김일성 저작집 제5권』에는 이를 반영하듯 '국토완정(國土完整)'이라는 단어가 14회, 이와 더불어 '조국통일' 또는 '조국의 통일'이라는 표현이 총 259회 등장한다. 1948년 기간(1948.1~1948. 12)을 다룬 『김일성 저작집 제4권』에 국토완정이 2차례밖에 안 나오고 제1권~제3권(~1947)에는 단 한 차례도 나오지 않으며, '조국통일(조국의 통일)'이라는 표현이 『김일성 저작집 제4권』에 67회, 『김일성 저작집 제3권』 1회 『김일성 저작집 제2권』 4회만 출현했음을 살펴볼 때 1949년도에 들어 김일성의 국토완정과 조국통일에 대한 의지와 결심은 그 어느 때보다도 강했다고 볼 수 있다. 이를 반영하듯 『김일성 저작집 제5권』에는 '전투준비를 강화하자'는 구호와 담론이 자주 등장한다.

102) 키신저는 자신의 저서 *On China* (2011)를 통해 스탈린은 스파이망을 통해 입수한 미국의 극비문서를 바탕으로 북한이 남침하더라도 미국이 한국전에 개입하지 않을 것이라고 판단했다고 분석한다. 「키신저, '오판 점철된 한국전, 최대패자 스탈린'」, 『연합뉴스』(2011.5.18).

103) 김일성은 단순 대미 대남 레토릭에 국한되지 않고 레토릭에 병행해 상당 기간을 두고 전쟁 준비를 차근차근 진행해 왔다. '대중 조직의 강화', '군 창설과 병기 헌납운동', '소련과 중국에 의한 북한군의 증강과 훈련', '남한 내의 공산 계열 무장 폭동과 남파 게릴라전 전개', '개전 직전의 평화공세 및 사전 침공 준비' 등이 그것이다. 그는 1948년 9월 북한 정권수립 후 본격적으로 북한의 전쟁 수행 능력을 강화해 나갔다. 군량미를 비축하고 소련무기를 수입하였으며 '조국보위후원회'를 북한 전역에 조직하여 원호 사업을 강화하고 병기 헌납운동을 대대적으로 전개하는 한편 주민(18~45세 남녀)들을 대상으로 군사훈련도 실시하였다. 류재갑, 「6 · 25전쟁과 북한의 통일 정책」, 신정현 편, 『북한의 통일정책』(서울: 을유문화사, 1989), 80~95쪽.

104) 김용현(2003a), 124쪽.

‘조국해방전쟁’을 ‘정의의 전쟁’으로 정당화하기 위해 ‘남조선인민들을 미제와 이승만 괴뢰정권의 억압으로부터 해방시켜 조국통일을 이루어야 한다’는 담론이 자주 나온다.

> 지금 남조선인민들은 미제국주의자들과 리승만괴뢰도당의 야만적통치밑에서 가혹한 착취와 억압을 받고있으며 무참히 학살당하고있습니다. 우리는 남반부동포들이 당하고있는 참상을 보고만 있을수 없습니다. 우리는 하루속히 남조선에서 미제국주의자들을 몰아내고 리승만괴뢰도당을 타도하고 조국을 통일하여야 하며 남조선인민들도 북조선인민들과 같이 행복한 생활을 누리게 하여야 합니다.[105]

김일성은 미제와 남한의 38선 군사도발이 빈번해지고 심화되고 있고 간첩을 쉴 새 없이 보내는 긴장된 상태이므로 경각심을 누그러뜨리지 말라고 경고한다.

> 요즘 미제와 리승만괴뢰도당은 38선일대에서 빈번히 군사적도발책동을 감행하고있으며 지어 공화국북반부의 서해안에 있는 섬들을 불의에 습격하여 인가에 불을 지르며 평화적 주민들을 살해하고 랍치해가는 용납못할 만행을 서슴지않고 감행하고있습니다. 적들은 륙지와 바다로 공화국북반부에 간첩, 파괴암해분자들을 대대적으로 침입시키고있습니다. 미제와 리승만괴뢰도당의 이와 같은 책동으로 말미암아 오늘 우리나라의 정세는 매우 긴장합니다.[106]

김일성은 “반동들은 무고한 인민들을 닥치는대로 체포, 투옥하고 인민항

105) 〈김일성 저작집 제5권, 내무성산하 각급 단위책임일군회의에서 한 연설〉「내무일군들의 임무에 대하여」(1949.2.15), 72쪽.
106) 〈김일성 저작집 제5권〉(1949.2.15), 73~74쪽.

쟁을 무력으로 탄압하며 로동당원들을 대량적으로 학살하고있다."[107]며 동지애를 자극하고 '국토완정과 조국의 통일독립' 노력을 강화하기 위해 '남북조선 로동당을 조선로동당으로 합당'하고 급박하게 돌아가는 남한 정세 개입의 필요성을 강조한다.

'미제와 이승만 괴뢰도당의 반동적 정체 폭로'하기위한 문화선전선동 강화할 것을 촉구하며[108] 사상무장을 주문한다. 문학예술인에게도 '미제의 침략적 본성과 침략책동'과 '이승만 도당의 매국배족행위'를 폭로하고 '인민군대의 우월성'과 '군인들의 전투정신'을 형상화하여 "임의의 시각에 전쟁이 일어날수 있는 상태에 놓여 있는" 상황에서 문학예술인들도 공화국을 사수하는 투사가 되라고 주문한다.[109]

한국전쟁을 개시하면 싸울 대상은 미국이 아니라 국군이다. 따라서 김일성은 미제 뿐 아니라 남한정권에 대한 적개심을 고조시키는 것 또한 미국을 비난할 때 빼놓지 않는다.

> 우리 조국이 해방된지 4년이 지나도록 아직 통일되지 못하고 나라와 민족이 갈라져있는 것은 전적으로 미제와 그 앞잡이들때문입니다. 그러므로 썩어빠진 남반부의 정치를 뒤집어엎고 인민들을 무권리와 도탄속에서 구원하며 조국을 통일하려면 남조선에서 미제를 내쫓고 리승만역도를 때려부셔야 합니다.[110]

107) 〈김일성 저작집 제5권, 남북조선 로동당 중앙위원회 련합전원회의에서 한 보고〉 「남북조선 로동당을 조선로동당으로 합당할데 대하여」(1949.6.30), 124쪽.

108) 〈김일성 저작집 제5권, 조선민주주의인민공화국 내각 제21차전원회의에서 한 결론〉 「문화선전사업을 강화하며 대외무역을 발전시킬데 대하여」(1949.7.18), 151~153쪽.

109) 〈김일성 저작집 제5권, 문학예술인들에게 한 훈시〉 「현시기 문학예술인들앞에 나서는 몇가지 과업」(1949.12.22), 333.

110) 〈김일성 저작집 제5권〉(1949.7.29), 204쪽.

김일성은 미군이 철수한 것처럼 위장하고는 실제로는 군사고문단을 파견해 북침전쟁준비를 은밀히 본격화하고 있다고 주장한다.

> 얼마전부터 미제국주의자들은 조선사람들을 속이기 위하여 2,000여명의 군사사절단을 남겨두고는 자기 군대를 남조선에서 철거시켰다고 떠들었으나 불과 며칠이 안되여 자기의 해병들을 군함에 싣고 왔는데 그 것은 조선에 군사방문하러 온 것이라고 변명하였습니다. 미제국주의자들은 이렇게 간교한 방법으로 조선사람을 기만하는 한편 남조선에서 이른바 《국방군》을 강화하여 동족상쟁의 내란을 일으킬 준비를 적극 진행하고 있습니다.[111]

김일성은 미국이 남한의 무장력을 강화하여 38선에 진지구축과 군사배치를 마치고 공격준비를 완료하였다고 전쟁의 임박성을 외친다. 일제를 대체한 미제가 다시 조선침탈을 위한 전쟁 개시를 목전에 두고 있다는 것이다.

> 미제는 국내의 경제적 난관과 정치적혼란으로부터의 출로를 새 전쟁에서 찾으려 하면서… 미제는 요즘 대만과 남조선 연해에서 대규모적인 함대기동훈련을 벌리고있으며 남조선괴뢰군을 늘이고 그를 미국제무장으로 장비시키기 위한 책동을 더욱 강화하고있습니다. 미제침략군이 지휘하는 남조선괴뢰군은 벌써 38연선에서 배비변경을 끝내고 진지들을 차지하였으며 완전한 공격전투서렬을 짓고 공격명령을 기다리고있습니다.[112]

1950년에 접어들어서는 남한에서 애국자와 무고한 인민들이 대량 학살되고 있고 언제 북침할지 모르는 상황이 전개되고 있으니 북침할 경우 적을

111) 〈김일성 저작집 제5권, 조선민주주의인민공화국 최고인민회의 제4차회의에서 한 보고〉 「조선민주주의인민공화국창립 1주년」(1949.9.9), 244쪽.

112) 〈김일성 저작집 제5권, 제1중앙군관학교 보병지휘관조강습생들 앞에서 한 연설〉 「현정세와 인민군대의 당면과업」(1949.10.27), 287~288쪽.

섬멸하고 국토완정과 조국의 통일을 완수할 무장력과 전투태세를 완비하라는 요구가 강화된다.

전쟁이 임박한 1950년 5월 김일성은 미국과 이승만 정권에 대한 남한의 주민들의 무장유격투쟁이 광범위하게 벌어지고 있으니 조국통일을 위한 '새로운 투쟁대책'을 준비할 때가 되었다고 발언한다.

> 미제국주의자들과 그의 앞잡이 리승만도당의 반동통치로 말미암아 남조선에서 벌어지고있는 참혹한 사태는 근로대중의 분노와 강력한 반항을 불러일으키고 있다. 오늘 남조선의 모든 곳에서 미제국주의자들의 식민지정책을 반대하며 리승만반동통치제도를 때려부시기 위한 인민들의 무장유격투쟁이 널리 벌어지고 있다. 이러한 정세에서 우리나라의 모든 애국적 정당, 사회단체들 앞에는 국토완정과 조국의 통일을 위한 새로운 투쟁대책을 강구할 필요성이 긴급하게 나섰다.[113]

'새로운 투쟁대책'이 '조국해방전쟁'을 개시하는 것을 의미하는지는 모르겠

---

113) 〈김일성 저작집 제5권〉「통일적민주주의독립국가건설을 위한 조선인민의 투쟁" (1950.5), 484쪽. 동일한 연설문은 1953년 초판 발행되고 1954년 재판 발행된『김일성 선집 제2권』에도 등장한다. 필자는 1979년 및 1980년 각각 발행된 〈김일성 저작집 제4권(1948.1~1948.12)〉, 〈김일성 저작집 제5권(1949.1~1950.6)〉과 1954년 발행된『김일성 선집 제2권(1948.3~1950.5)』에 중복되어 등장하는 김일성 연설문이 근 30년 후에 얼마나 '손질되었는지' 비교하였으나 문장을 가다듬는 정도 외에 내용상 차이가 없음을 알게 되었다. 아래는 위 인용문과 동일한 내용을『김일성 선집 제2권』(1954년판)으로부터 그대로 옮겨 적은 것이다.
『미 제국주의 자들과 그들의 주구 리승만 도당들의 통치의 결과에 남조선에 벌어진 이러한 참혹한 사태는 근로 대중의 분노와 강력한 반항을 환기시키지 않을 수 없었다. 그렇기 때문에 오늘 전 남조선을 통하여 미 제국주의자들의 식민지 정책을 반대하여 리승만 반동 통치 제도를 타도 분쇄하기 위한 인민적 빨찌산 투쟁이 더욱 더 치렬하게 전개되고 있는 것이 우연한 일이 아니다. 우리 조국에 조성된 이러한 정세 하에서 전체 애국적 정당, 사회 단체들 앞에 국토완정과 조국 통일을 위한 새 대책을 강구할 문제가 제기된 것은 당연한 일이다.』〈김일성 선집(1954년판) 제2권〉「통일적 민주주의 독립 국가 건설을 위한 조선 인민의 투쟁」(1950.5).

으나 김일성 저작집 그 어느 곳에도 먼저 남침을 한다고 직설적으로 발언하는 부분은 없다. 물론 김일성의 어록을 모아 훗날 '손질을 해' 출간한 문헌이기 때문에 남침을 의심하게 할 만한 발언을 기재할 리 없다. 하지만 김일성 저작집 제1권~제5권에 거쳐 해방 전후와 한국전쟁 직전까지의 김일성 연설과 담화의 어조로 볼 때 김일성은 '미제와 남한괴뢰정부'는 북한을 침공할 준비를 하고 있다고 믿었고, 북한은 이에 대비해 적이 북침할 경우 격퇴하고 더 나아가 국토완정과 조국통일까지 완수할 준비태세를 갖춰야 한다고 역설해 왔다. 한국전쟁을 도발하기 직전 1950년 6월 김일성은 "지금 우리나라의 정세는 미제와 리승만괴뢰도당에 의하여 당장 전쟁이 터질수있는 일촉즉발의 순간에 놓여 있다."며 군에는 전투준비 강화를 명령하였고[114] 내무기관에는 전시에 준하는 비상체제로 행정체제를 갖출 것을 지시하였다.[115]

기습남침을 통한 '조국해방전쟁'을 오랜 시간을 두고 준비해 온 김일성은 '정의의 전쟁'이라는 명분을 확보하기 위해 군과 간부 그리고 주민의 사상무장에 무척이나 애를 썼다. 김일성은 해방 후 정권 초기에는 '미제국주의의 악의적 실체'를 폭로하는 데 주력했으나, 점차 '미제와 괴뢰정부의 억압과 침탈에 고통받는 남한동포들을 제국주의 식민 노예 상태에서 해방시켜야 한다'는 당위성을 구축하는 방향으로 연설과 담론의 무게중심을 서서히 옮겨갔다. 김일성이 기습남침을 통한 '조선해방전쟁'을 치르겠다고 결심한 이후 1949년부터는 '미제가 남한 괴뢰정부를 무장시켜 북침 전쟁준비에 광분[116]하고 있어' 언제 전쟁이 발발할지 모른다는 위기감을 고조시키며 군과 각 행정기관

---

114) 〈김일성 저작집 제5권, 각 도내무부장들앞에서 한 연설〉「우리 나라에 조성된 긴박한 정세와 내무기관들의 당면과업」(1950.6.22), 499쪽.

115) 〈김일성 저작집 제5권, 조선인민군 제749군부대 군인들과 한 담화〉「전투준비를 더욱 강화하자」(1950.6.5), 494~497쪽.

116) "광분하고 있다" 또는 풀어 쓴 말로 "미쳐 날뛰고 있다"라는 김일성의 해방 시기 대미 레토릭은 현재까지도 북한이 즐겨 사용하는 강한 어조의 대미 비난 레토릭이다.

이 준전시체제로 비상대응 할 수 있도록 지시하였다. 또한 '남한의 수많은 애국자와 무고한 인민이 미제와 괴뢰정부에 의해 대량학살당하고 있다'는 긴박한 남한정세를 전하면서 전쟁이 발발하면 단순히 격퇴하는 데 그치지 않고 국토완정(國土完整)과 조국통일을 이루어야 함을 목표로 제시하였다.

김일성은 제국주의의 속성상 무력으로 식민지를 강점하고 침탈하여 상품시장을 확대해 나가야만 생존할 수 있다는 역사관을 '일본제국주의를 대체한 미제국주의'에 투영시켜 '미제의 악의적 실체'를 설명하는 논리의 근거로 삼았고, 이승만 정권을 친일 · 친미 제국주의앞잡이로 매도해 '일제와 미제 그리고 이승만 괴뢰정부'를 악의 화신과 동일시했다. 이들로부터 유린당하며 고통에 신음하는 남한 동포들을 해방시켜야 한다는 항일무장투쟁의 정통성을 갖춘 '해방자'로서의 역할을 김일성은 자처하였다. '미제국주의의 악의적 실체'를 더욱 확대 과장할수록, 또한 '미제에 의해 식민노예로 전락한 남한주민들의 고통'을 더 크게 부각시킬수록 '제2의 조선해방전쟁'을 이끌 해방자로서의 김일성의 정치적 위상은 더욱 커져만 갔다.

한국전쟁 도발 후 김일성과 인민군은 폭풍같은 기세로 남진하여 '조국해방전쟁'을 승리로 이끄는 듯하였으나 미군과 유엔군의 참전으로 전세는 역전되어 서울과 평양을 내주고 압록강 부근까지 밀려 오히려 북한 영토까지 전부 내주어야 할 형편에 놓였다. 하지만 1950년 10월 25일 중국군의 참전으로 기사회생하여 유엔군을 밀어붙이고 유엔군은 남쪽으로 퇴각하고 평양과 서울을 다시 내주게 된다.

퇴각하던 미군과 유엔군은 북쪽의 자원이 중국군과 인민군에 흡수되는 것을 막고 공습으로부터의 이들의 은닉처를 없애기 위해 퇴각 경로에 위치한 마을을 포함한 북한 전역을 초토화하는 작전을 펼쳤다. 당시 참전한 한 영국군 병사는 1950년 12월 미8군은 북한 내 모든 비축 식량, 교량, 저유탱크, 철도, 배, 항만 설비를 파괴할 것을 명령하였고 미군과 자신들도 퇴각로의 모

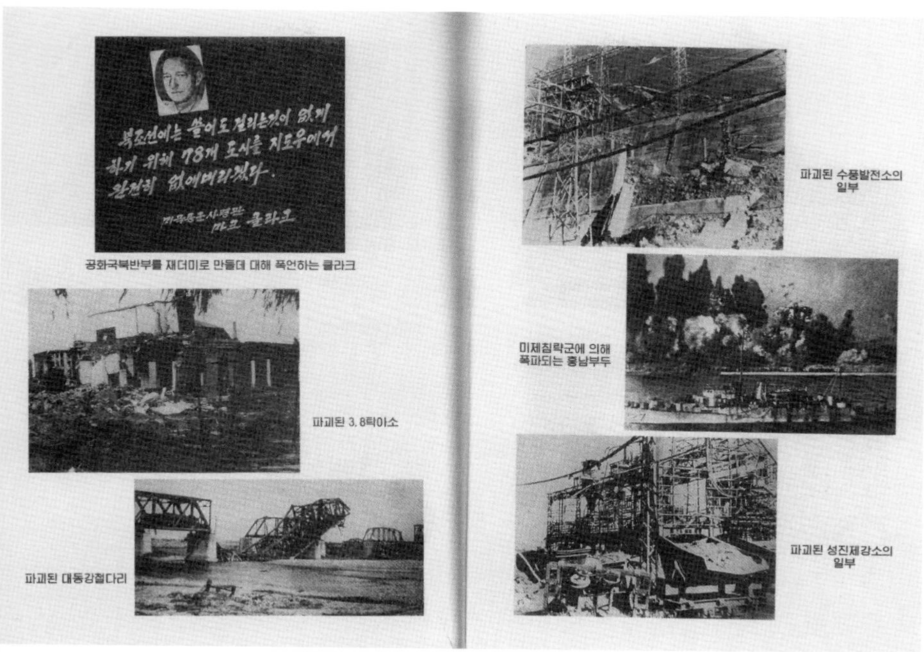

그림 2-12. 북한이 주장하는 '한국전쟁기 초토화된 북한 전역' 사진들(1)
출처: 『죄악에 찬 미제의 조선침략사』

든 민가를 불살랐다고 회고하고 있다. 모든 건물과 민가가 파괴되어 자신들이 야영할 곳조차 찾을 수 없었다는 증언은 '초토화작전(scorched earth)'이 얼마나 대대적으로 수행되었는지를 짐작할 수 있게 해준다. 민간인의 가용 식량도 모두 파괴되었으며 가축들도 모두 도살되거나 풀려 거리를 배회하였다.[117]

한국전쟁 기간 네이팜탄은 군과 민간을 가리지 않고 사용되었다. 네이팜

---

117) Salmon, Andrew, *Scorched Earth, Black Snow* (London: Aurum, 2011), pp.307~309. 동 저서는 당시 참전 영연방(영국군 및 호주군) 참전용사를 대상으로 한 인터뷰 내용을 기초로 작성되었다. 저자 앤드류 새먼은 모든 것이 불에 타 그을음에 검은 눈이 내리는 당시의 극한 상황을 제목으로 묘사했다고 필자에게 말하였다.

그림 2-13. 북한이 주장하는 '한국전쟁기 초토화된 북한 전역' 사진들(2)
출처: 『미제는 조선전쟁의 도발자』, 26~27쪽.

탄은 2차대전 말에 발명되었으나 국제적으로 이슈화된 것은 베트남전에서 네이팜탄에 의해 살갗이 벗겨진 아이들이 벌거벗은 채 울부짖으며 거리를 내달리는 장면이 보도되면서였다. 하지만 네이팜탄은 한국전쟁 중 북한 지역에 엄청난 양이 투하되었고(3만 2천여 톤[118]) 파괴력 또한 심각하였다. 민간인 거주지를 포함한 도시 전체를 태워버릴 정도의 많은 네이팜이 북한 전역을 초토화시켰고 수많은 북한 주민이 이에 희생되었다. 2003년 3월 이라크 전쟁 중 TNT 18,000톤급의 거대한 폭발력을 가진 모압(MOAB)의 위력에 해당

118) 김기진(2005), 152쪽.

하는 폭탄도 이미 한국전쟁 당시 북한 지역에 투하되었다.[119] 도시 전체의 거주지와 산업시설 대부분이 미군의 폭격에 의해 무너져 내렸다. 폭격으로 날려버릴 가치가 있는 대상이 없어질 때까지 1백만 회 이상의 공습은 계속되었다.[120] 훗날 김정일도 "세계전쟁력사에 우리 나라에서와 같이 온 나라의 도시와 농촌이 다 재더미로 되고 모든것이 완전히 파괴된 그러한 례는 없다"[121]고 한탄할 정도이다. 북한은 "미제침략자들이 양로원과 애육원까지 야수적으로 폭격하여 늙은이와 어린이들을 살상"하였고 수많은 문화유적까지 파괴하였다며 비인도주의적인 미국의 실체를 고발하고 있다.[122] 한국전쟁 기간 북한 전역을 초토화시키는 폭격 규모로 보아 이러한 북한의 주장이 사실일 개연성이 크다. 미군은 저수지의 댐을 폭격해 여러 마을을 침수시키고 논을 파괴해 식량 수확의 기회를 차단하는 작전도 펼쳤다.[123] 민간인, 군인을 가리지 않고 북한 지역에서 움직이는 모든 것은 조종사들의 기총사격 표적이 되었다.[124] 해리슨은 북한주민의 이러한 한국전쟁의 상흔(trauma)이 북한으로 하여금 '상시 포위 심리(permanent siege mentality)'와 민족주의 정서를 자극하였다고 말한다.[125]

미군 점령 기간 동안 북한 내 지역은 남한의 반공주의 우익 세력이 행정을 담당하였는데 도처에서 잔혹행위가 발생하였다. 한국전쟁을 전후하여 남북

---

119) 브루스 커밍스 지음, 남성욱 옮김, 『김정일 코드』(서울: 따뜻한손, 2005), 78~83쪽.

120) 스벤 린드크비스트 지음, 김남섭 옮김, 『폭격의 역사』(서울: 한겨레신문사, 2003), 273쪽, 275쪽.

121) 〈김정일 선집 제9권, 조선로동당 중앙위원회 책임일군들과 한 담화〉「모두다 영웅적으로 살며 투쟁하자」(1988.5.15), 268쪽.

122) 박태호, 『조선인민의 정의의 조국해방전쟁사 3』(평양: 사회과학출판사, 1983), 160~161쪽.

123) Cumings(2010), pp.154~156.

124) Cumings(2010), p.158.

125) 샐리그 해리슨, 이홍동 외 옮김, 『코리안 엔드게임』(서울: 삼인, 2003), 50~51쪽.

간에 좌·우익을 소탕하기 위하여 작전, 처형, 보복 차원에서 잔인한 양민학살이 자행되었다.[126] 남한정부는 북한군에 밀려 후퇴하면서 보도연맹 가입자와 형무소에 수감 중이던 좌익 정치범들을 즉결 처형 명목으로 대량 학살하였다. 북한은 이에 대한 보복으로 우익과 경찰·군인 및 그 가족을 무참히 살해했다. 인천상륙작전으로 서울수복이 이루어진 후 한국정부가 부역자들을 대거 살해했고, 후퇴하던 인민군 역시 전쟁 초기 한국정부가 했던 것처럼 민간인을 집단 학살하였다.[127] 38선을 넘어 북진한 이후 미국 방첩부대(CIC)는 남한 경찰 및 청년단과 합동으로 로동당원 명부에 등재된 사람들을 검거하였다. 조선로동당은 전 인구의 14%, 북한 성인 인구의 3분의 1을 차지하고 있었으므로[128] 얼마나 대대적이고도 무작위로 검거하였는지 미뤄 짐작할 수 있다. 퇴각하던 인민군의 우익계열 민간인 학살에 대하여 남측의 보복학살이 자행되는 악순환이 되풀이된 것이다. 미국은 남한의 조직적인 대북 양민학살에 대해 인지하고 있었으나 적극 개입하지 않고 방관하였다. 그렇다면 그것은 방조에 가깝다고 봐야 할 것이다. 미국이 남한을 앞세워 북침한 것으로 선전하고 있는 북한은 양민학살에 대해서도 미국의 직접적인 명령과 개입 하에 잔혹하게 자행된 것으로 인식하고 있다. 반면 북한은 자신들이 저지른 양민학살에 대해서는 부정하며 침묵하고 있다.[129] '한국전쟁전후 민간인학살 진상규명 범국민위원회'의 2005년 실태보고서는 남한에서 발생한 학살사건은 유형(사건 건수)별로 6·25 이전의 학살(90건), 보도연맹원 학살(145

126) 김동춘, 『전쟁과 사회: 우리에게 한국전쟁은 무엇이었나?』(서울: 돌베개, 2000), 211~233쪽.

127) 김기진(2005), 105~108쪽.

128) 브루스 커밍스(2005), 105쪽.

129) 예컨대 한국전쟁 중 인민군 퇴각기 전라남도 영광군에서 좌익 세력에 의해 학살된 민간인의 수는 3만 명 안팎으로 추정되고 있다. 특히 영광군 염산면에서는 수천 명의 기독교인들이 수장, 참살, 생매장 등의 방식으로 학살되었다. 김경학 외, 『전쟁과 기억: 마을 공동체의 생애사』(서울: 한울아카데미, 2005), 96~110쪽.

건), 재소자 학살(21건), 부역혐의자 학살(90건), 제2전선 학살(105건), 미군에 의한 학살(120건, 대부분 폭격이나 기총사격),[130] 인민군·좌익에 의한 학살[131](90건) 등 총 피학살자 수는 25만 명에서 30만 명 사이라고 파악하고 있다.[132] 서울을 회복하고 북진하였을 때 북한 지역 내에서 국군과 우익에 의한 양민학살 규모도 상당했으리라 어렵지 않게 짐작할 수 있다. 북한은 신천군에서만 남녀노소 가리지 않고 약 3만 5천 명이 두 달도 못 되는 기간에 미군에 의해 학살되었다고 주장하고 있다.

북한 주민들이 경험하고 기억하는 한국전쟁 기간 미군의 민간인에 대한 무자비한 군사공격이 남긴 상흔(trauma)은 미국에 대한 적개감을 고조시키고 자발적인 반미 인식체계를 수립하는 계기가 되었다. 김일성의 반제반미 선전이 사실이라는 것을 주민들은 몸소 전쟁이라는 경험을 통해 확인하게 되었고, 미제국주의는 '악의 화신'이라는 상징(symbol)이 고착화되는 역사적 사건이 된 것이다. 또한 한국전쟁은 북한의 '조선해방전쟁'을 무력화시킨

---

130) 대표적인 예가 1950년 7월 25~29일 미 공군의 공중폭격과 지상군의 공격에 의해 민간인 218명이 희생된 충북 영동군 '노근리 사건'이다. 노근리사건희생자심사보고서 작성기획단, 『노근리사건희생자심사보고서』(서울: 노근리사건희생자심사및명예회복위원회, 2006).

131) 한국전쟁 직후 남하하며 진격하는 '해방군(인민군)'에 의한 남한 국군·경찰 포로 학살 관련 미시사적 관점은 인민군 공병 부부장 출신 주영복의 회고록을 참조. 주영복, 『내가 겪은 조선전쟁』(서울: 고려원, 1990), 310~315쪽.

132) 한국전쟁전후 민간인학살 진상규명 범국민위원회, 『한국전쟁전후 민간인학살 실태보고서』(파주: 한울아카데미, 2005), 11쪽. 한국전 전후 인민군·좌익과 국군·우익에 의해 자행된 민간인 학살에 대해 자세히 기술된 기타 문헌은 다음을 참조. 김삼웅(1996); 서중석 외, 『전쟁 속의 또 다른 전쟁: 미군 문서로 본 한국전쟁과 학살』(서울: 선인, 2011); 이이화 외, 『다 죽여라 다 쓸어버려라: 한국전쟁전후 민간인 학살에 관한 짧은 기록』(서울: 한국전쟁전후 민간인학살 진상규명 범국민위원회, 2003); 전갑생, 『한국전쟁과 분단의 트라우마』(서울: 선인, 2011); 김영택, 『한국전쟁과 함평양민학살』(광주: 사회문화원, 2001); 박찬승, 『마을로 간 한국전쟁: 한국전쟁기 마을에서 벌어진 작은 전쟁들』(파주: 돌베개, 2010); 강평원, 『지리산 킬링필드』(서울: 선영사, 2003); 노민영, 『거창양민학살』(청주: 온누리, 1988); 김기진(2005).

가공할만한 군사력을 가진 미군의 존재감을 일깨워 정전 이후 전쟁을 도발한 김일성의 안보불안감을 촉발시키는 출발점이 된다. 국가, 체제, 정권 안보 차원의 대미 안보불안과 이를 극복하기 위한 북한의 대응 과정에서 구조적으로 내면화되는 북한의 대미 불신에 대해서는 제3장에서 구체적으로 다루기로 한다.

3. 김일성의 권력 독점과 북한의 반미 역사의식 형성

중국에서의 항일무장투쟁 경력을 갖추고 소련을 등에 업고 평양에 입성한 김일성은 자신의 항일무장투쟁 경험을 북한 통치를 위한 정통성으로 내세웠다. 김일성은 자신의 정통성을 극대화하여 권력투쟁에 이용하였고 '일본제국주의의 공백을 메우고 침탈을 위해 남조선을 강점한 미제국주의'를 항일무장투쟁의 연장선상에서 타도의 대상으로 삼았다. 소련과 미국의 냉전이 본격화하면서 미국은 북한의 이념투쟁의 대상이 되었고, 남한 내 혁명과 '조국해방'의 목표를 달성하는 데 있어 최대의 걸림돌로 인식되었다.

북한의 역사연구는 김일성의 권력강화와 북한체제의 정통성을 확보 차원에서 추진되었으므로 김일성의 항일무장투쟁전통과 북한식 이데올로기에 기반한 역사의 해석이 이루어졌다. 한국전쟁을 거치면서 김일성의 권력독점체제가 더욱 공고해지면서 북한의 역사 재해석은 가속화되었다. 특히 근·현대사로 내려오면서 한국사에 대한 평가는 김일성-김정일 체제를 정당화하고 강화시키는 데 활용되었다. 김일성 주체사상은 김일성의 항일투쟁이라는 혁명전통과 북한정권 수립 이후 김일성 유일지배 체제 구축에 이어 김정일의 후계체제의 성립을 정당화시키는 데 기여한다.[133] 특히 군사국가를 지향하며 강력한 유일지도자 하에서 모든 군대와 인민이 세포처럼 수뇌부의 명령에 따라 움직이는 철권통치를 지속하기 위해 미국에 대한 적대감 고조와 미국의 침탈의도를 부각시키는 것은 북한 정권의 강화와 내부단속에 긴요한 정치적 수단이 되었다. 북한은 김일성의 연설문을 인용하며 '미제국주의'를 "현대의 가장 야만적이고 가장 흉악한 제국주의이며 세계제국주의의 우두머리로서 인류의 가장 흉악한 공동의 원쑤"[134] 라고 정의하고 전세계인민의 타도대상으로 지목한다. 김일성은 기회가 날 때마다 "(미 · 일) 제국주의의 침략본성은 절대로 변하지 않는다"는 것을 강조하고 과거와 현재 '미국놈들의 조선에서의 만행'을 낱낱이 알리고 교육시켜 "미제국주의를 미워하는 사상으로 군인들과 근로자들을 교양시켜야 한다"라고[135] 주문하였다. 김일성

그림 2-14. 제국주의를 승냥이로 상징조작하는 북한
(황금옥, 『원쑤는 승냥이다』, 평양: 근로단체출판사, 2009)

---

133) 이미경(2003a), 272~273쪽.

134) 『정치사전』(1973), 413쪽.

135) 〈김일성 저작선집 제3권, 인민군부대 정치부련대장이상간부들 및 현지 당, 정권기관 일군들앞에서 한 연설〉 「우리의 인민군대는 로동계급의 군대, 혁명의 군대이다. 계급적정치교양사업을 계속 강화하여야 한다」(1963.2.8)(평양: 조선로동당 출판사, 1975, 제2판), 472~475쪽. 김일성은 이 연설에서 제국주의의 본성은 변하지 않는다며 제국주의를 '승냥이'에 비유하며 정치적 상징조작 한다. 북한은 사상교육시 미국을 승냥이에 비유하는 것이 일반화되어 있다. "승냥이의 야수적본성이 변할수 없는것과 같이 제국주의의 침략적본성은 절대로 변할수 없습니다. 승냥이새끼를 잡아다 길러도 그놈이 커서는 사람을 해치며 산으로 도망가고맙니다. (중략) 제국주의가 남아있는 한 그의 침략적 본성도 남아있게 됩니다." 같은 책, 474쪽. 『승냥이』는 1947년 북조선문학예술총동맹 중앙위원장에 임명된 한설야의 단편소

의 주문에 맞춰 북한의 대미 역사인식은 '미제국주의의 악의적 실체를 파헤

설(1951) 제목이며 만행을 저지르는 미 선교사를 부정적으로 형상화한 이미지이다. 한설야의 『승냥이』는 김일성 사후 클린턴 행정부 시기와 부시 행정부 시기에 재출간되어 자연스런 반미 이념의 내면화를 위한 상징조작 수단으로 활용되었다. 필자가 요약한 대략적 줄거리는 다음과 같다:

> 『일제치하에서 남편은 농민 조합 재건 사업으로 옥고를 치르다 숨지고 남편의 유언대로 아들 수길이 하나만을 유일한 희망으로 삼고 살던 수길이 어머니는 미국 선교사 집의 잡역부로 생계를 겨우 꾸려 나가고 있었다. 어느 날 수길이는 선교사 집 외양간 뒤켠 웅덩이에서 고무공을 주워 동네 아이들과 놀기 시작한다. 선교사의 아들 시몬은 수길이가 자신의 공을 훔쳤다며 주먹으로 수길이의 얼굴을 심하게 후려쳐 수길이는 쓰러지고 목숨이 위태롭게 된다. 조선사람들에게 수길이가 선교사의 아들에 의해 목숨이 위태롭게 된 것을 숨기기 위해 선교사 부인은 수길이 어머니를 설득해 수길이를 무료로 치료해 준다며 선교사 교회 병원으로 입원시킨다. 병원 원장으로부터 수길이가 뇌출혈로 살기 힘들다는 것을 알게 된 선교사 부부는 병원 원장을 시켜 수길이에게 전염병균을 주사시키고 급성 전염병으로 위장하여 격리수용하고 수길이 어머니 몰래 화장시켜버린다. 뒤늦게 이 사실을 알게된 수길이 어머니는 울부짖으며 선교사 부부와 맞서고 선교사 부부는 벌벌 떨지만 선교사 아들이 일제 순사에게 신고해 수길이 어머니는 무장한 순사에게 제압당한다. 수길이 어머니가 끌려가면서 이웃 조선인들은 수길이 어머니의 뒤를 따르고 '미국놈'과 '왜놈'에 대한 한 맺힌 복수를 다짐한다.(한설야, 『승냥이(한설야 선집 단편집)』(조선작가동맹출판사, 1960), 420~491쪽)

동 소설은 짧은 문학작품이지만 북한의 대미 인식이 상징적으로 함축되어 드러난다는 데서 중요한 의미를 가진다. 즉, 미제국주의의 이익을 대변하는 미국 선교사는 병원과 학교를 지어주고 설교를 하지만 모두 침략과 약탈을 위한 위장 전술에 불과하다는 메시지를 담고 있다. 세균주사를 놔 수길이를 전염병으로 위장해 죽이자며 "조선사람의 도덕은 필요 없다. 미국 도덕은 세계의 도덕이 되어야 하고 그래야 세계를 지배할 수 있다(463쪽)"라는 선교사의 말은 이러한 메시지를 잘 대변해준다. 선교사 교회 병원에서 일하는 간호원과 약제사 등 조선인은 선교사의 이익을 위해 수족이 되어 충성하는 모습을 보여주어 미국에 충성하는 남한의 '괴뢰정부'를 연상시킨다. 수길이 어머니가 맞서자 선교사가 벌벌 떨다가 무장한 일본 순사를 불러 제압하는 모습은 북한의 미일공모결탁 역사관과 일치한다. 셔먼호 사건과 신미양요를 거치며 조선에 대한 무력침공이 어렵게 되자 일본을 앞세워 조선을 강점해 나갔다는 대미 역사 논리이다. 선교사를 거짓과 위선에 가득 찬 "하느님을 팔아 살인하는 백정(481쪽)"에 비유하며 '승냥이'로 상징화해 미국의 악의적 실체는 변치 않음을 상징적으로 보여주고 있다. 미국은 겉으로는 상대 나라를 위하는 척하면서 실제로는 일제보다 더 악하다는 것을 암시한다. 세균주사를 수길이에게 놓

치고, 미국의 아시아와 조선 침탈 야욕과 일본과의 공모 그리고 반통일 · 민족분열 책동 및 이에 맞선 인민의 저항'등과 같은 항일무장투쟁 시기 형성된 김일성의 반외세 저항 의식을 담은 반제국주의 사상을 그대로 반영하고 있다.

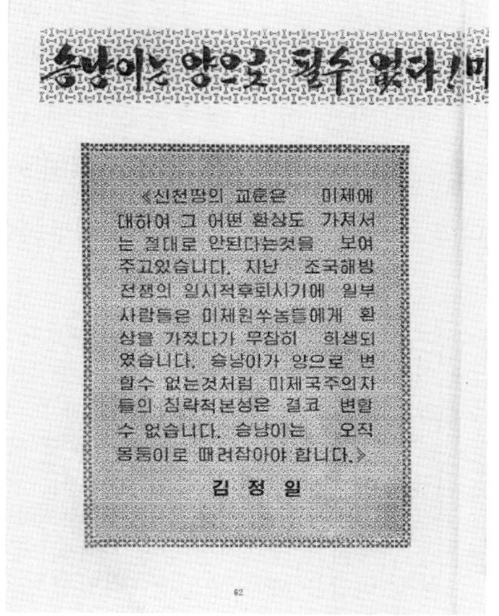
승냥이는 양으로 될수 없다!

≪신천땅의 교훈은 미제에 대하여 그 어떤 환상도 가져서는 절대로 안된다는것을 보여주고있습니다. 지난 조국해방전쟁의 일시적후퇴시기에 일부 사람들은 미제원쑤놈들에게 환상을 가졌다가 무참히 희생되였습니다. 승냥이가 양으로 변할수 없는것처럼 미제국주의자들의 침략적본성은 결코 변할수 없습니다. 승냥이는 오직 몽둥이로 때려잡아야 합니다.≫

김 정 일

62

그림 2-15.『신천의 원한을 잊지말자』에 나타난 대미관
김일성의 대미관을 김정일이 그대로 계승했음이 나타난다.

북한의 역사서[136]는 미국의 역사를 "침략과 약탈, 살인과 강도의 역사"로 매도하고 "원주민인 인디언들에 대해 인류역사상 유례없는 살육만행을 저지른 후" 나라를 세운 미국은 아시아로 눈을 돌려 18세기 후반(1784년)부터 아시아 침탈의 장정에 올랐다고 기술하고 있다. 미국의 아시아 침탈사는 중국, 인도 등 아시아 국가들과의 무역에서 거대한 폭리를 취함으로써 시작되었고 불평등조약을 체결해 아시아 전 지역을 미국의 상품시장으로 만들려는 노골적인 책동을 벌였다고 역사서는 기술한다. 미국의 '해적선'들은 특히 중국과의 무역에서 '약탈'과 아편무역을 통한 폭리를 일삼았고, 중국을 위협공갈해 1844년 일방적 불평등 조약인 '망하조약'을 체결하

은 것은 한국전 당시 미군이 세균전을 감행했다는 북한의 주장이 소설 속에 반영된 것이다. 소설은 선교사를 '승냥이', 선교사 부인을 '암여우(구미호)', 선교사 아들을 '이리새끼'로 표현하여 '악의 무리'임을 은유적으로 각인시키는 상징조작을 하고 있다.

136) 사회과학원 력사연구소 외국사연구실,『미제의 아세아침략사』(평양: 과학백과사전출판사, 1977), 3~74쪽.

게 한 후 본격적으로 '약탈적 무역'을 확대하였으며 중국노동자들을 끌어다가 노예로 팔아먹는 '쿠리무역'까지 본격화하였다는 것이다. 미국은 반외세·반봉건을 외친 '태평천국'의 난 때 농민들을 진압한 장본인이라고 역사서는 기술한다. 미국은 텐진조약 이후 중국 경제 침탈을 본격화하였을 뿐 아니라 선교사[137]들을 앞세워 표리부동한 종교문화적 침략을 일삼았다고 주장

137) 군사적 침략의 앞잡이로 미국 선교사들이 종교를 위장하여 동원되었다는 북한의 역사인식은 곳곳에 등장한다. 예를 들어 제너럴 셔먼호 사건에서 선교사가 침략의 앞잡이 역할을 했다는 역사기술과 미 선교사가 조선의 아이를 대상으로 전염병 세균을 주입해 죽이는 만행을 저질렀다는 소설(한설야, 『승냥이』(1951))이 한국전쟁 기간 발간된 것이 그것이다.
김일성의 모친은 기독교인이었고 해방 후 김일성은 "북조선에서는 종교를 믿는것을 반대하지 않으며 신앙의 자유를 법적으로 보장하고있습니다."라며 직접적인 기독교 탄압을 하지 않았다. 〈김일성 저작집 제2권〉「신문 《민주조선》기자가 제기한 질문에 대한 대답」(1946.10.10), 488쪽.
하지만 김일성은 1948년 경에 이르러 반미투쟁을 격화시키고 조선민주당을 견제하기 위하여 반기독교 입장을 취하고 미국인 선교사들을 숭미사상을 퍼뜨리는 침략의 앞잡이로 본격 매도하고 나선다. "미국은 오래전부터 종교의 간판을 든 선교사들을 우리 나라에 파견하여 각지에 례배당을 짓고 기독교와 숭미사상을 퍼뜨렸으며 장차 조선을 지배하기 위한 준비사업을 수십년동안 진행하였습니다. (중략) 일부 목사들과 장로들 속에는 이러한 종교선전에 넘어가 미국을 《하느님》처럼 받들면서 우리 조국을 《딸라》에 팔아먹으려는자들이 있습니다. 바로 그러한 반동적인 목사 또는 장로의 일부가 민주당에 기여들어와 나쁜 장난을 하고 있는것입니다." 〈김일성 저작집 제4권, 북조선로동당 평안남도 순천군당대표회의에서 한 연설〉「우리 당 단체들의 과업에 대하여」(1948.1.24), 60~61쪽.
북한이 기독교를 배격하게 된 배경으로는 마르크스-레닌주의의 부정적 종교관이 조선공산주의자들에게 그대로 수용되었을 뿐 아니라 북한의 정치적인 이유로도 반기독교 정서가 자리잡게 되었기 때문이다. 조선에 기독교를 보급한 선교사 대다수가 미국인이었으며 기독교계는 기독교 장로이자 민족주의자인 조선민주당 대표 조만식을 따라 반탁운동에 가담하였고 민족주의성향의 조선민주당은 기독교를 후원하였다. 조선민주당 지도그룹 다수가 교회장로로 활동한 바 있었다. 이러한 배경하에 정치권력 투쟁 과정에서 김일성은 상기한 1948.1.24연설에서처럼 조선민주당에 친미 기독교 목사가 숨어들어와 있다며 민주당과 기독교를 싸잡아 비난하였다. 이후 북한에서는 미국·기독교·조선민주당 3자가 모두 동일한 부류라는 관념을 낳았고, 어느 하나에 대한 비판은 나머지 양자에 대한 비판을 수반하는 형태를 띠어 부정적 기독교관은 미국과 강하게 접목된다. 김재웅(2009), 319~327쪽.

한다. 아시아팽창주의를 펼치던 미국은 아시아 본토를 침탈하기 위한 중간 기항지로서 일본이 필요하였고, 중국과 마찬가지 과정을 거쳐 강압에 의한 불평등조약인 '미일수호통상조약'을 체결한 후 일본을 상품시장으로 전락시킴과 동시에 '일본군국주의를 앞잡이로 내세운 아시아침략정책'을 본격화한다고 기술한다. 이윽고 동남아시아, 서남아시아 및 인도 또한 미국의 아시아 침략정책의 희생양이 되었으며 미국은 전 세계 인구와 영토의 3분의2를 차지하는 아시아, 아프리카, 라틴아메리카의 거대한 부를 빨아먹으며 성장하고 살쪄왔다는 것이다. 19세기 이러한 미국의 팽창정책의 배경 하에 조선에서 제너럴 셔먼호 사건 및 신미양요가 발생하였고, 아시아의 모든 국가들이 미제의 압력에 굴복해 자국의 문을 열어젖힐 때 조선은 유일하게 인민들이 들고 일어나 미제국주의의 무력침략에 대항해 싸워 이긴 민족으로 기록하고 있다.[138)]

김일성 또한 한국전쟁 이전의 19세기 미국의 대한반도 침탈의도에 대해 규정하고 있다.

> 미제는 1866년《샤만》호사건때부터 력사적으로 우리 나라를 침략하여왔으며 일제의 조선강점을 적극 비호하고 도와주었습니다. 8.15해방후 미제국주의침

박헌영이 '미국인 선교사 언더우드와 교류하면서 숭미사상을 품게 되었다'는 1955년 박헌영 재판기록은 부정적 기독교관과 미국이 접목되어 정치적으로 재해석된 예라고 할 수 있다. 조선민주주의인민공화국 최고재판소 편,『미제국주의 고용간첩 박헌영 리승엽도당의 조선민주주의인민공화국정권 전복음모와 간첩사건 공판문헌』(평양: 국립출판사, 1956).

138) 19세기 말 미국의 조선과 극동 침략 및 이에 맞선 조선인의 투쟁 등에 관한 역사 논문은 다음을 참조. 김희일, 「1868년 조선에 대한 미국의 침략조직과 그 실패」,『력사과학』(1956년 제2호); 최태진, 「19세기 70-80년대에 있어서의 조선에 대한 미국의 침략기도」,『력사과학』(1958년 제6호); 리창국, 「19세기말-20세기초 미제의 극동침략정책」,『력사과학』(1967년 제1호); 김희일, 「1871년 미국의 조선침략과 그를 반대한 조선인민의 투쟁」,『력사과학』(1959년 제6호).

> 략자들은 이른바 《해방자》,《원조자》의 탈을 쓰고 남조선에 기여들어 애국적민주력량을 총칼로 탄압하고 군정을 실시하면서 식민지통치제도를 세워놓았습니다.[139]

> 조선을 예속화하려는 미국의 정책은 벌써 모스크바3상회의 때에 똑똑히 드러났습니다. 다 아는바와 같이 미국정부는 그때에 조선을 신탁통치밑에 있는 나라로 만들것을 주장하였습니다.[140]

북한은 미국이 조선에 무력침공을 감행한 첫 '자본주의 침략자'였으며 따라서 역사적 사실에 기반하여 '조선 인민의 불구대천의 원쑤'라고 규정하고 있다. 김일성은 미국이 조선에 대한 식민지 약탈을 위한 역사적 기원을 1800년대 중엽부터[141]로 규정한다. 1845년에 벌써 미국 하원에서 조선 침략에 대한 계획을 논의하였다는 것이다. 1860년대에 이르러서는 조선을 미국의 극동 침략의 군사 기지 및 상품시장으로 이용하기 위한 구체적인 계획을 세우고 실천에 옮기기 시작하였다고 북한 역사서는 기술한다. 이러한 배경으로 발생한 첫 사건이 '제너럴 셔먼호 사건'이며 이는 우연한 침입 사건이 아니라 미국의 조선 침략을 계획적으로 수행한 준비된 사건이라고 서술한다. 북한 역사서는 셔먼호의 '조선침공 목적을 세 가지로 설명하는데 첫째, "조선을 극동 침략을 위한 군사기지로 만들기 위한 군사정찰." 둘째, "무력으로 통상조

---

139) 〈김일성 저작집 제4권〉「부대의 당정치사업을 강화하기 위하여」(1948.10.21), 466쪽.

140) 〈김일성 저작집 제4권〉「반동적남조선단독정부선거를 반대하고 조선의 통일과 자주독립을 쟁취하기 위하여」(1948.3.9), 173쪽.

141) "미 제국주의자들의 조선에 대한 침략 정책은 벌써 장구한 력사를 가지고 있다. 그 기원은 청소한 미국 자본주의가 식민지 략탈을 위한 제국주의자들의 총투쟁으로 들어가기 시작하던 때인 지난 세기 중엽부터이다." 〈김일성 선집 제4권〉「十월 혁명과 조선 인민들의 민족 해방 투쟁(1951.11.5)」(평양: 조선로동당 출판사, 1954), 11쪽.

약을 강요함으로써 조선을 자신들의 상품 판매 시장으로" 만들고, 셋째, "평양 부근의 옛 무덤들을 도굴하여 그 곳에 묻힌 유물들을 약탈하려는 의도"로 계획적으로 조선에 접근하였다고 본다.[142)]

북한은 1866년 '제너럴 셔먼호 사건'을 '최초의 반미항쟁의 승리의 역사'로 기록하고 있다. 북한의 력사사전은 셔먼호를 '침략선'으로 규정하고 "살인, 부녀자 릉욕 등 참을수 없는 야수적만행까지 감행"하는 데 대항하여 평양인민들이 들고일어나 "대동강 물에 처박아" "조선을 제놈들의 지배밑에 넣으려던 철천지원쑤 미국침략자들을 반대하는 우리 인민의 첫 투쟁은 력사적승리로 끝났다"[143)]고 기술하고 있다. 한 가지 재미있는 사실은 이들 평양인민들을 앞장서 이끈 장본인이 바로 김일성의 증조부인 '김응우 선생'이며 뛰어난 '화공전술'을 펼쳐 적을 섬멸했다[144)]는 것이다. 북한은 김일성의 증조부 김응우, 조부 김보현, 아버지 김형직, 어머니 강반석 등을 모두 항일운동가나 지도자로 우상화하고 있으나 이는 허위 날조된 것으로 전문가들은 결론내리고 있다.[145)] 2000년 출판된 상기 력사사전(2)과는 달리 1962년 출판된 북한의 역사서 『조선력사(하)』는 샤먼호 사건 관련 김일성 증조부 김응우가 전혀 언급

142) 학우서방 편, 『조선력사(하)』(학우서방 번각발행, 1963), 171~172쪽.
이보다 앞선 역사서인, 리나영의 『조선민족해방투쟁사』(평양: 조선로동당출판사, 1958, 25~27쪽)는 미국이 조선에 접근하여 침략한 이유로 조선이 충족시키는 미국의 세 가지 필요성을 지적하는데, 첫째 중국과 일본 약탈 무역을 위하여 미국 선박의 기항지가 필요, 둘째 미국을 위한 시장으로서의 필요, 셋째 아시아 대륙 침략을 위한 군사전략적 전초기지로서의 필요가 그것이다.

143) 사회과학원 력사연구소, 『력사사전(2)』(평양: 과학백과사전종합출판사, 2000), 102쪽.

144) 사회과학원 력사연구소(2000), 102쪽.

145) 염동현, 「'다음' 인물검색란에 '김일성 왕조실록'?」, NEWDAILY(2010.1.26).
김일성의 증조부 김응우의 경우 평양감사 박규수가 '화공작전' 등 셔먼호 격침에 크게 기여한 총 27명의 군민에 대해서 조정에 포상을 요청하는 장계를 올렸는데 그 명단에 김응우는 포함되어있지 않았다. 김명호, 『초기 한미관계의 재조명: 셔먼호 사건에서 신미양요까지』(서울: 역사비평사, 2005), 57 · 62 · 426쪽.

되지 않고 있다.[146] '화공전술' 또한 '평양감사 박규수가 인민들의 창의적 발의를 수렴해 취한 전술'[147]로 기술하고 있다. 김일성이 1956년 종파사건 이후 경쟁자들을 모두 제거하고 권력을 절대적으로 독점하기 시작한 후 발행한 1958년 역사서에도 마찬가지로 김응우가 전혀 언급되지 않고 있고 "(군관) 박춘권(朴春權)의 지도하에 조선인민들은 자기들의 창의로써 웃목에서 많은 쪽배에 나무를 가득 싣고 이에 불을 질러 제네랄 셔만호가 있는 곳으로 띄워 내려 보내 제네랄 셔만호에 부닥치게 하였다"[148]라고만 언급하고 있다. 김일성이 정적을 모두 제거하고 권력을 완전히 장악한 이후에는 김일성 중심의 혁명사관이 확립되어 김일성 우상화와 적대적 대미 역사의식 조작이 강화되었다. 북한은 역사적 사실에 덧칠해 조작과 과장을 통하여 김일성 일가의 혁

146) 사회과학원 력사연구소, 『력사사전 II』(평양: 사회과학출판사, 1971; 1973 학우서방 번각발행), 85쪽. 에도 김일성의 증조부 김응우가 화공전술을 펼쳤다는 유사한 내용이 언급되어 있는 것을 보면 1960년대에 김일성의 증조부 김응우에 대한 '새로운' 역사가 추가된 것으로 추정해볼 수 있다. 필자가 확인한 북한 문헌 중 김응우가 가장 처음 언급된 것은 1968년 발행된 『민족의 태양 김일성장군』이다. 동 문헌은 김일성 조상과 일가를 애국자로 미화하며 만경대로 이주한 김응우가 셔먼호 사건 때 "군중의 앞장에서 대동강에 여려겹의 바줄을 건너지르며 해적선의 길을 막아나서는 등으로 맹렬히 투쟁했다"고 기술하고 있다. 백봉, 『민족의 태양 김일성장군』(평양: 인문과학사, 1968), 7쪽. 여기에는 '화공전술'에 대해서는 전혀 언급이 없다는 것이 이후의 문헌과 비교된다.
김응우에 대한 북한의 역사조작은 점차 확대되어 셔먼호 선원 생존설에 의거 1868년 내항한 미 군함 셰난도어호를 격퇴한 주역도 김응우라는 왜곡을 한다. 김응우가 '새로운 진지방어전법'을 구상하여 저항하자 셰난도어호는 겁을 집어먹고 상륙을 포기한 채 평양침공계획을 접고 뱃머리를 돌려 서해로 줄행랑을 쳤다는 것이다. 원종규, 『조선인민의 반침략투쟁사(근대편)』(평양: 과학백과사전출판사, 1994), 57~58쪽. 하지만 이보다 14년 앞서 출판된『조선전사』는 셰난도어 사건만 10여페이지 분량으로 동 내용을 더욱 상세히 다루고 있으면서도 김응우에 대한 언급은 한마디도 없다. 사회과학원 력사연구소, 『조선전사 13(근대편 1)』(평양: 과학백과사전출판사, 1980), 90~103쪽. 두 기간 사이에 김일성의 증조부 김응우의 영웅담을 또 다시 추가 조작한 것이다.

147) 학우서방 편(1963), 173쪽.

148) 리나영(1958), 28쪽.

명신화와 우상화를 꾀하고, 미국의 '침략 야욕'을 역사적으로 북한의 시각을 투영해 고증하여 인민들의 '반침략 민족적 각성'을 드높이고자 하였다. 실제로 북한은 셔먼호 대포와 닻줄을 보존하여 조선중앙력사박물관에 전시해놓고 '미제침략자들의 죄행을 고발'하며 반미 교육에 활용하고 있다.

셔먼호 사건으로 몇 년 뒤 촉발된 신미양요에 대하여도 마찬가지로 북한은 "1871년 미국침략함대 격퇴"라는 역사적 정의를 내리고 있다.[149] "인민들의 반침략 투쟁이 전국적으로 고조"되자 흥선대원군은 척화비를 세워 '바다 건너 오랑캐들이 우리나라에 침입하여 왔는데 싸우지 않는다는 것은 타협하는 것이요 타협하는 것은 나라를 파는 것이다(洋夷侵犯 非戰則和 主和賣國 戒吾萬年子孫)'라고 새겨 넣었다고 기술한다.[150] 흥선대원군은 이후 쇄국정책을 더욱 강화하였는데 남한과 북한의 역사관은 대원군의 대외정책에 대해 일부 상반된 시각을 보인다. 남한의 역사서는 흥선대원군의 쇄국정책에 의해 조선의 서구문명 도입이 늦어지고 일본과의 군사력 및 경제력의 격차가 더욱 크게 벌어져 결국 일본의 침탈과 식민지 운명을 맞이하게 되었다고 부정적인 평가를 내린다.

해방 직후 북한의 역사서도 대원군의 쇄국정책에 대해서는 남한의 시각과 크게 다르지 않았다. 1945년 12월 25일 발행된 『조선력사』는 쇄국정책은 "세계적 대세에 역행하는 정책"이었으며 "조선사회의 발전상에 막대한 해독(害毒)을 주었고" 조선사람이 "세계발전선상에서 낙오자가 되게 하였다"고 혹평하였다.[151] 그러나 점차 김일성 유일체제가 완성되면서 북한의 모든 역사의식은 체제가 요구하는 시각에 맞추어 재정비된다. 재정비된 북한의 역사서는 대원군의 대내외정책에 대해 공과를 구별해 평가한다. '봉건 지주 계급의

149) 사회과학원 력사연구소(2000), 245~246쪽.

150) 학우서방 편(1963), 179~180쪽.

151) 문석준, 『조선력사』(함흥: 함경남도교육문화부, 1945), 46~47쪽.

대표자'인 대원군이 자신의 봉건체제를 강화하기 위하여 자체발전에도 필요한 문물을 받아들이지 않아 조선을 낙후시킨 것은 과오로 지적을 한다. 하지만 대원군이 국방력을 강화하여 셔먼호와 병인 · 신미양요 등 외세의 침략과 자본주의의 침투를 물리친 것은 "인민들의 반침략 투쟁 방향과 일치한다"며 매우 높이 평가한다. 프랑스 신부 9명과 수많은 천주교도들을 죽인 것도 비판하지 않는다. 봉건주의를 찬양할 수 없는 북한체제의 속성상 대원군의 공적은 대원군과 대비한 민비의 실정에 대한 신랄한 비판을 통해 간접적으로 드러난다. 대원군 정권이 붕괴하고 "민가 일파 봉건 통치 지배들이 외국 침략과 타협하는 우유부단한 립장과 정책" 때문에 강화도 조약이 체결되었고 일본과 서구 열강의 본격적인 조선 침탈이 시작되었다고 기술하고 있다. 북한은 흥선대원군 통치 시기 증강해놓은 국방 시설과 무장력을 높이 평가하고 이를 강화하여 외세에 끝까지 저항하여 싸웠다면 일방적으로 불평등한 일본과의 강화도 조약이나 미국과의 '조미수호통상조약' 같은 강요도 물리칠 수 있었을 것이고 식민지로 급속히 전락하는 것을 막을 수 있었을 것이라고 주장한다.[152] 북한은 민비의 정책을 "외세에 빌붙어 봉건통치를 유지하려는 투항주의적 정책"[153]으로 규정하고 "인민의 반침략투쟁의 상징으로 각지에 세워졌던 척화비까지 모두 없애버릴 것을 명령하면서 인민들의 애국적반침략투쟁을 말살하려고 날뛰었다"[154]라며 민비의 대내외정책 모두에 대해 강력히 비난하고 있다. 아직도 '현대판 쇄국정책'을 펼치는 북한이 흥선대원군의 대내외정책을 전면적으로 비난하거나 명성황후의 개화 정책을 긍정적으로 평가하기는 힘들었을 것이다.

이러한 역사인식은 다분히 현재의 정치적인 이해관계를 역사에 투영하여 체제의 정통성을 강화하기 위한 시도이다. 현재의 정치적 의도에 맞춰 역사

152) 학우서방 편(1963), 168~194쪽.

153) 교육도서출판사 편, 『조선력사』(평양: 교육도서출판사, 1982), 106쪽.

154) 원종규(1994), 95~96쪽.

를 보는 시각을 조정하는 것이다. 일본군국주의자들의 침략 위협이 시시각각 다가올 때 애국적 관리들이 국방을 강화할 것을 요구하였으나 명성황후 등 통치자들이 국방 강화의 대책을 강구하지 않아 강화도 조약 같은 불평등 조약을 체결하고 식민지가 되었다는 역사기술은 현대시대 북한의 선군정치와 병영국가로서의 정당성을 부여해준다. 개항을 전후하여 유생들의 끊임없는 상소와 농민들의 폭동, 개항장 설치 반대투쟁 등을 펼쳤다는 것을 역사서를 통해 강조함으로써 오늘날 인민들이 나서서 적극적인 반외세 투쟁을 벌여야 한다는 교훈을 암시한다.

이러한 현재의 정치적 목적에 맞춘 역사의 재구성은 '남연군 분묘 도굴사건'에서 확연히 드러난다. 역사학자들에 의해 1868년(고종5) 독일 상인 E. 오페르트에 의해 자행된 것으로 알려진 흥선대원군의 생부 남연군(南延君) 분묘 도굴사건에 대하여 북한은 '미제에 의해 자행된 국제적 만행사건'으로 주장한다. 북한은 "미제 침략자들은 1868년 5월 젠킨스를 두목으로 하는 1백여 명의 강도단을 무어(조직해) 러시아 군인으로 가장하고 당시 우리나라 집권자였던 대원군의 아버지 남연군의 묘지를 도굴하다가 충청도 적산군 가야동 인민들의 결사적인 투쟁에 의해서 참패를 당하고 도주했다"고 묘사하고 있다. 사건 주모자가 독일상인인 E. 오페르트에서 중국 상하이(上海)주재 미국 영사관의 '젠킨스'로 바뀐 것이다.[155] 필자가 확인한 1953년 발행 북한역사서는 독일인 오페르트를 '두목'으로 명시하였고 젠킨스의 이름은 언급 하지도 않았다.[156] 그러나 1958년 역사서에는 독일인 오페르트는 전혀 언급되지 않고 "상해의 미국 총령사관의 직접적 지도하에 동 령사관원이었던 미국 자본

---

155) 1999년 5월 북한 중앙방송 인용; 심규석, 「북, 남연군 묘 도굴사건은 "미국의 만행" 주장」, 『연합뉴스』(1999.5.18).

156) 김석형, 『조선력사』(1953년 6월 30일 교육성 발행; 도쿄: 학우서방 번각, 1954), 241~242쪽.

가 젠킨스가 감행하였다"[157]라고 기술하고 있다. 북한은 남연군묘 도굴사건을 제너럴 셔먼호 사건과 신미양요 사이에 벌어진 일련의 '미국 침략자들이 감행한 침략행위'로 규정하고 '미국의 위선과 야만성'을 드러낼 논리를 구성할 목적으로 역사적 사실을 조작해 꿰어 맞추고 있다.

북한은 조미수호통상조약도 "교활한 미국 침략자들이 조선인민을 기만하여… 침략적 본성을 은폐하고 〈원조자〉로 가장하면서… 유리한 조건을 획득한… 불평등하고 예속적인 조약"으로 간주하고 있다. 구미 자본주의 열강과 체결된 조약으로서는 최초의 불평등 조약이라는 것이다. 조미수호통상교역으로 미국 침략 세력이 경제, 문화의 모든 영역에 걸쳐 급속히 조선에 침투할 수 있는 계기가 되었다고 평가하며, 이 조약에 뒤이어 영국, 독일, 프랑스, 제정 러시아, 이탈리아, 덴마크, 벨기에 등 서방열강들과 줄이어 통상조약을 체결하였는데, 북한은 이 모든 조약을 불평등조약이며 조선을 침탈하기 위한 열강의 노림수로 폄하하고 일제치하 식민지로의 전략을 가속화하는 결과를 초래했다고 평가하고 있다.[158]

북한은 미국은 단독 침탈행위 뿐 아니라 일본과 공모하여 아시아와 조선 침탈을 강행하였다고 역사적 기술을 하고 있다.[159] 이미 19세기 중반부터 미국은 카리브해의 전략거점인 쿠바와 중앙아메리카, 하와이, 조선과 일본 및 대만에 중요한 전략적 의미를 부여하고 태평양 횡단 침략로를 열어 중국 본

---

157) 리나영(1958), 30쪽.

158) 학우서방 편(1963), 189~190쪽. 같은 논리의 역사 논문은 다음을 참조. 최태진, 「1882년 조미수호통상조약의 침략적 본질」, 『력사과학』(1960년 제6호); 강석희, 「《조미수호통상조약》은 예속적이며 불평등적인 조약」, 『력사과학』(1982년 제1호).

159) 이러한 '미일군사결탁'을 주제로 한 초기 역사 논문은 다음을 참조. 방문권, 「1930년대 일제의 만주침략에 대한 미제의 적극적인 지지」, 『력사과학』(1964년 제1호); 강석희, 「조선침략을 위한 미, 일 제국주의의 공모야합에 대한 력사적인 고찰」, 『력사과학』(1965년 제2호); 강석희, 「19세기 50-70년대 일본 인민과 아세아인민을 반대하여 맺어진 미일관계」, 『력사과학』(1966년 제2호).

토를 본격적으로 침탈하여 어마어마한 경제적 이득을 얻었다고 주장한다. 미국은 이 시기부터 "일본 정부로 하여금 조선 및 중국 정부와 서로 원수처럼 대하게 하며 일본을 서방국가의 동맹자"로 만드는 정책을 펼쳤고, 1871년 무력침공(신미양요)에서 참패한 직후부터는 조선을 직접 무력으로 침탈할 수 없게 되자 "일본군국주의의 조선침략을 적극 부추기는" 길에 들어섰다[160]고 역사를 기술한다. 미국과 일본은 임오군란과 갑신정변 및 동학운동을 진압하는 반혁명적 보조도 함께 취하였다고 주장한다.[161] 미국의 조선침탈에만 관점의 초점을 맞춘 북한의 역사서 『미제의 조선침략사1(1961)』는 일본의 민비 시해사건인 을미사변도 러시아를 견제하고자 하는 미국이 일본을 지지하여 발생한 것으로 호도하고 있다. "미국 침략자들은 이 일본 침략자들의 야수적 만행[민비시해]을 지지하였는바 당시 경복궁 호위장이던 [미국 장군] 다이는 일본인들의 공격을 수수방관하고 아무런 대책도 취하지 않았다"[162]라고 동 역사서는 기술하고 있다.[163] 동 역사서는 일제의 조선 식민 통치도 미국이 조선에서 자기의 침략적 기반을 다지기 위한 침략정책의 일환으로 소개하고 있다.[164]

---

160) "1865~1871년 사이에 여러 차례 조선을 침략하려고 대들다가 참패를 당한 미국놈들은… 군함과 탄환을 일본에 대 주었고 직접 고문까지 파견하여 조선 침략을 적극 방조하였다." 윤석원, 『일제는 조선 인민의 철천지 원쑤』(평양: 조선로동당출판사, 1963), 2쪽.

161) 김희일, 『미제는 세계인민의 흉악한 원쑤』(평양: 조국통일사, 1974), 29~40쪽.

162) 김희일, 『미제의 조선침략사 1』(평양: 조선로동당출판사, 1961), 75쪽.

163) 눈여겨볼 만한 사실은 동 역사서 이후의 역사서에는 미국의 을미사변 방조 내용이 완전히 빠져있다는 것이다. 동 역사서는 미일공모를 지나치게 과장하여 일부 조작된 내용까지 포함시킨 것으로 추정된다. 이후 북한의 역사서 중 미국에 대한 언급 없이 을미사변을 기술한 문헌은 다음을 참조. 사회과학원 력사연구소, 『조선전사 14(근대편 2)』(평양: 과학백과사전출판사, 1980), 11쪽; 사회과학원 김일성동지혁명력사연구소, 『력사사전(3)』(평양: 과학백과사전종합출판사, 2001), 423쪽. 1971년 및 2000년 발간된 『력사사전(2)』에는 『력사사전(3)』에 기재되어 있는 '민비살해사건'(을미사변)이 빠져있다.

북한은 강화도 조약도 '미국 침략자들의 군사원조와 추동을 받은 일본군국주의자'들의 치밀한 계획에 의한 것이며, 미국은 일본을 뒤따라 들어와 침탈하기 위한 목적을 가지고 있었다고 분석한다.[165] 북한은 미국의 조선침탈이 단순히 경제적인 것 뿐 아니라 정치군사적 음모를 포함하며 한반도를 동아시아와 세계를 정복하기 위한 전초기지로 삼고 있다고 본다. 이는 19세기 개항기 일본의 시장을 강제로 개방시킨 후 침탈하였고, 일본군국주의자들을 내세워 한일합방을 공모하였으며, 현재에 이르러 한미일 방위동맹으로까지 이어지고 있다는 해석이다.

미일공모를 주제로 한 북한 역사서 『미일제국주의의 공모결탁에 의한 조선침략사 1』은 19세기 중반 미국은 일방적으로 자신에게 유리한 불평등 조약을 일본과 체결한 후 '종속적 미일관계'를 수립하고 이후 일본을 이용하여 '군국주의 침략책동을 강화하였다'고 기술한다.[166] 역사서는 상기한 임오군란과 갑신정변, 동학운동 및 강화도조약 시 미일공모 주장 뿐 아니라 미국은 군국주의화된 일본을 부추겨 청일전쟁과 러일전쟁[167]을 일으키게 해 일본을

164) 김희일(1961), 104~141쪽.

165) "일본 군국주의자들의 침략 기도는 미국 침략자들의 적극적인 고무를 받으면서 1870년대에 들어 서서 더욱 로골화되었다. 그러면 당시 미국 침략자들은 일본 군국주의자들의 조선 침략을 어떻게 사촉하였는가? 1871년 조선에 대한 미국의 무력 침공이 우리 인민의 영용한 투쟁에 의하여 파탄된 후 미국 침략자들은 일본 정부를 보다 적극적으로 지지하는 립장에 서게 되었다. 미국 침략자들은 일본 군국주의자들을 동방의 헌병으로 추켜 세워 조선 침략의 길을 개척케 하고 그들을 뒤따라 들어 와서 무장 침략으로써 달성하지 못한 자기들의 침략적 야망을 기어코 달성하려 한 것이었다. 그리하여 미국 정부는 1871년 일본 정부에 외교 고문을 파견하여 일본의 조선 침략을 적극 선동하여 나섰으며 1873년에는 2척의 군함과 많은 신식 무기를 일본에 제공하여 줌으로써 조선 침략을 획책하는 일본 침략자들에게 군사적 원조를 제공하였다." 학우서방 편(1963), 185.

166) 사회과학원 력사연구소 외국사연구실, 『미일제국주의의 공모결탁에 의한 조선침략사 1』(평양: 사회과학출판사, 1974), 1~338쪽.

167) 북한은 러일전쟁 후 1905년 체결된 포츠머스 강화조약을 "미제가 일제의 조선침략

내세운 조선지배 전략을 차근차근 진행해 나갔다고 주장한다. 1905년 미일 '가쓰라-태프트밀약(Katsura-Taft Agreement)'을 "극동침략에 나선 미일제국주의자들의 식민지팽창정책의 기본방향을 규정한 것"[168]으로 정의하며 이후 미일공모결탁에 의한 조선침탈이 본격화되어 미국의 비호 하에 '을사보호조약'과 한일합방이 강행되었다고 역사서는 기술한다. '미국은 일본을 '반공의 돌격대'로 내세워 일본의 조선강점기 조선의 민족해방운동과 공산주의운동을 말살하기 위한 책동을 계속하였으며 일본의 만주사변을 미국이 배후에서 지지하였다고 역사서는 주장하고 있다. 한 가지 특이할만한 내용은 미국이 일본의 '반공 대륙침략전쟁' 뿐 아니라 김일성의 항일무장투쟁을 토벌하기 위하여 막대한 군사전략물자를 일본에 대주었다는 것이다.[169] 일본제국주의보다 더 큰 배후세력으로 미제국주의를 지목하고 김일성과 미국의 본격적 상호적대관계를 일제시대에 그 시작점을 둠으로써 해방 이후에도 '남한을 강점한 미제국주의'와의 조선해방투쟁을 계속한다는 김일성의 혁명사관을

을 적극 도와준 전형적인 예의 하나"로 주장한다. 일본이 장기전 능력이 떨어지자 루즈벨트가 개입하여 '중개자의 탈'을 쓰고 나타나 일본에 유리한 강화회의를 이끌었고, (일본의 조선 지배권을 인정한 포츠머스) 조약 체결 이후 일본은 곧바로 조선에 을사조약을 강요하기에 이르렀다는 것이다. 사회과학원 력사연구소, 『력사사전 II』(1971), 901~902쪽.

반면 러일전쟁 전후의 러-프, 영-일 및 미국을 둘러싼 첨예한 지정학적 이해관계를 분석한 강성학은 시어도어 루즈벨트 미 대통령은 포츠머스 강화조약 이후 강대국으로 판명된 일본의 부상하는 제국주의적 야심에 대해 우려하기 시작했다고 지적한다. 루즈벨트는 러시아와 일본 사이의 힘의 균형을 부활시키기 위해 노력하였고, 포츠머스 조약의 내용에 불만을 품고 항의하는 일본인들의 도쿄 폭력사태에 우려하였다. 1906년 미국 서해안 지역의 공립학교에서 일본계 학생을 백인학생들과 분리하는 인종차별주의적 결정은 '미 · 일 이민분쟁'을 촉발시키며 부상하는 일본에 대한 미국의 견제를 단적으로 드러내었다. 강성학, 『시베리아 횡단열차와 사무라이: 러일전쟁의 외교와 군사전략』(서울: 고려대학교출판부, 1999), 454 · 476~479쪽.

168) 사회과학원 력사연구소 외국사연구실(1974), 234쪽.

169) 사회과학원 력사연구소 외국사연구실(1974), 318~326쪽.

투영한 역사관을 보여주는 대목이다.

그렇다면 북한은 일본이 자신의 '비호 세력'인 미국을 상대로 전개한 태평양전쟁을 어떻게 설명할 것인가? 역사서는 공모결탁한 미국과 일본이 군사적으로 충돌하는 태평양전쟁의 모순을 다음과 같이 설명하며 합리화한다. 독일이 2차세계대전을 일으키고 서구열강의 이목이 이에 집중되자 일본은 이 기회를 이용하여 동남아시아 침략을 강화한다. 미국은 이를 일본이 '반공의 돌격대'로서의 역할에 충실하며 '북진'하기보다는 '남진'하여 태평양 전 지역을 손아귀에 넣으려는 의도로 판단하였고 이를 저지하려 하자 일본이 진주만을 기습공격하여 태평양전쟁이 발발하였다는 것이다. 미국은 일본의 주요 군수공업 및 자본가와 관료가 집중되어 있는 지역은 주요폭격에서 제외하였고 일반 주민 거주지역만 폭격하여 인민들만 대량살상함으로써 일본을 괴멸시키기보다는 '가까운 장래'에 다시 미국의 동맹국으로 '반공의 돌격대'로 써먹을 수 있도록 '배려'하였다고 역사서는 주장한다. "일본 몇몇 재벌들은 어느 호화로운 별장에 모여앉아 미제의 이러한 정책에 '감사'를 드렸으며 다시 미국과 장사를 하게 되고 공산주의를 반대하여 함께 싸울 수 있을 것을 바라면서 축배를 들었다"라며 태평양전쟁도 새로운 미일공모의 시작이었음을 직설적으로 지적한다. 주목할 만한 사실은 동 역사서에는 미국이 일본을 원폭하였다는 사실과 일본이 미국에 항복하였다는 사실 자체가 빠져있다는 것이다. 1945년 8월 9일 김일성의 조선인민혁명군 각 부대들이 '일제격멸의 최후결전'에 나섰고 대일전쟁에 참전한 소련군대와 함께 일본의 난공분락방어선을 돌파하고 적을 소탕하면서 맹렬하게 총진격하자 김일성의 조선인민혁명군이 최후격전에 돌입했다는 소식을 접한 조선인민들이 전국 도처에서 들고일어나 조선인민혁명군의 전투를 도와 일주일만인 8월 15일 일본이 무조건 항복하였다[170]며 김일성 혁명사관에 맞추어 역사를 왜곡[171]하고 있다. 북한의 『조선전사』는 한술 더 떠 김일성의 조선인민혁명군의 진격에 의해 일본이 무조건 항복한 이후에도 "미제국주의자들이 일제와 공모결탁하여 조선의 공산주의화를 가로막고 일제의 식민지통치를 계속 유지하려" 하는 것을 김일성의 조선인민혁명군이 끝까지 일본군을 소탕하여 막아냈다고 역사 기술하고 있다. 미국은 일본에게 "일본천황제 유지와 군국주의재생을 적극

170) 사회과학원 력사연구소 외국사연구실(1974), 27~338쪽; 박양엽 외, 『항일혁명투쟁 주요로정』(평양: 근로단체출판사, 1986), 334~336쪽.

171) 역사의 사실 왜곡 뿐 아니라 역사서 출판 시점에 따라 북한 스스로의 역사기술 관점이 다르다. 예컨대 '김일성 조선인민혁명군에 의한 조선의 해방'주장과 달리 앞서 출판된 역사서는 "1945년 8월 15일 조선은 위대한 쏘련의 무력에 의하여 해방되었다."라고 명기해 소련의 역할을 더 중시하고 있다. 김희일(1961), 141쪽.
북한정권 초기인 1949년 출판된『조선민족해방투쟁사』도 "일본제국주의는 위대한 쏘련군대의 무력앞에 패망의 운명을 맞이하게 되었다"라고 기술하고 있다. 김일성종합대학, 『조선민족해방투쟁사』(평양: 김일성종합대학, 1949), 435쪽. 같은 년도의 또 다른 역사서인 『歷史諸問題』는 좀 더 구체적으로 기술하고 있는데 1945년 5월 4일 소련이 히틀러를 굴복시킨 후 8월 9일 일본과의 전쟁을 개시하여 8월 15일 일본의 무조건항복을 받아내 조선은 해방을 맞이하였다고 기술하고 있다. "위대한 쏘련군대의 진주(進駐)에 뒤이어 김일성장군의 무장항일유격부대는 전체조선인민의 열광적환영가운데 1945년 10월 12일 조국땅에 개선(凱旋)하였다"고 기술하고 있으며 김일성의 조선인민혁명군이 벌였다는 대일본 '최후의 격전'에 대해서는 전혀 언급하고 있지 않다. 조선력사편집위원회, 『歷史諸問題 11권』(평양: 조선력사편집위원회, 1949), 74~75쪽.
1949년 발간된 조선중앙연감도 소련이 참전하여 "일본침략의 근거지이던 만주기지를 분쇄했기 때문"에 일본이 타도되었다고 보고하고 있다. 「일본 타도(打倒)에 있어서 쏘련의 결정적 역할」, 『조선중앙연감』(평양: 조선중앙통신사, 1949), 32쪽.
1954년 재판 발행된『김일성 선집』의 김일성 연설문에도 "위대한 쏘련 군대가 일본 제국주의를 격파하고 우리 민족을 해방시켰다"라며 소련군을 찬양하는 발언이 빈번하게 나온다. 예컨대 대표적인 연설은 〈김일성 선집 제2권, 八·一五해방 三주년 기념 경축 평양시 보고대회에서〉「위대한 쏘베트 군대에 의해 해방된 八·一五 三주년 기념 보고」(1948.8.14). 훗날 발행된 김일성 저작집에는 주체사상의 틀에 맞춰 "위대한 쏘련군에 의해 해방되었다"라든가 "스딸린 대원수 만세!"와 같은 소련 찬양 발언이 삭제되었다.
1945년 8월 소련군과 북한 내 모든 군사작전에 대해 파악하고 있는 소련군정 정치사령부 사령관 레베데프는 1991년 인터뷰 증언에서 "대일본전의 시작부터 끝까지 김일성을 비롯한 그의 부대원은 북조선 땅에 발 한번 디뎌 보거나 총 한번 쏘아 보지 못했음"을 분명히 밝혔다. 박길용·김국후(1994), 22쪽.

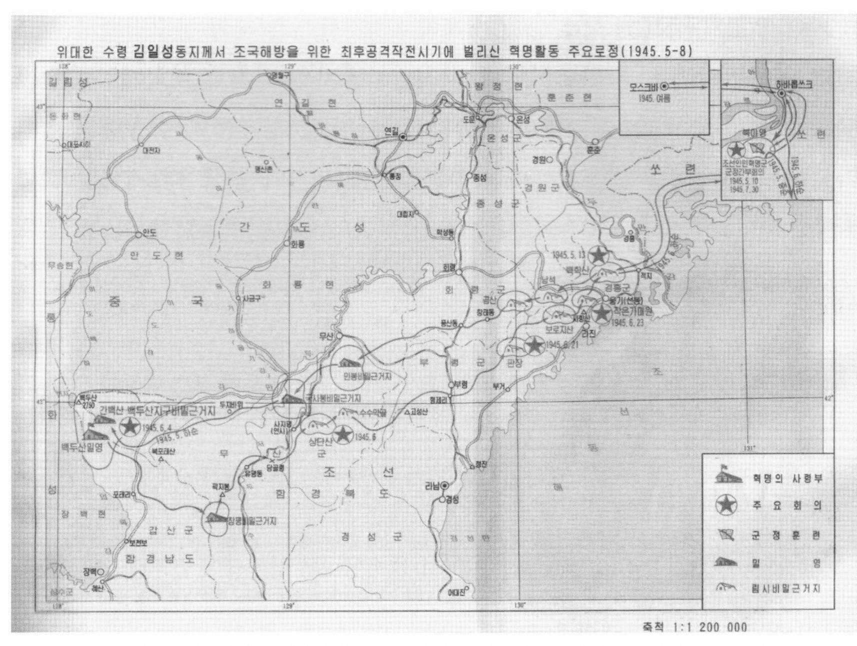

그림 2-16. 북한이 주장하는 김일성의 해방 직전 항일활동 노정
김일성이 해방 직전 북한영토 내에서 최후공격작전을 펼쳤다고 주장하는
북한의 역사왜곡이다. 출처: 『항일무장투쟁사』 10, 56~57쪽.

지지할 것을 약속하는 것을 대가로 공산주의자들과 마지막까지 싸우라고 부추기였다"는 것이다. 혁명군은 1945년 8월 20일에는 함흥지역으로 진격하였고 8월 21일에는 원산상륙작전을 펼쳤다는 식으로 구체적으로 역사를 김일성 혁명 사관에 맞춰 '재단'하고 있다.[172]

김일성은 "일본제국주의자들과 미제국주의자들이 조선을 침략하기 위하여 오래전부터 서로 협력하여왔다"며 미국이 남한의 식민통치를 유지하기 위해 "일본 제국주의자들까지 끌어들이려고 책동하고 있다"[173]고 강조한 바

172) 사회과학원 력사연구소, 『조선전사 22: 현대편 항일무장투쟁사 7』(평양: 과학백과사전출판사, 1981), 114~144.

있다. 북한정권이 일본과 미국의 공모를 강조하는 것은 정권수립 당시 정권의 정통성으로 항일무장투쟁을 내세웠으나 일본이 2차대전에서 미국에 패하고 한반도를 포함한 아시아국가들이 독립을 이룬 상태에서 김일성 정권의 정통성의 유지 · 강화를 위한 정권안보 차원의 일본 군국주의를 대체(代替)할 거대한 위협을 필요로 하였기 때문이다. 2차대전 후 일본은 미군정체제(북한의 눈에는 미식민체제)하에 편입되었고, 한국전쟁 시 미국이 북한과 사회주의 진영의 교전국이 됨으로써 전후에도 미국이 주적이 된 상태에서 미국과 일본의 정치 · 군사적 공모를 강조함으로써 항일무장투쟁을 이어가는 정권으로서의 정통성을 유지 · 강화하고자 하는 것이다. 이러한 차원에서 북한은 한국전쟁기 일본은 북한으로 출격하는 미 폭격기의 공군 기지를 제공하였을 뿐 아니라 수많은 일본 지상군을 투입하여 미군과 함께 '북조선 침략전쟁'에 나섰다고 주장하고 있다.[174] 또한 일제시대 731부대는 일제 패망 후

---

173) 〈김일성 저작선집 제3권〉(1963.2.8)(평양: 조선로동당 출판사, 1975), 475쪽. 여기서 "일본 제국주의자들까지 끌어들이려고 책동하고 있다"라는 것은 '한일회담'을 지칭함.

174) 북한의 역사 교과서는 다음과 같이 기술하고 있다. "1950년 7월 27일 영국로이터통신은 조선전쟁에 참가한 일본침략군의 수가 이 시기에 벌써 2만 5,000명이라고 하였다. 전쟁개시 한달만에 이쯤 되였으니 3년간의 조선전쟁 전 기간에는 얼마나 많은 일본침략군이 참가하였는가를 짐작할 수 있다. (중략) 미24보병사단 〈스미스특공대〉가 수원, 오산일대에서 인민군대에 의하여 소멸되였을 때 그 시체속에서 30여구의 일본군장교들의 시체가 발견되였다" 『미제와 일제의 조선침략죄행: 1930~1990년대』(평양: 교육도서출판사, 2002), 24쪽.
한국전쟁기 일본의 전쟁협력정책을 연구한 남기정은 일본은 국내의 평화헌법 위배 논란을 피하기 위해 대유엔협력의 형식을 취하면서 내용적으로는 대미협력 구도 속에 한국전쟁을 지원하였고 일본이 미국에 제공한 직접적 군사지원은 원산 상륙작전을 위한 소해정 투입이 유일하다고 밝히고 있다. 1950년 10월 10일부터 12월 6일까지 연 44척의 소해정과 10척의 순시선이 원산, 군산, 인천, 해주, 진남포의 연안 해역의 소해 작전에 참여하였으며 연인원 1,450명이 투입되었고 기뢰폭발로 일본인 대원 1명이 사망하였다. 남기정, 「한국전쟁과 일본의 전쟁협력정책: 대미협력과 대유엔협력의 간극」, 강성학 편, 『유엔과 한국전쟁』(서울: 리북, 2004), 225~228쪽. 북한은 일본이 동 소해 작전을 10월 원산이 아닌 9월 인천상륙작전에

처벌받거나 해체되지도 않고 미국의 비호 하에 세균전 연구를 계속하여 한국전쟁 시기 일본에서 개량된 세균무기를 생산해 미군에 건네 한반도로 출격하여 북한을 대상으로 대대적인 세균전을 감행했다고 주장한다.[175] 북한은 미제와 일제를 동일시함으로써 일제식민치하에서 민족이 고통 받던 시기의 항일무장투쟁 혁명전통의 연장선상에서 역사를 바라보고 있으며, 한반도 이남에서 아직까지도 (일제를 대치한) 미제에 의해 신음하는 동족들을 해방시켜야 한다는 역사적 책임의식을 스스로에게 부과하고 있다. 또한 과거의 일본군국주의는 사멸된 것이 아니라 '미제와 결탁하여' 남한과 한반도를 재강점할 기회만 호시탐탐 노리고 있다며 경각심을 고조시키고 있다.[176] 한국전쟁을 '조선해방전쟁'이라고 부르며 전쟁도발에 대한 책임을 미국에 전가한다. 북한은 반제 · 반일 · 반미 김일성 혁명전통 중심의 사관을 구축하여 김정일 시대에도 대를 이어 혁명투쟁을 지속하는 병영국가식 선군정치를 고수해 정권안보 강화 노력을 계속하고 있다.

북한은 한국전쟁을 한반도에 국한된 국지전이 아니라 미국이 중국 등 사회주의 진영을 겨냥하여 3차세계대전을 촉발시키기 위한 계획된 음모로 규

참여한 것으로 왜곡하고 있다. 『미제와 일제의 조선침략죄행: 1930~1990년대』, 24~25쪽.

175) 전영률, 「일본군국주의자들이 조선전쟁에서 감행한 세균전만행의 죄악」, 『력사과학』(1984년 제4호), 12~17쪽.

176) 사회과학출판사 편, 『일본군국주의의 조선침략사(1968-1910)』(평양: 사회과학출판사, 1975), 428쪽.
김일성 뿐 아니라 김정일도 미제 뿐 아니라 일본군국주의자들의 재침 야욕을 경계하였다. "미국놈들의 비행기뿐아니라 일본놈들의 비행기와도 맞서 싸울수 있다는 것을 명심하고 일본공군에 대해서도 연구하여야 합니다. 일본군국주의자들이 우리 나라에 대한 재침야망을 실현하기 위하여 악랄하게 책동하고있는것만큼 일본군국주의자들에 대하여 경각성을 높여야 합니다." 〈김정일 선집 제1권, 조선인민군 제855군부대 일군들과 한 담화〉「비행사들을 정치군사적으로 튼튼히 준비시키자」(1964.10.18), 39~40쪽.

정하고 있다. 다만 미국이 한국전쟁에서 '참패'하면서 지레 겁을 집어먹고 계획을 접었을 뿐이라는 논리이다. 이와 같은 대미 역사인식은 김일성이 저작집에서 언급함으로 기정사실로 굳어졌고 이후 북한 역사서는 동일한 논리를 전개[177]하고 있다.

> 조선과 중국을 반대하는 침략행위는 제3차세계대전의 도화선에 불을 지르려는 미제국주의자들의 음흉한 책동이였다. 그러나 제3차세계대전은 일어나지 않았다. 그 것은 결코 미국지배층이 세계대전을 폭발시키려고 지향하지 않았기때문인 것이 아니라 조선전쟁이 그들에게 전혀 상상외로 불리하게 전환됨으로써 그들이 겁을 집어먹게 되였기때문이다.[178]

북한은 미국이 중국의 패권에도 개입하였고 한반도 혁명(한국전쟁)에도 제동을 걸어 남북이 북한의 체제 하에 통일되는 것을 막는 가장 큰 걸림돌로 보고 있다. 북한은 한반도의 분단과 지속의 원인을 미국으로부터 찾고 있다.

> 미제국주의자들은 일본을 미국독점자본의 예속국으로 만들며 아세아와 태평양연안의 여러 나라들을 침범하기 위한 전초기지로 전환시키려고 시도하고있습니다. 중국에 대한 미국의 정책은 4억 5,000만의 인구를 가진 광대한 령토를 자기의 식민지로 만들려는 정책입니다. 미국의 이러한 정책은 전후 중국에서의 혹심한 제적파산과 민족공업의 파괴를 가져왔으며 중국의 내란을 조장하고 격화시켰습니다. 장개석의 국민당반동정부를 지지하여 중국의 내란을 확대

---

177) 예컨대 2004년 북한 문헌은 김일성의 동 교시와 더불어 맥아더는 대통령이 되고 싶은 욕심에, 트루먼은 대통령 재선을 노리고 한국전쟁을 3차세계대전으로 확전시키기 위해 골몰하였다고 주장한다. 김화효, 『력사의 고발: 6.25조선전쟁과 《제3차세계대전》음모이야기』(평양: 평양출판사, 2004), 118쪽.

178) 〈김일성 저작집 제7권〉「프로레타리아국제주의와 조선인민의 투쟁」(1952.4.25), 180쪽.

> 하며 중국인민을 노예화하려는 미국의 정책이 얼마나 악독한 제국주의 적정책인가는 누구에게나 명백합니다. 장개석반동정부는 오직 미국의 군사경제적 《원조》에 의해서만 자기의 여명을 유지하고있으며 미제국주의자들의 책동만 없었다면 중국인민은 벌써 승리하고 해방되였을것입니다. (중략)
> 미제국주의자들의 마음에 맞는《정부》를 조작하고 남조선을 우리 조국에서 영원히 분리하여 미국의 식민지로 전변시키려는것입니다. 만일 미국의 반동적인 간섭만 없었더라면 아주 쉽게, 아무런 복잡성도 없이 조선인민의 요구대로 해결되였을것입니다. (중략) 친일파, 민족반역자들로 결성된 한줌도 못되는 반동세력이 국제반동의 괴수인 미제국주의의 직접적인 조종하에 있으며 그들의 적극적인 비호와 지원을 받고있기 때문입니다. (중략)
> 미군이 남조선에 상륙하기전에는 남조선에서도 거센 민주력량앞에서 친일파, 민족반역자들은 찍소리도 내지 못하는 형편이였고 온 강토가 해방된 민족의 무한한 환희와 애국적 정열로 들끓었으며 우리 조국은 인민이 요구하는 민족적 부활과 독립의 길로 나아가고있었습니다. 그러나 1945년 9월 8일 미군이 남조선에 상륙하자 우리 조국에는 또다시 검은구름이 떠돌기 시작하였습니다.[179)]

김일성은 이러한 역사의식을 국민들에게 심어줌으로서 전쟁준비에 명분을 부여하려 하였다. ‘명분 없는 전쟁은 진다’는 말이 있듯이 전쟁 준비의 당위성과 명분은 중요하였다.

> 우리는 후대들에게 절대로 갈라진 조국을 넘겨줄수 없으며 적들이 달려들 때에는 용감히 맞받아나가 싸워야 합니다. 전쟁에는 두 가지 전쟁, 다시 말하여 정의의 전쟁과 부정의의 전쟁이 있습니다. 조선에서 전쟁이 일어나면 미국놈들이 하는 전쟁은 남을 먹자고 하는 침략전쟁으로서 부정의의 전쟁으로 되며

179) 〈김일성 저작집 제4권〉「북조선로동당 제2차대회에서 한 중앙위원회사업총화보고」(1948.3.28), 197~205쪽.

> 우리가 하는 전쟁은 자기 조국을 지키며 원쑤들에게 빼앗긴 땅을 도로 찾는 정의의 전쟁으로 될 것입니다.[180]

김일성 사후 김정일 체제 하에서 미국과 핵문제를 놓고 대치하고 있던 시기에도 1948년 김일성의 교시에 따른 역사의식은 그대로 이어지고 있다.

> 일제의 패망과 함께 남조선을 강점한 미제는 공화국북반부를 침략하여 전조선을 강점하고 나아가서 아시아를 정복하고 독점적지배권을 수립하려는 야망을 품고 있었다. 당시 미극동군사령관이였던 맥아더가《조선의 전지역을 정복하는것에 의하여 우리는 … 울라지보스또크와 싱가포르사이의 전지역을 지배할수 있을것이다. 그때에 가서는 우리들의 힘이 미치지 않는 곳이란 아무데도 없게 될것이다.》라고 줴친 사실은 그에 대한 론박할수 없는 증거로 된다. 미제는 리승만역도를 우리 공화국에 대한 침략의 돌격대로 내세우려고 발광하였다. 1949년 5월 남조선주재 미국대사 무쵸는 남조선국방부 장관 신성모와 내무부 장관 김효석을 불러다놓고《38도선 이북에 대한 총진군의 시기가 하루라도 속히 오도록 힘써주기 바란다.》고 하였다.[181]

북한은 조선민족은 세계의 그 어떤 민족보다 우월하지만 미국의 식민지 강점정책과 민족을 배반한 남한의 '매국배족 괴뢰'들에 의해 분열되어 있으므로 '우리식 사회주의'를 성취한 북한주도로 남북통일을 이룩하여 민족의 자주성을 회복하여야 한다는 역사의식을 이어가고 있다.

> 우리 인민은 공화국북반부에 우리 식의 가장 우월하고 힘있는 사회주의를 일

180) 〈김일성 저작집 제22권, 전국청년총동원대회에서 한 연설〉「청년들은 우리 혁명의 종국적승리를 위하여 경제건설과 국방건설의 모든 전선에서 선봉대가 되자」(1968.4.13), 139쪽.

181) 〈조선중앙통신/로동신문〉「력사는 조선전쟁도발자 미제를 고발한다」(2006.6.25).

떠세워 민족제일의 영예를 떨치고있지만 나라의 분렬로 인한 민족의 비극은 의연히 지속되고있습니다. 이것은 미제의 식민지예속화정책과 남조선괴뢰들의 매국배족정책의 산물입니다. 전민족의 마음은 통일에로 쏠리고있으며 우리 민족은 안팎의 분렬주의자들의 책동을 짓부시고 반만년을 이어 내려온 민족적 단일성과 자주권을 반드시 되찾고야말것입니다.[182)]

182) 〈김정일 선집 제9권, 조선로동당 중앙위원회 책임일군들앞에서 한 연설〉「조선민족제일주의정신을 높이 발양시키자」(1989.12.28), 468쪽.

제3장
북한의 대미 불신의 내면화 구조

• • •

'조선해방전쟁'을 좌절시킨 '가공할만한' 미군의 존재감은 한국전쟁을 도발한 김일성의 대미 안보 불안감을 촉발시킨다. 김일성은 대내외적 안보불안을 헤쳐 나가기 위해 자주성을 골간으로 하는 주체사상을 통치이념으로 제시하였고, 주체사상의 영역별 자주노선은 국가안보, 체제안보, 정권안보라는 대미 불신의 구조적 틀을 형성한다. 북한의 '대미 불신'이라는 인식체계는 행위자 간의 자발적 인식의 공유라는 수평적 체계와 국가가 조직과 개인에게 강제하여 이식시키는 수직적 체계를 동시에 수용하며 강화된다. 미국의 위협은 체계적으로 조작 · 과장되고 강제와 모방이라는 규범적 압력을 통해 대미 불신은 구조적으로 내면화되는 공고화 과정을 거치게 된다. 첫째, 국가안보 차원에서 한국전쟁의 상흔은 주민들의 자발적 반미 인식체계 수립을 불러왔고 당국에 의하여 조작 · 과장된 북침설이나 미군의 양민학살은 북한의 대미 피해의식과 적개심을 증폭시킨다. 한국전쟁 이후 북미 간 긴장이 고조될 때마다 재연된 미국의 대북 핵 · 군사위협 역시 북한의 대미 불신을 점증시켜 왔다. 둘째, 체제안보 차원에서 북한의 대미 불신은 주체사상이 내세우는 자주성과 '미제국주의 속성' 상호 간의 정체성 충돌에서 비롯된다. 북한의 반외세 저항 민족주의는 주체사상과 맞물려 대미 이질성과 불신을 심화시킨다. 셋째, 미국의 위협에 대한 조작 · 과장은 미국의 위협을 구실로 국가이익을 희생시키며 독재권력의 영속성을 강화하는 정권안보 차원에서 두드러진다. 김일성은 자신의 최대 정적 박헌영을 '미제고용간첩죄'를 뒤집어씌워 제거하며 전쟁실패 책임을 전가하고 권력을 확대한다. 김정일은 경제실정의 책임을 미국의 '대북고립압살정책'에 돌리고 선군정치를 강화하며 국가자원을 국방공업 등 군에 우선 배분함으로써 더욱 심각한 경제난을 초래한다. 북한은 미국의 인권, 테러, 대량살상무기 등의 문제제기를 대북 '내정간섭'을 통한 정권교체와 체제전복 음모로 규정하고 대미 규탄과 주민통제를 강화한다.

1절 국가안보 차원

북한이 주장하는 '미일공모(미일군사결탁)'도 동 절에 포함되어야 하나 북한의 대미 불신의 기원을 다룬 제2장 2절 '3. 김일성의 권력 독점과 북한의 반미 역사의식 형성' 항에 기술한 북한의 역사인식 속에 '미일공모(미일군사결탁)' 내용이 이미 설명되어 있으므로 동 절에서는 반복하지 않고 생략한다.

한국전쟁기 미군으로부터 북한이 겪은 트로마(trauma)는 주민의 철저한 사상무장을 위한 정권의 상징조작과 맞물려 확대재생산됨으로써 아직까지 그 상흔이 가시지 않고 있다. 앞장 〈제2절 2. '정의의 전쟁': 한국전쟁의 상흔(trauma)과 반미상징의 고착화〉에서 이미 미군의 무차별 '초토화작전'과 네이팜 사용으로 북한 주민들이 자발적으로 형성한 반미인식체계를 논한 바 있다. 이번 장에서는 그러한 상흔이 시간이 지남에 따라 사그라지지 않고 북한 당국의 체계적이고 조직적인 역사왜곡과 상징조작 및 사상교육으로 오히려 증폭되어 대미 군사 위협의식이 고조되고 있음을 살펴볼 것이다. 특히 북침설과 한국전쟁기 미군의 '만행'에 대한 피해의식은 그러한 상흔을 증폭시키는 기폭제 역할을 하고 있고 미국의 '재침략'에 대한 두려움을 고조시키고 있다. 단기적 정권 유지 · 강화를 위하여 대미 위협 조작 및 과장을 했다면 국가안보가 아닌 정권안보 영역에 포함될 수 있으나 북침설 및 전쟁기 미군의 '만행'에 대해서는 오랜 기간 공고화된 대미 역사의식에 따라 북한의 피통치 집단 뿐 아니라 통치집단까지 부동의 사실로 믿고 있고 실질적 대미 군사위협의식의 원천이 되고 있다는 점에서 국가안보 차원에서 다루고자 한다.

더불어 한국전쟁기와 이후 미국의 지속적인 대북 핵위협은 북한 지도부가 인식하는 가장 큰 물리적 군사위협의 요인이 되고 있다. 이러한 배경에서 한국전쟁과 미국의 한반도 핵정책을 국가안보 차원에서 북한의 대미 불신을 결정짓는 가장 중요한 요인으로 설정하였다.

1. 한국전쟁과 북한의 피해의식 확대

1) 한국전쟁 원인에 대한 북한의 인식: 북침설과 조선해방전쟁

한국전쟁의 원인을 규명하는 국제정치 학자들의 학문적 시각은 크게 전통주의와 수정주의[1])로 구분된다. 전통주의 시각은 2차대전 후 미소 간 정치·군사·이념 대결이 본격화되던 시기 소련이 마르크스·레닌주의의 전 세계적 확산을 추구하며 호전적 팽창전략을 추구하며 북한을 배후조종하여 한국전을 일으켰고 미국은 이에 방어적으로 대응하였다는 시각이다. 반면 수정주의 시각은 전통주의와 정반대로 미국이 자본주의를 앞세워 팽창적 제국주의정책을 추구하였고 이승만을 앞세워 북한의 남침을 유도하였다는 것이다. 미소의 대결구도만을 바라보는 기본적 전통주의와 수정주의적 시각을 보완해 한반도 내부의 남한과 북한의 대결 구도 속에서 한국전쟁을 분석하는 시각이 신전통주의와 신수정주의이다. 신수정주의에 따르면 미소가 분할점령한 한반도의 남쪽은 미군정의 자유주의 반공세력 양성을 위한 정치적 목적 때문에 친일파를 통치세력으로 끌어안은 반면 북한은 친일파를 숙청하고 토

1) (신)전통주의, (신)수정주의 명칭과 시각은 김학준, 『한국전쟁: 원인·과정·휴전·영향』(서울: 박영사, 2010, 제4수정·증보판), 54~102쪽 참조.

그림 3-1. 북한의 역사왜곡 자료: 한국전쟁기 미국의 북침 명령
출처: 『미제는 조선전쟁의 도발자』, 22~23쪽.

지개혁을 단행한 '민족해방세력'이 정통성을 확보하고 통치력을 장악해 남북간의 긴장이 고조되었다. 이에 때맞춰 이승만의 북진통일론과 38선을 사이에 두고 잦은 군사충돌이 빚어져 북한의 김일성으로 하여금 '민족해방전쟁'을 개시하도록 만들었다는 것이다. 신수정주의 시각에서 한국전을 조망한 대표적 학자가 부르스 커밍스는 이와 같은 배경에서 한국전쟁을 '국제세력이 개입한 내전'으로 규정하고 있다.[2)]

북한이 이해하는 한국전쟁은 신수정주의에 가까우나 소련 배후설이나 남침설은 철저히 부인하며 '조국해방전쟁'으로 규정하고 있다. 미제국주의가

---

2) Cumings(1981); Cumings(1983). 커밍스의 '내전론'에 대한 비판적 고찰은 김영호(2006), 42~61쪽 참조.

남조선 괴뢰식민정부를 대리로 내세워 북침전쟁을 도발하고 이에 맞서 북한은 성공적인 방어전쟁을 치루었으며 미식민치하의 남조선해방을 위한 '정의의 전쟁'을 치루었다고 스스로를 정당화한다.

하지만 한국전쟁을 전면 도발한 책임이 있는 북한은 그 원죄를 지금까지도 안고 있어 미국의 대북 공격에 대한 편집증적 불안감의 원천적 원인으로 작용하고 있다. 한국전쟁을 계획하고 실행한 김일성 및 그와 함께한 혁명1세대의 혁명 이데올로기를 북한 통치세력은 아직도 고수하고 있다. 또한 북한은 김일성, 김정일에 이어 김정은에게까지 권력이 승계되어 스탈린주의식(Stalinist) 공산주의와 '김씨왕조' 체제가 결합된 세계에서 유래를 찾아볼 수 없는 북한식 사회주의 체제를 고수하고 있다. 한국전쟁을 일으킨 장본인으로서 그에 대한 책임을 져야 하는 북한 통치자는 미국의 군사위협에 노출되어 편집증적 불안감을 떨쳐버릴 수가 없다. 특히 부족한 정권의 정통성을 세우기 위해서는 한국전쟁은 '미국의 북침과 야만적인 외세의 침탈로부터 조선반도를 지켜내기 혁명전쟁'이어야만 했고, '미제국주의자들이 호시탐탐 북한을 노리고' 있으므로 강력한 혁명 지도자와 수뇌부의 철권통치하에 인민은 '(당)세포'처럼 맹목적인 복종을 강요받게 되었다. 이러한 북한 정권은 사실조작과 과장 및 조직적 세뇌를 통해 미국에 대한 북한주민의 적개심을 고취시켜 내부결속을 다지고, 외부위협을 강조하며 정권에 대한 불만을 억누르고 있다.

북한정권은 자신이 한국전쟁을 시작한 장본인이라는 사실을 부정하고 있다. 북침전쟁론에 의거 북한은 한국전쟁을 미제침략자들이 남한을 앞세워 도발한 야만적인 침략전쟁으로 규정하고 있다. 북한은 한국전쟁에서 북침을 당했지만 남조선을 해방하기 위해 진격했고, 휴전은 하였지만 미제에 참패를 안기고 승리하였다고 선전하고 있다. 남한은 이후에도 미군에 의해 강점된 상태로 제국주의 지배하에서 남한 인민들이 자주권을 박탈당하고 미국의 온갖 침탈행위에 의해 고통받고 있다고 북한은 주민들을 세뇌하여 왔다. 매년 6 · 25가 다가오면 주민들에게 '미군병사들의 잔인한 민간인 학살'을 선전하며 경각심을 고취시키고 있다. 북한은 이렇게 '잔인한 미군에 의해 강점되어 제국주의하에 신음하고 있는' 남조선 인민들을 구하고 미제국주의하에서 해방시키는 것을 당위적 의무로 정당화하여 군과 주민들에게 주입시키고 있다.

2006년까지 북에 살았던 김일성대학을 졸업한 다른 탈북자 이종필(가명) 씨와 고위급 탈북자 손진현(가명) 씨는 필자와의 인터뷰[3]에서 조직적이고 체계적인 주민 세뇌를 통해 6 · 25전쟁은 미제국주의가 남한을 앞잡이로 내세워 북침한 전쟁이라고 믿게 하고 있다고 증언한다. 북한은 중국과 소련의 도움을 받아 성공적인 방어전쟁을 치렀을 뿐이라는 것이다. "미국놈들이 호시탐탐 군사력으로 북조선을 먹어버리려 하기 때문에 국방에 예산을 쏟아붇고 허리띠를 졸라매지 않으면 과거 일본식민지 꼴이 나고, 제2의 6 · 25가 난다." 라고 북한 당국은 선정하고 있고 대다수의 주민은 이를 그대로 믿고 있다고 이들은 증언한다. 이들 외에도 필자가 인터뷰한 서로 다른 지역과 계급 출신의 10여 명의 다른 탈북자들 또한 동일한 증언을 하고 있다.

북한 문헌을 살펴보면 매년 6 · 25에 즈음하여 주민들에게 '미국이 사조하여 남한이 북침한' 한국전쟁이라는 것과 침략군의 잔혹성에 대해 주민들의 경각심을 고취하기 위한 보도가 반복되고 있다. 북한은 매년 6 · 25에 맞춰 대규모 군중을 동원해 군중대회를 개최하고 복수를 결의한다. 북한당국은 6월 25일부터 7월 27일(휴전협정일)까지 '미제 반대투쟁의 날'을 제정하고 거리마다 반미를 선동하는 대형 포스터와 구호를 내걸고 노동자, 농민, 청년학생, 여성대표들이 차례로 나서 목이 쉬도록 외치는 '미제 타도' 복수 결의 행사를 갖는다.[4]

---

3) 2009년 8월 7일 인터뷰.

4) 「나는 북한에서 6 · 25를 이렇게 배웠다: 탈북 기자의 회고, 유치원부터 반미교육… 귀에 못 박혀」, 『데일리안』(2006.6.25).

〈6.25미제반대투쟁의 날〉을 맞으며 24일 농업근로자들의 성토대회가 신천에서. 학생소년들의 복수결의모임이 청년동맹회관에서 각각 진행되였다 (중략) 그들은 이 살인악마들이 오늘도 남조선인민들에게 온갖 재난을 들씌우고 있으며 남녀로소를 가리지 않고 죄 없는 인민들을 닥치는대로 살해하고 있다고 하면서 미제야말로 지구상에서 가장 흉악한 평화의 교살자, 악의 원흉이며 천추에 용납못할 인간백정들이라고 락인하였다. 그들은 미제가 또다시 이 땅에 침략의 불을 지른다면 농업근로자들과 학생소년들은 쌓이고 쌓인 분노를 터쳐 천백배의 복수의 철추를 내리고야 말것이라고 엄숙히 경고하였다. 행사들에서는 성토문이 랑독되고 복수결의시가 랑송되였다.[5]

《6.25미제반대투쟁의 날》을 맞으며 청소년학생들의 복수결의모임이 24일 대동강에 전시된 미제무장간첩선 《푸에블로》호앞에서 진행되였다. (중략) 모임에서는 중앙계급교양관과 조국해방전쟁승리기념관 강사들이 백수십년전부터 조선을 호시탐탐 노려왔으며 이 땅에 끝끝내 침략전쟁의 불을 지르고 인류전쟁사상 류례없는 살륙과 파괴행위를 감행한 양키들의 야수성과 잔인성을 폭로하였으며 학생소년들의 복수결의시 《우리는 기어이 결산하리라》가 랑송되고 청소년학생들과 전쟁로병의 토론들이 있었다.[6]

이러한 조직적인 세뇌를 통한 대미 적개심의 고취는 북한 주민과 정부 관료 모두에게 깊은 대미 불신과 복수심을 깊이 뿌리내려 미국을 바라보는 시각을 경직시키고 깊은 불신을 기반으로 한 정책수립을 불가피하게 만든다.

정권의 존재의 이유와 정통성을 확보하기 위해 북한은 6 · 25를 북침이며 북한 혁명지도부의 방어적 성격의 성공적 성전임을 강조한다. 북한은 한국전 직전 38선 부근 북한의 군사력이 남한보다 월등히 뛰어났다[7]는 사실에

---

5) 〈조선중앙통신〉 「성토 대회 와 복수 결의 모임」(2003.6.25).

6) 〈조선중앙통신〉 「청소년 학생들 미제 살인마 들을 단죄」(2006.6.25).

7) 고재홍은 월등한 북한우위의 남북군사력 불균형에서 한국전쟁의 원인을 찾는다.

표 3-1. 38선 지역 남북한 병력 · 장비 대비표(1950년 6월)[8)]

구분		북한군	한국군
병 력		111,000	36,000
장비 (북 v. 남)	곡사포(122 v. 105mm)	(96)	(76)
	(76mm v.)	(288)	(0)
	박격포(120 v. 81mm)	(108)	(162)
	(82 v. 60mm)	(648)	(223)
	대전차포(45 v. 57mm)	(456)	(66)
	전차	(248)	(0)
	자주포	(117)	(0)

대해서는 함구하고 있다.

북한은 해방 후 남한에서 미군정이 남한을 '자유독립국가'인 것처럼 보이도록 허위적 정권이양을 하는 모양새를 갖추었으나 이렇게 해서 탄생한 이승만 정부는 미국에 전적으로 예속된 식민정권에 지나지 않는다고 본다. 미국은 남한의 정치 · 군사 · 경제적 예속을 오히려 더욱 강화하였으며, 남한 군대를 '총알받이'로 내세우는 북침 책략을 차근차근 준비해 나갔다고 주장한다.[9)] 1948년 '국가보안법'을 공포하고 1948년 제주 4 · 3사건, 10월 여수 · 순천

북한과 남한에 각각 반미 정권과 반소 정권이 들어서고 38선에서 남북군사충돌이 잦은 상황에서 북한군은 소련에 의해 공세적 군으로 무장된 반면 남한은 방어적 성격을 띠었다. 미소 양군이 철수하고 미국은 애치슨 라인을 선언하여 한국을 미국의 방위선에서 배제시킴으로서 남북 군사력만 비교한 소련과 북한의 오판으로 한국전쟁이 발발하였다는 것이다. 고재흥, 『한국전쟁의 원인: 남북 군사력 불균형』(파주: 한국학술정보, 2007), 279~282쪽. 이승만의 공개적인 북진통일 발언은 미국으로 하여금 남한에 방어를 위한 군비를 갖추도록 하는 것 만큼이나 남한이 북한으로 진격하지 못하도록 하는 것도 중요한 일이 되게 하였다. 물론 이승만의 줄기찬 대규모 군사 원조 요구는 원하는 만큼 충족되지 않았다. 라종일, 「한국 전쟁의 의미」, 김철범 편, 『한국 전쟁을 보는 시각』(서울: 을유문화사 1990), 60~68쪽.

8) 고재흥(2007), 227쪽에서 재구성.

9) 미국이 남한을 배후조종하여 한국전쟁을 도발하게까지의 북한이 인식하고 있는 거시적(제국주의 팽창주의) 역사적 배경에 대해서는 본 책 제2장 제2절 '3. 김일성의 권력 독점과 북한의 반미 역사의식 형성'에서 이미 설명하였으므로 생략함.

사건 그리고 1949~1950년 유격대 토벌 등 '반미파쑈탄압'에 들고 일어난 수많은 인민들을 학살하였고, '미제고용간첩'인 이승엽과 박헌영같은 '변절자'들을 이용하여 로동당원들을 내부에서 파괴해 나갔다고 주장한다. 남한 인민들에게 반공사상과 대북 적대적 사상을 주입시켜 전쟁의 명분을 쌓은 후 맥아더를 '두목'으로 하여 전쟁준비를 본격화하여, 북한은 '어떻게든 임박한 전쟁을 막아보고자' 1950년 6월 7일 조국통일민주주의전선(조국전선)의 〈평화적 조국 통일방책 추진에 관한 호소문〉을 발표하고 6월 19일 북측의 평화통일안을 제시하였으나 이미 사전 모의된 "미제와 이승만 반역도당"의 무력 '북침'은 막을 수 없었다는 논리를 펼친다.[10]

북침과 같은 중요한 역사적 사실 조작에 대해서는 북한은 아무도 '이의제기 할 수 없는' 김일성의 교시를 직접 언급한다.

> 위대한 수령 김일성동지께서는 1950년 7월 8일 전체 조선인민에게 하신 방송연설에서 다음과 같이 교시하시였다.
> 《미제국주의자들은 우리 조국과 우리 인민을 반대하여 무력침공을 개시하였습니다.》[11]

북한은 김일성이 직접 미제국주의자들이 무력침공을 한 주인공이라고 천명함으로써 한국전쟁을 북침전쟁으로 기정사실화 하고 있는 것이다. 유일하고 영원한 수령인 김일성의 교시와 어록은 북한정책결정자들과 북한 주민들에게는 하나의 '바이블(Bible)'처럼 의심 없이 받아들여지고 있다. 또한 북한은 6 · 25를 미국이 사주한 남한의 북침이라는 주장을 다양한 논리를 동원해

---

10) 김택원 외, 『미제 강점하의 남조선(정치편)』(평양: 조선로동당출판사, 1963), 38~52쪽.

11) 〈조선중앙통신/로동신문〉 「《미제는 조선전쟁도발자, 날강도적인 침략자》」(2004.6.25). 《 》 안의 내용은 〈김일성 저작집 제6권, 전체 조선인민에게 한 방송연설〉 「미제국주의자들의 무력침공을 단호히 물리치자」(1950.7.8), 32쪽.

펼친다. 예컨대 미국 등 외국 문헌과 저자의 말을 인용해 심지어 미국인이나 모든 외부 전문가들도 6 · 25를 북침전쟁으로 객관적으로 판단하고 있는 듯 호도하고 있다. 예를 들어 미국 도서 『아메리카현대사』 『조선전쟁의 력사』 『맥아더의 수수께끼』 『조선전쟁은 누가 일으켰는가』 일본도서 『승리없는 전쟁』 『조선전쟁사론』 등을 소개하고 있다.[12] 극동 군사령부 참모 에이다의 "한국전쟁은 주일미군 총사령부의 북침명령에 의한 남조선군이 개시"했다는 증언을 인용하기도 한다. 또한 일본의 력사학자 호라도미오의 저서 『조선전쟁』을 인용하여 맥아더가 "6 · 25에 맞춰 전투기 발진을 이미 시작하고 있었다"고 주장한다. 미국잡지 『라이프』 및 일본잡지 『가이조』를 인용하며 '철저히 준비된 침략전쟁'이라고 6 · 25을 규정한다.[13]

미 트루먼 대통령과, 애치슨 국무장관이 1950년 6월 24일 6 · 25 직전 주말 휴가를 떠난 것과, 덜레스 및 군수뇌부가 6 · 25 직전 일본으로 출장을 떠난 것을 북침을 숨기기 위한 기만으로 치부하고 있다.[14] 애치슨 라인을 그은 것, 그리고 6 · 25 바로 전날 이승만이 비상계엄령을 해제하고 남한군의 외출, 외박, 휴가를 허용한 것도 '연막전술'이라는 논리를 전개한다.[15] 또한 미국이 6월 25일 일요일에 전쟁을 개시한 것은 "그리스도교를 믿는 미국이나 남조선이 일요일에 전쟁을 개시하였다는 것을 믿을 사람이 없을 것"이라는 역이용

---

12) 허종호, 『미제의 극동침략정책과 조선전쟁(1)』(평양: 사회과학출판사, 1993); 〈조선중앙통신/로동신문〉 「력사는 조선전쟁도발자 미제를 고발한다」(2006.6.25).

13) 〈조선중앙통신/로동신문〉 「미제는 조선전쟁도발자, 날강도적인 침략자」(2004.6.25). 북한은 상기 미 · 일 도서를 실존 문헌으로 주장하며 인용하나, 실제 내용은 확인이 불가능하다.

14) "6월 17일 국무성고문인 덜레스가 일본에 날아왔다가 황급히 남조선으로 향하였다. 여기에 뒤따라 국방장관 존슨, 합동참모본부의장 브래들리대장이 일본에 와서 맥아더사령관과 밀담하였다." 국제문제연구소, 『력사가 본 조선전쟁』(평양: 사회과학출판사, 1993), 58쪽.

15) 국제문제연구소(1993), 61~67쪽; 〈조선중앙통신/로동신문〉 「미제는 조선전쟁도발자, 날강도적인 침략자」(2004.6.25).

한 숨은 속셈이 있다고 주장한다.[16)]

"미제는 1949년말부터 1950년초에 걸쳐 조선전쟁도발계획을 검토, 수정하고 38°선돌파작전으로 침략전쟁을 개시하기로 확정하였으며 세계제패전략을 반영한 극비문건인 《NSC-68》[17)]을 작성하여" 한반도전쟁을 사전에 준비하였다고 북한은 주장한다. "유엔담당 미국무차관보 죤 히카슨의 증언에 의하면 미국무성에서는 《북조선의 침략》을 날조하기 위한 유엔결의초안까지 전쟁전에 작성해놓았다"고 북한은 주장한다. 또한 미국은 한국전쟁을 치르기 위해 사전에 이승만 정부에 각종 전쟁무기 등 군사원조를 대대적으로 제공하였으며, 전쟁을 준비하기 위해 일본을 군사기지로 확충하였고, '북벌'계획하에 38선을 따라 5천 회가 넘는 군사도발을 사전에 감행함으로써 한반도전쟁을 차근차근 준비해 나갔다고 주장한다.[18)]

북한의 역사서[19)]도 미국과 이승만이 '북침전쟁'을 갑자기 결정한 것이 아니라 차근차근 준비해 나갔다고 기술한다. 우선 국가보안법을 강화해 남로당계열과 반정부세력을 대거 검거, 학살하는 '토벌작전'을 감행하였고,[20)]

---

16) 〈조선중앙통신/로동신문〉 「력사는 조선전쟁도발자 미제를 고발한다」(2006.6.25); 〈조선중앙통신/로동신문〉 「조선전쟁은 면밀한 준비밑에 감행된 침략전쟁」(2005.6.25).

17) 북한은 애치슨 라인은 연막전술이고 한국전 발발시 미국의 무력 개입 전략을 담은 문서가 'NSC-68'이라고 주장한다. 허종호(1993), 126~130쪽.

18) 〈조선중앙통신/로동신문〉 「계획적으로 추진된 미제의 조선전쟁준비책동」(2008.6.24). 보다 구체적인 전쟁도발계획 내용에 대해서는 다음을 참조. 허종호, 『조선인민의 정의의 조국해방전쟁사 1』(평양: 사회과학출판사, 1983), 30~61쪽.

19) 사회과학원 력사연구소, 『조선전사 25(현대편 조국해방전쟁사 1)』(평양: 과학백과사전 출판사, 1981), 43~64쪽.

20) "리승만도당은 《북벌》을 단행하기에 앞서 후방의 《안전》을 위하여 남조선에서 활동하고있는 애국적민주주의력량과 유격대를 소멸하라는 미제의 지시에 따라 남조선의 모든 민주주의적 정당, 사회단체들의 활동을 비법화하고 애국적인민들과 진보적민주인사들을 닥치는대로 검거, 투옥, 학살하였으며 여러차례에 걸쳐 남조선유격대들에 대한 대규모적인 《토벌》작전을 감행하였습니다." 〈김일성 저작집 제6권, 조선민주주의인민공화국 내각비상회의에서 한 연설〉 「결정적인 반공격으로 무력

그림 3-2. 북한의 역사왜곡 자료: 미국의 북침 준비 주장(1)
출처: 『미제는 조선전쟁의 도발자』, 10~11쪽.

1948년부터는 미국의 국방예산을 대폭 증액하고 무력을 증강시켰으며 일본을 '아시아의 반공기지' 및 '해외침략의 돌격대'로 성장시켜나갔다고 주장한다. 일본을 군사기지화 해서 한국전쟁을 준비했고 맥아더가 이승만을 일본으로 불러 남한군과 일본군의 공동작전을 모의 하였다는 주장[21]은 북한의 미일공모 역사관이 동원된 발상이다. 북한은 미국이 전쟁이 임박해서는 남

침범자들을 소탕하자」(1950.6.25), 3쪽.

21) "리승만도당은 소위 《북벌》을 준비하는 과정에서 미제국주의자들의 지시에 따라 조선인민의 철천의 원쑤인 일본군국주의자들과 결탁하는 길에 들어서는 것도 서슴지 않았습니다." 〈김일성 저작집 제6권, 전체 조선인민에게 한 방송연설〉「모든 힘을 전쟁의 승리를 위하여」(1950.6.26), 10쪽.

그림 3-3. 북한의 역사왜곡 자료: 미국의 북침 준비 주장(2)
출처: 『미제는 조선전쟁의 도발자』, 16~17쪽.

한의 모든 무기와 병력을 38선에 집중배치하고 장교와 병사들을 외출금지시키고 전투태세를 갖추고 있었음에도 불구 북침이라는 사실을 숨기기 위해 군의 연회 및 휴가·외출을 허위보도 하였다고 주장한다.

이렇듯 북한은 “력사적사실들은 지난 조선전쟁은 철두철미 미제에 의하여 계획적으로 의도적으로 도발되였다는것을 명백히 실증해주고있다.”며 한국전쟁에서의 북한 지도부의 책임을 없애고 자신들의 행동을 정당화하고 주민들에게 이를 믿도록 조작하고 있다.

김일성과 김정일도 한국전 이후에도 남북통일을 가로막는 가장 큰 원인으로 분단을 고착화하려는 의도를 가진 미국을 지목한다.

> 우리 나라가 분렬된 다음 거의 반세기가 되도록 통일이 실현되지 못하고있는 것은 무엇보다도 미국이 남조선을 계속 강점하고 통일을 방해하여왔기 때문입니다.[22]

> 미제국주의자들과 남조선반동들은《두개 조선》을 조작하여 나라와 민족의 분렬을 영구화하려고 온갖 책동을 다하고있습니다.[23]

김일성은 미국의 한국전 개입 목적이 단순한 제한전쟁 차원에 머무르지 않고 38선을 넘어 진격해 한반도를 통일시킨 후 중국과 소련을 침략하기 위한 군사전략기지화하기 위함이라고 주장함으로써 한국전쟁의 구도를 '중소 대 미' 양자구도로 인식시켜 중국과 소련의 군사지원을 이끌어내고 한반도를 '미제국주의의 희생물'로 보이게 하려 하고 있다.

> 조선에 대한 미제국주의자들의 무력간섭의 목적은 우리나라를 자기들의 식민지로 만들고 조선인민을 노예화하며 조선을 아세아인민들의 민족해방투쟁을 진압하고 중국과 쏘련을 침범하기 위한 군사전략기지로 만들려는데 있습니다.[24]

2) 한국전쟁기 미군 '만행'에 대한 북한의 피해의식 증폭

북한은 한국전쟁 시 북한 여러 곳에서 저질러진 미군의 반인륜적 학살의 대내외적 객관성을 부여하기 위해 IADL(International Association of Democratic

---

22) 〈김일성 저작집 제43권〉「일본《마이니찌신붕》편집국장이 제기한 질문에 대한 대답”(1991.4.19), 45쪽.

23) 〈김정일 선집 제10권〉「음악 창작과 보급 사업을 개선 강화할데 대하여 음악예술부문창작가, 예술인들과 한 담화」(1990.12.8), 442쪽.

24) 〈김일성 저작집 제6권, 전체 조선인민에게 한 방송연설〉「조국의 촌토를 피로써 사수하자」(1950.10.11), 137~138쪽.

Lawyers, 국제민주변호사협회)가 북한현장조사를 거친 후 1952년 3월 31일 발표한 '미국의 전쟁범죄보고서(Report on U.S. Crimes in Korea)'를 증거 자료로 인용한다. IADL은 NGO로서 유엔 경제사회이사회(ECOSO) 및 UNESCO에 자문지위(consultative status)로 등록되어 있는 국제단체이다.[25] 현장조사와 동 보고서 작성에 참여한 변호사 등 법조계 인사 또한 오스트리아, 이탈리아, 영국, 프랑스, 중국, 벨기에, 폴란드 등 서방권 인사들이 상당수 균형 있게 포함되어 있다. 현장조사를 거친 후 보고서는 미군이 북진하여 북한 지역을 점령하고 있던 기간 동안 민간인을 대상으로 한 심각한 반인륜적 전쟁범죄가 조직적이고 대규모로 발생했다고 결론내리고 있다. 미군은 민간인을 대상으로 무차별한 세균전, 화학전을 감행하였고 집단학살과 고문 등 인권유린을 자행하였다고 보고한다. 특히 신천군에서만 1950년 10월 17일에서 12월 7일 사이 35,383명[26]의 민간인이 남녀노소 할 것 없이 집단 학살되었다고 보고한다.[27] 보고서에서 기술한 차마 입에 담기 어려울 정도로 잔혹한 학살장면은 지금도 북한 관영매체에 그대로 인용되며 북한 주민의 대미 적개심과 경계심을 고조시키는 데 이용되고 있다. 국내에도 IADL 기구의 편향된 이념적 성격에 대한 설명 없이 동 보고서 한글 번역본을 그대로 실어 미군이 세균전과 양민대학살을 자행한 것처럼 비춰지는 반미 서적이 출간되기도 하였다.[28]

'국제변호사협회(IADL)'라는 조직의 표면적 이름만 보면 국제적 공신력을 갖춘 것으로 인식될 수 있는 것이 사실이다. 하지만 동 보고서의 신빙성에 대해서는 의문을 제기하지 않을 수 없다. 첫째, IADL 국제조사단이 현장검증

25) IADL 홈페이지 참조. http://www.iadllaw.org

26) 북한은 현재도 학살자 숫자를 이 보고서 숫자에 맞춰 제시하고 있다.

27) International Association of Democratic Lawyers, "REPORT ON U.S. CRIMES IN KOREA" (March 31, 1952). http://www.uwpep.org/Index/Resources_files/Crime_Reports_1.pdf

28) 김주환, 『미국의 세계전략과 한국전쟁』(서울: 청사, 1996), 163-210쪽.

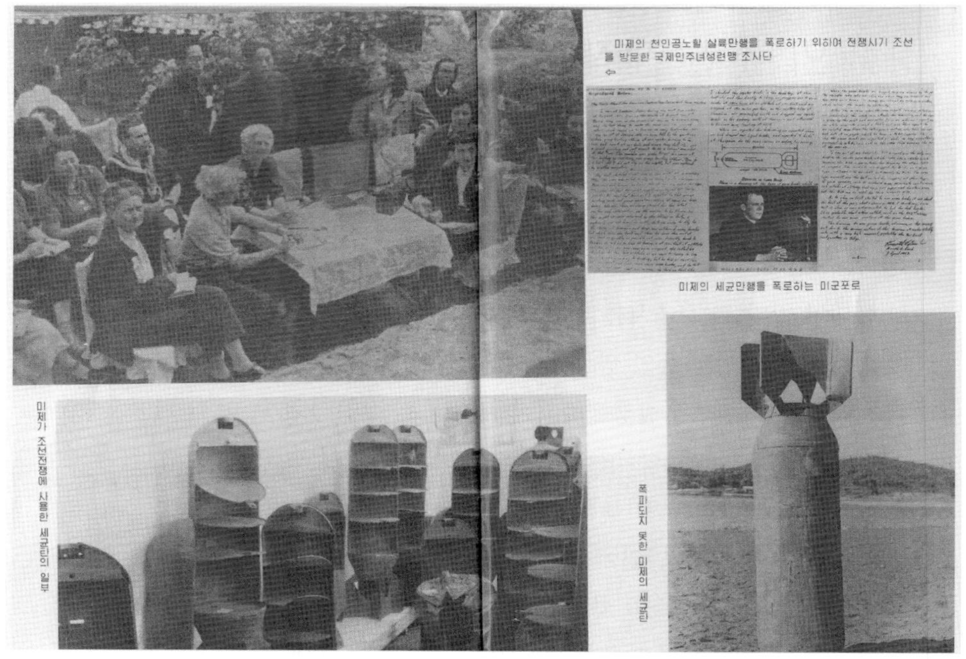

그림 3-4. 북한의 역사왜곡 자료: 미군 세균전 감행 주장
출처: 『미제는 조선전쟁의 도발자』, 28~29쪽.

을 하고 증거를 수집하였다고 하나 거의 대부분의 보고서 내용은 학살 현장에서 생존한 북한 증인이나 북한 측 관계자들의 이야기를 그대로 수용하고 있다. 북한 당국에서 조직적으로 증언자들을 동원하고 조작된 자료들을 제시하였어도 이것을 그대로 수용하였을 가능성이 크다. 둘째, IADL은 1946년 소련이 배후에서 지원하여 설립한 위장 단체라는 것이다. 표면적으로는 마르크스-레닌주의를 표방하지 않고 전 세계 인권 옹호를 위해 국제연대를 구축한 중립적인 단체인 것처럼 보이나 실지로는 냉전시기 소련에서 막후 조종하는 단체라고 미 의회는 밝힌 바 있다.[29] 셋째, IADL 회원이나 회원단체는 진보좌익 성향이 짙고, 그동안 해 온 활동이나 북한과 미국 관련 문헌은 일방적인 친북반미 성향을 보이고 있다. 예를 들어 IADL의 미국 회원기관인 American Lawyers Guild(미진보변호사협회)의 Korea Peace Project 소속 에릭 시로트킨(Eric Sirotkin)은 자신의 북한방문기를 통해 북한의 국제적 고립, 굶주림, 병영국가, 핵야욕 등은 모두 외부세계의 조작된 편견에서 나온 착각이며 미국이 한반도의 분단과 한국전 참화, 인권유린, 제네바기본합의 위반의 전적인 책임이 있고 오히려 미국은 인위적으로 한반도 긴장을 고조시키며 군사대국화의 길을 정당화하고 있다고 주장한다.[30] IADL의 전현직 회장들도 친중 친소 친사회주의계 인사들이다. 넷째, 동 보고서의 내용은 사실과 다르고 과장되었음이 차후 밝혀지고 있다. 한국전 당시 중국과 북한 측이 주장한 미군의 세균무기 사용 주장은 날조라는 사실이 구소련 비밀문서에서 확인되었다. 세균무기 사용 날조를 위해 북한 사형수 2명에게 세균을 주입해 발병시켜 사망케 하는 조작도 있었던 것으로 소련 비밀해제문서를 인용해 언론이 보도한 바 있다.[31] 이에 대해 북한중앙통신은 "미군기들은 52년 1~3월 기간중 북한내 4백여 곳에 7백여 차례에 걸쳐 세균폭탄과 세균감염 물질들을 투하" 하였다고 주장하고 그 근거로 "국제민주변호사협회(IADL) 조사팀이 52년 3월 북한에서 현장 조사를 벌인 뒤 조사 결과를 발표"한 보고서를 제시하였다. 중앙통신은 구소련 비밀해제 문건도 러시아 일부 반정부세력이 조작하여 언론에 넘긴 사기극이라고 주장하였다.[32] 동 보고서 외에도 IADL은 허위 사실을 유포한 의혹도 받고 있는데 일례로 냉전시기 1980년 구소련 KGB

---

29) Richard Felix Staar, *Foreign Policies of the Soviet Union* (Stanford University: Hoover Institution Press, 1991), pp.79~81.

30) Eric Sirotkin, "Myths of the Hermit Kingdom: A Sojourn of Truth to North Korea", pp.1~14. http://www.iadllaw.org/files/Myths%20of%20the%20Hermit%20Kingdom%20A%20Sojourn%20of%20Truth%20to%20North%20Korea.pdf

31) 강성보, 「'미 6.25때 세균전'은 날조」, 『경향신문』(1998.1.9).

32) 「北韓, "미국 한국戰때 세균탄 투하" 주장」, 『연합뉴스』(1998.1.20).

가 "미국이 중남미에서 아기들을 납치해 이식용 장기적출을 하고 버린다"는 심리전 차원의 조작된 소문을 IADL을 통해 조직적으로 전 세계에 퍼뜨리기도 했다.[33)]

민간인 지역에 대한 무차별 융단폭격 등 다른 인권유린 사태로 인한 희생자 규모가 훨씬 큼에도 불구하고 북한이 한국전 중 미국이 조직적으로 세균전을 감행하였다는 주장에 집착하는 이유는 자유와 민주주의를 수호하기 위하여 한국전쟁에 참여하였다는 미국의 명분에 치명적인 타격을 줄 수 있고 미국을 인권유린의 주범으로 공격할 수도 있는 정당성을 부여할 수 있기 때문이다. 또한 대내적으로 주민들에게 '비인간적인' 세균전까지 감행한 미국의 '제국주의의 악의적 실체'를 입증해보임으로써 '승냥이'로 상징조작하는 다른 모든 미국 관련 선전이 옳다는 확신을 심어줄 수 있다. 김일성도 "미제국주의자들은 새로 발명한 무기는 죄다 조선전쟁에서 시험하고있으며 독가스, 세균탄까지도 서슴지않고 쓰고있습니다. 미제국주의자들의 죄악을 하나도 빼놓지 않고 낱낱이 폭로함으로써 우리 인민들속에서 미제에 대한 증오심을 더욱 높여야 하겠습니다."[34)]라며 미국의 악의 이미지를 고착화시켜 대미 적개심을 고취시킬 것을 주문하고 있다. 민간인과 군인을 구별하지 않고 수단과 방법을 가리지 않고 전쟁 승리만을 목표로 하여 세균전까지 감행했음을 고발함으로써 미국은 다른 대량살상무기인 핵무기까지 서슴지 않고 사용할 수 있다는 대내외적 경각심을 고조시킬 수 있다. 자국 국민과 국제사회에 미국의 '악의적 실체'를 고발하는데 무차별 살상용 대량살상무기보다 더 좋은 것은 없다. 사담 후세인과 같은 독재자들의 정권을 축출하기 위한 명분

---

33) Radványi, János, *Psychological Operations and Political Warfare in Long-term Strategic Planning*(New York: Greenwood Publishing Group, 1990), 48쪽.

34) 〈김일성 저작집 제7권, 조선로동당 중앙당학교 교직원, 학생들 앞에서 한 연설〉「조선로동당은 조국해방전쟁승리의 조직자이다」(1952.6.18), 244쪽.

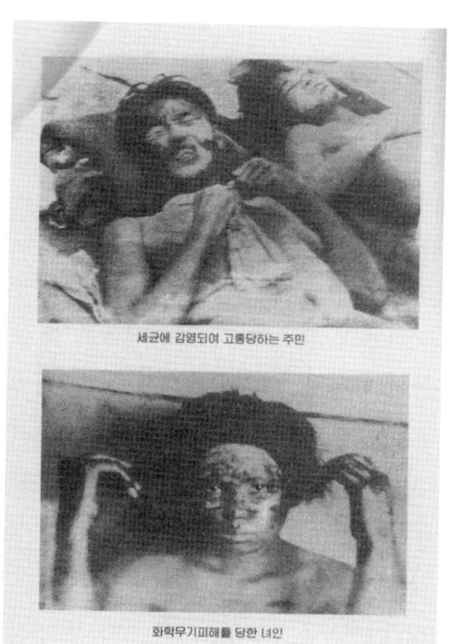

그림 3-5. 미군이 생화학전을 감행했다는 북한의 주장 자료
출처: 『죄악에 찬 미제의 조선침략사』

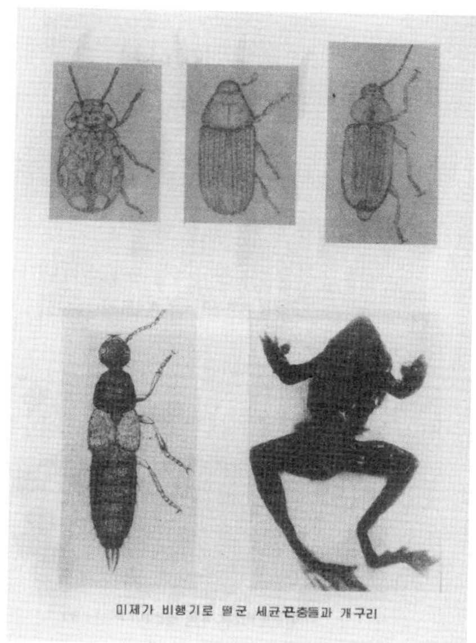

그림 3-6. 미군이 세균전을 감행했다는 북한의 주장 자료
출처: 『조선전쟁시기 감행한 미제의 만행』

그림 3-7. 미군이 세균전을 감행했다는 북한의 주장 자료
출처: 『신천박물관』, 46쪽.

으로 미국이 사용하는 카드가 독재자들이 사용했던 대량살상무기이기도 하다. 김일성도 IADL의 조사시기에 '때맞춰' 미국이 세균전을 감행하고 있다고 비난한 바 있다.

> 미제국주의자들은 지난 [1952년] 1월 28일부터 2월 17일까지 사이에만도 전방의 많은 지역과 후방의 일부 지역에 벼룩, 파리 같은 여러가지 벌레들을 대량적으로 뿌렸는데 그 것을 검사한데 의하면 벌레들의 체내에 페스트균과 콜레라균을 비롯한 여러가지 전염병균이 있다는 것이 판명되었습니다. 이것은 미제국주의자들이 계획적으로 세균무기를 사용하고 있다는 것을 증명하여주고 있습니다.[35)]

IADL 조사보고서 말고도 한국전쟁에 참여했던 중국조선족의 미군의 세균전 관련 증언[36)]과 마오주의자 James Endicott의 아들 Stephen Endicott의 '미국의 세균전'[37)] 고발 저서가 있다. 또한 마르크스주의자인 영국의 생화학자 Joseph

---

35) 〈김일성 저작집 제7권, 조선민주주의인민공화국 군사위원회 확대회의에서 한 연설〉「적세균무기와의 투쟁대책에 대하여」(1952.2.20), 82쪽. 1952.2.22. 북한은 "조선에서의 미제 무력간섭자들의 세균 무기 사용과 관련한 조선민주주의인민공화국 외무상의 성명"을 통해 미국의 세균전 감행을 비난하고 1952.3.29. 유엔에 처벌을 요청하는 외무상 명의의 서한을 보낸다.「외무상 성명 및 서한」,『조선중앙연감』(평양: 조선중앙통신사, 1953), 김일성의 발언과 외무상 성명 및 유엔 서한 발송은 모두 IADL의 '미국의 전쟁범죄보고서' 작성시기에 맞춰져 있음을 알 수 있다.
일단 김일성 저작에 김일성 발언내용이 실려 출간되면 무오류의 '교시'가 되어 다른 모든 출판매체가 이를 인용하게 된다. '미제침략자들의 세균전'에 맞서 소년들이 전국 각지에서 방역사업을 벌였다는 내용의 다음의 1982년도 문헌도 마찬가지이다. (〈김일성 저작집 제7권〉은 1980년에 출판되었다) 금성청년출판사 편,『위대한 조국해방전쟁시기 소년들의 투쟁』(평양: 금성청년출판사, 1982), 130~131.

36) "최기석: 세균무기란 것이 몽땅 곤충에 세균을 배양해서(중국)지원군하고 인민군 쪽에 떨궜다. (중략) 부대소재지는 물론이고 민가에도 투하했다. 그래서 전염병이 돈 곳이 한두곳이 아니다." "한태약: 내가 직접 본 곳은 강원도였는데 한겨울에도 세균이 들어있는 개미가 우글우글했다. (중략) '재귀열'로 목숨을 잃은 사람이 많다." 정현수 외,『중국조선족 증언으로 본 한국전쟁』(서울: 선인, 2003), 18 · 24~25쪽.

Needham이 이끄는 국제과학위원회(International Scientific Commission)가 증인들의 진술만을 담아 중국의 주장을 기초로 미국의 세균전을 확인하는 대규모 보고서를 한국전쟁 기간에 발간한 적이 있다. 하지만 이들은 중국과 북한 측의 주장을 일방적으로 수용하고 있어 객관성을 확보할 수 없다. 또한 1953년 5월 2일자 소련각료회는 미국의 세균전에 대한 주장이 근거 없고 잘못된 정보에 기인하고 있다고 결론내리고 있다.[38)]

---

37) Stephen Endicott은 *The United States and Biological Warfare: Secrets from the Early Cold War and Korea* (Bloomington: Indiana University Press, 1998)을 저술하였다. 동 저서에서 그는 "한국전에서 미국이 세균전을 감행했다는 명확한 직접증거는 확보할 수 없지만」(188쪽) "수많은 결정적 정황증거들, 즉 생물학전 비밀작전, 병원균 감염 곤충 및 깃털 생산과 이들의 폭탄 투하지점 출현, 미 육군과 일본 생물학전 전문가 커넥션 등이 있다」(195쪽)고 결론부분에 기술하고 있다. Stephen Endicott은 James Endicott 의 아들인데 James Endicott은 중국 쓰촨성에서 캐나다 선교사 집안에서 태어난 마오쩌뚱사상 신봉자이며 한국전쟁 중 미국이 생화학무기를 사용하고 있다고 주장하여 자국에서 맹비난 받은바 있다. 동 원서는 국내에 번역서 안치용 · 박성휴 역, 『한국전쟁과 미국의 세균전』(서울, 중심, 2003)으로도 소개되었다.
한국전에서 미군의 세균전 관련 주장을 일부 담은 또 다른 저서로는 데이비드 콩드(1988), 356~378쪽이 있다. 아랍권 위성채널 알-자지라는 2010년 "미국 합동참모본부가 한국전쟁 중인 1951년 북한에서 세균전 현장 실험을 명령했음을 보여 주는 미 국립문서보관소 문서"를 입수하여 보도한 바 있다(강종구, 「美, 한국전쟁 중 세균전 현장실험 명령」, 『연합뉴스』 2010.3.19). 북한은 미국이 일제 관동군 소속으로 세균전 연구를 담당했던 731부대 소속원들의 도움을 받아 한반도에서 세균전 '만행'을 저질렀다고 주장하고 있다. 미국정부는 한국전쟁 중 세균전 사용을 일체 부인하고 있다.
노병천은 Stephen Endicott의 저서와 미 합참(JCS)의 세균전 실전 실험 제안 기밀문서, 자신이 수집한 자료 등을 바탕으로 미군은 한국전에서 세균전을 감행하였다고 주장하고 있다. 하지만 그 또한 Stephen Endicott의 저서에 나온 내용의 틀을 크게 벗어나지 못하고 있는 한계를 보여주고 있다. 노병천(2000).
상기한 문헌과 주장들은 전쟁참전국의 어느 한 쪽의 일방적 시각을 반영하는 것이어서 객관성 확보에 한계가 있다. 또한 이 책은 쟁점의 진위를 파악하는 것이 주 목적이 아니고 (그리고 진위파악에는 한계가 있기 때문에) 집필의 목적상 대미 불신 관련 북한의 인식에 더 많은 주안점을 두고 있다. 즉, 북한은 미군의 세균전 감행을 사실로 믿고 있다는 것이다.

38) Becker, Jasper, *Rogue Regime: Kim Jong Il and the Looming Threat of North Korea*

해방 후 한국전쟁이 끝날 때까지 남과 북은 이념의 이름으로 이웃과 동족을 무자비하게 학살하는 참상을 겪었다.[39] 한국정부에 의한 학살, 형무소 집단 학살, 점령지 이념 사냥, 재점령 후 보복 학살, 인민군에 의한 학살 등 수많은 양민이 공정한 재판도 없이 자의적으로 즉결처형 당하였다.[40] 미국은 북한의 주장하는 것처럼 학살에 직접적으로 참여하지는 않았다. 미국은 제네바 협정을 준수하고 학살을 용인하지 않겠다고 한국정부에 서면 경고하였다. 그러나 미국은 적극적으로 학살을 저지하지 않았고 방관자 수준에 머물렀다고 하는 것이 적절한 평가일 것이다. 하지만 당시 상황으로 볼 때 개입해서 학살을 막을 수 있는 지위를 가지고 있으면서도 방관했다면 그것은 방조[41]에 가깝다고 봐야 할 것이다.

한국전쟁 중 미군이 민간인을 대상으로 한 공격은, 한국 측의 기록으로는 제한적이고 예외적인 경우에 머무르는 것으로 나와 있다. 노근리 사건 등 북한군이 민간인과 섞여 위장하여 남하하는 것을 우려하여 '민간인을 적으로 간주'하고 폭격과 사격을 가하여 민간인이 사살된 경우로서, 북한에서 주장하는 바와 같이 남북한 민간인 자체를 공격 대상으로 삼아 상부의 명령 하에 무자비하게 조직적으로 대량 집단학살한 예는 보고된 바 없다. 하지만 북한

(New York: Oxford University Press, 2005), pp.60~61.
또한 1990년대 국가정보원 해외, 북한담당 차장 및 국가안보좌관을 역임한 라종일(1940년생)은 필자와의 인터뷰(2011년 8월 30일)에서 한국전 당시 군사고문으로 참전한 소련군 준장의 발언을 근거로 한국전 기간 중 미군의 세균전은 없었다고 증언하였다. 라종일이 구소련 붕괴 후 1990년대 한국에 초청하여 면담한 소련군 준장은 한국전 당시 'Field Ambulance Operation(야전부상자응급수송차량지휘)' 총책임을 맡고 있었고 인민군 중 세균전에 노출되어 사상자가 발생했다면 그가 가장 먼저 보고받는 위치에 있었으나 그러한 보고는 받은 적이 없다고 증언하였다.

39) 해방 후 양민학살 사례에 대해서는 김삼웅(1996) 참조.

40) 김기진(2005), 21~184쪽.

41) 한국전쟁 중 서울 회복 이후 북한 점령 기간 학살 관련 미국의 방관 혹은 방조적 역할에 대하여서는 다음을 참조. Cuming(2010), 190~199쪽.

은 남북한 지역에서 발생한 민간인 학살이 모두 미군에 의해 저질러진 만행이라고 선전하고 있다. 그리고 그 숫자도 크게 부풀려져 있다. 미군은 남한에서만 "백수십만명에 달하는 무고한 평화적주민들을 무참히 살해하였다"며 살해 방법이 극도로 잔인하여 "부녀자들을 겁탈하며 무고한 사람들을 마구 잡아다가 고문하고 때려 죽이고 대검으로 찔러 죽이고 사람들의 머리가죽을 벗겨 내고 눈알을 뽑아 내고 젖가슴을 도려 내고 사지를 찢어 죽이는 귀축 같은 만행을 매일과 같이 감행하였다"라는 주장이다.[42] 북한은, 미군이 북한에서 저지른 양민학살이 남한에서 저지른 것보다 훨씬 잔혹하고 그 수가 훨씬 많으며 다양한 유형의 만행을 함께 자행하였다고 주장하며 체계화하여 보급하고 사상교육에 활용하고 있다. 민간인을 대상으로 한 폭격(기총사격 포함), 양민·포로 집단학살·고문, 여성들에 대한 만행, 발전소(저수지) 파괴, 문화유산 폭격, 경제적 약탈, 세균전과 화학전 감행 등이다.[43] 북한은 '야수적'이라고 비난하며 무엇보다도 미군의 만행의 잔혹성을 왜곡·과장하고 있다.

미군에 의한 잔혹한 민간인 집단학살의 대표적인 예로 북한은 신천군 학살을 들고 있다. 하지만 미군이 신천군 대학살을 자행했다는 북한과 IADL의 주장에 대해서도 미군의 직접적인 학살 가담은 없었다는 것이 정론이다. 북한은 신천양민학살을 미사령관의 명령에 의해 미군이 직접 자행된 만행으로 규탄하고 신천박물관을 건립해 주민들의 반미사상교육에 이용하고 있다. 1950년 10월 38선을 넘은 미군들이 황해남도 신천에서 50여 일간 머물며 부녀자들을 능욕하려 하고[44] 당시 신천군 인구의 4분의 1에 해당하는 3만 5천

---

42) 리철, 「조선전쟁시기 감행된 남조선인민들에 대한 미제의 야수적학살만행」, 『사회과학원학보』 루계 제31호(2001년 제3호), 50~51쪽. 미군에 의한 학살 외에 남한에서 전쟁기 굶어죽거나 얼어 죽어 사망한 자가 1천만 명이 넘는다는 주장까지 한다. 같은 글, 52쪽.

43) 고상진, 『조선전쟁시기 감행한 미제의 만행』(평양: 사회과학출판사, 1989), 7~287쪽.

여 명을 잔혹하게 학살했다는 주장이다. 북한은 신천지구 주둔 미군사령부 건물을 1958년 신천박물관으로 바꿔 개관하여 반미 교육장으로 활용하고 있다. 신천박물관 방문 후 수기를 쓴 한국 학자 이재봉[45]에 따르면 매일 수천 명의 북한주민이 신천박물관을 방문하며 6월 25일부터 '전승절(戰勝節)' 7월 27일까지의 반제반미 기간에는 매일 1만 명씩 방문한다고 한다. 신천박물관에 전시된 자료 중에는 "미군들의 만행에 항거하다 희생되었다는 리헌수 소년"에 대한 자료가 있다. 리헌수 소년이 미군에 반대해 싸우다 죽으면서도 끝까지 지켜냈다는 인공기도 전시되어 있다. '북한판 이승복'인 것이다. 미군의 '세균전과 화학전' 관련 자료와 기록들도 전시되어 있다. 박물관에서 약

---

44) "미제야수놈들은(신천)온천휴양소에 술집간판을 내걸고 수많은 녀성들을 붙잡아다가 강간릉욕하려고 미쳐날뛰였다." 임권순, 『신천의 원한을 잊지말자』(평양: 금성청년출판사, 1987), 12쪽.
북한은 셔먼호 사건 등 미국이 북한 땅에 발을 들여 놓을 때는 항상 부녀자 능욕과 살인과 같은 '야수적' 잔혹행위가 있다는 언급을 빼놓지 않는다. 미국을 원한 갚을 원수로 규정하여 북한주민들이 자발적으로 반미의식을 수용하도록 유도하고 대미 안보 경계감을 고조시키기 위해서이다. 김일성은 전쟁 중 어려움에 처한 인민군의 전의를 고취시키는 연설을 할 때면 "미제강도놈들은 도처에서 우리의 사랑하는 부모형제자매들을 무참하게 학살, 강간, 악형하는 야수적만행을 감행하였다."는 식의 연설로 인민군의 분노를 자아내고 정의의 전쟁이라는 명분을 부여하려 한다. 〈김일성 저작집 제6권, 조선인민군 최고사령관 명령 제0097호〉「조국해방전쟁의 종국적승리를 쟁취하기 위하여 더욱 용감히 투쟁하라」(1951.2.8), 295쪽.
이 책은 북한이 주장하는 부녀자 능욕에 대한 내용은 구체적으로 다루지 않았으나 전쟁과 성범죄의 상호 연관성은 추가 연구의 필요가 있다. 북한은 해방 직후 진주한 소련군에 의한 성범죄나 기타 민간인 대상 범죄에 대해서는 침묵하고 있고 남한도 마찬가지로 한국전쟁기 미군의, 남한 여성을 대상으로 한 성범죄에 대해 다루지 않고 있다. 성범죄를 전쟁의 필연적 부산물로 봐야 하는지에 대한 질문은 그 답을 구함에 있어 도덕적 딜레마가 따른다. Azar Gat는 인간의 생식(reproduction) 본능이 성적 기회(sexual opportunity) 증대를 위한 욕구로 이어져 전쟁의 근인(underlying cause)으로 작용한다는 주장을 역사 및 진화론적 접근법을 통해 펼치고 있다. Gat, Azar, "So Why Do People Fight? Evolutionary Theory and the Cause of War", *European Journal of International Relations*, 15(4)(2009), pp.571~595.

45) 이재봉, 「'반미주의' 연구 학자의 북한 신천박물관 관람기: '이럴 수가… 믿기지 않는 충격의 기록'」, 『월간 말』(1998.12), 152~155쪽.

1km 떨어진 곳에는 부녀자들이 무더기로 희생되었다는 학살 현장이 전시되어 있다. 안내문에는 다음과 같이 쓰여 있다.

> 1950년 12월 초순 어느 날, 살인마 해리슨 놈은 어머니와 어린이가 같이 있는 것은 너무도 행복한 일이라고 지껄이면서 어머니들과 어린이들을 두 개의 창고에 각각 따로 가두어 어머니들은 간이 타 죽고, 어린이들은 애가 타 죽게 하라고 명령하였다. 해리슨 놈의 명령에 따라 미제 승냥이들은 어머니들과 어린이들을 두 개의 창고에 갈라 넣었으며 나중에는 창고 안에 휘발유를 뿌리고 불을 질러 4백명의 어머니와 1백2명의 어린이를 무참히 학살하였다.

필자가 인터뷰한 최근까지 북한에서 교사생활을 했던 탈북자 김미영(가명)에 따르면, 황해도 신천 박물관에 미군의 대북한 주민 학살의 끔찍한 현장을 전시해 놓고 조직 및 단체별로 1년에 한 번씩 견학하여 반미감정을 고취시키고 있다고 한다.

> (학생들을 데리고) 신천 박물관을 견학하여 '입으로 담지 못할 끔찍한 미제의 만행을 목격하게 되면 그 기억이 한동안 잊히지 않게 되고 미국에 대한 적개심에 불타게 됩니다. 이렇게 북한당국은 미국을 상종할 수 없는 철천지 "원쑤"로 각인을 시키는 것입니다. 살육의 현장이라 하여 보존된 갱도 철문을 열었을 때, 6·25 이후 반세기가 지난 시점인데도 당시 본인은 피비린내를 맡을 수 있었습니다. 남한에 와서 진실을 알게 된 지금도 그 피비린내가 뇌리에서 사라지지 않고 있습니다.[46]

---

46) 탈북자 김미영(가명), 전직 중학교 교사, 2010년 7월 2일 필자 인터뷰.
북한은 신천 학살에 관한 사실을 조작, 과장하여 수많은 끔찍한 학살 관련 사진들과 함께 선전용 책자를 발간하여 대미적개심을 고취시키기 위한 사상교육에 이용하고 있다. 예컨대 다음의 문헌을 참조. 임권순(1987). 동 책자 10쪽에는 김미영 씨가 증언한 내용을 연상시키는 사진과 글도 포함되어 있다: "이곳을 찾는 사람들은 30여년이 지난 오늘도 피자국이 얼룩지고 살점이 붙어있는 방공호바람벽을 보며

그림 3-8. 북한의 신천군 학살 왜곡 선전
출처: 『신천박물관』, 18쪽.

국제민주법률가협회조사단이 발표한 조선에서의
미제의 범죄에 관한 보고서

제 1 장 대량학살

1950년 12월 7일 미제침략군이 이 지대에서 퇴각하지 않으면 안되게 되였을 때 … 신천군 원암리지구에 있는 2개의 창고에서 남녀 약 9백명에 대한 대량적학살이 또 감행되였다.

그중 한 건물에는 백수십여명의 아이들이 있었다.

미군병정들은 사람들의 의복에 기름을 퍼붓고 불을 질렀다.

창문으로부터 건물속으로 수류탄을 던졌다.

…

27

그림 3-9. 학살 왜곡에 활용된 국제조사단 보고서
출처: 『신천박물관』, 27쪽.

전 신천군 온천면, 가산면일대에서의 학살만행

미군은 온천면에서 면내주민들뿐아니라 이곳을 지나서 평양과 개성, 사리원, 해주방면으로 오가는 사람들을 모조리 붙잡아 무려 1만 1 530여명을 무참히 학살하였다.

또한 근로자들의 병치료와 문화휴식장소로 리용되던 전 신천휴양소를 저들의 숙소로 만들고 군안의 여러곳에서 끌어온 처녀들과 젊은 녀성들을 롱욕하다못해 휴양소뒤에 있는 련못에 즐어넣고 총을 쏘고 수류탄을 던져 죽이였다.

그리고 온천업을창고에서는 1 200여명의 무고한 주민들을 불태워 학살하였다.

미제침략군과 리승만괴뢰군이 감행한
만행에 대한 국제민주녀성련맹조사단의 보고서

…

미제침략군이 읍에 들어왔을 때 그들은 숙소를 설치하고 젊은 처녀나 녀자들을 잡아 이에 감금하였다.

고운 처녀들은 미국놈들과 영국장교놈들에게 제공되였고 곱지 않은 녀자들은 리승만괴뢰놈들에게 제공되였다.

이곳에 감금되였던 세 녀자만 살아남고 그밖의 모든 녀자들이 학살되였다.

…

19

그림 3-10. 왜곡해 극화된 신천학살의 잔혹상
출처: 『신천박물관』, 19쪽.

그림 3-11. 역사왜곡, 신천군 학살의 잔혹함을 극화함
출처: 『신천박물관』, 22~23쪽.

탈북자 김미영 씨가 증언한 신천박물관을 통한 주민의 사상조작은 대미 적대감 고취를 위한 적나라한 표현을 담아 김정일 선집에도 소개되어 있다.

> 신천땅에 기여 든 미제침략자들은 직접 자기 손으로 사람들을 방공호에 가두어 놓고 휘발유을 뿌리고 불을 질러 태워 죽였으며 빨갱이새끼가 어떻게 생겼는가를 보자고 하면서 임신한 녀성의 배를 가르는 짐승도 낯을 붉힐 야수적만행을 감행하였습니다. 미제침략자들이야말로 정신착란증에 걸린 미친 놈들이며 두발 가진 승냥이들입니다. 우리는 미제국주의자들과 한하늘을 이고 같이 살수 없으며 적들과는 끝까지 싸워야 합니다. 우리는 미제국주의자들에 대한

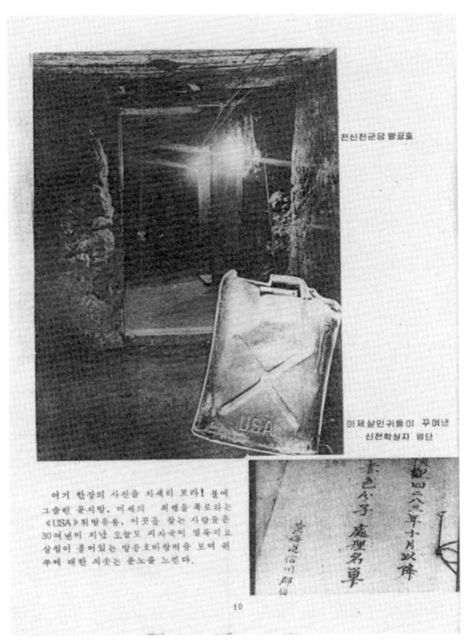

여기 한장의 사진을 자세히 보라! 불에 그슬린 문지방, 미제의 죄행을 폭로하는 《USA》휘발유통. 이곳을 찾는 사람들은 30여년이 지난 오늘도 피자국이 얼룩지고 살점이 붙어있는 방공호바람벽을 보며 원쑤에 대한 치솟는 분노를 느낀다.

10

그림 3-12. 방공호 재현
출처: 『신천의 원한을 잊지 말자』, 10쪽.

그림 3-13. 북한 주민의 대미 적개심을 고취시키는 상징조작
출처: 『신천의 원한을 잊지말자』.

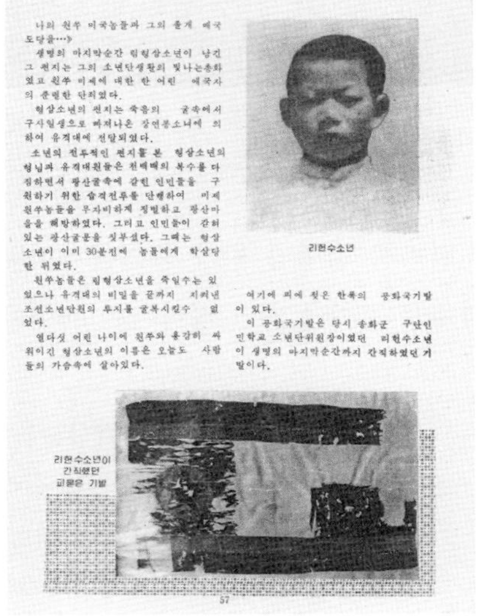

나의 원쑤 미국놈들과 그의 졸개 매국도당을…》

생명의 마지막순간 림형삼소년이 남긴 그 편지는 그의 소년단생활의 빛나는총화였고 원쑤 미제에 대한 한 어린 애국자의 준렬한 단죄였다.

형삼소년의 편지는 죽음의 굴속에서 구사일생으로 빠져나온 장연봉소녀에 의하여 유격대에 전달되였다.

소년의 전투적인 편지를 본 형삼소년의 형님과 유격대원들은 천백배의 복수를 다짐하면서 광산굴속에 갇힌 인민들을 구원하기 위한 습격전투를 단행하여 미제원쑤놈들을 무자비하게 징벌하고 광산마을을 해방하였다. 그리고 인민들이 갇혀있는 광산굴문을 짓부셨다. 그때는 형삼소년이 이미 30분전에 놈들에게 학살당한 뒤였다.

원쑤놈들은 림형삼소년을 죽일수는 있었으나 유격대의 비밀을 끝까지 지켜낸 조선소년단원의 투지를 굴복시킬수 없었다.

열다섯 어린 나이에 원쑤와 용감히 싸워이긴 형삼소년의 이름은 오늘도 사람들의 가슴속에 살아있다.

리현수소년

여기에 피에 젖은 한폭의 공화국기발이 있다.

이 공화국기발은 당시 송화군 구산인민학교 소년단위원장이였던 리현수소년이 생명의 마지막순간까지 간직하였던 기발이다.

리현수소년이
간직했던
피묻은 기발

57

그림 3-14. 북한판 이승복, 리현수 소년
출처: 『신천의 원한을 잊지말자』, 57쪽.

> 자그마한 환상도 가져서는 절대로 안됩니다. 미제국주의자들의 침략적, 략탈적본성은 변할수 없으며 그들의 교활성과 악랄성은 날이 갈수록 더해 지고 있습니다. (중략)
> 신천박물관이 제국주의자들과 남조선괴뢰들, 청산된 착취계급잔여분자들을 비롯한 반동들과 치렬한 투쟁을 벌리고 있는 우리 인민들의 계급의식을 높여주는 반미교양, 계급교양의 중요한 장소로 되게 하여야 하겠습니다. (중략)
> 그때 적들에게 학살된 사람들은 옆에서 쓰러져 죽는것을 보면서도 반항할 생각을 하지 못하였습니다. 많은 사람들이 애매하게 죽었을뿐아니라 머저리죽음을 당하였습니다. 이래도 죽고 저래도 죽겠는데 마지막피값이라도 할 생각을 하지 못하였습니다. 신천군에서 학살된 사람들이 적들과 맞서 싸우지 못하고 맥없이 죽은것은 통탄할 일입니다. 사실 신천땅에 기여 들었던 미제침략군과 《치안대》놈들은 얼마 되지도 않았습니다. 물론 총을 쥔 놈들과 맞서 싸우는것이 어렵기는 하지만 3만여명이 몽둥이를 하나씩 들고 달라붙었더라면 아무리 로인이나 녀자들이라고 하여도 얼마 안되는 원쑤놈들을 다 쓸어 눕혔을것입니다.[47]

하지만 신천 대학살을 다룬 MBC의 '이제는 말할 수 있다—황해도 신천 사건'(2002년 4월 21일 방영)은 당시 학살현장 목격자들의 증언과 미국국립문서보관소에서 발굴한 신천 사건 관련 문서들을 인용하며 공권력의 공백 상태에서 좌우익 민간인 사이의 충돌에 따른 참사로 결론내리고 있다.[48] 연합군이 인천상륙작전에 성공하고 북진하자 전세가 불리해진 공산군이 지주와

원쑤에 대한 치솟는 분노를 느낀다."
신천박물관 관련 거의 유사한 선전용 책자가 지속적으로 출판되고 있다. 최근 책자는 다음을 참조. 정영남 외, 『신천박물관』(평양: 조선화보사, 2009).

47) 〈김정일 선집 제14권, 신천박물관을 돌아 보면서 일군들과 한 담화〉 「신천박물관을 통한 계급교양사업을 강화할데 대하여」(1998.11.22), 447~451쪽.

48) MBC, 「이제는 말할 수 있다-황해도 신천 사건」(2002.4.21).
http://vodmall.imbc.com/genre/genre_program.aspx?progCode=1000459100057100000

성직자를 포함한 우익 반동분자를 처형했고 이에 반공우익청년들이 1950년 10월 13일을 기해 반공봉기를 일으킨 것이다. 토지분배로 지주와 소작인의 갈등이 극도로 심화된 상태에서 공권력이 부재한 두 달간 반공청년들이 치안을 맡으면서 기준도 없는 이념적 잣대에 따른 우익과 좌익 간의 충돌로 빚어진 내분이라는 것이 지론이다. 신천 대학살을 주제로 한 소설 『손님』(2001)의 작가 황석영도 언론인터뷰에서 가해자 가족의 인터뷰와 극히 짧은 미군의 신천 주둔 시간 등을 근거로 기독교 우익과 좌익의 충돌에 의해 빚어진 참극으로 결론내리고 있다.[49] 필자가 2012년 1월 인터뷰한 조선중앙TV 정치부기자 출신 탈북자 장해성 또한 북한에서 신천대학살 방송을 기획하던 중 "북한 주민을 학살하는 미군을 봤다는 증인을 찾을 수 없어 미군에 의한 학살이 아니라는 것을 알게 되었다"고 증언하였다. "아예 미군 자체를 보았다는 신천 현지 주민을 찾을 수 없었다"라고 장해성은 덧붙였다.

물론 북한 양민대학살 주장이 근거 없다고 반박하는 것이 미군이 한국전쟁 시 교전수칙을 철저히 지켰다는 것을 의미하지는 않는다. 댐을 폭격해 식량수확 기회를 차단하고,[50] 민간인과 군시설을 구분하지 않고 네이팜탄까지 동원해 북한 전역을 무차별 융단 폭격해 초토화시킨 것은[51] 이로 인해 가족과 이웃을 잃은 생존 북한 주민들의 대미 적개심을 오랜 기간 각인시키기에 충분했다.[52] 이에 편승해 북한 정권은 인민을 대상으로 한 체계적인 반미 사상학습을 전개하였고[53] 이를 위하여 지속적으로 미국의 침략과 만행을 고발

---

49) 박영률, 「신천학살은 기독교와 사회주의 대립의 산물」, 『월간 말』(2001.7.16).

50) Cumings(2010), 154~156쪽.

51) 김기진(2005), 141~159쪽; 브루스 커밍스(2005), 77~86쪽. 커밍스는 북한이 아직도 병영국가인 이유는 북한이 한국전쟁동안 대학살(holocaust)을 경험했기 때문이라고 진단한다(커밍스, 60쪽).

52) 미군의 북한 지역에 대한 무차별적 포격은 우익청년단의 양민대학살에 대해서도 미국의 책임으로 전가되는 원인이 되었다. 이신철, 『북한 민족주의운동 연구(1948-1961, 월북 납북인들과 통일운동)』(서울: 역사비평사, 2008), 424쪽.

하는 선동적 문헌을 발간하여 왔다.[54] 전쟁발발책임과 학살의 주범 등 왜곡된 역사인식을 바탕으로 북한 인민들의 대미 적개심은 확대 재생산되었다. 동족상잔의 비극과 현재까지의 극심한 경제난의 최초 원인제공자가 바로 기습남침을 결정한 김일성이고 이를 까맣게 모른 채 북한 전 인민이 지금까지도 그를 '미제침략으로부터 조국을 성공적으로 지켜낸' 어버이수령으로 숭상하는 것은 역사의 아이러니라 하지 않을 수 없다.

북한의 미국 사주 북침전쟁 주장에 대한 미국의 입장은 한국전쟁은 단연코 북한이 한반도 공산화를 위한 기습 남침하여 촉발된 전쟁이라는 것이다. 소련과 중국의 지원 하에 북한이 시작한 대리전이며 냉전의 심화를 촉발시키는 결정적 사건이 되었고, 한국전쟁에서 약 3만 7천[55] 명의 미국인이 전사하고 수많은 민간인 희생자가 발생하였다. 북한은 제2의 한국전을 막기 위한 억지의 대상이며 동북아와 전 세계 안보를 위협하는 경계의 대상이다. 특히

---

53) 앞 장과 본 장 모두 한국전쟁이 초래한 비극을 언급하고 있으나, 앞 장에서는 북한 주민들이 실제 겪은 한국전쟁의 상흔(trauma)에 의해 자발적 반미인식체계 수용 과정을 그렸고, 본 장에서는 정권에 의해 미군의 '만행'이 조작 · 과장되어 사상교육을 통해 수직적으로 반미인식체계를 이식시키는 관점에서 바라보았다.

54) 예를 들어 〈등대사 편, 『미제는 조선 전쟁의 도발자』(평양: 등대사, 1990)〉은 역사기록 사진들을 동원하여 '미제의 남조선 강점에서부터 전쟁준비, 도발, 만행, 패배 및 새 전쟁 준비'라는 목차를 논리적으로 구성해 한국전 도발 역사를 왜곡하여 미국에게 그 모든 책임을 전가하고 있다. 〈임권순(1987)〉은 한국전쟁 중 미군의 신천 학살에 관한 사실을 조작, 과장하여 수많은 끔찍한 학살 관련 사진들과 함께 실어 대미 적개심을 불러일으키고 있다. 북한의 학교 교과서도 미국의 침략 역사와 한국전쟁기 '만행'을 고발하는 사상교육을 빼놓지 않고 있다. 교육도서출판사 편, 『미제와 일제의 조선침략 죄행: 1930~1990년대』(평양: 교육도서출판사, 2002). 이 외에도 한국전쟁의 도발 책임을 미국에 돌리고 미군의 만행을 고발한 북한 문헌은 다음을 참조: 차준봉, 『누가 조선전쟁을 일으켰는가』(평양: 사회과학출판사, 1993); 허종호(1993); 허종호, 『미제의 극동침략정책과 조선전쟁(2)』(평양: 사회과학출판사, 1993); 최승섭, 『미제는 침략과 전쟁의 원흉』(평양: 조선로동당출판사, 1984); 황재헌, 『조선전쟁도발의 흑막』(평양: 금성청년출판사, 1995); 고상진(1989).

55) 36,516명, 미국방부 통계.

9·11 이후 미국은 북한의 핵물질의 테러집단으로 흘러들어가는 것을 잠재적 위협으로 보고 북한 핵프로그램을 용인하지 않는다. 미국은 보훈정책을 중시하고 있고, 한국전 참전 퇴역 군인에게도 예우를 갖추고 재향군인회는 한국전 기념행사를 치르고 있다. '잊혀진 전쟁'으로 불리던 한국전을 재조명하고 있고, 미국 워싱턴 의회의사당 앞 공원에 한국전참전 기념공원을 설립하였다. 미국 내 재향군인들을 주축으로 하여 북한의 위험성 지속적으로 상기시키고 있다.

2. 미국의 한반도 핵정책과 북한의 인식

한국전 발발은 미국의 핵무장 계획에 일대 전기를 마련하게 된다. 미국은 1951년 6월 시작하는 회계년도의 국방예산을 한국전 발발 이전 의회에 제출한 예산안 대비 3배 이상 증액하여 530억 달러로 편성한다.[56] 중국이 북한에서 철군한 1958년 미국은 본격적으로 한국에 전술핵무기를 배치하기 시작한다.

1950년 10월 중공군의 전격 한국전 참전으로 인하여 전쟁을 조기에 종식시킬 수 있다고 믿었던 맥아더의 믿음은 물거품이 되고 말았다. 하지만 맥아더는 핵무기를 사용하여 중국을 격퇴시키고 한국전을 승리로 이끌고자 하였다. 맥아더는 구체적으로 핵무기를 한국전에 투입하여 실전 적용할 것을 구체적으로 주장하였다. 트루먼 대통령은 1950년 11월 30일 기자회견에서 핵무기 사용을 고려 중이며 전투사령관이 핵무기 사용권을 가지고 있다는 발언을 하여 소련의 민감한 반응을 불러일으켰고 심지어 핵사용을 반대하는 동

---

56) 정성화, 「미국의 핵전략과 군수산업 및 군사과학의 발전」, 『명지사론』 10호(1999), 159쪽.

맹국인 영국의 반발을 사기도 하였다.[57] 김일성도 "미국강도놈들은 오늘 조선에서 자기들의 침략적목적이 실패로 돌아가게 되자 원자탄을 쓰겠다고 우리를 위협하고있습니다"[58]라며 미국의 핵 옵션 검토에 민감하게 반응한다. 핵무기 사용을 줄기차게 주장한 맥아더는 트루먼과의 대립으로 1951년 4월 해임 당하는데, 커밍스는 맥아더의 '하극상(insubordination)'이 해임의 원인이 아니라 트루먼이 핵무기 사용을 결정하더라고 이를 안정적으로 수행할 '신뢰할 만한(reliable)' 사령관을 필요로 했기 때문이라고 분석한다.[59] 군부와 아이젠하워 대통령도 핵무기 사용을 군사계획의 일부로 수용하는 것을 검토하였다. 전술핵무기를 시험하였고, 공군은 전폭기가 핵폭탄을 투하할 수 있도록 전환하기 시작하였으며, 오키나와와 괌에 핵공격 발진기지가 갖추어졌다. 클라크 유엔군사령관도 핵무기 사용 검토를 종용하였다. 아이젠하워는 중국에 대한 직간접적이고도 노골적인 핵위협 메시지를 전달함으로서 중국이 정전협상에 참여하도록 강제하려 하였다. 피터 헤이즈는 이러한 핵위협이 한국전을 종전시키고 인명의 희생을 줄였다는 인식이 차기 대통령들과 보좌관들에게 널리 받아들여졌고 이후의 미핵전략을 이끌게 되었다고 지적한다.[60]

비밀해제된 각종 미 정부의 문서들을 보면 1950년대 미 국방부에서부터 현재의 미 행정부에 이르기까지 북한에 대한 미국의 핵무기 사용 검토, 계획,

---

57) Freedman, Lawrence, *The Evolution of Nuclear Strategy* (New York: Palgrave Macmillan, 2003), 68쪽. 소련은 트루먼의 기자회견 후 위성국가들의 자원군으로 편성된 국제여단을 구성하여 한국전에 파견하는 것을 검토하였으나 체코와 헝가리의 반대로 계획을 포기하였다. 김계동(2000), 405~407쪽.

58) 〈김일성 저작집 제6권, 조선로동당 중앙위원회 제3차전원회의에서 한 보고〉「현정세와 당면과업」(1950.12.21), 203쪽.

59) Bruce Cumings, "Why Did Truman Really Fire MacArthur? … The Obscure History of Nuclear Weapons and the Korean War" *Le Monde Diplomatique* (December 2004).

60) 피터 헤이즈(Peter Hayes), 고대승 · 고경은 역, 『핵 딜레마: 미국의 한반도 핵정책의 뿌리와 전개과정』(서울: 한울, 1993), 54~63쪽.

위협은 끊이지 않았다. 한국전쟁 중엔 미 공군 폭격기들이 평양 상공 위로 원자폭탄 투하를 위한 연습비행을 실시하였다. 1951년 4월 중공군의 춘계대공세가 임박해 새로운 중공군 지원부대가 공격할 경우 미국은 원폭으로 보복할 준비를 하였고, 핵캡슐(nuclear capsule)을 괌에 주둔한 미공군 관리 하에 두었다. 그 해 9, 10월 미 공군 B-29 폭격기들이 평양 상공을 비행하면서 모형 원폭들을 투하하기도 하였다.[61] 1953년 휴전협상 중에도 원폭 옵션은 중국으로 하여금 휴전협정에 서명하도록 압박하는 수단으로 활용되었다. 정전 후에도 중국과 북한의 재침을 대비한 원폭계획이 구체적으로 수립되었다. 1967년에는 남한과 오키나와에 배치된 핵탄두의 수가 포병용, 단거리 미사일용, 공중투하용을 합해 약 2,600두로 그 정점에 이른 것으로 추산된다.[62]

'전쟁은 정치적 목적을 달성하기 위한 수단의 연속'으로 정의한 칼 폰 클라우제비츠의 전쟁론[63]처럼 핵무기는 2차대전 이후 사용되지는 않았지만 미국이 원하는 대외 군사정책의 정치적 목적을 달성하기 위한 효과적인 수단으로 인식되었다. 전쟁의 결과를 단시간에 바꿀 수 있는 파괴력을 가진 핵무기는 한국전쟁에서 사용되지는 않았지만 미 군부와 정책결정자 그리고 중국

---

61) Cumings(2010), 156~158쪽.

62) 「미, 1951년 9,10월 평양상공 모의 원폭 투하」, 『연합뉴스』(2010.10.10). 미 CIA 공개 한국전관련 문서, 국가안보기록연구소(NSA) 비밀해제 문서, 미 국립기록보관소 문서 등.
비밀해제된 미 문서에 따르면 실제 핵탄두 탑재와 조작 훈련이 이뤄지기도 하여 상시 준비 태세를 갖추고 있었다는 것을 알 수 있다. 동 문서는 1967년 최대 950기의 전술핵이 남한에 배치되었던 것으로 기술하고 있다. 권호, 「91년까지 한국에 핵무기 최대 950기 있었다」, 『중앙일보』(2011.2.19).
Oberdorfer는 남한에 배치된 핵탄두의 수가 카터 대통령 임기 중 약 250개, 1989년 말 약 100개로 그 수가 줄어들었으며, 1991년 말 한반도 비핵화 공동선언 직전에 모두 철수되었다고 기술한다. Oberdorfer, Don, *The Two Koreas*(Indianapolis: Basic Books, 2001, Revised and Updated from 1997), 259~260쪽.

63) "War is a mere continuation of policy by other means." Clausewitz, Carl von, *On War* (New York: Penguin Books, 1968), p.119.

지도부의 이후 정책에도 영향을 미쳤다. 핵공격의 직접적인 대상이 되었던 북한의 정책에 영향을 미쳤음은 당연하다 하겠다. 중국 또한 한국전 직후 핵무기 개발 프로그램에 착수하여 핵보유국의 대열에 진입하게 된다.

1964년 중국의 성공적인 핵실험이 이루어진 직후 김일성은 모택동에게 친서를 보내 전장에서 피를 함께 흘린 형제국으로서 핵기술을 공유해야 한다고 제의하나 모택동은 이를 거절한다. 남한의 핵개발 움직임[64]을 포착한 김일성은 1974년에도 유사한 제의를 하지만 모택동은 또다시 이를 거절한다.[65] 이후 북한은 1960년대 소련으로부터 도입한 IRT-2000 연구용 원자로에서 한걸음 더 나아가 1979년 영변에 무기급 플루토늄을 추출할 수 있는 흑연감속형 5MWe원자로를 착공하고 1986년 가동을 시작하며 본격적인 핵무기프로그램에 착수한다.

---

64) 박정희는 1970년 독자적 핵무기 개발을 위하여 국방과학연구소(ADD)와 무기개발위원회(WEC)를 설립하였다. 1972년 5월 최형섭 과학기술처 장관은 프랑스를 방문, 프랑스 산업기술부 장관으로부터 재처리 기술 등을 제공받기로 합의하였다. 한국의 원자력구소와 프랑스 국영기업인 상고방(SGN)사는 1975년 4월 '재처리시설 건설을 위한 기술용역 및 공급계약'을 체결하였다. 한국 정부는 핵연료사이클을 외국에 의존하지 않고 국내에서 독자적으로 운영하겠다는 자립전략을 설정, 재처리 외에 핵연료제조기술의 도입도 시도하였다. 재처리시설 도입과 캐나다의 NRX(인도가 플루토늄을 추출하여 핵실험을 한 연구용 원자로) 도입은 미국의 압력으로 수포로 돌아갔다. 하지만 박정희는 '화학처리 대체사업'을 통해 '잠재적 핵능력'을 우회적으로 보유하기 위해 끝까지 핵에 대한 집착을 버리지 않았다. 1971년 12월 박정희는 직접 미사일 개발을 지시하였고 결국 1978년 9월 26일 사정거리 180km 지대지 미사일 '백곰'이 성공적으로 시험발사됨으로써 세계에서 7번째 유도탄 개발국이 되는 성과를 거둔다. 남한의 핵개발 관련한 연구문헌으로 다음을 참조. 조철호, 「1970년대 초반 박정희의 독자적 핵무기 개발과 한미관계」, 『평화연구』 9권 1호(2001); 민병원, 「1970년대 후반 한국의 안보위기와 핵개발: 이중적 핵정책에 관한 반사실적 분석」, 『한국정치외교사논총』 제26집 1호(2005); 이흥환, 『미국 비밀 문서로 본 한국 현대사 35 장면』(서울: 삼인, 2002); 조철호, 「박정희 핵외교와 한미관계 변화」(고려대학교 박사학위논문, 2000); 이호재, 『핵의 세계화와 한국 핵정책』(서울: 법문사, 1981); 하영선, 『한반도의 핵무기와 세계질서』(서울: 나남, 1991).

65) Don Oberdorfer(2001), pp.252~253.

북한은 한국전 발발 이후 동서 냉전이 본격화된 1960년대에서 1980년대에 이르기까지 줄곧 미국의 핵위협에 노출되어 극도의 불안감 속에 안보위기를 느끼고 자체적인 핵무장을 위해 노력하였다. 북한은 한국전쟁시기부터 미국이 북한에 제기한 핵위협에 대해 충분히 인식하고 있고 미국의 과거 핵위협에 대한 불안감을 토로하며 긴장의 끈을 늦추지 않는다.

> 남조선《KBS》방송에 의하면 미국이 1975년에 우리 공화국북반부를 상대로 핵무기를 사용하려한 사실이 최근 탄로되였다. 이 사실은 미태평양군사령부의 비밀문서에 의해 밝혀졌다. 비밀문서를 통해 1975년 남조선에 핵으로 무장한 미군의 미싸일과 포병중대가 주둔하고있었으며 미국이 이를《북의 남침》에 대비한 억제력으로 사용할 가능성이 있었던 것으로 확인되였다. 특히 당시 미국방장관이 조선반도에서 핵무기를 전술적으로 사용하는 문제에 대해서도 직접 언급했었다 한다.[66]

북한의 미국의 핵에 대한 불안감은 한국전쟁 도발에 따른 원죄와 그 처벌에 대한 두려움이 내포되어 있다. 북한은 기습남침을 남침으로 한국전쟁을 야기시킨 원죄에 대한 대가로 북한은 지금까지도 정권안보 불안에 시달리고 있는 것이다. 지난 수십 년간 북한은 동맹군이 핵을 배치하지도 않고 1990년대 초반 북핵위기가 고조되기 전까지 북한은 핵을 본격적으로 개발하지도 배치하지도 않았으나 끊임없이 미국의 핵공격 위협을 받았다.

1958년 중국군이 철수하던 해에 미국은 남한에 공개적으로 핵무기를 배치하였다. 한국전에서 당한 핵위협을 북한은 생생히 기억하고 있었고 김일성은 북한 전역에 지하기지를 건설함으로써 전 국토의 요새화를 추구한다. 1963년 김일성군사대학 연설에서 김일성은 전 국토의 요새화 전략을 천명한다.

---

66) 〈조선중앙통신〉 「미국이 핵무기를 사용하려한 사실 탄로」(2006.2.22).

전국을 요새화하여야 합니다. 우리에게는 원자탄이 없습니다. 그러나 우리는 그 어떤 원자탄을 가진놈들과도 싸워서 능히 견디여낼수 있습니다… 땅을 파고 들어가면 원자탄은 능히 막아낼수 있습니다. 우리나라는 지형이 좋습니다. 산이 많고 높습니다. 우리는 화학공장을 가지고있기때문에 폭약은 얼마든지 만들수 있고 뽀베지트를 만들 강도 자체로 생산합니다. 그러므로 앞으로 전국을 다 요새화할 수 있습니다… 우리는 이르는곳마다 굴을 파놓아야 합니다. 전연지대뿐만아니라 후방지대, 제2선, 제3선 할 것없이 온 나라를 다 요새화하여야 하며 대공방어와 해안방어를 강화해야 합니다. 공장도 땅속에 많이 건설하

그림 3-15. 북한의 전국 요새화와 지하기지 건설
출처: 『조선중앙연감』, 1971

그림 3-16. 북한의 전국 요새화와 지하기지 건설 – 지하터널
출처: 『조선중앙연감』, 1988.

> 여야 하겠습니다.
> 이와 같이 전체 인민을 무장시키고 전국을 요새화하면 어떻게 되겠습니까? 동무들이 고슴도치를 보았을 것입니다. 고슴도치란놈은 머리를 쑥 들여밀고 몸을 슬쩍 구부리면 온몸이 가시로 덮입니다. 그놈은 이처럼《무장력》이 세기때문에 어떤 짐승도 감히 달려들지 못합니다. 이와 마찬가지로 우리가 전체 인민을 무장시키고 전국을 요새화해놓으면 아무리 강대한 적도 함부로 접어들지 못할 것입니다. 미국놈도 접어들지 못합니다.[67]

켈리-강석주 HEU 담판 이후 궁지에 몰린 북한은 2002년 10월 30일 평양방송에서 "한반도 핵 문제는 1957년 미국이 정전협정을 어기고 핵무기를 반입하면서 시작됐다"며 이 문제 해결을 위해 북미 불가침조약을 체결할 것을 촉구했다. 핵문제는 미국이 '작은 나라'인 북한을 핵으로 위협하면서 생겨난 문제라 주장했다. 이 방송은 1968년 푸에블로 사건 때 "미국은 핵 폭격기들과 핵 항공모함들을 한반도 주변에 배치했고 800여명으로 구성된 핵 전담부대가 긴급 출동 태세를 갖추고 있었다"고 상기시켰다.[68] 미소 냉전이 심화되던 시기 북한은 1.21 사태 직후 푸에블로 사건 당시 미국에 초강경 대응 입장을 굽히지 않았다. 푸에블로 사건 직후 북한과 미국 장성 간의 공박에서 미국은 1.21 사태와 푸에블로 납치에 대해 책임추궁을 하였고 북한 장성은 이에 대해 1.21사태는 남한의 '애국자'들의 봉기이며 푸에블로 호는 북한 영해에서 정탐을 하다 붙잡힌 간첩선이라며 반발했다. 이에 더해 북한 장성은 "(평양 시민들이) 오늘은 존슨 대통령의 초상을 태우지만 내일은 존슨 대통령을 산채로 태워버릴 것이다."[69]라는 위협을 서슴지 않을 정도로 북한은 강경하였

---

67) 〈김일성 저작집 제17권, 김일성군사대학 제7기졸업식에서 한 연설〉「우리 인민군대를 혁명군대로 만들며 국방에서 자위의 방침을 관철하자」(1963.10.5), 445~446쪽.

68) 「北, 美에 '불가침조약' 체결 거듭 촉구」, 『연합뉴스』(2002.10.30).

69) "Nation: In Pueblo's Wake", *TIME*(Feb. 2, 1968).

다. 푸에블로호 사건을 계기로 북한은 핵을 포함한 미국의 대북군사조치의 선택 범위와 한계를 경험하는 학습을 하게 된다. 북한은 미국이 푸에블로호 승무원을 송환받기 위해 서명한 사과문을 '조선해방전쟁 승리' 이후 이룬 두 번째 현대전의 승리의 쾌거로 선전하며 푸에블로호를 원산에서 평양 대동강변으로 옮겨 '반미 전시관'으로 활용하고 있다. 푸에블로가 전시된 곳은 바로 북한이 미국에 역사적으로 첫 수치스런 패배를 안겼다며 자축하고 있는 제너럴 셔먼호가 침몰한 지점이다.[70)]

그림 3-17. 대동강에 전시되어 있는 푸에블로호
2007년 동국대 김양희 박사 촬영.

70) 〈조선중앙방송〉 인용, 이동원, 「셔먼호격침은 미 최초의 수치스런 패배」, 『자주민보』(2006.10.8). 북한은 원산항에 있던 푸에블로호를 미국에게 발각되는 위험을 무릅쓰고 1999년 공해상에서 한반도의 영해를 우회해 동해와 남해를 거쳐 서해쪽 대동강변 쑥섬으로 옮겨놓았다. 쑥섬은 바로 제너럴 셔먼호 사건이 발생한 지점이다. 황해남도 신천박물관이 한국전쟁 중 미군들의 양민 학살을 소재로 반미사상을 고취시키는 곳이라면, 쑥섬의 푸에블로호는 미국에 대한 승리로 반미사상을 고취시키는 곳이다. 『이재봉의 평화세상 블로그』(http://blog.daum.net/pbpm21/104)

그림 3-18. 푸에블로호 인근에 위치한 셔먼호 격침 기념비
2007년 동국대 김양희 박사 촬영.

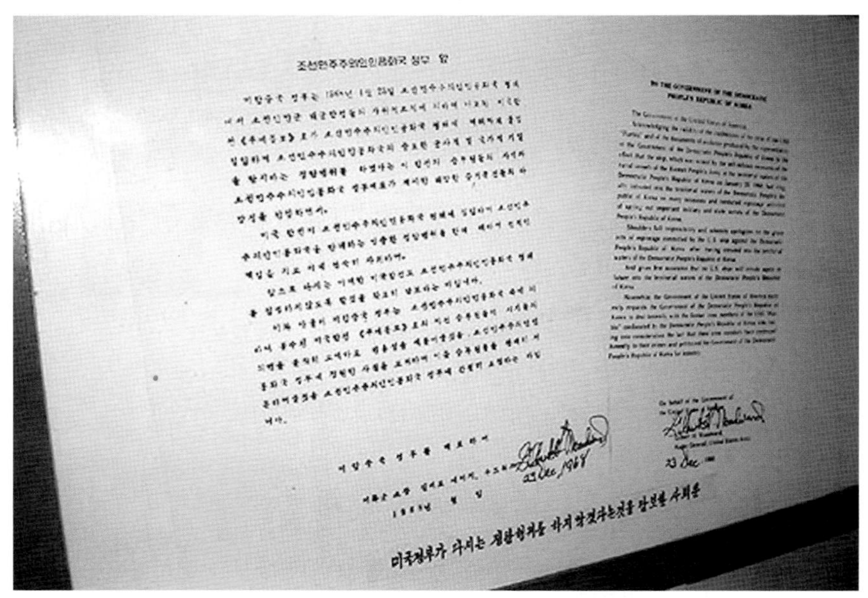
조선민주주의인민공화국 정부 앞

23 Dec. 1968

미국정부가 다시는 정탐행위를 하지 않겠다는것을 담보한 사죄문

그림 3-19. 푸에블로호 관련 미국의 사죄문
2007년 동국대 김양희 박사 촬영.

그림 3-20. 푸에블로호 우표
2007년 동국대 김양희 박사 촬영.

푸에블로호를 대신하여 북한을 정찰하던 미 정찰기가 1969년 북한에 의해 격추되었을 때도 미국은 북한에 대해 군사보복조치를 검토하였다. 미 국무부의 기밀해제로 발표된 미국의 대외관계, 한국편에 따르면 지난 1969년 미 정찰기 EC-121이 북에 의해 피격돼 승무원 31명이 숨지자 닉슨 대통령의 지시로 즉각적인 대북 군사보복을 검토하였다.[71] 냉전시기 미국의 군사보복에는 항상 핵공격이 선택 검토 범위에 포함되어 있었다. 1976년 8 · 18 '판문점도끼 만행사건'[72] 직후 미국은 항공모함 미드웨이호와 B-52[73] 폭격기, F-111 전폭

---

71) 그러나 군사적 대응을 할 경우 북한의 노림수에 말려들 수 있고 전면전으로 확전될 것을 우려해 포기했다.「미 1969년 대북 군사보복 검토했다 포기」,『YTN』(2010.5.5).

72) 1976년 당시 미 국방장관(1975~1977)을 지낸 도널드 럼스펠드는 부시행정부 시기 미 국방장관을 역임하며 강력한 대북 억지전략을 펼쳤다. 2011년 10월 13일 필자는 도널드 럼스펠드에게 1976년 도끼만행사건의 경험이 2000년대 부시행정부 국방장관 시절(2001.1~2006.11) 대북 국방정책에 어떤 영향을 미쳤는지 질문하였다. 럼스펠드는 "북한의 도발과 도발의 확대(escalation)을 막기 위한 '강력한 억지(strong deterrence)'의 중요성을 절실히 깨달았고 이를 실행에 옮겼다"고 답하였다. 실제로 1976년부터 육해공군을 모두 동원한 대대적인 한미연합군사훈련인 팀스피리트훈련이 시작되었다.

73) B-52는 당시 미국의 주력 전략 핵 폭격기이며 작전거리가 16,000km에 달하고 다수

기 급파 등 핵공격 능력을 포함한 대규모 무력시위를 벌인 바 있다.[74)]

1980년대 레이건 행정부 시기에도 북한은 미국을 '핵전쟁 광란자'라고 비난하였고 한미 팀스피리트 훈련은 '핵전쟁 훈련'이라고 불렀으며 한미일 전략적 삼각체제를 '핵전쟁 동맹'이라고 비난했다. 북한의 수사어에는 핵공격에 대한 절실한 두려움이 배어 있었다.[75)] 북한은 1976년부터 실시된 한미연합훈련(팀스피리트 훈련 등)을 북한을 침공하기 위한 훈련이며 핵전쟁연습이라고 지금까지 비난하고 있다. 레이건 행정부 시기 한미 간 연합전력 강화로 안보불안이 점차 고조되자 북한은 팀스피리트 훈련이 대규모 군인과 공격 목적의 전투기와 무기를 동원하는 공격용 훈련이며 핵전략폭격기와 핵미사일을 탑재한 함재기를 실은 항공모함이 훈련에 참가하며 핵공격과 상륙작전 등 단기간에 속전속결로 북침전쟁을 조기에 끝내려는 목적의 가상전쟁훈련이라고 맹비난하였다.[76)] 북핵위기가 고조되던 1993년에는 팀스피리트 훈

그림 3-21. 미 핵잠수함 남한 입항을 비난하는 내용에 삽입된 사진
출처: 『조선중앙연감』, 1994.

의 메가톤급 핵무기 탑재가 가능하다. Schroeer, Dietrich, *Science, Technology, and the Nuclear Arms Race* (New York: John Wiley & Sons, 1984), pp.118~119.

74) Oberdorfer(2001), p.257.

75) 피터 헤이즈(1993), 210쪽.

76) 허종호, 『미제의 극동정책과 조선』(평양: 사회과학출판사, 1987), 494~509쪽.

련을 "핵시험전쟁"이라며 조선인민군 최고사령관 명의로 준전시상태를 선포하기도 하였다.[77] 김일성도 팀스피리트훈련을 '북침핵전쟁연습'이라며 심각한 우려를 토로한다.

> 미국은…남조선에서 핵전쟁준비를 완성하기 위한 군사연습을 빈번히 벌리고 있습니다. 미국은 올해… 사상최대규모의《팀 스피리트 85》합동군사연습을 벌렸습니다. 이것은 사실상 우리 공화국북반부를《선제타격》하기 위한 예비전쟁이며 핵시험전쟁이였습니다.[78]

결국 탈냉전기 북한은 영변핵시설을 통한 본격적인 핵개발에 뛰어들기에 이른다. 1992년 김일성은 "(북한은) 30여년동안이나(미국으로부터) 핵위협을 받아왔다"[79]고 발언하며 미국의 대한반도 핵정책에 대해 뿌리깊은 불신을 토로한다.

> 미국이 남조선에 1,000여개의 핵무기를 끌어들였다는것은 세상이 다 아는 사실입니다.
>
> 미국의 공식인물들이 남조선에서 핵무기를 철수했다고 하였지만 남조선에 배비한 미국핵무기의 존재여부를 검증하고 확인할만한 사찰을 해보지 못한 조

77) "평화를 사랑하고 전쟁을 반대하는 전체 조선인민과 세계혁명적인민들의 강력한 항의와 규탄에도 불구하고 미제와 남조선괴뢰도당은 끝끝내 모험적인《팀 스피리트 93》합동군사연습을 벌려놓고 있다. 미제와 남조선괴뢰들이 벌리는《팀 스피리트》합동군사연습은 그 내용과 성격에 있어서 철두철미 침략적이며 우리 공화국 북반부를 불의에 선제타격하기 위한 예비전쟁이고 핵시험전쟁이다." 〈김정일 선집 제13권, 조선인민군 최고사령관 명령제0034호〉「전국, 전민, 전군에 준전시상태를 선포함에 대하여」(1993.3.8), 370~372쪽.

78) 〈김일성 저작집 제39권〉「일본사회당 기관지《샤까이신뽀》편집장이 제기한 질문에 대한 대답」(1985.10.9), 182쪽.

79) 〈김일성 저작집 제43권, 북남고위급회담 쌍방대표단 성원들과 한 담화〉「북과 남이 힘을 합쳐 나라의 평화와 통일의 길을 열어나가자」(1992.2.20), 291쪽.

그림 3-22. 미국의 군사위협에 대해 경계
출처: 『미제는 조선전쟁의 도발자』, 34~35쪽.

> 건에서 남조선에 아직 핵무기가 있는지 없는지 알 수 없습니다.[80]

김일성은 1980년대 초부터 상기한 '1,000여개의 핵무기'라는 표현을 반복적으로 쓰며 남한에 실제로 1천개 이상의 핵무기가 배치되어 북한을 위협하고 소련과 중국 또한 겨냥하고 있다는 것을 스스로 확신하고 있다.

> 미제국주의자들은 남조선에 1,000여개의 핵무기를 배치하여놓고있습니다. 만일 미제국주의자들이 우리 나라만 침략하려고 한다면 남조선에 자그마한 핵폭탄을 3개쯤 가져다놓아도 될것입니다. 미제국주의자들이 남조선에 1,000여개의

80) 〈김일성 저작집 제44권〉 「일본방송협회 기자단이 제기한 질문에 대한 대답」(1994. 4.17), 377쪽.

그림 3-23. 한미연합훈련을 핵전쟁연습이라 비난
출처: 『미제는 조선전쟁의 도발자』, 38~39쪽.

핵무기를 배치한 목적은 우리 나라뿐아니라 쏘련과 중국을 비롯한 사회주의 나라들을 견제하고 침략하려는데 있습니다.[81]

---

81) 〈김일성 저작집 제41권〉「사회주의건설과 조국통일을 위한 우리 인민의 투쟁에 대하여」(1988.6.24), 158쪽. 이외에도 "미국이 남한에 1,000여기의 핵무기를 배치해 놓고 있다"는 김일성의 발언이 직접 언급된 김일성저작집은 다음과 같다. "미국사람들은 남조선에 1,000여개의 핵무기를 배비해놓고도 그에대하여서는 아무런 말도 하지 않고있습니다", 〈김일성 저작집 제43권〉「에꽈도르좌익민주당대표단과 한 담화」(1991.5.3), 62; "지금 남조선에는 1,000여개의 핵무기가 배비되여있습니다", 〈김일성 저작집 제43권〉「일본 교도통신사 사장이 제기한 질문에 대한 대답」(1991.6.1), 76쪽; "남조선에 1,000여개의 미국핵무기가 배치되여있다는것은 세상사람들이 다 아는 사실입니다", 〈김일성 저작집 제43권〉「캄보쟈주석과 한 담화」(1991.6.18), 159쪽; "남조선에 현실적으로 1,000여개의 미국핵무기가 배치되여있다는것은 비밀이 아닙니다", 〈김일성 저작집 제43권〉「일본《이와나미》서점 사장이 제기한 질문에 대한 대답」(1991.9.26), 226쪽; "지금 미국은 남조선에 1,000여개의 핵

그럼에도 불구하고 김일성은 "우리는 미국이 우리와의 대결관념을 버리고 선택의 자유를 존중하는 원칙에서 우리 나라와의 관계를 정상화할 용의를 가지고 나온다면 조선과 미국이 벗으로 될수 있다고 봅니다."[82)]라며 급변하는 대외정세 속 체제위기를 북미 직접대화를 통한 관계정상화를 통해 돌파하려 하였다.

무기를 배치하여놓고 우리를 위협하고있습니다", 〈김일성 저작집 제41권〉「스위스 로동당대표단과 한 담화」(1988.4.24), 93쪽; "미국은 자그마한 남조선땅에 그 배치밀도에 있어서 나토지역보다 4배나 되는 방대한 량의 핵부기를 끌어들였습니다", 〈김일성 저작집 제40권〉「전쟁을 방지하고 평화를 수호하는것은 인류앞에 나선 초미의 과제」(1986.9.6), 169~170쪽; "남조선을 강점하고있는 미국은 군사적요충지인 남조선을 발판으로 하여 우리 공화국북반부를 침략하며 나아가서 아세아와 세계 제패를 실현하려는 야망밑에 자그마한 남조선땅에 1,000여개의 각종 핵무기를 전개하였습니다", 〈김일성 저작집 제40권〉「네팔신문 《아스티토》 책임주필과 《아크바르》 책임주필이 제기한 질문에 대한 대답」(1987.7.23), 337쪽; "우리 나라 남반부에는… 1,000여개의 각종 핵무기들이 배비되여있습니다", 〈김일성 저작집 제39권〉「일본 정치리론잡지《세까이》편집국장이 제기한 질문에 대한 대답」(1985.6.9), 96쪽; "남조선에는 또한 1,000여개의 각종 핵무기가 배비되여있습니다", 〈김일성 저작집 제39권〉(1985.10.9), 182쪽; "지금 남조선에는… 1,000여개의 핵무기가 전개되여있습니다", 〈김일성 저작집 제38권〉「주체사상을 구현하기 위한 조선 인민의 투쟁에 대하여」(1983.6.30), 104쪽.

82) 〈김일성 저작집 제44권〉「미국 씨엔엔텔레비죤방송회사 기자단이 제기한 질문에 대한 대답」(1994.4.17), 385쪽.

2절 북한의 체제안보 차원

김일성은 항일무장투쟁 시기 배신한 동료들이 일본군 토벌대에 합류하여 동북항일연군 조직을 와해시키는 것을 지켜보고 '사상무장'을 통해 배신을 막는 것이 반제국주의투쟁에 있어 얼마나 중요한지를 일찌감치 몸소 깨달은 바 있다.[83] 김일성은 자신이 장악한 북한체제의 통치이념으로 자주성을 근간으로 하는 주체사상을 도입하고 반외세적 성격의 저항민족주의를 접목하여 대미투쟁을 위한 전인민의 '사상무장'을 강화한다. 김일성은 해방 이후 한

그림 3-24. 외국인을 등장시킨 주체사상 선전화
출처: 『조선중앙연감』, 1978.

---

83) 김일성(1995), 409~410쪽.

국전을 거치면서 권력을 독점하고 유일지배체제를 구축하였다. 수령 중심의 당 · 국가체제[84]와 유일지배체제 구축은 북한 전 인민을 주체사상으로 무장시킬 수 있었기 때문에 가능하였다. 북한은 "나라의 자주권과 민족의 존엄을 수호"[85]하기 위해 핵실험을 강행한다는 논리를 펼 정도로 주체사상의 핵심 논리인 자주와 북한식 민족주의 정서로 스스로를 무장하고 있다. 제국주의 속성과 양립할 수 없는 개념인 자주를 '민족의 생명'으로 규정하며 반제 · 반일 · 반미 저항민족주의를 형성한 북한 체제의 이념과 사상을 이해하지 않고는 북한의 대미 불신의 근저에 깔린 구조를 제대로 파악할 수 없다.

1. 주체사상과 자주성

서보혁은 국가정체성과 국가이익 간의 상충성을 논의한다. 북한의 국가정체성은 냉전시기 미소 진영 간 대결의 틀 속에서 공고화되었고 냉전시기에는 대결적 국제 규범과 국가정체성이 상응하였으며 북한은 일본제국주의 대신 미국을 국가정체성 확립의 주 대상으로 삼았다. 북한은 남한을 '미제국주의의 식민지'로 묘사해 국가정체성을 유지하는 데 활용하였다. 북한은 자신과 외부체계를 대조시켜 국가정체성을 지속시켰으나 냉전의 붕괴로 민주화, 세계화, 개혁개방, 비확산 등 북한에 불리한 규범이 국제적 행동규범으로 부상하면서 북한의 국가정체성은 도전에 직면한다. 북한의 정체성과 국제규범의 괴리는 북한의 위협인식 수준을 높였다. 이에 북한은 전통의 재현, 일원적 정치체제,

---

84) 정성장, 『현대 북한의 정치: 역사 · 이념 · 권력체계』(파주: 한울, 2011), 5 · 26쪽. '당 · 국가체제(party-state system)'란 당이 국가(기구)를 지도하는 체제를 말한다.

85) 〈조선중앙통신/외무성 성명〉 「자위적전쟁억제력 새 조치, 앞으로 핵시험을 하게 된다」(2006.10.3).

대미 적대 이미지 등을 바탕으로 사회 내에서 정체성의 경쟁을 허용하지 않고 특정 정체성을 국가정체성의 지위에 지속적으로 고착시켰다. 물론 이러한 노력이 북한의 체제 및 정권의 안보 강화를 위한 수단으로 활용되었다.[86] 국가정체성 태제는 국가 이익 중 물리적 이익보다는 상징적 이익을 우선에 둘 개연성이 있다. 군수산업 편중의 불균등한 산업정책, 남북 간 체제경쟁, 주체사상 확산을 위한 외교 등은 균형적인 국가이익 추구에 저해요인이 되었다. 국가정체성의 지배적 역할은 정책 결정 및 집행에 경직성을 가져온다. 또한 국제규범과의 충돌은 고립을 야기해 생존과 자율에 역기능을 초래한다.[87]

김세균은 북한 정치체제의 특성을 '국가사회주의적 신민(臣民)사회'로 규정한다. 인민의 의지가 밑에서부터 위로 전달되어 국가정책에 반영되기보다는 인민이 수령의 종복 내지 신민으로 철저히 전락하였다는 것이다. 그는 북한이 수령과 당 · 국가에 대한 인민들의 '신민적 충성[88]'을 확보하고 이에 기초하여 당 · 국가 관료층에 대한 전일적인 지배체제를 구축하여 '인민대중에 대한 관료적 후견국가'이며, 북한정권은 위로부터의 관료적 통제를 장악하고 있다고 평가한다. 인민이 자신으로부터 분리된 국가와 국가로 전환한 당에게 전면적으로 종속되고, 그 종속성이 더욱 강화되고 있는 '국가사회주의적 신민사회'라는 것이다.[89]

---

86) 서보혁, 『(탈냉전기) 북미관계사』(서울: 선인, 2004), 82~129쪽.

87) 위의 책, 92~93쪽.

88) 고용권은 인민들의 신민적 충성을 확보하기 위하여 '강제력'과 '정치적 권위'가 동원되었다고 지적한다. 강제력으로는 소련의 점령정책, 반대 정치세력 숙청 및 병영체제와도 같은 사회통제정책을 예로 든다. 정치적 권위를 창출하기 위하여 김일성의 항일무장투쟁을 신화화 하고 통치이념인 주체사상을 동원하여 김일성 · 김정일을 신격화하였다고 분석한다. 고용권은 통치이념(주체사상)을 통한 신격화를 강조하여 북한체제를 신민사회에서 더 나아간 '신정체제(神政體制)'라고 결론짓는다. 고용권, 「북한의 통치이념과 통일 전망」, 『현대이념연구』(1996), 3~6쪽.

89) 김세균, 「북한의 '수령중심의 당국가 융합체제'의 성립과 공고화 과정」, 김세균 외, 『북한체제의 형성과 한반도 국제정치』(서울: 서울대학교출판부, 2006), 28~34쪽.

이러한 체제는 북한 특유의 수령 중심의 당·국가체제의 특징이기도 한데 안정적인 정치적 권력승계를 가능하게 해 줄 뿐만 아니라 김일성 혁명위업 계승·완성이라는 사상적 권력승계도 가능하게 하는 권력승계장치이다. 다른 사회주의 국가에서 권력승계가 정책과 노선의 승계를 수반하지 못한데 비하여 북한은 수령 중심의 당·국가체제를 통해 주체사상을 근간으로 하는 김일성 사상과 노선 및 업적을 대를 이어 계승하고 있다.[90] 수령의 명령과 교시는 영구적이고 초법적인 효력을 가지며 '주석'이라는 수령의 호칭은 수령의 지위를 승계한 (김정일) '장군'으로 이어져 마찬가지 초법적 권위를 바탕으로 김일성 혁명 노선의 연속성을 보장한다. 이런 면에서 수령 중심 체제관은 김일성이 반세기 동안 다져 놓은 북한의 적대적 대미노선의 경직성을 김정일 체제 하에서도 유지시키는 체제 관리 기제로 작용한다. 더불어 "김일성 수령과 이를 승계한 김정일은 '조국'[91]"이라는 수령과 지도자를 중심으로 한 국가정체성의 수립은 국가안보와 정권안보의 경계를 무너뜨려 '지도자의 적은 국가의 적'이라는 논리를 심화시킨다.

김일성의 항일 빨치산 운동만을 유일한 항일민족해방운동으로 정의내린 북한은 이의 연장선상에서 반제반미투쟁을 지속하며 확보된 정권의 정통성을 바탕으로 위로부터의 강력한 관료적 통제를 시도하고 있다. 북한은 군사적 적대국인 미국의 위협으로부터 체제를 수호하기 위해서 강력한 대내적 통제력을 바탕으로 체제의 생존을 위한 대외정책을 펼친다. 각 계층별 인민의 서로 다른 이익이 밑에서부터 올라와 국가정책이 이루어지는 것이 아니라 현실주의 국제정치에서 말하는 국가의 권력(power), 그리고 이에 앞선 정권안보(regime security)를 대변하는 체제수호 차원의 대외정책을 전개하는

90) 위의 책, 21쪽.

91) 황장엽(2006), 49~53쪽.

것이다. 모든 인민은 '수령'과 '당중앙'의 적인 미제국주의를 자신들의 원수로 무비판적으로 받아들이고 국가의 대외정체성에 이들의 대미 적개심과 불신이 그대로 반영된다. 이를 확고히 하기 위해서는 위로부터의 강력한 관료적 통제가 불가피하다.

위로부터의 효과적인 강력한 관료적 통제를 위해서는 통제에 순응하는 인민의 자발적 참여 유도 또한 필요한데 북한은 수령 중심의 국가사회주의적 위계질서를 주체사상을 근간으로 한 철저한 사상교육을 통해 공고히 해 오고 있다. 사상통제의 수단으로 가장 대표적인 선전선동 매개체는 당의 정책과 이론을 대변해주는 로동신문 등 관영언론매체를 들 수 있다. 문학과 문화예술 또한 인민의 삶 속에 자연스럽게 파고들의 사상조작을 할 수 있는 선전선동 매체들이다. 김일성과 김정일의 어록을 모아 출판한 김일성 저작집 및 김정일 선집 등은 수령유일지배사상을 신봉하는 '국가사회주의적 신민사회'인 북한으로서는 주체사상과 더불어 '오류가 없고 거역할 수 없는 바이블(Bible)'로서의 역할을 하고 있다. 주체사상과 김일성 · 김정일 부자의 '초법적 가르침'은 북한의 지배계층과 전체 인민의 사고와 사상, 일상과 일, 대내외 정책의 기준을 제시하는 가이드라인인 셈이다.[92] 북한의 인민에 대한 사상교육과 통제는 탁아소에서부터 대학 졸업까지 그리고 일반 성인들에게까지 평생교육 차원에서 국가기관이 동원되어 조직적으로 이루어지고 사상에 대한 통제와 검열이 수반된다.

---

92) 북한에서는 김정일의 말을 '말씀' 형식으로 전한다. 김일성의 말은 '교시'이다. '김일성 교시'와 '김정일 말씀'은 초법적이다. 북한은 "수령은 오류가 없다"고 가르친다. '교시' 와 '말씀'은 관료와 인민이 관철할 목표다. 북한 주민들은 생활총화 때 '교시'와 '말씀'을 근거로 자아비판, 상호비판을 한다. 10년 넘게 북한과 무역 일을 해온 한 조선족 사업가는 '말씀'과 '교시'를 익혀두면 협상할 때 유리하다면서 이렇게 말했다. "협상이 뒤틀릴 때 쓰는 '칼'이 하나 있다. 당신이 지금 말하는 건 김일성 교시와 다르다고 짚어주면 만사형통(萬事亨通)이다." 송홍근, 「[단독공개] 남북경협 관련 김정일 비공개 연설문」, 『신동아』(2010.1.1).

그림 3-25. 김일성 사상을 체제에 융합시킨 북한
출처: 「김일성영원히 함께」, 『조선중앙연감』, 1995.

그림 3-26. 김일성 사후 계승, 강화된 주체
출처: 『조선중앙연감』, 1996.

그림 3-27. 주체사상에 관한 국제회의
출처: 「주체에 관한 과학 세미나」, 『조선중앙연감』, 1974.

그림 3-28. 주체사상을 계승한 북한—
'온사회의 주체사상화강령 선포 30돌' 기념우표
출처: 『조선중앙연감』, 2005.

북한의 대외정체성의 특징을 한마디로 요약하면 '자주성'이다. 자주성은 주체철학의 근간을 이루는 핵심개념이자 미국에 대항하여 대외적 자율성을 제고하기 위한 국가정체성으로 대내외적으로 천명되어 왔다. 북한이 처한 상황으로 비추어 자주는 곧 반미를 의미하고 동전의 앞뒷면처럼 뗄 수 없는 상보적인 개념이다. 북한의 정치사전은 "국가자주권에 대한 침해는 곧 침략으로 된다" 며 자주성의 침해를 곧 생존권을 위협하는 침략으로 규정한다.[93] 김일성 저작집과 김정일 선집에서 '자주성'이라는 용어의 사용 빈도수는 '주체사상'이라는 용어의 사용 빈도수에 비견될 수 있을 정도로 큰 비중을 차지하고 있어[94] 북한의 정체성의 중심을 이룬다. 북한은 자신은 자주적인 국가이나 남한은 미제에 의해 강점되어 자주권을 완전히 상실한 나라로 인식하고 있다. 미국에 의해 심어진 괴뢰정부나 미국의 원조에 의존하는 국가는 자주권이 없으며 미국의 야욕을 만족시키기 위해 대리수행하는 허수아비정권으로 치부하며 미국과 투쟁해 해방시켜 자주권을 회복시켜야 할 대상으로 인식하는 것이다.

> 미제를 우두머리로 하는 제국주의자들이 제놈들의 식민지에 만들어놓은 괴뢰정권에는 자주권이란 있을수 없다. 남조선괴뢰정권은 미제의 총칼에 의하여

---

93) 『정치사전』(1973), 724쪽.

94) 김정일 선집의 경우 각 권별 '자주성/주체사상' 용어의 등장 회수는 다음과 같다. 14권(1995.1~1999.9) 91회/95회; 13권(1992.2~1994.12) '129/122'; 12권(1991.8.~1992.1) '145/152'; 11권(1991.1~1991.7) '40/106'.
김일성 저작집의 경우 각 권별 '자주성/주체사상' 용어의 등장 회수는 다음과 같다. 44권(1992.12~1994.7) '33/83'; 43권(1991.1~1992.10) '63/61'; 42권(1989.6~1990.12) '40/85'; 41권(1988.1~1989.5) '45/44'; 35권(1980.1~1980.12) '66/142'. 인간의 '자주성'을 강조한 주체사상 이론은 황장엽이 완성하여 1972년 발표하였기 때문에 그 이전에는 자주성이라는 용어가 거의 사용되지 않았다. 예를 들어 김일성 저작집 제25권(1970.1~1970.12)에는 '주체사상' 용어가 42회 등장하나 '자주성'이라는 단어는 단 한 차례도 등장하지 않는다.

꾸며진 허수아비정권으로서 그 어떤 자주권도 행사하지 못하며 남조선에 대한 미제의 식민지군사파쑈통치를 집행하는 침략도구에 지나지 않는다. 남조선괴뢰정권은 미제의 지령에 따라 움직이며 그들의 전쟁정책을 위하여 남조선의 모든것을 송두리째 내맡기고있는 철두철미 식민지적이며 예쏙적인 〈정권〉이다. 미제가 식민지에 꾸며낸 괴뢰정권에는 물론 미제의 〈원조〉의 올가미로 얽어매여진 추종국가들에서도 자주권이란 있을수 없다.[95]

냉전이 종식되며 사회주의 연대의 붕괴 속에 위기의식이 고조되던 시기 김일성은 '자주성'을 지키기 위해 '사회주의'가 뭉쳐 '제국주의'에 대항해 투쟁하여야 한다고 부르짖은 바 있다.

주체사상은 인간의 자주성을 철저히 옹호하며 자주성을 완전히 실현하는 길을 과학적으로 밝혀주는 참다운 공산주의사상입니다. (중략) 자주성은 자주독립국가의 생명이며 모든 국제관계의 기초입니다. (중략) 자주성을 옹호하는 세계 진보적인민들은 제국주의자들의 분렬리간책동에 단결의 전략으로 맞서나가야 합니다.《자주성을 옹호하는 세계인민들은 단결하자!》, 바로 이것이 우리 시대가 제기하는 국제주의구호입니다.[96]

김일성 사후 김정일도 국가정체성인 '자주성'을 고수하며 자주적인 대외정책을 외교의 기본원칙으로 천명하였다.

자주성은 사람의 본성적요구이며 나라와 민족의 생명이다. (중략) 김일성동지께서 제시하신 사상에서 주체, 정치에서 자주, 경제에서 자립, 국방에서 자위

95) 『정치사전』(1973), 725쪽.

96) 〈김일성 저작집 제42권, 조선민주주의인민공화국 최고인민회의 제9기 제1차회의에서 한 시정연설〉「우리 나라 사회주의의 우월성을 더욱 높이 발양시키자」(1990.5.24), 303~322쪽.

그림 3-29. 주체사상과 산업화 접목—주체사상의 4대영역 중 경제에서의 자립
출처: 『조선중앙연감』, 1982.

> 의 로선은 주체의 원칙, 자주성의 정신으로 일관된 혁명적인 자주로선이며 우리 당은 이 로선을 견결히 고수하고 철저히 관철하였다. (중략) 나라와 민족의 자주성은 공정한 국제관계의 기초이며 자주적인 대외정책은 가장 정당하고 원칙적인 대외정책이다. 큰 나라나 작은 나라나 발전된 민족이나 덜 발전된 민족이나 할것없이 모든 나라, 모든 민족은 국제사회의 동등한 성원으로서 자주적이며 평등한 권리를 가지고 있다.[97]

이처럼 '작은 나라와 큰 나라의 자주적이고 평등한 권리'를 주장하는 것은 약소국인 북한이 세계패권국인 미국과의 관계에서 북한의 국가정체성을 훼손시키지 않으면서 미국과의 대등한 협상에서 되도록 많은 것을 얻어내는 거래를 하는 데 유리하다. 김일성은 '작은 나라들이' 공동으로 반제반미 자주권 수호를 위한 주체의 세계혁명을 이룩해야 한다고 주장한다. 김일성은 이 이론을 설명하면서 "오늘 세계혁명의 기본 전략은 미제에 주되는 창끝을 돌리는 데 있다."[98]고 주장하며 핍박받는 전 세계 민족들이 모두 달려들어 "미

97) 〈김정일 선집 제14권〉「조선로동당은 위대한 수령 김일성동지의 당이다」(1995.10.2), 100~102쪽.

그림 3-30. 김일성 어록을 인용한 반제반미투쟁 구호
출처: 『조선중앙연감』, 1970.

제의 각을 떠"[99] '민족의 자주권을 옹호하기 위한 반제반식민주의투쟁'을 미국을 상대로 벌여나갈 것을 주문한 바 있다. 구체적으로 "아세아, 아프리카, 라틴아메리카의 작은 나라의 피압박민족들이 (미제국주의와 식민지주의자들의 억압과 착취에 대항하여) 반제통일전선을 이룩하고 반미공동행동을 취하여야 한다"[100]는 주문이다.

북한은 자주성을 핵심으로 한 국가정체성을 양보하지 않는다. 적대적 대미관계와 대결구도는 '미국을 굴복시키고' 북미관계정상화가 이루어져 상호 신뢰구축이 상당 수준으로 이루어지기 전까지는 끝나지 않을 것이다. 자주성으로 대변되는 국가정체성을 양보할 수 없는 이유는 다음과 같다.

---

98) 〈김일성 저작집 제20권, 조선로동당대표자회에서 한 보고〉「현정세와 우리 당의 과업」(1966.10.5), 392쪽.

99) 〈김일성 저작선집 제5권〉「조선로동당 제5차대회에서 한 중앙위원회사업총화보고(1970.11.2)」(평양: 조선로동당 출판사, 1972), 501쪽.

100) 〈김일성 저작집 제23권, 체 게바라전사 한돐에 즈음하여 아세아아프리카라틴아메리카인민단결기구 기관리론잡지 《뜨리꼰띠넨딸》 제8호에 발표한 론문〉「아세아, 아프리카, 라틴아메리카 인민들의 위대한 반제혁명위업은 필승불패이다」(1968.10.8), 29쪽.

첫째, 체제의 정통성이 붕괴되어 체제붕괴로 이루어질 수 있기 때문이다. 주체사상의 핵심인 자주성이 무너지고 '굴종의 대외정책'을 수용하게 되면 통치이념 자체를 스스로 부정하는 결과를 낳아 정권의 정통성이 붕괴되기 때문이다.

둘째, 김정일 체제 하에서 펼친 선군정치는 군과 정치가 상호 분리할 수 없을 정도로 통합되어 군을 자주의 수호자로 내세우는 북한으로서는 정치적 자주성에 대한 훼손은 곧 군부의 기득권 상실을 의미할 수 있어 군부의 반발을 두려워하지 않을 수 없는 김정일로서는 받아들일 수 없다. 선군정치를 펼치는 북한의 특수한 정체성과 군정 분리라는 국제규범과의 충돌은 대내적 국가정체성과 대외적 규범과의 충돌이며 북한의 군부는 이러한 이질성을 대외 위협으로 인식하고 내부의 정치적 입지제고를 위해 이용할 것이다.

자주성은 주체사상의 근간을 이루는 요소이다. 황장엽이 인본주의를 주체사상과 접목하여 동물과 차별화된 인간의 본질적 속성인 '자주성'을 강조하면서 주체사상의 핵심 논리로 등장한다. 황장엽은 인류역사를 계급투쟁의 역사로 봐야 한다는 마르크스주의 논리에서 벗어나 역사를 인간의 발전역사로 봐야 한다는 원칙에서 인간의 운명을 스스로 개척하는 길을 밝혀주는 데 철학의 사명이 있다고 확신하였다고 한다.[101] 황장엽은 자신이 (김일성 이름으로) 주체사상을 정의해 발표하기 전까지의 김일성의 주체사상은 대국을 숭배하는 '사대주의'와 대국의 것을 맹목적으로 모방하는 '교주주의'를 반대하면서 마르크스-레닌주의를 북한 혁명의 요구에 맞게 창조적으로 적용시키는 것이었다고 말한다. 황장엽은 대국들로부터의 간섭과 지배를 반대하고, 주체인 조선인민의 민족적 이익을 고수하기 위한 '자주성'을 덧붙여 주체사상을 발전시킨다. 황장엽의 새로운 철학적 원리에 기초한 글은 김일성의 이

101) 황장엽(1999), 156쪽.

름으로 1972년 9월 17일 '우리 당의 주체사상과 공화국정부의 대내외정책의 몇가지 문제에 대하여'라는 제목으로 활자화되었다.[102] 이를 바탕으로 김일성은 자주적 입장과 창조적 입장을 기본정책으로 채택하고 '사상에서의 주체', '정치에서의 자주', '경제에서의 자립', '국방에서의 자위'[103]라는 4대 기본노선을 정식화했다.[104]

상기한 1972년 9월 17일 '우리 당의 주체사상과 공화국정부의 대내외정책의 몇 가지 문제에 대하여'는 주체사상에 기초한 대외정책 또한 언급하고 있다. 대외정책 원칙을 '자주적 반제투쟁'으로 삼아 북한의 실정에 맞게 자주적인 반미 투쟁을 하며, 내정불간섭 원칙에 따라 자신의 사상을 타국에 요구하지 않는다는 자주성의 원칙 또한 제시하였다.[105] 이는 1960년대 중소이념분쟁의 불똥으로부터 피해 북한식 사회주의를 고수하며 자주를 근간으로 하는 주체를 대외관계에도 확장시키겠다는 것을 의미한다.

북한의 주체사상에 대해서는 다양한 분석과 시각이 있다. 국내에서 출판

---

102) 이 글에서 황장엽은 자주성에 기초한 주체사상에 대한 정의를 내리고 사람중심의 사회역사원리에 기초한 조선로동당의 대내외 정책을 밝혔다. 황장엽, 『황장엽 회고록』(서울: 시대정신, 2010), 201쪽.

103) 김일성이 국방에서 자위의 원칙을 추구하게 된 배경은 다음과 같다. 1962년 쿠바 사태에서 보여준 소련의 소극적인 태도에 대한 불신감과 베트남전에 미국이 참전하면서 급변한 전황이 가져온 긴장상태는 북한을 위기의식으로 몰아넣었다. 또한 남한에서는 5·16 쿠데타로 정권을 잡은 박정희 군사정권이 반공을 제1의 국시로 삼고 반공정책을 강화하였다. 이러한 상황에서 북한은 1962년 12월 10일 당중앙위원회 제4기 5차 전원회의에서 경제건설과 국방건설을 병행하여 추진한다는 정책을 수립함과 동시에 북한의 방위체제를 전면 재검토하였다. 특히 1965년 한일회담으로 동북아에서 한미일 삼각동맹체제가 등장하였던 것은 북한에게 큰 위협이 되었다. 김태운, 「주체사상의 자주적 입장과 북한의 대외정책: 주체사상 형성기 북한의 대외정책을 중심으로」, 『호남정치학회보』 제13집(2001), 133~134쪽.

104) 황장엽(2010), 165~166쪽.

105) 〈김일성 저작집 제27권, 일본《마이니찌신붕》기자들이 제기한 질문에 대한 대답〉 「우리 당의 주체사상과 공화국정부의 대내외정책의 몇가지 문제에 대하여」(1972.9.17), 390~420쪽.

된 주체사상에 대한 문헌은 대부분 주체사상의 역기능과 부작용에 대한 비판이 그 주를 이루고 있다. “주체사상은 개인숭배 교조적(敎條的) 성격을 바탕으로 부자세습에 활용되었다”[106], “개혁과 수정주의를 거부해 온 이데올로기의 비참한 종언을 맞았다”[107], “주체사상은 북한체제를 유지하는 데 순기능적 역할을 하였으나 주체사상 하의 자립적 민족경제노선은 정치사상이 경제를 제약하여 위기를 초래하였다.”[108] “주체사상의 자주성 태제는 역사의 주체가 되어야 하는 모든 인민대중을 혁명적 수령관 속에 수령을 향한 수직적이고 동심원적 구심력 속에 편재시킴으로써 피동적 위치로 전락시켰다.”[109]

반면 북한 측 입장에서 주체사상의 유용한 측면을 분석한 문헌도 존재한다. “1950~60년대 북한의 자주적 입장을 밝힌 대외 정책노선은 대중·대소 관계만이 아니라 제3세계국가에도 확대·적용되었는데, 식민지를 경험하여 외세의 개입에 경계심을 가진 제3세계국가들에게는 나름대로 호소력을 가지고 있었다.”[110] “1960년대 주체사상의 자주노선이 저항민족주의적 의식을 일깨워 대내통합을 가져오는 효과로 작용하였다”[111]

다양한 시각에도 불구하고 공통된 점은 주체사상은 시대와 대내외 환경의 요구에 따라 변모하고 진화하며 하위담론[112]을 통해 주체사상의 근간을 훼

---

106) 신일철, 『북한 ‘주체철학’의 비판적 분석』(서울: 사회발전연구소, 1987), 95~145쪽.

107) 신일철, 『북한 주체사상의 형성과 쇠퇴』(서울: 생각의 나무, 2004). 주체사상과 개혁개방의 양립가능성과 한계에 대해서는 정성장, 「주체사상과 북한의 개혁·개방」, 『동북아연구』(2000) 참조.

108) 장성호, 「정치기제로서 북한의 주체사상이 체제에 미친 영향」, 『사회과학연구』 제15호(2002); 장성호, 「북한체제변화에 있어서 주체사상의 제약요인 분석」, 『대한정치학회보』 11집 1호(2003) 참조.

109) 이종석(2000), 223~224쪽.

110) 김태운(2001).

111) 이미경, 「국제환경의 변화와 북한의 자주노선 정립: 1960년대 시기를 중심으로」, 『국제정치논총』 제43집 2호(2003).

112) 1990년대 탈냉전 후 급변하는 대외정세에 따른 생존을 위한 주체사상 하위담론의

손하지 않으면서 체제를 유지하고 1인지배체제를 강화하기 위한 통치이념으로서의 역할을 해왔다는 것이다. 선군정치를 포함하여 북한의 모든 통치이데올로기는 주체사상의 변용된 하위 담론에 불과하다고 할 정도로 주체사상은 북한 통치이념의 근간을 차지하고 있다.[113] 서재진은 마르크스 레닌주의는 북한체제에서 국가(state)의 특성을 규정하는 이념적 구실을 하고 있는데 반해 주체사상은 국가와 사회의 관계를 규정하는 정권(regime)의 성격을 형성하는 데 기여하였다고 분석한다.[114] 그는 대내외 환경 변화에 따라 주체사상은 유일지배체제 하에서의 통치력을 강화하기 위한 지배이데올로기의 수단으로 변용되었다고 본다. 1950~1960년대에는 정적을 숙청하기 위하여 반사대주의의 주체사상을 확립하고 항일무장투쟁 중심의 주체사상의 콘텐츠를 형성하여 김일성 우상화에 박차를 가했다. 1970년대에는 사회주의적 생산양식하의 인성을 개조하기 위해 인간중심론의 주체사상을 제창하고 경제적 노동 동원과 정치권력에의 충성을 용이하게 하였다. 또한 김정일에게 권력을 세습하는 과정에 권력세습을 정당화하기 위해 수령중심론의 주체사상으로 변형되었다.[115] 사회주의권의 개혁개방 시기인 1980~1990년대는 우리

변용(變容)에 대해서는 정우곤, 「주체사상의 변용 담론과 그 원인: '우리식' 사회주의, '붉은기 철학', '강성대국'을 중심으로」, 『북한연구학회보』 제5권 제1호(2001); 주봉호, 「주체사상의 이론적 변용 담론」, 『대한정치학회보』 9집 2호(2001) 참조. 탈냉전기 주체사상의 지배이데올로기로서의 변화에 대해서는 양무진, 「주체사상과 선군사상: 지배이데올로기의 변화 가능성」, 『한국과 국제정치』 제24권 제3호(2008) 참조.

113) 김연각, 「북한의 통치 이데올로기: 1955~2007」, 『한국정치연구』 제16집 제1호(2007), 257~277쪽.

114) 서재진, 『주체사상의 이반: 지배이데올로기에서 저항이데올로기로』(서울: 박영사, 2006a).

115) 김일성 수령의 후계자로서 김정일은 김일성 주체사상에 대한 해석권을 독점하였다. 김일성 사후에는 말할 것도 없고 김일성이 살아있는 동안에도 김정일은 김일성 주체사상을 독자적으로 해석·발표한 바 있다. 〈김정일 선집 제7권, 위대한 수령 김일성동지 탄생 70돐기념전국주체사상토론회에 보낸 론문〉 「주체사상에 대하여」

표 3-2. 주체사상의 진화과정[116)]

내 용	제기시기	배 경
사상에서의 주체	당선전선동원대회 (1955. 12. 28)	· 스탈린의 사망 · 당내 국내파 숙청
경제에서의 자립	당중앙위원회 12월전원회의 (1956. 12. 11)	· 대외원조 감소 (5개년 경제계획수립 차질) · 당내 반김일성운동 고조
국방에서의 자위	당중앙위원회 4기 5차 전원회의 (1962. 12. 10)	· 중 · 소분쟁의 심화와 미 · 소 공존모색 · 남한의 군사쿠데타
외교에서의 자주	제2차 당대표자회 (1966. 10. 5)	· 중 · 소분쟁의 확대 · 비동맹운동의 발전
종합체계화	당중앙위원회 4기 16차 전원회의 (1967. 6. 28) 및 제5차 당대회(1970. 11. 12)	· 김일성 1인지배체제 확립 · 김일성 개인숭배운동 전개
김일성주의화	제6차 당대회(1980. 10. 10)	· 부자세습체제 공고화
우리식 사회주의	당중앙위원회 책임일꾼들과의 담화(1991. 5. 5)	· 체제단속(동구 · 소련사회주의권 붕괴)

식사회주의 고수의 논리로 변용되었다. 이러한 대내외적 환경 변화에 따른 하위담론의 변용은 체제수호와 유일지배체제 강화에 그 목적을 두고 있다.

안찬일은 북한의 주체사상이 유교 전통사상을 수용하여 북한을 왕권체제와 유사한 1인지배체제 구축에 이용되었다고 지적한다. 김일성은 충효사상을 바탕으로 가족이 확대된 유기체적 공동체의 '시조'로 숭배되었고 가부장적 유교전통에 따른 세습을 통해 왕권체제와 유사한 1인 지배체제가 유지되

(1982.3.31), 143~216쪽; 〈김정일 선집 제8권, 조선로동당 중앙위원회 책임일군들과 한 담화〉 「김정일 주체사상교양에서 제기되는 몇가지 문제에 대하여」(1986.7.15), 432~471쪽; 〈김정일 선집 제10권, 조선로동당 중앙위원회 책임일군들과 한 담화〉 「주체철학에 대한 옳바른 관점과 리해를 가질데 대하여」(1990.10.25), 296~304쪽; 〈김정일 선집 제13권, 조선로동당 중앙위원회 기관지 《로동신문》에 발표한 론문〉 「사회주의는 과학이다」(1994.11.1), 456~488쪽; 김정일, 『주체철학에 대하여』(평양: 조선로동당출판사, 2000); 김정일, 『주체의 혁명전통에 대하여』(평양: 조선로동당 출판사, 2002).

고 있다. 국가의 지도자 즉 수령을 '어버이'로 부각시키고 인민들에게 충성과 효성을 강조하여 통치 엘리트집단을 절대로 배신할 수 없는 집단의식을 형성시켜 놓았다. 이러한 집단의식은 경제적 고달픔과 상관없이 낳아 준 자체를 감사해야 하는 생명의 은인인 부모에 대한 맹목적 사랑과 존경을 요구한다.[117] 수령–당–인민 형태의 수직적 '사회정치적 생명체'론적 집단체제는 구성원에게 공동운명체의식을 부여한다. 어버이 수령은 '혁명의 최고뇌수'로서 수령이 주입하는 가치관을 뇌수가 없는 유기체인 당과 인민은 무비판적으로 수용한다. 부모가 적대시하는 대상은 자식들도 마찬가지로 적대감을 가지도록 자연적으로 교육되는 것과 마찬가지로 수령 체제의 최대 위협이 되는 미제국주의에 대한 수령의 적대감은 당과 인민에게도 고스란히 무비판적으로 흡수된다. 부모에 의해 형성된 자녀의 무의식에 해당하는 '초자아(superego)'[118]는 '자아(ego)'의 현실적이고 합리적인 사고능력을 무력화시킨다. 대미 적대감은 현실적 위협 논리에 따른 조건반사라기보다는 초자아에 의해 무의식 속에 형성된 무조건반사적 도덕률로서 대중들의 내면에 뿌리 깊게 자리 잡고 있다. 유교전통을 접목한 북한의 특수한 체제가 인민들의 무

---

116) 윤기관 외, 『현대북한의 이해』(서울: 법문사, 2004), 26쪽에서 재구성.

117) 안찬일, 『주체사상의 종언』(서울: 을유문화사, 1997), 321~330쪽.

118) 프로이드(Sigmund Freud)는 인성(personality)을 이드(id), 자아(ego), 초자아(super ego)의 세 가지 구성요소로 조직되어 있다고 분석하였다. 이드는 동물적 본능과 충동에 해당하고, 자아는 이러한 충동을 억제할 수 있는 현실적 판단과 자각능력을 의미하며, 초자아는 부모에 의해 형성된 도덕률이다. 초자아는 초자아의 윤리적 기준에 맞는 행동에 대해 자아를 보상하고 일탈할 경우 죄의식을 유발해 자아를 처벌한다. 캘빈 S. 홀 지음, 유상우 옮김, 『프로이드 심리학 입문』(서울: 홍신문화사, 2010), 34~49쪽.
초자아는 부모가 정한 선과 악을 구별하는 기준을 제시한다는 면에서 김일성 '어버이 수령'이 '미제국주의'를 악으로 규정하고 모든 인민들이 이를 무비판적으로 수용하여 미국을 '철천지 원쑤'로 인식하는 것은 프로이드의 '초자아' 개념에 비유할 수 있다.

의식과 사상통제 기제로서 작용하는 것이다.

이미경은 김일성의 주체의 기치는 한국전 직후 해외파 정적을 제거하기 위한 대내적 구호에서 중소분쟁 시기 대외적 자율성을 강화하기 위한 대외적 구호로 확대되어 나갔다고 설명한다. 김일성은 기존의 사회주의 건설방식과 큰 차이가 없는 상태에서 자신이 주창한 방식을 주체적임을 내세워 반대파들을 사대, 교조주의자로 규정하고 그들을 숙청함으로써 자신의 권력을 강화하였다.[119] 이렇게 한국전 이후 소련과 중국의 건설방식을 모방해야한다는 소련파와 연안파 정적을 제거하기 위해 효용성을 가졌던 주체라는 기치는 중소이념분쟁이 본격화되면서 대외적 자주라는 의미로 확대 · 강화되어 나간 것이다. 주체의 형성 그 시원은 김일성의 국내 권력기반 강화에서 비롯된 것이다. 김일성의 해외파와 차별화된 주체의 뿌리는 항일무장투쟁의 최전선에서 총을 들고 싸웠다는 것이고 빨치산을 주축으로 세력을 형성한 김일성에게 정통성을 부여하여 정적을 제거해나가는 추진력이 되었다. 주체의 힘의 원천인 반제 · 항일 · 항미투쟁을 통한 대내외적 자주성 확보는 국가정체성으로 고착화되어 수정할 수 없는 반제 저항 담론을 형성하였고 대미 · 대외정책의 심각한 경직성을 가져왔다. 이러한 경직성은 양보를 통한 대미협상타결, 개혁개방을 통한 경제발전 등의 국가이익을 증진할 수 있는 기회를 제약하는 결과를 낳았다.

동구권이 붕괴하고 체제붕괴의 위협이 고조된 1990년대에는 사회주의 진영과 함께 사상적 동반붕괴를 막기 위해 주체사상에 민족주의 개념을 가미한 '애국주의적 민족주의'를 도입한다. 김일성 사후 김정일은 한 발 더 나아가 조선민족제일주의를 주창하며 주체사상에 기초하고 있는 담론이라 주장한다. 이렇듯 주체사상은 북한의 국가정체성을 규정하는 가장 핵심적인 가

119) 이미경, 「북한의 대외관계와 주체사상의 형성: 한국전쟁 시기를 중심으로」, 『국제정치논총』 제41집 2호(2001), 73~91쪽.

치체계이면서도 대내외적 환경에 따라 체제 강화의 목적으로 변용되어 현실주의적인 진화를 겪어왔다.

북한의 모든 주민은 탁아소에서부터 평생에 거쳐 정치사상교육을 받아 정치공동체의 한 성원이 그 공동체가 지향하는 신념을 가진 인간으로 변화시키는 정치사회화를 거친다. 북한 정치교육의 기본 성격은 애증(愛憎)의식의 주입 원리를 채택하여 지주계급과 미제국주의(자)에 대한 증오와 수령과 당, 김일성 · 김정일[120]에 대한 맹목적이고 무한한 사랑을 강조한다. 어려서부터 집단생활을 하며 집단주의적 정치사회화를 경험하게 된다. 혁명의식과 계급교양, 혁명전통 교양, 주체사상 교양 등을 거치며 체제가 요구하는 정치사상을 내면화하게 된다. 내면화란 사회의 보편적이고 지배적인 가치가 개인의 가치로 받아들여지는 과정을 말한다. 내면화는 사회화의 필수과정으로 자기가 태어난 사회에서 공유되는 보편적인 의미체계를 자아속의 일부로 형성시키는 과정이다. 이러한 내면화 과정은 사회체제를 지탱하는 핵심 요인이다. 사상학습과 교양은 당 선전선동부를 위시하여 각종 사회단체와 주민조직과 당 조직 체계를 이용하여 이루어진다. 학습효과를 극대화하기 위해 각종 출판물과 연극, 영화 등 대중매체를 이용한다. 취학 전 아동과 학생들에게 김일성 · 김정일 우상화와 사회주의 및 반미 교육을 시키고 고등중학교부터는 주체사상에 대한 이론 학습을 시작한다. 이러한 사상학습은 대학교까지 이어진다. 성인이 되어서도 조직 생활을 근간으로 각종 사상교양과 학습이 계속된다.[121]

내면화된 가치체계는 체제에 대한 저항 자체를 엄두를 못 내게 만들 정도

120) 김정은에 대한 3대 세습이 이루어지고 김정일 사망 후 김정은에 대한 우상화 작업이 가속화되고 있음을 고려할 때 김정은 또한 김일성, 김정일과 동일한 반열에 오를 것으로 예상해 볼 수 있다. 하지만 본 책의 연구범위 상 김정은에 대한 구체적 언급은 피하기로 한다.

121) 유정갑, 「북한의 주체사상과 정치사회화에 관한 연구」, 『정책과학연구』 11집(2001).

로 자아를 무력화시킨다. 한 외국 북한연구학자가 북한의 학정을 견디다 못해 탈북하였다는 탈북자에게 "북한민중들은 왜 정권에 반항하지 않느냐"는 질문을 던지자 나온 답은 북한의 내면화된 가치체계가 얼마나 공고한지를 말해준다. "소가 자기 주인에게 대드는 것을 보았습니까? 북한은 인민을 소처럼 길들여 놓았습니다."[122] 정치사회화를 통한 가치체계의 내면화는 철저한 감시와 사상검열을 통해 물리적으로 통제된다. 국가가 요구하는 가치체계에 순응하지 않을 경우 반동의 낙인이 찍히고 심하면 간첩 혐의로 수용소에 수감되어 영원히 사회와 격리될 수도 있다.

주체사상으로 무장한 북한의 국가정체성은 정권이익과 국가이익 사이의 긴장을 봉합하는 정치적, 심리적 기제로 평가할 수 있다. 북한은 국가정체성을 훼손하면서 대외적 타협을 할 수 없는 스스로의 한계를 안고 있다. 일례로 북한은 제네바 기본합의롤 포함 미국과 체결한 합의를 자신들의 정체성과 원칙을 타협한 것이 결코 아닌 미국이 무릎을 꿇고 합의를 애걸한 결과로 선전한다. 북한은 김대중 및 노무현 대통령의 방북 정상회담과, 두 여기자 석방을 위한 클린턴의 방북(2010)도 그들의 '백기투항'을 받아들인 김정일과 정권의 위대함의 승리로 선전한다. 미국이나 남한의 식량지원과 경제지원도 마찬가지로 김정일의 선군정치와 핵무장에 두려움을 느낀 외부세계가 바친 '조공'으로 선전된다. 북한은 자신의 경제난과 식량난이 미국의 대북고립압살정책에 따른 제재와 남한괴뢰정권의 동조로 인해 야기되었다는 피해의식에 따른 보상심리를 가지고 있다. 제네바기본합의에 따른 중유지원과 1999년 금창리 핵의혹시설 사찰을 대가로 받은 3억 불 상당의 식량도 북한의 자주권 침해에 따른 보상으로 인식한다. 그렇기 때문에 미국을 포함한 외부세계의 지원이 북한의 주민은 물론 정책결정자들이 전향적인 대외관을 갖게끔

122) 신일철(2004), 462쪽.

변화시키는 데 한계가 있다. 미국의 대북지원과 북한의 대미 이미지 개선에는 상관관계가 있으나 정량적 비례관계는 아니다. 주민들의 대미 이미지 개선은 주민들이 받는 수혜의 양보다는 북한 당국이 대북지원 공여국에 대해 어떠한 정치적 해석을 내리느냐에 더 큰 영향을 받는다.

2. 북한의 반외세 저항 민족주의

북한의 민족주의는 북한 체제의 기원에서부터 항일무장투쟁을 통한 민족의 해방이라는 저항적 민족주의의 성격을 가지고 있었다. 외세에 저항한 민족주의는 권력의 정통성 확립과 대내적 결속 등 정치적 과정을 통해 주체사상의 발전과 궤를 같이하며 북한의 통치이념에 내재화되었다.[123] 북한의 민족주의는 북한의 대미 불신의 기원과 내면화된 구조 분석에 있어 매우 중요한 요소이다. 북한의 민족적 우월성을 강조한 민족주의는 미제국주의타도를 위한 개념으로 활용되었다. 김정일도 '제국주의와 지배주의를 반대하는 혁명투쟁'에 있어 고유한 민족성을 살려 구현해 나갈 것을 주문한 바 있다.[124]

브라이언 마이어스는 북한은 이중적(dualism) 차별화 즉, 순수와 불순, 선과 악의 구분을 통해 북한민족과 외부세계를 구별한다고 말한다. 북한은 지구상에서 가장 순수한 민족이며 이러한 순수함을 해치려는 외부세계는 모두 악이라는 것이다. 해방 후 북한의 문학과 예술은 북한을 순수한 어린이에 비유하고 북한을 침략하려는 외세를 악의에 찬 어른으로 비유하며 순수한 어

123) 박호성, 『남북한 민족주의 비교연구: '한반도 민족주의'를 위하여』(서울: 당대, 1997), 138~145쪽.

124) 〈김정일 선집 제14권〉「혁명과 건설에서 주체성과 민족성을 고수할데 대하여」(1997. 6.19), 306~333쪽.

그림 3-31. 북한의 반미 민족주의 촉구
출처: 『조선중앙연감』, 1970.

린이를 보호하고 이끌어갈 유교적 가부장적 지도자(patriarch)로 김일성을 유일한 인물로 제시하였다고 그는 지적한다. 서방세계로 치자면 기독교 사회의 예수처럼 유교사회의 김일성은 제국의 속박에 고통 받는 인민들을 구원해주는 '해방자'이자 '보호자'로서 아버지의 강건함과 어머니의 자애로움을 모두 갖춘 신격화된 모습으로 북한사회의 문학과 예술세계에 표현된다. 예컨대 미제와 일제의 핍박 속에 고통 받는 한민족은 흰 옷을 입은 연약하고 어린 여자아이로 등장시키고, '어버이 수령'이 이들을 해방시키는 구세주이자 외침으로부터 막아주는 보호자로 등장하는 것은 유교적 사관을 바탕으로 한 민족주의적 표현이라는 것이다. 또한 북한의 순수혈통과 우월성에 대한 자부심과 외세에 의한 피해의식은 외부세계와의 배타적 단절을 강조하여 중국이나 소련으로부터도 민족적 자존감을 바탕으로 한 독자노선 추구를 가능하게 하였으며 서방에 대한 증오심을 부추겼다. 과거 1960년대에는 북한주재 흑인계 쿠바대사가 성난 주민들에게 둘러싸이는 일도 발생하는가하면 유럽인과 결혼한 북한인은 이혼을 강요당하거나 평양에서 추방되었고, 북한인과 결혼한 소련여성이 당 기관원에 의해 구타당하는 사건도 발생하였다.[125] 뇌리에 박힌 반미의식은 서양인에 대한 조건반사적 반감과 이질감을 자극하는 것이다. 국가는 정치적 목적으로 이를 조장하고 부추겼으며 조직적으로 세뇌하고 학습시켰다.

북한의 정치사전은 민족을 '언어, 지역, 경제생활, 혈통과 문화, 심리 등에서 공통성을 가진 력사적으로 형성된 사람들의 공고한 집단'[126]으로 정의하고 있다. 김일성도 "언어는 민족을 이루는 공통성의 하나인 동시에 문화의 민족적형식을 특징짓는 기본수단입니다… 조선어의 순수성을 지키며 조선어를 발전시키기 위하여 적극 투쟁하여야 합니다"[127]라며 민족과 언어의 순수성을 강조한 바 있다. 김일성의 교시에 입각해 외래어는 사대주의의 산물 혹은 제국주의자들의 민족어 말살을 위한 '사상문화적침투 책동'으로 인식되어 민족어의 품위를 낮추는 언어로 치부된다.

사전은 "민족이 자기 운명의 주인으로 되기 위하여서는 자주적인 정권을 가져야 하며 정치에서 자주성을 확고히 보장하여야 한다"는 김일성의 교시를 전달하며 "자주성을 지키기 위해 투쟁하여야 한다"고 주문하고 있어 저항민족주의적 특성을 보여주고 있다. 김일성은 "자주성은 나라와 민족의 생명입니다."[128]라며 자주성을 민족으로부터 분리할 수 없는 핵심가치로 제시하였다. 북한은 민족의 '자주권'과 '자결권'을 중시하는데 이는 주체사상을 민족

125) Myers(2010), 11~43 · 71~110쪽.

126) 『정치사전』(1973), 423쪽.

127) 〈김일성 저작집 제4권〉 「홍명희와 한 담화」(1948.5.6), 312~313쪽. 북한은 외래어를 거의 쓰지 않으며, 2010년 신년 공동사설에서 '컴퓨터수치제어(Computer Numerical Control)'라는 의미의 CNC가 신년공동사설 최초로 영어 원문으로 게재되어 스위스에서 교육받은 김정은의 후계자 등장을 암시하기도 하였다.

128) 〈김일성 저작선집 제8권, 베네수엘라사회주의에로의 운동 제1부위원장과 한 담화〉 「자주성을 견지하자」(1981.9.7)(평양: 조선로동당출판사, 1982), 438쪽.

에 확대한 개념이다. 민족자결권을 완전히 행사하기 위해서는 "사상에서의 주체, 정치에서의 자주, 경제에서 자립, 국방에서의 자위" 원칙을 견지하여야 한다는 주장을 펼친다. 김일성은 7·4 남북공동성명의 '자주'라는 민족자결의 통일원칙에 대하여 "미제가 남조선에서 나가도록 하며 그밖에 다른 나라 세력이 우리 나라의 통일문제에 간섭하지 못하도록 하여야 한다는 뜻"129)이라고 정의하며 반미 및 반외세 개념임을 분명히 하였다. 이후 북한은 한민족의 자결권은 "미제의 지배와 예속을 강요당하고 있는 남한"에도 적용되어야 함을 강조하고 "남한에서 미제를 몰아내고 자주적인 정권을 세워야 한다"고 주문한다.130) 자주성을 지키기 위한 투쟁의 핵심은 반미투쟁인 셈이다. 북한은 민족의 자주성을 훼손하고 있다고 믿는 주한미군의 남한 주둔을 용인할 수가 없다. 김일성의 반외세, 반제국주의, 저항민족주의 성격의 항일무장투쟁의 전통은 북한체제로 하여금 끊임없이 '미제국주의와 투쟁하여 승리할 것'을 주문하고 있다.

> 오직 미제국주의침략세력을 반대하는 견결한 투쟁을 통하여서만 세계평화를 수호할수 있으며 민족적 해방과 독립을 위한 투쟁도 민주주의와 사회주의를 위한 투쟁도 승리를 이룩할 수 있습니다.131)

정치사전은 "다른 나라 인민을 억압하고 략탈하지 않고서는 하루도 살아갈 수 없는 제국주의는 식민지나라들에서 결코 스스로 물러나지 않는다"며 미국은 한반도 등 세계 각지에서 '민족분할정책'을 통해 민족의 단결을 막고 서로 이간질시켜 약탈을 수월하게 만드는 전략을 취하고 있다고 주장한다.

---

129) 〈김일성 저작집 제27권〉(1972.9.17), 411쪽.

130) 사회과학원 철학연구소, 『철학사전』(서울: 힘, 1988), 228쪽.

131) 〈김일성 저작선집 제5권〉(1970.11.2), 493쪽.

따라서 모든 피압박민족들이 스스로 또는 연대하여 반제반미 투쟁에 동참할 것을 촉구한다.

> 혁명하는 나라, 투쟁하는 나라 인민들이 세계의 이르는 곳마다에서 각각 미제의 팔도 뜯어내고 다리도 뜯어내며 머리를 잘라버려야 합니다. 비록 적은 힘이라고 하더라도 세계혁명적인민들이 이렇게 모두 함께 달라붙어 미제국주의를 반대하는 투쟁을 힘있게 벌리며 미제의 각을 이르는곳마다에서 뜨게 되면 미제는 결국 멸망하고야 말것입니다.[132]

북한은 미국의 대남 군사, 정치, 경제 침략 뿐 아니라 '사상문화침략'으로 인해 남한 동포들은 자주성을 완전히 상실하고 있다고 선전하며 경계심을 고조시킨다. 더불어 남한 동포들을 미국의 사상문화침략으로부터 해방시켜야한다는 당위성 또한 강조한다. 미국의 제국주의적 속성과 '사상문화침략 책동'은 북한의 체제이념적 정체성과 절대로 양립할 수 없으므로 북한은 미국을 반드시 한반도에서 몰아내야한다고 믿는다. 북한은 미국은 남한의 '사상문화침략'을 통한 숭미사대주의와 민족분열주의를 조장해 남한을 영구히 강점하려 한다고 주장한다.

북한의 역사서는 특히 미국이 종교를 침략의 도구로 위장해 선교사들이 '침략의 길잡이'로 내세웠다고 주장한다. 19세기 중엽부터 선교사들을 통한 '사상문화적 침략'을 시작해 민족의 자주성을 훼손하고 '침략자들에게 무조건 순종하는 노예'로 만들려 했고 지금까지도 종교를 수단으로한 '사상문화적침투'는 계속되고 있다고 주장한다.[133] 김일성도 일찍이 "미제국주의자들은

132) 〈김일성 저작선집 제5권〉(1970.11.2), 501쪽.

133) 김병철, 「조선침략의 초시기 미제의 대조선정책을 실현하기 위한 미국선교사들의 책동」, 『력사과학』 루계199호(2006년 제3호), 32~35쪽.

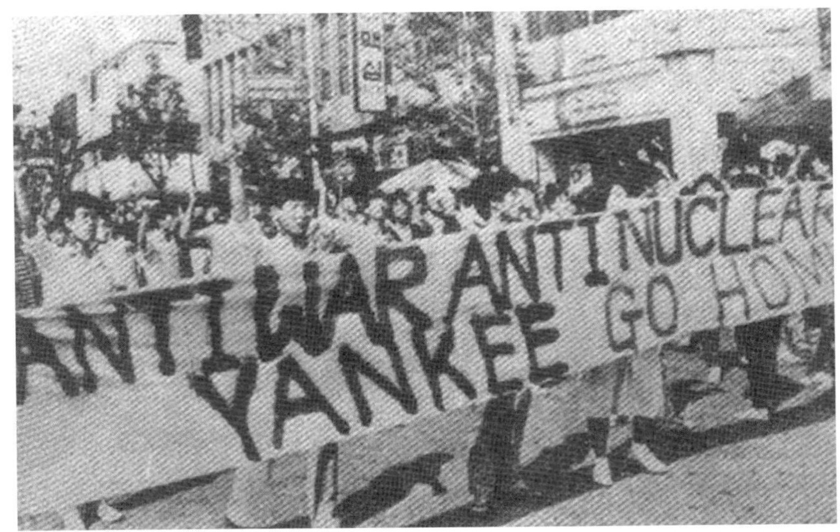

그림 3-32. 남한의 반핵, 반미, 미군철수 시위 보도자료
출처: 『조선중앙연감』, 1989.

그림 3-33. 남한정권을 미국의 하수인으로 주장하는 북한
출처: 『조선중앙연감』, 1984.

그림 3-34. 반미 국제연대 자료
출처: 『조선중앙연감』, 1973.

그림 3-35. 반제 국제연대를 위한 평양축전
출처: 『조선중앙연감』, 1990.

오래전부터 조선을 침략할것을 기도하였으며 우리나라에 선교사들을 파견하여 침략의 길을 닦아왔다."[134]며 종교의 위험성을 경고한 바 있다. 소련의 경우 스탈린의 철권통치 하에서도 당원은 아니더라도 일반인은 예배를 볼 수 있는 교회가 남아 있었는데, 이것은 러시아정교가 민족주의 전통과 국가를 추종하는 성향을 가지고 있었기 때문이다. 반면 북한의 경우 스탈린 사후 일반인이 예배를 볼 수 있는 모든 교회를 폐쇄하였다.[135] 이는 부정적 기독교관과 미국이 접목되어[136] 기독교를 '미제국주의의 침략적 도구'로서 민족문화를 말살하려는 '사상문화적침투 책동'이라는 정치 · 역사적 인식이 있었기 때문이다.

북한은 정권 초창기 종교에 대한 이중적 입장을 취하였는데 이는 당과 국가 정책에 협조하는 종교인들을 중심으로 애국적이고 민족적인 종교에 대한 긍정적 평가에 기초하여 통일전선을 구축하였지만 동시에 종교 그 자체에 대하여서는 '종교는 아편'이라는 마르크스주의적 종교관[137]에서 벗어나지 못하였기 때문이다. 해방 후 김일성은 종교인들과 그들을 통한 대중들을 혁명의 울타리 안으로 끌어들여 통일전선을 구축하는 것이 중요하였고 항일무장투쟁 당시 독립을 지지하는 민족주의 성격의 종교인들과 연계 경험도 종교를 완전히 배격하지 못하는 원인이 되었다.[138] 하지만 기독교계의 지지를 등

---

134) 〈김일성 저작집 제4권〉(1948.2.21), 135쪽.

135) 안드레이 란코프, 『북한 워크아웃』(서울: 시대정신, 2009), 36~38쪽. 북한과 달리 동유럽 국가들의 종교정책은 매우 온건했고, 어떤 경우에는 교회를 중요한 정치 세력으로 간주하기도 하였다. 같은 책, 38쪽.

136) 부정적 기독교관과 미국이 접목되어 재해석된 해방 후 정치적 배경에 대해서는 본 책 '제2장 제2절 3. 김일성의 권력 독점과 북한의 반미 역사의식 형성' 참조.

137) 김일성 또한 1949년에 이르러 종교를 "반동적이며 비과학적인 세계관"으로 규정하고 "종교를 믿으면 계급의식이 마비되고 혁명하려는 의욕이 없어지게 되어" "결국 종교는 아편"이라며 마르크스주의 종교관을 그대로 인용하며 기독교를 배격하는 개인적인 종교관을 피력한다. 〈김일성 저작집 제5권〉(1949.7.18), 154쪽.

138) 정영철, 「북한 종교정책의 변화와 현재」, 『남북문화예술연구』 통권 제3호(2008), 38~39쪽.

에 업은 장로 출신의 조만식이 이끌었던 조선민주당을 견제하기 위해 김일성은 "미국을《하느님》처럼 받들면서 우리 조국을《딸라》에 팔아먹으려는 반동적인 목사 또는 장로의 일부가 민주당에 기여들어와 나쁜 장난을 하고 있다"[139]며 '숭미사상에 물든' 조선민주당을 비난하고 나선다. 반제국주의 투쟁이 본격화되면서 기독교와 미제국주의의 부정적 이미지가 접목되어 기독교는 더더욱 정치적인 해석에 의해 매도된다. 그러면서도 김일성은 기독교인들은 "《하느님》을 믿어도 다른 나라의《하느님》을 믿을 것이 아니라 조선의 《하느님》을 믿어야 한다"며 기독교의 '반외세적인 애국 · 민족주의 정신'을 강조하고 나선다.

> 교원들은《하느님》을 믿어도 다른 나라의《하느님》을 믿을 것이 아니라 조선의《하느님》을 믿어야 합니다. 교원들은 조국의 번영과 우리 인민의 행복을 위하여《하느님》을 믿어야 합니다. 역사가 보여주는바와 같이 외래침략자들에게 나라를 빼앗긴 인민은 망국노의 비참한 처지를 면할 수 없으며 종교도 마음대로 믿을수 없습니다. 그러므로 교원들도 나라를 사랑하며 건국사업에 적극 기여하여야 합니다.[140]

한국전쟁을 거치면서 미군의 북한 지역에서의 무차별 폭격과 대민간인 공격으로 미국과 기독교가 접목된 부정적 이미지는 더욱 강하게 접목되었다.[141] 김정일은 "예수를 믿는 종교인이나 신앙 그자체를 문제시할것이 아니

139) 〈김일성 저작집 제4권〉(1948.1.24), 60~61쪽.

140) 〈김일성 저작집 제5권, 묘향산 박물관 및 휴양소 일군들과 한 담화〉「민족문화유산을 잘 보존하여야 한다」(1949년.10.15), 285쪽.

141) 김일성과 김정일은 한국전쟁기 미군의 무차별 '폭격과 만행'에 의해 종교인들이 미제국주의의 실체를 깨닫는 계기가 되어 스스로 개종하였다고 언급하고 있다. "조국해방전쟁과정에 우리나라에서 종교가 다 없어졌습니다. 전쟁시기에 미제국주의자들이 례배당들을 폭격하여 다 마사버렸으며 종교인들은 미제침략군놈들의 만행

라 미제를 《하느님》으로 믿고 섬기는 숭미사대주의자를 문제시하여야 하며 미제를 환상적으로 대하는 립장과 태도를 문제시하여야"[142] 한다며 종교를 반미 · 반제국주의 입장에서 해석하였다. 북한에서 종교는 남북관계 개선 시기에 통일을 위한 민족의 공동의 노력 차원에서 민족문제의 하위 담론으로 활용되었다. 그럼에도 불구하고 "종교를 외세를 끌어들이는 데 이용할 수 없다"고 명문화한 1992 개정 헌법이 잘 보여주듯이 '미 제국주의의 사상문화적 침투에 종교가 이용되는 것'에 대한 극도의 반외세적 경계심은 누그러뜨리지 않았다.

북한 역사서는 미국이 해방 후 지금까지 남한의 언론 출판기관 장악, 친미 교육문학예술 확대 및 반공선전, '부르주아 경제이론과 사회과학' 침투, 미국 퇴폐문화 전파 등 '사상문화적 침략'을 지속적으로 강화함으로써 남한국민들

을 보고 스스로 개조되었습니다. 대동군의 어느 한 마을에 목사가 살고있었는데 그는 전쟁전에 아무 일도 하지 않고 집에 들어앉아 우리 당을 비방하였으며 미제국주의자들이 쳐들어오기만 기다렸습니다. 전쟁시기에 인민군대가 후퇴하게 되자 그는 제일먼저 적의 기발을 들고 미국놈들을 마중하러 나갔습니다. 그런데 미제침략군놈들은 마을에 들어서자마자 농민들의 닭을 마구 쏘아 잡아갔으며 녀성들을 희롱하였습니다. 미제침략군놈들은 그 목사의 딸까지 끌어다 릉욕하였습니다. 이것을 본 목사는 미국놈들이 예수를 가지고 사람들을 속여왔다는 것을 똑똑히 깨닫게 되었으며 그때부터 예수믿는 것을 걷어치웠습니다. 그는 인민군대가 다시 진격하여나오자 공화국기발을 들고나가 인민군대를 환영하였으며 그후에는 우리 당을 따라 일을 잘하였습니다. 우리나라에서는 종교를 우리가 없앤 것이 아니라 미제국주의자들이 없앴습니다. 말하자면 미제국주의자들이 우리나라 종교인들을 《교양》하는 《선생》노릇을 한셈입니다." 〈김일성 저작집 제18권, 조선로동당 중앙위원회 정치위원회 확대회의에서 한 연설〉 「혁명교양, 계급교양에 이바지할 혁명적영화를 더 많이 만들자」(1964.12.8), 463쪽.

"전쟁시기 미제침략자들의 야수적폭격으로 례배당이 다 마사지고 미제의 살인만행에 의하여 많은 신자들이 희생되였으며 살아남은 신자들도 대동군의 그 목사처럼 각성되여 예수를 믿지 않게 되었습니다." 〈김정일 선집 제1권, 문학예술부문 일군 및 창작가들과 한 담화〉 「예술영화 《최학신의 일가》를 반미교양에 이바지하는 명작으로 완성할데 대하여」(1966.12.27), 181쪽.

142) 〈김정일 선집 제1권〉(1966.12.27), 181~182쪽.

의 반미자주화투쟁을 무력화시키려 하고 있다고 주장한다.[143] 김일성은 "조국해방전쟁의 일시적후퇴시기에 비록 짧은동안이나마 미국놈들은 우리 사람들의 머리속에 사상적독소를 뿌려놓아 많은 사람들을 못쓰게 만들었다"[144]며 민족을 분열시키는 미국의 '사상적 독소'에 대해서 경각심을 고조시킨 바 있다. 미국의 '반민족적' 사상 침투 전략은 아무리 짧은 시기이더라도 이에 일단 노출되면 치명적 독버섯처럼 자라나므로 이를 경계하고 제거해야 한다는 사상투쟁의 논리이다.[145] 김정일도 "남조선에서는 미제와 그 앞잡이들의 민족문화말살정책으로 말미암아 유구한 민족문화는 여지없이 짓밟히고 있다"며 "사상문화분야에서 제국주의자들에게 문을 열어주는것은 자살행위가 다름없다"고 경고하고는 북한으로의 "제국주의자들의 사상문화적침투"를 막아낼 것을 주문한 바 있다.[146]

소련이 건재하던 냉전 시기 북한은 '조선민족'의 순수성과 민족의 단결을 강조하지만 정작 '민족주의'를 "계급적리익을 전민족적리익으로 가장하고 자기 민족의 〈우수성〉을 내세우면서 다른 민족을 멸시하고 증오하며 민족들사이의 불화와 적대를 일삼는 부르죠아 사상"[147]으로 단어 정의한 바 있다. 북한사회에서 민족주의를 인정하지 않았던 것은 사회주의나 주체사상 이외의

---

143) 강석희, 『조선에 대한 미제의 사상문화 침략사』(평양: 과학백과사전출판사, 1987) 참조.

144) 〈김일성 저작집 제15권, 평양시 승호구역 리현리당총회에서 한 연설〉 「당사업에서 주되는 것은 모든 사람을 교양하고 개조하며 단결시키는 것이다.」(1961.1.23), 15쪽.

145) 한국전쟁시기 미군과 한국군이 북상했을 때 북한주민의 다수가 이들을 환영했을 뿐 아니라 북한군이나 당원의 색출을 적극적으로 도운 것은 김일성으로 하여금 주민들의 반미 사상통제에 대한 필요성을 더욱 절감하게 하였을 것이다. 서재진(2002), 64쪽.

146) 〈김정일 선집 제12권〉 「주체문학론」(1992.1.20), 59~60쪽.

147) 『정치사전』(1973), 430쪽.

그림 3-36. 남한정부를 미 식민정부로 매도
출처: 『조선중앙연감』, 1975.

그림 3-37. 남한을 자주권을 상실하고 비참해진 미국의 식민지로 묘사
출처: 「미제침략군군화닦는 소년」, 『조선중앙연감』, 1982.

그림 3-38. 한미주둔군지위협정을 제2의 을사조약으로 매도
출처: 『죄악에 찬 미제의 조선침략사』.

그림 3-39. 북한의 반제반미투쟁
출처: 『조선중앙연감』, 1973.

그림 3-40. 북한의 반제반미투쟁
출처: 『조선중앙연감』, 1977.

그림 3-41. 북한의 반제국주의 국제연대투쟁 보도 사진
출처: 『조선중앙연감』, 2005.

모든 사상체계를 부르주아 지배체제의 혹은 제국주의 사상의 아류로 이해하고 있었기 때문이다. 프롤레타리아 국제 연대를 통한 전 세계의 공산화 목표와 타 사회주의국가와의 차별성을 강조하는 민족주의는 서로 상충되는 것이다. 특히 북한처럼 언어와 핏줄의 공통성을 중시하는 민족 개념은 계급론에 기초한 프롤레타리아 국제주의적 개념정의와는 상당히 다르다.[148]

하지만 1957년 김일성은 마르크스-레닌주의의 일반원칙을 적용함에 있어 '민족의 특수성'을 감안할 것을 주문하며 둘 사이의 절충점을 찾기 위한 고민의 흔적을 보인다.[149] '조선해방전쟁'을 일으킨 김일성은 사회주의 프롤레타리아 혁명을 전 조선 민족을 대상으로 전개하였고, 조선 민족과 혁명은 서로 융합된 '민족주의'적 개념의 일부였다. '사회주의적 애국주의'란 조국의 개념을 중시하되 조국은 북한에 한정되는 것이 아니라 '미제에 의해 속박된' 남한의 해방을 함께 의미하는 것이다. 한성훈은 1957년 말 북한에 공식 등장하고 1960년대 중반에 전면적으로 확산된 '사회주의적 애국주의'를 북한식 민족주의의 한 형태로 해석한다. 사회주의에 민족주의 개념을 도입하여 계급투쟁이라는 사회주의적 이해와 조국해방이라는 민족적 이해를 일치시키기 위한 자구책으로 표현한 것이 '사회주의적 애국주의'[150]이라는 것이다. 사회주의

148) 유홍림, 「북한 통치 이데올로기의 형성과 변화」, 김세균 외, 『북한체제의 형성과 한반도 국제정치』(서울: 서울대학교출판부, 2006), 64쪽.

149) "민족의 특수성을 지나치게 내세우고 마르크스-레닌주의의 일반적 원칙으로부터 물러서는 것이나 또는 민족적 특수성을 무시하고 마르크스-레닌주의의 일반적 원리와 다른 나라들의 경험을 기계적으로 적용하는 것은 다 사회주의의 위업에 손실을 가져오게 되는 것입니다." 〈김일성 선집 제5권, 조선로동당 중앙 위원회 확대 전원회의〉 「쏘련을 선두로 하는 사회주의 진영의 위대한 통일과 국제공산주의 운동의 새로운 단계」(1957.12.5), 239쪽.

150) 김일성은 다음과 같이 사회주의적 애국주의를 정의하였다. "사회주의적애국주의는 사회주의, 공산주의를 지향하는 로동계급과 근로인민의 애국주의이며 그것은 계급의식과 민족적자주의식을 결합시키고 자기 계급과 제도에 대한 사랑을 자기 민족과 조국에 결합시킵니다." 〈김일성 저작선집 제4권, 조선로동당 대표자회에서

적 애국주의는 1960년대 중반 이후 북한이 사상의 주체로 나가는 데 매우 중요한 역할을 하였다.[151] 사회주의적 애국주의가 탄생하고 확산되던 시기는 중소분쟁이 심화되면서 주체사상이 전면적으로 등장한 시점과 일치한다. 실제로 사회주의적 애국주의를 체계화한 북한의 문헌은 사회주의적 애국주의를 실현함에 있어 "주체적 립장"을 강조하고 있다.[152] 1956년 8월 종파사건에 따른 중국과 소련의 북한 내 권력투쟁 개입은 김일성의 민족주의 정향을 촉발시켰고[153], 이후 연안파와 소련파를 완전히 제거하고 권력을 독점한 김일성은 스탈린 격하 운동과 평화공존론(peaceful coexistence)이 부상하며 중소갈등이 깊어지던 시기 사회주의 대국으로부터도 북한의 정치적 자율성을 제고하고자 하였다.[154] 이 때 민족주의 개념은 프롤레타리아 국제주의 범주를 벗어나지 않으면서 조국해방이라는 민족적 특수성을 반영하는 형태로 등장한다. 중국군이 북한에서 철수했지만 미국은 남한에 핵무기를 배치하던 1950년대 말부터 북한은 대대적으로 반미 애국주의 운동을 전개하며 사회주

한 보고〉「현정세와 우리 당의 과업」(1966.10.5), 379쪽. 북한의 정치용어사전은 다음과 같은 해석을 덧붙이고 있다. "사회주의적애국주의는 계급의식과 민족적자주의식이 결합되여있으며 자기 계급과 제도에 대한 사랑과 자기 민족과 조국에 대한 사랑이 결합되여 있다." 『정치용어사전』(1970), 340쪽. 같은 맥락에서 마르크스-레닌주의에 배치되지 않으면서 조국에 대한 애국주의를 주문하는 관련 초기 북한 문헌은 다음을 참조. 조선로동당출판사 편, 『사회주의적 애국주의에 대하여』(평양: 조선로동당출판사, 1958).

151) 한성훈(2011년 봄호), 162~166쪽.

152) 강덕비 편, 『사회주의적 애국주의』(평양: 조선로동당출판사, 1963), 52~56쪽; 최성욱, 『우리 당의 주체사상과 사회주의적 애국주의』(평양: 조선로동당출판사, 1966).

153) 정성장, 「스탈린체제와 김일성체제의 비교연구: 지도이념과 권력체계를 중심으로」, 『국제정치논총』 제37집 2호(1997), 72쪽.

154) 우상화를 본격화하며 1인독재체제를 강화하던 중국과 북한으로서는 스탈린 격하 운동은 받아들일 수 없었다. 중국은 흐루시초프의 평화공존론을 수정주의로 비판했고, 김일성 또한 자신의 항일무장투쟁 전통(정통성)의 연속선상에서 제국주의로부터 '남조선 해방'이라는 노선을 고수하는 상황에서 남북이 평화롭게 공존한다는 것은 받아들일 수 없었다.

의적 애국주의를 실천한다.

이후 주체사상을 기초로 하여 북한의 독자성과 자주성을 강조하는 민족주의 담론이 반영된 '우리식사회주의'를 표방하기에 이른다. 북한은 우리식사회주의 하에서 인민대중은 사회적 집단의 발전역사에서 가장 높은 단계에 이른 '사회정치적 생명체'가 된다며 우리식사회주의의 우월성을 강조한다. 또 우리식사회주의를 "우리의 사상, 우리의 결심, 우리 인민의 구미에 맞게 건설한 사회주의, 주체성과 민족성이 최상의 높이에서 구현된 사회주의라는데 우리 나라 사회주의가 인민대중중심의 우리식 사회주의라고 부르는 참뜻이 있다"고 자부하며 "다른 나라 사회주의와도 구별되는 우리 식의 독특한 사회주의"라고 규정한다.[155]

동구권 사회주의의 붕괴에 직면하여서는 북한은 체제수호차원에서 민족의 개념을 좀 더 구체적이고 적극적으로 주체사상과 결합하여 북한식 사회주의를 통한 생존전략을 취한다. 진덕규는 동구사회주의의 전면 붕괴로 인하여 사회주의 사상 자체의 한계를 경험하였고, 북한은 사상적으로 동반붕괴하지 않기 위해 주체사상을 새롭게 발전시켜야 하는 시대적 요구에 발맞춰 민족주의를 끌어안았다고 설명한다.[156] 실례로 김일성은 1991.8.1 〈조국평화통일위원회 책임일군들, 조국통일범민족련합 북측본부 성원들과 한 담화〉에서 "정신로동을 하든 육체로동을 하든 자기 민족을 위하여 유익한 일을 하는 사람이라야 참다운 민족주의자로 될수 있습니다. 단일민족국가인 우리나라에 있어서 진정한 민족주의는 곧 애국주의로 됩니다."[157]라며 '부르죠아

155) 윤명현, 『우리 식 사회주의 100문 100답』(평양: 평양출판사, 2004), 2 · 22~24쪽. 동 문헌은 사회정치적 생명체를 다음과 같이 정의한다. "당의 령도밑에 수령을 중심으로 하여 조직사상적으로 결속된 인민대중이다." 같은 책, 3쪽.

156) 진덕규, 『북한 통치이념에 있어 민족주의 원용에 대한 분석』(서울: 통일원, 1991), 89~117쪽.

157) 〈김일성저작집 제43권, 조국평화통일위원회 책임일군들, 조국통일범민족련합 북

민족주의'와 대비한 '애국주의적 민족주의' 개념을 도입한다. 김일성은 덧붙여 "나의 혁명활동은 민족해방투쟁으로부터시작되였으며 나는 민족의 주체, 혁명의 주체를 세우기 위하여 투쟁하는 과정에 우리 혁명의 지도사상인 주체사상을 창시하였습니다. (중략) 참다운 애국자만이 세계혁명에 충실한 참다운 국제주의자로 될수 있습니다. 이런 의미에서 나는 공산주의자이면서 애국자인 동시에 국제주의자라고 말할수 있습니다."라며 애국자와 민족주의자, 사회주의자와 국제주의자에 등가를 매기며 민족주의를 주체사상의 연장선상에서 설명하고 있다. 김일성 사후 김정일 또한 "공산주의와 민족주의는 애국애족이라는 공통된 요구와 지향을 가지고 있다."고 언급하며 '반공민족주의' 및 '브루조아 민족주의'와 대별되는 '애국애족 민족주의'를 정당화한다. "공산주의와 대립되는것은 민족주의일반이 아니라 민족주의의 너울을 쓰고 민족공동의 리익을 소수 착취계급의 리익에 종속시키는 부르죠아민족주의이며 민족리기주의, 민족배타주의이다."[158]라며 김정일은 '애국애족 민족주의'를 합리화한다.

일찍이 1982년 김정일은 주체사상을 논하면서 대미 사대주의를 경계하고 "사상에서 주체를 세우기 위하여서는 민족문화를 발전"시켜야 한다고 주문하며 주체사상의 민족주의 정향을 분명히 한 바 있다.[159] 1986년 김정일은 조선민족제일주의를 주창[160]한 후 1989년 이를 구체화하여 발표하고[161] 1990년대에

측본부 성원들과 한 담화〉「우리 민족의 대단결을 이룩하자」(1991.8.1), 169쪽.

158) 〈김정일 선집 제14권〉(1997.6.19), 316쪽. 김일성에 이어 김정일 또한 "참다운 혁명가, 공산주의자가 되자면 열렬한 애국자, 진정한 민족주의자가 되어야 한다"고 주장한다. 〈김정일 선집 제15권, 조선로동당 중앙위원회 책임일군들과 한 담화〉「민족주의에 대한 올바른 리해를 가질데 대하여」(2002.2.26), 260쪽.

159) 〈김정일 선집 제7권〉(1982.3.31), 177쪽.

160) 김정일은 "자기 나라 혁명에 충실하자면 무엇보다도 자기 민족을 사랑하고 귀중히 여길줄 알아야 합니다. 나는 이런 의미에서 우리 민족제일주의를 주장합니다."라며 조선민족제일주의를 주창한다. 〈김정일 선집 제8권〉(1986.7.15), 444쪽.

들어 조선민족제일주의라는 용어가 김정일의 담화에 보편적으로 등장하고 조선민족제일주의 정신을 고양하기 위한 사업이 대대적으로 추진된다.[162] 실례로 1990년대 초 북한은 조선민족제일주의 정신을 고양하기 위한 사업의 일환으로 단군릉 발굴과 복원을 대대적으로 추진했다. 또한 개성 문화유적 관리사업, 동명왕릉, 고려 성균관 복원사업 등이 기획되었고, 1993년 12월 최고인민회의 제9기 6차회의에서는 '민족문화산업을 옳게 계승, 발전시키기 위한 사업을 더욱 개선 강화할 데 대하여'라는 결의안을 채택하기도 했다. 이 모든 노력은 조선민족의 우월성을 근거로 붕괴에 직면한 다른 사회주의 국가들과 북한을 차별화하고 체제결속을 강화하려는 의도에서 비롯되었다.[163] 김정일은 "우리가 말하는 조선민족제일주의는 생물학적개념이나 지리학적개념, 경제학적개념이 아니라 정치사상적개념입니다. (중략) 우리 인민의 민족성이 강한것은 위대한 주체사상을 민족의 넋으로 지니였기때문입니다."[164] 라며 주체사상의 연장선상에서 조선민족의 우월감을 표명하는 민족주의를 제언한다. "김일성 항일 혁명의 전통을 계승하고 구현"하여 "미제침략자들을 타승"하는 것이 가장 중요한 민족의 전통을 이어나가는 것이라는 주장도 함

161) 〈김정일 선집 제9권〉(1989.12.28), 443~468쪽.

162) 김정일의 민족주의적 성향은 앞서 말한 1980~1990년대가 아니라 이미 1960년대 초의 그의 어록에도 드러난다. 김정일은 남한 국민들의 숭미사상의 그릇됨을 깨우치기 위해 "우리 민족의 우월성에 대한 높은 긍지와 자부심을 가지도록" 해야 한다며 다음과 같이 언급한다. "민족자주의식은 자기 민족에 대한 사랑, 자기 민족의 우월성에 대한 긍지와 자부심에 기초하여 형성되고 발현됩니다. 자기 민족을 사랑하지 않는 사람, 자기 민족이 다른 민족보다 못하지 않으며 우월하다는 긍지와 자부심이 없는 사람은 높은 민족자주의식을 가질수 없으며 민족의 자주독립과 발전을 위하여 몸바쳐 투쟁할수 없습니다." 〈김정일 선집 제1권, 조선로동당 중앙위원회 일군들과 한 담화〉「수령님의 위대성을 남조선인민들에게 널리 선전할데 대하여」(1965.4.27), 83쪽.

163) 유홍림(2006), 64쪽.

164) 〈김정일 선집 제10권〉(1990.1.11), 35~36쪽.

께 펼친다.[165] 김일성 사후에는 "우리의 사회주의조국과 우리 민족은 김일성조국, 김일성민족입니다."[166]라며 조선민족을 김일성민족으로 칭하고 '영원한 주석'으로 영생화된 김일성의 혼이 지배하는 민족으로 규정한다. 세계 제일의 김일성의 주체사상으로 무장하였기에 조선민족이 가장 뛰어난 민족이고 그렇기 때문에 김일성민족이라는 환원적 논리이다. 1998년 개정된 북한 헌법도 김일성헌법[167]으로 부르며 유훈통치를 통해 세습체제의 위기극복을 모색한다.

1980년대 북한 철학사전에서 민족은 "핏줄과 언어, 영토, 문화의 공통성에 기초한"[168] 집단으로 정의되어 이전과 달리 '핏줄'이 맨 앞에 등장[169]하기 시작한다. 1970년대 정치사전의 민족개념에 포함된 '경제생활'의 공통성을 '핏줄'로 대체하여 마르크스주의 민족 개념과 결별하고 혈통과 혈연에 기초한 북한식 민족 개념을 수립한 것이다. 북한은 이미 상고(上古)시대의 역사부터 '하나의 핏줄을 이어온 본토기원의' 단일민족이라는 과장된 역사관을 수립해 놓은 터였다.[170] 핏줄을 중시한 북한은 김일성-김정일로 이어진 핏줄을 통한

165) 김정일, 『민족문화유산과 민족적전통에 대하여』(평양: 조선로동당출판사, 2006), 106~107쪽.

166) 〈김정일 선집 제14권, 조선로동당 중앙위원회 책임일군들과 한 담화〉 「새로운 승리를 위하여 힘차게 싸워 나가자」(1995.1.1), 6쪽.

167) "조선민주주의인민공화국 사회주의 헌법은 위대한 수령 김일성동지의 주체적인 국가건설 사상과 국가건설 업적을 법화한 김일성헌법이다." 1998년 9월 5일 최고인민회의 제10기 1차회의에서 수정된 헌법 서문 발췌.

168) 사회과학원 철학연구소(1985), 246~247쪽.

169) 김정일도 민족을 정의할 때 핏줄을 우선적으로 언급하였다. 〈김정일 선집 제15권〉(2002.2.26), 256쪽; 1970년도 철학사전은 민족을 '핏줄'이라는 언급 없이 "언어, 지역, 경제생활, 문화와 심리 등에서 공통성을 가진 력사적으로 형성된 사람들의 공고한 집단"으로 정의하고 있다. 사회과학원 철학연구소, 『철학사전』(평양: 사회과학출판사, 1970; 도쿄, 학우서방 번각발행, 1971).

170) 김정배는 북한의 역사서가 구석기 시대의 원인(猿人), 고인(古人)을 예로 들고 곧바로 신석기 문화와 청동기 문화가 모두 '하나의 핏줄을 이으며' 연속적인 계승 발

대를 이은 통치를 미화하고 수령체제하에서 지배받는 민족을 제일 우수한 민족으로 선전하며 유일지배체제를 정당화한다.

이러한 조선민족제일주의는 타 민족에 대한 배타적 우월감으로 표현된다. 북한은 남한의 다문화가정에 대한 사회적 논의가 보편화되는 것에 대해 맹비난을 하고 나선다.

> 남조선의 친미사대매국세력이 운운하는《다민족, 다인종사회》론은 민족의 단일성을 부정하고 남조선을 이민족화, 잡탕화, 미국화하려는 용납 못할 민족말살론이다.《다민족,다인종사회》론의 반민족성은 바로 민족자체를 부정하고 나라와 민족을 제국주의자들에게 내맡긴다는데 있다.[171]

북한은 다인종문제를 미국의 남조선 군사강점의 산물로 치부하고, 다인종사회의 보편화는 세계를 일극화하려는 미국의 범죄책동으로 규정하며 "남조선의 각계각층 인민들은 주체성과 민족성을 저버린 나머지 우리 민족의 혈통마저 흐리게 하고 민족자체를 말살하려는 사대매국세력의 반민족적책동을 단호히 배격하여야 한다. 그리고 우리 민족제일주의와《우리 민족끼리》의 기치를 더욱 높이 들고 민족을 지키고 통일을 이룩하기 위한 애국투쟁에

전을 했다는 본토기원의 단일민족설을 주장하는 것은 배타적 민족주의에 기인한 지나친 논리적 비약이라고 지적한다. 김정배, 「한민족 본토기원설과 진국의 고대국가설」, 김정배 편, 『북한이 보는 우리 역사』(서울: 을유문화사, 1989), 50~52쪽. 본토기원의 단일민족설에 대한 북한 역사서는 다음을 참조. 장우진, 「원시문화에 반영된 조선사람의 단일성」, 『력사과학』(1977년 제2호), 44쪽. 사회과학원 력사연구소, 『조선전사: 원시편』(평양: 사회과학출판사, 1979). 김용남, 「우리 나라에서 발견된 인류화석과 조선사람 기원 문제의 해명」, 『력사과학』(1981년 제4호), 49쪽.

171) 〈조선중앙통신/로동신문〉 「〈다민족,다인종사회〉론은 민족말살론」(2006.4.27). 그럼에도 불구하고 북한은 대외적 관계에 있어서는 다른 나라 민족을 존중하므로 우리민족제일주의는 민족배타주의와는 거리가 멀다고 주장한다. 단지 제국주의자들의 침략과 지배를 위한 '세계주의'에 반대할 뿐이라는 논리이다. 송승환, 『우리 민족제일주의와 조국통일』(평양: 평양출판사, 2004), 6~10쪽.

그림 3-42. 평양축전에 참가한 남한의 임수경
출처: 『조선중앙연감』, 1990.

적극 떨쳐나서야 할것"[172]이라고 주문한다. 김정일도 미국을 세계 모든 민족이 경계해야 할 적으로 간주하며 '민족의 자주성'을 지키기 위한 투쟁을 강조한다.

> 미제국주의자들의 〈세계화〉, 〈일체화〉책동은 세계를 미국식 〈자유세계〉, 〈민주주의세계〉로 만들어 미국이 모든 나라와 민족들을 지배하고 예속시키자는 것입니다.[173]

북한은 1980년대 말부터 동구권의 붕괴와 함께 시작된 세계화의 흐름을 미국의 '세계제패야망'을 실현하기 위한 음모로 해석하고 세계화 흐름 속에 북한도 함께 휩쓸리는 것을 극도로 경계하였다. 세계화의 바람으로부터 체제를 수호하기 위해 조선민족제일주의를 강화한 측면도 있다. 북한은 세계화를 '미국화'에 따른 온갖 병폐를 몰고 와 민족의 자주성을 해치는 반민족적 흐름으로 규정한다. '민족자립경제와 민족문화를 부정하는 미제국주의화', '백인인종 우월성을 강조하는 민족배타주의', '다국주의기업의 착취를 정당화하는 경제적 침탈'을 야기한다는 것이다.

> 오늘 미제국주의자들은 반동적 부르죠아인종론과 민족배타주의를 침략적인 세계주의와 결합시켜 저들의 세계제패야망을 실현하기 위한 사상적도구로 리용하고있습니다. 민족국가와 자립적민족경제와 민족문화를 부정하고 《세계국가》와 《세계적인 경제》, 《국적없는 문화》를 제창하는 세계주의는 제국주의자들의 침략과 지배, 다국적기업의 착취를 정당화하는데 복무하고 있습니다. 미제국주의자들은 인종주의와 민족배타주의, 세계주의를 고취하고 백인종의 《우월성》과 세계에서의 미국의 《지도적역할》을 날조하면서 세계를 제패하여

---

172) 〈조선중앙통신/로동신문〉 「〈다민족,다인종사회〉론은 민족말살론」(2006.4.27).
173) 〈김정일 선집 제15권〉(2002.2.26), 261쪽.

> 세계 여러 민족을 노예화하려고 악랄하게 책동하고있습니다.[174]

김정일은 작은 민족이 '미제와 일제의 침략으로부터 싸워 이긴 역사'를 근거로 조선민족의 우월성을 강조하며 조선민족제일주의정신으로 세계화의 몸통인 미제국주의와 맞설 것을 주문한다.

> 세계인민들의 반침략투쟁의 력사에는 자기보다 강대한 원쑤와 싸워이긴 사실이 적지 않지만 일제와 미제를 반대하는 우리 인민의 투쟁처럼 력량대비에서 엄청난 차이가 있는 강대한 원쑤와 싸워이긴 례는 없었습니다. 그렇기때문에 세상사람들은 강대한 일제와 미제를 타승한 조선인민을 영웅적인민이라고 부르고있는것입니다. 이 한가지 사실만을 가지고도 우리는 조선민족이 제일이라고 떳떳이 자랑할수 있습니다.

북한의 조선민족제일주의는 북한 뿐 아니라 혁명의 대상이 되는 '남조선'도 조선민족이라는 전제를 깔고 있다. 조선민족제일주의를 위해 가능했던 담론이 '우리민족끼리'이다. 북한의 '우리민족끼리' 담론은 2000년 6월 남북 정상회담 이후 본격화된다. 김일성이 동구권의 붕괴에 따른 주체사상의 동반붕괴를 막고 주체사상의 연장선상에서 민족주의를 끌어안아 돌파구를 마련했다면, 김정일은 민족주의를 수용하여 경제적으로 남한을 끌어안고(〈표 3-3〉, 〈표 3-4〉, 〈표 3-5〉) 정치적으로 주민들의 대미 경계심을 고조시키기 위한 전략으로 활용하였다. '우리민족끼리' 담론은 부시행정부의 급격한 대북강경노선으로의 선회와 핵을 둘러싼 북미대치 심화로 정치적 긴장이 고조되자 대북포용정책을 펼치는 남한 정부와 여론의 도움을 받아 미국의 정치군사적 압력을 완화하고, 남북경협확대로 북한 경제난을 해소하여 체제위기를 극복

---

174) 〈김정일 선집 제9권〉(1989.12.28), 445~446쪽.

표 3-3. 대북지원 현황[176]

(단위: 억 원)

구 분		1995	1996	1997	1998	1999	2000	2001	2002	2003	2004	2005	2006	누 계
무상	정부	1,854	24	240	154	339	978	975	1,140	1,097	1,313	1,360	2,296	11,770
	민간	2	12	182	275	223	387	782	576	766	1,558	779	709	6,251
	계	1,856	36	422	429	562	1,365	1,757	1,716	1,863	2,871	2,139	3,005	18,021
식량차관							1,057		1,510	1,510	1,359	1,787		7,223
총 계		1,856	36	422	429	562	2,422	1,757	3,226	3,373	4,230	3,926	3,005	25,244

주: 민간단체에 대한 정부의 기금지원(매칭지원)분은 정부지원에 포함.

표 3-4. 남북교역 규모[177]

(단위: 백만 달러)

구분	'89	'90	'91	'92	'93	'94	'95	'96	'97	'98	'99	'00	'01	'02	'03	'04	'05	'06	계
반출	-	2	6	11	8	18	64	70	115	130	212	273	227	370	435	439	715	830	3,925
반입	19	12	106	163	178	176	223	182	193	92	122	152	176	272	289	258	340	520	3,473
계	19	14	112	174	186	194	287	252	308	222	334	425	403	642	724	697	1,055	1,350	7,398

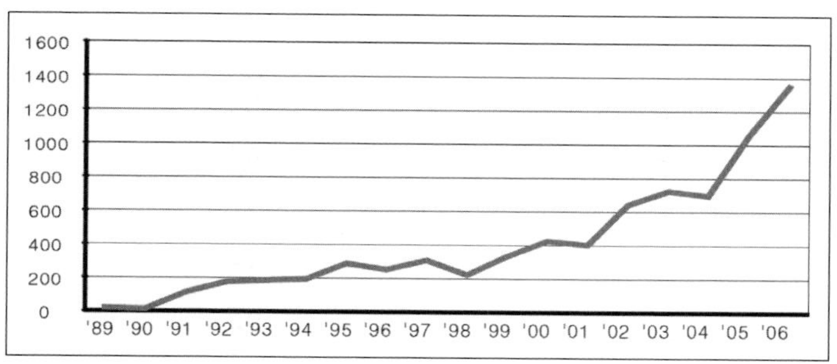

표 3-5. 연도별 남북 왕래인원 현황[178]

(단위: 명)

구분	'89~'98	'99	'00	'01	'02	'03	'04	'05	'06	계
인원	6,297	5,661	7,986	8,742	13,877	16,303	26,534	88,341	101,708	275,449

주: 금강산 등 관광인원 제외.

하고자 하는 고도의 수사적 전략이다.

> 《우리 민족끼리》의 리념은 바로 우리 민족제일주의에 기초하고있는 리념이다. 지금 우리 민족의 존엄과 자주권, 리익을 엄중히 침해하고 자주통일운동을 가로막는 주되는 외세는 바로 미국이다. 우리 겨레가 미제의 오만하고도 파렴치한 대조선침략정책과 새 전쟁도발책동을 짓부시고 화해와 단합,통일운동을 계속 전진시켜나가기 위한 필승의 무기가 바로 우리 민족제일주의에 기초한 민족공조이다.[175]

위 로동신문 논설에서 볼 수 있듯이, 조선민족제일주의에서 뻗어나온 개념으로 '우리민족끼리' 담론을 논하고 있고, 결국 '우리민족끼리'는 반외세, 반미 투쟁을 같은 민족인 남한까지 확대해 끌어들여 공동의 반미전선을 구축해 나가자는 구호이기도 한 것이다. 통일담론에 있어서도 미국을 배제한 남북 민족의 자주성과 민족공조를 무엇보다 강조한다.[179] 우리민족끼리를 통한 남북경협의 확대는 세계화나 '미제국주의의 경제적 침탈'로부터 북한을 보호하고 '경제적 주체'를 강화하는 데 도움이 된다. 북한은 김일성시기 7 · 4 남북공동성명의 '민족자주'정신과 김정일 시기 6 · 15공동선언정신 및 '우리민족끼리'담론에 동참하지 않는 남한 당국자들을 수구반동으로 몰아세우고 '미국의 식민지 침탈정책에 부화뇌동하여 사리사욕을 채우는 매국배족세력'으로 매도하고 있다. 북한의 민족주의 담론의 남한으로의 투사는 남한 내에서 '친미(보수)'와 '친북(진보)'이라는 이분화된 이념적 갈등을 조장해 남남갈

175) 〈조선중앙통신/로동신문〉「우리 민족제일주의는 자주통일을 앞당기기 위한 애국애족의 기치」(2004.1.5).

176) 통일부 편, 『2008 통일백서』(서울: 통일부, 2008), 204쪽에서 재정리.

177) 통일부 편(2008), 116쪽에서 재정리.

178) 통일부 편(2008), 114쪽에서 재정리.

179) 송국현, 『우리 민족끼리』(평양: 평양출판사, 2002), 1~170쪽.

그림 3-43. 남한 정권과 국민을 분리해 접근하는 북한-
1984년 북한의 남한 수해민 지원
출처: 『조선중앙연감』, 1985.

등[180]을 고조시키는 정치적 의도 또한 내포하고 있다. 이렇듯 북한의 민족주의 담론은 다양한 정치, 경제적 목적을 염두해 두고 전개되고 있다.

지금까지 살펴본 바와 같이 북한의 이념에서 민족주의는 빼놓을 수 없는 요소였다. 북한의 이념적 지형 또한 '민족주의적 사회주의'에서 '사회주의적 민족주의'[181]로 변모해 나갔다. 주체사상에 토대를 둔 북한의 민족주의는 단순한 내부단결을 위한 대내적 담론이 아니라 정치사상적 의미를 둔 반제반미투쟁의 이념이기도 하다. 항일무장투쟁의 뿌리에서 뻗어 나온 반제 저항 민족주의는 주체사상과 결합하였다. 반제 저항 민족주의는 사회주의 국제연

---

180) 진보와 보수 간의 해방 이후 노무현 정부까지의 남남갈등 배경에 대하여는 다음을 참조. 손호철, 『해방 60년의 한국정치, 1945~2005』(서울: 이매진, 2006), 16~64쪽.

181) 전미영, 「통일담론에 나타난 남북한 민족주의 비교연구: 통일이념의 모색」, 『국제정치논총』 제43집 1호(2003), 194쪽.

대 붕괴 시기 민족기반 북한식 사회주의로 탈바꿈하여 민족의 자주성을 고수하기 위한 반미투쟁의식을 고취시키며 김일성-김정일 체제수호에 이용된다. 조선민족제일주에서 파생한 우리민족끼리 담론 또한 우월한 북한의 사상적 무장을 확대해 한민족 공동의 반미전선 구축에 그 대외정치적 목표를 두고 있다.

로동신문

경애하는 수령 김일성동지께서 평양시 근로자들과
함께 지방주권기관 대의원선거에 참가하시였다

위대한 수령 김일성동지의 두리에
철석같이 뭉친 조선인민의 승리 만세!

전체 선거자들의 100%가 투표에 참가
전체 선거자들의 100%가 찬성 투표

경애하는 수령께서 령도하시는 인민정권에
대한 절대적인 지지와 두터운 신뢰의 표시

그림 3-44. 선거 참여율 100퍼센트, 찬성율 100퍼센트
출처: 『조선중앙연감』, 1971.

그림 3-45. 김일성 김정일 김정숙 우표
출처: 『조선중앙연감』, 2001.

그림 3-46. 김정일 집무 모습
출처: 『조선중앙연감』, 1997.

그림 3-47. 정일봉
출처: 『조선중앙연감』, 1989.

그림 3-48. 김일성의 사망을 슬퍼하는 아이들
출처: 『조선중앙연감』, 1995.

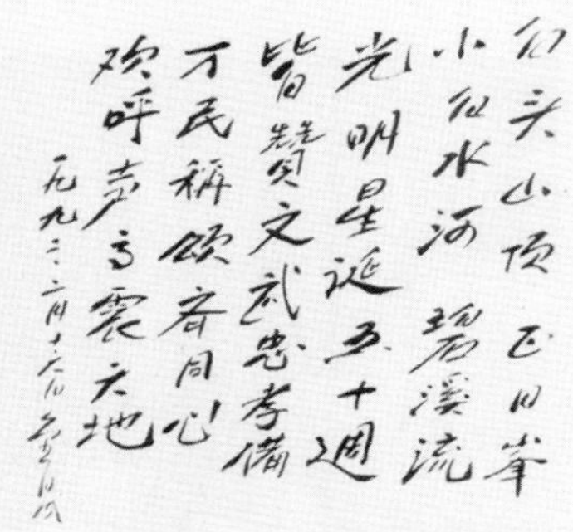

白頭山頂正日峯
小白水河碧溪流
光明星誕五十週
皆贊文武忠孝備
万民稱頌齊同心
歡呼聲高震天地
一九九二.二.十六 金日成

백두산마루에 정일봉 솟아있고
소백수푸른물은 굽이쳐 흐르누나
광명성탄생하여 어느덧 쉰돐인가
문무충효 겸비하니 모두다 우러르네
만민이 칭송하는 그마음 한결같아
우렁찬 환호소리 하늘땅을 뒤흔든다
1992. 2.16 김일성

그림 3-49. 김정일 쉰돌을 경축하는 김일성
출처: 『조선중앙연감』, 1993.

그림 3-50. 북한의 북미평화협정 체결 주장
출처: 『조선중앙연감』, 1996.

3절 정권안보 차원

Brian L. Job은 정통성이 취약한 제3세계 국가의 정권안보(regime security) 관련 특징으로 1) 군사화 2) 억압과 공포정치 3) 외부 적의 위협을 과장하여 내부의 불만과 관심 전환 유도라는 세 가지를 지적한다.[182] 정권이 야수적 물리력을 동원할 수밖에 없는 이유로 내부 불만세력의 요구를 충족시킬 수 있을 정도의 유연한 개혁 정책을 펼 수 없는 정권의 '경직성'을 지목한다. 억압을 통한 공포정치는 정책의 성공 가능성이 높아서 만이 아니라 효율성 있는 대안을 제시할 수 없는 정치 제도 및 경제적 자원의 빈약함에서 기인한다.[183] 이들 정권은 대외적 국가안보 위협을 과장하면서 군사력 강화 등 정권안보 강화 정책의 정당성을 확보하려는 속성을 가진다. 정권은 국민 다수의 지지를 받지 못하는 것을 두려워하여 이들에게 권한을 분배하는 것보다

---

182) Job(1992), pp.28~31.

183) 중세 현실주의 정치철학자 마키아벨리는 (통치력을 강화하기 위해) "군주는 국민에게 사랑받는 동시에 두려움의 대상이 되면 좋겠으나 사랑과 두려움이 공존하는 경우는 드물기 때문에 둘 중 하나를 택하자면 사랑보다는 두려움의 대상이 되는 것이 더 안전하다"고 말한다. "사랑의 대상이 되는 것은 신하들의 역량에 달려있지만 두려움의 대상이 되는 것은 군주 자신의 역량에 달려 있기 때문"이라는 것이다. Machiavelli, Niccolo(translated by Ninian Hill Thomson), *The Prince* (New York: Grolier, 1968), p.80 · 82. 군주제와 스탈린주의가 결합된 정권의 특징을 보이는 북한은 경제가 어려워져 지도자가 주민들의 사랑을 받지 못할수록 지도자는 군부에 의지해 억압과 공포정치에 더욱 의존하는 모습을 보여 왔다. 북한의 선군정치와 핵무장을 마키아벨리식 통치론으로 해석한 논문은 다음을 참조. 홍성후, 「마키아벨리 통치술로 본 북한의 핵개발정책분석」, 『한국동북아논총』 제46집(2008), 172~188쪽.

그림 3-51. 미국의 사주를 받은 첩자를 주지키시는 삽화
출처: 『승냥이 미제의 죄악』, 101쪽.

원하든 원치 않든 군부 엘리트와 규합하여 군사력을 바탕으로 한 단기적인 안보를 보장받으려 한다. 권력의 핵심에는 군부가 있고, 대외적 위협과 대내적 위협의 구분이 희미해져 국가안보와 정권안보의 경계가 모호해지는 상태에 이른다. 한 가지 주목할 만한 점은 이들 국가의 정권이 추구하는 안보는 장기적인 안보보다는 근시안적으로 단기적인 안보에 매달리는 속성이 있다. 이렇게 단기적이고 비효율적인 안보자원의 분배로 인해 이들 정권이 추구하는 안보는 국가안보보다는 정권의 존속에 급급하는 정권안보로 귀착된다. 이러한 특징은 선군정치를 펼치며 국가 비효율성에 불만이 팽배한 주민통제를 강화하고 미국의 위협을 조작·과장하면서 정권안보에 급급하던 김일성 사후 김정일 정권이 보여준 행태와 매우 유사하다. 본 절에서는 인위적으로 '미 제국주의의 침략'이라는 대외적 위협을 과장하고 대미 정보조작[184]을 통

184) 정권안보 차원의 정보조작에는 상징조작도 포함된다. 이 책에서는 선교사에 대한 상징조작 외에 반미 문화, 예술, 교육 등 일상사적 체계적 상징조작에 대해서는 다루지 않았다. 제한적이나마 상징조작의 예를 들자면 '해리슨 놈' 등 미국인 이름에 '놈'자를 붙이는 것이다. '미국을 증오하고 매도하는 행위는 애국이며 호의적 언사

해 정권안보에 집착할 수밖에 없는 북한 정권의 속성과 구조적 경직성에 따른 대미 불신의 심화 과정을 살펴본다.

1. 미국의 위협 조작 · 과장을 통한 정권안보 강화

1) 정적 숙청과 미제간첩 혐의 조작

한국전쟁을 도발하고 순식간에 남한을 점령할 것으로 예상했던 김일성과 북한은 압록강까지 밀리는 사면초가에 몰렸으나 중국군의 참전으로 대부분의 북한 영토를 회복하고 장기전에 돌입한다. 이즈음 전쟁 실패에 대한 책임론이 불거지며 당위원장이자 인민군최고사령관인 김일성은 자신이 짊어져야 할 비난의 화살을 대신 받아낼 희생양이 필요하게 되었다. 권력 경쟁자들의 도전도 점차 거세졌다. 소련파의 지도자격인 허가이는 당원 전체에 대한 충성심을 전면 재조사하는 사업을 시작하고, 이에 따라 60만 당원 중 45만 명이 출당 처분을 받는다. 이 중에는 30만 명에 달하는 북한 출신의 김일성 지지당원이 포함되었다. 허가이는 조선로동당을 대중당이 아닌 소련이나 중국처럼 엘리트당으로 재조직하려 하였고 김일성은 허가이를 자신의 권력에 도전하는 것으로 판단하고 당에서 추방해버리고 허가이가 축출한 당원들을 재입당시켜 김일성 자신의 지지세력을 대거 충원하였다. 허가이는 좌천된 후 자아비판에 직면해 숙청의 모멸감을 이기지 못하고 자살[185]한다. 북한 조

는 매국배족행위'라는 무의식적 자기세뇌를 조장하는 것이다. 북한은 학교에서조차 일본군과 미군 인형을 만들어 찌르고 죽이는 것이 운동회 등 행사에서 일반화되어 있다. 김정일의 요리사 후지모토 겐지에 따르면 김정일의 초대소 옥외 사격장에도 미군과 일본군 병사의 인형을 표적으로 만들어놓았다. 후지모토 겐지, 신현호 역, 『김정일의 요리사』(서울: 월간조선, 2003), 117쪽.

선로동당 중앙위원회 제6차 전원회의(1953년 8월 5일~9일)는 허가이의 자살을 '자아비판을 두려워한 수치스러운 행위'로 비난한다. 전원회의 결정서는 "박헌영의 비호하에 감행된 리승엽 · 리강국 도당들의 반당적 반국가적 범죄행위가 발로된 후 허가이의 자살사건이 발생되었다"면서 "그(허가이)는 우리 당에 잠입한 반당적 반국가적 간첩 · 파괴 · 암해분자들의 그루빠를 적발 폭로하는 사업에 있어서도 하등의 관심을 가지지 않고 방관적 태도를 취하였다"는 사실을 중요한 죄목 중의 하나라 지적함으로써 직접적 증거는 제시하지 않았지만 허가이가 박헌영, 이승엽 등의 국가전복 및 미제 간첩행위를 방조하였거나 연루된 듯한 인상을 남기고 있다.[186]

그림 3-52. 지속적으로 대미 위협을 과장하고 대미 적개심을 조장하는 북한의 예술영화
출처: 『조선중앙연감』, 1984.

한국전쟁이 북한의 정치 지형에 미친 가장 큰 영향은 박헌영과 남로당 세력의 몰락이라고 할 수 있다.[187] 김일성에게 박헌영, 이승엽 등 남로당계열

---

185) 안드레이 란코프는 허가이 자살 전 날 밤까지 허가이와 함께 시간을 보낸 표트르 최 및 관계자의 증언과 당시 정황을 바탕으로 허가이는 자살한 것이 아니라 김일성의 지시에 의해 암살당한 후 자살로 위장되었다고 주장한다. 안드레이 란코프(1999), 178~183쪽.

186) "박헌영의 비호 하에서 리승엽도당들이 감행한 반당적 반국가적 범죄적 행위와 허가이의 자살사건에 관하여(조선로동당 중앙위원회 제6차 전원회의 결정서 1953년 8월 5일~9일)"; 김광운(2003), 850~859쪽.

187) 이종석(2000), 417쪽.

의 토착공산주의자들은 가장 두려운 정적이었다. 박헌영과 남로당계는 전통적 조선공산주의 운동의 주류였고 남북한에 걸쳐 해방 전부터 활동한 지연과 이에 따르는 동조세력이 방대하였으며 박헌영의 개인적인 능력과 영향력이 지대하였다는 점[188] 때문이다. 실제로 조선공산당 계열의 이승엽, 이강국, 임화 등은 전쟁이 지지부진하게 끝날 것으로 판단하고 김일성을 제거한 다음 박헌영을 북한의 지도자로 추대하고 조선로동당을 대신해서 조선공산당을 재건하려고 모의했다. 이들은 1951년 8월 남한의 지하공작을 위해 황해도에 남한 출신들을 교육하는 '금강정치학원'을 설립했다. 학원 관계자들은 모두 박헌영 지지자들이었으며 이승엽이 김일성의 제거 계획을 주모하였다. 4,000명의 지하공작원을 평양에 밀파하여 김일성과 그 일당을 축출하려 계획하였고, 1953년 초 군대를 동원하여 군사쿠데타를 기도하였으나 김일성의 빨치산들에게 전부 체포되었다.[189] 주동자들은 국가전복과 간첩혐의로 대부분 사형당했다.[190] 같은 시기에 체포된 박헌영은 이들과 별도로 1955년 12월 14일 재판이 열려 그 다음날 사형 선고를 받는다.

---

188) 허정범, 「북한의 숙청연구: 기능과 유형을 중심으로」, 경남대학교 북한대학원 석사학위논문(2006), 32쪽; 박헌영에 대한 재판은 이승엽 등의 남로당계 재판 후 2년 4개월이나 지난 1955년 12월에 열린다. 그 이유로는 조선로동당 중앙부위원장이고 내각 부수상 겸 외상으로 남로당계의 절대적인 지지를 받던 박헌영을 재판하여 사형을 언도하는 데 따른 내외여론의 파문을 피하고 싶을 정도로 박헌영의 영향력이나 위상이 크다고 추정해볼 수 있다. 같은 책, 217~218쪽.

189) 서대숙(1989), 113~115쪽; 서대숙(2000), 83~85쪽.

190) 재판은 1953년 8월 3일에 시작하여 나흘째인 8월 6일 초고속 판결이 언도되었다. 검사의 구형대로 이승엽, 조일명, 임화, 박승원, 이강국, 배철, 배형복, 맹종호, 조용복, 설정식에게 사형 및 전재산 몰수, 윤순달에게 징역 15년 및 전재산 몰수, 이원조에게 징역 12년 및 전재산 몰수형이 내려졌다. 이에 때맞춰 북한 조선로동당 중앙위원회 제6차 전원회의(1953년 8월 5일~9일)는 "박헌영의 비호 하에서 리승엽 도당들이 감행한 반당적 반국가적 범죄적 행위와 허가이의 자살사건에 관하여"라는 결정서를 채택하며 이들의 반당·반국가적 행위를 비난하고 내부결속을 강조하며 김일성 중심의 체제를 한층 더 강화한다.

남로당계와 김일성(빨치산)과의 충돌은 예견된 것이었다. 소련 극동군 총사령관 바실레프스키 원수의 부관 출신 전 소련공산당 중앙위원회 국제부 부부장 코바넨코 증언에 따르면 스탈린이 김일성을 해방 후 북으로 보내기 전에 면접하여 낙점하였기 때문에 후에 박헌영이 또 다른 지도자 후보로 추대되어야 한다는 주장이 나왔지만 번복가능성이 없었다고 한다. 하지만 김일성의 독주로 불만이 쌓일 대로 쌓인 박헌영이 1946년 5월 김일성을 비판하는 편지를 러시아어로 작성해 스탈린에게 보내자 스탈린이 박헌영을 불러 '면접시험'까지 보는 상황이 발생했다는 것이다. 편지에는 '김일성의 민족통일노선은 해방정국에 적합지 않고, 일제 때 지하에서 항일 투쟁한 국내 공산주의자들을 무시하고 빨치산만 앞세우는 등 독재가 많고 중앙당을 무시하고 당을 분열시키고 있다'는 원색적의 내용이 포함되었다고 한다. 코바넨코는 결국 스탈린이 1946년 7월 박헌영과 김일성을 불러 재면접을 했고 또다시 김일성을 낙점했다고 증언하고, 훗날 김일성이 박헌영의 편지 사건을 여러 경로를 통해 알았을 것으로 추측된다고 회고했다.[191] 편지사건을 김일성이 알았다면 박헌영에 대한 감정의 앙금이 결코 사그라지지 않았을 것임을 추측할 수 있다. 남로당계는 김일성이 해방 후 스탈린과 소련군이 김일성을 조선의 영도자로 추대한다는 방침을 알았지만, 김일성을 박헌영처럼 정치가로 평가하지 않았고 단순한 '장군'정도로만 취급하였다. 김일성과 박헌영은 권력장악 방식도 서로 대치되었는데 박헌영이 중앙조직을 장악하고 지방 조직을 포섭하는 방식인 반면 김일성은 빨치산 출신 인물들을 중심으로 군을 장악하고 정치공작원을 군당(郡黨)수준에 파견하여 기초당 조직을 장악하는 방식을 택하였다. 즉 총대를 쥐어튼 다음 지방에 자기세력의 재생산기반을 마련해 중앙을 포위 장악하는 방식을 선택한 것이다.[192] 1952년 12월 조선로

191) 중앙일보 특별취재반(1993), 207~212쪽.

동당 중앙위원회 제5차전원회의에 이르러서는 남로당계와 북로당계 사이에 이데올로기면이나 조직면에서 각종 대립이 심각하였다.[193] 이미 남로당계의 박헌영은 김일성의 최대정적이었다.

박헌영 한국전 계획에 김일성과 어느 정도나 깊게 간여하였는지에 대해서는 다양한 분석이 나오고 있으나[194] 한국전쟁의 결과에 따라 김일성과 박헌영 간의 권력구도에 상당한 영향이 미칠 것임에는 분명하였다. 한국전쟁이 계획대로 성공하여 통일이 이루어졌을 경우 남한에 뿌리를 두고 있던 남로당계의 위신은 급격히 상승할 것이며, 계획이 실패하였을 경우 패전에 대한 책임을 김일성이 감수하지 않으면 안 되는 상황이 되므로 어느 경우에서건 김일성으로서는 전쟁기에 남로당계를 쳐 내고 자신의 권력을 공고화할 필요성을 느끼고 있었다. 1954년 12월 23일 김일성이 조선인민군군정간부회의에서 한 연설은 전쟁이 계획대로 성공리에 끝나지 못한 책임을 전적으로 박헌영과 이승엽 등 남로당계 지도자들에게 돌리고 있음을 알 수 있다.

> 1차 반공격시 박헌영은 우리를 속였습니다. 박헌영은 남조선에 20만 당원이 지하에 있다고 거짓말하였습니다. 남조선에 당원이 20만은 고사하고 1,000명만이라도 있어서 부산쯤에서 파업을 하였더라면 미국놈이 발을 붙이지 못하였을 수 있습니다. (중략) 만약 박헌영, 리승엽도당이 남반부에서 당을 마사먹지 않았더라면 우리는 벌써 조국통일위업을 이룩하였을 것입니다. 1946년과 1947년 쏘미공동위원회가 다시 열릴 때 남반부에서는 일부러 공개적으로 시위운동을 벌려 혁명가들을 모두 폭로시키고 그들을 학살당하게 하였습니다. 물론 박헌영, 리승엽은 미국과 리승만의 간첩이였으므로 그럴수밖에는 없었습니다.[195]

---

192) 김광운(2003), 102~108쪽.

193) 고준석 저, 유영구 역, 『비운의 혁명가, 박헌영』(서울: 글, 1992), 227 · 211쪽.

194) 박헌영과 남로당계의 정치적 목적에서의 한국전쟁 지지와 계획에 대한 학계의 다양한 해석에 대해서는 김학준(2010), 167~173쪽 참조.

김일성은 박헌영 일파의 숙청을 통해 1석2조의 효과를 얻는다. 최대의 정적을 완전히 무력화시켰고, 자신의 전쟁(조선해방)실패 책임을 회피함과 동시에 남한과 미국의 침략이라는 역사적 명제를 (최소한 북한 내에서는) 재판기록을 통해 구축해 낼 수 있었다. 최고권력자와의 권력투쟁에서 패한 정적은 스탈린식 권력독점과 동구 공산당 지도자들이 답습했던 예에서 보여지듯이 '오류'에서 시작해 '범죄행위'를 거쳐 '반역(대역)죄'로 처단되는 과정을 거친다. 이러한 과정을 거치며 정적들은 잠재적 지지자들로부터 철저히 고립되고 역사의 기록으로 단죄되어 '과거의 영웅'에서 모든 '인민의 적'으로 매장되는 것이다.[196] 김일성으로서는 한국전의 전세에 따라 남로당계의 부상을 우려할 이유가 충분히 있었다. 자의든 타의든 한국전쟁 중 전선의 남한쪽 후퇴와 함께 북에 체류하게 된 민족주의자들과 좌익 세력은 상당한 수에 이르렀고 남북로당이 합당하였으므로 조선로동당 당원이 되었다. 이들은 남로당계의 잠재적 지지세력이었고, 이들이 전후 북에 남아 권력투쟁이 벌어지는 날에는 박헌영과 이승엽 등 남로당계의 든든한 후원자 역할을 할 가능성이 높았다. 이러한 점에서 박헌영 간첩사건은 위험요소의 사전제거라는 측면에서 해석할 가치가 충분히 있다.

어쨌든 한국전 말기 박헌영 간첩사건은 민족주의자와 월북 좌익인사 및 남로당계의 세력화를 불가능하게 했다. 간첩사건 이후 이남 출신들은 누구나 박헌영과 거리를 두었으며 자신이 남로당 출신이라는 것을 결코 전면에 내세우지 못하는 처지에 놓이게 되었다.[197] 황장엽은 '박헌영, 이승엽 도당

---

195) 〈김일성 저작집 제9권, 조선 인민군군정간부회의에서 한 연설〉 「인민군대의 간부화와 군종, 병종의 발전전망에 대하여」(1954.12.23), 182~183쪽.

196) 스칼라피노 · 이정식, 『한국 공산주의운동사II: 해방 후 편(1945~52)』(서울: 돌베개, 1986), 565~566쪽.

197) 이신철(2008), 425~426쪽.

의 숙청 이후 해독(害毒)을 청산하기 위해 사상검토회의가 진행되었다'고 회고하고 있다. 남로당 계열에 대한 비판과 함께 월북 학자들의 입지가 좁아졌다. 북한출신 학자들은 남로당의 몰락을 정치적으로 이용하여 자신들의 우월성을 공고히 하려 했고 사상검토의 헤게모니도 북한출신 학자들이 쥐게 되었다. 황장엽과 함께 김일성대학 철학강좌를 한 교수 중 남한의 서울대학 출신 김진구도 간첩행위를 한 것으로 지목되어 비밀경찰에 체포된 후 사라졌다. 황장엽은 동료의 간첩혐의를 믿지 않았지만 비밀경찰에 일단 체포당한 뒤 무혐의로 풀려난 사람은 당시에 없었다고 그는 회고한다.[198] 이에 비춰볼 때 남로당계 몰락 이후 간첩혐의는 정치적 헤게모니 장악 과정에서 숙청의 목적으로 덧씌워지는 전가의 보도가 된 것이다.

결국 김일성에게 급격히 권력이 쏠리고 김일성 개인의 우상화가 가속화되었으나 입지가 좁아진 재북 민족주의자들은 이를 저지할 수 없었으며 겉으로나마 김일성 1인독재체제를 지지하지 않을 수 없었다. 이는 다시 김일성 독재권력의 정당성 부여와 권력강화로 이어져 김일성체제의 독주는 더 이상 돌이킬 수 없게 된다.

남로당계의 숙청 재판에 있어 의문을 제기하지 않을 수 없는 부분은 박헌영과 이승엽 등 남로당계 주된 죄목이 내란죄에 국한되지 않고 '미제 고용간첩'이라는 것이다. 남로당계 주요 수뇌부 모두가 간첩이라는 기소 내용과 재판기록 내용은 많은 의구심을 불러일으킨다. 남로당계와의 권력투쟁에 있어 김일성과 빨치산은 이들을 단순 내란 혐의가 아닌 미제의 고용간첩으로 낙인찍음으로써 얻을 수 있는 대내외적 정치적 이득이 상당하다. 첫째, 한국전 실패 책임 전가이다. 상기한 김일성의 연설에서도 알 수 있듯이 '아무리 뛰어난 능력을 가진 군사령관이라 할지라도 수뇌부 일부가 적과 내통하여 동

198) 황장엽(1999), 104~105쪽.

지들을 죽음으로 내모는데 어쩔 도리가 없었다'는 식으로 조선인민군 최고 사령관으로 패전 책임을 회피할 수 있는 가장 좋은 구실은 간첩죄를 적용하는 것이다. 둘째, 대외 공산권의 반발 무마이다. 전통적 공산주의자이며 정통성을 가지고 있는 박헌영을 처단하는 데에 따른 소련과 중국의 불편한 심기도 한국전 이후 중국과 소련의 공동의 최대 주적으로 변모한 국가인 미국의 고용간첩이라는 죄를 적용하고 입증함으로써 무마할 수 있다. 기소장에 박헌영의 친미 뿐 아니라 반소 반중 음모[199]를 명확히 기술한 것도 이러한 측면에서 이해할 수 있다. 또한 남로당계의 간첩죄 적용 처형은 연안파와 소련파의 차후 도전에 상당한 심리적 압박을 가하는 정치적 경고 메시지일 수 있다. 셋째, 대내적으로도 '공화국전복기도'죄만을 적용할 경우 당위원장이자 내각수반인 김일성도 종파주의가 공화국 전복으로 이어질 때까지 내부결속과 내부단속을 제대로 하지 못한 리더십 책임에서 벗어날 수 없다. 간첩죄 적용은 미제와 공모해 은밀하게 북으로 침투해온 남로당계를 사전에 적발하기가 어려웠음을 보여줘 김일성을 포함한 당내 지도부의 책임을 반감시킨다. 넷째, 남로당계 최고 수뇌부가 간첩이므로 이들이 등용한 대다수의 간부와 당원들 또한 간첩일 수 있다는 색깔론과 집단적 매도는 모든 남로당계와 이들에 우호적인 당원들의 정치적 부상을 차단할 수 있다. 실지로 이승엽·박헌영 간첩사건 이후 남로당 출신과 친남로당 세력은 대거 숙청되었고 정

---

199) "자기의 범죄 활동의 마지막 시기까지 박헌영은 파렴치하게도 자신을 '선량한 국제주의자'로 가장하고 겉으로는 쏘련을 열렬히 지지하는체 하면서 실제에 있어서는 쏘련을 반대하여 자신의 심복자들인 전 주쏘 특명전권대사 주녕하에게 당 및 정부의 시책과 쏘련에 대한 비방적 악선동을 감행하였으며 또한 전 주중 특명 전권대사 권오직과 동 대사관 전 참사 송성철을 자기위 범죄 활동에 인입시키고 그들에게 로골적으로 중화 인민 공화국 간부들을 비방하면서 중국에서는 배울 것이 없다느니, 중국 사람들과 속을 주고 외교하면 실패한다는 등 모략적 선전으로써 중화 인민 공화국과의 친선 관계를 파탄시키려고 기도하였다." 조선민주주의인민공화국 최고재판소 편(1956), 50~51쪽.

치생명이 끊겼다. 김일성은 박헌영·이승엽 세력과 김일성의 정적인 연안파·소련파 간의 연계를 억제해 이들의 정치적 제휴를 통한 권력 도전 또한 차단할 수 있었다. 결국 미제고용간첩죄는 대내외적 반발과 파장을 정면 돌파하면서 남로당계를 완전히 제거할 수 있는 유용한 카드인 것이다. 이후 북한에서는 반정권 성향이 있거나 실정에 대한 희생양으로 삼아야 하는 인물에 대해서는 간첩혐의를 적용해 처단하는 행태를 통해 정권을 강화하였다.

과연 이들이 간첩이었는지에 대한 사실확인은 이 책의 범위를 벗어나지만 '미제 고용 간첩죄'는 조작되었다는 것이 다수설이다. 백학순은 다음과 같은 이유로 박헌영은 미제간첩이 아니었다고 주장한다. 첫째, 해방 후 남한의 샤브신 소련 영사는 박헌영을 거의 매일 만나다시피하면서 박헌영의 후견인 역할을 했다. 둘째, 한국전쟁 발발 후 미군의 참전에도 불구하고 박헌영은 미국을 패퇴시키기 위해 적극적인 노력을 기울였고 미국을 맹비난했다. 미군의 인천상륙작전 후 박헌영은 중국군의 개입에 김일성보다도 적극적인 찬성입장을 취했다. 중국군의 개입으로 1951년 1월 서울을 재탈환 한 후에도 박헌영은 조중연합군이 남진을 계속해 미군이 한반도에서 철수하도록 자본가계급의 모순을 이용하자고 주장하였다. 셋째, 박헌영이 미제간첩 현의로 사형선고를 받은 이후에도 마오쩌둥은 박헌영은 미제간첩이 아니라고 항변한 바 있다.[200] 란코프는 이승엽-박헌영 재판은 재판극(劇)으로 알려진 1937~

---

200) 백학순(2010), 159~167쪽. 마오쩌둥의 발언은 백학순이 북경대 역사학과 김동길 교수로부터 입수한 중국외교부문서『모주석접견조선대표단담화기요』(1956.9.18)과『모주석접견소공중앙대표단담화기요』(1956.9.18)에 기초한 것이다. 1956년 '8월 종파사건'으로 연안파와 소련파 인사들이 심한 문책을 당하자 소련공산당과 중국공산당이 공동으로 조선로동당 사태에 개입하기로 하였고 1956.9.18 베이징에서 마오쩌둥이 미코얀이 이끄는 소련대표단과 최용건을 단장으로 한 조선대표단을 순서대로 만나면서 최용건에게 "당신들은 박헌영이 미국의 간첩이라고 말하였는데, 미국은 그가 미국의 간첩인지도 모르고 있지 않은가? 마구잡이로 살인을 해서는 안 된다."고 말했다. 같은 책, 167쪽. 마오쩌둥은 미코얀에게도 자신은 1953년 11월 김일성이 "박헌영의 반역죄 증거가 있으나 충분치 않다"고 하며 어떻게 하는 것이 좋

1938년의 모스크바 재판과 매우 흡사하다고 주장한다. 당시 숙청당한 소련의 최고지도자들은 국내외 기자들과 방송국 마이크 앞에서 자신들이 '외국 간첩'임을 자인하고 여러 파괴행위를 계획 · 실행했다고 진술했다. 재판은 정해진 시나리오에 따라 연극처럼 진행되었다. 1950년대 초 신흥 공산권 국가들은 거의 모두 이러한 재판을 진행하였고, 실권을 잡은 독재자들은 정적들을 한결같이 '미국 간첩'이나 '반소(反蘇) 파괴분자'로 몰아 숙청했다.[201] 남로당계 재판 조작설을 주장하는 대표적 인물 중 하나가 조선공산당 · 남로당원으로 활동하다가 일본으로 망명하여 박헌영 일대기를 집필한 고준석이다. 그는 박헌영과 남로당계 지도부에 대한 기소 내용을 조목조목 반박하고는 최창익 같은 북한 고위 권력층 내부인물의 (인도주의적 이유로) 박헌영 석방 요구를 예로 들어 박헌영에 대한 처벌이 과도하다고 동료들이 느꼈음을 설명하고 있다.[202] 박헌영 이승엽 등 남로당 숙청 재판 당시 검사와 판사는 법조계 인사가 아닌 김일성의 최측근들로 구성되어 있었고 방청인도 선별되었으며 재판형식도 보여주기 위한 재판이었다. 검사 이송운은 김일성과 항일투쟁 당시 보천부 전투 후 체포되었던 인물이다. 재판장도 법지식이 전무한 빨치산 출신 인민군 차수 최용건이었다.

박헌영을 추종하여 좌익활동을 하다가 월북하여 남로당 숙청 때 투옥되었

을지 조언을 구하자 김일성에게 "어떤 이유로도 죽여서는 안 된다"고 말했다고 전하였다. 같은 책, 176쪽. 반면 백학순은 박헌영의 최측근 중 한 사람인 리강국의 경우 1953년도 미육군 방첩대(CIC) 문서 파일을 근거로 미제간첩일 수 있다는 가능성을 열어두고 있다. 같은 책, 167~169쪽.

201) 안드레이 란코프(2009), 40~41쪽. 안드레이 란코프는 소련체제를 만든 사람들 대부분은 사회민주운동 출신 지식인들이었기 때문에 법 존중사상을 완전히 버리지 못하고 형식적이나마 재판을 거쳤고 소련의 영향으로 북한도 재판이라는 형식을 취했지만, 1950년대 말 이후 소련의 영향권에서 벗어난 북한에서는 오랜 전투로 폭력에 익숙한 김일성 빨치산 그룹에 의해 법을 무시한 테러정치가 시작되었다고 진단한다. 같은 책, 43~44쪽.

202) 고준석(1992), 212~222쪽.

던 박갑동 또한 박헌영 미제고용간첩사건은 박헌영의 정치적 위상에 열등감에 시달리던 김일성의 조작극이라고 항변한다. 김일성 박헌영 허가이 3인방에게 권력을 분점하게 한 뒤 뒤에서 북한에 통제력을 강화하려고 했던 소련의 스탈린이 사망하자 김일성이 박헌영, 허가이를 쳐내고 일인독재체제를 구축하기 위해 박헌영에게 미국 스파이 죄를 뒤집어씌웠다는 것이다. 그는 체포 후 재판을 통해 바로 즉결 처형한 이승엽 일당과는 달리 박헌영은 2년 반 이상을 가택연금 상태에서 심한 고문을 당하였고 가족에 대한 협박까지 이어져 결국 김일성이 원하는 대로 모든 조작된 죄목을 인정할 수밖에 없었다고 회고한다.[203]

박헌영은 초기 우호적인 대미관을 가지고 있었으나 월북 후 적대적 대미관으로 변모[204]한 것으로 알려져 있으나 이것만으로 박헌영을 미국의 간첩으로 속단할 수는 없다. 남로당(조선공산당)은 미군정이 박헌영을 포함 남한 내 좌익 탄압을 본격화하기까지 미소 간 반파쇼 공동전선이 구축되어 일본이 항복한 상황에서 미소 간 국제협력노선이 유지될 것으로 기대하고 '대미협조노선'을 유지한 바 있다.[205] 박헌영은 1953년 3월 하순 체포 직후 자신에게 씌워진 혐의 사실을 부인했고 자기비판도 거부하였다. 당시 혐의 사실은 해방 직후의 한두 가지 사례를 제외하면 모두 한국전 발발 이후 관련된 것들이다. 이것은 박헌영 체포의 직접적 동기가 한국전 발발 이후 조선로동당 내부 권력투쟁 및 전쟁책임을 둘러싼 분파간의 갈등에 기인한다는 것을 시사

203) 박갑동, 『박헌영: 그 일대기를 통한 현대사의 재조명』(서울: 인간신서, 1983), 260~279쪽.

204) 박헌영은 해방 후 미국독립기념일에 하지 사령관에게 축전을 보내는 등 미국이 미국과의 우호적인 관계를 모색하였다. 하지만 미군정당국에 의해 좌익계신문들이 정간당하고 박헌영에 대한 체포령이 내려져 월북한 이후로는 미국을 "독립을 원조하려는 것이 아니고 점령하려는" 침략적인 제국주의로 규정지으며 적대적 대미관을 고수한다. 김남식, 심지연 편저, 『박헌영 노선 비판』(서울: 세계, 1986), 76~81쪽.

205) 고지훈(2007.4), 203~233쪽.

한다.[206] 그러나 박헌영은 나중에 간첩죄를 포함 대부분의 혐의를 인정한다. 왜 인정할 수밖에 없었는가는 또 다른 추측을 요구한다.[207] 박헌영의 아들의 1997년 진술은 박헌영이 누명을 썼지만 이를 인정할 수밖에 없는 정황을 추측케 한다. 박헌영의 아들 원경스님은 1990년 여행 중에 전직 북한 고위 관리 박길룡에게 박헌영이 사망하게 된 경위를 듣는다. 박길룡에 따르면 1956년 8월 종파사건 당시 동유럽과 소련을 순방 중이던 김일성이 급거 귀국하여 (박헌영 재판관 중 한 명인) 방학세에게 그 날 안으로 죽일 것을 명령하였다고 한다. 김일성이 서둘러 처형을 명령한 이유는 '8월 종파'와 박헌영 세력의 제휴를 우려해서였을 것이다. 처형자들은 내무성 지하 감옥에 수감 중이던 박헌영을 끌어내 어느 산중으로 데려갔다. 박헌영은 죽음이 임박했음을 알

---

206) 임경석, 『이정 박헌영 일대기』(서울: 역사비평사, 2004), 466쪽.

207) 박헌영은 1955년 12월 15일 오전 시작된 공판심리에서 모든 기소사실을 인정하면서 "저의 공범자들인 리 승엽 등의 '신정부' 조직 음모라든가 무장 폭등 음모에는 제가 직접 참석치도 않았고 그 사실도 알지 못하나 나의 밑에서 범죄 활등을 하여 온 자들이라는 점에서 저에게 책임이 있다고 생각합니다."라며 일부 죄목에서 간접책임만을 인정하는 발언을 하였다. 그러나 오후 최후 진술에서는 이 또한 번복한다. "오전 공판 심리에서 '신 정부'와 '새 당'의 조직 음모라든가 무장 폭등 음모에 대한 직접적 책임이 저에게 없는 것 같이 진술한 부분은 한 개 궤변으로 잘못된 것이기에 취소합니다. (중략) 끝으로 제가 과거에 감행하여 온 추악한 반국가적·반당적·반인민적 매국 역적이 오늘 공판에서 낱낱이 폭로된 바이지만 여기 오신 방청인들 뿐만 아니라 더 널리 인민들 속에 알리여 매국 역적의 말로를 경고해 주시기 바랍니다." 조선민주주의인민공화국 최고재판소 편(1956), 61·107~108쪽.
필자는 이러한 번복과 사형선고를 받는 마당에 '매국 역적의 말로를 널리 경고해 달라'는 과장된 마지막 박헌영 발언을 자기가 말하고 싶어도 못하는 심정을 토로하는 반어적 항변이자 숨은 메시지로 해석한다.
안드레이 란코프는 이승엽과 박헌영의 재판은 '요란한 재판 연극'에 불과하다고 말한다. 1950년대 초 모든 사회주의 국가에서 1930년대 모스코바에서 진행되었던 재판을 모방하여 자국의 주요 공산주의 지도자들에 대한 재판(예컨대 헝가리의 라이카 재판, 불가리아의 코스토프 재판, 체코슬로바키아의 슬라빈스키 재판 등)을 했던 것과 마찬가지로 잠재적 불만세력을 제거하기 위하여 사전각본대로 연습하여 공개재판을 실시한다는 것이다. 안드레이 란코프(1999), 111~121쪽.

아차리고 “오늘 죽을 것을 아니까 여러가지 절차를 밟지 말고 간단하게 처리해달라”고 말했다. 처형 직전 박헌영은 김일성에게 부인[208]과 어린 남매를 외국으로 보내겠다는 약속을 지키라는 말을 전해달라고 부탁하였다 한다. 방학세는 권총을 박헌영의 머리에 대고 두 발을 쏴서 죽이고 그 자리에 묻었다고 전해진다.[209] 여기서 “부인과 어린 남매를 외국으로 보내달라”고 처형 직전에 박헌영이 김일성에게 부탁하는 말을 전하는 대목은 재판에서 박헌영이 왜 자신에게 제기된 모든 죄목을 변호사 선임도 거부한 채 아무런 저항 없이 그대로 인정하였는가를 짐작케 한다.

이렇듯 간첩사건은 김일성 독재정권 탄생과 강화를 위한 중요한 시기에 한 몫을 했다. 김일성의 간첩에 대한 편집증적 의심의 기원은 그의 항일무장투쟁 시절로 거슬러 올라간다. 1930년대 중국인들이 조·중 민족 혼성 군대 내 조선 민족을 일본첩자로 몰아 중국인민혁명군 내에서 대대적으로 체포, 살해한 민생단(民生團) 사건[210]때 김일성도 첩자로 의심을 받았으나 중국에서 위원중학에 다녔고 중국어에 능통하다는 것이 참작되어 무사할 수 있었다. 민생단 사건은 훗날 북한이 자주성을 고집하고 해방 이후 중국과의 가까운 관계에도 불구하고 민족자주를 강조하는 선험적 원인을 제공하였다.[211]

---

208) 박헌영은 월북 후 재혼하였다.

209) 임경석(2004), 476~477·532쪽.

210) 민생단은 1932년 간도 지역에 결성된 조선 이주민 단체로 일본군의 만주침략을 환영하는 등 친일기관 역할을 하였다. 중국 간도의 중국공산당과 항일유격부대에서 활동하던 수많은 조선인 당원과 부대원들이 친일 민생단원으로 의심받아 1932년 11월부터 1936년 2월까지 대대적인 숙청작업이 진행되어 수많은 무고한 조선인 항일운동가들이 처형된 사건이다. 김성호는 반‘민생단’투쟁 과정에서 조선인 당·단 간부와 항일혁명가 500여 명이 억울하게 학살되었고 수천 명이 의심, 배척당하고 박해를 받았다고 추정한다. 김성호, 『1930년대 연변 민생단사건 연구』(서울: 백산자료원, 1999), 539쪽.

211) 찰스 암스트롱 지음, 김연철·이정우 옮김, 『북조선 탄생』(파주: 서해문집, 2006), 59쪽; 스즈키 마사유키(1994), 32쪽. 스즈키 마사유키는 중국에서의 민생단 사건에

또한 민생단 사건은 간첩에 대한 깊은 두려움을 각인시켜 김일성의 항일빨치산 투쟁 과정과 박헌영(남로당) 등 간첩혐의를 적용한 정적 숙청에도 커다란 정신적 영향을 미쳤다. 간첩이 아닌 자에 대한 간첩혐의를 뒤집어 씌워 서로를 처형하는 것을 목격한 김일성은 박헌영 재판 직후 "일본놈들은 조선사람과 중국사람을 서로 리간시키며 또 조선사람끼리 서로 싸우게 하는 간책을 썼습니다. (중략) 우리가 박헌영도당의 사건을 취급할 때에 이것[민생단사건]이 큰 경험으로 되었습니다."라며 민생단 사건을 회고하고 서로를 이간시키려는 "미국놈들의 간계"를 조심할 것을 주문한다.[212]

김일성이 항일유격대 활동을 하면서도 가장 두려워한 것은 일본의 치안대가 아니라 유격대원들의 배신이었다고 한다. 동북항일연군 사령관 양징위를 뒤쫓는 일본 군경의 길잡이 노릇을 한 인물은 양징위의 부관이었던 청빈이었다. 결국 양징위는 토벌군에 의해 죽었고 동북항일연군은 붕괴되었다. 동북항일연군 내 김일성의 상관이자 화려한 항일 경력의 소유자였던 조선인 전광 또한 일본의 회유에 귀순하여 김일성을 잡는 데 길잡이로 동원되었다. 나중에 김일성은 당시를 회고하며 청빈을 중국 민족의 배신자, 전광을 조선 민족의 배신자로 비난하며 '사상수양'의 부족을 그 원인으로 지적하며 사상무장의 중요성을 강조한다.[213] 박득범도 1940년 전향하여 김일성의 빨치산

추가하여 소련 극동군과의 사이에서의 지도관계를 둘러싼 김일성의 굴욕감이 민족주의 감정을 자극하고 중소로부터의 자주성의 중요성을 각인시켰다고 지적한다. 김일, 오진우, 림춘추 등도 항일무장투쟁기 민생단 사건을 회고하며 반민생단투쟁에서 견지한 근본원칙을 '조선혁명의 기치 고수'에 두었다고 말하고 있다. 즉 중국의 혁명이 아니라 "자기 나라 혁명"을 수행하는 원칙에서 모든 혁명투쟁을 벌여나갔다는 것이다. 김일 · 오진우 · 림춘추『항일무장투쟁경험 1』(평양: 조선로동당출판사, 1983), 287~288쪽.

212) 〈김일성 저작집 제9권, 당선전선동일군들앞에서 한 연설〉「사상사업에서 교조주의와 형식주의를 퇴치하고 주체를 확립할데 대하여」(1955.12.28), 492쪽.

213) 김일성(1995), 409~410쪽.

동료인 최현을 잡으러 다녔다.[214] 해방 직후 한국전쟁 이전 시점까지의 김일성의 연설문을 보면 김일성은 남한과 미국이 보낸 간첩들이 북한 곳곳에 숨어 있다고 보고 이들을 매우 위협적인 존재로 인식하고 있었음을 알 수 있다.[215]

> 남조선에 기여든 미제침략자들과 그 앞잡이 리승만도당은 북조선에 간첩, 암해분자들을 들여보내여 살인, 방화, 파괴 행위를 악랄하게 감행하고있습니다. 지금 우리 주위에는 어떤 나쁜놈들이 숨어있는지 모릅니다. 우리는 언제나 경각성을 높여 반동분자들과 간첩, 암해분자들을 제때에 적발숙청하도록 하여야 하겠습니다.[216]

---

214) 서대숙(2000), 46~49쪽.

215) 해방 후 한국전쟁 이전까지 간첩의 위협적 존재를 언급한 김일성의 연설은 다음과 같다. "미제와 그 주구들은 민주주의정당들내부에 간첩을 파견하여 소위《반대파》들을 조작케 하고 무원칙한 론쟁과 종파적파벌싸움을 일으켜 민주력량을 분렬시키려고 하고 있다." 〈김일성 저작집 제2권〉(1946.9.26), 430쪽; "민주진영내부에 간첩, 파괴암해분자들과 가짜민주주의자들을 잠입시키고있습니다. 미국과 남조선의 반동파들은 자기들의 이러한 앞잡이들을 신민당과 인민당에는 물론, 심지어 공산당에까지 잠입시켜 진보적민주정당들을 내부로부터 와해시키려고 하였으며 특히 합당산업을 방해하기 위한 갖은 음모를 다하였습니다." 〈김일성 저작집 제2권, 북조선민주주의민족통일전선 중앙위원회 제8차회의에서 한 연설〉 「현시기 민전앞에 나선 몇가지 임무에 대하여」(1946.12.26), 579쪽; "우리는 미제와 그 주구 리승만도당이 간첩, 파괴암해분자들을 북조선에 잠입시켜 우리 당을 내부로부터 와해시키며 새 민주조선 건설을 파탄시키려고 음으로양으로 온갖 책동을 다하고있다는 것을 잊어서는 안됩니다." 〈김일성 저작집 제3권, 북조선로동당 함경북도위원회 제19차상무위원회에서 한 연설〉 「함경북도당단체의 사업을 개선강화할데 대하여」(1947.1.17), 40쪽; "지금 미제와 그 앞잡이들은 우리의 국가, 군사 비밀을 정탐하기 위하여 공화국북반부에 간첩, 파괴암해분자들을 많이 들여보내고있습니다." 〈김일성 저작집 제4권〉(1948.10.21), 476쪽; "미제와 리승만괴뢰도당은… 륙지와 바다로 공화국북반부에 간첩, 파괴암해분자들을 대대적으로 침입시키고있습니다." 〈김일성 저작집 제5권〉(1949.2.15), 73~74쪽; "아직 나쁜놈들이 곳곳에 숨어서 우리 제도를 반대하는 책동을 계속하고있습니다. 또한 남조선을 강점한 미제와 그 앞잡이 리승만매국역도는 간첩, 파괴암해분자들을 북반부에 계속 침입시키고있습니다." 〈김일성 저작집 제5권〉(1949.7.29), 215~216쪽.

지도자로서의 책임을 회피하고 자신의 권력을 공고화하는 두 마리의 토끼를 잡기 위한 미제간첩 조작 정적 숙청의 역사는 김일성 대에서 끝난 것이 아니다. 김정일도 김일성 사후 자신이 짊어져야 할 과오를 전가의 보도인 간첩죄 조작을 통해 전가하는 정치적 악습을 답습하였다. 김정일은 1997~1999년 수많은 아사자가 발생한 '고난의 행군' 시기 당 농업담당 서관히를 '미제의 간첩'으로 몰아 공개처형[217]한다. 식량난 책임을 서관히에게 뒤집어씌운 것이다. 그 때 평남도당 책임 비서 서윤석, 본부당 책임비서 문성술 등[218] 수천 명이 숙청되었는데 죄목은 "6.25전쟁 때 행적을 다시 조사해보니 간첩 혐의가 있더라"는 것이었다.[219] 사회안전성 산하 조직인 심화조는 '6·25전쟁 때부터 현재까지 잠복해 있던 간첩들을 적발했다'는 이른바 '심화조 사건'을 조작한다. 심화조 사건으로 수많은 간부들과 관련자들이 '남조선 안기부'나 '미국의 첩자'라는 누명을 쓰고 처형되거나 정치범 수용소로 보내져 항일무장투쟁기 '민생단 사건'을 연상시킬 정도로 공포와 민심이반을 야기하였다.[220] 심화조 사건으로 서관히는 '미국과 남조선의 첩자로, 임무를 받고 인민들을 굶어죽이기 위해 체계적으로 농사를 망치게 했다'는 죄목을 받아 총살당한다.[221]

---

216) 〈김일성 저작집 제2권, 평양학원개원식에서 한 연설〉「평양학원개원식을 축하하여」(1946.2.23), 79쪽.

217) 이종석(2000), 521쪽; 황장엽(2006), 21쪽.

218) 한기범, 「북한 정책결정과정의 조직행태와 관료정치: 경제개혁 확대 및 후퇴를 중심으로(2000~09)」(경남대학교 박사학위논문, 2009), 35쪽.

219) VISION 21 "고비 때마다… 김정일, 5번째 '피의 숙청'」(2010.6.9).

220) 현성일(2007), 393쪽.

221) '심화조 사건'은 총 2단계로 이뤄진다. 1단계는 1996~1998년까지, 2단계는 1998~2000년까지다. 수천 명이 희생되었고 그보다 더 많은 연고자와 가족들이 요덕수용소로 보내졌다. 김정일은 심화조 사건으로 도리어 민심이 흉흉해지자 공화국영웅칭호를 수여한 심화조 책임자 15명을 '반혁명적인 권력야심가'라는 책임을 물어 모두 총살하며 사건을 마무리한다. 「피의 숙청 '심화조 사건'의 진실을 말한다-前사회

간첩죄 적용은 실제 간첩행위를 하지 않은 일반 대상에게도 확대하여 정권에 대한 도전이나 불만 토로 자체를 간첩죄에 준하여 처벌하고 있다. 성혜림의 조카 이한영의 회고록 증언은 이를 설명한다. 이한영은 모스코바 유학 중 1980년 여름방학 기간 평양에 들러 자신의 첫사랑 리화라는 여자 가족 모두가 간첩죄로 수용소로 보내진 것을 알게 된다. 리화의 아버지가 북송 재일교포들이 모인 술자리에서 취기에 당중앙(김정일)을 비방하고 욕했다는 것이다. 이한영은 당시 권력자 이원범 당 중앙위원회 조직지도부 부부장에게 "간첩이 아니니 빼달라"고 부탁하지만 이원범은 "당중앙에 대해 불평불만하는 것도 간첩이나 마찬가지입니다."라고 말하고는 김정일이 비준한 사건은 어떤 권력자도 돌이킬 수 없다며 거절한다.[222] 유일체제하의 북한은 권력에 대한 도전이나 심지어 불만 토로행위조차 간첩행위라는 확대해석을 내리고 있다. 내국인 뿐 아니라 평양에 주재해 근무하는 외국인도 북한의 선전물을 비판하다가 CIA 첩자 혐의로 20년 형의 중형을 선고받고 복역한 예가 있다.[223]

2) 경제실정 책임회피 차원의 대미 위기의식 조장

김일성 사후 고난의 극심한 식량난으로 수많은 북한주민이 굶어죽는 사태

안전성 간부 NK지식인연대 기관지에 내막 기고」, DailyNK(2010.1.5);「서관히, 청년동맹 간부 등 처형의 진상은?」,『연합뉴스』(1998.2.18).

222) 이한영,『대동강 로열패밀리 서울잠행 14년』(서울: 동아일보사, 1996), 180~182쪽. 이한영은 당시 이원범의 비리를 약점으로 잡아 협박해 이원범이 조사기관의 실수로 처리해 리화 가족을 빼내왔다고 한다.

223) Breen, Michael, *Kim Jong-il: North Korea's Dear Leader* (Hoboken: John Wiley & Sons, 2004), p.128. 베네주엘라의 공산주의자 Ali Lameda와 프랑스의 좌익 Jaques Emmanuel Sedillot는 1966년 평양에서 북한의 선전물 번역 감수 작업을 하다가 선전물에 대한 비판을 한 죄로 CIA 첩자로 몰려 20년 형을 받고 복역하다가 1974년 루마니아의 차우세스크가 선처를 부탁해 풀려났다. Sedillot는 출옥 직후 북한에서 혹은 감옥에서 사망하였다.

가 발생했지만 김정일은 선군정치와 '대미적대시 정책'을 바탕으로 주민 통제와 사상무장을 강화하여 체제 붕괴를 막아냈다. 북한은 자신이 겪고 있는 경제적 어려움은 주체적 자주를 수호하기 위한 반제반미 투쟁 과정에서 미국의 경제제재로 어쩔 수 없이 감수할 수밖에 없는 희생[224]이라는 혁명 투쟁 의식을 가지고 있다. 미국의 대북 위협을 부풀려 강조 할수록 북한이 치러야 할 경제적 희생은 대내적 실정(失政)이 아닌 대외적 위협에 기인한다는 논리를 더욱 정당화하고 정권에 대한 주민의 불만을 억제하는 효과를 가져온다. 김정일은 김일성의 항일무장투쟁기 '고난의 행군' 정신을 강조하며 정권의 효율성이 극도로 약화되고 소외된 지역의 내부 불만이 증폭되는 상황에서 군을 통한 보안과 주민의 억압을 강화하는 한편 피폐한 국내 경제상황을 미국의 경제봉쇄와 대북 군사위협 때문이라며 그 책임을 전가한다.

> 《고난의 행군》시기에 자강도인민들이 식량문제로 하여 고생을 많이 하였다는데 그것은 다 미제국주의자들때문입니다. 미제국주의자들은 어떻게 하나 우리를 질식시켜 보려고 갖은 발악을 다하고 있습니다. 적들은 우리 나라에 정치적압력과 군사적위협뿐아니라 경제봉쇄까지 들이대고 있습니다. 그래서 우리 당과 인민이 《고난의 행군》을 하지 않으면 안되게 되였으며 그 과정에 많은 고생을 하게 되였습니다. 자강도인민들이 미제국주의자들의 책동에 격분을 금치 못해 하면서 천백배의 복수심을 가다듬고 있다고 하는데 그들의 사상적각오가 좋습니다.[225]

'고난의 행군' 시기 생존을 위해 북한을 탈출한 탈북민은 한결같이 북한의

---

224) Breen(2004), p.95.

225) 〈김정일 선집 제14권, 자강도의 여러 부문 사업을 현지지도하면서 일군들과 한 담화〉「자강도의 모범을 따라 경제사업과 인민생활에서 새로운 전환을 일으키자」(1998.1.16~21, 6.1, 10.20, 10.22), 394~395쪽.

표 3-6. 1990년대 후반 고난의 행군기 북한 식량작물* 생산량

(단위: 천M/T, %)

년도	톤수	증감률
1992	4,268	-3.6
1993	3,884	-9.0
1994	4,125	6.2
1995	3,451	-16.3
1996	3,690	6.9
1997	3,489	-5.4
1998	3,886	11.4
1999	4,222	8.6
2000	3,590	-15.0

* 맥류, 두류, 서류, 잡곡 등.
출처: 통계청 · 농촌진흥청.

경제난을 김정일의 실정에서 그 원인을 찾는다. 이를 의식한 김정일은 대미 위기의식을 과대 조장하며 자신은 '미제의 고립압살책동'을 막아내기 위해 당, 군, 정치에 몰두해야 하기 때문에 경제문제는 당일꾼들에게 맡길 수밖에 없다는 변명을 한다. 김정일 국방위원장 겸 당총비서는 국가경제의 실패에 대해 책임을 지지 않는다. 김일성 사후 심각한 경제위기와 식량난으로 대량 아사자와 탈북민이 발생했음에도 불구하고 김정일은 군에 대한 우선적 배려와 선군정치를 통해 정치적 통제력을 잃지 않고 김정일 체제를 지켜낼 수 있었다. 김정일은 경제관료에게 경제정책에 대한 상당한 권한을 위임한 후 실패한 경제정책에 대해서 해당 경제관료에게 책임을 묻는다. 경제문제에 대한 직접적 책임을 회피하기 위해 김정일 자신은 군과 당을 장악하여 미제국주의의 대북고립압살책동에 맞서 사회주의 체제를 수호하는 데 전념해야 한다는 변명을 늘어놓는다. 경제실무에 대하여 통치자로서의 책임을 모면하기 위해서는 현존임박한 미제의 침략위협이 실존한다는 것을 대내적으로 확신시킬 수 있어야 한다. 이를 위해 언론매체를 통해 대외정세의 불안감을 조

성하고 미국의 북침위협을 항시적으로 강조하고 과대선전하여 김정일은 선군정치를 통해 북한을 수호하고 '민족의 운명까지 지켜주는'[226] 능력 있는 지도자로 부각시키는 것이다. 지도자로서 가장 급박하고 중요한 분야인 군사, 핵 및 대남·대미 외교안보 임무를 전 인민들을 위해 충실히 수행해 내고 있다는 선전이다.

> 지금처럼 정세가 복잡한 때에 내가 경제실무사업까지 맡아보면서 걸린 문제들을 다 풀어줄수는 없습니다. 내가 혼자서 당과 군대를 비롯한 중요부문을 틀어쥐어야지 경제실무사업까지 맡아보면 혁명과 건설에서 돌이킬 수 없는 후과를 미칠 수 있습니다. 수령님께서는 생전에 나에게 절대로 경제사업에 말려들어가서는 안된다고 하시면서 경제사업에 말려들면 당사업도 못하고 군대사업도 할 수 없다고 여러번 당부하시였습니다. 오늘의 복잡한 정세속에서는 군대를 강화하는 것이 무엇보다도 중요하기 때문에 나는 자주 인민군부대를 현지지도하고 있습니다. 경제사업은 당일군들과 행정경제일군들이 책임지고 하여야 합니다.[227]

김일성도 정무원 총리에게 경제실무를 위임한다고 말한 바 있다. "내가 당중앙위원회 총비서를 하면서 내각수상을 할때에는 경제사업을 맡아보느라고 당사업에 얼마 힘을 넣지 못하였습니다. 그러다보니 당사업에 빈틈이 생겨 일부 불건전한자들이 당안에 여러가지 잡사상을 끌어들이게 되었습니다. (중략) 정무원총리를 따로 두고… 주석제가 나온 다음부터 나는 당중앙위원회 총비서겸 국가주석으로서 당사업과 국가사업을 주로 보면서… 경제사업은 총리가 전적으로 맡아보게 되었습니다."[228]

---

226) 오현철, 『선군과 민족의 운명』(평양: 평양출판사, 2007), 75~204쪽.

227) 「우리는 지금 식량 때문에 무정부 상태가 되고 있다」(1996년 12월 김일성 종합대학 창립 50돌 기념 김정일의 연설문) 『월간조선』(1997.4), 309쪽.

김정일은 김일성 사후 3년 연속 기상이변으로 작황이 극도로 안 좋아 극심한 식량난이 가중되는 상태에서 뾰족한 경제위기 극복 방법이 없는 가운데 경제문제를 직접 관장하고 싶지 않았을 것이다. 더욱이 북한은 1990년부터 1998년까지 지속적으로 마이너스 성장을 기록하였다(표 3-7). 김정일은 후계자 시기 문화예술, 당무, 군 사업 순으로 업무를 맡아 왔다. 간부출신 탈북자는 "김정일은 다른 분야에 비해 경제문제에 대한 지식과 이해가 부족한 편이며, 경제문제를 소홀히 하고 내각에 떠 맡기려 해왔다"고 증언하고 있다. 김정일은 주변의 '주석직 승계 권유'에도 불구하고 '김일성을 영원한 주석으로 모신다'는 명분으로 반대하고 국방위원장을 고집하였다.[229] 1998년 헌법

표 3-7. 남북 국민총소득(GNI) 및 경제성장률

연도	명목 GNI (억달러)		1인당 GNI (달러)		경제성장률 (%)	
	남한	북한	남한	북한	남한	북한
1993	3614	205	8177	969	6.1	-4.2
1994	4223	212	9459	992	8.5	-2.1
1995	5155	223	11432	1034	9.2	-4.1
1996	5553	214	12197	989	7.0	-3.6
1997	5136	177	11176	811	4.7	-6.3
1998	3404	126	7355	573	-6.9	-1.1
1999	4400	158	9438	714	9.5	6.2
2000	5096	168	10841	757	8.5	1.3
2001	4811	157	10159	706	3.8	3.7
2002	5475	170	11497	762	7.0	1.2
2003	6086	184	12717	818	3.1	1.8
2004	6824	208	14206	914	4.7	2.2
2005	7901	242	16413	1056	4.2	3.8
2006	8887	256	18401	1108	5.1	-1.1

* 출처: 한국은행.

228) 〈김일성 저작집 제41권, 당중앙위원회, 정무원 책임일군협의회에서 한 연설〉「정무원사업을 개선하며 경제사업에서 5대과업을 틀어쥐고나갈데 대하여」(1988.1.1), 15~16쪽.

229) 한기범(2009), 101~102쪽.

개정 시 국방위원회의 위상은 강화되었으나 정치, 군사, 경제 등 국가의 모든 분야를 책임지는 주석직이 폐지되고, 국방위원회의 '국가의 전반사업 지도' 역할은 2009년 헌법개정에서야 추가된다. 김정일의 부동의 정치권력은 확고히 하면서 형식상 권력을 분점한 최고인민회의 상임위원장과 내각 총리를 앞세워 국정 실패의 부담을 줄이려는 의도가 헌법개정에 반영되었다. 이는 김정일이 김일성 사후 위기극복을 위해 경제사업은 행정경제일꾼들에게 맡기고 당과 군대를 중심으로 통치하겠다는 선군정치 구상을 국가기구 개편에 반영한 결과였다.[230] 주석제가 가지고 있는 각종 책임부담은 피하면서 주석이가지고 있던 권한과 지위는 오히려 더욱 강화된 방향으로 계승하면서 자기 고유의 정치방식을 접목한 '김정일식' 권력구조로 통치방식을 전환한 것이다.[231]

김정일은 1994년 제네바 기본합의를 통해 연간 50만 톤의 중유와 1999년 금창리 '참관료'로 3억 달러 상당의 식량을 받아냈으나 대외협상만 가지고 북한의 지속적인 침체를 막을 수는 없었다. 결국 경제관료에게 '과감한 경제개혁'을 독려하였고 시장경제 요소를 도입하여 7 · 1(2002)경제조치가 발표되었으나 개혁성과가 부진하자 뒤늦게 내각총리를 박봉주로 교체하고(2003.9) 내각에 경제관리 권한을 확대해 주었다. 하지만 '반주체적' 시장경제 도입과 가속화되는 경제개혁과 내각의 영향력 확대는 '선군정치'하에서 당과 군의 경계심을 촉발시켰고 당은 내각을 집중 검열하여 개혁성향의 경제간부들을 퇴진시키고 박봉주 총리의 직무정지(2006)를 이끌어낸다. 김정일은 경제개혁 정책의 입구와 출구를 관리했을 뿐 정책집행과정에서의 제반 문제점을 주도적으로 해결하는 개입이나 노력은 보여주지 않았다. 개혁내각과 당이

---

230) 정성장, 「김정일 시대 북한 국방위원회의 위상 · 역할 · 엘리트」, 『세종정책연구』 제6권 1호(성남: 세종연구소, 2010), 239쪽.

231) 현성일(2007), 280쪽.

갈등을 빚자 처음에는 애매한 태도를 취하다 결국 당을 지지해주었을 뿐이다.[232]

국가권력을 독점하는 지도자가 경제는 전문관료에게 위임하고 근본적 경제개혁 없이 국방사업에 국가의 재원을 우선배정하다보니 인민의 경제난은 가중되고 개선될 기미가 보이지 않는 것이 북한의 현실이다. 북한은 경제실패의 책임을 회피하기 위해 모든 책임을 미국에게 돌린다. 고난의 행군시기 수많은 아사자 발생의 책임을 물어 당 농업담당 서관히에게 미제간첩 혐의를 씌워 미국과 남한의 사주를 받아 고의로 농업을 망쳐 인민들을 굶어죽게 했다며 공개처형한다. 또한 북한은 미국이 한반도에 군사긴장을 조성하여 북한의 경제난을 조성했다고 비난한다. “미국의 끈질긴 방해책동이 아니였다면 우리 경제가 지금보다 훨씬 멀리 전진하고 우리 인민들의 생활이 크게 향상되였을것”[233]이고 “지금 우리 공화국이 경제적난관을 겪고있는 원인의 하나도 미국의 반공화국적대시정책, 고립압살책동에 있다”[234]라며 경제난의 책임을 미국에게 돌리고 있다.

3) 미국의 ‘내정간섭’에 대한 북한의 반발

북한의 정치사전은 ‘내정간섭’을 “다른 나라의 정치, 경제, 사상, 문화 등 모든 분야에 간섭하며 그 나라의 자주권을 침해하는 침략적행위”라고 정의하며 “내정간섭에는 그 침략의 형태에 따라 무장침략, 경제침략, 사상문화적 침략 등이 있다”고 기술한다. 내정간섭을 위한 직접적 침략의 수단에 대해서

---

232) 북한의 경제개혁기 당과 내각 간의 관료정치와 김정일의 방관자적 역할에 대해서는 국정원 3차장(대북담당) 출신인 한기범의 논문을 인용. 한기범(2009).

233) 〈조선중앙통신/로동신문〉「미국의 방해책동 없으면 경제는 훨씬 전진」(2003.1.14).

234) 〈조선중앙통신/로동신문〉「미국은 민족공동의 원쑤, 민족공동의 투쟁대상」(2004.5.12).

는 "침략전쟁, 침략군대의 주둔 및 군사기지의 설치, 괴뢰정권의 조작, 침략적군사동맹의 조작, 각종 불평등조약의 체결, 경제봉쇄, 〈원조〉, 사상문화적 침투" 등 다양한 방식을 열거하고 있다.[235] 군사적 침략 뿐 아니라 경제원조와 사상적 침투도 내정간섭을 위한 침략행위로 규정하고 있는 것이다.[236] 북한은 미국의 경제력을 위시한 원조외교를 "딸라외교정책"이라 부르며 "경제원조를 미끼로 다른 나라들을 회유, 매수 또는 위협공갈하는 침략적대외정책"이라고 비난한다.[237] 그 대표적인 예로 제2차 세계대전 후 미국의 대유럽 원조계획인 마셜플랜을 꼽는다.[238] 북한은 미국은 제국주의이므로 '침략 및 약탈적 본성'으로 인해 '다른나라를 예속화하기 위해 내정에 노골적으로 간섭하고 있다'고 주장한다.[239] 북한은 미국이 한국을 포함하여 세계 곳곳에 CIA를 침투시켜 매수, 모략, 위협, 암살, 군사정변 및 전복파괴음모를 감행하며 친미정권수립 책동에 몰두해 왔다고 주장한다.[240] 실제로 미국은 인권문

---

235) 『정치용어사전』(1970), 138쪽; 『정치사전』(1973), 244~245쪽.

236) 예컨대 북한 력사사전은 미국의 '록펠러재벌'을 미국의 식민지 및 예속국가의 약탈자로 규정하고 "이른바 원조의 미명하에 남조선의 과학, 교육 부문에까지 마수를 뻗쳐 남조선인민들의 계급의식과 민족적자주의식을 말살하고 있다"고 기술하고 있다. 사회과학원 력사연구소, 『력사사전 I』(평양: 사회과학출판사, 1971), 648쪽.

237) 사회과학원 력사연구소, 『력사사전 II』(1971), 1124쪽.

238) 북한은 마셜플랜을 통해 미국이 유럽을 정치, 경제, 군사적으로 예속시키고 반사회주의 침략전쟁에 동참시켰다고 비난한다. 사회과학원 력사연구소, 『력사사전 I』(1971), 749~750쪽.

239) 『정치사전』(1973), 244~245쪽. 〈로동신문〉 「변하지 않는 제국주의의 침략적략탈적 본성」(1991.1.18)은 미국의 파나마 침공과 걸프전 개시를 실제 예로 들며 무력침공에서 원조 · 사상문화적침투에 이르기까지 다양한 '제국주의의 침략적, 약탈적 본성'에 대해 언급하고 있다.

240) 1983년 발간된 북한 문헌은 2차대전 이후 40년 간 미중앙정보국은 100여 차례의 군사정변과 수많은 전복파괴음모를 감행하였다고 주장하며 도미니카 공화국, 가나, 쿠바, 과테말라 등을 그 예로 들고 있다. 박동진, 『승냥이 미제의 죄악』(평양: 금성청년출판사, 1983), 97~132쪽. 물론 한국에서 발생한 군사정변의 주인공 전두환도 미 CIA가 심어 놓은 주구(走狗)라고 북한은 주장한다. 김선철 · 안명철, 『민족의 쓰

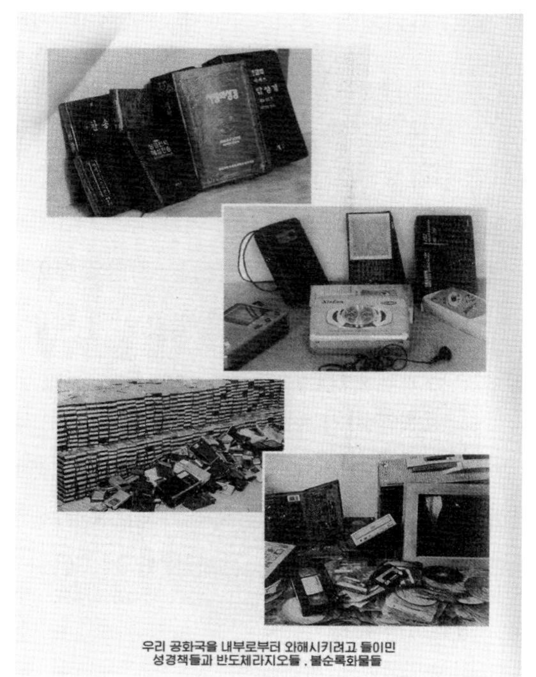

우리 공화국을 내부로부터 와해시키려고 들이민
성경책들과 반도체라지오들 . 불순록화물들

그림 3-53. 사상문화적 침투 경계를 위한 자료들
출처: 『죄악에 찬 미제의 조선 침략사』, 176쪽.

제를 필두로 북한의 마약밀매, 핵 및 미사일, 대량살상무기, 테러리즘 문제를 끊임없이 국제사회에 제기해 왔다.[241] 북한은 이를 의식하여 북핵위기가 고조되던 1993년 6월 북미 공동선언을 통해 "상대방의 자주권을 호상 존중하고 내정간섭하지 않는다"라고 명문화하여 인권문제 제기 등 미국의 내정간섭으로 인해 북한의 정권안보가 침해받는 것을 사전차단 하려한 바 있다.

김일성은 "미제국주의자들은 아세아, 아프리카, 라틴아메리카[242] 인민들

레기』(평양: 근로단체출판사, 1985), 14~20쪽.

241) Tim Beal 저, 정영철 역, 『북한과 미국: 대결의 역사(North Korea: The Struggle Against American Power)』(서울: 선인, 2010), 178~273쪽.

242) 김일성은 1983년 4월 10일 그레나다 인민혁명정부 총리 환영연회에서 한 연설에서 "미제국주의자들은 지금 라틴아메리카에서의 혁명적변화과정을 가로막아보려고

의 해방투쟁을 가혹하게 탄압하고있으며 새로 독립한 나라들을 다시금 예속시키기 위하여 끊임없이 침략행위와 파괴활동을 감행하고 있다. 미제국주의자들은 자기의 강도적본성을 로골적으로 드러내놓고 사회주의나라를 반대하는 침략전쟁을 벌려놓고있으며 무력으로써 다른 나라들의 내정에 간섭하고있다."[243]며 미국의 내정간섭을 '해방투쟁'과 '사회주의' 확장을 억지하고 예속화를 강화하기 위한 부당한 행위로 비난한다. 북한이 주장하는 내정간섭을 통한 예속화란 북한이 생명보다 중시 여기는 '자주권'을 침해하는 행위로서 침략행위나 다름없는 것이다. 북한과 같이 국제사회와 자신을 고립시키고 자신만의 특수한 정체성을 고수하며 자주권을 수호하려는 성향의 국가를 대상으로 하는 내정간섭은 곧 자주성을 침해하는 침략행위이자 체제전복행위인 것이다.

비군사적인 방법에 의한 미국의 내정간섭에 대해 북한은 일찍이 1957년 로동당이 발행한 『남조선에서의 미제의 식민지 예속화정책(1945-1948)』을 통해 "직접적인 경제적 압력과 정치적 공갈, 또는 '원조'의 미명으로써 다른 인민들을 딸라로 얽어 매고 노예화하려는 시도, 남의 나라의 내정에 대한 란폭한 간섭"[244]과 관련하여 체계적으로 기술한 바 있다. 북한은 사상문화침투 또한 자국민의 자주권을 무력화시키기 위한 내정간섭으로 규정하고 미국의

집요하게 책동하면서 그레네이더와 니까라과, 꾸바를 비롯한 이 지역의 신흥세력 나라들을 반대하는 무력간섭과 파괴암해책동을 더욱더 악랄하게 감행하고있습니다."라고 언급한 바 있다. 「위대한 수령 김일성동지의 로작: 그레네이더 뉴쥬얼운동당 중앙위원회 정치위원회 위원장이며 그레네이더인민혁명부 총리인 모리스 비쇼프를 단장으로하는 그레네이더 당및정부대표단을 환영하여 베푼 연설에서 한 연설」, 『조선중앙연감』(평양: 조선중앙통신사, 1984), 73쪽.

243) 〈김일성 저작선집 제4권, 아세아아프리카라틴아메리카인민단결기구기관리론잡지 《뜨리꼰띠넨딸》창간호에 발표한 론설〉 「반제반미투쟁을 강화하자」(1967.8.12.), 521~522쪽.

244) 김주섭, 『남조선에서의 미제의 식민지 예속화정책(1945-1948)』(평양: 조선로동당출판사, 1957), 2쪽.

남한의 '사상문화적침략'을 예로 들며 북한 인민의 경계심을 고조시키고 있다.[245] 김일성 또한 무력을 사용한 내정 간섭 외에도 "《원조》를 미끼로 신생독립국가들에 침투하여 이 나라들의 내정에 간섭"하는 것과 "탄압과 회유기만을 결합하여… 사상적으로 나약한 나라들은 사상문화적침략으로 와해시키는"[246] 것을 모두 식민 예속화를 위한 내정간섭으로 규정한 바 있다. 김정일도 마찬가지로 고난의 행군기에조차 "제국주의자들의 《원조》는 하나를 주고 열, 백을 빼앗아 가기 위한 략탈과 예속이 올가미이다."[247]라며 원조에 대한 경계심을 늦추지 않았다.

북한이 비난하는 미국의 대북 내정간섭의 가장 대표적인 예는 대북 인권문제 제기이다. 김일성은 1차북핵위기가 최고조에 달했을 때 "우리가 《특별사찰》을 받아들이면 그 다음에는 미제가 《인권》문제 같은것을 트집잡아 우리에게 또 압력을 가하려고 할것입니다."[248]라며 미국이 제기하는 대북 인권문제를 가장 부담스러운 내정간섭 이슈로 언급하였다. 북한은 인권을 "자주적인 사회적존재로서 인간답게 살기 위한 권리"로 정의하고 "정치, 경제, 문화, 등 사회생활의 모든 분야에서 자주적이며 창조적인 생활을 누릴 수 있는 권리"로 해석한다.[249] 이는 인권에 주체사상의 기본 정신을 접목 시킨 해석으로 반제국주의적 개념을 내포하고 있다. 김일성은 1970년대 후반부터 인

---

245) 북한은 미국이 해방 후 지금까지 남한의 언론 출판기관 장악, 친미교육문학예술 확대 및 반공선전, '부르주아 경제이론과 사회과학' 침투, 미국퇴폐문화 전파 등 '사상문화적 침략'을 지속적으로 강화함으로써 남한국민들의 반미자주화투쟁을 무력화시키려 하고 있다고 주장하며 북한주민의 대미 경계심을 고조시키고 있다. 강석희(1987) 참조.

246) 〈김일성 저작집 제23권〉(1968.10.8), 27~28쪽.

247) 〈김정일 선집 제14권〉(1997.6.19), 329쪽.

248) 〈김일성 저작집 제44권, 재독교포인사와 한 담화〉「조국통일을 위하여 헌신하는것은 가장 훌륭한 애국이다」(1994.4.20), 396쪽.

249) 정경섭, 『제국주의자들이 떠벌이는 〈인권옹호〉의 반동성』(평양: 조선로동당출판사, 1992), 4~6쪽.

권에 대해 본격적인 언급을 시작한다. 그는 미국이 사용하는 인권 개념은 "인민들의 인권이 아니라 인민의 원쑤들의 인권이며 그들이 바라는 자유는 인민들의 민주주의적자유가 아니라 제국주의자들과 그 앞잡이들의 파괴활동의 자유"[250]라고 언급하며 제국주의와 착취계급[251]을 위한 인권임을 강조한다. 이는 북한과 같은 사회주의 국가가 아닌 계급투쟁이 아직도 진행 중인 자본주의 국가에서 인권은 착취계급[252]에게만 적용되는 개념이고 피착취계급은 인권유린의 대상이라는 계급투쟁의 개념에 기초한 사고방식이다.

인권 관련 김일성과 김정일이 미국을 비난하며 언급한 담론과 연설을 분석해 보면 그 내용을 크게 두 가지로 요약할 수 있다. 첫째 미국은 자국과 전 세계 인권유린의 주범으로서 타국의 인권에 대해 왈가왈부할 자격 자체가 없다는 것이다.

> 무제한한 권력과 부귀영화를 누리는 부유한 특권계층과 실업과 빈궁으로 고통을 겪고있는 근로대중사이에 평등이 있을수 없으며 반동적인 사상과 패륜패덕이 조장되고 온갖 사회악이 판을 치는 제국주의나라들에서 참다운 자유와 인권에 대하여 말할수 없습니다.[253]

---

250) 〈김일성 저작집 제32권, 조선민주주의인민공화국 최고인민회의 제6기 제1차회의에서 한 연설〉「인민정권을 더욱 강화하자」(1977.12.15), 537쪽.

251) "자본주의사회에서 근로인민대중은 인간의 존엄과 정치적권리를 전혀 못가지며 심지어는 초보적인 생존권마저 빼앗기고있습니다. 자본주의사회에 《인권》이 있다면 한줌도 못되는 특권계층이 근로대중의 피땀을 짜내여 부귀영화를 누리며 인민들을 억압하고 멸시할 권리가 있을따름입니다." 〈김일성 저작집 제32권〉(1977.12.15), 536쪽.

252) 계급사회에서 인권은 착취계급에만 부여된다고 북한은 정의내리고 있다. 『대중정치용어사전』(평양: 조선로동당출판사, 1957), 213~214쪽; 『대중정치용어사전』(평양: 조선로동당출판사, 1964), 496쪽; 『정치용어사전』(1970), 718쪽.

253) 〈김일성 저작집 제42권〉(1990.5.24), 308~309쪽. 김정일도 다음과 같이 김일성과 유사한 언급을 한다. "지금 제국주의자들과 반동들이 《인권옹호자》로 자처하면서 사회주의를 헐뜯고있지만 진짜 인권유린자는 제국주의자들과 반동들입니다. 자유와

특히 "지구상에서 사회적불평등이 가장 심하고 인민들에 대한 억압과 인권유린이 가장 혹독한 나라는 바로 서방제국주의나라들이며 제국주의자들이 만들어놓은 괴뢰국가들"[254]이라며 '미제에 의해 강점된 남한의 인권유린'에 대한 비난을 쏟아낸다. 김일성은 카터가 '인권옹호'를 선거공약으로 내세워 대통령에 당선되고는 "세계에서 인권을 가장 혹심하게 탄압하는" 남한당국을 군사지원한다며 카터의 '이중성'을 고발하는 데 열을 올린바 있다.[255]

민주주의를 요구하는 무고한 인민들과 인사들에게 정치테로를 가하고 근로자들의 초보적인 민주주의적자유와 생존권마저 유린하는 제국주의자들과 반동들은 인권에 대하여 말할 자격도 없습니다." 〈김정일 선집 제11권, 조선로동당 중앙위원회 책임일군들과 한 담화〉「인민대중중심의 우리 식 사회주의는 필승불패이다」(1991.5.5), 55쪽; "근로자들에게 초보적인 생존의 권리도 주지 않고 반인민적 정책과 인종적 및 민족적 차별정책, 식민주의정책을 실시하는 제국주의자들은 인권에 대해 말할 자격도 없다." 〈김정일 선집 제13권〉(1994.11.1), 477쪽; "미제국주의자들이 사회주의나라에서 인권이 보장되지 않는다고 걸고들지만 세계적으로 인권이 제일 유린되고있는 나라는 미국입니다. 미국에서는 일자리가 없어 헤매는 실업자가 수천만을 헤아리고있으며 수많은 사람들이 집이 없어 한지에서 잠을 자고있습니다. 병에 걸려도 돈이 없어 치료를 받지 못하며 공부할 나이가 되여도 돈이 없어 학교에 가지 못하며 아편중독자, 문맹자가 날을 따라 늘어나고있는것이 바로 미국의 현실입니다. 미국에서는 사람들이 초보적인 인권마저 유린당하고있습니다." 〈김정일 선집 제10권〉(1990.1.11), 34쪽; "인권의 유린자는 자유와 민주주의를 요구하는 인민들과 인사들을 야수적으로 탄압하고 비인간적으로 박해하며 그들의 초보적인 생존의 권리마저 짓밟는 제국주의자들과 반동들입니다." 〈김정일 선집 제13권, 전국인민정권기관 일군강습회 참가자들에게 보낸 서한〉「우리 인민정권의 우월성을 더욱 높이 발양시키자」(1992.12.21), 275쪽.

254) 〈김일성 저작집 제32권〉(1977.12.15), 536쪽.

255) 〈김일성 저작집 제33권〉「일본사회당대표단과 한 담화」(1978.5.13), 225~232쪽. 이 외에도 '인권옹호주의자' 카터의 '인권유린국' 남한 군부 지도자 지원의 이중성에 대한 김일성의 비난에 대해서는 다음을 참조. 〈김일성 저작집 제33권〉「일본 정치리론잡지《세까이》편집국장과 한 담화」(1978.10.21), 517~532쪽; 〈김일성 저작집 제32권〉「일본 요미우리신문사 상무취체역인 편집국장 일행과 한 담화」(1977.4.23), 188~199쪽; 〈김일성 저작집 제34권〉「전인도 조선친선협회대표단과 한 담화」(1979.9.23), 390~401쪽; 〈김일성 저작집 제35권〉 뻬루 조선친선문화협회대표단과 한 담화(1980.6.14), 149~160쪽; 〈김일성 저작집 제35권〉「조선로동당 제6차대회에서 한 중앙위원회사업총화보고」(1980.10.10), 290~387쪽.

북한은 지금도 '미제 강점하의 남한'이 세계에서 가장 심각한 인권유린국가라고 주장하고 있다.

둘째로 미국의 인권옹호 정책은 "사회주의나라들을 내부로부터 와해시키고 사회주의의 영상을 흐리게 하는데 있다"[256]며 사회주의제도 전복을 위한 직간접적 도구로 미국은 인권이라는 의제를 활용한다고 비난한다. 김일성은 "미제의 우두머리들을 비롯한 제국주의자들은 민주주의와 인권의 《옹호자》로 자처하면서 사회주의적민주주의에 대한 비방중상과 사회주의제도를 반대하는 반공소동에 그 어느때보다도 열을 올리고 있다"[257]며 북한에 대해서도 인권의제를 이용해 제도전복을 노린다는 주장을 한 바 있다. 김정일도 미국은 "《인권옹호》의 간판밑에 다른 나라의 내정에 간섭하는 제국주의자들이다."라며 마찬가지 주장을 한다.[258]

북한은 미국이 발행하는 '인권보고서'와 미국이 주도하는 유엔에서의 대북인권 논의에 대해 상기한 두 가지 이유로 인정하지 않는다. 또한 북한은 유엔도 "사회주의나라들을 반대하며 민족해방운동을 탄압하고 약소국가들을 침략하는 미제의 침략도구"[259]로 매도하며 그 역할의 정당성을 인정하지 않

'미제의 강점에 의한 남한의 인권유린 사태'에 대해서는 다음을 참조. 〈김일성 저작집 제39권〉 유고슬라비아신문《오슬로보줴니에》책임주필이 제기한 질문에 대한 대답(1986.5.20), 411~430쪽; 〈김정일 선집 제11권〉(1991.5.5), 40~80쪽.
북한의 〈조선중앙연감〉은 김일성의 카터 비난을 뒷받침하기라도 하듯 1975~1980년 '미제침략군의 범죄적만행'이라는 제목과 '살인과 폭행' '재산과 재물을 략탈, 파괴' '녀성들과 어린이들에 대한 온갖 비인간적만행' '경제적 파국적위기'등의 소제목을 열거하며 미국의 침탈에 의해 피폐해진 남한의 실상을 조작 · 과장해 기술하였다. 예컨대 "미군이 남한에서 세균전 실험을 하느라 유행성출혈열을 퍼뜨려 2만 여명을 사망케 하였다"다는 조작 · 과장된 내용이 있다. 「미제침략군의 범죄적 만행」, 『조선중앙연감』(평양: 조선중앙통신사, 1982), 323~327쪽.

256) 김주섭(1957), 27쪽.

257) 〈김일성 저작집 제32권〉(1977.12.15), 536쪽.

258) 〈김정일 선집 제13권〉(1994.11.1), 477쪽.

259) 사회과학원 력사연구소, 『력사사전 II』(1971), 1306~1307쪽.

고 있다. 더 나아가 북한은 미국이 인권과 다른 내정간섭 이유를 달아 사회주의체제를 전복시키기 위한 정치적 음모를 책동하고 비난하고 있다. 북한은 1989년 중국 천안문 민주화시위 유혈진압사태를 "(인권을 빙자해) 제국주의앞잡이들이 중국의 사회주의제도를 전복하기 위하여 조작한 음모책동"으로 규정하고 중국정부가 '반혁명폭란'을 정당하게 진압했을 뿐이라고 선전한다. 반면 1980년 남한의 광주민주화운동 유혈진압은 "미제의 막후조종과 부추김을 받으며 괴뢰들이 저지른 범죄행위"로 규정하고 있다.[260] 북한은 남한에서는 국가권력에 의한 제도적인 인권유린이 지속되고 있고, 노동자와 여성 등 피착취계급은 인권의 사각지대에 방치되어 극단적 인권침해로 고통받고 있다고 선전한다. 그리고 그 이유를 미국이 "인권보다 안보가 중요하다"면서 "남한 력대 독재정권의 민주주의와 인권탄압을 공공연히 사촉"하였기 때문이라고 선전하며 미국을 배후로 지목한다. 또한 미국 자신도 "남조선인민들에 대한 민족적 모욕과 천대, 살육과 (성)폭행 등 인권유린행위를 거리낌없이 감행하고"있다고 실사례들을 들어 고발하며 북한주민들의 반미감정을 자극하고 있다.[261]

북한은 미국이 '인권옹호'의 명분을 내세워 군사적으로 다른 나라들을 침공하고 있다고 비난한다. 그 대표적인 예로 1980년대 북한과 우호적인 관계를 유지하였던 그레나다와 파나마를 들 수 있다. 북한은 '미국인 보호와 민주주의 회복 및 인권보호'를 명분으로 미국이 그레나다[262]와 파나마를 침공

260) 정경섭(1992), 28~29 · 68~69쪽.

261) 인권연구 및 교류협회, 『남조선의 인권실상』(평양:, 평양출판사, 1993), 203~224쪽. 동 북한 서적은 한국의 '북한인권백서' 형식으로 남한의 인권유린 실태 전반을 기술하고 있고, 후반부에는 남한언론을 인용하며 1980년대 미군의 한국 국민에 대한 인권유린실태 또한 열거하고 있다. 광주민주화운동 유혈진압의 배후와 공범으로 미국을 지목하고 있고, 유혈진압으로 '5,000명' 이상의 무고한 광주 시민이 사망하였다고 과장한 대목이 눈길을 끈다.

262) 북한은 그레나다 침공에 대해 관영매체를 통해 대대적으로 비난 기사를 쏟아 냈다.

하여 수많은 인민들을 학살하였다는 주장을 펴고 있다. 특히 파나마 침공 과정에서 파나마 주재 쿠바와 니카라과 대사관에 침입한 것을 테러 행위라고 비난하고 나섰다.[263] 1999년 나토의 코소보 분쟁 개입에 대해서도 북한은 "미제는 이른바《인권옹호》,《민주주의》의 허울좋은 간판을 들고 이전 유고슬라비아에서의 분쟁들에 개입하여 어부지리를 얻을 목적밑에 미국 주도하의 나토무력을 동원하여 대규모적 공습을 들이댔다"고 비난하며 "미국과 나토의 이러한 책동으로 오늘 꼬쏘보는 민족분쟁과 폭력의 란무장으로,《테로분자양성기지》로 전락되었다"고 주장한다.[264]

테러 또한 북한이 강력히 반발하는 미국의 내정간섭 의제 중의 하나이다. 미국무부는 매년 '국가별 테러리즘 보고서'를 통해 경제제재 대상이 되는 '테러지원국(state sponsors of terrorism)'을 발표하고 있다. 북한은 1987년 대한항공기 폭파 사건 직후 1988년 1월 테러지원국으로 지정되었다가 2008년 10월 해제된 바 있다. 북한은 자신이 저지른 테러행위에 대해서도 남한 미국 및 일본의 조작극이라고 비난해왔다. 북한은 1983년 10월 9일 발생한 아웅산테러 사건을 전두환이 레이건의 방한을 앞두고 레이건에게 '지참금'을 바치기 위해 조작극을 펼쳤다고 주장한다. 일본과 미국은 경제지원을 약속하고 버마로 하여금 북한과 단교하게 만들어 아시아 팽창전략을 강화하고, 남한국민의 반미자주 · 반파쇼민주화 운동으로 인해 궁지에 몰린 전두환은 '충격요법'으로 긴장을 조성하여 반공을 기치로 철권통치를 강화해 나가려 한다는 것이다.[265] 북한은 1983년 9월 1일 소련에 의한 대한항공 보잉 747기 격추사

〈로동신문〉「미제는 그레네이더에서 침략의 손을 당장 떼라!」(1983.10.28); 〈로동신문〉「날강도의 정체를 드래내놓은 미제의 그레네이더침공」(1983.11.7).

263) 〈로동신문〉「미제침략군이 빠나마주재 꾸바와 니까라과 대사들을 억류하는 도발을 감행」(1989.12.31); 〈로동신문〉「불법무도한 국제테로행위」(1990.1.2).

264) 김영남, 「이전 유고슬라비아에서의 꼬쏘보분쟁과 미제의 간섭책동」, 『력사과학』 루계 196호(2006년 제1호), 63~64쪽.

그림 3-54. 아웅산테러사건을 모략극이자 자작극으로 주장하는 자료
출처: 『조선중앙연감』, 1984.

건에 대해서도 미국이 남한의 배후에서 "남조선려객기를 리용하여 상대측의 주요 군사시설에 대한 정탐행위"[266]를 하다가 발생한 사건이라며 책임을 미국에 돌렸다. 1987년 KAL기 폭파사건도 버마 아웅산테러사건과 마찬가지로 정치적으로 궁지에 몰린 남한 군부정권의 '충격요법'으로 치부하고[267] 남한 독재정권의 '정권연장'을 위한 "모략극이자 자작극"[268]이라고 주장하였다. 미

265) 「랑군폭발사건」, 『조선중앙연감』(평양: 조선중앙통신사, 1984), 328~329쪽; 「조선민주주의인민공화국 외교부 비망록: 랑군폭발사건에 대한 버마당국의 〈공판〉과 관련하여」, 『조선중앙연감』(평양: 조선중앙통신사, 1984), 626~633쪽; 〈로동신문〉 「남조선괴뢰도당은 반공, 반공화국 소동을 당장 걷어치우라」(1983.10.14); 〈로동신문〉 「음흉한 정치목적에 그 바탕을 두고 있다」(1983.10.17).

266) 「남조선려객기사건」, 『조선중앙연감』(평양: 조선중앙통신사, 1984), 330~331쪽.

267) 〈로동신문〉 「조선중앙통신사 대변인 성명」(1987.12.6).

국과 일본이 북한을 안보리에 회부하고 제재조치를 발표하자 “미일은 려객기모략사건의 추악한 공범자”[269]라며 불순한 정치적 동기를 비난하는 ‘한미일 삼각 공모설’[270]을 들고 나왔다.

2. 원로우대 간부정책과 선군정치

1) 원로우대와 측근정치에 따른 대미정책의 경직성

북한은 선전선동을 통해 모든 북한 주민들의 체제수호를 외치지만 체제수호에 직접적 사활적 이익이 걸려 있는 집단이 북한의 통치집단의 최고위 핵심 간부들이라 할 수 있다. 최근의 김정일 유고에도 불구하고 북한의 체제가 쉽게 붕괴하지 않을 것이라는 필자의 견해는 이들 핵심간부에 해당하는 권력엘리트들의 이해관계가 김일성 · 김정일(· 김정은[271])체제 탄생 · 성장 · 수호와 맞물려 확대 강화되어 왔다는 사실에 기인한다. 이러한 북한의 지배엘리트는 대체로 로동당 중앙위원회 정위원과 후보위원이라고 할 수 있는데, 이들은 ‘영도핵심’과 ‘지도핵심’으로 나눠볼 수 있다. 영도핵심은 각종 정치행사 주석단에 배치되는 당 중앙위원회 정치국 위원과 후보위원, 비서국

---

268) 〈로동신문〉 「려객기 사건은 괴뢰군정연장을 위한 모략극이며 자작극」(1988.3.1).

269) 〈로동신문〉 「미일은 려객기 모략사건의 추악한 공범자」(1988.2.9).

270) 〈로동신문/외교부 대변인 성명〉 「불순한 정치적 목적밑에 려객기 사건을 유엔안전보장리사회에 끌고 가려는 미국, 일본, 남조선괴뢰들을 준렬히 규탄한다」(1988.2.8); 로동신문〉 「려객기 사건은 미일 반동들과 괴뢰들이 조작한 국제 모략극」(1998.3.21).

271) 김정일 사후 김정은에게로 권력승계가 이루어졌으나 2006년 10월까지를 연구범위로 설정한 본 책의 구성상 김정은을 배제하고 김정일 체제에 기초하여 동 항을 작성함.

비서, 국방위원회 간부, 차수급 장성 등 30~50명의 간부들이, 지도핵심은 그 외에 당중앙위원회 위원과 후보위원에 포함된 간부들을 지칭한다. 지도핵심 간부의 기본 성원은 인민군 대장급과 당중앙위원회 부장급, 도당 책임비서급을 들 수 있으며, 폭을 넓히면 내각의 상급과 사법검찰 최고책임자, 사회단체 중앙급 책임자, 도 인민위원장급, 장성급 이상의 군 인사 등이 포함된다.[272] 김정일은 조직지도부를 통하여 당, 군사, 행정 분야의 간부에 대한 인사권과 지도권을 장악하고 고위간부와 그들의 지시를 받는 하위간부까지 확고하게 통제하였다.[273] 조직지도부 부장은 김정일 자신이며 분야별 실무책임자인 부부장들은 김정일의 수족 역할을 할 수 있는 충실한 심복들로 심어져 있다.

김정일에 의해 철저히 통제되는 북한의 권력엘리트들이 군사, 핵, 외교 정책을 입안하고 수행하는 한 북한의 대외정책의 경직성은 불가피하다. 특히 내부정치적 필요에 따라 때로는 미국 및 남한과 대립각을 세워 인위적으로 긴장을 고조시킴으로써 내부결속과 정권안보 강화에 이용함으로써 궁극적으로는 국가안보를 약화시키는 결과를 초래하기도 한다.

김정일 개인의 이익이 이들 권력엘리트들의 이익과 일치할 수밖에 없는 원인은 김정일 후계체제 구축과 강화 과정, 김일성 사후 김정일 시대 통치력 강화를 위한 김정일의 간부등용정책에서 찾아볼 수 있다.

김정일은 1973년 당중앙위원회 비서, 1974년 당중앙위원회 정치위원회 위

272) 정창현, 「북한 지배엘리트의 구성과 역할」, 세종연구소 북한연구센터 엮음, 『북한의 당·국가기구·군대』(파주: 도서출판 한울, 2007), 528쪽.

273) 정성장, 「김정일 정권의 선군정치와 권력엘리트」, 곽승지 외, 『김정일의 북한, 어디로 가는가?』(서울: 한울, 2009), 67쪽. 군부 고위간부의 선발과 검토 등 인사는 당중앙위원회 조직지도부 간부과의 소관이다. 조직지도부의 행정 부문(2007년까지 조직지도부 소속)은 김정일에게 독자적으로 제의서를 올릴 수 있는 핵심 권력기관들, 즉 국가안전보위부, 사회안전성(인민보안성), 검찰소, 재판소, 국가검열성 등을 장악하고 있다.

원으로 추대된 후 1980년 10월에 열린 조선로동당 제6차 당대회에서 후계자로서 지위가 공개적으로 확정되었다. 김정일은 후계자로 추대되고 확정된 이후 그리고 김일성 사후 김정일 시대를 열어가면서 후계체제를 공고화하고 자신이 모든 권력을 독점할 수 있는 방식의 간부등용정책[274]을 펼쳤다.

김정일의 간부등용정책은 크게 세 가지 큰 틀에서 이루어진다. 첫째, 혁명 1세대와 원로간부들에 대한 우대를 하였는데 이는 권력이양기에 기득권을 가진 권력엘리트들로부터 후계자로서의 지위를 인정받고 자신의 권력 기반을 다지는 데 있어 후견인 역할을 할 수 있도록 하기 위함이었다. 둘째, 자신의 측근들을 핵심요직에 등용하였는데 이는 권력 장악을 본격화하고 밀실정치를 폄으로써 주요 국가 정책이 자신이 원하는 대로 빠르게 관철시킬 수 있도록 하기 위함이었다. 셋째, 간부들 사이의 연대 방지와 충성경쟁을 추구하였다. 이는 권력이 김정일 외 어느 한 곳으로 집중되는 것을 방지하고 모든 핵심 정보와 권력을 김정일이 독점하여 1인 통치구조를 고착화하기 위함이다.

김정일의 후계 체제 형성기 김정일의 리더십 확립에 가장 중요한 역할을 했던 것은 김일성 혁명전통의 전면화, 상징화 및 제도화[275]를 통한 혁명위업 계승에 대한 강조였다.[276] 김정일은 문학예술을 통하여 수령의 위업, 혁명역사, 위대성 선전에 매진한 바 있다. 김일성 사후에도 김정일은 김일성 혁명전통 계승을 강조하고 혁명세대를 지속적으로 존중하였다. 항일투쟁과 대미항쟁의 산 증인이자 수령중심의 유일체계 사상에 몰입해 평생을 살아온 혁

---

274) 김정일의 간부등용정책의 개괄적 틀은 현성일(2007) 참조.

275) 정영철, 「김정일 체제 형성의 사회정치적 기원: 1967~1982」(서울대학교 박사학위논문, 2001), 109~126쪽.

276) 송정호, 「김정일 권력승계 공식화 과정 연구: 1964~1986년을 중심으로」(한양대학교 박사학위논문, 2004), 43~52쪽.

명1세대와 원로들의 명예로운 지위를 보장하고 물질적으로 대우해줌으로써 김정일은 자신의 후계체제를 보장받고 이들은 김정일의 권력 공고화 과정에서 후견인 역할을 하였다. 또한 김정일은 '혁명위업의 계승'이라는 정통성과 명분도 챙길 수 있었다.

> 조국해방전쟁참가자들은 항일의 빛나는 전통을 계승하여 인민의 조국을 지켜 싸운 영웅전사들입니다. 우리 인민군대와 인민들은 나라의 운명을 판가리하는 가렬한 싸움에서 미제의 무력침공을 격파하고 조국의 자유와 독립을 영예롭게 지켜 냈습니다.[277]

그러나 한국전쟁을 직접 치른 바 있는 대미적개심으로 무장한 혁명1세대와 원로들의 사고의 경직성은 북한이 대미항쟁 일변도의 길을 갈 수밖에 없도록 하며 반제반미투쟁의 제도이탈을 제약하는 요인이 되었고 대미정책의 경직성을 가져왔다. 이들의 상당수가 고령이고 군부에 포진하고 있어(표 3-8) 기존의 노선에서 탈선을 금기시하는 경직성은 더욱 심화되었고 김정일이 선군정치를 펼치게 되는 배경으로 작용하였다.

김정일은 혁명1세대와 원로들을 권력서열 최상위직에 등용하였으나 실질적인 업무를 총괄하는 차석의 부장이나 제1부부장 또는 부부장을 비롯한 자신의 측근들을 통해 정책을 처리해왔다. 원로들이 고령으로 사망하여 공석이 되어도 업무의 차질을 빚지 않고, 수석의 원로와 차석의 측근으로 이루어지는 권력의 분산과 사적 연대를 차단한 상호견제시스템은 김정일이 직접 업무를 챙기는 중요성이 높은 정책기관에서 일반적으로 볼 수 있다. 당 대회와 전원회의, 정치국 회의는 물론 관련 간부들의 공식적인 회의 없이도 정책

---

277) 〈김정일 선집 제14권, 조선로동당 중앙위원회 기관지《로동신문》에 발표한 담화〉 「혁명선배를 존대하는것은 혁명가들의 숭고한 도덕의리이다」(1995.12.25), 121쪽.

이 입안되고 추진될 수 있는 것은 김정일의 측근정치가 있기에 가능하다.[278] 연회정치와 밀실정치[279]를 통해 각 분야의 측근들로부터 솔직한 직보를 받고 그 측근에게 김정일 자신의 결정을 설명하고 권한을 부여하여 실무에 반영되도록 함으로써 자신의 분신의 역할을 맡기는 것이다. 북미 제네바합의를 성공적으로 이끌어 김정일로부터 영웅칭호를 받은 강석주가 대표적인 측근정치의 예이다.[280]

표 3-8. 김정일의 원로 우대[281]

(2007년 5월)

기 관	소 속	평균 연령
군	- 국방위원회: 제1부위원장 조명록(80), 부위원장 김영춘(72), 부위원장 리용무(85), 전병호(82)	78세
	- 고위 군간부: 민방위사령관 장성우(75), 당 군사부장 리하일(73), 전 평양방어사령관 박기서(79); 빨치산: 김익현(92), 김룡연(92), 김철만, 리종산(86)	82세
	- 부부장 이상급 군 고위간부	73세
당	- 정치국위원: 김영남(80), 김영주(88), 박성철(95), 전병호(82), 한성룡(85)과 후보위원들인 김철만(90), 양형섭(83), 최영림(79), 최태복(78), 홍성남(79), 홍석형(79)	83세
	- 비서국: 김국태(84), 김기남(82), 김중린(84), 전병호, 최태복, 한성룡	82세
국가기관	- 최고인민회의: 상임위원장 김영남, 명예부위원장들인 김영주와 박성철, 부위원장 양형섭, 서기장 최영림, 부의장들인 강능수(84), 여원구(88)	대부분 80대 이상

278) 현성일(2007), 384~390쪽.

279) 김정일이 측근들을 관저에 불러 벌이는 연회정치와 밀실정치 및 선물정치에 대한 자세하고 생생한 내용은 다음 단행본을 참조. 후지모토 겐지(2003); 이한영(1996); 이한영, 『김정일 로열 패밀리』(서울: 시대정신, 2004).

280) 김정일이 측근연회에서 전화로 강석주 제1부상에게 하달한 지시를 외무상이 뒤늦게 전달받는 일이 비일비재하였다. 특히 1990년대부터 김정일은 핵외교와 대미협상과 관련한 문제들을 오직 강석주 제1부상과만 토의 결정하였다. 이 때문에 외무성 내에는 강석주를 핵 및 대미 외교 담당 외무상이라고 할 정도로 사실상 두 명의 수장이 존재하였다. 현성일(2007), 222~223쪽.

김정일은 간부등용과 관리에 있어 권력이 자신 외에 어느 특정 간부에게 쏠리거나 파벌이 형성되는 것을 특히 경계하였다. 어느 기관이나 개인도 자신에게 위임된 권한을 이용하여 자신의 분야 외에 다른 분야를 잠식하거나 김정일에게 도전하는 것은 용납되지 않았다. 직속상관에 대한 지나친 예우도 금하고 있으며 2명 이상 간부돌이 사적으로 모여 어울리는 것도 종파주의 행위로 처벌을 받게 된다. 거주지나 직장에서 간부들끼리 서로 만나는 경우에 김정일에게까지 직보될 수 있으며, 고위간부들에게 배정된 서기와 운전기사들도 이들의 동향을 상부에 보고하도록 의무화되어 있다. 김정일 시대에 간부들의 사냥과 낚시도 금한 것은 간부들끼리 어울리지 못하게 하려는 의도로 해석된다. 매제 장성택에게 권력이 지나치게 집중되는 것을 우려한 김정일이 2004년 분파행위의 책임을 물어 장성택을 실각시킨 것이 단적인 예이다.[282] 김정일이 주재하는 측근행사와 연회들은 간부들의 제도권 밖에서 사적으로 만나는 것을 방지하고 대체하였다. 이러한 측근정치는 김정일 정권이 변화를 거부하는 가장 중요한 요인 중의 하나가 된다. 당, 군, 보안기구 등 권력기구에 분포하고 있는 측근들은 체제의 붕괴에 대한 본능적인 두려움을 가지고 있다. 김정일과의 '공동운명체' 의식과 체제수호에 대한 사활적 이해관계를 촉발시키는 것이다. 이들은 정책 수립과 실행에서 국가와 국

281) 현성일(2007), 376~377쪽 내용을 기초로 필자가 작성.

282) 「北 김정일 매제 장성택 숙청」, 『연합뉴스』(2004.11.25). 국정원은 국회 정보위 현안 보고를 통해 "장성택이 군내에 파벌을 만드는 등 종파주의적 행태를 보여 숙청된 것으로 안다"며 "장성택 파벌이던 군 장성급 7~8명 등이 군 지휘관 등의 자리에서 물러난 것으로 안다"고 전함. 장성택은 2006년 복권한다.
2003년 7월 국회에서 열린 토론회에서 황장엽 전 비서가 "장성택이 북한의 차기 지도자로 유력하다. 김정일체제가 무너질 경우, 그래도 다음을 이을 사람들이 있는데, 지금으로는 장성택이 제일 가깝다"고 발언한 것이 남한언론에서 대서특필되면서 북한의 장성택 실각으로 이어졌다는 분석도 제기된다. 김청중, 「김정일 후계구도 차남 정철 유력속 세습불가론도」, 세계일보(2004.11.28); 「김정일의 '민정수석' 리제강 사망 미스터리」, 『월간조선』(2010.8.29).

민의 이익보다 정권의 이익과 자신들의 사익을 먼저 고려하여 비측근 간부들과 정책 작성자들이 이러한 방향으로 정책을 수립하고 집행할 것을 강요한다.[283] 김정일은 간부들 간의 수평적 연대를 차단하고 자신과 측근 간부의 1대1 간의 구도를 통해 정보와 권력을 독점하고 있는 것이다. 김정일의 측근정치를 통한 당 · 정 · 군 분할 직할통치는 대내외정책 입안에 있어 당정군 간 상호 협의 · 조율되어 최적의 정책대안을 도출하기보다는 김정일과 측근 간의 공동의 이해관계를 충족시키는 체제수호를 위한 경직되고 획일적인 정책대안에 머무르는 한계를 초래한다. 정권안보를 위해 국가이익[284]을 희생시키는 것이다.

이렇게 측근들을 통해 직할 분할 통치를 하다 보면 정보의 수평적 단절을 유발하게 되고 김정일과 최측근들 일부만 정보를 독점함으로써 수직적 체계를 통한 정보의 왜곡이 쉬워진다.[285] 북한이 관영통신을 통해 내보내는 조작

---

283) 현성일(2007), 256~257 · 394 · 411쪽.

284) 국가이익에 대해서는 다양한 정의가 있을 수 있다. 북한에서는 물론 정권(체제)의 수호를 가장 높은 수준의 국가이익으로 정의할 것이다. 여기서의 국가이익이란 정권안보 대비 정책실패로 인한 군사긴장 고조, 외교적 고립, 국가경제의 어려움 등을 뜻한다. 국가이익의 개념에 대한 다양한 논의와 진화과정에 대해서는 다음을 참조. 육군사관학교, 『국가안보론』(서울: 박영사, 2005), 3~42쪽.
김정일 정권은 냉전종식 후 세계화의 조류에 역행하여 국가이익을 심각히 훼손시킨 바 있다. 탈냉전기 범세계적 상호의존성의 증대에 의한 국가이익의 재정의와 이에 따른 국가안보의 변모에 관하여는 다음을 참조. 로버트 만델 지음, 권재상 옮김, 『국가안보의 변모: 개념적 분석』(서울: 간디서원, 2003).

285) 일례로 김정일의 요리사 후지모토 겐지는 1987년 김현희의 KAL기 폭파사건이 전 세계에 큰 파장을 몰고 왔을 때 김정일이 누구 소행으로 생각하느냐고 묻자 부인 고영희가 몹시 분개하며 “이런 일만 벌어지면 늘 우리가 그랬다고 난리들이에요” 라고 김정일에게 토로했다고 자신의 회고록에서 증언한바 있다(후지모토 겐지(2003), 152쪽). 김현희는 김정일이 직접 테러를 지시하였다고 증언한 바 있다. 김정일은 자신의 아내는 물론 주변 측근들 간에도 수평적 핵심정보 교류를 철저히 차단한다. 김정일은 측근들끼리 서로의 월권행위를 감시하게 하여 권력과 영향력이 어느 한 측근에 집중되는 것을 견제함으로써 잠재적 도전자로 부상하는 것을 사전 차단한다.

된 정보가 모든 당정군의 정책간부들이 여과 없이 흡수하고 따라야 하는 기준이 되며 이에 반하는 사고를 할 수 없게 된다. 대미 불신과 적개심을 조작하는 정보도 마찬가지이다. 북한이 1994년 제네바 합의 이후 HEU프로그램을 가동하고 있다는 사실을 알고 있는 고위급 정책관료는 김정일과 해당 프로그램을 총괄하고 있는 일부 측근에 국한되었을 것이고, 북한의 선전매체를 통해 전달되는 일방적 정보와 주장에 노출된 북한정책관료들은 제네바 기본합의 위반 책임을 모두 미국에 있다고 굳게 믿을 것이며 이에 따라 미국에 대한 불신과 적개심은 더욱 고조될 수밖에 없다. 조작되고 왜곡·과장된 정보를 바탕으로 고조된 대미 불신과 반감은 대미정책 수립 시 다시 투영됨으로써 북미 대결구도는 확대재생산되어 고착화되는 것이다.

2) 선군정치와 '대미적대시정치'

김정일은 김일성이 구축해 놓은 군사국가화된 북한을 후계 통치하면서 자신의 정권을 유지, 강화하고자 선군정치를 펼친다. 김용현은 김일성의 항일무장투쟁 전통[286]은 북한이 군사국가화로 나가는 데 중요한 정치·사회·경제적 지침이자 지향해야 할 통치 담론으로 작용하여 한국전쟁과 분단국가의 경험을 거치면서 '당·군 일체화를 통한 정치의 군사화', '군사적 동원체제를 통한 사회의 군사화', '경제·국방 병진노선을 통한 경제의 군사화'를 바탕으로 군사국가를 구축하였다고 설명한다.[287] 특히 한국전쟁과 분단구조 속에

---

286) 1930년대 김일성의 항일무장투쟁은 김일성 조선의 '창세기'에 해당하며 선군 담론의 기원이 되었다. 서유석, 「북한 선군담론에 관한 연구」(동국대학교 대학원 북한학과 박사학위논문, 2008), 35쪽.

287) 항일무장투쟁을 정통성으로 내세우는 김일성과 그의 빨치산파는 1961년 4차 당대회 시점에 당과 군을 완전히 장악하였고, 빨치산파를 중심으로 한 당군 일체화가 이루어졌다. 4대군사노선으로 대표되는 군사적 사회질서가 형성되었고, 경제·국

김정일과 군부 선군정치(1997)

군부에 집중된 현지지도(1998)

김정일 군 현지지도(2000)

군 현지지도(2001)

김정일 군 현지지도(2002)

김정일 군 현지지도(2003)

그림 3-55. 선군정치와 군부에 집중된 현지지도

괄호 안은『조선중앙연감』수록연도.

방병진노선을 통해 군대식 노동력 중심의 산업화를 추진하여 북한사회 전반이 군사국가화되는 구조가 고착화되었다. 김용현(2001) 참조.

갇힌 대외환경은 미국과 남한에 대한 군사위기감을 고조시켰고 반제국주의 대항의식을 고취시켜 북한의 군사국가화를 가속화했다. 김정일이 선군정치를 천명하기 이전에도 북한은 이미 군사국가화되어 있어 김일성 사후 경제적 국가효율성이 급격히 떨어진 상황에서 김정일은 체제를 유지하고자 선군정치를 펼치고 군우선정책을 강화해 나갈 수밖에 없는 환경에 처하였다.

김일성은 어렸을 때부터 빨치산 활동과 무장투쟁을 활발히 전개한 인물이었고 항일혁명투사로서 정권의 정통성을 다진데 비해 김정일은 군입대도 하지 않았고 정규군 훈련이나 전투에 참여한 경험이 없으며 군경력이 전무하다.[288] 따라서 김정일은 김일성 사후 부족한 정통성을 메우고 군부의 지지를 등에 업고 통치기반을 강화할 필요가 있었고 이에 선군정치가 중요한 역할을 하였다. 군의 입장을 국가정책에 반영하지 않을 수 없는 김정일로서는 군부의 주적, 즉 미국과의 긴장관계를 유지할 정치적 필요성이 있다. 또한 북한의 핵개발의 당위성을 부여하기 위해 미국의 북침 위협과 체제 붕괴 위협을 과대선전하여 주민들에게 경각심을 불러일으킬 필요가 있다. 전쟁의 위기감을 고조시키고 제한된 국가재원을 군에 우선 배정함에 따라 주민들로부터 터져나오는 불만을 잠재우기 위해서 미국이 호시탐탐 북한을 노리고 있다는 위기감을 조성시킬 필요가 있다. 미국이 북한에 제기하는 실제 위협보다 더 과장된 위기의식을 간부와 주민들에게 주입시킴으로써 내부결속을 다지고 대미항전의 결의를 다지며 선군정치의 명분을 제공하고 김정일의 정권안보를 강화하는 것이다.

북한처럼 군부를 등에 업고 국가를 통치하는 병영국가의 독재자가 가장 두려워하는 것은 군부 쿠데타에 의한 정권의 교체이다. 군부 쿠데타가 아니더라도 억압받던 민중의 봉기가 발생했을 때 군이 이를 무자비하게 진압하

288) 서대숙(2000), 179쪽.

지 않는다면 군부가 불복종해[289] 시민의 손에 처형당한 차우세스크의 전철[290]을 밟는 비운의 주인공이 될 수도 있다.

김정일은 군부를 장악하고 있던 군부에 의지하여 권력을 강화하고 있던 군부의 움직임을 항상 예의주시 하지 않을 수 없고 군부 우대 정치를 하지 않을 수 없다. 또한 군부를 우대하기 위해 식량과 건설 자재 등 제한된 국가 자원을 우선적으로 군부에 배치하려면 굶주린 국민들에게 이를 납득하게 할 만만 설명이 필요하다. 이를 위해 선군정치를 위한 선전선동이 동원된다. 미제국주의자들이 호시탐탐 군사력으로 북한을 집어삼키려고 노리고 있고 미국의 손에 북한이 들어가게 되면 한국전쟁 당시처럼 참혹한 학살과 지옥같은 아비규환 상태가 재연된다고 주민을 세뇌하며 대미 적대감과 항미의식을

---

289) 군부가 정권의 명령에 응해 국민의 저항을 진압하느냐 안하느냐는 민중봉기와 국민혁명의 성공과 직결된다. 1989년 천안문사태 때 군부의 강경진압은 중국 지도부에 대한 시민의 저항이 확산되는 것을 차단하는 결과를 낳았다. 반면 2011년 1~2월 이집트 시민혁명의 성공은 경찰의 집회 강경진압과는 달리 군부가 진압에 직접 개입하지 않고 치안공백만 메우면서 시민들의 평화적 시위를 보장하였기 때문에 무바라크 대통령의 사임을 이끌어내는 결정적 계기가 되었다.

290) 1989년 12월 루마니아에서 개혁개방의 바람을 타고 민중봉기가 발생하였을 때 차우세스크 대통령이 군에 진압명령을 내렸으나 군부가 불복종함으로써 차우세스크 대통령이 시민에 의해 처형당하고 당과 사회주의 정권도 다 무너지게 되었다고 북한은 이해하고 있다. 정성장, 「김정일의 '선군정치': 논리와 정책적 함의」, 『현대북한연구』 4권 2호(2001), 86쪽.
차우세스쿠와 김일성-김정일 독제체제와는 많은 유사성을 보여준다. 차우세스쿠는 김일성의 주체사상과 개인우상화에 감화를 받아 이를 모방해 자신의 우상화를 시도하였다. 차우세스쿠와 김일성은 매우 가까운 사이였으며 차우세스쿠도 조작된 대내적 선전선동을 강화하였다. 자신의 장남 차남을 국방위 부위원장, 비밀경찰 수장에 각각 맡겼고, 장남을 자신의 권력후계자로 키웠으며 족벌정치로 주요 권력기관을 차우세스쿠 일가가 차지하였다. 비밀경찰과 보안군을 동원해 공포정치를 실시하고 광범위한 도청으로 불만세력을 색출해 국민을 철저히 감시하고 통제하였다. 민중봉기가 발생했을때 군부는 시위대의 강경진압을 거부하였고 심지어 군인들도 시위대에 참가하여 차우세스크 부부는 도피 중 체포되어 즉결심판 후 곧바로 총살당한다. 처참히 총살당한 그의 최후장면은 촬영된 후 루마니아와 전 세계에 방영되어 큰 반향을 일으켰다.

고취시키고, 이러한 참상을 막고 사회주의 기지를 굳건히 지키기 위해서 당과 인민을 수호하는 군대를 찬양하는 선군정치가 불가피하다는 것이다.

김정일은 군부를 장악하고 있지만 군부의 눈치를 본다는 것이 동전의 앞뒷면과 같은 이중성을 적절히 설명하는 표현이 될 것이다. 김정일이 군부를 완전히 장악하고 통치의 수단으로 활용하고 있다는 것도 사실이고, 군부에 의존하여 군부의 눈치를 보면서 군부의 확고한 지지를 상실하지 않기 위해 노력한다는 것도 맞는 말일 수 있다. 후자의 경우의 예로 김정일의 군부 측근인물들은 김정일의 군부대 시찰은 물론 자신들의 영역과 관련이 없는 경제와 민간부문에 대한 사찰에도 거의 빠짐없이 등장하고 있다는 것이다. 또한 고위층 탈북자들의 증언에 의하면 2004년 중앙당은 김정일에게 군인들의 각종 비행과 민간인 폭행사례를 종합해 보고하였는데, 김정일은 보고서 표지에 "나의 군인들은 절대로 그와 같은 행동을 할 리 없습니다."라는 내용의 친필을 적어 내려보냈다고 한다. 이런 내용을 보고한 중앙당 보고자와 그 상관은 처벌받았다는 후문이다.[291]

1994년만 해도 김정일의 군 관련 활동은 전체 공식 활동의 4.7%에 불과하였으나 1995~1999년에는 57~74%에 달할 정도로 군 관련 활동이 가장 큰 비중을 이루고[292] 있는 것을 볼 수 있다. 김정일의 현지지도와 측근연회에서도 군 엘리트들의 비중이 비약적으로 늘어났다.[293] 북한에서 선군정치 용어가 등장한 것은 1998년부터[294]이므로 김일성 사망 후 위기 대응 차원에서 김정

291) 현성일(2007), 409~410쪽.

292) 김정일은 1997년 60회 가까운 공식 활동 중 40회 정도를 군부대 방문에 할애했고, 1998년에도 70여 회의 공식 활동 중 50회 정도가 군부대 시찰 활동이었다. 서대숙(2000), 244쪽.

293) 현지지도와 측근연회 참석 군 엘리트에 면면과 자세한 내용은 서석민, 「선군정치 시대의 당-군 관계 연구: 핵심 엘리트의 위상 변화를 중심으로」, 『사회과학연구』 제15집 1호(2007) 참조.

294) 북한의 자료에서 선군정치의 용어가 처음 등장한 것은 1998년 5월 26일자 로동신

일의 군 중시 정치가 먼저 시작되었고 이를 정당화하려는 노력이 진행되었다고 볼 수 있다.[295] 조선로동당출판사가 1995~1999년 기간 김정일의 담화와 저작을 정리한 『김정일 선집』 제14권은 '선군' 이라는 단어가 선군 주제와는 상관없는 1999년 1월 1일 및 9월 29일자 2개 주제의 본문 중에서 단 6회 언급된 것이 전부이다. 그러나 제15권(2000~2004)은 제목만 보더라도 총 41개의 제목 중 6개의 제목[296]에 선군이라는 단어가 사용되었고, 선집 본문 전반에 걸쳐 선군, 선군정치, 선군혁명, 선군시대 등의 단어가 일상적으로 사용되었다. 선군정치와 선군사상은 정치 분야에만 국한된 것이 아니라 예술, 언론, 문화, 경제, 일상생활 등 인민들의 모든 분야에 있어 사상무장을 위한 지침으로 강조되고 있다. 신년공동사설에도 '선군' 용어 등장 횟수는 1999년 2회, 2000년 2회, 2001년 13회, 2002년 9회, 2003년 25회, 2004년 43회, 2005년 45회, 2006년 42회로 점차 모든 통치 영역에서 광범위하게 적용되었음을 알 수 있다. 1990년대 후반 수많은 아사자가 발생하는 국가위기를 관리할 비상체제로 시작한 선군정치가 위기가 어느 정도 해소된 이후에도 체계적인 통치 담론으로 정립된 것이다.

문의 정론을 통해서였고, 그 개념이 처음 제시된 것은 1999년 6월 16일자 로동신문과 『근로자』의 공동논설에서였다. 그 후 1999년 12월 조성박의 『세계를 매혹시키는 김정일정치』와 2000년 9월 김철우의 『김정일장군의 선군정치』라는 단행본이 평양출판사에서 간행됨으로써 김정일의 선군정치는 그 용어 뿐 아니라 내용과 체계가 구체화 되었다. 윤황, 「김정일의 선군영도체계 구축에 따른 선군정치의 기능 분석: 로동신문의 담론을 중심으로」, 『한국동북아논총』 제57호(2010), 217쪽.

295) 정성장(2001), 84쪽.

296) 〈김정일 선집 제15권〉 「조선인민군공훈합창단은 당의 선군정치를 앞정에서 받들어나아가는 진격의 나팔수가 되어야 한다」(2000.6.27), 55쪽; "선군혁명로선은 우리 시대의 위대한 혁명로선이며 우리 혁명의 백전백승의 기치이다」(2003.1.29); "기자, 작가들은 혁명의 필봉으로 당을 받드는 선군혁명투사가 되어야 한다」(2003.2.3); "선군시대에 맞는 사회주의적생활문화를 확립할데 대하여」(2003.2.10; 2003.7.2); "선군시대가 요구하는 훌륭한 예술인재를 키워내자」(2003.3.27); "군인가족예술소조공연은 선군시대 군중문화 예술의 본보기이다」(2004.5.10; 2004.5.11; 2004.5.13).

방정배는 선군정치의 이론체계는 김정일의 통치체제를 정당화시키는 논리구조를 갖추고 있다고 말한다. 미국의 고립압살책동에 의해 극심한 경제난과 식량난을 겪고 있지만 오히려 김정일의 군을 위시한 선군정치 통치방식을 통하여 '인민대중의 자주성'을 지켰다는 점을 부각시킴으로써 김정일의 권위를 절대화하는 수단으로 선군정치를 활용하였다고 해석한다.[297] 실제로 북한은 "무적필승의 군대"가 있었기에 북한의 붕괴를 노리는 미국으로부터 "사회주의를 굳건히 수호하였다"며 각종 문헌과 매체를 통해 선군정치를 선전하고 있다.

> 이런 정예무력, 무적필승의 군대가 있었기에, 사회주의의 강유력한 주체적력량이 튼튼히 다져 졌기에 우리는 제국주의련합세력의 포위속에서 적들의 악랄한 고립압살책동을 짓부셔 버리고 사회주의를 굳건히 수호하였다. 하기에 〈세계유일초대국〉으로 자처하면서 세계 〈최강〉을 자랑하던 미국도 그 무슨 〈붕괴론〉을 줴치면서 우리 나라를 붕괴시키려고 하다가 우리에게 굴복하고 말았다. 또한 우리 나라를 적대시하던 나라들도 우리와의 관계를 개선하기 위하여 각방으로 노력하고 있다.[298]

'선군혁명'을 정당화하고 명분을 부여하기 위한 이론화체계의 첫 단계가 주민들의 대미 위협인식을 극대화시키는 것이다. 북한은 미제에 대항하는 북한인민(우리식사회주의)의 양자대결구도를 만들어 미제의 위협으로부터 인민의 '자주성'을 지키기 위해서 군대의 힘이 필요하고 군대를 장악하고 영도할 수 있는 유일한 후계 수령인 김정일의 영도에 모든 것을 맡기라고 주문한다. 선군정치가 설득력을 얻기 위해서는 김정일의 선군정치가 김일성의

---

297) 방정배, 「북한 '선군정치'의 정치적 함의」, 『통일문제연구』 제25~26집(2003~2004), 159~160쪽.

298) 사회과학원 철학연구소, 『우리당의 총대철학』(평양: 사회과학출판사, 2003), 113~114쪽.

그림 3-56. 북한군 열병식
출처: 조선중앙TV(2012.1.8).

그림 3-57. 김정은의 선군혁명 다큐멘터리 중
출처: 조선중앙TV(2012.1.8).

반제반미 투쟁의 연장선상에서 이루어지고 있음을 강조하여야 한다.

2002년 7월 31일 로동신문 편집국 논설은 지면 한 면 전체를 할애하여 김정일의 선군사상과 선군정치의 뿌리와 목적에 대해 언급하고 있다: "김일성 동지의 주체사상을 심화발전시켜 혁명철학, 정치철학으로 정립하시였다. 경애하는 장군님의 선군사상과 선군정치에 관한 리론은 위대한 수령님께서 창시하신 군사중시사상과 선군혁명령도의 전통에 력사적뿌리를 두고 있다" 이 사설은 김정일의 선군사상과 선군정치가 김일성의 주체사상, 군중시사상 및 선군혁명령도[299] 에 기초하고 있다며 김일성 수령의 후계자로서의 연속성 및 정통성을 부여함과 함께 김정일 시대의 선군정치라는 차별성 또한 강조하고 있는 것이다. "정권은 총대에서 나오며 군대는 곧 당이고 국가이며 인민이라는 혁명철학에 기초"하고 "제국주의를 반대하여 비타협적으로 투쟁하

---

299) 김정일은 당 창건 후 군을 수립한 소련이나 중국과 달리 김일성이 "혁명무력부터 먼저 창건하고 그 무력으로 일제침략자들을 몰아 내고 조국을 광복한 다음에 당을 창건하였다"며 김일성의 선군혁명영도를 성공적 혁명의 근원으로 설명하고 있다. 〈김정일 선집 제14권, 조선로동당 중앙위원회 책임일군들과 한 담화〉「혁명적군인정신을 따라 배울데 대하여」(1997.3.17), 293쪽.

는것은 우리 인민의 운명, 우리의 사회주의의 존망과 관련되는 근본문제이다." "반미대결전은 무엇보다 먼저 사상의 대결전이며 그 승리의 기본열쇠도 위대한 사상에 있다. 반제반미대결전에서 승리의 결정적요인은 핵무기가 아니라 우리 당의 혁명사상으로 무장한 군대와 인민이다."라며 반미투쟁을 위하여 군을 중심으로 한 혁명사상의 중요성을 논설은 강조하고 있다.[300)]

김일성이 일본 제국주의자들과 맞서 항일무장투쟁을 전개하던 시기와 환경적 조건이 유사함을 강조하면서 그 정당성을 꾀하고 있다. 김일성 사망 후 최악의 식량난을 겪은 3년을 '고난의 행군'으로 선포하는데 북한의 정치사전은 고난의 행군을 다음과 같이 정의하고 있다.

> 김일성 동지께서 조선인민혁명군 주력부대를 친솔하시고 1938년 12월~1939년 봄에 걸쳐 중첩되는 난관과 시련을 뚫고 피어린 전투로 낮과 밤을 이으면서 몽강현 남패자로부터 우리나라 북부국경일대에로 진출하신 100여일간의 간고한 행군[301)]

"(일제의 토벌작전에 맞서) 영하 30~40도를 오르내리는 모진 추위를 이겨내고… 식량은 떨어지고… 신발은 닳아 떨어졌으며 손발은 얼어 터지는" 혹독한 시련을 이겨내고 일제와의 싸움에서 백전백승했다[302)]는 과장된 김일성의 항일무장투쟁사의 연출된 한 장면이 고난의 행군이다. 김일성의 항일무장투쟁 시기와 유사한 환경에서의 어려움을 이겨내는 '고난의 행군'정신을 선군혁명령도의 정통성 계승으로 선전하고 있다. 즉 '일제와의 항일혁명투쟁(김일성)'에서 '미제국주의와의 조국해방전쟁(김일성)'에 이어 '미제국주의

---

300) 〈조선중앙통신/로동신문〉「위대한 수령 김일성동지의 혁명사상의 기치를 더욱 높이 들고 나아가자」(2002.7.31).

301) 『정치사전』(1973), 47쪽.

302) 위의 책, 48~49쪽.

의 고립압살책동으로부터 주체혁명의 완성(김정일)'이라는 '혁명투쟁'의 정통성의 계승[303]을 강조하고 있는 것이다.[304] 김일성의 반제국주의 투쟁의 병렬적 비유에서 항일투쟁 당시의 대외 환경의 유사성은 빠질 수 없는 그림이다. 즉 미제국주의의 사상적 침투, 군사적 대결, 경제적 봉쇄 등의 미제의 대북고립압살책동은 고난의 행군의 명분을 심어주는 안티테제이자 필수불가결한 대외 위협요소이다. 이것이 없다면 만들어 내서라도 김정일의 선군정치의 정당성을 부여하여 극도로 어려운 시기에 김정일의 선군정치로 사상, 군사, 경제 부문의 강성대국의 문을 열어젖힐 것이라는 희망을 인민들에게 심어줘야 한다.[305]

이렇듯 북한은 선군정치로 무장하여 '세계화 시대 지배 야욕을 넓히는 제국주의의 선봉에 선 미국'과의 대결에서 승리하는 것이 북한이 사회주의를 지키고 살아남을 수 있는 유일한 길이라는 목표를 제시해주고 있다. 선군사상과 선군정치가 강화됨은 선군정치의 목표 대상이 되는 미국과의 대결구도가 더욱 격화됨을 의미한다. 더불어 미국과의 대결구도 심화는 선군정치의 본래 취지에 대한 명분을 부여한다. 이렇듯 선군정치와 북미대결구도는 상호 악순환의 상호작용을 의미한다. 대미 대결구도를 강화하고 '미국의 악의적 실체' 드러내어 대미 불신감을 조장하고 고조시킬수록 선군정치는 정당성을 가지게 되어 김정일 체제 강화에 기여하게 된다. '당과 군과 인민이 혼연일체되어 반제사생결단의 정신으로 혁명의 수뇌부를 결사옹위'하는 선군정치는 김정일과 정권, 국가와 인민 그리고 군이 공동운명체라고 본다. 당 ·

---

303) 김철우, 『김정일장군의 선군정치』(평양: 평양출판사, 2000), 22쪽.

304) 방정배(2003~2004), 148~149쪽.

305) 북한은 김정일의 선군정치로 '고난의 행군'을 '낙원의 행군' 바꾸는데 성공하였다고 선전한다. 윤현철, 『"고난의 행군"을 락원의 행군으로』(평양: 평양출판사, 2002), 1~202쪽.

군 · 민과 미제의 대결구도라는 갇힌 사고의 틀 속에 혁명의 수뇌부가 미국의 위협으로부터 체제와 인민을 수호해 내야 하므로 혁명의 수뇌부를 결사옹위해야 한다는 것이다.

선군정치가 강화되는 기간 북한은 북미관계의 부침과 관계없이 미국과 미국인을 악마로 묘사하는 북한의 선전선동은 일관성 있게 지속되어 왔다. 예컨대 2003년 6자회담 1차회의가 시작될 무렵 1951년 인기를 모은 한설야의 단편소설 『승냥이』가 3곳의 매체에 재출간되었다.[306] 동 서적은 마귀의 모습을 한 미국 선교사가 어린 아이에게 세균주사실험을 하는 내용을 담고 있는데 6 · 25 당시 미국의 대규모 세균전을 감행했다는 북한 측의 주장을 바탕으로 한 내용이다. 제네바기본합의로 화해무드가 조성되고 북미 관계개선을 모색하던 1990년대 후반에도 김정일이 선군정치를 펼침에 따라 대내적 반미선전선동은 한층 강화되었다. 북한정권은 북미관계개선을 통해 정권안보를 보장받고 경제개선을 할 필요성을 절실히 느끼면서도 북한 인민들이 미국을 더 이상 적국으로 생각하지 않는 순간 자신의 '존재의 이유(raison d'etre)'를 잃게 되는 모순에 직면한다. 정권안보에 집착하는 김정일정권은 북한과 미국과의 친선관계가 적대관계보다 더 위험할 수 있다는 파라독스를 안고 있다. 미국과 가까워져야 하지만 너무 가까워지면(친구가 되면) 안 되는 정권의 딜레마인 것이다.

선군정치가 급부상하여 통치담론으로 체계화되면서 국방공업 우선정책이 강조되는 것을 주목할 필요가 있다. 1995년부터 1997년까지의 신년공동사설에서는 농업, 경공업, 대외무역 등 3대제일주의가 강조되었으며 국방공업에 대한 언급은 없었다. 1999년 국방공업 용어가 잠깐 등장하였고 이후 2차핵위기가 표면화된 이후 2003년부터 국방공업 우선론이 본격화된다. 주체사상에

---

306) Myers(2010), 150쪽.

서도 과거 40년간 명제화 되어 온 '중공업우선론'이 2003년에 이르러 '국방공업 우선론'으로 변화하는 모습을 보이는 것이다.[307]

> 선군시대는 혁명과 건설에서 나서는 모든 문제를 군사중시, 군사선행의 원칙에서 풀어 나갈것을 요구한다. 우리는 국방공업을 나라와 민족의 생명선으로 틀어 쥐고 우선적으로 발전시켜 나가면서 경공업과 농업을 동시에 발전시키는 문제도 선군시대의 요구에 맞게 풀어 나가야 한다.[308]

2006년 핵실험을 하던 해에도 "국방사업은 인민군대강화와 함께 국방공업 강화를 중요한 내용으로 한다. 선군시대의 강력한 국가경제력은 국방공업의 발전과 떼여놓고 생각할수 없다."라며 국방공업의 중요성을 한층 더 강조하였다. 또한 북한은 "국방사업은 강력한 국가경제력을 마련할 수 있게 하는 강성대국건설의 위력한 추동력이다"[309]라며 국방사업이 마치 경제의 만병통치약처럼 선전한다. 하지만 군수산업우선정책으로 인한 경제의 비효율성으로 인해 인민의 삶은 개선되지 않고 있다.[310] 그럼에도 불구하고 국방공업과

---

307) 진희관, 「북한에서 '선군'의 등장과 선군사상이 갖는 함의에 관한 연구」, 『국제정치논총』 제48집 1호(2008), 394~395쪽.

308) 〈조선중앙통신/로동신문〉 「경제건설의 중요요구는 국방공업 우선, 경공업과 농업 동시발전」(2003.2.28).

309) 〈조선중앙통신/로동신문〉 「국방사업은 강성대국건설의 제일중대사」(2006.1.12).

310) 국방사업에 우선순위를 두는 북한은 Mohammed Ayoob의 제3세계 안보 딜레마를 연상시킨다. Ayoob는 제3세계 국가의 특징으로 권력엘리트들이 국방과 정권안보에 집착하고 군부의 영향력이 강하며 국가의 희소자원을 비효율적인 군사력 강화를 위해 상당한 비중으로 쏟아 부음으로써 경제발전을 저해하고 궁극적으로 국가안보를 포함한 전반적인 국력의 약화시킴을 지적한다. Ayoob, Mohammed, *The Third World Security Predicament: State Making, Regional Conflict, and the International System* (London: Lynne Rienner Publishers, 1995), 191~192쪽.
Barry Buzan은 개인안보(individual security)와 국가안보(national security)의 관계에 있어 괴리가 존재함을 증명하고, 특히 전체주의국가와 같은 'maximal state(최대국가)'일수록 개인안보를 희생하여 국가안보를 우선순위에 두는 경향이 있다고 말한다.

군대에 우선적으로 국가의 자원을 배정하기 위해서는 굶주린 인민의 불만을 잠재우기 위한 합당한 명분이 있어야 하며 이를 위하여 국가의 당면과제인 미제국주의와의 대결에서 승리하기 위해 국방공업을 우선 발전시켜야 함을 강조한다.

> 우리와 제국주의와의 대결은 힘의 대결이다. 군사선행의 원칙에서 인민군대를 무적필승의 강군으로 키우고 국방공업을 우선적으로 발전시키는것은 제국주의자들의 책동을 짓부시고 주체사상의 기치높이 혁명을 끝까지 수행하기 위해 우리 당이 선택한 유일하게 정당한 전략적 로선이다.[311)]

김정일은 대량 아사자가 발생하며 북한의 식량난이 극에 달하던 시기인 1996년 12월 김일성 종합대학 창립 50돌 기념 연설에서 당이 앞장서 군량미를 확보할 것을 주문하며 "호시탐탐 침략의 기회를 노리고 있는 미제국주의자들이 군량미가 없다는 것을 알면 당장 쳐들어올 것이다."라며 미국의 위협을 직설적으로 과장해 표현하고 있다.

> 식량문제로 하여 무정부 상태가 조성되고 있는데… (중략) 당이 군대를 틀어쥐자면 군대에 대한 당의 영도를 확고히 보장하는 것과 함께 물질적 보장 사업을 잘하여야 합니다. 그런데 지금 인민군대에 식량을 제대로 공급하지 못하고 있습니다. 지금 적들은 우리가 일시적인 난관을 겪고 있는 것을 보고 우리의 사회주의도 붕괴할 것이라고 떠들어대면서 호시탐탐 침략의 기회를 노리고 있습니다. 아마 우리에게 군량미가 없다는 것을 알면 미제국주의자들이 당장 쳐들어올것입니다.[312)]

Buzan, Barry, *People, States, and Fear* (Hertfordshire: Harvester Wheatsheaf, 1991), 40쪽.

311) 〈조선중앙통신/로동신문〉 「주체사상은 선군정치의 뿌리」(2003.3.12).

312) "우리는 지금 식량 때문에 무정부 상태가 되고 있다」(1996년 12월 김일성 종합대학

김정일은 이어서 '군량미가 없어 미국놈들이 쳐들어와 지면 모두가 노예가 된다'[313]며 경각심을 고조시켜 군량미 수매를 위한 선전 · 정치사업을 종용하고 있다.

> 군량미가 없으면 적들과 싸워 이길 수 없습니다. (중략) 군량미는 무조건 보장하여야 합니다. (당일꾼들에게 농장원들 설득논리를 제시하며) "당신들의 아들딸과 손자들이 다 군대에 나가 있는데 당신들이 군량미를 보내주지 않으면 누가 보내주겠는가. 군량미를 보내주지 않으면 미국놈들이 쳐들어와도 싸워 이길 수 없다. 그러면 당신들도 다시 노예가 되고 당신들의 아들, 딸, 손자들도 노예가 된다." (중략) 정치사업을 잘하면 쌀을 수매하지 않겠다는 농장원이 없을 것입니다.

군부가 국방공업우선정책 하에 타 분야에 비해 비대해진 몸집을 유지하고 지속적으로 미사일과 핵을 개발해 나가기 위해서는 주적인 미국과의 대결과 긴장고조상태가 유지되는 것이 유리하고, 긴장관계가 해소되더라도 인위적으로 미국의 위협을 과장하여 위기감을 조성함으로써 필요한 자원이 국방공업에 우선배정될 수 있도록 할 필요가 있다. 이는 미 군산복합체가 자신의 거대한 영향력을 유지하고 확대해 나가기 위해 한반도에 인위적으로 위기를 조장한다는 일각의 음모론에 역으로 비유해 설명할 수 있다. 미사일방어체제(MD)를 구축하기 위하여 북한이 보유하고 있는 중장거리 미사일의 사정거

창립 50돌 기념 김정일의 연설문), 『월간조선』(1997.4), 311쪽.

313) 김일성도 미국이 쳐들어와 전쟁에 지면 일제 식민 치하 노예생활을 했던 것처럼 또다시 노예가 되고 만다며 주민들에게 반복적으로 경각심을 고조시킨 바 있다. 예컨대 6 · 25 전쟁 도발 직후에도 "또다시 제국주의자들의 식민지노예가 되느냐, 아니면 자주독립국가의 자유로운 인민으로 남아있느냐 하는 엄중한 사태에 직면하고있습니다." 라며 반드시 전쟁에서 이겨야 하는 필요성을 강조한다. 김일성 저작집 제6권〉(1950.6.25), 4쪽.

리나 정확도를 실제보다 부풀려 과장하여 미 본토에 직접적 위협을 준다며 위기감을 조성함으로써 미 정부와 일본 등 우방국이 적극적으로 MD에 참여하고 필요한 예산을 확보하도록 유도한다는 주장이 그러한 예이다. 선군정치 하에서 전현직 군 지도부가 당과 정치 영역에까지 진출하여 정책수립과 집행에 참여할 수 있는 구조 하에서 북한은 더욱 용이하게 미국의 위협을 과장할 수 있고 이를 정책에 반영할 수 있는 구조를 갖는다. 예컨대 한미연합군사훈련은 정례적으로 매년 실시되어 왔으나 북한은 항상 이를 방어적 성격이 아닌 북침 '핵전쟁연습'[314]으로 간주하고 맹렬히 비난하며 연합훈련 시마다 긴장감을 고조시켜 왔다. 물론 적국의 군사훈련 그 자체로 위기감을 느끼는 면도 있겠으나, 북한은 실제 느끼는 위협보다 과장된 경계감을 표현하며 필요에 따라 도발을 감행한 후 그 책임을 상대측에 떠넘기는 구실로 삼곤 한다.[315] 연합군사훈련은 매년 정례적으로 실시되고 있는 것을 알면서도 북한은 필요에 따라 자신이 원하는 수위에 맞추어 긴장의 수위를 조절하고 인민의 대미경계심과 적개심을 고조시키며 내부결속을 다지고, 필요하면 긴장의 수위를 한층 더 높이기 위해 도발한 후 미국의 '한반도핵전쟁연습'을 도발의 촉발 원인으로 매도하며 책임을 전가하는 것이다. 또한 북한은 연합군사훈련을 통한 남한과 미국의 '북침전쟁위협'을 자신들의 장거리 미사일

---

314) 연례 한미군사훈련을 북침 핵전쟁연습으로 비난한 북한매체에 대표적 사례를 각 년도별로 아래와 같이 정리함(부시행정부출범후 지하핵실험까지의 기간). 〈조선중앙통신〉「위험한 북침전쟁연습」(2001.4.21); 〈조선중앙통신/로동신문〉「북남합의에 어두운 그림자 비끼게 하는 합동군사연습」(2002.8.20); 〈조선중앙통신/로동신문〉「미국남조선합동군사연습은 제2조선전쟁을 위한 종합적인 군사작전」(2003.4.2); 〈조선중앙통신/로동신문〉「북침을 노린 위험한 전쟁불장난」(2004.3.15); 〈조선중앙통신/로동신문〉「핵전쟁위험을 크게 증대시킨 북침연습소동」(2005.3.26); 〈조선중앙통신〉「핵선제공격을 노린 위험한 전쟁연습」(2006.3.27).

315) 본 책의 연구대상 기간은 아니나 2010년 11월 연평도 포격 사건이 대표적 예가 될 수 있다. 통상 실시하던 NLL 이남 해상방향으로의 남한의 사격훈련에 대해 북한은 느닷없이 포격을 가해오며 남한이 자신의 영해를 도발하였다고 주장하였다.

개발과 핵억지력 강화의 대내외적 명분으로 제시하고 있다.

선군정치 하에 대외정책의 경직성과 대미 대결구도 강화는 불가피하다. 북한은 선군정치의 불가피성을 강조하기 위해 미국의 반공화국 책동에 대해 역설하고 있으며 선군정치로 인한 인민경제의 어려움도 미국에 그 책임을 돌리고 있다.

> 위대한 선군력사를 수놓아온 10년간 우리 혁명이 헤쳐온 길은 참으로 간고하였다. 우리 식 사회주의를 없애버리려는 제국주의자들의 책동으로 말미암아 총포성 없는 전쟁이 계속되였고 우리 인민은 허리띠를 졸라매고 시련의 언덕을 수없이 넘지 않으면 안되였다.[316]

북한은 군의 힘이 강하기 때문에 '제국주의의 책동에 맞서 공화국의 자주를 수호하고 유리한 대외 협상도 이끌 수 있다'고 선전한다. 김정일도 군력을 바탕으로 대외협상을 하고 있다고 서슴없이 말한다. "우리가 지금 적들과 당당하게 맞서서 배심 있게 대화도 하고 회담도 하고 있는 것은 군대가 강하기 때문입니다. 군대가 강하기 때문에 우리가 적들과의 대결에서 주도권을 틀어쥐고 나라의 자주권과 인민의 리익을 철저히 고수하고 있는 것입니다."[317] 2000년 8월 방북한 남한 언론사 사장단과에서도 군력이 외교력의 원천임을 강조한다. "내 힘은 군력에서 나옵니다. 내 힘의 원천으로는 두 가지가 있습니다. 첫째가 모두가 일심단결하는 일이고 두 번째가 군력입니다. 외국과 잘 되도 군력이 있어야 하고 외국과의 관계에서 힘도 군력에서 나오고 내 힘도 군력에서 나오고 있습니다. 다른 나라와 친해도 군력을 가져가야 합니다."[318]

---

316) 〈조선중앙통신/로동신문〉「선군의 기치밑에 마련된 업적과 재부를 틀어쥐고 힘차게 전진하자」(2004.1.9).

317) 〈김정일 선집 제14권〉(1997.3.17), 292~293쪽.

318) 「〈김위원장-언론방북단 대화록〉-11」, 『연합뉴스』(2000.8.13).

제4장
부시행정부 시기 북한의 대미 불신과 제네바합의의 붕괴

1절 부시행정부의 국가 · 체제 · 정권안보 차원의 대북 강경책

1. 미 정권교체에 따른 급격한 대북정책 선회

2000년 미 대선을 앞두고 1994 제네바기본핵합의(Agreed Framework)에 대한 평가에 있어 민주당과 공화당의 입장은 극명한 차이를 보인다. 민주당은 성공적으로 북핵을 동결시킨 클린턴 행정부의 외교성과로 높이 평가하지만, 공화당은 북한 핵의 근원적 문제를 해결하지 못한 실패한 외교 사례로 평가절하 한다. 민주당은 제네바 합의가 없었다면 북한은 수십 개의 핵무기를 제조했을 것이라며 제네바 합의의 의의를 평가한다. 하지만 공화당은 클린턴 행정부의 대북정책을 '유화정책(appeasement policy)'으로 폄하하고, NPT를 정면으로 위배하며 비밀 핵무기개발 프로그램을 추진한 불량국가[1]인 북한

1) 불량국가(rogue state)는 감정적이고 편의주의적인 정치적 개념이며 클린턴 행정부와 부시 행정부의 불량국가 개념에도 차이가 있다. 클린턴 행정부가 wmd와 테러지원 등 '나쁜 행동'에 기반해 북한을 불량국가로 구분했다면 부시 행정부는 '나쁜 행동'에 추가해 독재와 주민의 비참한 삶 등 북한의 '나쁜 본질'에 기반하여 북한을 불량국가로 정의하였다. 이는 북한의 외부 행위만 교정하는 데서 그치는 것이 아니라 북한의 본질을 바꾸는 체제의 변화나 정권 교체가 정책목표가 될 수 있다는 데서 큰 의미를 갖는다. 켈리 특사가 2002년 10월 방북시 안보 위협 뿐 아니라 북한의 인권상황에 대한 우려를 표명하여 북한의 반발을 산 것은 부시 행정부 시기의 변화한 대북 '불량국가관'을 단적으로 보여준다. 박형중, 『'불량국가' 대응 전략: 기본개

그림 4-1. 북한의 핵보유국 선언 간판
2006년 동국대 김양희 박사 촬영.

의 그릇된 행동을 보상하는 선례를 남김으로써 다른 핵야욕을 가진 불량국가들에게 그릇된 메시지를 보낸다는 것이다.

공화당은 핵시설 의혹을 받고 있는 금창리 사찰에 대해서도 북한에게 핵 관련 물질과 시설을 다른 곳으로 옮길만한 충분한 시간적 여유를 주었기 때문에 미국 사찰단이 빈손으로 돌아올 수밖에 없었다며, 북한은 고농축우라늄(HEU)프로그램 등 다른 수단을 통한 핵개발을 결코 멈추지 않을 것이라 보았다.[2] 클린턴 행정부는 제네바 합의를 통해 NPT 통제하에 북한의 핵프로그램을 관리함으로써 '과거 핵'에 집착하기보다는 '미래 핵'의 투명성을 보장

념들과 비판적 검토』(서울: 통일연구원, 2002), 16~19쪽.

2) North Korea Advisory Group, *Report to The Speaker* (U.S. House of Representatives, November 1999).

받으려 하였다. 북한이 1989년 5MW 영변원자로로부터 12개의 핵무기를 제조할 수 있을 만큼의 플루토늄을 추출했을 가능성을 제기한 CIA 보고서가 나왔음에도 불구하고[3] 클린턴 대통령은 제네바 합의를 충실히 이행할 것임을 확인하는 친서를 북한의 김정일 위원장에게 보낸다.[4]

1999년 공화당과 민주당이 각각 작성한 대북정책보고서는 북한을 바라보는 극명한 시각 차이를 보여준다. 공화당의 시각을 반영한 아미티지 보고서와 민주당의 시각을 담고 있는 페리 보고서는 클린턴 행정부와 부시 행정부 사이의 좁힐 수 없는 시각차가 있음을 보여 주고 있다. 페리보고서보다 6개월 앞선 아미티지 보고서는 클린턴 행정부의 대북정책이 부시 정권이 들어서면서 급선회 할 것이라는 것을 예견하고 있었다. 놀랍게도 아미티지 보고서가 제안한 대북 접근방식 대부분이 부시 행정부 출범과 함께 그대로 반영되기 시작했다. 그 보고서는 북한의 과거 핵활동에 대한 IAEA의 조기 사찰, 경수로의 화력발전으로의 대체, 재래식 무기감축 문제의 의제화, 상호주의와 철저한 이행 검증, 북한 체제보장 마련을 위한 6자회담, 외교 실패시 봉쇄와 선제공격, 주한미군 재배치 등을 담고 있다.

아미티지 보고서[5]는 외교와 협상을 중시하는 클린턴 행정부의 페리 보고

---

3) Larry A. Niksch, "North Korea's Nuclear Weapons Program", *CRS Issue Brief* (June 1995), 3~4쪽.

4) 김국신, 『미국의 정책과 북한의 반응』(서울: 통일연구원, 2001), 17쪽.

5) 원제: "A Comprehensive Approach to North Korea"(1999).
아미티지(Armitage)가 대북정책실무그룹 의장을 맡아 아미티지 보고서가 작성이 되었다. 실무그룹 구성원에는 다음의 인물이 포함된다: Johannes A. Binnendijk, Institute for National Strategic Studies; Peter T.R. Brookes, House Committee on International Relations; Carl W. Ford, Ford and Associates; Kent M. Harrington, Harrington Group L.L.C.; Frank S. Jannuzi, Minority Staff of the Senate Foreign Relations Committee; Robert A. Manning, Council on Foreign Relations; RADM Michael A. McDevitt, USN(Ret.), Center for Naval Analyses; James J. Przystup, Institute for National Strategic Studies; GEN Robert W. RisCassi, USA(Ret.), L-3 Communications Corporation;

서[6]와 대비되는 공화당의 대북정책의 개요를 담고 있다. 페리보고서는 외교노력이 실패할 경우에도 일방적 선제군사공격을 사실상 배제하고 있는 반면, 아미티지 보고서는 외교노력이 실패할 경우 봉쇄와 선제공격을 제안하고 있다. 페리 보고서와 아미티지 보고서의 상이함은 부시 행정부 출범 후 대북정책이 급격히 선회하게 된 근원적 차이점의 배경을 설명해준다. 페리 보고서는 몇 차례에 걸쳐 제네바 합의(Agreed Framework) 역할의 중요성에 대해 강조하고 있다.

> 제네바합의 이행으로 영변의 플루토늄 생산 능력은 입증가능한(verifiable) 방식으로 동결되었다. 제네바합의가 없었다면 북한은 상당한 수의 핵무기를 제조할 수 있을 만큼의 플루토늄을 재처리 했을 것으로 추정된다.

또한 페리 보고서는 북한과 미국 양 당사자 모두에 대해서 제네바 합의 위반에 따르는 위험에 대해 경고하고 있다.

> 북한이 제네바 합의 규정을 위반하지 않는 한 미국과 그 동맹국은 제네바 합의를 훼손하는 행위를 하여서는 안된다. 제네바 합의를 훼손한다면 미국이 제네바합의를 위반하는 위치에 놓이게 되며 북한으로 하여금 영변핵시설 동결을 해제해 1994년 북핵위기 시점으로 회귀할 수 있는 빌미를 제공하게 된다.[7]

---

and Ambassador Paul D. Wolfowitz, Paul H. Nitze School of Advanced International Studies, The Johns Hopkins University. 이들 중 폴 울포위츠(Paul Wolfowitz)는 부시 행정부 하에서 국방부 부장관에 임명되었고 임기 중 대표적인 네오콘으로서의 영향력을 행사했다.

6) 원제: "The Review of the United States Policy Toward North Korea: Findings and Recommendation"(1999).

7) 페리보고서의 원문은 다음과 같다: "Unless the DPRK's acts transgress provisions of the Agreed Framework, however, U.S. and allied actions should not themselves undermine the Agreed Framework. To do so would put the U.S. in the position of

반면 아미티지 보고서는 제네바합의의 중대한 오류에 대해 지적하고 있다. 제네바 합의가 북한의 핵프로그램을 종식시키고, 북한의 개혁 개방과 남북화해의 단초를 제공하며 '소프트 랜딩(soft landing)'을 유도했다는 클린턴 행정부 관료들의 주장을 부정한다. 오히려 시간을 번 것은 미국이 아니라 북한이며 북한의 핵프로그램이 동결되었다는 페리보고서의 인식을 수용하지 않는다.

> 시간을 버는 것이 우리에게 유리하다고 생각하는 것에 대한 의구심이 심화되고 있다. 2,200만 국민들의 안위는 등한시하면서도 북한 정권을 공고히 하고, 핵프로그램을 지속하며, 신형 미사일을 개발하고 판매하면서 시간을 버는 쪽은 바로 북한이라는 증거가 늘고 있다.
> 북한정권은 핵프로그램의 단지 일부만을 동결하였고, 비밀 핵개발 프로그램을 계속 추진하고 있다. 제네바 합의 시간이 지난 후에 북한의 핵능력을 억제력을 발휘할 수 있도록 구성되었다. 다시 말해 IAEA 안전협정의 완전한 이행의무는 2002~2003년이 되어야 시작한다. 또한 제네바합의는 북한이 한 개 혹은 두 개의 핵장치를 보유할 수 있다는 가능성을 인정하고 있다. 1994년 이후 북한은 외부의 공급원으로부터 핵무기 기술 혹은 핵분열 물질을 추가로 습득하였을 가능성 또한 있다.

또한 아미티지 보고서는 "제네바합의를 재검토해 대체에너지원(alternate energy sources) 공급에 대해 북한과 협의할 수 있다"고 언급함으로써 경수로 제공에 대한 거부감을 피력하였다. 실제로 부시 행정부 출범 직후 공화당에 의해 경수로를 화력발전소로 대체 지원하는 안이 검토되었다.

하지만 페리 보고서는 제네바합의의 실효성에 대해 강한 확신을 가지고

---

violating the Agreed Framework, opening the path for the DPRK to unfreeze Yongbyon and return us to the crisis of the summer of 1994."

있었다. "영변핵시설의 동결해제(재가동)는 북한이 가장 빠르고 확실하게 핵무기를 개발할 수 있는 방식이다. 따라서 제네바합의를 보완하는 것이 미국의 안보목표에 부합한다고 볼 수 있다. 그러나 우리는 제네바합의를 훼손하거나 대체해서는 안 된다. 미국과 동맹국은 제네바합의를 보존해야 하며 가능하다면 직접적인 충돌을 피해야 한다."[8]고 페리보고서는 권고한다.

외교적 노력이 실패할 경우에도 페리보고서는 "지역의 안보불안정을 피하면서 북한이 대화에 복귀할 수 있도록 미국과 미국의 동맹국들이 '단호하고 신중한 조치(firm and measured steps)'들을 함께 강구해 나갈 것"을 종용하고 있다. 반면 아미티지 보고서는 '레드라인' 설정과 함께 외교적 노력이 실패하고 북한이 미국과 동맹국이 설정한 레드라인을 넘어설 경우 정확한 정보력(intelligence)을 바탕으로 한 봉쇄(containment)와 선제공격(preemption)을 군사조치의 일환으로 권고하고 있다. 실제로 부시행정부 출범 이후 2002년 12월 미국과 스페인 군이 스커드 미사일 부품을 선적한 예멘행 북한 상선을 아라비아해 공해상에서 나포하였다. 또한 2001년 12월 핵태세검토보고서(NPR)와 2002년 9월 국가안보전략보고서(NSS)는 북한에 대한 선제공격을 핵심 군사전략으로 채택한다. 이런 면을 살펴볼 때 부시 행정부의 대북정책은 단지 9·11에 의해 급선회하였다기보다는 페리보고서와 대비되는 공화당의 대북정책 개요를 담은 아미티지 보고서에서 볼 수 있듯이, 부시 당선과 함께 클린턴의 대북정책을 전면 재검토하겠다는 공화당의 공세적 대북 정책 기조가 네오콘의 등장과 9·11사태로 인하여 구체화 된 것으로 볼 수 있다. KEDO 사업 추가 진전 이전에 과거·현재·미래의 북한핵 검증, 경수로 대체용 에

8) 페리보고서 원문: "Unfreezing Yongbyon remains the North's quickest and surest path to nuclear weapons. U.S. security objectives may therefore require the U.S. to supplement the Agreed Framework, but we must not undermine or supplant it. The U.S. and allied steps should seek to keep the Agreed Framework intact and avoid, if possible, direct conflict."

너지원 검토, 재래식 전력 감축 논의, 6자회담을 통한 패키지 방식의 비핵화 접근, 외교 실패 시 봉쇄와 선제공격, 주한미군 효율성 재평가 등 아미티지 보고서는 부시가 임기 중 추진한 대북정책의 여러 의제를 이미 작성 당시 포함하고 있었다.

페리보고서가 '우리가 원하는 북한(we wish it to be)'이 아니라 '있는 그대로의(as it is)' 북한정권을 대화 상대로 협상하는 것을 주문한데 반하여 아미티지 보고서가 기술하는 협상과 포용은 '우리가 원하는 방식으로' 북한 내부의 긍정적인 변화를 전제로 하고 있다. 우리가 원하는 방식으로의 변화는 바로 네오콘들의 'Regime Change'를 목표로 한 대북 정책에 반영되었다.

2000년 남북 정상회담 이후 북미관계는 급진전 되어, 2000년 10월에 이르러서는 북한의 조명록 차수가 미국을 방문하고, 같은 달 올브라이트 국무장관이 평양을 답방해 클린턴 대통령의 방북을 조율하기에 이른다. 그러나 부시의 대통령 당선으로 클린턴의 방북은 성사되지 못한다. 부시의 당선과 함께 북미관계는 더 이상 진전을 보지 못하고 클린턴 행정부 당시 합의 사항 이행 진척 없이 교착상태에 빠진다.

부시 행정부 출범 이후 9 · 11 이전까지의 외교정책은 클린턴 행정부의 '공세적 자유주의(offensive liberalism)'에서 '방어적 현실주의(defensive realism)'으로 전환되어 클린턴 행정부의 개입주의 및 다자주의적 외교정책에서 한 발 물러서 독자주의를 걷기 시작했다. 2001년 미국은 교토 의정서를 비준하지 않았고, 국제사회의 반대에도 불구하고 국가미사일방어체제(NMD) 구축을 공언하였으며, 포괄적핵실험금지조약(CTBT) 비준을 거부하였다. 그러나 9 · 11 이후 대테러전쟁은 부시 행정부를 '공세적 현실주의(offensive realism)'로 변모하게끔 만들었다.[9] 미국의 일방주의(unilateralism)[10]는 '미국식 국제

9) Sunghan Kim, "U.S. Policy toward North Korea under the New Security Doctrine", *IRI Review*, Vol.7, Number 1(Fall 2002), 101쪽.

주의(American internationalism)'와 접목되면서 본격적으로 공세적 대외 개입 정책(interventionism)[11]으로 이어진다. 이러한 개입정책이 군사 분야에 있어 미국의 패권적 지위[12]를 바탕으로 아프간 및 이라크 전쟁으로 이어졌고, 힘

---

10) 로버트 저비스는 이라크에 대한 예방전쟁(preventive war)을 가능하게 했던 미국의 일방주의는 9·11 이후 반사적으로 급조된 것이 아니라 2차대전 이후 냉전시절부터 취해온 전략의 일부라고 지적한다. 미국이 대륙간탄도미사일 및 대륙간 폭격기를 개발하여 대소 원거리 억지 능력이 생기고 유럽 안정되면서 서유럽 동맹국의 중요성이 감소하기 시작했으며, 1956년 수에즈운하를 둘러싼 제2차 중동전쟁 때 프랑스와 영국에 압력을 행사하기에 이르렀다. 25년 뒤 레이건 행정부 시절에는 일방주의가 더욱 극명해졌고, 탈냉전기 미국의 단극체제가 도래하면서 미국의 행동반경을 제한할 요인이 사라졌다. 동맹국과의 협력이 필수가 아닌 미국의 지도자가 정치적 성향에 따라 사안별로 취할 수 있는 선택이 되어버린 것이다. 이미 구조적으로 일방주의를 택할 수 있는 환경이 조성된 상태에서 부시의 개인적인 성향과 9·11이 맞물려 일방주의 기조를 증폭시켰을 뿐이라는 저비스의 지적이다. 예방전쟁은 옳고 그름을 떠나 비정상적인 국가행위라기보다는 '힘이 있는 국가가 구조적으로 허용된 환경 속에 느끼는 자연스런 충동에 기인한 것'이리고 저비스는 분석한다. Jervis, Robert, *American Foreign Policy in a New Era* (New York: Routledge, 2005), 90~96쪽 참조.

11) 미국은 건국 초창기 대외정책에 있어 고립주의(isolationism)를 택하였다. 그렇지만 고립주의를 견제하며 다른 한 축을 이루고 있는 미국의 외교정책인 개입주의(interventionism)는 외부의 위협이 닥쳤을 때 반사적으로 힘을 얻어 왔다. 1차 세계대전에서 개입을 자제하다가 독일의 무제한 잠수함 작전으로 참전하게 되었고, 1930년대 무장한 독일과 일본이 부상할 때까지 방관으로 일관했으나, 진주만 기습 직후 적극적인 개입에 나서 2차 세계대전을 승리로 이끌었다. 그러나 1차 세계대전 직후 윌슨대통령이 주창한 국제연맹이 국내반대여론에 부딪혀 미 의회에서 부결되는 등 미국은 위기감이 누그러질 때면 지나친 개입주의를 경계하고 다시금 고립주의로 회귀하는 현상을 보였다. 특히 베트남전 실패 이후 고립주의적 성향은 강해졌으며, 걸프전 승리는 미국의 자신감을 회복시켰다. 9·11 사태는 21세기의 '진주만 폭격'으로 비유되었고, 대테러 전쟁과 함께 미국의 새로운 국제질서에의 개입이 시작되었다. 미국의 고립주의와 개입주의 역사와 전망에 대해서는 다음 문헌을 참조. Kupchan, Charles A., The End of the American Era: *U.S. Foreign Policy and the Geopolitics of the Twenty-first Century* (New York: Alfred A. Knopf, 2002).

12) 소련 붕괴 이후의 세계 체제를 미국이 주도하는 단극체제로 보는 시각도 있고, 다극체제로 인식하는 학자도 있다. 조셉 나이는 이런 단순 구분 대신 3차원적인 다층적 분류를 하고 있다. 상위층은 군사력으로 미국 위주의 단극 체제이고, 중간층은 경제력으로 유럽 일본 미국 및 부상하는 중국 등을 포함한 다극체제이며, 마지막으

에 기반한 군사력과 핵능력을 활용하는 핵태세검토보고서(NPR)와 선제공격 독트린을 구체화한 국가안보보고서(NSS)로 표면화되었다.

북한은 출범 후 4개월이 지난 2001년 6월 부시 대통령이 핵 뿐 아니라 '미사일 및 재래식 무기'까지 협상의제에 포함시켜 북미협상재개 성명을 발표하자 "우리를 무장해제시키려는 의도"라며 그 동안 억눌러왔던 부시행정부에 대한 불신을 토로하는 외무성대변인 담화를 발표한다. 담화에서 북한은 경수로건설 지원에 따른 전력보상을 미국의 대북적대시정책 포기 실천 과제 중의 하나로 제시한다.[13]

북한은 2005년 9·19성명 이후에도 제네바 기본합의 이행에 있어 클린턴 행정부가 북한과 합의한 내용을 부시행정부가 '손바닥 뒤집듯' 번복하는 데 대해 강한 불만을 토로한다.

> 저들자신이 직접 서명하고 대통령까지 담보한 국제적합의사항도 꺼리낌없이 헌신짝처럼 줴버리는 부쉬행정부의 철면피성은 국제사회에 미국의 진면모를 더욱 똑똑히 드러내보이고있으며 미국과는 신뢰에 기초한 관계란 있을수 없다는 심각한 교훈을 주고있다.[14]
>
> 부쉬를 위시한 미국내 강경보수세력은 클린톤행정부시기에 벌써 조미기본합의문의 파기를 주장하면서 반기를 들었다. 미국회에서 다수파를 이루고있던

로 하부 층은 정부가 통제할 수 없는 초국가적 상호관계로서 극성을 따질 수 없는 체제이다. 마지막 층은 한 국가의 경제력을 훨씬 뛰어넘는 초국가적 자본의 흐름이라던가, NGO, 테러리스트와 인터넷 해커 등을 예로 들 수 있다. Nye, Joseph S., *The Paradox of American Power: Why the world's only superpower can't go it alone* (New York: Oxford University Press, 2002), 39쪽.

13) 〈조선중앙통신/외무성대변인〉「미행정부의 〈대화재개제안〉에 대한 공화국의 립장 천명」(2001.6.18).

14) 〈조선중앙통신〉「미국은 조미기본합의문파기책임에서 벗어날수 없으며 비싼 대가를 치르게 될 것이다」(2005.12.19).

> 공화당은《클린톤정권은 북조선에 끌려만 다니면서 지나친 양보를 하였다》느니,《백악관이 미조합의와 관련해 공화당과 사전에 충분히 협의하지 않았다》느니 뭐니 하면서 조미기본합의문을 행정부에 대한 공격수단으로 악용하였다. 당시 미국회 상원외교위원회 위원장은 조미기본합의문을 우리에 대한《일종의 보수》로 묘사하였으며 공화당 원내총무는《미국이 지내 많이 양보하였다》고 터무니없이 걸고들었다. 부쉬와 체이니를 선두로 한 미공화당의 강경보수세력은 계기가 있을 때마다 기본합의문을 꺼들며 민주당정권의 대조선정책에 대한 압박의 도수를 높이였으며 조미기본합의문의 순조로운 리행에 여러모로 장애를 조성하였다. 그들은 존재하지도 않는 우리의 이른바《핵의혹》설과《미싸일위협》론 등을 들고나오면서 클린톤행정부의 대조선정책을 전면재검토할 것을 요구하였는가 하면 저들이 집권하면 조미기본합의문을 파기하고 경수로건설도 걷어치우겠다는것을 입버릇처럼 외워댔다. 부쉬행정부는 집권하자마자 대조선정책을 수정하고 조미기본합의문을 전면부정하는 길을 택하였으며 우리와 상대해보기도전에 《불법국가》,《불량배국가》,《인권유린국가》,《테로지원국》 등 별의별 감투를다 씌우면서 강경고압정책을 체계적으로 강행하는 길로 나아갔다. 부쉬는 2000년 12월 19일 클린톤과 정권인계인수문제를 협의하는 자리에서 선임자의 대조선완화정책을 심각한 정책상오유로 락인하고 기본합의문파기를 주장하였으며 2001년 3월 7일《북조선에 대해서는 강경로선을 취할것이다.》라고 공공연히 떠벌이면서 조미사이의 합의사항들을 모두 부정하고 우리와의 전면대결을 선언하였다.[15]

북한은 선거로 출범한 미 행정부의 급격한 대북정책에 대한 실망감을 토로하고 부시 취임 직전 클린턴 대통령 시절 북미 관계개선의 기대감을 상기시키며 "최소한 클린톤행정부집권 마지막시기에 취했던 립장수준에 도달될 때에 가서야 조미대화의 재개가 가능 해 지게 될 것"[16]이라면서 부시행정부

15) 〈조선중앙통신〉「미국은 조미기본합의문파기책임에서 벗어날수 없으며 비싼 대가를 치르게 될 것이다」(2005.12.19).

출범 이후부터는 클린턴행정부 집권 마지막 시기로 북미관계를 되돌릴 것을 희망하였다.

2. 국가안보차원의 대북 강경책: 핵태세검토보고서와 선제공격독트린

2001년 미국방부가 발간한 4개년 국방검토보고서(QDR: Quadrennial Defense Review)는 2001년 실행을 목표로 2000년 11월 윌리엄 코언 국방장관이 그 근간을 작성한 것이어서 9 · 11 이후 부시 행정부의 공세적 대외 군사정책을 담고 있지 못하다. 그러나 9 · 11 이후 2001년 12월 31일 미 의회제 제출된 '핵전략검토보고서(NPR)'와 2002년 9월 17일 백악관이 발간한 '국가안보전략보고서(NSS)'는 북한으로 하여금 섬뜩함을 느끼게 하기에 충분할 정도로 공세적인 군사정책을 포함하고 있다.

특히 이 두 전략 보고서의 발간 시점은 2001년 10월 미국의 아프간 전쟁 돌입을 시점으로 대테러 전쟁이 본격적으로 시작되는 국면에서 나왔다는 데서 의미가 있다. 아프가니스탄의 탈레반 정부는 개전 한 달 만에 축출되었다. 미국의 심장부를 강타한 9 · 11 테러는 기존의 방어 중심적 국가안보전략을 공세적이고 선제적인 방어형태로 전환시키는 계기가 되었다. 9 · 11은 B.T.(Before Terror) 및 A.T.(After Terror) 라는 수식어가 나올 정도로 미국 군사안보정책의 전환점을 가져오는 변수가 되었다.

9 · 11 이후 미국 외교안보전략의 가장 두드러진 변화는 연성권력(soft power)

---

16) 〈조선중앙통신〉 「클린톤행정부집권 마지막시기의 립장수준에 도달되야 대화재개 가능」(2001.8.23).

보다는 강성권력(hard power)[17]에 의지한 '공세적 현실주의(offensive realism)' 안보전략이 등장하였다는 것이다. 2001년 1월 출범한 부시행정부는 클린턴의 자유주의를 거부하고 선택적이고 방어적인 현상 유지에 치중하는 '방어적 현실주의(defensive realism)' 양상을 띠었으나, 9·11 이후 미국이 가진 힘을 동원하여 현상(status quo) 타파를 적극적으로 꾀하는 공세적 현실주의적 양상으로 돌변하였다.[18]

2001.12.31. NPR의 기존의 핵정책 대비 가장 두드러진 특징은 "비핵국가에 대한 핵선제공격의 가능성을 처음으로 열어두었다"는 것이다. 냉전 시절 '상호 괴멸(MAD)'에 기반한 기본 핵전략[19]에서 벗어나는 것은 물론, 핵선제공격과 비핵국가에 대한 핵공격을 금하는 기존 핵질서의 '금기(taboo)'를 모두

---

17) 강성권력(hard power)과 대비한 연성권력(soft power)에 대하여는 다음을 참조. Nye, Joseph S., *Soft Power: The means to success in world politics* (New York: Public Affairs, 2004). 조셉 나이는 물리력을 동원하여 단기적 효과를 추구하는 강성권력에 대비해 미국의 가치(value)와 외교력을 동원하여 자발적 협조를 구하는 외교안보정책 수단으로서의 연성권력(soft power)을 강조하고 있다.

18) 공세적 현실주의와 방어적 현실주의에 대한 개념은 다음을 참조. 김성한, 「신군사안보 패러다임과 해외주둔 미군 재배치 전략」, 『정책연구시리즈 2004-9』(서울: 외교안보연구원, 2005년 1월); Kim Sung-han(Fall 2002).

19) 냉전시절 미국의 핵전략은 소련이 대미 핵공격 능력을 갖춘 1950년대에는 '대량보복전략'을 토대로 소련의 핵공격을 억지하려는 핵억지전략이었으나, 1960년대 중반 이후 미소 간 핵전력이 균형을 이룬 시대에는 '상호확증파괴(MAD, Mutually Assured Destruction)' 전략으로 상호간 핵전쟁을 억지해 왔다. 하지만 1960년대 말부터는 전술핵을 사용한 제한전쟁 개념의 '유연반응전략(flexible response)'을 선택하였고, 1970년대 이후 전략무기제한협상(SALTI)이 타결되는 등 미소 간 상호 핵전력을 감축하되 다탄두미사일(MIRV) 개발 등 미사일탄두의 질을 높여나가며 기술적 우위를 점하는 전략을 취했다. 1980년대 레이건 정부 시기에는 전략방위구상(SDI)은 미소 간 군비경쟁을 촉발시켰고 양국간 엄청난 재정부담은 소련의 붕괴에 기여하는 예상치 못한 결과를 낳기도 했다. 이러한 방위구상은 1990년대 탈냉전기에는 제3국가의 핵, 미사일 공격으로부터 미 본토 전체를 방어하는 '국가미사일 방어체제(NMD)'와 해외주둔 미군과 동맹국을 방어하는 '전역미사일방어체제(TMD)'로 발전하였다. 비핵국가에 대해 선제핵공격을 단행할 수 있다는 핵전략 개념을 미 정부가 냉전기에 채택한 적은 없었다.

깨뜨리면서, 불량국가에 대한 핵선제공격 옵션을 쥐고 공세적인 억제전략으로서의 핵전략을 가져가겠다는 것을 의미한다. 2001년 NPR은 북한을 이라크, 이란, 시리아, 리비아와 함께 핵선제공격의 잠재적 대상 불량국가로 겨냥하고 있다. 이들 불량국가들이 미국과 미국의 안보동맹국에게 적대국인 국가이며, 특히 북한과 이라크를 가장 우려할 만한 군사위협국으로 간주하고 있다. 북한이 남한에 그리고 이라크가 이스라엘이나 주변국에 군사공격을 감행할 경우를 상정하고 있고, 모두 대량살상무기와 미사일개발 프로그램을 추진하고 있다고 지적하고 있다.[20] 실제로 부시 대통령은 2003년 3월 20일 이라크 전쟁을 시작하고 1개월도 안되어 후세인 정권을 완전히 축출한다. 이를 CNN 생중계로 지켜본 김정일이 얼마나 심각한 불안감에 시달렸을 지는 미뤄 짐작할 수 있겠다. 김정일은 이라크전을 전후하여 50일간이나 공식석상에 모습을 드러내지 않았다.

미 국방부가 2002년 1월 8일 미의회에 제출하였다는 핵태세검토보고서에 대해 알게 된 북한은 "미제의 북침 핵전쟁 흉계가 극히 위험한 아주 모험적인 단계에 이르렀음을 보여준다. 우리 공화국을 반대하는 부시행정부의 압살책동이 핵전쟁 발발직전 단계에까지 이르렀다"고 극도의 경계심을 드러내고 "제2조선전쟁이 시간문제로 되고 있다"[21]며 긴장감을 드러냈다.

북한과 같은 불량국가가 지하에 은닉하고 있는 대량살상무기와 지하군사기지를 파괴하기 위하여 벙커버스터 미니뉴크[22]라 불리는 지하시설파괴용

---

20) 원문: "Current examples of immediate contingencies include an Iraqi attack on Israel or its neighbors, a North Korean attack on South Korea…" "North Korea, Iraq, Iran, Syria, and Libya are among the countries that could be involved in immediate, potential, or unexpected contingencies. All have longstanding hostility toward the United States and its security partners; North Korea and Iraq in particular have been chronic military concerns. All sponsor or harbor terrorists, and all have active WMD and missile programs."

21) 「북한조선중앙TV, 제2조선전쟁은 시간문제」, 『연합뉴스』(2002.3.19).

22) 미니뉴크는 통상 폭발력 5킬로톤 이하의 핵무기를 말한다. 이는 10만 명 이상의

소형핵무기의 개발이 요청된다고 본 NPR은 기술하고 있다.[23] 미니뉴크가 개발되어 실전배치 된다면 전 국토가 지하요새화 되어 있는 북한에게는 엄청난 군사위협이 아닐 수 없다. 이러한 벙커버스터 소형핵무기는 지상폭발핵무기에 비해 방사성낙진을 크게(10~20배) 줄일 수 있고 지하 목표물에 정확하게 파고들어 파괴할 수 있을 것이라 NPR은 예견하고 있다. 미국이 보유하고 있는 지하시설파괴용 핵무기는 B61 Mod 11이며 이것은 정확하게 지하요새를 공격하기에는 부족하고 다양한 형태의 지하요새를 파괴할 수 없다고 진단하고 있고, 필요하다면 대용량(high-yield) 벙커버스터 개발도 요구된다고 주문하고 있다. 지하요새의 위치를 정확하게 알아야 이들 미니뉴크가 효과를 발휘할 것이기에 새로운 핵전략에는 정보력(intelligence capability)의 강화와 접목이 긴요하다고 지적한다.

북한은 1968년 미 정보수집 잠수함 푸에블로 나포 사건 이후 본격적으로 지하 군사 기지를 건설하기 시작했고, 1976년 판문점 도끼살인사건 이후 지하요새구축을 한층 강화하였다. 이는 이들 사건 직후 미국으로부터의 실질적인 핵공격 위협을 느껴 이에 대비하기 위함이었다. 피터 헤이즈는 국내 방송사와의 인터뷰에서 다음과 같이 증언한다. "괌에서 출격한 B-52 핵폭격기가 북한을 향하여 한반도 상공으로 날아와 마지막 순간에 DMZ에서 선회하여 복귀하는 장면이 한 달이나 연출되었다. 이것은 북한을 거의 미치게 만들 정도로 위협적이었다. 이것은 내가 평양에서 북한 장성으로부터 직접 들은 말이다."[24] 인민군 장교 출신의 한 탈북자는 91년 걸프전에서 이라크가 공들

희생자를 낸 히로시마 원폭 핵무기의 4분의 1정도의 폭발력이다.

23) 원문: "improved earth penetrating weapons(EPWs) to counter the increased use by potential adversaries of hardened and deeply buried facilities; and warheads that reduce collateral damage."

24) MBC프로덕션, 「MBC 스페셜-끝나지 않은 전쟁 2부」(2003. 7. 13).

여 건설한 지하기지가 박살나는 모습을 본 북한은 지하갱도 작업을 한층 강화했다고 한다. 갱도작업에 동원되었던 또 다른 탈북자는 "북한의 지하갱도의 입구는 적의 직접적인 공격에도 견딜 수 있도록 꺾어지게 설계되었으며, 300미터 깊이까지 들어가야 지하저장고의 입구를 볼 수 있다."고 증언한다. 지하갱도는 전기시설은 물론 수도, 통풍장치, 발전기까지 갖춘 완벽한 지하 요새로 구축된다.[25)]

미니뉴크 연구개발을 본격화하기 위하여 미 상원은 2003년 5월 찬성 51대 반대 43표로 이러한 소형핵무기 연구개발 금지 조항을 철폐했다. 2003년 9월에는 53대 41표로 미니뉴크 연구개발에 필요한 2,100만 달러 예산안을 공화당이 주도하여 통과시켰다.[26)]

미 국방부가 2006년 2월 발간한 QDR(Quadrennial Defense Review, 4개년 국방전략 검토 보고서)을 보면 냉전기 전통전 안보개념에서 범세계적 테러전 시작으로 인한 변화한 21세기 군사안보환경을 명시하고 있다. 다시 말해 새로운 안보환경은 과거의 합리적 예측이 가능한 시대에서 기습과 불확실성의 시대로 바뀌었고, 국가 단위의 개별적 위협으로부터 불특정 다수의 비국가적 복합적 위협이 제기되기 시작했으며, '사후 대응'에서 '사전 예방적 행동'을 요구하는 시기로 변화하였다. 또한 위협에 기초한 국방기획에서 능력에 기초한 국방전략 수립을 요구하며, 군 작전도 각 군별 작전 개념에서 합동 및 연합작전 개념으로, 규모와 숫자의 우위에서 정보 및 질적 우위가 중

---

25) 강철환, 「북한은 지하 공화국」, 『조선일보』(2001.10.18).

26) 북한의 미니뉴크 관련 논평에 대해서는 다음의 문헌을 참조. 〈조선중앙통신/로동신문〉 「미국의 새로운 미싸일 및 소형핵무기개발책동과 군사연습 비난」(2003.9.2); 〈조선중앙통신/로동신문〉 「미국의 소형핵무기개발 중지를 요구」(2003.11.11); 〈조선중앙통신/로동신문〉 「부쉬의 소형핵무기개발책동은 인류의 규탄을 면할수 없다」(2003.12.20); 〈조선중앙통신/로동신문〉 「부쉬행정부 소형핵무기연구 재개지시 핵범인으로서의 정체」(2004.1.26).

요한 시기로 전환하였다. 동맹국과의 관계도 정태적(static) 동맹에서 동태적(dynamic) 동맹을 요하게 되었고 파트너 구축 능력이 중요하게 되었다.[27)]

2002년 6월 1일 부시 미 대통령은 미 육군사관학교 졸업식 연설문에서 이른바 선제공격 독트린을 천명한다. "우리의 생명과 자유를 지키기 위해 필요하다면 선제적 (군사)조치를 취해야 한다"고 부시 대통령은 선언하였다.[28)] 곧이어 백악관이 작성해 의회에 제출한 2002.9.17. 국가안보전략보고서(NSS: National Security Strategy of the United States of America)에서는 이 선제공격 독트린이 국가안보의 핵심 개념으로 구체화되었다. 2002 NSS는 대량살상무기와 테러리즘의 위협이 구체화되기 전에("before they are fully formed") 선제적 조치를 취함으로써 미국을 보호하는 것을 국가안보의 가장 큰 우선순위로 두고 있다. 불량국가(rogue state)와 테러리스트들은 재래식무기를 동원한 전통적인 공격에만 의존하지 않고 대량살상무기 등에 의존하므로 이들이 공격이 임박했을 때 선제적으로 이러한 위협을 제거한다는 국가안보정책을 본격화 한 것이다.

미국은 NSS를 통해 미국이 중심이 되어 자유를 수호하는 국가들과의 연합(coalition)을 형성해 세계 여러 곳의 인권과 자유 사각지대를 없애나가자고 주장한다. 여기에는 2002년 초 연두교서에서 북한 등을 악의축으로 규정하고 악과 선의 싸움으로 9 · 11 이후의 대테러전을 몰아가고 있는 부시대통령의 개인적 성향이 반영되어 있다.

다자회담 틀 속에서 북한 핵문제를 풀기 위한 미국의 정책도 이러한 연합전선 구축의 일환으로 풀이해 볼 수 있다. NSS는 "미국의 국가안보는 미국의

---

27) Quadrennial Defense Review(Feb. 6, 2006) 원문. 박영호, 『2006년 QDR의 특징 분석과 한반도 안보에 주는 시사점』(서울: 통일연구원, 2006), 4쪽.

28) 원문: "…be ready for preemptive action when necessary to defend our liberty and to defend our lives."

가치관과 국익을 반영하는 미국 주도의 국제주의(internationalism)에 기반하고 있다"[29]고 기술하고 있다. 그러면서 대테러 전쟁에 나토 동맹국과, 일본, 한국, 호주 및 러시아 등과의 협조체제를 강조하고 있다. NSS는 북한을 특정하여 미사일을 지속적으로 개발, 수출해 왔고 자체적으로 대량살상무기를 개발하고 있다고 경고하며, 공동의 노력을 통해 불량국가들이 대량살상무기를 확보하는 것을 저지해야 한다고 촉구하고 있다. 2002 부시연두교서에서 악의축으로 언급되었고 2002 NSS에서 불량국가로 지목된 북한과 이라크 중 이라크의 사담후세인은 2003년 초 부시의 이라크 전쟁과 함께 생포되어 처형당하게 된다. 이라크전쟁 개전을 전후한 2003년 2월~4월 50일간 김정일 국방위원장은 공식석상에 모습을 드러내지 않고 사라졌다.[30] 이 기간 한반도

---

29) 원문: The U.S. national security strategy will be based on a distinctly American internationalism that reflects the union of our values and our national interests.

30) 김정일은 2003년 2월 핵확산금지조약(NPT) 탈퇴를 선언하고 다음 달 이라크 전쟁이 발발하자 50일간 공개 활동을 하지 않았다. 2003년 9월 1차 6자회담이 성과 없이 끝나자 42일 동안 공개활동을 중단했고, 2006년 7월 미사일 시험 발사 직후에도 40일 동안 모습을 보이지 않았다. 김정일이 김일성 사후 50일 이상 공개석상에 모습을 보이지 않은 경우는 김일성 사후 '애도기간' 중 87일간 그리고 2008년 8~10월 뇌졸중으로 50일간 병상통치를 한 경우 외에는 없었다. 김정일 국방위원장이 공개석상에 모습을 드러내지 않는 것에 대해서는 미국의 폭격에 대한 두려움 때문이라는 분석과 중대한 정책결정을 위해 내부회의와 시간이 필요하여 현지지도를 중단한다는 분석 두 가지가 제기된다. 전자의 경우 후지모토 겐지의 관련 증언이 있다. 김정일의 요리사로 13년간 일했던 후지모토 겐지는 김정일과 측근들이 한 초대소에서 다른 초대소로 이동할 때 "1994년부터 미국 정찰위성에 포착되지 않도록 심야나 새벽에만 움직였다. 위장을 하기 위해 벤츠 열 대가 함께 이동했다. 출발 시각 통지도 항상 갑작스럽게 내려왔다. 행선지도 전원이 모인 다음에나 알 수 있었다."고 증언하고 있다. 후지모토 겐지(2003), 153~154쪽. 후자의 경우는 다음과 같은 설명이 있을 수 있다. 북한은 수령이 국가의 거의 모든 것을 손수 챙기는 유일지도체제 하에 김정일이 직접 생산 현장과 군부대 등을 방문해 정책이 제대로 실행되는지를 챙기는 현지지도를 하고 시범을 설정하고, 모범을 창출해 전국으로 확산시키는 통치방식을 취한다. 김정일은 후계자 시절부터 아버지의 현지지도에 동행했으며 최고 지도자가 된 후에도 평균 사흘에 한번 꼴로 현지지도를 다녔다. 현지지도를 하지 않는다는 것은 국가안보에 심각한 사태가 발생하거나 국가 정책에 변화가 필요한 경

로 진격할 수 있는 B-1, B-52 폭격기가 괌 기지에서 발진하였고, F-117 스텔스 폭격기 또한 한반도 상공을 비행하였다.[31] F-117 스텔스 폭격기는 사담 후세인과 그의 아들이 은닉하고 있을 것으로 의심되는 지하시설을 벙커버스터로 폭격하는 데 큰 효과를 발휘한 기종이다.

2002 NSS의 핵심은 한 마디로 선제공격을 국가안보전략의 중심개념으로 도입했다는 것이고 이에 대해서는 콘돌리차 라이스 국가안보보좌관연설 중의 다음과 같은 비유에 잘 나타나 있다. “당신의 앞마당에 방울뱀이 도사리고 있다면 방울뱀이 당신을 공격하기 전에 당신은 분명 자기방어(self-defense)를 위한 조치를 취할 것입니다.”[32] 이 연설에서 라이스 보좌관은 이러한 자기방어를 위한 조치들의 두 가지 예로 1962년 쿠바 미사일 위기와 1994년 한반도 위기를 들고 있다. 부연설명은 안 했으나 영변핵시설 폭격 계획을 염두에 두고 발언한 것으로 풀이할 수 있다.

대량살상무기확산방지구상(PSI, Proliferation Security Initiative) 또한 직접적 선제공격은 아니나 불량국가나 테러리스트들의 공격수단이 되는 대량살상무기를 공해상에서 사전 차단하는 선제적 조치 중의 하나이다. PSI는 전술한 미국식 국제주의를 바탕으로 한 공세적 대외 개입정책의 대표적인 예이기도

우 그에 대한 회의를 하고 북한식 표현으로 ‘결심’을 하기 위해 시간이 필요한 것이다. 박후건, 「김정일은 어디로 갔는가?」, 『프레시안』(2008.10.29); 박인호, 「‘김정일 축구관람’ 보도, 당창건 기념일 불참 예고편?」, DailyNK(2008.10.5).

31) F-117 스텔스 전투기 조종사인 마이클 드리스콜(Michael Driscol) 대위는 미 군사전문지인 ‘에어포스타임스’와의 2008년 인터뷰에서 자신이 수행해온 임무 가운데 “가장 기억에 남는 순간은 김정일 독재정권이 통치하는 북한 영공을 휘젓고(buzzing) 다닌 것”이라고 밝힌바 있다. 필자는 Airforce Times 사이트에 접속하여 동 인터뷰 내용 원문을 찾아보았으나 찾을 수는 없어 동 내용을 인용해 보도한 국내 언론을 대신 인용한다. 김필재, 「기억에 남는 임무는 北영공 휘젓고 다닌 것: 美스텔스 전투기 조종사 ‘에어포스타임스’ 인터뷰서 언급」, 프리존뉴스(2008.4.23).

32) Condoleezza Rice, “A Balance of Power that Favors Freedom”, October 1, 2002(The Manhattan Institute’s Wriston Lecture).

하다. PSI는 다자간 협력을 통해 대량살상무기 확산을 저지하는 것을 목적으로 하고 있다. 2002년 12월 스커드 미사일 부품을 싣고 예멘으로 향하던 북한 선박 서산호가 미국과 스페인 군의 공동작전에 의해 아라비아 해역에서 나포되어 수색당함으로써 PSI의 첫 적용 사례가 되었다. PSI는 미국의 주도 아래 2003년 6월 공식 출범하였으며 WMD확산 방지를 위해 회원국간 정보공유는 물론 필요시 합동작전도 가능하다. 북한은 미국이 구상하는 PSI에 대해 "보복타격"[33] 운운하며 반발하였다. 2003년 9월 미국, 호주, 일본, 프랑스 등이 호주 근처 해역에서 대량살상무기 거래를 해상에서 차단(interdict)하기 위한 합동군사훈련을 필두로 본격적인 합동작전에 돌입하였다. 북한의 반발에 아랑곳하지 않고 부시 대통령은 2003년 9월 23일 UN 총회 연설에서 대량살상무기 확산을 불법화하고 처벌할 수 있는 반확산 결의안 채택을 요구하면서 PSI를 글로벌 차원에서 추진하겠다는 의지를 분명히 하였다.[34]

---

33) 〈조선중앙통신/로동신문〉 「로동신문 일본이 미국과 야합하여 자주권을 침해하면 보복타격」(2003.6.23).

34) 부시 대통령이 유엔에서 '대량살상무기거래방지 새 결의안'을 추진하며 PSI의 국제화를 추진하자 북한은 유엔조항과 정전협정 및 유엔해양법조약을 거론하며 국제법 위반임을 주장한다.
"《침략의 정의에 관한 조약》 제2조 4항은 《타국의 연안 또는 항구의 해상봉쇄》는 침략으로 된다고 규정하였다. 조선정전협정 15항에는 《조선륙지에 린접한 해면을 존중하며 조선에 대하여 어떠한 종류의 봉쇄도 하지 못한다》고 규제되여있다. 유엔해양법협약 제87조와 제90조에는 공해는 연안국이건 내륙국이건 모든 국가들에 개방되며 모든 국가는 공해에서 자기의 기발을 단 배들을 항해시킬 권리를 가진다고 지적되여있다." 〈조선중앙통신/로동신문〉 「《대량살상무기거래방지 새 결의안》 작성을 제기한 부쉬의 유엔연설을 비난」(2003.10.13).
유엔총회결의안 3314는 유엔헌장2조4항를 근거로 "침략의 정의(definition of aggression)"를 구체적으로 규정하고 있다. 그러나 결의안 3314는 유엔안보리에서 국가 간의 침략행위를 정의하는 근거로 제대로 활용되지 못하고 있고 이보다 국제형사재판소(ICC)에서 범죄행위를 묻는 근거로 활용되는 측면이 강하다. 유엔 홈페이지 참조, http://untreaty.un.org/cod/avl/ha/da/da.html.

3. 체제 · 정권안보 차원의 대북 강경책

부시와 소위 네오콘으로 불리는 신보수주의자들은 북한체제와 김정일 정권에 대한 개인적인 반감을 노골적으로 공개적으로 드러내는 것을 서슴지 않았다. 이를 체제 전복 위협으로 받아들인 북한의 미 지도부에 대한 불신은 더욱 심화되었다. 부시 대통령과 대외 정책결정자들의 김정일 정권과 체제에 대한 반감과 불신이 표면화되어 비군사적인 방법으로 정권을 약화시키고 궁극적으로 정권교체(regime change)를 통한 북한 체제 변화를 이루기 위해 구체화된 정책이 북한인권법과 BDA(방코델타아시아) 등을 통한 정권의 자금줄 차단이었다.

1) 부시와 네오콘의 반김정일 성향

부시대통령은 취임 직후 클린턴 행정부 시기의 대북 밀월관계를 계속하지 않을 것임을 분명히 했다. 미사일방어체제(NMD) 구축 명분을 쌓기 위해서라도 북한과의 기싸움을 시작할 것이라는 평가가 나올 정도였다.[35] 1999년 NMD 구축의 명분은 1998년 8월 31일 발사한 북한 대포동 1호였고, 부시 취임후 북한의 위협이 재부각되었다.

부시대통령은 취임 후 첫 해 '악의 축' 발언으로 시작한 연두교서에서 북한에 대한 불신을 직접적으로 언급하였다. 2002년 1월 29일 취임 후 첫 국정연설을 통해 "북한 이란 이라크는 세계평화를 위협하는 악의 축이다"라는 발언으로 북한과 주변국을 긴장시켰다. '악의 축'이라고 국가의 성격을 규정지음으로써 북한 체제와 북한 체제를 이끌고 있는 정권을 타협이나 협상의 대상

35) Martin Kettle, "Bush shows a cold shoulder in place of Clinton's hands across the Pacific", *The Guardian*, March 9, 2001.

이 아닌 변화와 교체의 대상으로 매도한다. "미국과 함께가 아니면 적과 함께하는 것으로 간주한다"는 9 · 11사태 후 흥분한 부시의 이분법적 흑백논리는 '악의 축'에 대항한 국제연대를 강조하는 것이기도 하였다.

2003년 국정연설에서는 "미국과 세계가 직면한 가장 중대한 위험으로 핵, 화학, 생물무기를 획득하려고 하거나 보유하고 있는 '무법정권(Outlaw Regimes)'" 이라며 이란, 북한, 이라크의 위협을 차례로 언급하면서 특히 북한에 핵협박을 허용치 않겠다는 강경입장을 선언했다. 부시 대통령은 재선에 도전했던 2004년에 행한 국정 연설에서도 "미국은 세계에서 가장 위험한 무기들을 세계에서 가장 위험한 정권들이 갖지 못하도록 하는 데 전념하고 있다"며 북한 등의 국가들의 핵보유나 핵확산 방지를 중요 국정과제로 제시했다. 이어 2005년에는 "우리는 북한의 핵 야망을 포기시키기 위해 아시아 정부들과 긴밀히 협력하고 있다"고 강조하고 전 세계로의 자유확산에 대한 강한 의지를 드러냈었다. 그는 2006년 국정연설에서는 "세계 절반 이상의 사람들만 민주주의 국가에서 살고 있다."며 "우리는 시리아, 버마(미얀마), 짐바브웨, 북한, 이란 같은 나머지 절반을 잊어서는 안된다."고 강조하였다.[36]

북한정권과 김정일에 대한 부시 대통령의 개인적인 선입견은 대북정책 입안에 중요한 영향을 미쳤다. 2001년 3월 한미정상회담에서 부시는 김정일에 대한 "회의감(skepticism)"만을 표명하는 데 그쳤으나, 9 · 11 이후 사담후세인과 더불어 김정일에 대한 노골적인 표현이 가시화되었다. 2002년 1월 연두교서에서 '악의 축' 발언에 이어 2002년 8월 밥 우드워드와의 인터뷰에서 부시 대통령은 "나는 김정일을 혐오한다(I loathe Kim Jong Il!)"라며 직설적으로 김정일을 비난하였다. 밥 우드워드는 자신의 저서에서 당시를 이렇게 회고한다.

---

36) 「부시 국정연설 비교…'악의 축'서 '경기부양'으로」, 『연합뉴스』(2008.1.29).

> 부시 대통령은 북한 지도자와 관련된 이야기를 하면서 상당히 격앙된 모습이었다. "나는 김정일을 혐오하오!" 손가락을 공중에 치켜세우며 부시는 소리쳤다. "자기 국민을 굶어죽이는 김정일을 생각하면 속이 뒤틀리는 느낌이요." 그러면서 그는 김정일 정권을 전복시키면 큰 문제가 발생할 것이라는 주장에 동의하지 않는다고 말했다.[37)]

부시 대통령은 2002년 5월 16일 공화당 상원의원들과의 비공개 회의에서도 김정일에 대한 그의 반감을 감추지 않았다. "자기 국민을 굶기고, 휴스톤만한 크기의 강제수용소에 지식인들을 투옥시키고 있습니다." 부시는 김정일을 "피그미(pygmy)"라 부르고 "저녁테이블에 앉아 투정하는 버릇없는 아이"로 비유했다.[38)]

부시 대통령은 사담 후세인과 김정일을 동일시한다. 자신의 국민들에게 고통을 전가하는 실해한 지도자이며 가능하다면 이들 독재정권을 타도해야 한다는 것이 그의 개인적 신념이다. 그의 개인적 신념이 반영되어 부시1기 대북정책은 제네바 기본합의 등 클린턴 행정부의 대북정책을 전면 부인하고(일명 'ABC' 정책), 나쁜 행위에 대해 보상하지 않으며, 북한과의 대화에서 인센티브가 아닌 불이익(disincentive)을 강조하는 정책이 입안되었다. 백악관은 북한과의 양자대화 자체도 북한에 주는 보상이라고 생각하였으며 테러와의 전쟁에 도움을 얻을 수 있는 양자대화조차 정책의 선택에서 배제시켰다. 부시행정부시기 문제는 부시 개인의 성향이 과다하게 강조되어 대북정책 관

---

37) 원문: "The President sat forward in his chair. I thought he might jump up. He became so emotional as he spoke about the North Korean leader. 'I loathe Kim Jong Il!' Bush shouted, waving his finger in the air. 'I've got a visceral reaction to this guy because he is starving his people.' And Bush said he didn't buy the argument that toppling Kim Jong Il would create too many problems." Woodward, Bob, *Bush at War* (New York: SIMON & SCHUSTER, 2003) p.340.

38) Howard Fineman, "I Sniff Some Politics", *Newsweek*, May 27, 2002.

련 강경파가 득세한 반면 합리적인 대북정책을 입안할 만한 행정부 내 북한 전문가가 거의 없었다는 것이다.[39)]

부시 대통령은 취임 1기에 네오콘 성향의 안보보좌진에 둘러싸여 그들의 대북 시각이 그대로 부시 대통령의 대북시각으로 투영되었다. "*Neoconservatism: The Autobiography of an Idea*"의 저자 어빙 크리스톨(Irving Kristol)[40)]는 Weekly Standard 지의 기고문에서 미국의 외교정책에 있어 신보수주의적 요소를 네 가지로 요약한다. "첫째, 애국심은 자연스럽고 건전한 감정이며 민간 및 공기관 모두에서 권장해야 할 가치이다. 둘째, 세계정부라는 생각은 세계독재로 이어질 수 있으므로 [41)]반드시 피해야 한다. 세계정부를 궁극적으로 지향하는 국제기구들에 대해서는 극도로 경계해야 한다. 셋째, 참된 정치인(statesman)이라 함은 적과 친구를 구별할 수 있는 능력을 갖추고 있어야 한다. 넷째, 위대한 국가의 국익은 지리적 이해에만 국한되어서는 안 된다." 종합해 볼 때 미국의 국익이라 함은 유엔이라는 국제기구의 예속 없이 지도자가 '선과 악'을 구분하여 애국심에 호소하여 독자적인 작전을 펼칠 수 있다는 것을 의미하며, 이는 단순히 국경에만 국한되는 것이 아니라 '민주주의'와 '자유' 및 '시장경제'라는 미국의 가치를 확산시키는 조치들이 포함된 다. '정권교체' 또한 이러한 목표를 달성하기 위한 수단 중의 하나이다. 이러한 신보수주의적 이념을 신봉하는 외교정책가를 칭하는 네오콘(neo-conservative)들은 미국의 가치를 전 세계에 전파해야 한다는 신념을 가지고 있다. 홉스주의적 세계관을 바탕으로 국익을 수호하기 위해 선제공격 및 일방적 군사행동

---

39) 찰스 프리처드, 김연철 · 서보혁 역, 『실패한 외교: 부시, 네오콘 그리고 북핵위기』(서울: 사계절, 2008), 93~99쪽.

40) 어빙 크리스톨의 아들 William Kristol은 신보수주의(neoconservatism)를 표방하는 Weekly Standard 지의 편집장이다.

41) Kristol, Irving, "The Neoconservative Persuasion", Volume 008, Issue 47, *The Weekly Standard*, August 25, 2003.

을 포함한 적극적 개입주의(proactive interventionism)를 표방한다. 네오콘의 안보 목표는 대량살상무기(wmd) 확산을 차단하고 핵우위를 확보하며, 자유 진영을 전 세계에 넓혀가는 데 있다.[42]

대북 강성 네오콘이라 부를 수 있는 존 볼튼 군축담당 국무부 차관은 2003년 7월 31일 동아시아연구원 초청 공개 연설에서 김정일을 41회 언급하며 그를 '잔인한 독재자(brutal dictator)'로 부르고 북한 김정일 체제 하에서의 삶을 '지옥같은 악몽(hellish nightmare)'에 비유하였다.[43] 뉴욕타임즈와의 인터뷰에서 부시 대통령의 대북정책에 대해 묻자 그는 자신의 책 "The End of North Korea"를 가리키며, "이것이 우리의 대북 정책입니다."라고 답했다.[44] 라이스 미 국무장관 내정자도 2005년 1월 19일 상원 인준청문회에서 북한을 '폭정의 전초기지(outpost of tyranny)'로 지목했다.

부시대통령의 안보정책은 전통적 보수주의 성향의 콜린 파월 국무장관과 네오콘으로 구성되어 균형을 유지하고 있었으나 9 · 11 이후 네오콘 성향의 정책가들에 의해 지배적인 영향을 받게 되었다. 딕 체니 부통령과 도널드 럼스펠드 국방장관 및 폴 울포위츠 국방부 부장관, 존 볼튼 군축담당 국무차관 등이 대표적인 네오콘으로 꼽힌다. 콜린 파월 국무장관이나 리차드 아미티지 국무부 부장관과 같은 전통적 보수주의자들은 미국의 국익과 직접적인 관계가 없는 해외 군사적전을 자제해야 한다고 믿는다. 그래서 전통적 보수주의자들은 아프간 전쟁은 찬성하였으나 이라크 전쟁은 강력히 반대하였다.[45] 반면 네오콘들은 힘에 기반한 일방적 군사조치를 국익 수호를 위해서는 주저하지

---

42) 김성한, 「신보수주의 이념과 전략」, 『주요국제문제분석』(외교안보연구원 20003년 6월).

43) CNN, July 31, 2003 http://www.cnn.com/2003/WORLD/asiapcf/east/07/31/nkorea.bolton/

44) Christopher Marquis, "Absent From the Korea Talks: Bush's Hard-Liner", *The New York Times*, September 2, 2003.

45) Victor D. Cha, "American Neoconservatives", *Chosun Ilbo* (June 14, 2003).

않고 정권교체나 선제공격도 그러한 군사조치의 수단으로 수용한다. 클린턴 행정부 시기 표방한 '민주주의 국가 간에는 전쟁을 하지 않는다'는 민주평화론(democratic peace theory)[46]와 중첩되는 가치관이 있으나 민주주의를 확산시키기 위한 수단에 있어서는 뚜렷한 차별점을 보이고 있는 것이다.

실례로 1991년 걸프전을 앞두고 콜린 파월 미 합참의장은 경제제재 조치를 군사공격보다 선호하였으나 당시 국방장관이었던 딕 체니는 전쟁은 불가피하다고 항변한 바 있다.[47]

네오콘들은 북한 체제와 김정일에 대해서도 뿌리 깊은 불신을 가지고 있다. 이들은 '악'은 제거 대상이지 변화시킬 수는 없다고 믿는다. 이라크 전쟁을 시작하기 전에 사담 후세인을 끝까지 대량살상무기를 은닉하고 폭압정치를 멈추지 않는 악의 화신으로 몰아붙였다. 김정일에 대해서도 마찬가지였다. 제네바합의(Agreed Framework)를 클린턴 행정부의 실정(失政)으로 치부

---

46) 민주평화론에 기초하여 클린턴 행정부는 '민주주의의 확산과 개입(expansion and engagement)' 정책의 일환으로 인도주의적 개입 차원에서 코소보 등에 군사개입을 하였다. 반면 부시행정부 시기에는 9·11을 계기로 한발 더 나아가 민주평화론을 공세적으로 적용하여 '불량정권의 민주정권으로의 교체'를 위한 군사공격을 감행하였다.
Babst는 "1789년과 1941년 사이 선거에 의해 선출된 정부가 통치하는 국가 간에 전쟁이 발생하지 않았다"고 보고하여 민주평화론 논의에 불을 지폈다. Doyle은 민주평화론을 체계화하여 주창하였으며 이후 많은 관련 연구논문들이 쏟아져 나왔다. 민주평화론의 다양한 이론을 종합적으로 분석한 논문으로는 Ray 및 Gelpi & Griesdorf 참조. Babst, Dean V., "A Force for Peace", *Industrial Research*, Vol. 14, No. 4 (April 1972), pp.55~58; Doyle, Michael W., "Kant, Liberal Legacies, and Foreign Affairs", *Philosophy and Public Affairs,* Vol. 12, No. 3(Summer 1983), pp.205~235; Doyle, Michael W., "Kant, Liberal Legacies, and Foreign Affairs, Part 2", *Philosophy and Public Affairs* Vol. 12, No. 4(Autumn, 1983), pp.323~353; Ray, James Lee, "A Lakatosian View of the Democratic Peace Research Program", *Progress in International Relations Theory* (Cambridge, MA: MIT Press, 2003); Gelpi, Christopher F. & Griesdorf, Michael, "Winners or Losers? Democracies in International Crisis, 1918-94", *American Political Science Review* Vol. 95, No. 3(September 2001), pp.633~647.

47) 이홍환, 『부시행정부와 북한』(서울: 삼인, 2002), 225쪽.

하였고 독재자 김정일은 자신의 정권유지를 결코 핵야욕을 버리지 않을 것이라 단정하였다. 협상으로 해결할수 있는 문제로 보지 않았으며 협상은 김정일의 정권연장을 위한 갈취(extortion) 전략에 말려들 뿐이라고 믿었다. 2002년 10월 북한의 HEU 프로그램 시인을 지적하며 자신들의 확신을 입증하려 하였다. 이들에게 "외교적 협상을 통한 해결이 아니라면 북핵문제에 대해 어떠한 해결책을 가지고 있는가?"라는 질문에 대한 답은 '정권교체'이다. 조엘 위트(Joel Wit)[48]는 "미국의 대북정책에 있어 두 개의 진영이 있는데 그 중 한 진영은 협상 대신 북한의 정권 교체를 목표로 하고 있으며 제네바합의를 '심각한 실수(serious mistake)'로 인식하고 있다"고 말한 바 있다. 네오콘을 지칭하고 있는 것이다.

이라크 침공의 대의는 대량살상무기 제거였으나 전쟁 초기에 확실한 승기를 잡자 네오콘들의 구호(rhetoric)는 사담의 정권교체로 급선회한 바 있다. 북한으로서는 네오콘의 북한 비핵화 목표가 '북한의 핵 무장해제'가 이루어지고 난 다음에는 '정권교체'로 급선회할 것이라고 우려하지 않을 수 없다. 2003년 4월 21일 뉴욕타임즈는 럼스펠드 국방장관이 국방부 고위 관리들에게 "미국은 중국과 팀을 이뤄 파산한 도발적인 북한의 정권 붕괴를 위해 노력해야 한다."[49]는 내용이 담긴 공문을 회람시킨 것을 입수하여 발표한바 있다. 럼스펠드가 1976년 8월 이른바 판문점 도끼만행사건 당시 미 국방장관이었다는 사실은 럼스펠드의 개인적 대북감정이 '정권교체' 신념에 영향을 미쳤음을 미뤄짐작할 수 있다.

또 다른 대표적 네오콘인 딕체니 국방장관은 1991년 걸프전 당시 북한을

48) CSIS 선임연구원인 조엘 위트는 클린턴 행정부하에서 국무부 대북담당관을 역임한 바 있다. 동 발언은 2003년 6월 서울 국제심포지엄 연설문에서 발췌.

49) http://www.threeworldwars.com/world-war-3/ww3-31.htm 미 국방부는 동 기사에 대해 즉각 부인하였다.

지목하지는 않았지만 불량국가에 대해 다음과 같이 직접 언급한 바 있다. "그러한 적과는 어떤 평화협정도 가능하지 않다. 봉쇄정책이나 억지 정책 또한 효과적이지 않다. 이들의 위협을 저지하기 위해서는 완전하게 이들 위협을 파괴하는 방법 밖에는 없다. 부시 대통령이야말로 바로 그것을 할 수 있는 강력한 의지를 가진 분이다."[50] 네오콘들에게 불량국가와 그 독재자는 강제로 그 행동을 바꿔놓지 않는 한 변함없이 호전적이고 비타협적인 존재이며, 사담후세인과 김정일이 바로 그 대표적인 현상(status quo) 타파 대상인 것이다.

2) 북한인권법

미국 상하 양원은 2003년 11월 '북한 자유법안(North Korean Freedom Act of 2003)'을 발의하였다. 2004년 이를 수정 보완하여 하원이 7월 만장일치로 통과한 법안에 대해 상원이 9월 개정안을 하원으로 내려보내 10월 4일 하원의 재심을 통해 '2004 북한 인권법(North Korean Human Rights Act of 2004)'이 제정되었다. 미국의회는 탈북자를 초청하여 북한인권문제에 대한 청문회를 여러 차례 개최하면서 미국 내 대북한 여론을 형성하고 있다. 미 행정부는 이러한 입법에 의거하여 미국 내 민간단체에 자금을 지원하고 있으며 대북인권특사를 임명하였다.

미국은 냉전 종식 후 초강대국의 지위를 누리며 소련과의 힘의 균형을 이루기 위한 정치적 목적의 군사적 개입에서 벗어나 '인도주의적 개입(humanitarian

50) MBC 프로덕션, 「MBC 스페셜－끝나지 않은 전쟁 1부」(2003.7.6). 원문 "With such an enemy no peace treaty is possible. No policy of containment or deterrence will prove effective. The only way to deal with its treat is to destroy it completely and utterly. And President Bush is absolutely determined to do that."

intervention)'을 위한 군사개입이 포함된 외교전략을 구사하였다. 소련이라는 최대의 적이 사라진 후 미국의 개입을 통한 민주주의 확산에 있어 인류보편의 가치인 인권을 그 명분으로 삼는 것이다. 소말리아 사태, 유고내전, 코소보 사태, 아프가니스탄 문제 등 미국은 인권을 명분으로 한 개입을 본격화하였다. 미국은 이라크 전쟁도 침공 전 사담 후세인의 공포 정치와 인권유린을 부각시키며 대량살상무기와 접목시켜 사담후세인의 정권을 교체(regime change)하였다. 1991년 걸프전을 시작하기 전 조지 HW 부시 대통령은 CNN에 출연해 전 국민에게 이라크가 "쿠웨이트의 부녀자들을 능욕(rape)하고 있다"며 인권유린을 부각시켜 걸프전의 개시를 위한 국민여론을 조성하였다.

김일성 사망 전 1993년 6월 북미 공동성명은 "상대방의 자주권을 호상 존중하고 내정간섭하지 않는다"라고 명문화하여 북한의 인권 등 북한 내부문제를 정치적으로 이슈화하지 않는다는 원칙을 언급한 바 있다. 북한은 인권문제를 내부문제로 간주하고 이에 대한 언급 자체를 내정간섭이나 체제붕괴를 목적으로 한 비군사적 공격으로 인식하고 있는 것이다.[51] 북한은 미국이 인권문제를 언제든 전가의 보도처럼 휘둘러 인권개선을 특정 의제와 결부시켜 트집을 잡을 것이라는 경계심이 강하다. 또한 인권문제는 인도적 개입 즉 군사개입의 정당성을 부여할 수 있다는 데서 북한 정권의 불안감을 자아내기에 충분하다. 특히 북한의 군사도발을 포함하지 않은 북한 내 급변사태 발생시 인도주의적 개입이라는 명분으로 미군의 북한 영토 내 진격은 북한 군부의 모험주의적 확전이라는 예기치 않은 문제를 발생시킬 수 있다. 북한은 급변사태에 대비한 한미 간 개념 · 작전계획에 대해 줄기차게 비난해온 바 있다.[52]

---

51) 미국의 대북 인권문제 제기에 대한 북한의 비난 발언에 대해서는 본 책 '제5장 3절 2. 1) 인권' 참조.

52) 급변사태 관련 한미 간 개념 · 작전계획에 대한 북한의 비난 발언에 대해서는 본 책

이원웅은 미국 인권외교의 특징 중의 하나로 국가이익과의 병행-절충주의와 미국 예외주의를 지적하고 있다. 전자는 미국의 안보와 경제적 국가이익 고려하여 인권을 선별하고 절충하여 정책순위를 정한다는 것이다. 예를 들어 천안문 사태 이후 비등하는 인권논쟁에도 불구하고 미국의 최혜국대우(MFN)를 연장한 것이 절충주의의 단적인 예가 될 수 있다. 이는 이중잣대(double standard) 시비를 불러일으킬 수 있지만 미국의 헤게모니 확대에 중요한 구성요소로 활용될 수 있는 수단이 된다.[53] 미국 예외주의는 일방주의와 맞물려 유엔의 틀에서 벗어나 미국이 독자적으로 인권정책을 펼쳐나가는 것으로 부시 행정부 출범 후 일방주의는 더욱 두드러졌다.

미국의 북한인권법을 필두로 한 대북 인권공세는 단순히 인도주의적 차원의 북한민주화 기여 목적보다는 군사적 침공 혹은 북한의 정권교체를 노리는 압박전술이라는 해석이 있다. 강정구는 미국 의회가 통과시킨 북한인권법은 북한 주민의 생명권(right to life)을 무시하고 북한 정권 체제 붕괴를 목적으로 한 정치법에 불과하다고 주장한다.

> "북한인권법은 인권을 빙자한 북한 정권과 체제를 붕괴시키려는 책략과 북핵문제의 하위차원에서 제정된 정치적 목적의 법에 불과하다. 미국은 현재 단기적 침략전쟁과 장기적 고사라는 저강도전쟁을 동시에 고려하면서 북한의 정권교체를 꾀하고 있다. 단기적 침략전쟁이든 장기적 고사전쟁이든(저강도전쟁) 전쟁의 명분을 쌓는데는 보편성을 띤 인권만큼 좋은 것은 없다.
> 그래서 북한인권법은 북한주민의 인권신장을 위한 내용은 없고 북한 정권 체제 붕괴책략 요소만 가득 찼다. 대북선전 방송 12시간 연장, 민주적인 정부체제 하에서 한반도 평화와 통일 가속화, 인권 · 민주 · 법칙 · 시장경제 발전을 촉

'제5장 1절 2. 2) 한미합동군사훈련 및 미국의 남한 무장 비난' 참조.

53) 이원웅, 「미국의 대북한인권정책: 목표, 수단, 영향」, 『북한연구학회보』 제9권 제2호(2005), 62~62쪽.

진시키는 NGO에 보조금 지급, 종교자유와 기본권 존중, 북한주민들과 미국 내 자손 및 친지간의 가족상봉 허용, 납치 일본인 및 한국인에 대한 모든 정보 공개, 납북자들과 가족들의 귀환권 보장, 교도소와 강제수용소 실질적 개혁과 국제감시 허용, 정치적인 의사의 표현과 행동을 기소 혹은 처벌 대상에서 제외, 탈북자나 [탈북자] 수용소에 대한 연 2천만 불 지원, 탈북자에 난민지위 부여 등이다"[54]

미국의 보수계 인사들은 북한 체제의 붕괴를 단지 시간문제라고 기정사실화하고 있으며 북한인권법은 붕괴 시점을 단축시킬 것이라고 믿고 있다. 일례로 보수계 인사인 마이클 호로위츠 허드슨 연구소 수석연구원은 2004년 12월 워싱턴에서 열린 강연회에서 "북한은 다음 크리스마스 전에 내부붕괴 될 것이며, 김정일은 내년 크리스마스를 즐기지 못할 것이다."라고 단언하고 "2004년 통과된 북한인권법이 북한 정권의 종말을 알리는 강력한 신호였다"라며 북한인권법이 북한 정권 붕괴를 단축시키는 데 일조할 것임을 시사해 큰 파장을 불러일으킨바 있다.[55]

미국은 비영리 민간단체 형식으로 2001년 10월 미국북한인권위원회(U.S. Committee for Human Rights in North Korea)를 설립하였다. 이 위원회의 설립 목적은 북한인권 실태에 대한 진상조사 및 국제적 캠페인을 주도하기 위한 것이다. 그 일차적인 사업으로 2003년 10월 탈북자의 증언과 인공위성사진을 활용하여 북한 정치범 수용소의 실상을 공개하는 보고서가 발표되었다.[56]

---

54) 강정구, 「미국의 북한인권법이 인권을 위한다고?」, 『데일리 서프라이즈』(2004.11.29).

55) 「호로위츠 '북 1년 내 내부 폭발할 것'」, 『연합뉴스』(2004.12.24); 김종찬, 『한반도 핵 게임』(서울: 새로운 사람들, 2005), 107.

56) Hawk, David, *The Hidden Gulag: Exposing North Korea's Prison Camps: prisoner's testimonies and satellite photo* (U.S. Committee for Human Rights in North Korea, 2003). 북한은 1947년부터 집단수용소를 운영하여 왔고 1956년 8월 종파사건 이후 김일성의 지시에 의해 반김일성 분자 등 정치범 수용소를 본격적으로 운영하기 시작했다.

이어서 탈북자문제, 식량난 문제 등에 대한 후속보고서가 발표되었다. 또한 북한을 종교탄압국가(most concerned countries) 명단에 집어넣은 미국종교자유위원회 세계종교보고서 및 북한인권문제에 관한 보고서, 국무성 연례세계인권보고서 등을 통하여 북한인권 실상에 대한 비판적 내용을 전 세계에 공표하고 있다.[57] 이와 함께 미국은 2004년 '북한인권법'은 제정해 탈북자들이 미국으로 망명할 수 있도록 하고, 북한인권개선을 위해 노력하는 NGO에 대한 미 정부의 재정 지원의 법적 근거를 마련하였다. 또한 미 행정부로 하여금 북한인권대사를 임명하여 북한인권상황에 대한 의회 보고를 하도록 하였다. 북한인권법은 아시아자유방송(Radio Free Asia)과 미국의 소리(VOA, Voice of America) 등 단파라디오 방송 지원도 허용하고 있다. 미국의 지원으로 한국에서도 대북 인터넷 방송인 '자유북한방송'이 2003년 개국하였고 2005년부터 단파라디오방송을 송출하고 있다. 미국은 유럽 연합과도 공조하여 유엔에서 대북인권결의안을 상정해 채택하고 있으며 각종 NGO 단체와도 연대하여 북한인권 개선을 위한 직간접적으로 적극적 노력을 기울이고 있다.

미 백악관은 2006년 3월 16일 2002년에 이어 두 번째 국가안보전략보고서(NSS)를 발표하였다. 여기에는 인권을 수단으로 불량국가의 폭정을 종식시

현재 함경남도, 함경북도, 평안북도 및 자강도 등 지역에 약 20만 명의 정치범이 수용되어 가혹한 인권의 사각지대에 놓여 있는 것으로 추정되고 있다. 요덕 '15호 관리소'만이 '혁명화구역'이 일부 있어 수감자의 사회 복귀가 가능하고 다른 정치범수용소는 '완전통제구역'으로 분류되어 평생 강제노동에 시달리다 수용소 내에서 죽게 된다. 통일연구원 편, 『북한인권백서』(서울: 통일연구원, 2009).
북한의 정치범수용소가 외부에 알려지게 된 것은 요덕수용소에서 풀려난 뒤 탈북한 북한 주민, 수용소 탈출 북한 주민과 수용소 경비대원 출신 탈북자의 증언과 회고록에 의해 의해서이다. 요덕 수용소 수감 출신 강철환 및 수용소 경비대원 출신의 안명철의 회고록이 대표적 저서이다. 강철환, 『수용소의 노래: 평양의 어항』(서울: 시대정신, 2005); 안명철, 『완전통제구역(북한정치범 수용소 경비대원의 수기)』(서울: 시대정신, 2007).

57) 이원웅(2005), 60쪽.

키고 민주주의를 확산시킨다는 핵심전략이 포함되어 있다. 주요 내용 및 의미들을 정리하면 다음과 같다.

> 지구촌에서 '폭정(Tyranny) 종식' 및 '효율적인 민주주의 확산' 목표달성을 위한 '실용적 수단(Pragmatic in Means)' 적용:
> —미국은 인간의 존엄성 고양을 위해 폭정종식과 민주주의 확산 노력을 영원한 역사적 진리로 간주하고 향후에도 끈질기게 본 노력을 계속할 것임을 천명하고 있다.
> —미국은 '폭정의 종식' 및 '민주주의 확산'이 이루어져야 할 구체적인 7개 대상국들(북한, 이란, 시리아, 쿠바, 벨라루스, 버마, 짐바브웨)을 거론하면서 그 중에서 특히 북한을 제일 먼저 지목하고 있다.

미국은 '폭정종식 + 민주주의 확산'이라는 국가안보목표를 추구하기 위해 보다 실용적인(pragmatic) 수단들을 총동원할 것임을 천명하면서 그 실용적인 수단들로서

—폭정국들의 인권유린 사항들에 대해 강도 높은 비판
—폭정국들의 민주개혁을 위한 공개적 지원
—폭정국 내 민주시민세력들에 대해 군사력 장악지원 및 군사훈련 지원
—폭압정권들에 대한 타국의 지원 금지 독려
—인권 혹은 민주주의 제고를 위한 국제적인 기금 혹은 재단 강화 및 새로운 주도권 발휘
—기존 각종 국제기구 및 지역기구들과 협력

등을 구체적으로 예시하고 있다.[58]

---

58) 송대성, 「미국의 2006「국가안보전략(NSS)」 핵심내용 및 의미」, 『세종논평』 NO. 44

미국이 열거한 실용적인 수단들을 실제로 실천에 옮길 경우 북한의 김정일 정권은 미국으로부터 심각한 위협에 직면하게 된다. 특히 폭정국 내 민주시민세력들에 대한 군사력 지원 및 군사훈련 지원은 폭정의 정권들을 전복시키겠다는 강한 의지를 노골적으로 표명하고 있는 것이다.

미국은 대량살상무기를 보유하고 있는 가장 큰 위협국 중 하나로 북한을 지적하고 있다. 미국은 북한 김정일 정권에 대해 "세계적인 비핵화노력에 가장 큰 도전과 위배를 거듭하고 있는 불량국가로서 '표리부동의 불성실한 협상을 오랜 기간 전개한 정권'[59]이라고 평가하면서, 북한은 9 · 19(2005) 6자회담 합의대로 북한이 보유한 모든 핵무기 및 핵개발프로그램을 완전히 포기하여야(abandon) 하며, 이를 위해 미국은 북한에 대하여 계속 압박을 가할 것이다."라고 주장하고 있다. 북한이 자행해 온 국제범죄행위들과 관련하여 미국은 "북한에 대하여 보다 광범위한 관심(broader concerns)을 가질 것이며, 특히 위폐문제, 마약밀매문제, 미사일 등 군사력을 갖고 남한 및 이웃국가들을 협박하는 행위, 북한주민들에 학정 및 기아문제 등에 지대한 관심을 갖고 주시할 것이며… 김정일 정권은 그들의 정책들을 바꾸어야 하며, 그들의 정치체제를 대외적으로 개방하여야 하며, 주민들에게 자유(freedom)를 제공하여야 한다. 미국은 내부적으로 북한의 범법행위들에 의하여 미국의 국가 및 경제적인 안보가 교란되지 않도록 노력할 것이다."[60]라고 주장하고 있다. 북한의 위폐발행 문제로 인해 이미 미국에 의하여 취하여지고 있는 북한과 연계된 자금줄 차단 등 일련의 조치들은 시간의 흐름 속에 더욱 그 강도가 강해질 것임을 예고하고 있다. 북한인권법 통과 후 탈북자 미국 입국 및 망명지원도 점차 강화될 것임을 예견할 수 있다. 폭정을 일삼는 일탈 정권의 통

(세종연구소, 2006); http://www.whitehouse.gov/nsc/nss/2006/nss2006.pdf

59) 원문: "It presents a long and bleak record of duplicity and bad-faith negotiations."

60) NSS 2006, p.21. http://www.whitehouse.gov/nsc/nss/2006/nss2006.pdf

치력을 약화시키고 직간접적 내부간여를 통해 정권을 교체하겠다는 것을 목표로 제시한 것이다. 북한은 이를 정권교체를 표면화한 미국의 안보전략으로 인식하지 않을 수 없다.

3) BDA에 대한 금융제재

제4차 6자회담에서 2005년 9·19공동성명이 채택되고 북핵문제 해결의 희망적 이정표가 설정된다. 북한식 표현대로 '말 대 말', '행동 대 행동' 원칙에 입각하여 취해야 할 상호조치를 망라하고 있다. 북핵포기, 북미/북일 관계정상화, 대북에너지 지원, 한반도 평화체제 협상 개시 등 상호조치들이 이행된다면 10년 넘게 진행된 한반도비핵화 노력의 결실을 볼 날이 머지않은 듯 했다.

9·19공동성명 불과 며칠 전인 9월 15일 미 재무부는 BDA(방코델타아시아)를 '돈세탁 우려대상' 은행으로 지정한다. 9·19공동성명 채택 후 미국은 자국의 금융기관에 BDA와의 거래를 중단하도록 하였고, 예금인출사태를 우려한 마카오은행감독기구가 BDA 내 북한 구좌 동결 조치를 취하여 약 2,500만 달러의 자금을 동결한다. 미국은 BDA에 북한이 제조한 위폐와 마약거래대금 등 불법 국제거래대금을 세탁한 혐의를 적용한 것이다. BDA는 마카오에 설립된 소규모 은행이고 1970년대부터 북한과 거래하여 북한의 중요한 외환 결제창구 역할을 해 왔다.

미국의 BDA 조치는 예상외로 큰 파장을 몰고 왔고 북한의 반발도 심했다. 미국도 의외로 성과에 놀라는 분위기였다.[61] '김정일의 통치자금을 정조준

---

61) 미 정부 관계자들은 경험상 그동안 북한에 어떠한 제재를 가하더라도 체질적으로 고립된 경제에 익숙해진 북한에 타격을 가하지 못할 것이라는 분위기가 팽배하였다. BDA 조치 또한 별다른 영향을 주지 못할 것으로 예상하였다. 그러나 재무부가 주축이 되어 추진한 BDA는 지금까지 북한이 아파하는 곳이 어디인지를 제대로 파악한 첫 번째 사례가 되었다는 평가다.

함으로써 북한의 아픈 곳을 제대로 찔렀다는' 평가가 나왔다. 하지만 BDA조치로 인해 정작 미국 안보에 있어 가장 큰 이해관계가 걸린 북한의 비핵화 프로세스를 담은 9·19공동성명은 급격히 표류하게 된다.

북한의 대외무역총국 해외지사에서 근무하다 탈북한 김광진은 BDA 조치가 북한으로 하여금 9·19 공동성명을 전면적으로 포기할 만큼 심각한 위기의식을 느끼고 반발하게끔 만든 이유를 네 가지로 지적한다.[62]

첫째, 북한 대외금융기관들의 대외결제창구가 마카오라는 좁은 지역과 작은 은행인 BDA에 집중되어 있기 때문이다. 조사과정에서 50여개의 계좌가 확인되었다. 북한의 대외금융이 이렇게 마카오로 집중된 배경은 무역은행과의 수십 년 간의 밀접한 관계, 김정일 통치자금의 안정적 관리, 서방의 경제제재와 북한 은행들의 신용하락으로 인한 국제금융기관들이 북한을 기피한 데 있다. 둘째, 김정일 통치자금이 직접 타격을 입기 때문이다. 북한의 '궁정(宮廷)경제'에서 벌어들이는 외화는 김정일의 통치자금으로 납부되며 김정일 정권은 이에 전적으로 의존하여 선물정치, 측근관리, 군수경제를 유지 하고 있다. 셋째, 북한을 지탱시키고 있는 당, 군수 등 외화벌이를 중심으로 한 '궁정경제'에 타격이 되기 때문이다. 넷째, BDA로 인한 파급효과가 더 무서운 파괴력을 발휘하기 때문이다. BDA 사건은 단순히 작은 은행인 BDA에 대한 경고조치로 끝난 것이 아니라 아시아와 유럽의 주요 국제은행들이 연쇄적으로 동참하면서 북한에 더욱 큰 파급효과를 주었다. 일본의 적극적인 협조는 물론 스위스, 싱가포르, 베트남, 몽골 등 20여 개의 금융기관들이 북한과의 거래를 단절하거나 신규거래를 금지하였다. 나중에 미국이 BDA 동결 북한 자금을 해제하면서 동결해제된 자금을 중국은행(Bank of China)에 있는 무역은행계좌로 송금할 것을 북한이 원했지만 은행 측이 끝까지 거부한 것

62) 김광진, 「북한의 외화관리시스템 변화연구」(북한대학원대학교 석사학위논문, 2008), 119~121쪽.

만 봐도 불똥이 자신으로 튀는 것을 극도로 꺼리는 국제금융기관들의 거부로 인한 북한의 소외가 얼마나 심각한 상황인지를 보여준다.

필자와의 인터뷰에[63]서 김광진은 상기한 네 가지 중 가장 크게 북한을 위협했던 요인으로 네 번째인 BDA로 인한 파급효과를 꼽았다. BDA와 북한과의 우호적인 관계가 오랜 기간 지속되면서 많은 자금이 몰렸고, 특히 무기거래를 통한 군수자금과 불법거래로 획득한 자금 또한 모여들었다. 동결된 2,500만불 중 상당액은 정권 관리, 군수자금, 핵 및 미사일 개발 관련 자금 등 궁정경제 관할 자금이라고 김광진은 추정한다. 김광진이 속한 대외보험총국 또한 김정일의 생일 선물로 매년 2천만불을 상납하며 특혜를 누렸다고 한다. 많은 국제기관들이 북한과의 자금거래를 기피하면서 북한이 입게 되는 2차적 피해로 인하여 대량살상무기 등 여러 불법거래를 포함하는 궁정경제[64]가 걷잡을 수 없는 타격을 입게 될 위기에 처하게 되었다는 것이다.

---

63) 김광진은 1967년생으로 북한 김일성대를 졸업하였고 6년간 평양에서 교수 생활을 하였으며 탈북 전 북한 대외보험총국에서 근무하였다. 필자는 김광진이 미국 인권위원회(Committee for Human Rights in North Korea) 객원연구원으로 방미 중이던 2009년 11월 6일 김광진과 2시간 동안 전화인터뷰를 진행하였다.

64) 김광진은 궁정경제에 대해 다음과 같이 정의한다. 1970년대부터 시작된 후계구축으로 인하여 권력기반을 다지기 위해 대대적으로 벌인 선물정치는 '궁정경제' 출현의 전주곡이 되었다. 경제 침체, 자원의 부족, 당의 경제에 대한 간섭 심화 및 국방공업중시정책은 통치자가 직접 관장하는 '궁정경제'의 출현을 가져왔다. 궁정경제는 내각의 통제와 관리에서 벗어나 계획, 생산, 분배, 무역, 금융에 이르는 모든 경제활동을 독자적으로 하는 연합체로 발전하였다. 궁정경제의 확장은 당을 중심으로, 군수부문과 외화벌이를 중심으로, 독자적인 외환금융기관들을 창설하는 방법으로 진행되었다. 39호실에 대성은행, 38호실에 고려은행, 군수공업부에 창광신용은행, 심지어 조직지도부에 동북아시아은행이 생겨나게 되었다. 국가 공식 계획체제와 관리시스템에서 벗어난 부문별 은행들은 김정일의 직접적인 자금줄로 연결되었고 통일적인 외환관리시스템을 약화, 파괴하기 시작하였다. 이는 무역은행을 통한 인민경제의 외환관리와 각 부문별은행들을 통한 '궁정경제'의 외환관리라는 2중 구조를 만들어냈다. 결론적으로 궁정경제는 내각의 국가경제장악력을 파괴하였고 경제권력 구조의 변화를 가져왔으며 외화에 대한 국가의 통제력을 무너뜨렸다. 김광진(2008), 114~116쪽.

2절 제네바합의 이행을 둘러싼 북한의 대미 불신과 대응

1. 기본합의 위반 책임 전가와 경수로 지원 의사 불신

1990년을 전후하여 구소련 해체, 동구권 민주화, 한소 한중 수교, 걸프전, 차우세스크의 몰락 등 급변하는 대외 정세에 위기의식을 느낀 북한은 남북 유엔동시가입(1991.9), IAEA 안전협정 서명(1992.1), 한반도비핵화공동선언(1991.12), 남북기본합의서(1991.12)를 채택하며 체제보존을 위한 적극적 행보에 나선다. 북핵위기가 고조되었으나 1993년 6월 11일 뉴욕에서 북미공동성명을 채택하고 미국의 핵과 무력 위협으로부터 체제를 보호하기 위한 북미직접대화를 시도하여 결국 1994년 10월 북한의 핵포기를 전제로 북미관계 정상화와 경수로 지원 내용을 담은 제네바 기본합의를 이끌어낸다.

김일성은 1994년 6월 지미 카터와의 접견에서 "핵의혹문제가 발생한 것은 북미 사이에 오해와 불신이 있기 때문"이며 "미국이 경수로를 제공하면 조미 사이의 오해와 불신이 해소될 것"[65]이라고 발언하며 경수로 지원을 북미 간 불신 해소의 시금석으로 받아들였다. 하지만 제네바기본합의 체결 이후 미국이 합의문에서 약속한 북미 관계정상화와 경수로 건설이 기대한 만큼 진

65) 〈조선중앙통신〉 「조미기본합의문에 따른 경수로건설 지연에 대한 상보」(2001.5.16).

척을 보이지 않자 김정일은 미국의 의도에 대해 의구심을 품기 시작한다.

> 미국사람들은 1994년 10월에 제네바에서 맺은 조미기본합의문도 어느 하나 리행한 것이 없습니다. 모든 사실로 미루어보아 미국사람들이 지금 우리에게 강도론법을 적용하려고 하는 것 같습니다.[66]

북한은 부시 행정부 출범 직후부터 경수로 건설 지연에 대한 미국의 책임을 추궁하였고,[67] 급기야 2002년 10월 초 강석주와 켈리의 담판 이후 북한은 미국에 대한 더 이상의 기대감을 접고 미국의 제네바합의 위반 책임을 묻는 대미 공세를 본격화한다. 2002년 10월 16일 미 국무부가 '북한의 HEU 프로그램 시인'을 발표한 후 북한은 열흘이나 기다렸다가 10월 25일 북한 외무성은 대변인 담화를 통해 기본합의문 불이행의 책임을 미국에게 물으며 북미 불가침조약체결을 촉구하는 북한의 입장을 공식 발표한다. 외무성 대변인 담화문 주요 부분을 요약하면 다음과 같다.

> 기본합의문의 제1조에 따라 미국이 우리에게 경수로발전소들을 2003년까지 제공하는 대신 우리는 흑연감속로와 그 련관시설들을 동결하게 되여 있으나 우리가 핵시설들을 동결한지 만 8년이 지난 오늘까지도 경수로는 기초구뎅이나 파 놓은데 불과하다. (중략)
> 기본합의문 제3조에 따라 미국은 핵무기를 사용하지 않으며 핵무기로 위협[68]

---

66) 〈김정일 선집 제15권, 재미녀류기자 문명자와 한 담화〉「조국통일은 우리 민족끼리 힘을 합쳐 자주적으로 실현하여야 한다」(2000.6.30), 69쪽.

67) 〈조선중앙통신/로동신문〉「경수로대상건설지연책임은 미국에 있다」(2001.5.15); 〈조선중앙통신〉「미국은 전력손실보상책임에서 절대로 벗어 날수 없다」(2001.6.5); 〈조선중앙통신〉「〈케도〉집행국장의 전력손실보상거부발언 비난」(2001.6.16); 〈조선중앙통신〉「국제원자력기구의 초기보고서검증 운운은 조미기본합의문에 배치」(2001.6.20); 〈조선중앙통신/로동신문〉「조미기본합의문이 깨여져 나가는 경우 책임은 전적으로 미국이 져야 한다」(2002.4.2).

하지도 않는다는 공식담보를 우리에게 제공하게 되여 있으나 미국은 그러한 담보제공대신 우리를 핵선제공격대상으로 포함시켰다. 기본합의문 제4조와 합의문에 따르는 비공개량해록 제7항에 따라 우리는 경수로의 〈타빈과 발전기를 포함한 비핵부분품들의 납입〉이 완전히 실현된 다음에 핵사찰을 받게 되여 있으나 미국은 벌써부터 핵사찰을 받아야 한다는 일방적인 론리를 들고 나와 마치 우리가 합의문을 위반하고 있는듯이 국제여론을 오도하였다

결국 기본합의문의 4개조항중에 미국이 준수한것은 단 하나도 없다. 애초에 미국이 합의문을 채택할 때 리행의사를 가지고 있었는지 아니면 우리가 조만간에 붕괴되리라는 타산을 가지고 거짓수표하였는지는 미국만이 알 일이다. 그러나 부쉬행정부가 우리를 〈악의 축〉으로 규정하고 핵선제공격대상에 포함시킨것은 명백히 우리에 대한 선전포고로서 조미공동성명과 조미기본합의문을 완전히 무효화시킨 것이다. 부쉬행정부는 우리에 대한 핵선제공격을 정책화함으로써 핵무기전파방지조약의 기본정신을 완전히 유린하였으며 북남비핵화공동선언을 백지화해 버렸다. (중략)

우리는 미국대통령특사에게 미국의 가증되는 핵압살위협에 대처하여 우리가 자주권과 생존권을 지키기 위해 핵무기는 물론 그보다 더한것도 가지게 되여 있다는것을 명백히 말해 주었다. 자주권을 생명보다 더 중히 여기는 우리에게…… (중략)

미국이 첫째로, 우리의 자주권을 인정하고 둘째로, 불가침을 확약하며 셋째로, 우리의 경제발전에 장애를 조성하지 않는 조건에서 이 문제를 협상을 통해 해결할 용의가 있다. 지금 미국과 일부 추종세력들은 우리가 무장을 놓은 다음

---

68) 김일성도 사망 전 1993 북미공동성명을 언급하며 북한의 체제위협 중단을 약속한 공동성명 이행을 강조하였다. "조미사이에 합의하여 선포한 공동성명에는 핵무기를 포함한 무력을 사용하지 않고 그것으로 위협하지 않는다… (중략)는 원칙들이 밝혀져있습니다. 조미쌍방은 이 원칙들을 지키고 성실히 리행하여야 합니다."〈김일성 저작집 제44권〉 「미국《워싱톤타임스》 기자단이 제기한 질문에 대한 대답」(1994. 4.16), 363쪽.
1994년 10월 제네바기본합의문도 북마공동성명의 기본 정신을 그대로 반영하여 북미제네바기본합의서 제3조1항에 "미국은 북한에 대한 핵무기를 불위협 또는 불사용에 관한 공식 보장을 제공한다."라고 명기하였다.

에 협상하자는 주장을 펴고 있다. 이것은 매우 비정상적인 론리이다. 우리가 벌거벗고 무엇을 가지고 대항한단 말인가. 결국 우리 보고 굴복하라는것이다. 굴복은 죽음이다. 죽음을 각오한자 당할자 없다. (중략)
미국이 불가침조약을 통해 우리에 대한 핵불사용을 포함한 불가침을 법적으로 확약한다면 우리도 미국의 안보상 우려를 해소할 용의가 있다.[69]

상기 요약문을 보면 알 수 있듯이 북한은 제네바기본핵합의 불이행 책임을 미국에게 돌리고 있다. 기본합의문에 의거 핵무기 사용과 위협을 하지 않겠다는 약속을 미국이 어겼다는 주장을 한다. 특히 기본합의문 비공개양해록에 따라 터빈과 발전기 등 주요 부품이 인도되었을 때 사찰을 받기로 되어 있는데 '기초구뎅이나 파 놓은데 불과'한 상태에서는 사찰을 받을 의무가 없다는 것이다. 북한은 이례적으로 비공개양해록을 공개하였는데 대변인 담화가 인용하는 핵심 내용은 아래와 같다.

6. '합의의 틀'에 명시된 대로 경수로의 상당 부분이 완성되었을 때 북한은 북한 내에 있는 모든 핵물질에 관한 북한의 최초보고의 정확성과 완전성을 검증하기 위해 국제원자력기구(IAEA)에 IAEA가 필요하다고 판단하는 추가적인 장소와 정보에의 접근을 허용하는 것을 포함해 안전조치협정을 전면적으로 이행하기로 한다.
7. 이 양해각서와 '합의의 틀'에 언급된 '경수로사업의 상당 부분'은 다음과 같이 해석하기로 한다.

(중략)

5) 사업 계획과 일정에 의거한 터빈과 발전기를 포함한 제1호 원자로용 비핵 주요부품의 인도

---

69) 〈조선중앙통신/외무성대변인〉「조미 사이의 불가침조약 체결이 핵문제 해결의 합리적이고 현실적인 방도」(2002.10.25).

북한은 미국이 애초부터 이행의사도 없이 기본합의문을 체결했다는 강한 의구심을 피력하고 있다. 핵선제공격을 정책화함으로써 북한의 생존권을 위협하고 있고, 북한의 생존을 담보받기 위한 북미불가침조약을 촉구하고 있다.

죄수의 딜레마 게임에서처럼 미국은 북한과의 합의를 지키지 않고 '배신'함으로써 북한을 발가벗겨 최악의 상황인 굴복을 강요하려 할 속셈이라고 북한은 믿고 있다. 미국이 원하는 대로 CVID 식의 비가역적인 핵폐기를 북한이 이행했을 때 미국이 합의문대로 약속을 지키지 않으면 북한은 발가벗겨져 굴복하게 되고 그것은 북한으로서는 목숨보다 소중히 여긴다는 '자주권'의 박탈을 의미하는 것이다.

미국이 북한에게 제네바기본핵합의를 위반 책임을 물어 KEDO 사업과 중유공급을 중단하려는 의도를 포착한 북한은 기본합의문 불이행의 책임을 미국에 돌리는 대미 공세를 본격화한다. 북한은 관영매체를 통해 "조미기본합의문의 진짜위반자는 미국"[70]이라며 "조미불가침조약체결은 핵문제를 푸는 비결"[71]임을 거듭 강조하고 나선다.

> 미국이 우리를 〈악의 축〉으로 규정하고 핵선제공격대상에 포함시킨것은 명백히 우리에 대한 선전포고이며 조미기본합의문을 완전히 무효화한 강도적인 행위이다. 미국이 우리에 대한 핵선제공격을 정책화함으로써 핵무기전파방지조약의 기본정신을 완전히 유린하고 북남비핵화공동선언을 백지화한것도 우리를 군사적으로 압살하기 위한 범죄적목적으로부터 출발한것이다.
> (중략) 미국때문에 조선정전협정마저 유명무실해 진 지금형편에서 조미불가침조약의 체결은 더욱 절실하고 긴박한 문제로 나서고 있다.[72]

---

70) 〈조선중앙통신/로동신문〉 「조미기본합의문의 진짜위반자는 미국」(2002.11.9).
71) 〈조선중앙통신/로동신문〉 「조미불가침조약체결은 핵문제를 푸는 비결」(2002.11.9).
72) 〈조선중앙통신/로동신문〉 「조미불가침조약체결은 조선민족의 운명과 리익을 지키기 위한 제안」(2002.10.29).

3일 뒤 나온 로동신문 논평은 같은 내용을 언급하면서도 구체적으로 북한이 느끼는 미국의 핵위협을 기술하면서 미국의 기본합의문 준수 촉구와 더불어 불가침조약의 정당성을 주장하고 있다.

> 조미기본합의문은 조선반도의 핵문제를 근원적으로 해결하기 위한 기초적인 문건으로, 가장 합리적인 공간으로 된다. 때문에 선임미행정부자체가 그것을 인정하고 그 리행에 대한 클린톤대통령의 담보서한까지 우리에게 보내여 왔던 것이다. 그런데 오늘에 와서 부쉬행정부는 이 모든것을 백지화하고 핵선제공격으로 우리를 기어이 압살하려 하고 있다.
> 미국의 핵공갈정책은 핵무기전파방지조약에도 근본적으로 배치된다. 핵무기전파방지조약의 기본정신은 핵무기보유국이 영원히 핵무기를 사용하지 않는다는것을 동의하는 대가로 비핵국가가 핵을 보유하지 않는다는것을 규정하고 있다. 특히 핵보유국이 핵무기를 축감하는것은 핵무기전파방지조약의 핵심사항의 하나이다. 그러나 부쉬행정부는 방대한 핵무기를 무한정 유지하며 새로운 핵무기들을 계속 개발하여 실전배비하면서 비핵국가들에 핵위협을 가하고 있다. 미국이 선차적인 핵공격대상으로 삼고 있는것은 우리 나라이다. 미국은 우리를 핵선제공격대상으로 선포함으로써 우리의 비핵국가지위를 허물어 버렸다. (중략)
> 미국이 우리의 불가침조약체결제안을 외면하고 우리에게 〈선핵포기방식〉을 받아 들이라고 하는것은 우리로 하여금 무장해제를 당하고 알몸뚱이로 저들 앞에 나앉으라는 소리와 같다. (중략)
> 조미기본합의문은 조미사이의 적대관계를 반영하여 동시행동조치로 맞물려져 있다. 그것은 리행해도 되고 안해도 되는 흥정물이 아니며 더우기 우리만 리행해야 하고 미국은 안해도 되는 어느 일방을 위한 구속적인 문건이 아니다. (중략)
> 조선반도에 조성된 심각한 사태를 해소하고 조선반도의 핵문제를 해결하는 최선의 방책은 조미사이에 불가침조약을 체결하는것이다. 우리의 새로운 조미불가침조약체결발기는 조선반도의 정세흐름으로 보나, 조미교전관계의 악화

> 사태로 보나 매우 정당하고 현실적인 평화방안이다. (중략)
> 미국이 우리의 불가침조약체결제안을 외면하는것은 곧 우리를 침략하겠다는 태도의 발로이며 따라서 미국집권자들이 우리를 〈침공할 의사가 없다〉고 하는것은 거짓이며 기만이다.[73)]

미국과 KEDO는 2002년 11월 대북 중유공급 중단을 결정함으로써 사실상 기본합의문 해지 수순을 밟는다. 같은 달 말에 IAEA는 대북 핵개발 포기 및 사찰수용 촉구 결의안을 채택하였고, 다음 달인 12월에는 노동미사일을 선적하고 이동 중이던 북한선박 '서산호'를 공해상에서 미국과 스페인 군의 공동작전으로 나포하는 사건이 발생한다. 북한은 즉각적으로 반발해 핵동결 해제를 선언하고 핵시설에 대한 IAEA 감시장치를 제거하는 등 실질적인 핵동결 해제조치를 개시한다. 이어서 5메가와트 원자로 연료봉을 재장전하고 IAEA 사찰관을 추방하며, 다음 해인 2003년 1월 NPT 탈퇴 및 안전협정 무효화를 선언한다. 그러자 부시가 북핵문제의 다자적 접근 의지를 표명하지만 북한 외무성은 "어떠한 일이 있어도 다자회담에는 참여하지 않을 것"이라며 강경입장을 굽힐 뜻이 없음을 분명히 한다. 부시는 바로 북한을 "무법정권(outlaw regime)"으로 규정하고 IAEA는 2월에 북핵문제 안보리 보고 결의안을 채택한다. 이에 맞서 북한은 3월에 미국 등 관련국에게 8천 개의 폐연료봉을 재처리하고 있다고 통보한다.

켈리 방북 후 이렇게 사태가 급박하게 돌아가던 중 미국은 이라크전쟁을 개시하고(2003.3.20) 후세인 정권을 조기에 축출하자 북한 외무성은 한 발 물러나 "회담형식에 구애되지 않겠다"며 다자회담 참여 가능성을 시사한다(2003.4.12). 그리고 베이징 3자회담이 개최(2003.4.23~25)되어 대화의 물꼬를 트는

---

73) 〈조선중앙통신/로동신문〉「일방적강요와 압력공세는 사태를 더 복잡하게 만들것이다」(2002.11.2).

계기를 마련하고 제1차 6자회담이 개최된다(2003.8.27~29).

이 시기 북한은 관영매체를 통해 지속적으로 기본합의문 위반의 책임을 미국에게 떠넘기며 불가침조약 체결을 요구하고 있으며, 켈리 방북 이후 HEU 문제가 불거지자 관련 논평이 집중되고 있다. 북한의 논리를 내세워 많은 분량을 할애해 다루고 있는 북한의 관영매체의 문건은 다음과 같다. 내용은 상기 예시한 북한의 문건과 일맥상통하여 생략한다.

〈조선중앙통신/로동신문〉「미국은 오만한 강권정책을 버려야 한다」(2002.10.22)

〈조선중앙통신/외무성대변인〉「조미 사이의 불가침조약 체결이 핵문제 해결의 합리적이고 현실적인 방도」(2002.10.25)

〈조선중앙통신/로동신문〉「조미불가침조약체결은 조선민족의 운명과 리익을 지키기 위한 제안」(2002.10.29)

〈조선중앙통신/로동신문〉「불가침조약체결제안에 대한 태도는 핵문제해결의사가 있는가 없는가를 가르는 시금석」(2002.11.1)

〈조선중앙통신/로동신문〉「일방적강요와 압력공세는 사태를 더 복잡하게 만들것이다」(2002.11.2)

〈조선중앙통신/로동신문〉「전 민족의 존엄과 안전, 리익을 지키는 애국애족의 정치」(2002.11.3)

〈조선중앙통신/로동신문〉「왜 불가침조약체결제안을 외면하는가」(2002.11.4).

〈조선중앙통신/로동신문〉「불공정한 일방주의적론리를 고집하지 말라」(2002.11.7)

〈조선중앙통신/로동신문〉「조미기본합의문의 진짜위반자는 미국」(2002.11.9)

〈조선중앙통신/로동신문〉「조미불가침조약체결은 핵문제를 푸는 비결」(2002.11.9)

〈조선중앙방송, 평양방송/외무성대변인〉「중유 중단관련 담화」(2002.11.21)

〈조선중앙통신/로동신문〉「제2의 〈핵소동〉으로 차례질 것은 쓰디쓴 패배와 치욕뿐이라고 강조」(2002.11.23)

〈조선중앙통신/로동신문〉「조미불가침조약체결은 핵문제해결의 선결조건」(2002.11.24)

〈조선중앙통신/로동신문〉「오늘의 사태는 기본합의문을 존중할수 없는 길로 떠

밀고 있다고 강조」(2002.11.25)

〈조선중앙통신/로동신문〉「미국은 〈핵위기〉를 몰아 오는 장본인」(2002.11.26)

〈조선중앙통신/로동신문〉「미국은 조미핵합의를 무효화시킨 진범인」(2002.12.13)

〈조선중앙통신/로동신문〉「미국은 조미불가침조약체결제안에 응해 나오는 것이 좋을것이다」(2003.1.11)

〈조선중앙통신/로동신문〉「조선반도에 최악의 사태를 몰아 온 장본인은 미국」(2003.1.16)

〈조선중앙통신/로동신문〉「법적안전담보는 핵문제해결의 열쇠」(2003.1.21)

〈조선중앙통신〉「미국은 조미기본합의문의 파기자」(2004.6.14)

〈조선중앙통신/로동신문〉「《우라니움농축》설은 고의적으로 꾸며낸 너절한 조작극」(2004.10.2)

〈조선중앙통신/로동신문〉「우리에게는 그 어떤 〈우라니움농축계획〉도 없다」(2005.9.13)

〈조선중앙통신〉「미국은 조미기본합의문파기책임에서 벗어날수 없으며 비싼 대가를 치르게 될 것이다」(2005.12.19)

〈조선중앙통신/로동신문〉「조미기본합의문을 전면파기한 장본인」(2006.1.16)

북한은 2002년 10월 켈리-강석주 담판 이후 이라크에서처럼 미국이 명백한 증거 제시 없이 대량살상무기를 빌미로 선제공격을 할지 모른다는 불안감에 휩싸여 불가침조약 체결을 지속적으로 요구하며 "핵문제를 푸는 비결"임을 강조한다. 이는 1991년 조지 H.W. 부시 대통령이 한 달 만에 후세인군을 괴멸시키는 것을 CNN으로 지켜본 북한이 안보불안을 극복하고자 불가침을 보장받기 위해 추진한 남북유엔동시가입, 남북기본합의서, 한반도비핵화공동선언에 비유할 수 있다. 불가침 보장은 북한이 자신의 비밀 우라늄농축 프로그램이 적발되었을 때 닥치게 될 미국의 대북 군사위협으로부터 시간을 벌고 협상을 통해 이를 헤쳐 나갈 수 있는 명분을 제공해준다.

2. 북한의 우라늄농축 프로그램

1) 2010년 11월 북한의 우라늄농축시설 공개 시점에서의 해석

2010년 11월 9~13일 북한을 방문한 미국의 핵전문가 지그프리드 헤커 박사(스탠포드대 국제안보협력센터 소장)[74]는 귀국 후 영변 핵시설 단지 내에 설치된 현대식 우라늄 농축시설을 둘러봤다고 발표하였다. 헤커 박사는 "초현대식(ultra modern) 통제실을 통해 운영되는 2열로 3곳에 수백개씩 나열된 수많은 원심분리기를 목격해 깜짝놀랐다(stunned)"고 증언했다. 원심분리기의 크기는 8인치(20cm) 지름에 6피트(183cm) 정도의 높이로 추정하였다. 북한은 이 첨단 시설에서 2천 개의 원심분리기가 설치되어 가동 중이라고 헤커 박사에게 말하였다고 한다. 헤커 박사가 방문한 설비는 길이 120m 너비 18m 정도의 대규모 시설이었고 지붕은 파란색이었다고 말한다. 위성사진으로 누구나 다 알아볼 수 있게 다른 건물과 달리 단지 내에 파란색으로 공개적으로 표식을 한 것이다. 실제 가동여부를 확인할 수 있을 정도로 가까이 접근하는 것은 통제되어 헤커 박사는 실제 가동여부는 확인할 수 없었다고 한다. 하지

74) 7차례 방북한 미 핵과학자 헤커 박사는 미국 내 손꼽히는 핵 과학자다. 그는 사상 최초로 원자폭탄 개발에 성공한 핵과학연구소인 로스앨러모스 국립연구소 소장(1986~1997)을 역임했다. 북한은 헤커 박사를 핵 문제의 고비 때마다 초청했다. 북한은 2003년 10월 사용후 핵연료봉 8,000개의 재처리를 실시했다고 밝힌 지 3개월 만인 2004년 1월 헤커 박사 일행을 불러들여 영변 5MWe 원자로와 2급 보안구역인 플루토늄 재처리시설(방사화학실험실)까지 공개했다. 당시 북한은 헤커 박사에게 "이 시설에서 추출한 것"이라며 플루토늄 금속 200g이 든 유리병까지 보여 줬다. 2006년 10월 북한의 첫 핵실험 직후에도 헤커 박사는 방북했고 그는 방북 결과를 토대로 북한 핵실험의 실제 규모는 TNT 1kt 정도로 추정된다고 언급하기도 했다. 2008년 2월 방북 후 헤커 박사는 "북한이 영변 핵시설을 해체할 태세가 돼 있다"고 밝혔고, 그의 말대로 북한은 그해 6월 영변 원자로의 냉각탑을 폭파시켰다. 「헤커 박사 … 첫 원폭 개발 미국 로스앨러모스 연구소장 지내－북한, 2004년 · 2006년 핵 고비 때마다 초청」, 『중앙일보』(2010.11.22).

만 1년에 1~2개의 우라늄 핵무기를 제조할 수 있는 규모의 거대 우라늄 농축시설이 구축된 것만은 분명하며 이러한 농축시설을 가동하기 위해서는 단기간 내에 가능하지 않고 분명히 다른 은닉시설에서 원심분리기를 제조한 후 한 곳에 집결시켰을 것이라 헤커 박사는 추측했다. 왜냐하면 2009년 4월 마지막 남아 있던 미국과 국제 감시단이 추방되기까지 영변에 그러한 대규모 첨단 농축시설은 존재하지 않았기 때문이다.

결국 2010.11.30 북한의 당 기관지인 로동신문은 "핵에네르기(에너지) 개발이용은 세계적 추세"라는 제목의 글에서 "현재 조선에서는 경수로 건설이 활발히 벌어지고 있고 그 연료 보장을 위해 우라늄 농축공장이 돌아가고 있다"며 "수천 대의 원심분리기를 갖춘 현대적 우라늄 농축공장이 돌아가고 있다"고 밝혔다. 로동신문은 "조선이 주체적인 핵동력 공업구조를 완비하기 위해 자체 경수로 발전소 건설로 나가는 것은 국제적인 핵에너지 개발이용 추세에 전적으로 부합한다"면서 "조선에서 날로 높아가는 전력수요를 해결하기 위해 평화적 목적의 핵에너지 개발사업은 더욱 적극화될 것"이라고 주장했다.[75] 이러한 발표는 기존의 핵무기 플루토늄 생산 시설이 아닌 정상 전력생산 시설인 경수로를 짓는다는 것을 국제사회의 의심을 사기 전에 선수를 쳐 공표하는 것이고, 농축시설이 HEU 프로그램으로 언제든 전환가능하다는 것을 알려 은근히 미국을 압박하는 카드로 사용하려 이중의 목적이 있는 것이다.

이에 앞서 2009년 4월 29일 이미 북한은 외무성 대변인 성명을 통해 "경수로발전소 건설을 결정하고 그 첫 공정으로서 핵연료를 자체 생산하기 위한 기술개발을 지체없이 시작할 것이다"라고 공언하였다. 이어 외무성 대변인은 2009년 6월 13일 "우라늄 농축기술 개발이 시험단계에 들어섰다" 고 재차

---

75) 「북 신문, 분리기 수천대로 우라늄농축공장 가동중」, 『연합뉴스』(2010.11.30).

공표하였다. 이어 9월에도 "우라늄 농축시험이 성공적으로 진행돼 결속 단계에 들어섰다"고 발표하는 등 우라늄 농축기술 개발이 순조롭게 진행되고 있다고 주장했다.

북한의 이러한 단계적 발표는 우라늄농축프로그램은 미국의 제네바 기본합의 불이행에 따라 북한 스스로 경수로 건설과 운영 사업을 추진했다는 것을 보여주기 위함이며 그 시작 시점은 2009년이라는 것을 대외적으로 입증하기 위한 것으로 풀이된다. 2010년 11월 20일 자신의 스탠퍼드대 홈페이지에 올린 방북보고서에서 헤커 박사는 "작년 4월 원심분리기 시설 공사에 들어가 며칠 전 가동을 시작했다는 말을 북한 관리한테서 들었다"고 밝혔고, 4월이라는 것은 북한이 우라늄농축기술 개발 시작을 천명한 시점과 일치한다.

그러나 전문가들은 18개월이라는 짧은 시간 내에 첨단 우라늄농축시설을 완공하여 가동하는 것은 북한의 실정으로 볼 때 불가능하다는 견해를 밝힌다. 필자가 2011년 1월 14일 인터뷰한 크리스토퍼 힐(전 미 국무부 동아태담당 차관보, 전 6자회담 미국 측 수석대표)도 이에 동의하며 북한은 1990년대 말부터 우라늄농축시설 구축을 본격화했다고 증언하였다. 특히 크리스토퍼 힐은 미국과 동맹국들은 이 시기 북한이 원심분리기에 '특화되어 사용되는 재료(specialized materials for centrifuge)'를 수입하기 위해 적극적으로 노력하였다는 것을 그 증거로 언급하였다. 유명환 외교부 장관도 2010년 1월 6일 『연합뉴스』와의 신년인터뷰에서 "북한이 지난 1994년 제네바 합의 직후 최소한 1996년부터 농축우라늄 프로그램을 시작한 것으로 보인다"[76]고 밝히며 북한이 외부의 예상보다 훨씬 전에 이미 농축우라늄 능력을 구축하여 상당한 수준으로 발전시켰음을 시사하였다.

미정보당국은 2002년 7월 북한이 대규모 HEU 프로그램을 추진하고 있다

---

76) 「북 우라늄 농축 어디까지 진행됐나」, 『연합뉴스』(2010.12.16).

는 정보를 파악하였고 2002년 6월 러시아로부터 150톤의 고강도 알루미늄 강관을 수입했다는 것을 그 주요 증거 중의 하나로 들고 있다.[77] 알루미늄 강관 150톤이면 약 2,600기의 원심분리기를 제조할 수 있는 분량이다.[78]

헤커 박사 또한 우라늄농축 시설은 1~2년 만에 만들 수 있는 것이 아니고 수 년 이상의 오랜 기간의 시행착오를 거듭 거쳐야 하고 R&D 수준까지 고려하자면 십 수 년 이상의 노력이 필요하다는 것이다. 게다가 이란이 현재 구축한 우라늄 농축 설비의 2배 규모의 농축시설을 북한이 갖추었고 이러한 규모에 도달하기 위해서는 1990년대로 거슬러 올라가 파키스탄 A.Q. 칸 연구소와 같은 규모의 조직이 훈련, 기술, 자재 제공을 하지 않으면 결코 단단시간 내에 구축할 수 없는 농축시설이라는 것이다. 수많은 특수 자재를 구매하는 것만도 오랜 시간이 걸리며 연구 및 가동 인력에 대한 훈련과 숙련도를 향상시키는 것도 역시 많은 시간을 필요로 한다. 이란의 경우도 20년이 걸려 겨우 지금의 농축시설을 구축할 수 있었다.

2010년 11월 23일 미국 Korea Economic Institute 초청 특별강연에서 헤커 박사는 다음과 같이 증언한다.[79] 헤커 박사는 2010년 11월 방북 중 북한 관리로부터 "북한은 2003년까지 1천 MW급 경수로 2기를 건설해주기로 미국이 약속하여 기본합의에 동의했다. 북한은 그 약속을 믿고 흑연감속형 원자로를 폐기하였는데, 미국이 약속을 지키지 않았기 때문에 북한의 전력난을 해소할 수 없었고 어쩔 수 없이 북한은 자체적으로 경수로를 건설하기로 결정하였다."라는 말을 직접 들었다. 대규모 경수로 대신 우선 소형 시험용 경수

77) John Pomfret, "N. Korea pressing forward on nuclear program, report says", *Washington Post* (Oct. 7, 2010).

78) 「북 원심분리기 의혹 증폭…설계도－강관 논란」, 『연합뉴스』(2010.11.22).

79) 2010.11.23. KEI 초청 헤커 박사 특별강연 및 Q&A 동영상(www.c-spanvideo.org/program/nuclearfac). 이하 헤커 박사의 강연에서의 증언을 일부 인용함.

로(pilot reactor)부터 건설한다는 것이다.

헤커 박사에 따르면 5MW급 영변 원자로는 2008년 냉각탑 폭파 해체 이후 2010년 11월 가동을 멈춘 상태다. 재처리 시설도 가동중단된 것을 확인하였고, 50MW 원자로도 고철덩어리나 마찬가지로 쓸모없게 되었다. 200MW급 원자로도 재가동하기는 힘든 상태로 헤커 박사는 판단하고 있다. 헤커 박사는 북한이 현재 보유하고 있는 플루토늄의 양을 24~42kg으로 추정하고 있고, 이는 핵무기 4~8기를 제조할 수 있는 분량이다. 북한 관리는 이들 모두를 핵무기로 이미 전용하였다고 말했다고 헤커 박사는 전한다.

헤커 박사에 따르면 무샤라프 대통령은 파키스탄의 핵프로그램을 지휘한 A. Q. 칸 박사가 북한에 24기의 원심분리기를 판매하였다고 회고하였고 그중 20기는 P1형 나머지 4기는 P2형이었다고 한다. 이란과 북한 모두 칸 박사가 지휘하는 칸연구소(KRL)로부터 원심분리기와 설계도를 제공받았지만 북한의 경우 칸연구소로부터 훨씬 많은 훈련을 받았다. 실제로 북한이 2011년 1월 20일 현재 보유하고 있다는 영변 원심분리기 시설의 우라늄농축 규모는 이란의 나탄즈(Natanz) 농축시설의 2배 이상이다.[80] 칸 박사는 직접 개입해 리비아에 원심분리기 시설 구축을 지원하였으며, 단순한 저농축우라늄(LEU)이 아니라 무기급우라늄(WGU, weapons grade uranium) 제조시설 설계도를 제공한 것으로 알려져 있다. 북한과 이란에도 마찬가지 기술을 건넸을 것이라는 것이 전문가들의 견해이며,[81] 특히 북한은 파키스탄에 현금 뿐 아니라

---

80) David Albright and Paul Brannan, "Disabling North Korea's Uranium Enrichment Program", *ISIS Reports* (January 20, 2011).
http://isis-online.org/isis-reports/detail/disabling-north-koreas-uranium-enrichment-program

81) David Albright, "Holding Khan Accountable, An ISIS Statement Accompanying Release of Libya: A Major Sale at Last", *ISIS Reports* (December 1, 2010).
http://isis-online.org/isis-reports/detail/holding-khan-accountable-an-isis-statement-accompanying-release-of-libya-a-

미사일 기술을 대가로 제공할 수 있었기 때문에 칸 박사 조직으로부터 얻어낼 수 있는 것이 더 많았을 것으로 추정해볼 수 있다.[82] David Albright과 Paul Brannan은 헤커 박사의 영변 우라늄농축시설 방문 증언을 바탕으로 북한은 약 2,000기의 원심분리기를 가지고 저농축우라늄을 동 시설에서 생산해 내고, 제3의 은닉 시설에서 1,000기의 원심분리기를 가동해 저농축우라늄을 90% 순도의 무기급 고농축우라늄으로 추가 농축시키는 HEU 프로그램을 가동할 것으로 추정하였다. 저농축에 드는 원심분리기는 전체의 70%가 소요되고 나머지 30%의 원심분리기는 저농축을 무기급으로 고농축하는 데 사용된다. 이러한 북한의 HEU프로그램은 연간 핵무기 2기를 만들 수 있는 50kg의 무기급 우라늄을 생산해 낼 것으로 이들 전문가는 추정하였다.[83]

헤커 박사에 따르면 파키스탄의 A. Q.칸이 리비아에 HEU 내폭형 핵무기 설계도를 제공했다는 것이 드러났으므로 북한과 이란에도 제공했다고 추정해볼 수 있다. 북한이 이 설계도를 입수했다면 고농축우라늄(HEU)을 가지고 내폭형핵무기를 제조할 능력을 어느 정도 갖췄다고 봐도 무방하다. 내폭형

---

82) 2011년 7월 7일 미 워싱턴포스트지는 북한의 핵개발 책임자 전병호가 칸(A.Q. Khan)에게 보낸 1998년 7월 15일자 기밀편지를 공개하였다. 워싱턴포스트지가 파키스탄 학자로부터 입수한 이 편지는 J Karamat(Army Chief) 장군에게 3백만 불, Zulfiqar Khan 장군에게 5십만 불과 다이아몬드 · 루비 3세트가 전달되었다는 내용과 함께 북한 미사일 부품을 하역한 비행기에 약속한 문서와 부품을 실어 보내줄 것을 부탁하고 있다.(http://www.washingtonpost.com/wp-srv/world/documents/north-korea-letter.html)
관련 기사는 다음을 참조. Ishaan Tharoor, "A.Q. Khan's Revelations: Did Pakistan's Army Sell Nukes to North Korea?", *TIME*(July 7, 2011); Bill Powell and Tim McGirk, "The Man Who Sold the Bomb", *TIME*(Feb. 6, 2005).

83) David Albright and Paul Brannan(January 20, 2011).
Mitchell B. Reiss과 Robert Gallucci 도 이와 유사한 견해를 가지고 있다. 5% LEU를 90%의 무기급 HEU로 농축하는 것이 천연우라늄을 5% 상태의 LEU로 농축하는 것보다 3배나 적은 원심분리 작업이 필요하다. 다시말해 5% LEU까지 도달하고 나면 훨씬 적은 수의 원심분리만 가지고 90% HEU 도달이 가능하다는 것이다. Mitchell B. Reiss and Robert Gallucci, "Red-Handed", *Foreign Affairs*(March/April 2005).

뿐 아니라 HEU 건타입(Gun-type) 핵무기 기술도 보유한 것으로 추정해볼 수 있는데 이는 건타입이 내폭형보다 더 단순하고 제조하기 쉽고 핵실험이 불필요한 장점이 있기 때문이다.

중국의 핵정책담당자와 기술진은 북한의 원자로 및 핵기술 능력을 과소평가했고, 농축우라늄 프로그램은 불가능하다고 평가해 왔다. 농축우라늄을 포함한 핵기술 관련 중국과 북한 간의 정부간 협력은 존재하지 않는 것으로 보인다. 헤커 박사는 중국 과학자들과 빈번한 기술 교류를 하고 있지만 그들은 오히려 헤커 박사가 방북하여 보고 온 것에 대해 놀라워했고, 북한 핵시설 방문도 중국 기술진에게는 허용되지 않는 것으로 판단하고 있다. 하지만 민간 차원에서 정부의 수출입 통제를 벗어나 주요 부품과 자재의 밀거래가 있을 가능성이 있고 그러한 사거래를 통해 북한이 상당한 농축 시설의 발전을 이루었을 것으로 헤커 박사는 미뤄 짐작한다.

2005년 Mitchell B. Reiss와 Robert Gallucci는 Foreign Affairs 기고문에서 2002년 중반 부시 행정부는 북한이 우라늄농축 시설 구축을 위한 장비와 자재를 구매하기 시작했다는 확실한 증거를 확보했다고 기술하며 특히 두 가지 중요한 사실에 주목한다. 첫째, 파키스탄의 A.Q. 칸 박사 북한에 원심분리기와 설계도를 건넸다고 시인한 것과 2000년 경 북한이 수천 기의 원심분리기를 제조할 만한 규모의 원자재 구매에 나섰다는 것은 이미 연구개발 수준을 넘어서 본격적인 우라늄 농축의 단계로 북한의 HEU프로그램이 진전되었음을 보여준다. 육불화우라늄(hexafluoride) 주입 및 회수 장비 구매는 우라늄농축 시설 구축 계획 이행 의지를 보여주는 것이다. 둘째, 2003년 4월 프랑스와 독일 및 이집트 당국은 독일 회사가 북한에 건네기 위해 구매한 22톤 규모의 고강도 알루미늄 관을 압수하였다. 같은 해 11월 유럽 우라늄농축 컨소시움인 유렌코(Urenco) 대표는 압류된 알루미늄관의 제원이 '유렌코에서 사용하는 원심분리기 진공 케이싱(vacuum casing)과 일치한다'고 독일 법정에서 증언하였다. 독일 언론은 북한이 중국 회사를 내세워 수출통제체제를 우회하여 고강도알루미늄관을 수입하려 한 것으로 파악하였다. 특히 이 독일산 알루미늄관은 리비아가 가스원심분리기를 이용한 비밀 농축프로그램을 가동할 때 사용한 원심분리기 케이싱과 완전히 일치하였다는 것을 주목할 필요가 있다.[84] 2002년 10월 제임스 켈리 미 국무부 동아태차관보와 함께 방북하여 강석주로부터 HEU 시인을 확인한 찰스 프리차드(Charles Pritchard) 대북특사는 2002년 6월 하순 입수한 북한의 HEU 프로그램 관련 정보를 바탕으로 한 자신의 판단이 옳았음을 전술한 Mitchell B. Reiss와 Robert Gallucci의 기고문과 훗날 알려진 추가정보들이 뒷받침하고 있다고 회고한다.[85]

그러나 2002년 10월 켈리 방북 이후 드러나는 각종 구체적 정황이 2002년 10월 당시 혹은 그 이전의 시점에 미 당국이 북한의 HEU 프로그램을 확정적으로 입증할 물증을 확보하고 있다고 보기는 힘들다. 북한은 2002년 10월 시점에서 자신의 HEU 프로그램을 완전범죄라고 믿고 자기확신에 차 있었을 것이다. 미국이 증거라고 제시할 수 있는 것은 이중 목적으로 사용될 수 있는 원심분리기 원자재와 장비들이고, 직접 대규모 원심분리기가 가동되는 현장을 목격하지 않고는 북한의 유죄를 묻기 힘들다는 것을 알기 때문이다. 이미 미국은 1998년 금창리 핵시설 의혹이 불거졌을 때도 현장사찰 후 지하 핵시설이 아님이 판명 나 '참관료'만 지불하고 허탕을 친 전력이 있다. 북한 내 정책결정자 중에도 극비리에 추진되는 HEU 프로그램 존재를 알고 있는 사람은 김정일을 포함하여 극소수에 불과할 것이다. 따라서 해당 프로그램에 간여하여 인지하고 있는 최고위급 간부 외의 관료들은 '거짓말탐지기'도 통과할 정도로 자신들의 무고함을 그대로 믿고 부르짖으며 주장한다고 볼

---

84) Mitchell B. Reiss and Robert Gallucci(March/April 2005).

85) 찰스 프리처드(2008), 63쪽.

수 있다. 마치 누명을 쓴 사람이 무고함을 주장하는 듯한 논조는 이후 북한 관영매체에 그대로 드러나 있다.

2) 2002년 10월 북한의 'HEU프로그램 시인' 당시 시점에서의 해석

핵을 둘러싼 북한의 대미 불신과 미국의 대북 불신은 2002년 10월 켈리-강석주 회담에서 극명하게 표면화되며 이 회담에서 드러난 상호 뿌리 깊은 불신은 제네바기본합의체제 붕괴와 궁극적으로 북한의 핵실험으로 귀결되는 기폭제로 작용한다.

2002년 10월 3~5일 방북한 제임스 켈리 미 국무부 동아태차관보는 귀국 후 강석주 외무성 제1부상과의 회담내용을 토대로 북한이 고농축우라늄(HEU) 프로그램을 가동하고 있다고 보고하고 미 국무부는 이를 북한의 'HEU 시인'으로 2002년 10월 16일 발표한다. 이로 인해 제네바기본합의체제가 붕괴되고 제2의 북핵위기가 촉발되지만 북한은 '미국이 사실을 날조하고 인정하지도 않은 HEU프로그램을 북한이 인정하였다며 누명을 씌우는 것'처럼 반발하였다. 북한은 그 이후로도 2009년 4월 경수로 건설과 가동을 위한 핵연료 개발을 선언하기 전까지 우라늄 농축 프로그램 자체를 부인하였다. 북한이 헤커 박사에게 가동 중인 우라늄 농축 시설을 보여준 2010년 11월 시점에서 보자면 우라늄농축시설 구축에 소요되는 시간에 비춰볼 때 북한이 2002년 10월 시점에 HEU 프로그램을 이미 가동하고 있었음은 주지의 사실이다. 여러 전문가들도 농축우라늄 시설을 갖추기 위해 걸리는 시간과 여러 정황증거를 토대로 북한의 농축우라늄 개발 프로그램은 1990년대에 본격화되었을 것으로 판단하고 있다.

하지만 2002년 10월 켈리 방북 당시의 시점으로 돌아가서 과연 북한이 HEU 프로그램을 시인하였는지, 그리고 미국은 북한의 HEU 프로그램에 대한

'결정적인 증거'를 확보하고 있었는지는 제네바기본합의 위반의 주체가 미국과 북한 둘 중의 누구인지를 확인하는 데 있어 중요한 쟁점이 된다.

2002년 10월 켈리 방북 한 달 전 2010년 9월 17일 김정일과 고이즈미 간 북일 정상회담 후 평양선언이 있었고 북일 관계가 급진전할 분위기가 마련되고 있었다.[86] 김정일은 일본인 납치사건과 관련 '과감하게 시인'하고 재발방지를 약속하였으며 2003년까지 한시적으로 못박은 미사일 발사시험 모라토리움도 연장하겠다고 선언하였고 고이즈미 역시 식민지배에 대한 사과와 더불어 북일국교정상화 협상을 본격화하겠다는 의지를 표명하였다. 햇볕정책을 일관성 있게 추진해온 김대중 정부 또한 북일, 북미 관계정상화를 지지하고 있었다. 남한과 북한도 6·15정상회담 이후 관계가 급진전되어 개성공단 사업이 본격적으로 가시화되기에 이르렀다.[87] 반면 미국과 북한은 영변 핵시설의 조기핵사찰 문제를 놓고 한 치의 양보도 없이 제네바기본합의 이행에 있어 진전을 이루지 못하고 교착상태에 빠져 있었다.

미국은 남북관계와 북일관계가 자국의 안보관련 핵심의제인 북한의 핵문제 해결 없이 자국의 통제를 벗어나 급진전되는 것을 부담스러워했다. 북한의 미사일위협을 명분으로 일본과 미사일방어체제(MD)를 공동추진하고 있던 미국은 북일관계의 급진전으로 인해 MD체제 공동구축 추진력을 상실하는 것 또한 우려하고 있었다. 미 네오콘과 강경파들은 '북한은 결코 핵을 포기하지 않을 것'이라는 확신 하에 북한과의 대화도 북한의 악의적 실체를 드러내는 '강경포용(hawk engagement)'[88]에 치중하던 터였다.

---

86) 고이즈미의 북일 정상회담은 9개월 간 양국간 물밑작업 끝에 이루어졌으나 일본은 우방국인 미국에 이 사실을 협의가 아닌 통보식으로 북일 정상회담 3주 전에야 통보하였고, 미국이 북한의 HEU 프로그램 관련 정보를 일본에 전달하였음에도 불구하고 일본은 개의치 않고 북일정상회담에 임했다.

87) 개성공단 사업 진전 일지: 2002.11.20. 개성공단 지구법 제정 및 공포(북측); 2002.12.27. 개성공단 1단계 조성사업 협력사업자 승인(남측 통일부).

반면 북한은 김정일의 '과감한 결단'을 통해 치러낸 북일정상회담 직후 맞이하는 켈리의 방북을 미국과의 본격적인 대화의 물꼬를 트는 기회로 삼고자 한껏 고무되어 있었다. 그러나 켈리의 방북 목적이 본격적인 대화의 신호탄이 아님을 알게된 북한은 당황한 기색이 역력했다.[89] 켈리는 핵 문제 뿐 아니라 미사일, 재래식무기감축 및 인권문제까지 제기하였고, 미국의 안보 우려를 해소하지 않으면 북미대화 뿐 아니라 남북 및 북일관계가 진전될 수 없다는 점을 분명히 하였다.[90] 이에 격분한 강석주는 (북한외무성대변인 발

---

88) Victor Cha는 1기 부시 행정부의 대화 시도 자체도 북한의 악의적 실체를 드러내기 위한 전술적 수단으로 활용하였다고 하여 이를 '강경포용(hawk engagement)'이라 명명하였다.
Victor Cha 는 부시행정부 초기의 대북 포용(engagement)정책을 "hawk engagement (강경포용)"로 규정지으며, 포용이 목적이 아닌 포용을 통해 신뢰할 수 없는 상대방의 악의적 실체를 드러내기 위한 강경포용이라고 설명한다. 또한 다자의 틀 속에서 북한과의 협상을 하며, 협상이 실패하더라도 모든 외교적 수단을 활용했으나 북한의 비타협성으로 인해 회담이 실패하였고 제재와 물리적 수단이 불가피하다는 회담 참여국들의 지역적 합의(consensus)를 이끌어 내기 위한 목적도 있다고 분석한다. 부시행정부는 6자회담 틀 속에서 북한의 악의적 실체를 보여주고 회담참가국들을 대북 압박에 동참시키기 위한 수단으로 북한을 강경포용한다고 Victor Cha는 해석하고 있다. 부시 행정부의 강경포용 관련하여서는 다음을 참조. Victor Cha, "Hawk Engagement and Preventive Defense on the Korean Peninsula", *International Securities,* Vol. 27, No. 1(2002); Victor Cha, "What the Bush Administration Really Thinks about Sunshine Policy", Paper presented at a forum hosted by the Institute of Far Eastern Studies, May 24-26, 2003, Seoul, South Korea, p.10.
강경포용의 예로 이라크전 전단계의 외교적 노력을 들 수 있다. 이라크 전쟁을 개시하기 전에 미국은 UN사찰단에게 이라크의 WMD를 수색할 기회를 한 번 더 주고 외교적 노력을 다한다는 인상을 주려 하였고 사찰 기간을 추가로 연장하는 것은 거부했다. 이후 콜린 파월 국무장관을 UN에 보내 이라크가 WMD를 은닉하고 있다는 '증거'를 제시하고 UN회원국의 강경한 대이라크 조치에 동참해 줄 것을 요구하였다. 미국이 제출한 WMD를 바탕으로 UN을 통한 연합전선 구축이 여의치 않자 미국은 독자적으로 이라크전을 시작하였다. 만일 북한도 미국의 대북 대화와 포용이 그러한 '강경포용'에 해당한다고 의심했다면 북한은 미국의 선제공격을 촉발시키지 않을 정도로만 다자회담의 틀 속에서 협조하며 그저 시간끌기(muddling through)로 일관하며 진실성 없는 합의에 동조하였을 것이다.

89) 찰스 프리처드(2008), 75쪽.

표에 따르면) "(우리는) 핵무기는 물론 그보다 더한것도 가지게 되어 있다."[91]며 반발했고, 이를 켈리 일행은 HEU프로그램 시인으로 받아들였다.

당시 정확히 강석주가 HEU 관련 어떠한 발언을 하였고 그것이 어떠한 문맥(context)에서 발언되었는지는 알 수 없으나 현장에 배석한 켈리 일행의 증언과 회고를 통해 정황을 추정해 볼 수 있다. 미 국무부 통역관 김동현(통킴)[92]은 현장에서 켈리 일행을 위해 통역하였고, 당시 상황을 최근 여러 언론과의 인터뷰에서 회고하고 있다. 그에 따르면 강석주의 정확한 발언은 "우리는 이것보다 더한 것도 만들게 돼 있다"라는 것이다. 또 "앞으로 별의 별게 다 나올 것"이라고 덧붙여[93] HEU프로그램을 직접시인(admit)하지는 않았지만 HEU프로그램을 가지고 있다고 수긍(acknowledge)[94]했다는 결론을 내릴만한 문맥의 발언을 하였다고 한다. 해석하기에 따라서 강석주의 발언은 단순 레토릭(rhetoric)에 불과한 것으로 치부할 수도 있다. 또는 강석주가 이중적 의미로 해석될 수 있는 형태의 발언을 해 북한이 유리한 방향으로 상황

---

90) 2002.10.22. 조선중앙통신 및 로동신문은 켈리가 인권문제와 상용무력축감(재래식무기감축)문제까지 들고 나와 북한을 무장해제 하려 하는 의도를 드러냈다고 강변한다. "미국은 저들의 일방적이며 강권적인 요구를 우리가 받아 들이는것을 조미대화재개의 조건으로 내세우고 있다. 얼마전 평양에 왔던 미국대통령특사 켈리는 우리의 〈핵 및 미싸일문제〉와 상용무력축감문제 지어 〈인권〉문제까지 걸고 들면서 그 무슨 〈우려사항〉에 대한 미국의 요구를 받아 들일것을 강박하였었다. 그는 우리가 미국의 〈안보상 우려〉를 해소하지 않으면 조미대화도 없을뿐아니라 좋게 나가는 북남관계, 조일관계가 파국상태에 들어 갈수 있다는 최후통첩식 강권을 휘둘러 댔다. 특사의 극히 위협적이며 압력적인 행동은 미제의 강도성과 오만성의 발로였다." 〈조선중앙통신/로동신문〉 「미국은 오만한 강권정책을 버려야 한다」(2002.10.22).

91) 〈조선중앙통신/외무성대변인〉 「미국에 경수로건설 불리행의 위약금지불을 요구」(2003.11.11).

92) 김동현(영어명 Tong Kim)은 1970년대 말부터 미 국무부 소속 한국어 통역관으로 활동하였으며 2000년 10월 올브라이트 미 국무장관의 방북 때도 올브라이트와 김정일의 대화와 회의를 통역한 바 있다. 2010년 말 현재 존스홉킨스대 연구교수.

93) 김승련, 「북 HEU 프로그램 과장인가 사실인가」, 『동아일보』(2007.3.5).

94) 이병선, 「북 HEU 계획 정보 오픈하자」, 『문화일보』(2005.7.7).

을 몰고가려는 의도일 수도 있다. 다시 말해 HEU관련 '인정도 부인도 않는(NCND)' 식의 모호한 발언으로 협상력을 유지하면서 실체는 보여주지 않는 접근법이다.[95] 당시 켈리는 강석주에게 부인할 수 없는 증거를 제시하지는 않은 것으로 알려져 있다.[96] 그러한 상황에서 치밀하게 계획된 사전 계획을 상부로부터 승인받아 따르는 북한의 외교관이 실언을 했다고 보기는 힘들다.

켈리와 함께 방북해 회담에 동석한 찰스 프리처드[97]는 당시 상황을 더 자세히 기술하고 있다. 켈리 일행은 방북 첫 날 김계관과 먼저 회의를 가졌다. 켈리는 증거제시 없이 사전에 준비한 원고를 읽는 식으로 김계관에게 토의 내용을 전달하였다. 켈리가 읽은 원고에는 기본합의문에 대한 미국의 우려뿐 아니라 테러리즘, 재래식 무기, 미사일, 인도주의와 인권문제를 모두 포괄하였다. 이튿날 같은 내용을 다시 들은 김계관은 HEU 프로그램에 대해서 부인하였고 논의 자체를 거부하였다. 하지만 이어진 강석주와의 회담에서 강석주는 미국이 북한을 악의 축으로 지목하고 핵선제공격 대상에 포함시켜 제네바기본합의를 미국이 철저히 파기했다고 주장했다. 켈리가 북한이 핵무기 생산을 위해 농축우라늄 프로그램을 시작했다고 지적했을 때 강석주는 '북한은 그보다 더한 무기도 만들려 하고 있다'고 선언하였고 이를 켈리는 HEU프로그램 인정으로 받아들였다. 강석주는 또한 '미국이 핵무기를 만들고 있고 북한을 공격하려 하기 때문에 북한도 똑같이 해야 한다' 면서 HEU 핵무기 개발 프로그램을 간접 시사하였다. 강석주는 '북미 평화협정이 체결되고 북한 정권을 인정해 주면 북한도 우라늄 농축에 관한 미국의 우려사항을 논의할 수 있을 것'이라고 덧붙였다. 강석주의 발언은 북한 측 통역을 통해 영어로 켈리에게 전달되었기 때문에 8명의 켈리 일행 중 한국말을 이해하는

95) 미국도 냉전기 한반도 핵무기 배치 여부에 대한 질문에 대해 억지력 제고 차원에서 NCND 정책을 고수한 바 있다.

96) 김동현(Tong Kim) 증언. 이병선, 「북 HEU 계획 정보 오픈하자」, 『문화일보』(2005.7.7).

97) 부시 행정부 2001~2003 대북협상 대사 및 특사, KEDO 미국 대표.

통역(김동현)을 포함한 3명은 강석주의 발언 원문을 바탕으로 영문화하였다. 이렇게 강석주의 재구성된 영문발언 전문은 평양주재 영국대사관의 보안통신시설을 통해 워싱턴으로 급히 전송되었다.[98)]

2003년 11월 KEDO가 경수로 건설 중단을 결정하자 북한외무성대변인은 "우리는 미국의 가중되는 핵압살위협으로부터 자주권을 지키기 위하여 '핵무기는 물론 그보다 더한것도 가지게 되여 있다'는 것을 미국특사에게 명백히 말해 주었을 뿐 미국이 지금껏 오도하고 있는 것처럼 그 어떤 '농축우라니움계획'을 인정한 적은 전혀 없다."며 강석주의 발언으로 알려진 문제의 문장을 그대로 인용하였다. 그러면서 미국에게 제네바기본합의문 위반 책임을 물어 경수로건설 불이행에 따른 위약금 지불을 요구하고 나섰다.[99)] 앞서 1년 전 켈리 방북 한 달 여 뒤인 2002년 11월 27일 북한 조선중앙TV 또한 KEDO가 12월분 대북 중유 공급 중지를 결정하자 〈시사해설〉 코너에서 "우리가 미 특사에게 '핵무기보다 더 한 것도 가지게 되어 있다'고 이렇게 말해 준 것은 미국이 핵 합의를 위반하고 우리에게 핵전쟁을 강요하는 조건에서 우리도 핵무기를 가질 수 있는 권리가 있다는 원칙적 입장을 천명한 것"이라고 밝힌바 있다.[100)]

강석주 폭탄선언의 진위 여부를 떠나 북한의 HEU프로그램 존재 여부와 그 규모에 대해 논란이 끊이지 않았다. 그 논란은 크게 기술적인 면과 정치적인 면으로 나누어 볼 수 있다.

첫째, 기술적으로 북한이 HEU 프로그램을 대규모로 가동할 만한 능력이 되는가에 대한 의문이었다. 실제 농축시설이 가동되고 있다는 증거는 제출

---

98) 찰스 프리처드(2008), 69~79쪽.

99) 〈조선중앙통신/외무성대변인〉「미국에 경수로건설 불리행의 위약금지불을 요구」(2003.11.11).

100) 「핵무기 가질 권리 있다는 원칙 밝힌 것, 〈북TV〉」, 『연합뉴스』(2002.11.27).

된 바 없고 다만 북한이 원심분리기에 사용되는 주요 원료와 장비를 구입하였거나 구입하려 했다는 것이 미 정보당국이 확보한 증거의 전부였다. A.Q. 칸 박사로부터 제공받은 설계도와 원심분리기 원형만 가지고 북한이 대규모 프로그램을 구축하기 위해서는 넘어서야 할 장벽이 너무나도 많기 때문이다. 북한이 과연 외부로부터 구입하지 않으면 안 되는 특수 자재와 부품까지 모두 구매를 하였을까에 대한 의문도 제기되었고, 설령 이들 특수 자재와 부품을 모두 구입하였더라도 원심분리기를 제조하여 안정적으로 운영할 수준까지의 기술력을 갖췄는가에 대해 의문이 제기되었다. 또한 핵무기를 1개 제조할 수 있는 양의 무기급우라늄을 농축하기 위해서는 1,300개의 원심분리기를 일 년 내내 쉬지 않고 가동하여야 하며 이를 위해서는 안정적인 전력 공급이 필수적인데 전력수급상황이 매우 열악한 북한에게는 무리라는 지적도 나왔다.

미 정보당국은 주변국과 북한의 우라늄농축프로그램 관련 정보를 제공하였다고 하나 저우원종(周文中) 중국외교부 부부장은 미 뉴욕타임즈와의 인터뷰에서 "우리는 (북한의) 우라늄농축프로그램에 대해 알고 있는 것이 전혀 없다. (그런 프로그램이) 존재하는지도 모른다. 현재까지 미국은 (우라늄농축)프로그램에 대해 '확신을 줄만한(convincing)' 증거를 제시하지 못했다"[101]며 북한의 우라늄농축설을 일축했다.

조지프 디트라니 미 국가정보국 북한담당관은 2007.2.27. 상원 군사위원회 청문회에서 "북한의 HEU 프로그램이 현존하는지에 관해 중간정도 수준의 확신(mid-confidence level)을 가지고 있다"고 증언하였다.[102] 이 발언을 해석하자면 북한이 HEU 프로그램을 추진하고 있는 것은 분명하지만 어느 정도

---

101) Joseph Kahn and Susan Chira, 「Chinese Official Challenges U.S. Stance on North Korea", *New York Times* (June 9, 2004).

102) 김승련, 「북 HEU 프로그램 과장인가 사실인가」, 『동아일보』(2007.3.5).

까지 진척되었는지를 확신하지 못하고 있다는 것이다.

둘째, 정치적인 관점에서 북한의 우라늄 농축 문제를 물고 늘어지는 것이 현명한가 라는 지적이다. 제네바 기본합의를 통해 무기급 플루토늄 생산을 동결시킨 클린턴 행정부의 외교성과를 그대로 이어가야 한다는 논리다. 1994년 기본합의로 영변핵시설을 동결하여 수십 개의 핵무기 제조 능력을 차단한 것에 주목해야 한다는 것이다. 북한이 엄청난 재원과 자원을 동원해야 1년에 겨우 한두 개의 핵무기를 제조할 수 있는 농축우라늄 문제는 비핵화 프로세스가 본격화되면 반드시 다루되 우선적으로 발등에 떨어진 급한 불인 플루토늄 추가생산을 막자는 것이다. 북한의 원심분리기 부품 구매 시도 외에 결정적인 증거가 부재한 상황에서 우라늄농축문제에 매달리다가 비핵화프로세스가 좌초하는 우를 범하지 말자는 정치적인 판단이다.

이러한 시각을 가진 미국 내 북한전문가들은 부시행정부가 이라크의 대량살상무기 관련 정보를 정치적으로 왜곡·과장 하여 전쟁의 구실로 삼은 것을 상기시키며, 부시행정부의 정치적 의도에 대해 의구심을 표명한다. 부시행정부와 공화당의 대북정책결정자들은 클린턴 행정부의 제네바 기본합의를 잘못된 행동에 대한 보상으로 이해하고 북한에 경수로 지원에 대해 반감을 가지고 있어 어떻게든 제네바합의를 파기하고 원점으로 돌리려한다는 평가다.[103] 북한은 결코 핵을 포기하지 않을 것이라는 북한에 대한 뿌리 깊은 불신으로 부시행정부는 경수로의 주요부품이 인도되기 전에 조기 핵사찰을 요구하였고 북한의 반발을 샀다. 부시행정부의 매파는 CVID[104]식의 북한의 선 핵 포기 말고는 북한과의 대화가 무의미하다는 입장이었다.

---

103) 이러한 시각의 대표적 인물이 Selig S. Harrison이다. Selig S. Harrison "Did North Korea Cheat?" *Foreign Affairs* (January/February 2005) 참조.

104) CVID: complete, verifiable, and irreversible dismantlement(완전하고 입증가능하고 비가역적인 핵 폐기). 부시행정부의 북한 핵 폐기 기본 원칙.

3. 조기 핵사찰 vs. 경수로 제공

1) 경수로의 핵무기 전용 가능성과 북한의 경수로 집착

북한은 끝까지 경수로를 포기하지 않은 채 "서로의 신뢰조성을 위한 물리적기초는 다름아닌 경수로제공이다",[105] "조미기본합의문은 조미사이의 핵문제를 호상성의 원칙에서 해결하기 위한 정치적 의지의 반영으로서 여기에서 기본핵(심)은 경수로제공이다."[106] 라며 경수로에 대한 집착을 여전히 버리지 않고 있다.

북한의 영변 5MWe급 흑연감속형 원자로와 달리 경수로는 일반적으로 '핵확산 억제용(proliferation-resistant)' 원자로라고 알려져 있다. 그러나 이것은 IAEA의 규정을 준수하면서 경수로를 전력생산용으로만 활용할 때의 이야기다. '핵확산억제용(proliferation-resistant)'이라는 언론의 표현 때문인지 북한에 경수로를 제공해 주면 북한은 더 이상 핵무기용 플루토늄을 추출하지 못할 것이라는 잘못된 대중의 인식이 형성되어 있다. 그러나 경수로라고 해서 핵확산이 불가능한 것은 아니다.

경수로의 핵전용은 두 가지 방법으로 가능하다. 첫째, 핵연료를 장전한 후 완전히 연소하기 이전에 연료봉을 조기 인출해 '무기급 플루토늄'을 추출하는 것이다. 둘째, 정상 가동이 끝난 후 인출한 사용후 연료봉에서 '원자로급 플루토늄'을 추출해 핵무기로 사용하는 것이다.

KEDO가 경수로사업으로 북한에 건설해 주기로 했던 원자로는 1,000MWe급이며 12개월의 단주기로 운전할 경우 200~220kg, 18개월의 장주기로 운전

105) 〈조선중앙통신/외무성대변인〉 「경수로 제공 즉시 NPT복귀」(2005.9.20).

106) 〈조선중앙통신〉 「미국은 조미기본합의문파기책임에서 벗어날수 없으며 비싼 대가를 치르게 될 것이다」(2005.12.19).

할 경우 300~330kg 정도의 플루토늄(239 총량)을 확보할 수 있다. 하지만 경수로의 사용 후 연료봉에는 핵무기의 핵분열물질로 사용되는 Pu239(플루토늄239)의 함량이 약 65%밖에 되지 않는다. Pu239의 함량이 93% 이상이 되어야 무기급(weapons-grade) 플루토늄으로 분류되어 강력한 폭발력을 가진 고성능 핵무기 제조에 사용될 수 있다. 하지만 북한이 IAEA의 감시망을 무시하고 새로 핵연료를 장전한 후 90일 정도 지난 시점에서 운전을 중지하고 핵연료를 모두 인출하면 Pu239 함량이 94%이상인 플루토늄을 100kg 정도 얻을 수 있다.[107)108)] 이는 핵무기 16개 정도를 만들 수 있는 분량이다.[109)]

경수로를 '핵확산억제용(proliferation-resistant)'이라고 부르는 이유는 연료봉을 원자로 가동 중간에 인출하지 않고 원자로 내에서 연소시켜 연료싸이클을 완성하고 인출하는 경우 사용후 연료봉으로부터 무기급 플루토늄을 추출할 수 없기 때문이다.[110)] 경수로 원자로 가동 후 4개월 이상이 지난 시점

---

107) 이춘근, 『과학기술로 읽는 북한 핵: 평화를 위한 남북한 원자력 협력은 불가능한가』 (서울: 생각의 나무, 2005), 198~199쪽.

108) 필자는 동 내용과 경수로의 '핵공장' 전용의 기술적 가능성에 대해 문헌 인용 뿐 아니라 2011년 10월 다수의 경수로 및 핵연료 전문가들을 인터뷰해 과학기술적 검증절차를 거쳤다.

109) 미 의회조사국(CRS)은 2011.1.20. 발간 보고서에서 "북한은 30~50kg의 플루토늄을 추출한 것으로 추정되며, 이 가운데 5~6kg씩을 2006년과 2009년 두 차례의 핵실험에서 사용한 것으로 보인다"고 밝혔다. 의회조사국은 "핵무기 한 개를 제조하는 데 필요한 플루토늄을 6kg으로 봤을 때 북한은 애초에는 5~8개의 핵무기를 제조할 수 있는 플루토늄을 보유했다가 두 차례의 핵실험을 거치면서 지금은 4~7개의 핵무기를 만들 수 있는 플루토늄을 보유하고 있는 것으로 추정된다."고 설명했다. 「북, 핵폭탄 4~7개 분량 플루토늄 보유」, 『세계일보』(2011.2.1). 지그프리드 헤커 박사도 (2010.12.9. Foreign Affairs 기고문에서) 북한이 4~8개 정도의 기초적 형태의 핵무기를 만들 수 있는 분량의 플루토늄을 보유하고 있는 것으로 추정했다.

110) 자연계에 존재하는 천연우라늄은 U238이 대부분이고 핵분열을 일으키는 U235는 0.7%밖에 포함되어 있지 않다. 경수로는 U235의 함량을 3~5% 정도로 저농축하여 연료로 사용하는데 핵분열 과정에서 생성된 중성자가 U238에 포획되면 U238이 U239로 전환된다. U239는 곧 넵투늄239로 바뀌고, 이어 넵투늄239는 다시 Pu239로 변환된다. Pu239가 다시 중성자를 포획하는 경우 Pu240으로 변환되는데, Pu240은

에서는 무기급 플루토늄을 추출하기가 힘든 것으로 알려져 있다.[111](그림 4-1) 북한이 가동 후 4개월 이전에 핵연료의 연소도(burn-up)가 낮은 상태에서 연료봉을 인출하기 위해서는 인출 전단계로서 경수로 가동을 중단(셧다운, shutdown)하여야 하는데, 셧다운을 할 경우 IAEA의 감시망에 금방 포착될 것이다.

그림 4-2. 경수로 원자로 가동 기간 대비 Pu240과 Pu239 증가량(비율)[112]

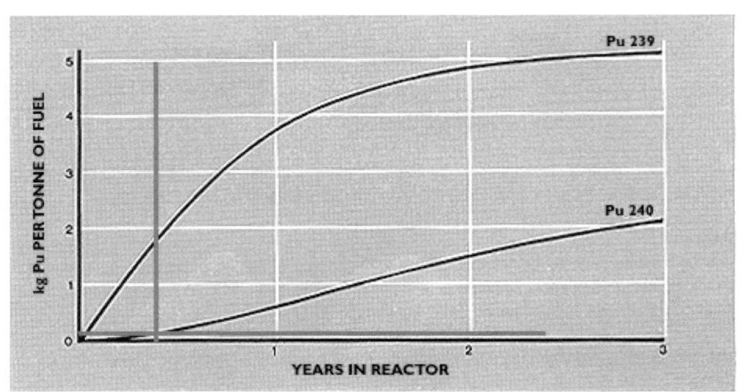

핵분열성 물질이 아닌 "불순물"에 불과하므로 전체 플루토늄 중 Pu240의 비율이 7%를 넘을 경우 연쇄 핵분열반응의 지속이 어려워져 무기급(weapons-grade) 플로토늄으로서의 가치가 떨어진다는 것이 일반적인 견해이다. 결국 경수로의 가동 시간이 일정 기간을 초과할수록 Pu240의 비율이 점점 높아지기 때문에, 무기급 플루토늄을 효과적으로 추출하기 위해서는 Pu240의 비율이 7%를 넘지 않고 Pu239의 추출 효율이 극대화되는 시점에서 경수로 가동을 중단(shutdown)하고 연료봉을 인출하여야 하는 것이다. 한편, 핵기술이 발달하면서 순도가 비교적 높지 않더라도 핵무기의 원료로 사용이 가능하겠지만 북한과 같은 초보 단계의 핵무기 제조국가는 가급적 순도가 높은 무기급 플루토늄을 핵무기 제조에 사용하려 할 것이다.

111) http://nuclearinfo.net/Nuclearpower/WebHomeNuclearWeaponsProliferation

112) 그림은 약 4개월이 되는 시점에서 Pu239 대비 Pu240의 비율이 무기급 플루토늄으로서의 가치가 떨어지는 정도까지 높아지는 모습을 보여주고 있다. Y축은 핵연료 톤당 플루토늄의 kg 수, X축은 원자로 가동 기간을 보여준다. http://nuclearinfo.net/Nuclearpower/WebHomeNuclearWeaponsProliferation

북한이 자체적으로 연료주기를 수립하지 못하였다면 이러한 무기급 플루토늄 추출 감행은 1회성에 그칠 것이나 자체 우라늄 농축시설을 갖추고 있다면 문제는 달라진다. 북한이 저농축우라늄을 자체생산하면서 경수로 연로로 투입해 경수로 가동을 90일 후 중단하고 무기급 플루토늄을 추출해 내기 시작하면 전력생산용 경수로가 무한정 엄청난 양의 무기급 플루토늄을 생산하는 핵공장으로 변신하는 것이다. 또한 자체 농축시설을 저농축이 아닌 고농축 시설로 활용한다면 무기급 HEU를 대량으로 생산해 낼 수도 있을 것이다. 이런 식으로 북한이 경수로를 핵무기개발 수단으로 전용하는 모험을 감행하지 않으리라는 보장이 없다.

셧다운을 하지 않고 IAEA 규정을 준수하여 경수로를 정상가동하였을 경우 사용후 연료봉은 저장수조에 보관된다. 그렇다고 안심하기에는 이르다. 경수로의 사용 후 연료봉에서 무기급 플루토늄을 추출할 수 없다고 해서 핵무기로 전용이 불가능한 것은 아니기 때문이다. 무기급 플루토늄보다 Pu239의 함량이 떨어지는 사용후 연료봉에서 추출할 수 있는 원자로급(reactor-grade) 플루토늄도 무기급 플루토늄으로 제조한 핵무기에 육박하는 위력을 발휘할 수 있다. 리차드 가윈(Richard L. Garwin)은 무기급 Pu239가 폭발 임계질량이 10kg이 필요하다고 가정할 때 원자로급 플루토늄은 그보다 30% 많은 13kg가 필요하며 원자로급 플루토늄 핵무기의 위력도 수 킬로톤에서 수십 킬로톤으로 무기급 플루토늄에 육박할 수 있다고 보고하고 있다.[113] 로스알라모스국

다음의 핵물리학자의 연구문헌에도 다른 동위원소 대비 Pu239 함량 감소와 관련 매우 유사한 그래프를 볼 수 있다. Mark, J. Carson, "Explosive Properties of Reactor-Grade Plutonium", *Science & Global Security*, Volume 4(1993), p.112.

113) 미외교협회 의회 증언. Garwin, Richard L. "Reactor-Grade Plutonium Can be Used to Make Powerful and Reliable Nuclear Weapons: Separated plutonium in the fuel cycle must be protected as if it were nuclear weapons." Congressional Testimony(Aug. 26, 1998). http://www.fas.org/rlg/980826-pu.htm 참고로 리차드 가윈은 물리학자로서 1950~1993년 로스알라모스국립연구소(Los Alamos National Laboratory)에 핵무기 설계, 제조

립연구소(Los Alamos National Laboratory) 핵물리학자 카슨 마크(Carson Mark) 또한 연구보고서를 통해 원자로급 플루토늄은 Pu239 함량에 관계없이 핵폭발력을 가지고 있다고 결론지으며, 가원과 마찬가지로 무기급 플루토늄과 원자로급 플루토늄을 모두 동일하게 취급하고 철저히 관리해야 한다고 지적하였다.[114] 미에너지성(DOE)도 1962년 원자로급 플루토늄으로 지하핵실험을 실시하여 나가사키급에 비견할만한 20킬로톤에 근접하는 폭발력을 확인하였다고 공개한 바 있다.[115] 이렇듯 북한에 제공될 경수로는 무기급 혹은 원자로급 플루토늄 추출을 통한 핵확산의 잠재적 불안 요인을 안고 있었다.

북한에 경수로 제공 후 만일 북한이 대북적대시정책 종식 및 경제지원 등 미국의 불완전한 합의 이행을 문제삼아 핵 재무장을 선언하면 경수로는 '핵공장'으로 변신하여 미국에게는 그야말로 끔찍한 악몽이 된다. 북미 간의 문제 뿐 아니라 북한 내 권력투쟁 등 내부 상황의 악화로 인한 경수로 무단점유 및 핵무기개발 전용 가능성도 배제할 수 없다. 비핵화를 위해 경수로를 지어주었다가 더욱 심각한 핵확산을 초래할 수 있는 부메랑이 되어 돌아올 잠재적 위험성을 내포하고 있는 것이다. 그러한 이유로 부시 행정부 출범 이후 미국은 완전한 보장 장치가 될 수 없는 경수로 건설에 회의적이었고 경수로 건설을 늦추면서 조기핵사찰 요구 및 화력발전소로의 대체 논의가 불거지게 된 것이다.

부시 대통령이 취임하자 미국정부에서는 "북한의 태도를 감안할 때 북한

및 시험 관련 컨설팅을 제공하였다.

114) Mark(1993), 111~123쪽. Mark는 세계 최초로 원자폭탄을 개발한 로스알라모스국립연구소의 Theoretical Division의 소장(Director)을 역임한 바 있다(1947~1972).

115) 미에너지성은 원자로급 플루토늄으로 핵무기 제조가 가능하다는 것을 확인하였으나 핵실험에 사용한 원자로급 플루토늄의 Pu239 함량은 공개하지 않았다. http://permanent.access.gpo.gov/websites/osti.gov/www.osti.gov/html/osti/opennet/document/press/pc29.html

에 원자로를 제공하는 것이 옳지 않다"는 주장이 제기되기 시작하였고 "경수로 1기 또는 2기 모두를 화력발전소로 대체해야 한다"는 주장이 제기되었다. 부시 대통령 취임 이전부터 화력발전소로의 대체를 주장했던 월포위츠가 국방부 부장관에 임명되었다. 부시 대통령이 취임한 후에도 헨리 하이드 하원 국제위원장, 제시 헬름즈 상원 외교위원장, 제임스 릴리 전 주한 미국대사 등 내로라하는 외교통들이 제네바 합의의 수정을 주장했다.116) 이러한 부시 행정부 내의 분위기는 부시2기에도 누그러지지 않았고 이를 반영하여 한국 정부는 2005년 6월 정동영 국가안전보장회의(NSC)의장 겸 통일부 장관을 통해 김정일 국방위원장에게 남한이 북한에 직접 연간 200만kw의 전력을 직접 공급하겠다는 제안을 하기에 이른다. 이러한 소위 '중대제안'은 경수로를 제공하지 않는 것을 전제로 함으로써 북한이 과연 그러한 제안을 수용할 것이냐는 의문이 남는다. 북한이 남한의 '중대제안'을 긍정적으로 검토하는 것처럼 보도되기도 하였으나117) 북한은 이후 경수로 포기에 대해서는 단 한 번도 언급한 바 없다. 오히려 경수로 건설 지연 · 중단을 문제삼아 전력손실보상 등 미국의 책임을 물었고118), "때가 되면 우리의 기술, 우리의 잠재력에 의거한 우리 식의 경수로를 건설하여 평화적핵활동에 더욱 박차를 가하게 될것이다"119)며 자체적으로 경수로를 건설하겠다120)고 경고하고 나섰다.121) 열

---

116) 김태우 · 김재두, 『미국의 핵전략 우리도 알아야 한다』(서울: 살림, 2003), 119~120쪽.

117) 송민순 외교통상부 차관보는 "건설적이고 긍정적인 효과를 생각해서 (북한이) 어떤 형태로든지 (중대제안을) 받아들일 것으로 기대한다"고 SBS 라디오에 출연하여 발언하기도 하였다. 조숭호, 「북한, 중대제안 수용 긍정검토 중」, 『내일신문』(2005. 7.13).

118) 〈조선중앙통신/외무성대변인〉 「미국에 경수로완전중단 손실보상 요구할것」(2005. 11.28).

119) 〈조선중앙통신〉 「미국은 조미기본합의문파기책임에서 벗어날수 없으며 비싼 대가를 치르게 될 것이다」(2005.12.19).

120) 실제로 2009.4.29. 북한은 외무성 대변인 성명을 통해 "경수로발전소 건설을 결정하고 그 첫 공정으로서 핵연료를 자체 생산하기 위한 기술개발을 지체없이 시작할

악한 북한의 송배전 시설을 고려해 볼 때 경수로보다는 남한을 통한 송배전 시설 구축과 전력공급이 경제적으로 훨씬 효율적일 수 있으나 경수로를 고집하는 이유는 동전의 앞뒷면처럼 경수로가 가진 평화적 핵이용과 핵무기개발 이라는 양면성 때문이다.

2005년 9 · 19공동성명에서도 미국은 북한에 경수로 제공에 대한 직접적 약속을 하지 않고 공동성명 1조에 "적절한 시기에 조선민주주의인민공화국에 관한 경수로 제공문제에 대해 논의"하겠다는 모호한 표현으로 북한의 경수로제공 주장을 봉합하고 합의를 이루어냈다. 하지만 공동성명 직후 힐차관보와 라이스 장관이 경수로에 대해 애매한 입장을 취하자 북한은 즉각(2005.9.20) 외무성 담화를 통해 "서로의 신뢰조성을 위한 물리적 기초는 다름아닌 경수로 제공이라는 것을 명백히 하였다."며 평화적 핵활동권리를 보장할 것을 촉구하였다. 북한외무성은 "이번 공동성명에 천명된대로 미국이 우리에게 신뢰조성의 기초로 되는 경수로를 제공하는 즉시 NPT에 복귀하며 IAEA와 담보협정을 체결하고 리행할것이다··· 신뢰조성의 물리적담보인 경수로제공이 없이는 우리가 이미 보유하고있는 핵억제력을 포기하는 문제에 대해 꿈도 꾸지말라"며 경수로 제공이 핵무기개발프로그램 포기의 전제조건임을 분명히 했다.[122] 이처럼 경수로는 미국에는 '뜨거운 감자'이나 북한으로서는 미국이 배신할 경우 신속히 플루토늄 핵프로그램으로 전용할 수 있는

것이다"라고 공언한 후 2010년 11월 미국 핵물리학자 헤커 박사를 초청해 2천개의 원심분리기가 설치되어 가동중이라며 영변에 건설한 초현대식 우라늄농축시설을 공개한다.

121) "우리 인민이 수십년동안 허리띠를 졸라매고 건설한 자립적핵동력공업을 어떻게 외부의 강요에 의해 송두리채 포기할수 있겠는가."··· "미국이 이미 경수로제공의무까지 완전히 포기한것만큼 우리로서는 우리 식의 평화적핵활동을 강화하는 사업을 순간도 멈출수 없다." 〈조선중앙통신〉 「편견적인 핵정책은 시정되여야 한다」(2006.3.11).

122) 〈조선중앙통신/외무성대변인〉 「경수로 제공 즉시 NPT복귀」(2005.9.20).

포기할 수 없는 '물리적 담보'였던 것이다.

2) 미국의 조기핵사찰 요구와 북한의 반발

핵사찰을 둘러싼 북미 간 줄다리기는 제네바기본합의가 체결되기 전 1차 북핵위기 당시부터 북미 간 갈등을 초래하는 원인이 되었다. 김일성은 "미국이 지금은 핵사찰문제를 들고나오지만 우리가 핵사찰을 받으면 그 다음에는 《인권》이요 뭐요 하면서 또 새로운 문제를 들고나와 우리에게 압력을 가할 것입니다." 라며 미국이 요구하는 핵사찰을 북한의 일방적 비핵화를 위한 미국의 위장 전술로 받아들였다.[123] 북한은 이러한 불안감을 해소하고자 제네바기본합의에 경수로 제공을 핵사찰의 조건으로 명시하고 경수로를 합의대로 제공해 줄 것을 줄기차게 요구하였다.

클린턴 행정부 시기 지지부진한 상태로 끝난 경수로 건설 사업은 부시행정부 들어 교착상태에 빠진다. 부시 2001년 하반기부터 부시행정부는 '조기핵사찰'론을 본격적으로 제기하기 시작한다. 북한의 과거 핵 활동을 규명하기 위해서는 사찰에 3~4년이 걸린다면서 경수로에 필요한 주요부품 인도 전에 핵사찰을 마치려면 늦어도 2003년에는 사찰을 시작하여야 한다는 입장이다. 반면 북한은 사찰은 2~3개월이면 충분하기 때문에 2005년으로 예상되는 주요 부품 인도 직전에 실시하면 된다[124]고 반발했다. 또한 제네바기본합의에 따라 "경수로 사업의 상당 부분이 완료될 때, 그러나 주요 핵심 부품의 인도 이전"[125] 시점에 사찰을 받을 의무가 있지만 '터빈과 발전기 등을 포함

123) 〈김일성 저작집 제44권, 조선로동당 중앙위원회 제6기 제21차전원회의에서 한 결론〉「당면한 사회주의경제건설방향에 대하여」(1993.12.8), 278쪽.

124) 신윤석, 「미국 조기핵사찰, 북 3년후에 받아도 충분」, 『한국일보』(2002.8.8).

125) 제네바기본합의 4조3항.

한 경수로 사업의 상당부분'[126]은 결코 완료되지 않았다는 주장이다.[127]

제네바 기본합의 문구대로만 따지자면 북한의 주장에 일리가 있으나 사찰에 걸리는 시간적 여유를 고려하자면 조기핵사찰이 불가피한 것도 사실이다. 사찰이 수년이 걸린다는 것을 전제로 할 때 북한이 주장하는 대로 핵사찰을 "상당 부분 공사가 완료되었을 때" 시작하게 된다면 핵심부품이 인도되기까지 수년간 공사 공백이 불가피하기 때문이다.[128] 2002년 10월 북한의 고농축우라늄문제가 불거지기 전까지 2002년은 북한과 미국이 조기핵사찰을 놓고 실랑이를 벌이는 한 해였다. 북한은 제네바기본합의에 의거 미국의 대북 정치경제적 제재 완화와 관계정상화, 미국의 핵위협으로부터의 안보보장 등을 기대하였으나 중유보상 외에 이행되는 것이 없자 조바심을 감추지 않았다. 북한외무성대변인은 북한 측은 핵동결 등 합의사항을 모두 이행한데 반해 미국은 "기초콩크리트타입에 착수한데 불과하다"며 '목표기한인 2003년은 커녕 2008년에도 완공될지 미지수'라며 '경수로지연으로 인한 전력손실보상'을 요구하였다. "조미관계가 신뢰에 기초한 관계가 아니라 적대적인것으로 하여 기본합의문에서 쌍방의 의무사항은 동시행동조치로 맞물려져 있다"며 북한은 조기핵사찰을 미국의 기본합의 이행 없이 일방적으로 받아들일 수 없다고 주장하였다.[129]

며칠 뒤 북한 관영매체 또한 대변인성명을 거들고 나섰다. 로동신문은 논평을 통해 "조미기본합의문리행에서 우리는 마감단계에 와 있으나 미국은 의연히 출발선에 있다."며 "미국의 고의적인 경수로건설지연으로 하여 우리

---

126) 〈조선중앙통신/외무성대변인〉「조미 사이의 불가침조약 체결이 핵문제 해결의 합리적이고 현실적인 방도」(2002.10.25).

127) 「한반도위기 일으키는 조기 핵사찰」, 『오마이뉴스』(2002.3.31).

128) 김의구, 「북 핵개발 파문, 북 공개 비공개 양해록 뭔가」, 『국민일보』(2002.10.25).

129) 〈조선중앙통신/외무성대변인〉「미국은 조기핵사찰을 떠들기 전에 전력손실을 보상해야 한다」(2002.8.13).

는 막대한 전력손실을 입고 경제발전에서 엄중한 난관을 겪게 되였으며 그것은 우리의 생존권까지 심히 위협하고 있다."고 토로한 뒤 마찬가지로 전력손실보상을 요구하였다.[130]

북한은 또한 미 언론을 인용하면서 자신의 주장을 정당화하려 하였다.

> 1994년 조미기본합의문을 채택한 조미협상 미국측 단장이였던 갈루치는 북조선은 경수로건설이 거의 완공될 때까지 핵사찰의무를 리행하지 않게 되여 있다고 하면서 다음과 같이 지적하였다. 〈부쉬행정부의 일방주의적인 핵합의문해석은 합의문의 문구와 협상의 력사기록을 놓고 보아도 타당성이 없다.〉[131]

북한이 미국의 경수로 제공 이행이 담보되기 않은 상태에서 조기핵사찰을 받기를 거부하는 데는 북한이 미국에 협조(cooperate)한 이후 배신(defect)당할 것에 대한 두려움이 깔려 있다. 미국의 배신에 대한 북한의 우려에 대해서는 이어지는 소결에서 좀 더 논의하기로 하자.

4. 소결: 북미 상호불신과 제네바 기본합의의 붕괴

제네바 기본합의가 서명되는 순간에도 클린턴 행정부 관료와 의원 중 상당수는 1994년 제네바 합의의 핵심 조항이 이행되기 이전에 북한은 붕괴하

---

130) 〈조선중앙통신/로동신문〉「조미기본합의문을 유지하는데서 급선무는 전력손실보상문제」(2002.8.18).

131) 〈조선중앙통신/로동신문〉「미국이 찾아야 할 교훈」(2002.9.3). 필자는 북한이 주장한 동 갈루치의 발언이 미국의 어느 언론에서 보도되었는지 확인할 수 없었다. 하지만 필자 또한 2002년 국내 국제회의에 참석한 갈루치로부터 "합의문 자체만 가지고 보자면 북한이 핵사찰을 지금의 시점에서 받아야 한다고 해석하기는 힘들다."라는 논조의 발언을 직접 들은바 있다.

고 남한에 흡수될 것이라 믿고 있었다. 북한이 붕괴될 것이라는 기대감은 클린턴 행정부 8년 동안 지속적으로 높아졌고, 특히 김일성 사망과 이후 밀어닥친 극심한 기근과 경제 침체가 이 기대감을 계속 부풀렸다.[132] 2001년 부시 행정부가 출범한 이후에도 워싱턴에는 북한 붕괴에 대한 기대감이 팽배했다.[133] 이러한 기대가 팽배한 상황에서 미 행정부는 제네바기본합의 이행에 적극적이지 않았다. 제네바 기본합의에 의거한 대북 경제제재 완화와 북미관계정상화는 쓰러져가는 불량국가를 떠받쳐주는 역사의 오점을 남길 것이라는 막연한 우려가 작용하였다.

특히 북한에 경수로를 지원해 주고 난 이후 북미 간 충돌이 재연될 경우 북한이 미국을 배신(defect)하고 경수로를 핵공장(무기급 · 원자로급 플루토늄 제조공장)으로 전용시킬 최악의 위험성을 배제할 수 없었다. 북한이 우라늄 농축프로그램을 구축하고 있다고 2002년 당시 의심하던 미국으로서는 경수로를 북한에 완공해 주고 나서 협상의 주도권을 완전히 상실하는 상황을

---

132) 위키리크스는 2011년 9월 미국무부 동아태담당 부서가 1995년 11월 3일 작성하여 관련국 미대사관에 보낸 전문을 공개하였다. 동 전문은 극심한 식량난으로 "북한 정권이 올(1995년) 겨울을 넘길 수 있을지 의문이 제기된다."라는 내용이 담겨 있다. 「미, 북 95년 겨울 못넘길 수도 있다 전망〈위키〉」, 『연합뉴스』(2011.9.6); 유신모, 「1995년 미국 '제네바 합의 불이행 땐 북한 군부 집권' 우려」, 『경향신문』(2011.9.6); 샐리그 해리슨(2003), 44쪽.
크리스토프 블러스 또한 "1990년대 초 북한 정권이 머지않아 붕괴될 것이라는 전망이 팽배했다"면서 "한국의 청와대 관계자들은 3년 내에 북한 정권이 무너질 것으로 생각한다"고 자신에게 말하기도 했다고 회고한다. 크리스토프 블러스 지음, 임을출 · 박민형 옮김, 『한반도 딜레마』(파주: 한울, 2009), 227쪽.
클린턴 행정부 시기 대북담당 특별보좌관을 지낸 웬디 셔먼(Wendy Sherman) 또한 "제네바기본합의는 '북한의 근본적인 변화'를 상정한 임시미봉책(stopgap measure)이었다"며 대규모 아사자가 발생하는 경제붕괴 상황에서 "북한 정권이 2~3년 내 붕괴할 것으로 모두들 믿고 있었다"라고 증언한 바 있다. Philip Gourevitch, "Alone In the Dark: Kim Jong Il plays a canny game with South Korea and the U.S.", *New Yorker*(Sep. 8, 2003).

133) 샐리그 해리슨(2003), 23~24쪽.

우려하지 않을 수 없다. 북한이 자체 농축한 저농축우라늄을 경수로 연료로 사용하여 무기급 플루토늄에 도달한 시점에 조기 인출해 핵무기 제조에 사용할 수 있기 때문이다. 'CVID(완전하고 입증가능하고 돌이킬 수 없는)' 식의 핵무기 프로그램 폐기를 확신하기 전까지 미국이 북한에 경수로를 건네줄 수 없는 이유이다. 북한을 신뢰하지 않는 미국은 조기핵사찰을 요구할 수밖에 없었다. 조기핵사찰을 거부하는 북한에게 미국은 자신의 경수로 지원 책임을 회피하면서 제네바기본합의 붕괴의 책임을 북한에 전가하기 위해 북한이 고농축우라늄 프로그램을 '고백'해주기를 간절히 바랐을 것이다.

북한으로서도 마찬가지 이유로 경수로에 집착하지 않을 수 없었다. 제네바 기본합의에 명기한 '정치 · 경제적' 북미관계정상화는 진전이 없었다. "북한에 대한 핵무기를 불위협 또는 불사용에 관한 공식 보장을 제공"한다는 제네바기본합의 보장 문구에도 불구하고 부시 행정부는 9 · 11사태 이후 북한을 '악의 축'으로 지목하고 핵선제공격 독트린을 채택하였다. 핵동결 후 8년이 지난 시점에서 경수로 건설 프로젝트는 북한식으로 표현하자면 '기초구뎅이나 파 놓은데 불과'한 기초공사만 완료한 상태였다. 기본합의문 비공개 양해각서에는 '경수로사업의 상당 부분'이 완성되었을 때 핵사찰을 받게 되어 있는데, '상당 부분'은 터빈과 발전기를 포함한 비핵 주요부품의 '인도'라고 양해각서에 정의되어 있다.[134] 북한으로서는 미국이 원하는 대로 CVID 방식으로 핵무장을 해제하였을 때 북한이 목숨보다 더 소중하게 여긴다는 '자주권'을 잃고 미국에 끌려다니는 운명에 처하게 되는 것을 두려워하지 않을 수 없었을 것이다. 북한이 '담보용' 경수로와 우라늄 농축에 집착할 수밖에 없는 이유이다. 북미 간 심각한 충돌이 재연되면 미국은 관계정상화를 철회하고 경제제재를 다시 가할 수 있으며 북한을 테러지원국에 언제든 재지

134) 본 책 제4장 2절 1. '기본합의 위반 책임 전가와 경수로 지원 의사 불신' 참조.

정할 수 있다. 북한 자체의 우라늄농축 프로그램이 없다면 미국이 경수로를 지어주더라도 외부에서 저농축우라늄 핵연료를 지원해주지 않는다면 경수로도 무용지물이 될 수 있다. 2010년 11월 북한이 헤커 박사에게 우라늄 농축용 원심분리기 가동 공장을 공개함으로써 전문가들은 2002년 10월 켈리·강석주 '고농축우라늄(HEU) 프로그램 시인' 담판 시점에도 북한의 우라늄농축 프로그램이 이미 상당히 진전되었을 것으로 추정할 수 있었다. 하지만 2002년 10월 당시 미국이 '확실한 물증'을 제시하지 않고 '정황증거'만 가지고 HEU프로그램 의혹을 제기하며 북한을 몰아붙였을 때 북한은 미국이 제네바합의 이행 의지가 없다는 판단을 굳혔을 수 있다. 북한은 미국에게 제네바합의 불이행 책임을 물으며 제네바합의의 붕괴를 선언하고 핵실험 준비에 박차를 가했을 것이다. 북한의 핵실험 강행을 촉발한 것은 미국이 BDA를 통해 김정일 자금줄을 조인 것이었다. 북한은 이를 체제에 대한 직접적 위협으로 간주하고 "사상과 제도, 자주권과 존엄"을 지키기 위한 자위적 조치임을 선언하며 지하핵실험을 단행한다.

이렇듯 제네바합의 상의 경수로 지원문제를 놓고 미국과 북한이 벌인 줄다리기는 국제정치 게임이론 중 2인 비제로섬 게임인 '죄수의 딜레마(Prisoner's Dilemma) 게임'[135]으로 풀어 설명할 수 있다. 미국과 북한은 '미니맥스(mini-max) 전략'을 취하며 상호 협조(cooperate)하기보다 상대방을 배신(defect)하였는데, 상대 협상자에 대한 불신이 팽배할 때 상대방을 배신함으로써 '최대의 위험(maximum risk)'을 '최소화(minimize)' 하려는 죄수의 딜레마 게임 전략이다.[136] 미국과 북한은 각각 경수로를 지원하고 완전한 비핵화를 통한

---

135) '죄수의 딜레마 게임' 일반적 이론에 대해서는 다음 문헌을 참고함. 김영세, 『게임이론』(서울: 박영사 1998); 윌리엄 파운드스톤, 박우서 역, 『죄수의 딜레마』(서울: 양문, 2004); 박재영, 『국제정치 패러다임』(서울: 법문사, 1996); 원동진, 『게임 이론』(서울: 형설출판사, 2004); 박주현, 『게임이론의 이해』(서울: 해남, 1998); 정준표, 「죄수의 딜레마 게임과 겁쟁이 게임에 관한 소고」, 『국제정치연구』 제9집 2호(2006).

관계정상화를 모색하기보다 상대방이 배신했을 때의 감당할 수 없는 리스크를 최소화하기 위하여 서로를 배신하였다. 상대방이 배신할지 모른다는 불신에 찬 불안감이 크면 클수록 행위자의 결정은 협조보다는 배신을 선택함으로써 협조했다가 당할 수 있는 불이익을 최소화하려는 속성을 보인다. 이러한 의미에서 앞서 살펴본 대로 반세기 넘는 역사를 통해 뿌리 깊게 내면화된 북한의 대미 불신과 부시행정부의 불신에 가득 찬 대북정책을 감안하여 볼 때 비핵화를 위한 제네바합의는 탄생과 함께 그 종말을 예견하고 있었다.

Robert Axelrod는 단일 죄수의 딜레마 게임이 아닌 '반복 죄수의 딜레마게임(iterated Prisoner's Dilemma Game)'에 Tit-for-Tat(협조에는 협조, 배신에 배신으로 응수) 전략을 적용하여 죄수의 딜레마 게임의 한계를 극복하고 협조를 이끌어내는 데 성공한 바 있다.[137] 그러나 제네바합의 이후 북한이 핵실험을 강행한 시점까지 12년이라는 시간이 흘렀음을 감안할 때 조속한 비핵

136) 〈표〉 죄수의 딜레마 게임 미니맥스 선택의 예 (O: 자백, X: 부인, 기간은 형량)

	A	B	결정
1) A(X) B(X)	2년	2년	
2) A(O) B(O)	7년	7년	Mini-Max 결정
3) A(O) B(X)	6개월	10년	
4) A(X) B(O)	10년	6개월	

공범인 죄수 A와 B를 격리하여 신문하였을 때의 결과이다. A의 입장에서 3) 1) 2) 4) 의 순으로 형량의 이득을 본다. 그러나 A는(B도 마찬가지로) '최대(max)의 손실을 최소화(mini) 하려는' 미니맥스(minimax) 전략을 취함으로써 최상의 선택을 할 수 없게 된다. A의 입장에서 보면 일단 배신하여 자백을 하게 되면 최악의 경우인 4)의 결과는 막을 수 있기 때문이다. 또 잘하면 자신으로서는 최대의 득을 보는 3)의 결과를 기대해 볼 수도 있다. A와 B의 형량을 모두 합산한 것을 기준으로 보면 상호 배신하는 2)의 선택은 14년 형량이므로 최악의 선택이고 상호 협조하는 1)의 선택이 4년 형량으로 최적(optimal payoff)의 선택이다. 하지만 상호 불신이 팽배해 있을 때에는 상호 배신하고 최대의 위험을 최소화하려는 미니맥스 전략을 취해 2)의 결과를 낳게 된다. 상대방이 배신할 것이라고 확신할 때에는 더더욱 2)의 선택을 피할 수 없게 된다.

137) Axelrod, Robert, *The Evolution of Cooperation*(New York: Basic Books, 1984), pp.175~176쪽.

화를 염원하는 정책결정자들의 작은 시계가 게임의 반복을 과연 감내할 수 있을지는 의문이다.

제5장
부시행정부 시기 북한의 대미 비난 레토릭 분석

• • •

이번 장에서는 '제3장'에서 정리한 북한의 대미 불신 구조의 3가지 분석의 준거인 국가안보, 체제안보 및 정권안보의 틀 속에서 부시행정부 시기 북한의 대미 불신이 어떻게 표출되었는지를 주로 북한관영매체를 통해 살펴보려 한다. 이를 통하여 북한의 대미 비난 레토릭과 주장 논리는 김일성 유일체제의 탄생을 기원으로 하여 오랜 기간 내면화된 북한의 대미 불신의 구조적 틀 속에서 벗어나고 있지 못함을 보여주려 한다. 부시 행정부 시기 북한 관영매체를 통해 살펴본 거의 모든 대미 비난 레토릭과 주장하는 논리가 상기한 3가지 분석의 틀 속에 포획됨을 본 장을 통해 확인할 수 있다. 예컨대 해방기 및 냉전기 김일성의 대미 비난 발언과 부시행정부 시기 북한 관영매체의 대미 비난 레토릭은 의제별로 그 논리와 내용이 다르지 않다. 이렇게 미국의 대북정책의 변화와 상관없이 시대를 불문하고 고착화된 대미 불신이 반증하는 것은 북한이 거칠게 내뱉는 대미 레토릭은 각 정치이슈별 협상우위를 점하기 위한 단기적이고 전술적인 수사어라기보다는 북한이 스스로 내면화하여 믿고 있는 '미제국주의의 악의적 실체'를 폭로하려는 몸부림에 가깝다는 것이다. 북한의 대미 불신은 이 책 서론에서 언급한 퍼거슨의 경우에서처럼 외부세계가 인식하고 있는 것보다 훨씬 뿌리 깊게 내면화되어 있다. 그러한 내면화된 대미 불신이 근원적으로 작용하여 앞 장에서 살펴본 것처럼 부시 행정부에 시기에 제네바 기본합의의 붕괴로까지 이어진 것이다.

참고로 제5장의 각 절, 항과 관련된 북한의 관영매체 보도문들을 제목 그 자체로 북한의 대미 비난 레토릭과 논조가 잘 드러나는 것만 골라 주제별로 '〈매체〉「제목」(일자)' 형식으로 〈부록 5〉에 따로 정리하였다. 본 장의 질적(qualitative) 분석에서 더 나아가 2001~2006년 10월 북한의 핵실험까지 양적(quantitative)으로도 유의미할 만큼 상당량의 주제별 일관성 있는 보도문들을

〈부록 5〉에 정리하여 이 책이 주장하는 바를 충분히 입증할 수 있도록 하였다. 본 장 아래 절들의 표 왼쪽 칸에 정리한 '부시행정부 시기 북한의 비난 레토릭 주요 내용'은 지면상 분량을 최소화 하여 각 의제별 핵심 내용만 발췌한 것이다. 표 오른쪽 칸의 '기원과 내면화 과정'은 왼쪽 칸의 부시행정부 시기 북한의 대미 불신이 형성된 역사적 기원과 내면화 과정을 의제와 담화 형식으로 보여주고 있다. 오른쪽 칸의 김일성, 김정일 담화를 의제별로 A, B, C,…, 상응하는 왼쪽 칸의 북한 관영매체의 레토릭을 a, b, c,…로 표시하여 '기원과 내면화 과정'에서의 대미 인식의 논리가 그대로 '부시 행정부 시기 대미 비난 레토릭'으로 전이되고 있음을 '대미 불신의 역사적 경로'라는 나무의 뿌리(대문자)와 가지(소문자) 형태로 보여주고자 한다.[1)]

그림 5-1. 삼지연 혁명사적지
2006년 동국대 김양희 박사 촬영.(이하 동일)

1) 각각 1대1 대응이라기보다는 하나의 담화가 여러 개의 레토릭을 파생시킬 수 있으나 가능한 최소의 대응으로 표시하기 위해 노력하였다.

그림 5-2. 김일성의 생가 만경대를 참관하는 북한 주민들

그림 5-3. 만경대 혁명사적관 내부 김정일 어록 전시

그림 5-4. 김정일 우상화, 백두산 밀영 숙소 내부

그림 5-5. 김정일 우상화, 백두산 밀영

그림 5-6. 만수대 김일성 동상

그림 5-7. 주체사상탑

그림 5-8. 백두산과 김정일 우상화

1절 북한의 국가안보 차원의 대미 비난 레토릭

북한은 한국전 이후 줄곧 미국의 군사위협에 대한 위기의식을 조장해 왔다. 조금만 북미 간 긴장이 고조되더라도 마치 미국이 당장이라도 쳐들어올 것 같은 위기의식을 대내외적 레토릭으로 관영매체를 통해 쏟아 냈다. 북한이 미국의 군사력에 대한 위협의식을 토로하는 이유는 두 가지로 나눠볼 수 있다. 첫째, 한국전의 상흔을 기억하는 북한이 미국의 핵 및 군사 위협에 실질적으로 노출되었다고 느끼는 자각의식 때문이다. 북한은 한국전도 북침전쟁으로 왜곡하고 있으며 한국전을 치르는 동안과 그 이후 미국의 핵공격 위협에 여러 차례 노출되어 학습한 경험이 있다. 둘째로 미국의 군사위협과 한국전 기간 미국의 잔혹한 '만행'을 조작 · 과장하고 오랜 기간 조직적으로 주민에게 주입시킴으로써 대내적 위기의식을 고조시켜 내부결속을 다지고 체제를 강화하기 위함이다. 미국의 실질적 위협과 대내 정치적 목적의 위협 과장은 오랜 기간을 두고 서로 상호작용하면서 확대재생산되어 북한이 느끼는 대미 위협인식을 실제 위협보다 크게 증폭시켜 놓았다.

1. 미국의 군사 · 핵위협 비난

1) 미국의 직접적 군사위협 비난

북한은 미국의 모든 군사작전계획과 군사훈련을 대북 전쟁준비책동으로 비난한다. 스텔스전투폭격기[2)]와 같은 북한에 위협이 되는 첨단무기의 배치는 북침전쟁기도와 선제공격을 위한 군비증강으로 간주한다. 미사일방위체제(MD) 또한 방어적 성격이 아닌 공격적 위협 무기체계로 비난하고, PSI도 북한을 봉쇄하기 위한 포위 군사전략이라며 반발한다. 9 · 11 이후 북한은 "미제는 우리 공화국을 주되는 타격목표로 삼고있다"[3)]며 미국의 반테러 전쟁의 주된 목표가 북한이라고 주장하고, '임의의 시각에 언제든 전쟁이 발발할 수 있다'며 미국의 대북 군사작전에 대한 경각심을 고조시키고 있다.

2) 미국의 핵위협 비난

한국전과 냉전기 북한은 미국으로부터 여러 차례 핵공격 위협을 받은 적이 있어 북한은 미국의 핵능력과 핵사용에 관한 정책을 예의주시한다. 부시 행정부 시기 북한은 미국의 핵태세검토보고서(NPR), 국가안보보고서(NSS) 발표, 악의 축 발언 이후 이라크에 대한 선제공격이 실제로 감행되자 자신이

---

2) 실지로 북한은 스텔스기가 한미연합훈련을 위해 한반도에 배치될 때마다 이를 '북침 핵선제공격의 전주곡'이라며 맹비난 하고 있다.
〈조선중앙통신/로동신문〉 「스텔스전투폭격기의 남조선 계속배치를 비난」(2003.5.14); 〈조선중앙통신/로동신문〉 「미군 스텔스전투폭격기 배치는 북침전쟁기도의 실천」(2004.7.2); 〈조선중앙통신/조평통대변인〉 「스텔스전투폭격기 남조선배치 6.15통일대축전 파탄」(2005.6.1); 〈조선중앙통신/로동신문〉 「스텔스전투폭격기투입은 엄중한 반공화국군사적도발」(2005.6.3).

3) 〈조선중앙통신/로동신문〉 「침략적《반테로전쟁》확대를 노린 위험한 군사전략」(2006.1.5).

다음 차례에 놓인 것이 아닌가 의심하며 심각한 안보불안에 휩싸인다. 악의 축 발언과 함께 NPR과 NSS가 발표되고 이라크전이 부시의 선제공격독트린에 따라 실천에 옮겨지자 북한은 마치 미국의 선제공격에 눈앞에 닥친 것처럼 거의 대부분의 대미 비난 글에 미국의 선제공격의 부당성과 위험성을 경고하고 나선다. 북한은 미국의 NPR, NSS, QDR 등 기본안보전략 뿐 아니라 한미 군사훈련, 각종 작전계획, 적대발언, 해외주둔 미군 재배치, 미사일 방어체제, 미니뉴크와 신형 무기개발, 미일 연합작전력 강화, PSI, 핵항공모함 이동 등 모든 미국의 군사관련 움직임을 북한을 선제공격하기 위한 준비책동 이라며 맹비난한다.

특히 북한은 미국의 지하시설물 파괴용 소형핵무기(미니뉴크) 개발에 대해 극도로 민감한 반응을 보였다. 북한은 "미제는 우리 공화국에 〈선핵포기〉를 요구하면서도 자기들은 핵방아쇠에 손을 걸고 우리의 전략적대상들과 지하구조물을 파괴하기 위한 소형핵무기개발을 추진시키고 있다" 며 미니뉴크[4]에 대한 강한 경계심을 드러내고 '작전계획 5030'을 지칭하며 미국이 북한에 대한 핵선제공격을 준비하고 있다고 비난한다.[5]

> 미제는 우리의 평화발기에 거부적태도를 취하면서 도전적으로 남조선에 계속 핵무기를 끌어 들여 1970년대에 이르러 남조선을 1,000여개의 핵무기가 꽉 들

---

4) 미상원세출위원회는 2006회계년도 세출항목에서 소형핵무기연구비용 450만달러를 전액 삭감하기로 결정하여 미니뉴크 프로그램은 더 이상 추진되지 못한다. 북한은 이에 "핵몽둥이를 휘둘러대며 저들의 비위에 거슬리는 나라들을 마구 짓누르려던 미국의 신보수주의세력들에게 있어서 소형핵무기연구비용전액삭감은 큰 타격이 아닐수 없다"며 안도감을 표현하였다. 그러나 "미국은 기회만 조성되면 소형핵무기개발에 즉시 달라붙을것이다"라며 미국의 의도에 대하여서는 끝까지 의구심을 버리지 않았다. 〈조선중앙통신/로동신문〉「《군비증강정책이 가져온 귀결》-소형핵무기연구비 삭감」(2005.10.13).

5) 〈조선중앙통신/로동신문〉「미제의 기도는 선제공격」(2003.7.29).

어 찬 극동최대의 핵무기고로, 침략적대아시아전략의 핵전초기지로 전변시켰다. 미제는 남조선과 그 주변에서 핵무력을 동원하여 〈팀 스피리트〉, 〈을지 포커스 렌즈〉, 〈독수리〉 등 각종 전쟁연습을 끊임없이 벌리면서 우리에 대한 핵위협공갈을 일 삼았으며 조선반도에서 핵전쟁위험을 증대시켰다. 우리를 겨냥한 미제의 대규모전쟁연습들은 례외없이 핵시험전쟁, 핵예비전쟁들이였다.[6]

부시행정부 시기 북한의 비난 레토릭 주요 내용: '미국의 군사 · 핵위협 비난' 관련	기원과 내면화 과정
(1) 군사위협 관련 미군사령관의 대북 위협론 발언 비난. 미사일방위체제 구축 비난. (wmd 의심) 서산호 나포 사건 비난(PSI 비난). 미국의 군사훈련과 작전계획을 북침선제공격훈련 · 계획으로 비난. 미국의 정탐비행 비난. 미국의 소개(疏開)훈련 비난. 스텔스기 배치 및 군비증강 비난. 미군재배치 및 기동력 강화 비난. 미국의 NSS 비난. (2) 핵위협 관련 미국의 신형 · 차세대 및 소형 핵무기 개발 비난. 미국의 핵선제공격전략 비난. 미국의 핵전쟁계획 비난. 미국의 핵확산 의도 비난.	김일성의 항일무장투쟁, 조선해방투쟁, 반제반미투쟁의 연장선상에서의 한국전쟁 도발. 미국의 남한군을 앞세운 북침전쟁으로 역사왜곡. 한국전쟁 기간 미군의 화력에 의한 북한의 초토화 및 전쟁의 상흔(네이팜탄 포함). 미군에 의한 북한의 피해의식 과장(세균전 및 학살 포함). 한국전쟁기간 미국의 대북 핵위협 기억. 미국의 남한 내 대규모 전술핵무기 배치. 전후 미국의 지속적인 군사위협과 핵위협(푸에블로호 사건, EC-121 격추사건, 판문점도끼만행사건 관련). 팀스피리트 훈련을 '북침핵전쟁연습'으로 인식. 1990년대 초 북한핵개발에 따른 북미 군사긴장 고조.
(1) 군사위협 관련 a.b.[7] "이번에 부쉬행정부가 우리를 적으로 삼고 기동타격려단을 편성하기로 한	A. "미제국주의자들은 우리 조국과 우리 인민을 반대하여 무력침공을 개시하였습

[6] 〈조선중앙통신/로동신문〉 「조선반도에 최악의 사태를 몰아 온 장본인은 미국」(2003. 1.16). 인용문의 내용은 본 책 제3장 제1절 '2. 미국의 한반도 핵정책과 북한의 인식'에서 언급한 과거 김일성의 핵위협인식과 거의 동일하다.

[7] 오른쪽 칸의 담화를 의제별로 A, B, C,…, 상응하는 왼쪽 칸의 레토릭을 a, b, c,…로 표시하여 '기원과 내면화 과정'에서의 대미 인식의 논리가 그대로 '부시 행정부 시기 대미 비난 레토릭'으로 전이되고 있음을 보여준다.

것은 조선반도에서 정세를 더욱 격화시켜 련쇄적인 군비경쟁을 불러 일으키며 북과 남사이의 민족적화해와 단합을 가로 막으려는 또 하나의 도발적인 전쟁책동이다."[8)]

e. "미싸일방위체계수립은 공화국을 무력으로 압살하려는 야망의 산물"[9)]

e. "미제호전광들이 아무런 문제도 없는 우리의 무역짐배를 억류하고 혼란을 조성한것은 우리와 대결하고 전쟁을 하기 위한 불집을 일으키자는 것이다.(중략) 지금 〈서산〉호 사건소식에 접한 조선의 군대와 인민은 미제에 대한 치 솟는 격분을 금치 못해 하면서 천백배 복수를 다짐하고 있다."[10)] (스커드 미사일 부품을 싣고 예멘으로 향하던 북한 선박 서산호 나포 사건 관련 반발)

b.e.g. "미국은 국제사회의 반대에도 불구하고 이라크전쟁을 일으킴으로써 조선반도에서의 전쟁을 예고하게 하고 있다. 미국이 최정예무력을 집결한 가운데

니다."[11)] (1950년 김일성, 한국전쟁을 미국이 배후조종하고 개입한 북침으로 규정).

B. "그런데 왜 미제국주의자들은 우리 령토에 자기의 군대를 들여보내며 우리나라 내정에 대한 군사적간섭을 감행하며 우리 인민을 닥치는대로 살륙하며 우리의 아름다운 조국강토를 피로 물들이고있습니까? 이것은 세계제패를 야망하는 미제국주의자들이 우리 조국을 자기들의 영구한 식민지로 만들고 우리 인민을 노예로 만들려는데 그 목적이 있습니다."[12)] (1950년 김일성, 미국의 전쟁 개입 목적 설명).

C.[13)] "미제국주의자들은 지난 1월 28일부터 2월 17일까지 사이에만도 전방의 많은 지역과 후방의 일부 지역에 벼룩, 파리 같은 여러가지 벌레들을 대량적으로 뿌렸는데 그 것을 검사한데 의하면 벌레들의 체내에 페스트균과 콜레라균을 비롯한 여러가지 전염병균이 있다는 것이 판명되었습니다. 이것은 미제국주의자들이 계획적으로 세균무기를 사용

8) 〈조선중앙통신〉「새로운 개념의 미군려단창설은 로골적인 전쟁준비책동」(2001.5.18).

9) 〈조선중앙통신/로동신문〉「미싸일방위체계수립은 공화국을 무력으로 압살하려는 야망의 산물」(2001.8.15).

10) 〈조선중앙통신/로동신문〉「〈서산〉호사건은 전쟁의 불집을 일으키는것」(2002.12.19).

11) 〈김일성 저작집 제6권〉(1950.7.8), 32쪽.

12) 〈김일성 저작집 제6권〉(1950.7.8), 33쪽.

13) 미군 '만행'에 해당하는 C는 왼쪽 칸에 c에 해당하는 레토릭을 기술하지 않고 본 절 〈3. 한국전쟁 '북침' 도발과 전쟁기 미군 '만행' 비난〉에서 좀 더 자세히 다루었다.

장기간에 걸쳐 대규모적인 합동군사연습을 감행하고 미국인〈소개훈련〉까지 벌린것으로 미루어 보아 조선반도에서 의 전쟁발발은 가설이 아니라 현실로 되고 있다는 내외의 관측은 그른데가 없다."[14] (이라크전과 한미군사훈련 직후 소개훈련에 따른 전쟁 불안감 표명).

e.g. "미국이 우리의 존재자체를 거부하고 압살해버리기 위한 실지행동단계에 들어간 이 심각한 사태앞에서 우리로서는 오직 강력한 물리적억제력으로 맞서나가는외에 다른 선택이 있을수 없다. (중략) 미국은 이번에 조선반도주변수역에서 《해상합동훈련》을 벌려놓음으로써 《전파안보발기》구상(PSI)이 다름아닌 우리 공화국을 목표로 하고있다는것을 보다 명백히 드러내보였다."[15](PSI를 북한 봉쇄전략으로 인식)

b.e. "《국가안보전략보고서》라는것은 한마디로 부쉬정권이 핵전파를 막기 위해서도 전쟁을 하고 《테로방지》를 위해서도 전쟁을 하며 《민주주의확산》을 위해서도 전쟁을 하겠다는것으로서 저들의 리념과 가치관을 따르지 않는 나라들은 하고 있다는 것을 증명하여주고있습니다."[16] (1952년 김일성, 미국의 세균전 감행 주장).

C. "신천땅에 기여 든 미제침략자들은 직접 자기 손으로 사람들을 방공호에 가두어 놓고 휘발유을 뿌리고 불을 질러 태워죽였으며 빨갱이새끼가 어떻게 생겼는가를 보자고 하면서 임신한 녀성의 배를 가르는 짐승도 낯을 붉힐 야수적만행을 감행하였습니다. 미제침략자들이야말로 정신착란증에 걸린 미친 놈들이며 두발 가진 승냥이들입니다."[17] (수만명의 신천주민 학살의 주범을 미국으로 인식).

D. "전국을 요새화하여야 합니다. 우리에게는 원자탄이 없습니다. 그러나 우리는 그 어떤 원자탄을 가진놈들과도 싸워서 능히 견디여낼수 있습니다… 땅을 파고 들어가면 원자탄은 능히 막아낼수 있습니다."[18] (1963년 김일성, 핵무기에 대한 두려움을 지하 요새화로 극복할 것을 주문).

E. "요즘 미제와 박정희도당은 무장간첩선 《푸에블로》호 나포사건과 관련하여 광란적인 전쟁소동을 벌리고있습니다.

---

14) 〈조선중앙통신/로동신문〉 「미국인〈소개훈련〉은 조선반도 전쟁박두를 시사」(2003. 4.6).

15) 〈조선중앙통신/민주조선〉 「PSI는 미국의 해상봉쇄를 통한 대조선국제적포위망 구상」(2004.10.24).

16) 〈김일성 저작집 제7권〉(1952.2.20), 82쪽.

17) 〈김정일 선집 제14권〉(1998.11.22), 449쪽.

18) 〈김일성 저작집 제17권〉(1963.10.5), 445쪽.

례외없이 적으로 규정하고 이 나라들을 전복하기 위해 전쟁도 불사하겠다는것을 밝힌 강도적인 선전포고문건이다."[19] (2001 NPR과 2002 NSS에 이어 2006 NSS 및 QDR도 북한을 겨냥하고 있다고 인식).

d. "미제가 올해 상반년기간에 각종 사명의 전략 및 전술정찰기들을 집중동원하여 조선을 반대하는 공중정탐행위를 감행한 회수는 1,000여차에 달하였다. (중략) 상반년기간 날과 달을 따라 우심하게 감행된 미제의 공중정탐행위는 조선반도에서 기어이 핵전쟁을 일으키려는 침략자들의 군사적움직임이 극히 위험한 단계에 이르렀다는것을 실증해주고있다."[20]

(2) 핵위협 관련

f. "집권후 부쉬행정부는 핵선제공격을 정책화하였다. 미국이 우리 나라를 비롯한 7개 나라를 핵선제공격대상으로 정해놓고있다는것은 아무런 비밀도 아니다. 미제는 저들의 지배주의적목적, 전략적리해관계를 실현하기 위해서는 소형핵무기를 핵무기소유국이든 비핵국가이든

놈들은 남조선과 우리나라의 동해안일대에 숱한 침략적무력을 끌어다놓고 전쟁태세를 갖추고있으며 공화국북반부를 침공하겠다고 공공연하게 떠들고있습니다."[21] (1968년 김일성)

E. "미제국주의자들은 저들의 간첩비행기가 호된 징벌을 받게 되자 황당한 궤변으로써 자기들이 저지른 범죄행위를 정당화하려고 어리석게 책동하고있으며 더욱더 분별없는 전쟁광증을 일으키고있습니다. (중략) 지금 미제국주의자들과 그 앞잡이들은 남조선전역에 걸쳐 《전시 체제》를 확립하고 남조선강점 미군과 남조선괴뢰군에 비상동원령을 내리고있으며 군사분계선일대에 무력을 증강하면서 《특별대기테세》에 들어갔습니다. (중략) 정세는 매우 긴장하며 미제에 의하여 우리나라에서는 전쟁이 래일 일어날지 모레 일어날지 모를 위험한 사태가 조성되고있습니다."[22] (1969년 미정찰기 EC-121기 격추사건 이후 군사긴장 고조기 김일성 발언).

F. "지금 미국은 남조선에 1,000여개의 핵

19) 〈조선중앙통신/외무성대변인〉 「미《국가안보전략보고서》는 강도적인 선전포고문건」(2006.3.21).

20) 〈조선중앙통신〉 「위험단계에 이른 공중정탐행위―올해 상반년 1,000여차」(2006.7.6).

21) 〈김일성 저작집 제22권, 영웅적 조선인민군창건 스무돐경축 연회에서 한 연설〉 「조선인민군창건 스무돐을 맞이하여」(1968.2.8), 6~7쪽.

22) 〈김일성 저작집 제24권〉 「핀란드공산당 중앙기관지 《칸산 우우티세트》를 위하여 핀린드민주청년동맹대표단이 제기한 질문에 대한 대답」(1969.9.2), 139~140쪽.

대상을 가리지 않고 사용하려 하고있다."[23] (미국의 핵선제공격 독트린 수립 후 미니뉴크 개발에 대한 반발) f.g. "괌도와 오끼나와를 비롯한 아시아태평양지역 미군기지들에 배비된 전략폭격기들의 주타격목표가 우리 공화국이며 핵적재전략폭격기들의 기습으로 조선반도에서 전면적인 핵전쟁을 일으키고 주변으로 확대한다는것은 미국의 공인된 전쟁각본이다. (중략) 미국은 지난해 우리를 공격하기 위한 새로운 핵전쟁계획인《작전계획 5030》을 공개하였으며 올해 2월에는 공화국에 대한 기습선제공격을 노린《신작전계획 5026》을 작성발표하였다. 이 북침전쟁계획에 따라 미국은 남조선에서 각종 군사연습을 대대적으로 벌리고있다. (중략) 이 합동군사연습들은 철두철미 우리에 대한 핵선제공격을 노린 극히 모험적인 북침전쟁실동연습이다."[24] (북한, 미 군사훈련을 '핵선제공격 북침전쟁연습'으로 인식)	무기를 배치하여놓고 우리를 위협하고있습니다."[25] (김일성은 남한에 1,000개가 넘는 핵무기가 배치되어 있다고 자주 언급함). G. "미국은《팀 스피리트 85》합동군사연습을 벌렸습니다. 이것은 사실상 우리 공화국북반부를《선제타격》하기 위한 예비전쟁이며 핵시험전쟁이였습니다."[26] (1985년 김일성, 팀스피리트 훈련을 '북침핵전쟁연습'으로 규정) G. "미제와 남조선괴뢰도당은 끝끝내 모험적인《팀 스피리트 93》합동군사연습을 벌려놓고 있다. 미제와 남조선괴뢰들이 벌리는《팀 스피리트》합동군사연습은 그 내용과 성격에 있어서 철두철미 침략적이며 우리 공화국 북반부를 불의에 선제타격하기 위한 예비전쟁이고 핵시험전쟁이다."[27] (1993년 김정일, 팀스피리트 훈련을 '북침핵전쟁연습'으로 규정하고 전군에 준전시상태 선포).

23) 〈조선중앙통신/로동신문〉「부쉬의 소형핵무기개발책동은 인류의 규탄을 면할수 없다」(2003.12.20).

24) 〈조선중앙통신〉「현실화되는《핵선제공격전략》」(2004.4.9).

25) 〈김일성 저작집 제41권〉(1988.4.24), 93쪽.

26) 〈김일성 저작집 제39권〉(1985.10.9), 182쪽.

27) 〈김정일 선집 제13권〉(1993.3.8), 370쪽.

2. 미국의 일본 및 남한과의 '군사공모' 비난

1) 미일안보공조('미일군사결탁') 비난

이 책 제2장에서 북한 정권 초기 김일성의 권력 장악 과정에서 북한이 형성한 역사의식에 대해 살펴본 바 있다. '미제국주의는 패망한 일본제국주의와 군사결탁하여 일본을 조선과 아시아 침략의 앞잡이로 내세운다'는 역사의식이 그것이다. 원래 미국은 조선을 강점하기 위해 두 번(1866년 제너럴셔먼호 사건과 1871년 신미양요)이나 침공하였으나 대원군의 쇄국정책과 잘 무장된 용맹스런 조선군에 의해 패퇴하고 더 이상 군사적 침공이 어렵게 되자 일본을 앞잡이로 내세워 조선을 점령하고 침탈하였고 그러한 '미일공모(군사결탁)'는 2차대전 이후 현재까지도 계속되고 있다는 것이다. 북한은 이렇게 스스로 형성한 역사적 해석의 틀 속에서 아직도 벗어나지 못하고 있으며[28] 미일동맹과 미일 군사협력 강화는 제2의 한국전쟁을 준비하는 '군사결탁'이라고 비난한다. 자위대의 군비증강과 해외파병 움직임, PSI 참여, 미사일 방위체제 구축, 미일 합동군사훈련, 주일미군 지원 등은 모두 북침을 위한 미일간의 군사적 공모결탁이라는 인식을 가지고 있다.

> 미제는 아시아태평양전략을 실현하는데 일본의 군사경제적잠재력을 적극 동원리용하려 하고 있으며 이를 위하여 일본과의 군사동맹을 더욱 강화하고 있

---

28) 북한의 역사가들도 마찬가지로 기존의 역사인식을 토대로 같은 논리를 되풀이하고 있다. 리룡일, 「로일전쟁시기 일제의 조선침략을 적극 비호조장한 미제의 책동」, 『력사과학』 루계193호(2005년 제2호); 안명일, 「미제의 조선분렬정책에 적극 추종하고 있는 일본군국주의자들의 범죄적책동」, 『력사과학』 루계196호(2005년 제4호); 최광국, 「미일사이의 《호상방위원조협정》과 종속적인 군사적결탁의 강화」, 『력사과학』 루계196호(2006년 제1호).

다. 부쉬행정부는 당면하여 우리의 〈위협〉에 공동으로 대처한다는 구실밑에 대조선압살정책을 수행하는데 미일군사동맹을 중요공간으로 리용하려 하고 있다.[29]

일본반동들이 주변 〈유사시〉 특히 조선반도〈유사시〉 미군에 대한 〈지원〉을 구실로 〈집단적자위권〉행사를 합법화하려 하고 있다.[30]

미국은 일본을 저들의 세계제패를 위한 침략전쟁책동과 반공화국핵소동의 돌격대로 써먹기 위해 일본의 재침책동과 군국화를 밀어주고 일본은 미국에 편승하여 《대동아공영권》의 옛꿈을 실현해보려고 미국의 대조선적대시정책과 침략전쟁책동에 적극 추종해나서고 있다. 일본이 내외의 항의규탄에도 불구하고 독도강탈책동과 력사외곡책동에 그처럼 광분하고있는것도 미국의 지지가 있기때문이다.[31]

북한은 미국의 '아시아재침략'을 위한 핵전략에 있어서도 '미일공모'를 주장한다. 미국은 일본을 핵전략기지화하여 1차적으로 북한을 핵선제공격하고 2차적으로 중국과 러시아를 핵선제공격 대상으로 삼아 동아시아 패권을 장악하려 하고 있다고 주장한다.[32] 또한 농축 및 재처리 시설을 갖추고 있는 일본은 이미 "4,000개의 핵무기를 만들수 있는 플루토니움을 보유하고" 있고 "마음만 먹으면 지금 당장이라도 핵무기를 만들수 있는 제반조건과 능력을 가지고있다"[33]면서 이는 미국이 아시아재침략을 위한 목적으로 "부당한 2중

29) 〈조선중앙통신/로동신문〉「일본이 미제의 전쟁책동에 가담하는것은 자멸의 길」(2001. 4.26).

30) 〈조선중앙통신〉「신문들 일본반동들의 〈집단적자위권〉 행사 주장을 단죄」(2001.6.9).

31) 〈조선중앙통신/조평통대변인〉「미일의 침략적공모결탁을 규탄」(2005.7.30).

32) 〈조선중앙통신/로동신문〉「핵군비경쟁을 촉진시키는 무분별한 행위」(2005.11.30).

33) 일본의 핵무장 능력에 대해서는 북한의 주장이 근거 없는 것이 아니다. 일본 자위대의 첨단 군사력과 핵능력에 대한 권위 있는 연구를 진행한 바 있는 김경민은 "미국

기준"을 적용하여 일본을 "핵무장화"시키고 있기에 가능하다고 비난한다.[34]

2) 한미합동군사훈련 및 미국의 남한 무장 비난

상기하였듯이 한미합동군사훈련을 북한은 북침전쟁연습이자 핵전쟁연습이라고 맹비난한다. 북한은 한국전쟁을 미국의 배후에서 조종하여 남한군을 무장시켜 북침한 북침전쟁으로 규정한다. 남한 군대의 무력 증강은 또 하나의 북침전쟁을 치르기 위한 도발이라며 북한은 반발한다. 또한 한국의 과학자가 우라늄 농축 실험을 소규모로 실시한 것이 적발된 사건에 대해 미국은 한국을 오래 전부터 핵무장하기 위해 뒤에서 지원해 왔다며 핵문제에 있어 북한과 남한을 차별하는 이중적인 모습을 보인다는 억지주장도 펼친다. 남한의 군사력 증강은 모두 미국이 배후에서 지원하는 것으로 북한은 받아들이고 있다. 북한은 '작전계획 5029'와 같은 한미연합작전 지침들을 북침전쟁계획으로 비난한다. 제국주의인 미국은 아시아 대륙을 침탈하기 위한 교두보로 한반도가 필요하며 남한을 강점한 미국은 남한을 무장시켜 또 하나의 북침전쟁을 치르게 하려 하고 있다고 북한은 주장한다. 미국은 한반도 전체를 자신의 수중에 넣기 위한 군사행동을 개시할 기회만 호시탐탐 엿보고 있다는 전통적인 대미 군사위협인식을 북한은 고수하고 있다.

의 핵우산 하에 있는 일본은 핵무기를 보유하고 있지 않을 뿐이지 마음만 먹으면 언제든지 핵무기를 개발할 수 있는 기본적 요소 즉 핵무기의 원료와 첨단기술 그리고 막강한 재원을 두루 갖춘 나라이다."라고 평가한다. 김경민, 「미 · 일의 대북정책 동향과 한 · 미 · 일 정책공조」, 『통일연구원 학술회의총서 04-02』(2004), 40쪽; 김경민, 『어디까지 가나 일본 자위대』(서울: 아침바다, 2003). 미일 군사 기술 협력에 대해서는 다음을 참조. 김경민, 『일본인도 모르는 일본』(서울: 자유포럼, 1998), 153~171쪽.

[34] 〈조선중앙통신/로동신문〉 「《부당한 2중기준적용행위》－《동맹국》핵개발 묵인,조장」(2005.5.18).

부시행정부 시기 북한의 비난 레토릭 주요 내용: 미국의 일본 및 남한과의 '군사공모' 비난	기원과 내면화 과정
(1) 미일안보공조('미일군사결탁') 비난 '유사법제' 비난. 일본의 미 미사일방어체제 가입 비난. 미일 합동군사훈련 비난. 미일안보동맹 비난. 미일 대북정책 공조 비난. 미국의 '일본해' 표기 비난. 일본의 해외파병 움직임 비난. 주일미군재편 비난. 일본의 PSI 참여 비난. 미일공동작전계획 비난. 미국의 일본 핵개발 묵인 비난. 미일 방위협력지침 개정 비난. (2) 한미합동군사훈련 및 미국의 남한 무장 비난 한미합동군사훈련을 '북침전쟁연습'으로 비난(전시연합증원훈련, 을지 포커스 렌즈 등 군사훈련, 5029 등 한미 작전계획 비난. 한미 연례안보협의회 비난. 미국의 첨단무기 남한 판매 비난. 스텔스 전폭기 남한 배치 비난. 미 항모, 핵잠수함 남한 정박 비난. 남한의 위성발사 비난. 미국의 남한의 핵개발 묵인 · 조장 의혹 제기.	김일성의 항일무장투쟁, 항일민족해방운동 및 이의 연장선상에서의 반제반미투쟁. 일본제국주의와 미제국주의를 모두 동일한 제국주의적 속성을 가진다는 역사인식("제국주의의 침략본성은 변하지 않는다"는 김일성의 교시를 불변의 진리로 받아들임. 해방 후 미국을 '일제를 대체한 남한 강점 제국주의'로 인식). '19세기 아시아침탈을 위하여 일본을 친미 제국주의국가로 전환시킨후 조선침략을 부추겼다'는 역사의식(임오군란, 갑신정변, 동학운동, 강화도조약, 가쓰라-테프트 밀약, 을사조약, 한일합방 등 일련의 사건에 미일공조 주장). 미국은 일본을 김일성 항일무장투쟁 토벌 및 반공의 기지로 활용 주장. 미국이 조종하는 친미사대 정부를 남한과 일본에 심어 '공산권 아시아 침략'을 위한 한미일 군사동맹을 체결한 뒤 남한과 일본을 '침략군'으로 무장시키고 훈련시킨다는 인식.
(1) 미일안보공조('미일군사결탁') 비난 a. '일본을 아시아(북한)침략군'으로 활용하기 위해 미국은 미일군사동맹을 강화하고 있다는 역사인식은 부시행정부 시기에도 불변하였음을 보여주는 상기 항 '제5장 제1절 2(1)' 예시[35] 참조.	"(미국은 19세기 중반부터) 일본 정부로 하여금 조선 및 중국 정부와 서로 원수처럼 대하게 하며 일본을 서방국가의 동맹자"로 만드는 정책을 펼쳤고, 1871년 무력침공(신미양요)에서 참패한 직후부터는 조선을 직접 무력으로 침탈할 수 없게

35) 〈조선중앙통신/로동신문〉「일본이 미제의 전쟁책동에 가담하는것은 자멸의 길」(2001.4.26); 〈조선중앙통신〉「신문들 일본반동들의 〈집단적자위권〉 행사 주장을 단죄」(2001.6.9); 〈조선중앙통신/조평통대변인〉「미일의 침략적공모결탁을 규탄」(2005.7.30).

b.c. "미국과 일본무력이 합동군사연습을 늘이려는것은 공동군사작전능력을 높여 침략전쟁을 도발하자는데 중요한 목적이 있다. 미제와 일본반동들은 오래전부터 공동으로 추진시켜 온 새로운 조선전쟁 도발계획을 실천에 옮기기 위하여 긴밀히 협조하는데로 나가고 있다."[36)	되자 "일본군국주의의 조선침략을 적극 부추기는 길"에 들어섰다. (북한역사서는 미국과 일본은 임오군란과 갑신정변 및 동학운동을 진압하는 반혁명적 보조도 함께 취하였다고 주장).[38) "가쓰라-테프트(1905) 밀약은 극동침략에 나선 미일제국주의자들의 식민지팽창정책의 기본방향을 규정한 것"[39) (동 밀약으로 미국의 비호하에 을사보호조약과 한일합방이 체결되었다는 북한의 역사인식). '김일성 항일무장투쟁 토벌을 위한 미국의 군사전략물자 일본 지원'[40)(일본을 '반공의 돌격대'로 활용하고 있다는 역사 의식).
b. "미국은 제2차세계대전이 끝난이후 동북아시아에서 일본을 자기의 손아래동맹자로 삼고 이 지역에 대한 지배권을 장악하기 위한 전략을 펴왔다. (중략) 미국이 오늘까지도 대일일변도사고관점을 가지고 편견적인 립장에 서서 조선동해를 〈일본해〉로 표기하는것은 지명표기의 공정한 원칙을 짓밟고 시대의 흐름에 도전하는 반력사적행위이다."[37) (미국의 동해를 '일본해'표기에 반발하며). c. "최근 미국과 일본이 공동작전계획 《5055》를 작성하여 추진하고있다는것이 드러났다. (중략) 이 《계획》에는 조선반도《유사시》를 가상한 작전내용들과 작전수단들,전쟁도발 및 타격방식 등이 구체적으로 명기되여있다고 한다. (중략) 미일공동군사연습들은 그 대부분이 핵무기	A. "미제국주의자들은 일본을 미국독점자본의 예속국으로 만들며 아세아와 태평양연안의 여러 나라들을 침범하기 위한 전초기지로 전환시키려고 시도하고있습니다."[41) (1948년 김일성의 미의 일본의 전초기지화'를 위한 '미일군사결탁'에 대한 역사의식 태동). B. "우리는 일본제국주의자들과 미제국주의자들이 조선을 침략하기 위하여 오

36) 〈조선중앙통신/로동신문〉「미일의 합동군사연습 증가계획을 규탄」(2001.5.19).
37) 〈조선중앙통신/로동신문〉「미국의 〈일본해〉표기는 대일일변도정책의 발로」(2003.8.29).
38) 김희일(1974), 29~40쪽.
39) 사회과학원 력사연구소 외국사연구실(1974), 234쪽.
40) 사회과학원 력사연구소 외국사연구실(1974), 318~326쪽.
41) 〈김일성 저작집 제4권〉(1948.3.28), 197쪽.

를 사용하기 위한것으로서 《유사시》 우리 나라를 핵무기로 공격하기 위한 목적을 추구하고있다. 지난해 미일공동군사연습들에 핵무기를 실을수 있는 미일비행기들이 많이 참가한것은 그것을 실증해주고있다."[42]

b. "일본반동들의 이번 《북조선인권법》 조작놀음은 상전인 미국의 행동을 신통히 그대로 본딴것이라고 해야 할것이다. 이것은 대미추종에 이골이 난 일본반동들만이 할수 있는짓이다."[43] (북한인권 관련 미일 정책공조 비난. 대북 안보정책 공조 비난).

(2) 한미합동군사훈련 및 미국의 남한 무장 비난

d. "미제가 합동군사연습을 구실로 남조선에서 1만여명의 미군을 동원하여 불장난소동을 벌리고 있는것은 명백히 조선민주주의인민공화국을 무력으로 침공하기 위한것이라고 락인하였다"[44] (전시연래전부터 서로 협력하여왔다는것도 사람들에게 똑똑히 알려주어야 하겠습니다. 이렇게 함으로써 지금 우리 나라를 다시 침략하려는 미제국주의자들과 일본제국주의자들의 야망을 력사적으로 폭로하여야 합니다."[45] (1960년대 초 김일성의 공고화된 '미일공모 · 군사결탁' 역사 의식).

C. "《일미안보조약》에 따라 미국의 핵, 로케트 무기들이 일본에 대대적으로 반입되였으며 일본땅은 미제의 침략적군사기지로 전변되였습니다. 미제와 일본반동들은 이 《조약》을 구체화하여 조선과 다른 아세아나라들을 침략하기 위한 여러가지 군사작전계획을 짜놓았으며 그에 따라 합동군사연습을 빈번히 벌리고있습니다. 미제는 또한 《일미안보조약》을 축으로 하고 거기에 《한미상호방위조약》과 《한일조약》을 밀접히 련결시켜놓음으로써 사실상, 미국, 일본, 남조선 사이의 3각군사동맹체계를 만들어놓았습니다."[46]

---

42) 〈조선중앙통신/로동신문〉 「제2조선전쟁의 불구름을 몰아오는 위험한 군사적결탁」(2005.1.25).

43) 〈조선중앙통신/로동신문〉 「《대미추종에 환장한자들의 역겨운 추태》-《북조선인권법》」(2006.6.26).

44) 〈조선중앙통신〉 「위험한 북침전쟁연습」(2001.4.21).

45) 〈김일성 저작선집 제3권〉(1963.2.8), 475쪽.

46) 〈김일성 저작집 제30권, 일본 《요미우리신붕》편집국장이 제기한 질문에 대한 대답〉(1975.9.28), 516쪽. 이후의 북한의 역사 논문도 동일한 논리를 펼치고 있다. 최복실, 「미제의《지역안보전략》에 따르는 미 · 일 · 남조선 3각 군사동맹 조작책동」, 『력사과학』(1998년 제2호).

합증원훈련을 북침전쟁 훈련으로 비난. 북한은 모든 한미합동군사훈련을 북침전쟁훈련으로 비난).	(1970년대 김일성의 일본 내 핵 배치와 '한미일 3각군사동맹' 구축과 합동군사훈련에 대한 인식).
d. "부쉬행정부의 《핵선제공격계획》은 이미 백악관의 탁자에서 떠나 실천에 옮겨지고 있다. 미국은 북침전쟁의 구실을 찾지 못하여 피눈이 되여 날뛰고 있다. 이번의 《5029》북침전쟁계획은 그 추악한 산물이다."[47] (한미 '개념계획 5029'를 북침전쟁계획으로 비난).	"미제국주의자들은 일본에 있던《유엔군사령부》를 남조선에 옮기고 남조선괴뢰군대를 늘였으며 최근에 와서는 원자무기를 끌어들이고 원자공격전연습을 하고 있습니다."[49] (1958년 김일성, 중국군이 북한에서 전면 철수하는 시점에 미국의 남한내 전술핵 도입 후 '핵전쟁연습'을 한다는 비난).
d. "남조선군부호전세력은 《대북억제력확보》의 간판밑에 《대화력전지휘통제체계》의 구축과 《유도탄사령부》의 신설, 무인폭격기를 비롯한 각종 첨단무기개발등에 박차를 가하고있으며 미국으로부터 《합동직격탄》과 《F-15K》전투기를 비롯한 최신군사장비와 무기도입에 전례없이 열을 올리고 있다. (중략) 미국과 공모결탁하여 북침전쟁준비에 광분하고있는 남조선의 군부호전광들에게 차례질것은 비참한 자멸과 력사의 준엄한 심판뿐이다."[48] (미국의 남한 무장 비난).	D. 1980년대~1990년대 초 '팀 스피리트' 한미합동군사훈련을 '북침핵전쟁연습'으로 규정한 김일성과 김정일의 발언은 상기 항에서 이미 언급되어 중복되므로 생략함. 다만 한국전쟁 이후 남한의 (핵)무장화를 통해 제2의 한국전쟁 '도발책동'을 벌이고 있다는 북한의 주장과 관련 아래 1987년 출판 북한문헌을 참조: "(1960년을 전후하여) 미제와 남조선괴뢰들은 괴뢰군증강과 함께 원자전을 준비하며 〈북진〉을 단행하기 위한 원자전훈련과 상륙작전훈련, 대기동훈련을 미친

47) 〈조선중앙통신/조평통대변인〉「《5029》북침전쟁계획은 완전 백지화되여야 한다」(2005. 5.6).

48) 〈조선중앙통신〉「조평통 남조선군부호전세력의 최신무기개발도입책동 규탄」(2006. 9.15).

49) 〈김일성 저작집 제12권, 조선인민군 제324군부대관하 장병들앞에서 한 연설〉「조선인민군은 항일무장투쟁의 계승자이다」(1958.2.8), 91쪽.

d. "지난 20여년동안의 핵개발책동으로 남조선은 오늘 핵물질추출, 핵탄제작,핵탄운반수단보유,핵전쟁추진 등 핵무장화의 기본징표들을 갖추고 하나의 완결된 체계를 가지게 되었다. (중략) 미국의 기술과 장비의 지원이 없이는 남조선에서의 핵물질생산과 핵무기제조에 대해 생각할수 없다. (중략) 미국이 자기의 핵우산을 쓰고있는 남조선의 핵관련비밀실험들에 대해서는 묵인하면서도 우리에게 《CVID》를 강박해온 현실은 우리를 더욱 각성시키고있다."[50] (미국의 남한 핵개발 묵인 비난).	듯이 벌리였다.(431쪽)" "남조선은 극동지역전체에 배비된 핵무기의 절반이상이 집중된 극동최대의 핵기지로, 배치밀도에서 나토지역보다 4배나되고 100㎢당 1개이상의 핵무기가 전개된 핵집중도에서 세계 첫째가는 핵기지로 전변되였다. 미제는 남조선의 《핵전초기지화》정책에 따라 남조선에 각종 핵무기를 무모하게 끌어들이는 한편 남조선강점미군과 괴뢰군의 무력을 대대적으로 증강하였다.(491쪽)" "《팀 스피리트》전쟁연습에 동원된 장비들은 거의 모두가 공격형이며 핵전쟁장비들이다(506쪽) 병력구성과 장비로 보나 훈련의 내용으로 보아도 그것은 철두철미 공화국북반부를 선제타격하기 위한 예비전쟁이며 핵시험전쟁이다.(509쪽)"[51]

3. 한국전쟁 '북침' 도발과 전쟁기 미군 '만행' 비난

김일성은 한국전쟁을 도발한 후 미국이 참전하자 전쟁을 '미제의 침략전쟁'으로 규정하며 다음과 같이 미국의 침략 목적에 대해 보고한다.

> 세계제패를 꿈꾸는 미제국주의자들은 우리 조국을 자기들의 영구한 식민지로, 아세아침략의 군사전략기지로 만들며 우리 인민을 노예로 만들려 하고있습니다.[52]

50) 〈조선중앙통신〉 「핵문제 2중기준을 버려야 한다」(2004.11.20).

51) 허종호(1987).

같은 보고에서 김일성은 "(미군은) 주민밀집지역에 맹폭격을 가하며 논밭에서 김매는 농민들과 강가에서 빨래하는 부녀자들과 학교에서 공부하는 학생들과 공습을 피하여 방공호로 몰려들어가는 평화적주민들의 머리우에까지 폭격을 감행하고있습니다"라며 '미제침략군의 만행'에 대해 맹비난한다. 상기 인용한 '제국주의의 침략 속성'은 변하지 않는다는 김일성의 교시는 미국은 기회만 되면 북한을 재침할 것이라는 변치 않는 강한 믿음을 북한 주민들에게 심어 놓았다. 김일성이 정의한 6·25와 세균전을 포함하여 그가 부풀린 전쟁기 미군의 만행은 한국전 이후 체계적으로 주민들에게 확대주입되어 대미 안보위기의식 고조 및 사상무장 강화에 활용되었다.

북한은 한국전쟁은 미국의 계획과 지시 하에 남한 군이 북침을 하면서 촉발되었으며 북한이 미제국주의에 맞선 민족해방전쟁으로 규정한다. 북한은 전쟁의 도발 책임에서 벗어나기 위해 정권 차원에서 사실을 왜곡하고 미군의 만행을 과장하였고 이는 북한주민들의 대미 적개심과 불신을 고조시키는데 기여하였다. 이러한 사실왜곡과 전쟁범죄의 과장은 또다시 전쟁이 발발해 미국에 지게 되면 모든 북한 주민들은 미국의 노예로 전락하게 된다는 공포감을 조성해 선군정치와 같은 북한정권의 군우선 정책을 수월하게 하여 체제 강화에 일조한다. 전술한 한국전쟁에 대한 북한의 대미 인식은 부시 행정부 시기에도 변하지 않아, 참조해 보면 다음과 같다.

*** 한국전쟁 북침 왜곡의 예**

전쟁전야에 미국은 공화국북반부를 공격하기 위한 모든 군수물자와 무기들을 38도선지역에 총 집결시켰다. 맥아더는 해임된 후 자기의 진술서에서 이 사실을 실토하였다. (중략)

---

52) 〈김일성 저작집 제6권, 8.15해방 5돐기념 평양시경축대회에서 한 보고〉「모든 것을 전선에로」(1950.8.15), 63쪽.

1950년 5월 9일 미국방장관 죤슨은 트루맨에게 10만명의 남조선군대장병들은 임의의 순간에도 전쟁을 시작할수 있다고 보고했다. 북침전쟁준비를 끝낸 미국은 덜레스를 통하여 최종적인 검토를 하였다. 이어 〈도꾜4자회담〉에서 조선전쟁개시일을 1950년 6월 25일로 확정하였다.
다른 한편 미국무장관 애치슨과 미국무성 관리들은 전쟁이 일어 나면 유엔안전보장리사회에 즉각 제출할 〈결의안〉문건초안들까지 쥐고 있었다. 교활한 미제는 회의에서 〈북으로부터의 무장공격〉이라는 허위를 날조하고 공화국북반부를 〈침략자〉로 하는 비법적인 〈결의〉까지 조작해냈던 것이다.[53]

*** 미군의 북한주민 학살 과장 선전을 통한 주민의 반미의식 고취의 예**

조선전쟁당시 미8군사령관이였던 워커는 자기의 침략군병사들에게 어린이나 로인이라 할지라도 무자비하게 죽이라는 명령을 내렸다. (중략) 총살, 타살, 교살, 생매장의 방법으로도 부족하여 눈알을 뽑고 가죽을 벗기고 톱으로 사지를 토막 내며 머리에 못을 박아 죽이는 등 온갖 중세기적인 살인수법들을 다 동원하였다. 미군병사들은 이렇게 황해도지방에서만도 12만명의 인민들을 학살하였다. 미군의 살인행위에 의하여 강원도와 평안북도의 많은 섬들은 무인도로 변하였다. (중략) 전쟁도발후 1951년 9월 15일까지의 기간에 남조선에서도 100만여 명의 주민들을 야수적으로 살해 하였다. 뿐만 아니라 강원도, 황해남북도, 평양시 등 400여개소의 지점에 700회이상 세균탄을 투하하여 전염병으로 수많은 생명을 앗아 갔다.[54]

---

53) 〈조선중앙통신〉 「전쟁도발자의 정체는 감출수 없다」(2001.7.28).

54) 〈조선중앙통신〉 「〈문명인〉 들의 대중적 학살 만행」(2002.6.25). 2002.1.29. 부시 미대통령이 북한을 '악의 축'으로 규정한 이후 같은 해 6월 게재된 글로써 부시 임기 그 어느 때 보다도 노골적이고 적나라하게 미국의 만행에 대해 언급하고 있다. 북한이 주장하는 미군의 다양한 민간인 학살 유형에 대해서는 다음을 참조. 리정애, 「조선전쟁시기 공화국북반부인민들에 대한 미제의 계획적이며 조직적인 살인만행」, 『력사과학』 루계 196호(2006년 제1호), 54~55쪽.
여기에는 언급되어 있지 않지만 한국전쟁기간 미군의 북한 지역에 대한 비인도주의적 만행으로 북한 문헌에 일관성 있게 등장하는 소재는 다음과 같다: 신천군 민간인 대학살, 민간인에 대한 무차별 폭격(양로원, 보육원, 병원 포함); 발전소, 저수

북한은 한국전쟁 시기 미국의 핵공격 계획을 상기시키며 미국은 북한을 상대로 언제든 핵공격을 할 준비가 되어있음을 알린다. 북한은 "조선반도에는 호전적인 부쉬일당의 모험적인 핵선제공격책동으로 하여 핵전쟁위험이 조성되고있다"고 지적하면서 한국전 당시 미국의 핵공격 위협을 근거로 현재의 미국의 핵위협으로 조성된 긴장 상태의 심각성을 상기시킨다.

*** 한국전쟁기 미국의 대북 핵공격 위협 강조**

미극동군 총사령관이였던 맥아더는 1950년 7월 7일 트루맨에게 조선전쟁에서의 원자탄사용문제를 제의하였다. (중략) 미제호전광들은 철원,김화,평강을 련결하는《철의 삼각지대》에 원자탄을 투하하려고 획책하였다. (중략) 아이젠하워도 원자탄사용을 추구하였으며 1953년 2월 2일에 한 첫《국정연설》에서《신공세》때 핵폭탄을 사용할것을 제기하였다. (중략)
미 3개 군종 참모장들은 1953년 5월 20일에 있은 국가안전보장회의에 전략,전술적으로 원자탄을 널리 사용할데 대한 안을 제출하여 비준까지 받았다. 이와 때를 같이하여 미국무장관으로 새로 임명된 덜레스는 정전담판에서《상대측이 고분고분해지도록》하기 위하여 미국의 핵무기시험결과를 공개하면서 조선에서 원자탄을 쓸것이라고 공공연히 지껄여댔다.[55]

지, 양곡, 가옥 파괴; 화학전(독가스탄) 및 세균전 감행; 문화재 파괴 등. 안명일, 「미제의 신천학살만행의 야수성」, 『력사과학』 루계 185호(2003년 제1호), 29~30쪽; 리정애, 「조국해방전쟁시기 미제공중비적들이 공화국 북반부에서 감행한 폭격만행의 야수성」, 『력사과학』 루계 184호(2002년 제4호). 부시행정부 시기 북한의 이러한 주장은 한국전 이후 북한이 일관성 있게 주장해 온 내용과 차이가 없다. 북한이 자신의 주장을 체계화해 정리한 대표적 문헌으로 다음을 참조. 고상진(1989).

55) 〈조선중앙통신/로동신문〉 「조선전쟁시기 핵공격을 기도한 미제의 죄행」(2004.6.27).

2절 북한의 체제안보 차원의 대미 비난 레토릭

1. 반제반미 민족주의와 자주권 수호를 위한 민족의 단결 촉구

1) 반미 민족주의 촉구

등장한다. 2001년 부시가 당선 후 취임하기도 전 북한은 신년공동사설에서 “제국주의의 강권과 전횡, 지배주의적책동”에 맞서 “신성한 자주권과 민족적존엄을 견결히 지켜 나갈것이다”하고 선언하고 나섰다. 더불어 6 · 15공동선언 정신을 받들어 “외세에 의존할것이 아니라 우리 민족자체의 힘에 의거하고 외세와의 공조가 아니라 동족과 공조하는 확고한 립장을 견지하여야 한다”[56]며 반외세 민족자주라는 원칙을 강조하고 있다.

〈부록 5-2〉에 대미 비난 논평의 주제와 레토릭이 제목에 잘 드러나는 관영 매체 보도가 정리되어 있다. 6 · 15공동선언 정신을 수호하고, ‘조선민족끼리’ 손을 잡고 통일의 문을 열자고 주장하고 있으며 민족자주와 공조를 바탕으로 반미자주투쟁에서 승리하자는 구호가 대다수를 이루고 있다.

---

56) 〈조선중앙통신/로동신문 · 조선인민군 · 청년전위〉「신문들 새해 공동사설 발표」(2001. 1.1).

부시행정부 시기 북한의 비난 레토릭 주요 내용: '반미 민족주의 촉구' 관련	기원과 내면화 과정
반제반미 민족자주 원칙 및 반미투쟁 강조. 반외세 한민족 공조 주장. 조선(남북) 민족끼리 통일문제의 민족자주 원칙 고수. 6·15공동선언의 이행 강조(불이행을 반민족적 범죄로 규정). 외세와의 공조와 의존 및 사대주의 경계. 반미자주화와 통일의 상관관계 강조. '조선 민족'의 운명을 스스로 개척해야 함을 강조. 조선민족제일주의 정신 강조. 민족적 자긍심 강조. 미국을 민족 공동의 원수로 호칭. 주한미군의 남한 민족을 대상으로 한 살인과 학살 및 각종 극악한 범죄에 대한 고발.	김일성의 항일무장투쟁, 항일민족해방운동 및 이의 연장선상에서의 반제반미투쟁. 주체사상과 자주성('민족의 자주권을 옹호하기 위한 반제반식민주의투쟁'). 주체사상의 유교 전통사상 수용(어버이 수령과 사회정치적 생명체론)과 민족주의 정향. 사회주의적 애국주의(1957년 등장 1960년대 확산). 1990년대 애국주의적 민족주의. 김정일의 조선민족제일주의(1986년 주창). 북한의 반외세 저항민족주의. '미제국주의'의 무력 혹은 사상문화적 침략을 통한 민족분열과 민족문화말살 의도에 대한 북한의 역사의식. 북한의 '핏줄'을 중시한 민족개념(1980년대 민족 개념 재정의). '조선민족'의 타 민족에 대한 배타적 우월감(다인종사회 부정). 반세계화투쟁의 일환으로 민족주의 호소. 7·4남북공동성명의 민족자주 정신을 바탕으로 남북정상회담 이후 '우리민족끼리' 담론 본격화.
a. "민족자주정신에 투철해야 하며 외세에 의존할것이 아니라 민족자체의 힘에 의거하고 외세와의 공조가 아니라 동족과 공조하는데로 나와야 한다. (중략) 6·15 북남공동선언을 리행하는데서는 북과 남이 따로 없고 당국과 민간, 여야가 따로 있을수 없다."[57]	A. "자주성은 나라와 민족의 생명입니다."[58] B. "오직 미제국주의침략세력을 반대하는 견결한 투쟁을 통하여서만 세계평화를 수호할수 있으며 민족적 해방과 독립을 위한 투쟁도 민주주의와 사회주의를

57) 〈조선중앙통신/로동신문〉「외세와의 공조가 아니라 동족과 공조하여야 한다」(2001. 1.19).

58) 〈김일성 저작선집 제8권〉(1981.9.7) (평양: 조선로동당 출판사, 1982), 438쪽.

a.b.c. “미국의 책동은 조선민족의 자주통일운동을 가로 막고 조선반도를 영원히 둘로 갈라 놓아 저들의 대조선 지배전략을 실현하려는데 목적이 있다. 전체 조선민족은 각성하여 반미자주화투쟁의 불길을 세차게 지펴 올려야 한다. (중략) 민족이 하나로 굳게 단합하여 투쟁해야 외세를 배격하고 민족의 자주권과 존엄을 지킬수 있으며 자주통일을 이룩할수 있다.”[59]

b.c.d. “남조선강점 미제침략군은 지난 수십년간 수많은 남조선인민들을 눈섭 하나 까딱하지 않고 총으로 쏘아 죽이고 몽둥이로 때려 죽이고 자동차로 깔아 죽이고도 남조선미국〈행정협정〉을 걸고 살인범죄자들을 언제한번 처벌하지 않았다. (중략) 조선민족은 민족의 명예와 존엄을 걸고 미국의 오만무례한 행위를 단호히 징벌할것이며 대를 이어 가며 미제가 조선민족을 대상으로 저지른 살인만행과 반인륜적범죄행위의 대가를 반드시 받아 내고야 말 것이다.”[60]

위한 투쟁도 승리를 이룩할 수 있습니다.”[61] (민족해방을 위한 반제투쟁)

C. “남조선에서는 미제와 그 앞잡이들의 민족문화말살정책으로 말미암아 유구한 민족문화는 여지없이 짓밟히고 있다”[62] (미국의 “사상문화적 침략”은 남한국민들의 “반미자주화투쟁을 무력[63]화”시킴).

D. “사회주의적애국주의는 사회주의, 공산주의를 지향하는 로동계급과 근로인민의 애국주의이며 그것은 계급의식과 민족적자주의식을 결합시키고 자기 계급과 제도에 대한 사랑을 자기 민족과 조국에 결합시킵니다.”[64]

D. “단일민족국가인 우리 나라에 있어서 진정한 민족주의는 곧 애국주의로 됩니다. 나의 혁명활동은 민족해방투쟁으로부터시작되였으며 나는 민족의 주체, 혁명의 주체를 세우기 위하여 투쟁하는 과정에 우리 혁명의 지도사상인 주체사상을 창시하였습니다.”[65]

---

59) 〈조선중앙통신/로동신문〉 「반미자주화에 자주통일이 있다」(2001.11.21).

60) 〈조선중앙통신/로동신문〉 「미군무죄판결은 민족의 존엄에 대한 우롱」(2002.11.28). 미군 장갑차 사고에 희생된 여중생 관련 사건에 대한 로동신문 논평.

61) 〈김일성 저작선집 제5권〉(1970.11.2), 493쪽.

62) 〈김정일 선집 제12권〉(1992.1.20), 359쪽.

63) 강석희(1987).

64) 〈김일성 저작선집 제4권〉(1966.10.5), 379쪽.

65) 〈김일성저작집 제43권〉(1991.8.1), 169쪽.

a.b.e. "조성된 정세는 전체 조선민족을 반미대결전에로 부르고 있다. 나라와 민족을 사랑족을 사람이라면 누구나 다 결사의 각오를 가지고 나라와 민족의 자주권과 생존권을 지키기 위한 반미투쟁에 과감히 떨쳐 나서야 한다."[66] b.c. "미국은 자주와 평화, 통일을 위한 조선민족의 정의로운 위업을 악랄하게 가로막고있으며 온 민족에게 헤아릴수 없는 고통과 해를 끼치는 민족공동의 원쑤, 공동의 투쟁대상"[67] d.e.f. "우리 겨레에게 자기 민족의 우수성에 대한 긍지와 자부심에 기초한 강한 민족적자존심이 없었더라면 자기의 고유한 피줄과 언어를 고수하지 못했을것이며 이미 오래전에 다른 민족에 동화되여 력사무대에서 사라지고말았을 것이다. 미국의 핵전쟁광풍이 아무리 기승을 부려도 단합된 힘으로 기어이 존엄있고 륭성번영하는 통일강성대국을 일떠세우고야말 우리 민족의 자주통일의지는 굳건하다."[68]	E. "우리가 말하는 조선민족제일주의는 생물학적개념이나 지리학적개념, 경제학적개념이 아니라 정치사상적개념입니다."[69] ("김일성 항일 혁명의 전통을 계승하고 구현"하여 "미제침략자들을 타승"하는 것이 가장 중요한 민족의 전통을 이어나가는 것이다.[70]) E. "민족자주의식은 자기 민족에 대한 사랑, 자기 민족의 우월성에 대한 긍지와 자부심에 기초하여 형성되고 발현됩니다."[71] "핏줄과 언어, 영토, 문화의 공통성에 기초한" 집단[72] (북한의 '민족'의 사전적 정의. 핏줄을 중시). F. "미제국주의자들은 인종주의와 민족배타주의, 세계주의를 고취하고 백인종의《우월성》과 세계에서의 미국의《지도적역할》을 날조하면서 세계를 제패하여 세계 여러 민족을 노예화하려고 악랄하게 책동하고있습니다."[73] (세계화 경계).

66) 〈조선중앙통신/로동신문〉 「사설 사생결단으로 미제와 싸워 민족의 존엄과 자주권을 지키자」(2003.6.25).

67) 〈조선중앙통신/로동신문〉 「미국은 민족공동의 원쑤, 민족공동의 투쟁대상」(2004.5.12).

68) 〈조선중앙통신/로동신문〉 「높은 민족적자존심은 우리 겨레의 자랑」(2004.3.5).

69) 〈김정일 선집 제10권〉(1990.1.11), 35쪽.

70) 김정일, 『민족문화유산과 민족적전통에 대하여』(평양: 조선로동당출판사, 2006),

2) 남한의 '반민족주의적 대미 부화뇌동' 비난

북한은 민족끼리 단결하지 않고 미국에 '부화뇌동'하거나 북한을 적대시하는 남한의 당국자들을 민족반역자이자 반통일세력이라고 맹비난한다. 북한은 아직도 남한이 '미제국주의의 식민강점'하에 있으며 미국의 아시아 침략을 위한 전초기지로 활용되고 있다고 주장한다. 이러한 맥락에서 한미연합군사훈련, 미군유지비 지원, PSI 참가, 해외파병, 남한의 무력 증강 등은 모두 침략적 외세와의 공모결탁으로 반민족적 행위라고 주장한다. 예컨대 2003년 남한에서 이라크전 파병안이 통과된데 대해 "민족보다도 외세를 중시하고 민족공조보다도 외세와의 〈공조〉를 앞세우는 당국과 정치인들은 민족의 저주와 규탄을 면치 못할 것이다."[74]라는 비난은 1991년 걸프전 때의 "만지역파병책동은 (남조선)괴뢰들의 민족반역행위"[75]라는 비난 레토릭과 바뀐게 없다. 해방 후 한국전 이전 김일성이 이승만 정권과 체제경쟁을 하면서 '한줌도 못되는 남한의 친미굴종세력이 정권을 장악하고 매국배족(賣國背族) 행위를 하고 있다'고 비난하던 레토릭이 현재까지도 그대로 이어지고 있다.

106~107쪽.

71) 〈김정일 선집 제1권〉(1965.4.27), 83쪽.

72) 사회과학원 철학연구소(1985), 246~247쪽.

73) 〈김정일 선집 제9권〉(1989.12.28), 445~446쪽.

74) 〈조선중앙통신/로동신문〉 「남조선 〈이라크파병동의안〉통과는 친미사대굴종행위」(2003.4.4).

75) 〈로동신문〉 「만지역파병책동은 괴뢰들의 민족반역행위」(1991.1.26). "미제에 추종하여 만전쟁에 가담하는 것은 민족사에 오점을 남기는 수치스러운 범죄의 길이다."

부시행정부 시기 북한의 비난 레토릭 주요 내용: 남한의 '반민족주의적 대미 부화뇌동' 비난	기원과 내면화 과정
한미안보동맹, 한미정책공조 비난. 남한 당국자의 미국의 대북핵포기정책 공조 비난. 미국의 대테러전쟁 동참 비난(이라크 파병 비난). 인천상륙작전 기념비 건립 비난. 미군기지이전 지원 비난. PSI 훈련 참가 비난.	김일성의 항일무장투쟁, 항일민족해방운동 및 이의 연장선상에서의 반제반미투쟁. 이를 포함하여 상기 '(1) 반미 민족주의 촉구' 항에 언급된 내용이 중복됨. 남한을 해방 이후 이승만 정권 이래 현재까지 '미제국주의에 의해 강점된 식민지', 남한당국을 미국의 '괴뢰정부'로 인식. 한국전쟁을 미국의 배후 조종 하에 '남조선 괴뢰군'에 의한 도발로 인식. 남한당국을 반통일세력으로 인식하여 조국해방투쟁의 걸림돌로 간주.
a. "[남한의]〈국방부장관〉을 비롯한 군부 계층은 미국과의 〈공조체제〉를 더욱 강화해야 한다느니, 북에 대한 〈주적개념〉을 절대로 변경시킬수 없다 느니 뭐니 하면서 호전적인 폭언들을 탕탕 내뱉고 있다. 외세와 야합하여 동족을 적대시하고 무력으로 압살하려는것으로서 용납 못할 반민족적, 반통일적죄악이다"[76] a "〈한나라당〉족속들이 북이 〈추가핵무기개발이 가능〉하다는 정보를 미국측으로부터 받았다느니 뭐니 하고 떠들어 대고 있다. (중략) 〈한나라당〉족속들은 이 〈선거〉에서 저들〈후보〉의 〈당선〉을 위	A. "미군정은 나라와 민족을 배반한 친일파, 친미파, 민족반역자들을 규합하여 자기의 충실한 주구로 만들고 반동분자들이 제 마음대로 활개치며 온갖 반인민적 만행을 감행하게 하고있습니다."[77] (1946년 김일성 발언). A. "미제의 오랜 충실한 앞잡이 리승만매국역도는 미제국주의자들의 식민지예속화정책에 적극 추종하면서 매국배족행위를 더욱 로골화하고있습니다."[78] B. "미제침략군이 지휘하는 남조선괴뢰군은 벌써 38연선에서 배비변경을 끝내

76) 〈조선중앙통신/로동신문〉「외세와 짝자꿍이를 하는것은 반민족, 반통일행위」(2001. 5.31).

77) 〈김일성 저작집 제2권〉(1946.9.18), 414쪽.

78) 〈김일성 저작집 제3권〉(1947.4.25), 229쪽.

해 상전인 미국의 〈지지〉를 받으려고 그토록 아부하고 있다. (중략) 〈한나라당〉 족속들은 미국과 〈공조〉하여 정세를 극도로 긴장시키는것으로 북과 남사이의 모든 대화와 협력, 교류사업을 차단해 보려고 꾀하고 있는 것이다."[79]

c. "남조선〈국회〉에서 〈이라크파병동의안〉이 통과된것은 미제의 대조선침략책동에 부채질을 하는것으로 되지 않을수 없다. 민족보다도 외세를 중시하고 민족공조보다도 외세와의 〈공조〉를 앞세우는 당국과 정치인들은 민족의 저주와 규탄을 면치 못할 것이다."[80]

b. "남조선군부의 이번 [인천상륙작전] 《기념비》건립놀음은 50여년전 미제가 조선에서 감행한 침략전쟁의 진상을 외곡하는 반력사적행위이며 민족사의 흐름에 역행하여 이 땅에 또다시 대결과 전쟁을 불러오는 반민족적범죄행위이다."[81]

b. "미제침략군의 기지이전에 땅을 떼주고 진지들을 차지하였으며 완전한 공격전투서렬을 짓고 공격명령을 기다리고있습니다."[82] (한국전 도발자에 대한 인식)

B. "미제의 남조선강점과 리승만괴뢰도당의 매국배족행위는 조국통일의 기본장애물입니다."[83] "만일 미국의 반동적인 간섭만 없었더라면 아주 쉽게, 아무런 복잡성도 없이 조선인민의 요구대로 해결되였을것입니다. (중략) 친일파, 민족반역자들로 결성된 한줌도 못되는 반동세력이 국제반동의 괴수인 미제국주의의 직접적인 조종하에 있으며 그들의 적극적인 비호와 지원을 받고있기 때문입니다. (중략)"[84] ('미강점하의 남한당국은 통일과 조선해방투쟁의 걸림돌' 인식).

C. "미제의 더러운 주구 로태우역도는 만지역에서 전쟁이 일어나자마자 미국상전에게《긴급전문》을 보내여 그것을《전폭적으로 지지환영》해나섰을뿐아니라 미군의 군사적전을 적극 지원할 것을 맹세하는 추태를 부리였다. (중략) 모든 사실

79) 〈조선중앙통신/로동신문〉 「미국의 궤변에 맞장구를 치는 〈한나라당〉의 망동은 선군정치에 대한 도전」(2002.11.7).

80) 〈조선중앙통신/로동신문〉 「남조선 〈이라크파병동의안〉통과는 친미사대굴종행위」(2003.4.4).

81) 〈조선중앙통신/로동신문〉 「《기념비》건립놀음은 반통일전쟁기도」(2004.8.12).

82) 〈김일성 저작집 제5권〉(1949년.10.27), 288쪽.

83) 〈김일성 저작집 제5권, 북조선로동당 중앙위원회 제6차회의에서 한 보고〉 「조국통일민주주의전선결성에 대하여」(1949.6.11), 111쪽.

84) 〈김일성 저작집 제4권〉(1948.3.28), 204쪽.

고 돈을 대주는것은 곧 북침전쟁도발을 돕는것이다."[85)] b.c. "남조선당국이 《전파안보발기》(PSI) 훈련에 참가하기로 한것을 외세와 함께 동족에게 칼을 빼든 또 하나의 용납못할 반민족적범죄행위로 락인하면서 이를 준렬히 단죄규탄한다."[86)]	은 로태우괴뢰도당이야말로 미제의 추악한 식민지주구이며 미국의 요구라면 동족을 전쟁의 총알받이로 섬기는 것도 서슴지 않는 미제의 더러운 전쟁 하수인이라는 것을 보여주고 있다. (중략) 미제에 추종하여 만전쟁에 가담하는 것은 민족사에 오점을 남기는 수치스러운 범죄의 길이다."[87)] (1991년 걸프전 파병 비난).

2. 북한의 체제·이념과 제국주의 속성과의 정체성 충돌

부시 행정부가 출범하던 2001년 북한은 신년 공동사설에서 "이 세상에 제국주의가 남아 있는 한 인민군대의 과녁은 절대로 변할수 없다"[88)]고 선언한다. 미국의 어느 행정부가 출범하든지 북한의 반제국주의 투쟁은 김일성 항일무장투쟁시기 이후 현재까지 북한의 체제·이념의 특성상 변하지 않는 불변의 혁명전통이며 '자주권 수호'를 위한 대미 투쟁 노선이다. 북한은 자신과 극명한 정체성의 충돌을 빚는 불구대천의 '미제국주의 원쑤'를 반통일·민족분열세력으로 규정하고 반드시 한반도에서 투쟁해 몰아내야 할 표적으로 삼고 있다.

---

85) 〈조선중앙통신/로동신문〉 「《미군기지이전계획》에 도장 찍은것은 굴욕적인 위험한 행위」(2005.2.4).

86) 〈조선중앙통신〉 「남조선당국은 PSI훈련참가결정을 철회하여야 한다」(2006.2.9).

87) 〈로동신문〉 「만지역파병책동은 괴뢰들의 민족반역행위」(1991.1.26).

88) 〈조선중앙통신〉 「〈로동신문〉, 〈조선인민군〉, 〈청년전위〉 공동사설」(2001.1.1).

1) 제국주의의 본성과 악의적 실체 폭로

제2장에서 항일무장투쟁을 정통성으로 내세워 김일성이 권력을 장악하고, 항일무장투쟁을 중심으로 북한의 역사의식이 형성되고, 신화화된 항일무장투쟁이 체제와 통치 이념에 통합되는 과정을 살펴본 바 있다. 군사국가화 된 북한은 아직도 항일빨치산투쟁의 연장선상에서 미제와 일제를 타도하기 위해 투쟁하고 있다. 김일성은 '제국주의의 침략적 속성은 결코 변하지 않기 때문에 세계 인민들이 힘을 합쳐 타도해야만 극복해나갈 수 있다'고 천명한 바 있다. 제국주의의 악한 속성이 변하지 않는다는 믿음 때문에 북한은 항상 미국에 대한 경계감을 늦추지 않고 있으며 어떠한 미국의 선의에 대해서도 악의적 의도를 가진 접근으로 해석하고 있다. '자주성'을 목숨보다 더 소중하게 생각하는 통치이념을 바탕으로 국가정체성을 형성하고 있는 북한으로서는 '식민국가에 대해 군사력을 동원한 억압과 침탈을 생존방식으로 삼고 있는 제국주의 속성'[89]과 결코 양립할 수 없는 불구대천(不俱戴天)의 관계이다. 일본도 김일성이 항일무장투쟁을 통해 타도한 제국주의 국가였으므로 일본의 제국주의적 기본 속성은 결코 변하지 않는다고 북한은 믿고 있으며 일본은 미국과 미일공모를 통해 아시아 침탈을 위한 미국의 앞잡이 역할을 하고 있다는 역사의식을 유지하고 있다.

---

89) '극동침략', '세계 자원 독점' 등 북한 역사가들의 미국의 '침략적, 약탈적 제국주의 속성'에 대한 인식은 부시행정부 시기에도 변함이 없었다. 부시행정부 시기 미국의 '침략적, 약탈적 제국주의 속성' 관련 불변한 역사인식을 반영한 북한의 역사논문은 다음을 참조. 림선혜, 「18세기 말-19세기 전반기 미국의 극동지역에 대한 침략행동」, 『력사과학』 루계185호(2003년 제2호); 한광, 「19세기중엽 극동침략의 전초기지를 확보하기 위한 미국의 책동」, 『력사과학』 루계196호(2005년 제4호); 김경희, 「제2차세계대전후 미제의 세계석유자원독점책동」, 『력사과학』 루계181호(2002년 제1호); 장창섭, 「제2차세계대전시기 발칸지역을 장악하기 위한 제국주의렬강들의 책동」, 『력사과학』 루계177호(2001년 제1호); 장창섭, 「제1차세계대전시기 발칸지역나라들을 강점하기 위한 제국주의렬강들의 책동」, 『력사과학』 루계178호(2001년 제2호).

미국의 이른바 〈발전〉과 〈번영〉은 무제한한 략탈의 산물이다. 미제는 결코 진보적인류의 〈벗〉이 아니며 번영발전의 〈협력자〉도 아니다. 그들에게서는 침략과 략탈의 피비린 냄새만이 진하게 풍길뿐이다.

미제야말로 지구상에서 가장 파렴치한 침략자, 략탈자이다. 미제의 본성은 죽을 때까지 절대로 변하지 않는다. 미제에게서 변하는것이 있다면 침략적본성이 아니다. 침략수법이 더욱 교활하고 악랄해 지고 있는 것이다. 침략과 략탈을 떠난 미제국주의란 있을수 없다. 미국에서 국가독점자본주의가 지배하는 한 미제의 침략적, 략탈적본성은 절대로 달라지지 않는다.[90)]

북한은 미국이 타국가를 침탈하기 위해 '부당한 이유를 조작하여' 군사력을 동원한 물리력을 사용할 뿐 아니라 원조, 뇌물, 평화공세, 민주주의 확산 등 다양한 위장전술을 동원하므로 이에 대해 경계해야 한다는 경고를 하며 변하지 않는 제국주의의 속성을 잊지 말 것을 주문한다. 특히 '사상문화적침투책동'에 기만당하지 말 것을 주문하고 있다.

미제는 특히 해당 나라의 고위지도층을 대상으로 뢰물매수작전을 강화하여 그들을 저들의 손아귀에 틀어쥠으로써 침략적목적을 손쉽게 이루어보려 하고 있다. (중략) 이라크전쟁을 전후하여 미국은 이라크지도부를 심리전의 첫번째 과녁으로 정하고 그들을 매수,변절시키기 위한 뢰물작전을 강화하였다. 이라크전쟁은 비겁분자,아첨분자,물욕이 있는 자들은 준엄한 시기에 반드시 투항과 변절,배신과 반역의 길로 굴러 떨어 진다는 교훈을 남기였다.[91)]

미국독주의 세계지배질서를 세우는것을 전략적목표로 내세우고있는 미제는 그 실현을 위하여 일방주의적인 강권행사와 함께 사상문화적침투책동을 더욱 악랄하게 감행하고 있다. 우리 내부에 썩어빠진 부르죠아사상문화와 생활풍조를 부

90) 〈조선중앙통신(2001.6.13)/로동신문(2001.6.12)〉 「미국을 침략자, 략탈자로 단죄"
91) 〈조선중앙통신/로동신문〉 「미제의 뢰물매수작전의 위험성을 폭로」(2003.9.19).

> 식시키기 위한 미제의 책동이 그 어느때보다 더욱 악랄해지고있다. (중략) 미제는 우리의 일심단결을 파괴하고 우리 내부에 혼란을 조성하며 사상정신적와해와 변질을 가져오기 위해 끈질긴 방송선전, 심리모략전을 벌려왔다.[92]

북한은 미국이 제공하는 원조는 수혜국을 자신의 경제적 속국으로 만들기 위한 제국주의 침탈의 수단이라고 단정 짓는다.

> 제국주의자들은 〈원조〉와 〈협력〉의 간판을 들고 다른 나라들에 기여 들어 주요경제부문을 틀어 쥐고 이러저러한 방법으로 〈원조〉를 받는 나라의 경제적 자립을 가로 막고 그 나라의 경제를 자기의 부속물로 만들고 있다. (중략) 침략과 략탈은 제국주의의 본성이며 국제정세가 아무리 변하여도 제국주의자들의 지배주의적야망은 달라 질수 없다.[93]

이러한 제국주의에 대한 공고한 역사의식은 북한주민으로 하여금 '미국의 악의적 실체'에 대한 경계심을 풀지 않도록 경각심을 고조시키고, 미국이 대북 식량원조 등 각종 경제원조를 하더라도 이를 고마워해 친미 감정을 갖지 않도록 하는 기제로 작용한다.

2) 미국을 반통일 · 민족분열세력으로 규정

북한은 미국을 반통일 민족분열 세력으로 규정한다. 미국이 없었다면 일찌감치 남북은 통일이 되었을 것이라고 주장한다. 북한은 미국을 남북간의

---

92) 〈조선중앙통신/로동신문〉 「제국주의사상문화적침투를 조금도 허용하지 말아야 한다」(2004.11.22).

93) 〈조선중앙통신/로동신문〉 「제국주의자들의 〈원조〉는 략탈과 예속의 올가미」(2001.11.25).

화해, 협력과 통일을 가로막는 가장 큰 걸림돌로 본다. 북한은 미국이 금강산 사업과 남북 철도 · 도로 연결사업도 방해하고 있다고 주장한다. 남북간 사업 뿐 아니라 문화적[94]으로 남한을 침탈하고 있고 남북간의 이질감을 조장시켜 남북간 분열을 조장한다고 주장한다. 이 모두는 제국주의 속성을 가진 미국이 아시아 침탈을 위한 교두보로 남한을 이용하기 위하여 '남조선을 영구강점'하려 하기 때문이라는 것이 북한의 해석이다.

> 미국의 대조선적대시정책은 우리 민족의 화해와 단합, 나라의 평화와 자주통일을 가로 막는 분렬정책, 대결정책이다.
> 미국은 우리 나라의 분렬의 장본인이며 조국통일의 방해자이다. 우리 민족이 분렬된것도 오늘까지 통일되지 못하고 있는것도 다 미국 때문이다.[95]

3) 주한미군철수 주장[96]

상기하였듯이 '미제국주의'가 한반도에 존재한다는 것은 민족의 자주성을 목숨보다 더 소중하게 생각하는 북한으로서는 받아들일 수 없는 사실이다. 자주로 무장한 북한의 정체성과 정면충돌하는 '제국주의의 속성'은 결코 양립할 수 없는 것이다. '미제국주의의 핍박 아래 고통받는 남한의 인민들을 해방시켜야 한다'는 김일성의 한국전쟁 당시의 논리도 반세기가 지난 시점

---

94) 예컨대 북한은 "〈제임스 본드-007〉는 조선민족을 모독하는 내용으로 일관되여 있어…북과 남의 우리 민족끼리 단합하지 못하게 하여 조선의 분렬을 영구화" 하려 하고 있다고 비난하였다. 〈조선중앙통신/로동신문〉 「미국은 영화까지 대조선멸시정책에 악용」(2002.12.17).

95) 〈조선중앙통신/로동신문〉 「미국의 대조선정책은 악의 정책」(2003.2.4).

96) 필자는 북한의 주한미군철수 주장을 '민족의 자주권'과 '미제국주의 속성' 사이의 정체성의 충돌로 인식하는 북한의 인식 수준을 토대로 '군사위협'이 아닌 '체제 · 이념'을 다루는 동 장에 포함시켰다.

에서 변함없이 북한 통치세력의 시각으로 남아 있다. 제국주의의 침략적 속성에 의해 남조선을 강점한 미군은 반통일 · 민족분열 세력이므로 남한으로부터 당장 철수하여야 한다고 북한은 주장한다. 북한은 남북 민족이 힘을 합쳐 미군을 몰아내야 한다고 선동하고 있다.

> 〈해방자〉의 탈을 쓰고 남조선에 기여든 미군은 철저한 〈강점군〉으로서 강점 첫날부터 오늘까지 조선의 분렬을 조장시키고 조선문제의 평화적해결을 극구 막아 나섰으며 우리 민족에게 헤아릴수 없는 온갖 불행과 고통만을 강요해 왔다.
> 미군의 남조선강점이 아니였더라면 우리 민족은 반세기가 넘는 오랜 기간 항시적인 전쟁위협속에서 국토량단과 민족분렬의 비극을 겪지 않았을 것이다.[97]

김대중 대통령은 2000년 6월 남북정상회담에서 김정일 국방위원장이 통일 후에도 동북아 균형자로서의 역할을 하기 위해 미군이 계속 한반도에 주둔하여도 좋다[98]고 한 말을 들었다고 발언한 바 있으나 북한은 관영매체를 통해 줄기차게 주한미군철수를 주장하여 왔다.

---

97) 〈조선중앙통신/외무성대변인〉「미군철수는 더 이상 미룰수 없는 초미의 문제」(2001. 9.6).

98) 2000년 6월 남북정상회담 당시 배석한 임동원은 자신의 회고록에서 김정일이 다음과 같이 발언하였다고 적었다. "제가 알기로는 김 대통령께서는 '통일이 되어도 미군이 있어야 한다'고 말씀하셨는데, 그건 제 생각과도 일치합니다." 김대중 대통령이 "그런데 왜 언론매체를 통해서 계속 미군철수를 주장하는 건가" 라고 묻자 김정일 위원장은 "미군철수를 주장하는 것은 우리 인민들의 감정을 달래기 위한 것이니 이해해주기 바랍니다."라고 대답했다. 임동원, 『피스메이커』(서울: 중앙북스, 2008), 116쪽. 만일 김정일의 이 말을 액면 그대로 받아들인다면 김일성과 북한 지도부에 의해 인민들에게 주입된 반미의식이 오랜 역사를 거치며 뿌리깊게 내면화되었고 이를 지도자 또한 지속적으로 수용할 수밖에 없어, '반제반미투쟁' 제도의 경로의존성(path dependence)이 강력했음을 시사한다.

미군의 남조선강점과 조미대화문제에 대한 우리의 원칙적립장에는 변함이 없다. 우리는 시종일관 남조선으로부터의 미군의 즉시적인 철수를 주장한다[99]

부시행정부 시기 북한의 비난 레토릭 주요 내용: (1)제국주의의 본성 폭로, (2)미국을 반통일 · 민족분열세력으로 규정, (3)주한미군철수 주장 관련	기원과 내면화 과정
(1) 제국주의의 략탈적, 침략적 본성은 변하지 않는다고 규정. 일본 또한 제국주의 속성이 변치 않았음을 강조(일본의 평화헌법개정 움직임 비난. 유엔평화유지 참여 비난. 군국주의 비난). 제국주의자의 위장평화전술에 속지 말 것을 주문. 미국의 독점자본가 이익 수호를 비난. 미국의 '미사일방위체제(MD)' 등 세계방위구상을 제국주의적 세계지배전략으로 매도. 주한, 주일 미군기지를 아시아침략을 위한 전초기지로 확대해석. 미국의 일방주의 비난. '제국주의사상문화적침투'와 '원조'를 통한 세계지배 경계. 반테러전 등 '민주주의확산'전략의 침략적 속성 비난. (2) 미국을 반통일 · 민족분열 세력으로 규정. 미군을 남조선 강점 침략군으로 규정. 남한영구강점 기도 비난. 금강산관광사업, 남북 철도 · 도로 연결, 남북경협 방해 비난. 한미군사동맹 비난. 미국을	김일성의 항일무장투쟁, 항일민족해방운동 및 이의 연장선상에서의 반제반미투쟁. 주체사상의 자주성 및 민족주의 정향('민족의 자주권을 옹호하기 위한 반제반식민주의투쟁'). 김일성의 항일무장투쟁 전통의 정통성 강조 및 통치이념화. 일본제국주의와 미제국주의를 동일시. "제국주의의 침략본성은 변하지 않는다"는 김일성의 교시를 불변의 진리로 인식. 김일성의 권력독점과 반제반미 역사의식 형성. 제국주의 팽창주의 속성을 지닌 미국이 중국, 인도, 일본 등 아시아를 침탈하였다는 역사의식. 제너럴 셔먼호 사건을 '미제국주의의 첫 조선침략 기도'로 역사화. 무력침략이 여의치 않을 경우 '원조' 및 '사상문화적침투' 등 간접적으로 약소국을 식민지화한다는 역사인식. '제국주의 속성상 아시아 침략을 위한 전초기지 확보를 위하여 미국은 남한을 영

99) 〈조선중앙통신/민주조선〉「미군의 남조선강점과 조미대화문제에 대한 원칙적립장은 불변」(2001.11.6).

남북대결 조장 및 한반도 평화위협세력으로 비난. (3) 주한미군 철수 주장(남북정상회담 후에도 계속됨). 주한미군을 남한 강점군으로 비난하며 민족화합과 통일의 장애물로 인식. 미군철수를 북미관계 근본적 해결의 핵심의제로 인식. 주한미군 감축과 이전보다 철수를 주장.	구강점할 것이고 통일을 반대하고 민족의 분열을 조장할 것'이라는 역사의식(미국의 재침의도 확신). 김일성 항일무장투쟁 정신과 주체사상 하의 민족의 자주성을 수호하는 북한의 정체성과 '제국주의 속성'과는 양립할 수 없어 주한미군철수는 반드시 이루어야 하는 민족적 과제로 인식.
(1) 제국주의의 본성(악의적 실체) 폭로 a.b.c.d.e. "제국주의의 침략적, 략탈적 속성은 변하지 않는다", 제국주의의 '사상문화적침투책동' 및 '원조'를 통한 '식민지화'와 '제국주의 침탈'에 대한 북한의 주장과 대미 비난에 대해서는 본 절 (1)항에서 이미 부시행정부시기 북한관영매체의 예문[100]을 제시하였으므로 생략함. a.b. "군사적으로, 경제적으로, 정치적으로 전쟁준비를 갖춘 일본반동들은 해외침략을 위한 군사행동을 단행할 기회만을 호시탐탐 노리고 있다. 그들이 〈일본주변유사시대응〉을 부르짖고 있는것은 바로 그와 관련되여 있다."[101] (일본은	A. "미제국주의는 현대의 가장 흉악하고 파렴치한 침략자, 략탈자이며 세계의 모든 진보적인민들의 첫째가는 공동의 원쑤입니다."[102] "일제와 미제는 조선인민의 철천의 원쑤"[103] B. "(미 · 일) 제국주의의 침략본성은 절대로 변하지 않는다."; "승냥이의 야수적 본성이 변할수 없는것과 같이 제국주의의 침략적본성은 절대로 변할수 없습니다. 승냥이새끼를 잡아다 길러도 그놈이 커서는 사람을 해치며 산으로 도망가고 맙니다. (중략) 제국주의가 남아있는 한 그의 침략적 본성도 남아있게 됩니다"[104]

100) 〈조선중앙통신(2001.6.13)/로동신문(2001.6.12)〉 「미국을 침략자, 략탈자로 단죄"; 〈조선중앙통신/로동신문〉 「미제의 뢰물매수작전의 위험성을 폭로」(2003.9.19); 〈조선중앙통신/로동신문〉 「제국주의사상문화적침투를 조금도 허용하지 말아야 한다」(2004.11.22); 〈조선중앙통신/로동신문〉 「제국주의자들의 〈원조〉는 략탈과 예속의 올가미」(2001.11.25).

101) 〈조선중앙통신/로동신문〉 「대동아공영권을 실현해 보려는 망동」(2001.1.6).

102) 〈김일성 저작선집 제5권〉(1970.11.2), 493쪽.

103) 〈김일성 저작집 제2권〉(1946.6.3), 251쪽.

104) 〈김일성 저작선집 제3권〉(1963.2.8) (평양: 조선로동당 출판사, 1975, 제2판), 472쪽.

미국과 마찬가지로 제국주의라는 인식과 일본의 부상하는 군국주의를 비난).

b. “제국주의자들이 침략적, 략탈적본성을 버리지 않는 한 그와의 대결은 불가피하다 때문에 제국주의자들과는 사소한 양보나 주저도 없이 오직 견결히 맞서 싸워 승리하는 길밖에 없다.”[105] (제국주의 속성은 변하지 않기 때문에 투쟁 외의 선택이 없음을 강조).

b. “오늘날 미국의 부르죠아정객들이 미국식《가치관》을 들고 미국의 《리익》을 떠들지만 그것은 본질에 있어서 대독점자본가들의 리익을 의미한다. (중략) 미국은 독점자본의 리해관계와 요구에 따라 지금 세계의 모든 나라들에 저들의 정치,경제방식과 생활양식,《가치관》을 내리먹이고 그것을 받아물지 않는 나라와 민족들에 대해서는 가차없이 군사적압력과 제재를 가하고있으며 무력간섭과 국가테로,전쟁도 거리낌없이 감행하고 있다.”[106]

C. “조선을 예속화하려는 미국의 정책은 벌써 모스크바3상회의 때에 똑똑히 드러났습니다. 다 아는바와 같이 미국정부는 그때에 조선을 신탁통치밑에 있는 나라로 만들것을 주장하였습니다.”[107]

C. “미제는 1866년 《샤만》호사건때부터 력사적으로 우리 나라를 침략하여왔으며 일제의 조선강점을 적극 비호하고 도와주었습니다. 8.15해방후 미제국주의침략자들은 이른바 《해방자》,《원조자》의 탈을 쓰고 남조선에 기여들어 애국적민주력량을 총칼로 탄압하고 군정을 실시하면서 식민지통치제도를 세워놓았습니다.”[108]

D. “(제너럴 셔먼호의) 살인, 부녀자 릉욕 등 참을수 없는 야수적만행까지 감행”하는데 대항하여 평양인민들이 들고일어나 “대동강 물에 처박아” “조선을 제놈들의 지배밑에 넣으려던 철천지원쑤 미국침략자들을 반대하는 우리 인민의 첫 투쟁은 력사적승리로 끝났다”[109] (제너럴 셔먼호 사건을 ‘미제국주의의 첫 조선 침략이며 조선 인민의 첫 승리이자 미국의 첫 패

같은 책, 474쪽.

105) 〈조선중앙통신/로동신문〉「제국주의와는 사소한 양보도 없이 싸워야 한다」(2002.12.29).

106) 〈조선중앙통신/로동신문〉「독점자본의 리익을 대변하는 미국식《가치관》의 반동성」(2003.11.7).

107) 〈김일성 저작집 제4권〉(1948.3.9), 173쪽.

108) 〈김일성 저작집 제4권〉「부대의 당정치사업을 강화하기 위하여」(1948.10.21), 466쪽.

109) 사회과학원 력사연구소(2000), 102쪽.

b. "미국의 일방주의에서 특별히 주목되는것은 세계제패야망을 핵공갈과 선제공격의 방법으로 실현하려 하고있는것이다."[110] (제국주의 속성인 일방주의 비난).

a.b. "미국이 부르짖는《자유》와《민주주의》란 다른 나라들의 존엄과 권리를 무시하고 국제법과 국제관계규범은 안중에도 없이 주권국가들의 자주권을 함부로 침해유린하면서 제 마음대로 행동할수 있는 저들의 무제한한 자유와 강권행사이다. (중략)《자유,민주주의확산》책동은《반테로전》의 연장이다."[111] (미국의 세계지배야욕을 규탄).

(2) 미국을 반통일 · 민족분열 세력으로 규정

c.f. "미제는 어떻게 하나 조선반도의 정세를 대결과 긴장격화에로 되몰아 감으로써 조선민족의 화해와 단합, 통일의 과정을 파괴하고 남조선을 발판으로 침략배'로 역사화).[112]

E. "미제는《독립》이라는 간판밑에 저들의 손때묻은 앞잡이들로 괴뢰《정권》을 조작하고 그것을 통하여 식민지통치를 유지하며《원조》를 미끼로하여 이 나라들의 경제를 철저히 예속시키고있다. 그리고 사상문화적침투를 통하여 식민지나라인민들의 민족자주의식과 혁명의식을 무디게 하며 침략적군사뿔럭과 쌍무적 군사동맹, 군사조약 등에 얽매여놓고 이 나라들을 식민지군사기지로 전변시키고 있다."[113]

F. "미군은 남조선에 기여들자마자 자기의 식민지예속화정책을 실시하는데 착수하였으며 그 목적을 실현하기 위하여 우선 두가지 근본적인 방침을 취하였습니다. 정치적으로는 식민지노예화정책에 항거하는 해방된 민족의 온갖 민주주의적 창발성을 억제하고 모든 민주세력을 탄압하는 동시에 조선민족을 분렬시키며

110) 〈조선중앙통신/로동신문〉「미국의 일방주의가 계속되는 한 세계는 결코 평화로울 수 없다」(2004.10.28).

111) 〈조선중앙통신/로동신문〉「미국의《자유, 민주주의확산》책동은 파산 면할수 없다」(2006.8.24).

112) 셔먼호 사건에 대한 북한의 대미 역사인식이 부시행정부 시기 어떻게 발현되었는지는 본 항에 기술하지 않았으나 2005년 북한의 역사 논문에 과거와 동일한 인식이 기술되었음을 확인함으로써 갈음한다. 리명철,「《셔먼》호사건조작직후 조선침략을 더욱 강화하기 위한 미국의 교활한 책동」,『력사과학』루계193호(2005년 제2호), 28~31쪽.

113)『정치사전』(1973), 414쪽.

적인 대조선정책과 아시아, 태평양전략을 실현해 보려 하고 있다."[114] f. "미국은 금강산관광사업을 방해하지 말아야 한다"[115] "철도, 도로련결공사를 가로 막는 미국을 규탄"[116] (남북 경협과 화해를 가로막는다는 비난). f.g. "미호전계층들은 이러한 통일열기와 분위기에 역행하여 조선반도의 정세를 의도적으로 긴장시키면서 전쟁의 길로 나가고있다. 그들은 마치도 우리가 남조선을 《침략》하려 하고있으며 그로 하여 남조선의 《안보》가 《위협》당하고있는것처럼 사실을 날조하여 오도함으로써 좋게 발전하는 북남관계에 쐐기를 박고 대결을 조장시키려 하고있다. 미호전세력들이 그 무슨 《위기사태》에 대처한다는 미명하에 이달 중순에 대조선공격을 노린 모의훈련을 벌리려 하는것도 조선반도정세를 의도적으로 긴장시켜 전쟁에로 이끌어가려는 모험적인 책동이다."[117] "우리 나라에서 공고한 평화가 이룩되지	조선을 자기들의 식민지로 만들려는 침략정책에 도움을 줄 반동세력을 규합하고 조장하였습니다. 경제적으로는 조선의 민족공업과 민족경제의 발전을 저해하며 그것을 미국경제에 예속시키는 정책을 실시하였습니다. (중략) 장구한 일본제국주의 통치하에서 식민지적압박과 굴욕적인 노예생활을 체험한 우리 조선인민은 다시는 어떠한 제국주의자들의 노예로도 되려고 하지 않으며 미국사람들의 이러한 침략음모에 절대로 속지 않을것입니다."[118] (미국의 '민족분열정책'과 '식민예속화정책') F. "남조선에서 단독선거를 실시하고 괴뢰정부를 세운 것은 조선의 인공적분열을 영구화하려는 미제와 그 앞잡이들의 술책이다."[119] (김일성의 미군정의 남북분열 정책을 비난). G. "[한미는] 남조선에 미국침략군대를 영원히 주둔시킬 것과 만일 필요한 때에는 정전협정을 파괴하고 또다시 조선에서 범죄적침략전쟁을 도발할 것을 목적

114) 〈조선중앙통신/로동신문〉「화해와 협력의 파괴를 노리는 미국」(2001.3.30).

115) 〈조선중앙통신〉「미국은 금강산관광사업을 방해하지 말아야 한다」(2001.5.16).

116) 〈조선중앙통신/로동신문〉「철도, 도로련결공사를 가로 막는 미국을 규탄」(2002.11.22).

117) 〈조선중앙통신/로동신문〉「《대화분위기에 찬물을 끼얹는 행위》－라포트의 폭언」(2005.7.12).

118) 〈김일성 저작집 제4권〉(1948.3.28), 207~210쪽.

119) 〈김일성 저작집 제5권〉(1950.5), 481쪽.

못하고 평화통일이 지연되고있는것은 다름아닌 남조선을 강점한 미제침략군의 반평화적이고 반통일적인 전쟁도발책동때문이다."[120)]

(3) **주한미군 철수 주장**

g. "미군이 남조선을 강점하지 않았더라면 우리 민족이 분렬되지도 않았을것이며 수십년동안 총부리를 맞대고 대치하지도 않았을것이다. 미국은 남조선에 수만명의 미군을 주둔시키고 있으며 그 휘하에 수십만명의 남조선군이 배속되여있다. (중략) 미군철수를 떠난 조선반도에서의 북남무력축감은 의의가 없으며 효력을 낼수도 없다. 미군의 철수는 조선반도군축의 선결조건이다"[121)] (미국의 재래식무기감축 요구에 대해 미군철수를 선결조건으로 제시).

g.i. "미제의 남조선강점은 우리 나라에서 집단적대학살과 무차별적파괴를 가져온 한차례의 침략전쟁을 초래하였다. 미제는 강점전기간 남조선인민들에 대한으로 한 소위《한미호상방위조약》이라는 것을 체결하였습니다. 《한미호상방위조약》이라는 것은 미제국주의가 우리나라의 평화적통일을 방해하며 우리나라의 내정에 간섭하는 침략적조약이며 리승만도당이 우리나라 남반부를 미국놈들에게 팔아먹는 로골적인 매국조약입니다. (중략) (과업은) 미국침략군대를 철거시킴으로써 조선문제를 우리 조선사람의 손으로 해결할 수 있도록 하는데 있습니다."[122)] (한국전 정전협정 체결 후 정치회의를 앞두고 김일성 연설. 주한미군철수를 최우선 과제로 제시).

H. "전체 조선인민은 일치하게 미제의 남조선강점을 반대하며 미국군대의 철거를 강력히 요구하고있습니다. 미제는 어떠한 구실로써도 저들의 남조선강점을 정당화할 수 없습니다. 미제와 그 추종국가들의 군대는 반드시 조선에서 물러가야합니다."[123)] (김일성, 중국군의 철수에 맞춰 미군도 한반도에서 철수할 것을 전민족의 염원으로 주장).

---

120) 〈조선중앙통신/로동신문〉「미제는 조선반도평화의 주되는 위협세력」(2006.1.25).

121) 〈조선중앙통신/민주조선〉「미군철수를 떠난 조선반도군축은 실현될수 없다」(2001.6.1).

122) 〈김일성 저작집 제8권, 조선로동당 중앙위원회 제6차전원회의에서 한 보고〉「모든 것을 전후인민경제복구발전을 위하여」(1953.8.5), 15~17쪽.

123) 〈김일성 저작집 제12권, 귀국하는 중국인민지원군 환송대회에서 한 연설〉(1958.3.11), 183~184쪽.

전대미문의 살인과 략탈,반인륜적만행을 감행하였다. 미제의 남조선강점을 그대로 두고서는 남조선인민들이 언제가도 불행과 고통,죽음을 면할수 없다. 남조선강점 미군은 우리 민족의 자주통일위업을 가로막는 기본장애물이다."[124] ('남조선강점 미군'을 4·19혁명, 80년 광주민주화운동, 7·4공동성명, 남북기본합의서, 비핵화공동선언, 6·15공동선언 등 '민족의 염원을 무참히 진압하는' '반통일 침략세력'으로 규정). h. "남조선에서 미군을 철수시키고 조국통일을 이룩하는것은 민족사의 절박한 요구이며 7천만겨레의 강렬한 지향이다."[125] (주한미군철수를 남한 당국자 외 전 민족의 염원으로 왜곡).	H. "미제가 남조선에서 나가도록 하며 그밖에 다른 나라 세력이 우리 나라의 통일문제에 간섭하지 못하도록 하여야 한다는 뜻"[126] (김일성, 7·4남북공동성명 민족자결의 통일원칙 '자주'에 대한 정의). I. "미제국주의 침략군은 1945년에 〈해방자〉의 탈을 쓰고 남조선을 비법적으로 강점한 후 근 반세기간 〈보호자〉, 〈군사동맹자〉로 자처하면서 남조선인민우에 군림하여 남조선인민들을 식민지하등인종으로 치부하면서 민족적으로 멸시하고 천대하며 온갖 인권유린행위를 저지르고 있다. 공식적으로 확인된것만 해도 8.15후 오늘에 이르는 기간 남조선주둔 미군의 범죄건수는 무려 10만여건을 기록하고 있다. 남조선주둔 미군범죄란 실로 다양하여, 살인, 강간, 강도, 폭행, 방화, 사기협잡, 패싸움 등을 의미하는것이다."[127] (주한미군의 대민 범죄를 고발하는 북한의 과장된 선전 문건).

124) 〈조선중앙통신/로동신문〉「미제의 남조선강점은 모든 민족적불행과 고통의 근원」(2004.9.22).

125) 〈조선중앙통신/로동신문〉「미군을 철수시키는것은 우리 민족의 의지」(2006.10.4).

126) 〈김일성 저작집 제27권〉(1972.9.17), 411쪽.

127) 인권연구 및 교류협회(1993), 210쪽.

3절 북한의 정권안보 차원의 대미 비난 레토릭

부시행정부 시기에도 김정일의 원로우대 및 측근정치와 선군정치는 유지, 강화되었으며 비효율적인 국방사업 우선 경제정책도 지속되었다.[128] 비효율성에 따른 북한경제의 어려움을 미국의 '대북고립압살정책'에 그 책임을 돌렸다. 북한은 정권안보를 강화하기 위하여 미국의 위협을 과장한다. '수령결사옹위정신'을 강조하며 '혁명의 수뇌부'를 지켜내어 체제보위를 모든 간부와 군인들의 사활적 이해관계로 인식하도록 촉구한다. 김정일 체제의 붕괴는 국가와 민족 그리고 각 개인 전체의 붕괴라는 공동운명체의식을 주입한다. 공동의 운명을 지킨다는 명분 하에 군에 모든 자원을 우선 배치하며 선군정치를 통해 체제수호에 총력전을 펼친다. 북한은 미국의 군사 및 핵위협뿐 아니라 미 지도층의 북한 체제나 지도자를 비난하는 발언을 '체제전복기도'라며 맹비난한다. 북한은 미 대통령을 포함하여 체제를 건드리는 어떠한 미 정책당국자의 발언도 용인하지 않는다. 인권, 마약, 위폐, 테러, 미사일 위협론 등 미국이 문제삼는 대북의제를 자주권을 침해하는 '내정간섭'을 통한 '체제붕괴음모'로 매도하고 대북선제공격을 위한 허위 사실을 조작한 명분쌓기라며 비난한다.

---

128) 본 책 제3장 3절 참조.

1. 체제전복과 정권교체 위협관련 북한의 대미 비난

북한은 아프간 전쟁 개시 이후 나온 부시대통령 연두교서의 '악의축' 발언을 아프간 다음 전쟁목표로 북한을 지목한 것이라며 불안감을 토로한다.[129) 북한의 역사논문은 아버지 부시 때도 1991년 1월 연두교서에서 냉전종식과 함께 "반사회주의책동의 예봉을 우리나라에 돌리"는 연설을 했다는 것을 상기시키며 아들 부시의 악의축 발언은 "사회주의 보루인 우리 공화국을 압살하고 전 조선을 정복하는것으로써 아시아전략 실현의 돌파구를 열려는"의도임을 분명히 한다.[130) 이라크 전쟁이 시작되는 날을 전후하여 북한은 관영매체를 통해 이라크에 이은 '대북선제공격'이 임박한 것처럼 불안해하며 비난 논조를 쏟아낸다.[131)

북한은 미국의 네오콘을 위시한 대북정책결정자들과 부시가 북한의 '정권교체'를 대북정책으로 입안하고 추진한다고 믿고 이들의 대북 발언에 대해 매우 민감하게 반응한다. 2003.11월 럼스펠드 국방장관이 아시아방문기간

---

129) "우리 나라를 〈악의 축〉으로 락인한것은 아프가니스탄전쟁의 불길을 조선반도로 옮기려는 기도를 그대로 드러내놓은 것이다." 〈조선중앙통신/로동신문〉 「부쉬의 〈악의 축〉론은 곧 조선전쟁론」(2002.2.11).

130) 리정란, 「랭전종식후 우리 나라에 돌려 진 미제의 반사회주의책동의 예봉」, 『력사과학』 루계183호(2002년 제3호), 56 · 61쪽.

131) "항공모함과 전략폭격기, 스텔스전투기와 같은 핵공격수단들이 남조선과 그 주변지역에 련이어 전개되고 있는 때에 북침핵시험전쟁이나 다름 없는 모험적인 전쟁불장난소동이 광란적으로 감행되고 우리 공화국에 대한 공중정탐행위가 강화되고 있다." 〈조선중앙통신/로동신문〉 「미국의 정탐비행재개를 비난」(2003.3.19).
"미국이 우리에 대한 선제공격을 정책화, 기정사실화하고 있다… 미국방장관 람스펠드의 명령에 따라 최근 〈B-1〉, 〈B-52〉전략폭격기 24대가 미국본토로부터 조선반도를 겨냥하고 있는 괌도로 긴급이동배치되였다. 또한 미핵항공모함 〈칼빈손〉호가 〈독수리〉합동군사연습과 〈련합전시증원연습〉에 참가하기 위하여 남조선에 기여들었다." 〈조선중앙통신/로동신문〉 「대조선선제공격기도를 로골적으로 드러낸 부쉬의 군사적대응발언」(2003.3.20).

중 북한을 대해 '악의 정권'132)이라 칭한 것에 대해 조선중앙통신은 "인간도살의 대명사로 알려진 히틀러를 훨씬 릉가하는 살인마이며 전쟁미치광이인 람스펠드가 개소리를 한 것은 그리 놀라운 일이 아니다. (중략) 람스펠드야말로 피를 즐기는 흡혈귀도 무색해할 정도의 인간도살자이며 파쑈폭군이다. '핵선제공격'론을 내놓은 놈도 람스펠드이고 세계도처에서 무고한 인민들을 무리로 학살하고 미국병사들까지 이라크전장을 비롯한 죽음터에로 내몬 놈도 다름아닌 람스펠드이다."133)라며 원색적으로 공격했다.

북한은 럼스펠드와 마찬가지로 체이니에 대한 거부감을 감정적으로 표현하고 있다. "우리는 오래전에 미국의 신보수주의세력의 우두머리로서 우리 제도에 대한 체질적거부감이 골수에 찬 체이니 개인을 정신착란증에 걸린 미치광이로 치부해버린지 오래다."134) "체이니는 세계를 피바다에 잠기게 한 최대의 악마이며 피에 굶주린 야수이다."135)

북한은 미 고위당국자나 부시 대통령이 북한의 정권의 이미지나 안위에 금이갈 만한 발언을 할 때마다 이를 망발이라며 외무성 대변인이 직접 나서며 민감하게 반응하고 있다. 특히 북한의 지도자에 대한 '막말'은 북한 당국과 매체의 '대대적인 반격'을 불러온다. 북한외무성대변인은 부시가 위스콘신주에서 선거유세 중 한반도 6자회담 5개국에게 북한과 관련 "'무장을 해제하라'고 '폭군'에게 호소하고있다"고 말한 데 대하여 부시를 "머저리", "정치적 미숙아", "저렬한 불망종", "인간살륙을 오락처럼 벌려놓은 원흉", "히틀러를

---

132) 북한은 럼스펠드의 악담으로 인해 부시가 언급한 '서면안전담보'와 6자회담까지 그 진의에 의문을 갖지 않을 수 없다며 미행정부에 대한 강한 불신을 드러냈다.

133) 〈조선중앙통신 론평〉 「람스펠드의 악담 6자회담전망 의문」(2003.11.21).

134) 〈조선중앙통신/외무성대변인〉 「공화국을 모함하는 미국부대통령 체이니의 망발을 규탄」(2004.4.18).

135) 〈조선중앙통신/외무성대변인〉 「체이니 망언은 6자회담에 나오지 말라는 소리나 같다」(2005.6.2).

몇십배 릉가하는 폭군중의 폭군", "정치깡패", "저능아, 무식쟁이, 살인마"라며 원색적으로 맹비난했다.[136][137] 북한이 입에 담지 못할 정도로 험악한 표현을 써가며 부시를 원색적으로 비난하는 경우는 부시가 김정일이나 북한 체제[138]에 대한 험담을 했을 경우에 국한되어 있다는 것에 주목할 필요가 있다. "미제의 각을 뜨자"[139]라는 서슬 퍼런 레토릭을 내뱉던 냉전시기에도 미 대통령에게 그러한 원색적 욕설을 사용하지는 않았었다.[140] 정권안보를

---

136) 〈조선중앙통신/외무성대변인〉 「부쉬의 유치한 언동을 단죄」(2004.8.23).

137) 같은 시기 조선중앙통신 논평에도 유사한 언급을 하였다. "부쉬가 인간으로서의 초보적인 리성과 도덕, 현실판단능력이 티끌만치라도 있다면 감히 대화상대방의 정치체제를 그처럼 혹독하게 모독하지는 못했을 것이다. (중략) 사실상 부쉬야말로 일찌기 인류의 준엄한 심판에 의해 매장된 파시즘의 전쟁교리를 재현시켜 오늘날 행성에 신랭전의 검은 구름을 몰아오고 있으며 아프가니스탄과 이라크침략전쟁을 도발하고 무고한 주민들을 닥치는대로 학살한 천추에 용납못할 파쑈폭군이며 인간살인마이다. 세상에 더없는 정치적 저능아이며 인간추물인 부쉬가 《세계제왕》으로 자처하면서 《유일초대국》의 대통령자리에 틀고앉아있다는 그 자체가 미국에 있어서는 최대의 비극이 아닐수 없다." 〈조선중앙통신〉 「부쉬는 파쑈폭군」(2004.8.24).

138) 2002.1.29. 부시 대통령이 연두교서에서 북한을 '악의 축'으로 규정하면서 북한과 부시와의 악연은 시작되었다. 부시의 악의축 발언 이후 〈조선중앙통신/로동신문〉 「미국이야말로 악의 제국이다－부쉬의 〈악의 축〉론을 해부함」(2002.2.14).는 다음과 같이 부시를 비난한다.『부쉬는 무식하고 능력이 없다보니 〈유일초대국〉의 국가수반의 직분과 체모에 어울리지 않게 아무 소리나 망탕하며 입에서 구렝이가 튀여 나오는지 도깨비가 튀여 나오는지도 모르고 무사분주히 혀끝을 놀려 대고 있다. 부쉬의 장끼는 깡패적, 불량배적기질이며 호전성이다.』

139) 〈김일성 저작선집 제5권〉(1970.11.2), 501쪽.

140) 1980년대 냉전기 북한에서 발간된 반미서적은 미국을 인디언 학살과 흑인노예 희생으로 건국한 "해골더미우에 올라선 승냥이"로 비유하면서 미 대통령들을 "정치도박군 존슨", "대통령임기를 채우지못하고 쫓겨난 협잡군(닉슨)", "거짓말쟁이 카터", "억만장자들의 정치마술사 레간" 등으로 '너그럽게' 표현하였다. 박동진(1983), 60~91쪽. 이는 레이건 시기 남한의 전두환 대통령을 (광주를 피로 적신) "인간백정", "왕문어대가리", "전두환역도놈", "흡혈귀", "파쑈폭군", "민족의 쓰레기", "동서고금에 없는 천하의 악귀" 등으로 호칭하며 원색적으로 매도했던 것과 비교된다. 김선철 · 안명철(1985), 5~101쪽.

국가안보 이상으로 우선순위에 두는 북한은 북한의 체제나 지도자를 모욕하거나 위협하는 것은 국가 전체에 대한 받아들일 수 없는 모욕으로 인식하는 것이다.

반면 북한의 체제나 지도자를 존중하는 표현을 쓰면 대미논조는 확연히 달라진다. 부시대통령이 백악관 기자회견에서 김정일을 "Mr. 김정일"이라고 호칭한 것에 대해 북한외무성대변인은 다음과 같이 화답하였다.

> 부쉬가 백악관기자회견에서 우리 최고수뇌부에 대해《선생》이라고 존칭하였다 한다. 우리는 이에 대해 류의한다. (중략) 이번에 부쉬대통령이 한 발언이 대조선정책을 혼미한 상태에 빠뜨린 미국내 강온파사이의 싸움에 종지부를 찍게 된다면 6자회담 분위기를 조성하는데 기여하게 될 것이다. 우리는 부쉬대통령의 발언이 지난 시기처럼 아침저녁으로 달라지지 않는가를 지켜볼 것이다.[141]

북한은 미국에게 북한의 정권교체를 노리는 '대북적대시정책'과 '대북압살정책' 중단을 촉구한데 이어, 미국의 노골적인 체제 위협이 가중되자 6자회담을 통한 핵문제해결 논의 복귀 전제조건으로 불가침조약 체결을 강력히 요구하고 나선다.

2. 체제전복을 위한 '내정간섭' 의제 비난

북한은 '내정간섭'을 "다른 나라의 정치, 경제, 사상, 문화 등 모든 분야에

---

141) 〈조선중앙통신/외무성대변인〉「언명 부쉬대통령의 발언이 달라지지 않는가를 지켜볼것」(2005.6.3).

간섭하며 그 나라의 자주권을 침해하는 침략적행위"라고 정의하고 있다.[142] 부시행정부 시기에도 미국의 과거 타국에 대한 내정간섭 관련 역사인식은 변하지 않았고[143] 인권, 마약, 위폐, 핵, 미사일, 테러 등 부시 행정부가 제기하는 대북의제를 체제전복을 위한 내정간섭이라며 반발하였다.

1) 인권

북한은 미국의 북한인권법이 '체제붕괴음모'이자 '주권침해'라는 논리로 강력하게 맞섰다. 2004년 미 하원이 북한인권법을 만장일치로 통과한 후 상원의 심의를 앞두고 북한은 "남조선과 그 주변에 방대한 침략무력을 집결시켜놓고 대규모전쟁연습을 광란적으로 벌리고있는 미국은 우리 공화국에 대한 침략구실을 찾고 있다. 그중의 하나가 다름아닌 «인권문제»이다. 국내법을 국제법우에 올려놓고 못하는짓이 없는 날강도 미국이 «북조선인권법안»을 휘둘러 어느때든지 우리 공화국에 대한 무력간섭을 감행하지 않으리라는 담보는 없다."[144] 라며 북한인권법의 숨은 의도를 강하게 질타하고 있다. "[인권공세로] 미국이 우리 나라에서도 사회적혼란이 일어나기를 기다리고있지

142) 『정치사전』(1973), 244쪽.

143) 부시행정부 시기 북한의 역사 논문들은 과거 미국이 행한 대 이란 및 대 아프리카 군사원조, 미국의 쿠바에 대한 인권·민주주의 문제 제기 및 경제봉쇄, 인권 명분의 코소보 개입, 대중국 원조 등을 모두 내정간섭을 통한 침략으로 인식하고 있다. 정영애, 「제2차세계대전후 대아프리카군사전략실현을 위한 미제의 책동」, 『력사과학』 루계177호(2001년 제1호); 김일연, 「20세기 후반기 남아프리카인종주의자들을 적극 비호한 미제의 책동」, 『력사과학』 루계183호(2002년 제3호); 렴춘경, 「혁명전 이란을 반공거점으로 전변시키기 위한 미제의 책동」, 『력사과학』 루계199호(2006년 제3호); 김영식, 「랭전종식후 미제의 반꾸바책동의 로골화와 그 전면적파산」, 『력사과학』 루계179호(2001년 제3호); 김영남(2006년 제1호); 리영수, 「미제의 대중국 《원조》정책과 그 침략적본질」, 『력사과학』 루계187호(2003년 제3호).

144) 〈조선중앙통신/로동신문〉 「대조선고립압살을 노린 악랄한 《인권》공세」(2004.9.3).

만 그것은 '마른 하늘에서 비가 오기를 기다리는것만큼' 어리석고 부질없는 짓이다."라며 미국의 인권정책의 실효성에 대한 강한 경계감을 보이고 있다. 북한이 극도의 위기감 속에 강한 어조로 항변할 때에는 감정을 유발시키는 흥미로운 비유법을 사용하는 것이 특징이다. 북한은 미국이 제기하는 인권문제를 침략적 내정간섭이라며 반발해 왔고 자국은 인권을 철저히 보장하고 있고 종교의 자유[145)]도 보장된다고 주장해 왔다.

북한이 미국의 대북인권공세로부터 느끼는 위협감은 외부세계가 생각하는 것보다 훨씬 심각하다. 북한 체제를 변화시켜 붕괴시키고 정권교체(regime change)의 도구로 사용한다고 믿으며 미국의 대북인권공세에 대해 편집증적으로 분개하며 반응하고 있다. 2004년 9월 상원에서까지 북한인권법이 통과되자 북한 외무성 대변인은 조선중앙통신과의 회견에서 "«법안»이 추구하는 목적이 무엇인가는 그것을 가결하기 직전 공화당의 한 상원의원이란자가 «옛쏘련의 붕괴와 마찬가지로 북조선정권의 몰락도 멀지 않았다.»고 떠벌인데서 집중적으로 나타나고있다."라며 정권교체의 수단으로 미국이 인권법을 동원한 것으로 규정지었다. 그러면서 "미국과 힘으로 끝까지 대응하기 위한 억제력강화에 더 박차를 가할수밖에 없다."[146)]며 자위를 위한 핵억지력을 강화하겠다고 천명한다. 외무성대변인은 2005년 12월 19일에도 장문의 담화를

---

145) 북한은 미국의 '종교보고서'에서 북한을 종교탄압국으로 규정한 것에 대해 인권문제와 마찬가지로 사회주의체제를 약화시키고 전복시키기 위한 침략적 내정간섭이라고 비난하고 있다. 〈조선중앙통신〉 「종교단체인가 모략기구인가」(2001.5.14); 〈조선중앙통신〉 「〈종교탄압〉소동은 미국의 대조선적대시정책의 산물」(2001.8.25); 〈조선중앙통신/로동신문〉 「〈종교탄압〉 운운은 허황한 날조행위」(2001.9.8); 〈조선중앙통신/민주조선〉 「미국의 종교보고서는 횡포한 내정간섭행위」(2001.11.2); 〈조선중앙통신/로동신문〉 「종교재판대우에 올라 서야 할 범인은 미국」(2001.11.5); 〈조선중앙통신/로동신문〉 「터무니 없는 날조행위」(2002.10.18); 〈조선중앙통신/로동신문〉 「《공동성명정신에 배치되는 행위》-미《종교보고서》」(2005.11.22).

146) 〈조선중앙통신/외무성대변인〉 「미국의 《북조선인권법안》은 대조선적대선언」(2004.10.4).

통해 미국의 인권문제 제기를 대북적대시정책의 대표적 사례로 지적하며 다시금 핵자위력 강화를 다짐한다.[147] 이는 역으로 말해서 북한은 미국의 대북 인권공세를 북한의 대미핵억지력 강화와 대등한 비중으로 놓을 정도로 인권 공세에 대한 극도의 경계감을 가지고 있는 것이다.

대북인권법 제정으로 인해 북한은 미국이 자신의 대외적 천명과는 달리 '대북적대시정책'을 포기하지 않을 것이라고 확신한다.

> 현실은 미행정부가 대조선적대시정책을 절대로 포기하려 하지 않으며 우리와 공존할 초보적인 의사조차도 가지고 있지 않다는 것과 함께 우리에 대한 침략 의사가 없다고 하는 그들의 발언이 한갓 위선에 불과하다는 것을 잘 말해주고 있다.[148]

부시대통령의 서명으로 북한인권법이 전격 발효되는 시점에서 로동신문은 '《체제전복》을 노린 대조선적대선언 《북조선인권법안》'이라는 제목으로 미국이 노골적으로 북한의 체제 전복을 본격화하기 위한 수단으로 인권법을 제정했다고 성토하고 나섰다.[149]

북한인권법에 의해 소형라디오를 북한에 보급하면서 《자유아시아방송》과 같은 대북 인권공세를 펼치고 있는 미국의 심리전을 "트로이 목마"[150]로 비유할 정도로 미국의 공세적 대북 심리전에 대해 불쾌감과 불안감을 감추지 못하고 있다. 또한 미국의 북한인권법에 동조해 국회결의안 채택 움직임을

---

147) 〈조선중앙통신/외무성대변인〉「조선외무성 반공화국《인권》소동에 핵억제력,자위적국방력 강화」(2005.12.19).

148) 〈조선중앙통신〉「《북조선인권법안》은 대조선적대선언」(2004.10.13).

149) 〈조선중앙통신/로동신문〉「《체제전복》을 노린 대조선적대선언 《북조선인권법안》」(2004.10.18).

150) 〈조선중앙통신〉「내부교란을 위한 《트로이목마》작전」(2005.11.30).

남한의 한나라당이 보이자 이에 대한 경계심을 늦추지 않았다. 한나라당이 당직자회의를 통해 북한인권법의 공론화를 논하자 북한은 이를 "반민족적, 친미사대매국적범죄행위"[151] 라고 칭하며 한나라당을 매도하며 민감한 반응을 보였다.

북한은 2002년 선제공격독트린을 명시한 국가안보전략보고서(NSS)에 이어 인권정책을 수단으로 하여 폭정의 종식과 민주주의 확산을 목표로 한 2006년 국가안보전략보고서에 대해서도 체제전복기도라며 반발한다. 북한 외무성 대변인은 미국이 선제공격과 제도전복 의도를 드러냈다며 체제와 이념이 다르다는 이유로 북한을 공격하겠다는 안보전략으로 이를 받아들였다.

> 부쉬행정부는 우리 나라를 포함하여 자주적립장을 견지하며 저들의 주장을 고분고분 따르지 않는 나라들을《폭정》국가로 매도하면서《선제공격》으로《제도전복》야망을 실현하려는 기도를 로골적으로 드러내놓았다. (중략)
> 이번에 발표된《국가안보전략보고서》라는것은 한마디로 부쉬정권이 핵전파를 막기 위해서도 전쟁을 하고《테로방지》를 위해서도 전쟁을 하며《민주주의확산》을 위해서도 전쟁을 하겠다는것으로서 저들의 리념과 가치관을 따르지 않는 나라들은 례외없이 적으로 규정하고 이 나라들을 전복하기 위해 전쟁도 불사하겠다는것을 밝힌 강도적인 선전포고문건이다.[152]

북한이 인권과 관련 미국을 비난하는 문헌을 분석해 보면 북한이 내세우는 논리는 크게 둘로 나뉜다. 첫째, 미국 자신이야말로 인권을 논할 자격조차 없을 정도로 국내외 인권침해가 심각한 나라라는 것이다.

---

151) 〈조선중앙통신〉「《한나라당》의 미《북조선인권법안》대응 모의를 규탄」(2004.10.22).

152) 〈조선중앙통신/외무성대변인〉「미《국가안보전략보고서》는 강도적인 선전포고문건"(2006.3.21).

* 예:

이번 미강점군의 이라크포로학대행위는 사람들을 짐승취급하는 미국이야말로 《전시에 있어서의 사민보호에 관한 제네바협약》,《전쟁포로대우에 관한 제네바협약》 등 국제법을 란폭하게 위반하고 인류보편의 륜리와 문화적상식에 완전히 배치되는 행위를 일삼는 세계최대의 인권유린국이라는것을 세계면전에 다시금 여지없이 드러내보여주고있다.[153]

둘째, 미국은 '인권몽둥이 휘두르며' 마음에 들지 않는 타국의 정권을 타도하기 위한 '위장전략'으로 인권이라는 의제를 정치적으로[154] 활용한다는 것이다.

* 예:

세계제패야망에 환장한 미제국주의자들에게 있어서 〈인권문제〉는 내정간섭과 패권주의를 실시하는 도구로 되고 있다. 미국이 침략무력을 파견하여 작은 섬나라 그레네이더를 덮치고 이 나라 수상을 살해할 때에도, 빠나마를 침공하여 이 나라 국가수반을 랍치해 갈 때에도 〈민주주의수호〉, 〈인권옹호〉의 구호를 들었다는 것은 잘 알려 져 있다. 이라크와 유고슬라비아도 미국의 〈인권옹호〉몽둥이의 희생물로 되였다.[155]

---

153) 〈조선중앙통신/로동신문〉「세계는 인권유린의 원흉 미국을 단죄한다」(2004.5.11).

154) 김일성도 미국은 타국의 인권을 자국중심의 시각으로만 재단하여 정치적으로 이용한다고 질타한 바 있다: "우리 나라에서는 사람들의 인격과 자주적권리가 실질적으로 존중되고 보호되고있습니다. 우리 공화국정부는 사회의 모든 성원들에게 차별없이 정치적 자유와 권리는 물론, 로동과 휴식의 권리, 교육과 의료봉사를 받을 권리를 비롯하여 사회적인간의 모든 권리를 전면적으로 보장해주고있습니다. 우리 인민은 실생활체험을 통하여 우리 나라 사회주의제도가 모든 사람에게 보람차고 존엄있는 삶을 담보해주는 진정한 인민의 사회제도라는것을 확신하고 있습니다. 인민이 좋아하면 그것이 공정한 인권기준으로 됩니다. 미국식가치관에 기초한 인권개념이 우리 나라에 적용될수 없으며 더우기 그것을 정치적목적에 리용하거나 나라들사이의 관계발전의 전제로 내세우는것은 옳은 처사라고 볼수 없습니다." 〈김일성 저작집 제44권〉(1994.4.16), 371쪽.

2) BDA(마약, 위폐 등)

2005년 10월 18일 외무성대변인은 미국의 BDA(방코델타아시아)조치와 관련한 조선중앙통신 질문에 "미국의 대조선제재실시를 선전포고로 간주할 것"이라고 선언한 바 있다며 금융제재의 의도를 "제도전복"과 6자회담에서 "선핵포기 주장을 받아들이도록 하기 위한 사전압박공세"라고 답변하였다.[156)]

"문제의 엄중성은 미국의 제재소동이 곧 북침전쟁으로 이어질수 있다는데 있다. 다른 나라들에 대한 미국의 무력침공은 끈질긴 제재소동과 잇닿아있다. 이라크를 대상으로 다년간 경제제재를 가하다가 결국 무력침공을 감행한 미국의 행동이 그것을 보여주고있다."[157)]라는 로동신문의 논평은 미국의 의도를 단순한 압박 공세에서 더 나아가 북침준비의 일환으로 확대 해석하고 있다. "미국은 경제제재와 봉쇄로 우리나라(북한)를 최대한 고립시키고 경제군사적으로 무력하게 만든 다음 힘으로 제압하려 하고 있다."[158)]는 것이다. 이러한 미국의 대북 압박공세는 "6자회담진전의 결정적인 장애로 된다"[159)]고 북한은 경고하였고, 본격적으로 북한 외무성이 나서 6자회담의 재개와 진전을 바란다면 대북 금융제재 해제가 선제조건이 되어야 한다고 강력히 주장하기에 이른다.[160)]

---

155) 〈조선중앙통신/로동신문〉 「미국은 인권에 대하여 말할 자격조차 없다」(2001.8.18).

156) 〈조선중앙통신/외무성대변인〉 「미국의 《마약,화폐위조설》모략행위를 단죄」(2005.10.18).

157) 〈조선중앙통신/로동신문〉 「《대화와 제재는 량립될수 없다》-미 《자산동결》결정」(2005.11.2).

158) 〈조선중앙통신/로동신문〉 「전쟁을 불러오는 무모한 제재와 봉쇄정책」(2005.11.19).

159) 〈조선중앙통신〉 「9.19공동성명후 《불법국가》깜빠니야 확대」(2005.11.29).

160) 〈조선중앙통신/외무성대변인〉 「미국측 금융제재해제회담 회피 비난」(2005.12.2); 〈조선중앙통신/민주조선〉 「6자회담 가로막는 금융제재문제해결에 성의를 보여야 한다」(2005.12.13); 〈조선중앙통신/외무성대변인〉 「6자회담진전을 바란다면 금융제재를 풀어야 할것」(2006.1.9); 〈조선중앙통신〉 「제재와 압력은 6자회담재개의 차

북한은 미국이 북한으로 하여금 평소에도 금융거래를 못하도록 차단하고 있기 때문에 부득이 무역거래 시 현금거래를 해 왔고, 현금거래를 하다 보니 외부로부터 위조달러가 끼어들어 올 수 있다고 주장하며, 이러한 위조달러를 북한이 제조하여 유포시키는 것이라고 미국이 걸고넘어지고 있는 것이라고 주장한다. 오히려 자신들이 위조화폐 제조와 유통의 피해자라는 것이다.[161)]

북한 인민보안성 대변인은 "최근 미국과 일본을 비롯한 반공화국적대세력들이 우리 공화국을《인권》,《마약》,《위조화폐》 등에 걸어《범죄국가》,《불법국가》로 몰아붙이기 위한 선전모략공세를 계단식으로 확대하고 있다."고 말하고 이러한 선전공세는 조작된 것이라며 증거를 확보했다고 주장하였다. "미중앙정보국이 우리 공화국을《위조화폐생산국》으로 몰아붙이기 위해《세계최고수준》에 있다는 위조화폐전문가들을 은밀히 포섭하여 세계각지에 널려있는 미군기지들에 넣고 거기에 차려놓은《북조선식 위조화폐공장》에서 수많은 위조화폐를 찍어내게 한 다음 상업거래형태로 우리 나라에 들이밀었다가 다시 그것이 류출되게 한다는 자료들도 장악되였다."[162)]라고 주장하였

단물」(2006.1.17); 〈조선중앙통신〉「6자회담을 파탄시키려는 도발적인 행위」(2006.1.25); 〈조선중앙통신/외무성대변인〉「금융제재해제가 미국의 정책변화의지 징표」(2006.2.9); 〈조선중앙통신〉「6자회담에서의 제재론의주장은 회담지연의 책임전가」(2006.3.25).

161) 〈조선중앙통신/외무성대변인〉「우리는 위조화폐의 피해자로 되고있다」(2006.2.28.). 북한은 인권문제와 더불어 마약문제를 미국이 제기하는 것에 대해 '사회주의제도를 약화시키기 위한 음모'라고 비난하고 있다. "미국이 증거가 없다는것을 시인하면서도 순수 억측을 가지고 (마약문제로) 우리를 걸고 든것은 날로 승승장구하고 있는 우리 식 사회주의제도를 헐뜯고 어떻게 하나 우리를 고립, 질식시켜 보려는 불순한 기도에서 출발한 것이다. 미국이 얼마전에는 우리에게 〈인권침해〉모자를 씌워 걸고 들다가 이번에는 황당무계한 〈마약문제〉라는것을 새롭게 꾸며 내여 우리의 영상을 흐리게 하고 고립시키려 하지만 그에 귀를 기울일 사람은 하나도 없다" 〈조선중앙통신/외무성대변인〉「외무성대변인 〈마약문제〉와 련관시켜 우리를 걸고 드는 미국을 배격」(2001.3.6).

다. 마약도 마찬가지로 북한이 아닌 타 지역에서 "가설무대"를 만들어놓고 컴퓨터로 화면까지 조작해 허위날조한 장면들이라고 주장한다.[163)]

미국이 핵문제와 북한의 불법거래 관련 제재는 별개의 문제라고 하자 북한은 "《금융제재는 순수 미국의 금융리익과 관련되는 문제로서 핵문제와는 관련이 없다던 립장과 차이난다》고 야유하였다… (중략) 다시금 강조하건대 대조선금융제재는 조선반도핵문제의 해결을 위한 6자회담과 직접 관련있는 문제이다. 미국이 진정으로 6자회담을 바란다면 대조선금융제재를 해제하지 못할 리유가 없다."[164)]라며 BDA 금융제재 해제를 6자회담 복귀 조건으로 내걸었다.

북한 외무성대변인은 "우리는 제재모자를 쓰고는 절대로 6자회담에 나갈 수 없다는 립장을 루차 밝혀왔다."[165)]며 "부쉬행정부가 저들의 정치적생명이나 유지해보려고 금융제재확대를 통한 압력도수를 더욱 높이고있는 조건에서 우리는 자기의 사상과 제도, 자주권과 존엄을 지키기 위해 필요한 모든 대응조치들을 다 강구해 나갈것이다."고 밝혔다. "필요한 모든 대응조치"는 결국 얼마 후 핵실험으로 구체화된다.

---

162) 〈조선중앙통신/인민보안성대변인〉 「미군기지안《위조화폐공장》자료 장악」(2006.4.19).

163) 〈조선중앙통신/외무성대변인〉 「《마약밀매국》으로 걸고든 미국을 규탄」(2006.3.7). 이 외에도 위폐, 마약, 위조 담배 등에 대해 미국의 모략극 임을 주장하는 문헌은 다음을 참조. 〈조선중앙통신/외무성대변인〉 「미국의 《마약,화페위조설》모략행위를 단죄」(2005.10.18); 〈조선중앙통신〉 「《화페위조》설은 완전한 날조품」(2005.12.15); 〈조선중앙통신〉 「책임을 모면하려는 비렬한 술책 《모조담배밀매》」(2006.2.11); 〈조선중앙통신/외무성대변인〉 「우리는 위조화폐의 피해자로 되고있다」(2006.2.28); 〈조선중앙통신〉 「미국에 공식사죄,보상요구-《봉수》호 무죄판결」(2006.3.13); 〈조선중앙통신/인민보안성대변인〉 「미군기지안《위조화페공장》자료 장악」(2006.4.19); 〈조선중앙통신〉 「《화페위조》에 대한 미국의 판이한 태도」(2006.9.16).

164) 〈조선중앙통신〉 「자가당착에 빠진 금융제재주장-힐 발언」(2006.4.24).

165) 〈조선중앙통신/외무성대변인〉 「금융제재확대에 필요한 모든 대응조치들을 다 강구」(2006.8.26).

북한은 결국 외무성 성명을 통해 "미국의 극단적인 핵전쟁위협과 제재압력책동은 우리로 하여금 상응한 방어적대응조치로서 핵억제력확보의 필수적인 공정상 요구인 핵시험을 진행하지 않을수 없게 만들었다."[166]고 천명하며 10월 9일 핵실험을 강행한다.

이후 북한은 금융제재 해제를 전제[167]로 6자회담에 복귀한다. 금융제재 해제를 약속 받고도 "제재해제가 현실로 증명되였을때 우리도 행동할 것"[168]이라며 불신과 의구심을 완전히 떨쳐버리지 못하는 모습을 보였다.[169]

3) 북한 위협론(핵, 미사일, 테러 등)

북한은 테러, 핵, 미사일 위협론 등 미국이 북한위협론을 거론하며 문제삼는 대북의제를 '체제붕괴음모'로 매도하고 허위사실을 조작하여 대북 선제공격을 감행하기 위한 명분쌓기라고 비난한다. 이러한 비난은 북한이 가지고 있는 제국주의의 침략 행태에 대한 역사의식과 일맥상통한다. 제국주의는 가능할 경우 군사력을 동원해 직접 침공하지만, 직접 침략이 여의치 않을 경우 비군사적인 부당한 구실을 만들어 동맹국이나 국제사회를 동원하여 제재

---

166) 조선중앙통신/외무성 성명〉「자위적전쟁억제력 새 조치, 앞으로 핵시험을 하게 된다」(2006.10.3).

167) 〈조선중앙통신/외무성대변인〉「6자회담재개, 금융제재해제의 론의해결 전제」(2006.11.1).

168) 〈조선중앙통신/외무성대변인〉「제재해제가 현실로 증명되였을때 우리도 행동할것」(2007.4.13)

169) 이전에도 북한은 BDA에 대한 미국의 조치를 가리키며 "그 전에는 말로만 하던 제재를 (9.19)공동성명이 채택된 이후에 실제로 강행 발동시키면서 원래보다 더 가혹한 대조선적대시정책을 실시하고 있다."고 주장하였다. "설사 당사자들 사이에 합의되는 것이 있다고 하더라도 뒤에서 미국의 고위당국자가 그것을 다 뒤집어 놓고 있는데 어떻게 핵포기와 같은 심중한 문제를 마음 놓고 논의할 수 있겠는가"라며 미국에게 배신감을 드러내며 강한 불신감을 토로한 바 있다. 〈조선중앙통신/외무성대변인〉「6자회담진전을 바란다면 금융제재를 풀어야 할것」(2006.1.9).

조치를 취해 해당 국가를 봉쇄해 약화시킨 후 침략해 들어가는 수순을 밟는다는 것이다.

북한은 미국이 자신들이 원하는 미사일방위체제 수립을 정당화하기 위하여 북한의 미사일 위협론을 날조해 확산시키고 있다고 주장한다. 또한 존재하지도 않은 우라늄농축 프로그램이나 인권침해 상황, 마약 및 화폐 위조설 등을 날조하여 북한을 모략하고 고립시키며 침략전쟁을 정당화하려 한다고 비난한다. 북한은 자신들이 경제적으로 어려움을 겪는 이유도 북침 기회를 노리는 미국이 이렇게 날조한 북한 위협설을 가지고 경제제재조치를 취하여 북한을 봉쇄하고 고립시켰기 때문이라고 믿는다.

북한은 부시가 이라크전의 명분으로 제시한 이라크의 비밀 대량살상무기(wmd)프로그램은 '날조된 사실'[170]로 판명되었음을 지적하면서 미국이 정권교체를 노린 대북 침공을 정당화하기 위해 북한에도 똑같은 방식을 적용하고 있다는 음모론을 주장한다. "이라크전쟁을 정당화하는데 리용한 〈정보자료〉가 완전한 허위날조였다… 미국의 날로 로골화되는 대조선적대시압살정책에 맞서 선군의 기치를 높이 들고 자위적국방력을 백방으로 강화하여 온

170) 사담 후세인이 wmd 프로그램을 오래 전에 폐기하여 2003년 미국의 이라크 침공 당시 이라크에는 wmd가 존재하지 않았다는 사실은 당시 이미 주지의 사실이 되어 추가 설명하지 않겠다. 다만 최근 새로 밝혀진 것을 추가하자면, 과거 'Curve Ball' 이란 암호명을 가진 이라크 출신 화학 엔지니어는 자신이 직접 사담후세의 비밀 생물학무기 개발프로그램에 참여하였고 개발 중 사고로 인명피해까지 나는 것을 목격했다고 유럽 정보당국에 허위진술하였다. 유럽은 이러한 내용의 일부를 미국과 공유하였고, 콜린 파월 미 국무장관은 2003년 2월 5일 유엔에 참석하여 이 화학자의 증언만을 바탕으로 이라크의 이동식 대량살상무기개발을 확신한다고 발표하여 이라크전 개시의 '유일한' 결정적 핵심정보로 활용하였다.
동 이라크 화학 엔지니어(Curve Ball)는 최근 미 언론과의 TV 인터뷰에서 자신은 "사담후세인을 제거하기 위해 상상력을 동원해 모두 거짓말을 했다"고 자인하였다. 2011.3.13. CBS 60 Minutes 인터뷰 참조.
http://www.cbs.com/primetime/60_minutes/video/?pid=w9a72JPfT5HeQwP8XpA019VU1GiqP88H&vs=homepage&play=true

것은 천백번 정당하다."[171] 라며 북한은 '자위적 선군정치'의 정당성을 강조한다.

부시행정부 시기 북한의 비난 레토릭 주요 내용: 정권안보 차원: 체제 전복, 정권교체 위협, 및 '내정간섭' 의제 관련	기원과 내면화 과정
부시의 '악의 축' 발언 비난. 미의 대북적대시정책(고립압살정책) 비난. 네오콘의 대북 정권교체정책 및 발언 비난. 부시 및 미 당국자의 김정일이나 북 체제 험담에 대한 강력한 반발. 대북인권법 등 인권 의제 제기를 '체제붕괴음모'이자 '내정간섭'으로 비난. 미국을 '인권 유린' 및 '인권을 빙자한 정권 타도' 국가로 낙인. 마약 및 위조지폐를 이유로 BDA를 금융 제재한 것을 체제전복 의도로 간주. 핵, 미사일, 테러 등 '북한위협론'을 제기하는 의제에 대해 '조작 · 모략극'이라며 미 비난. 테러지원국 지정 반발. 오히려 미국을 국제 테러국으로 비난.	해방 후 미약한 정통성 강화를 위하여 김일성 항일무장투쟁의 신화화 및 '미제국주의' 위협의식 과장. 박헌영 등 정적을 '미제간첩'으로 몰아 처형. 수령 중심의 당 · 국가체제 하에서 체제수호를 최고선이자 지상 목표로 설정. 경제실정을 미국의 대북고립압살정책으로 책임전가. 정권안보 차원의 미국의 위협 과장하여 국가자원의 군 우선 배분(선군정치, 혁명원로 우대정치) 및 국가이익 희생. 측근정치를 통한 정보 독점 · 통제. '내정간섭'을 '침략행위(무장, 경제 및 사상문화적 침략)'로 정의. 미 CIA는 세계각국의 친미정권수립을 위한 각종 테러를 자행한다는 인식. 북한 자신의 테러행위를 미국과 남한의 모략극으로 주장. 미국은 제국주의 속성상 타 국가의 자주권을 침해한다는 인식. 미국의 '사상문화적침략' 경계. 미국은 자신이 세계최대 인권유린국임에도 불구하고 인권의제를 침략도구로 활용한다는 주장.

171) 〈조선중앙통신/로동신문〉「〈이라크의 우라니움구입〉설 날조사실이 폭로」(2003.7.31).

(*부시 행정부의 대북 체제위협에 대한 북한의 비난 레토릭은 상기 항에 이미 기술하였으므로 생략함.) a. "머저리", "정치적 미숙아", "저렬한 불망종", "인간살륙을 오락처럼 벌려놓은 원흉", "히틀러를 몇십배 릉가하는 폭군중의 폭군", "정치깡패", "저능아, 무식쟁이, 살인마"[172] (부시가 김정일을 지칭해 "무장을 해제하라고 '폭군'에게 호소하고 있다"고 한 발언에 반발해 북한이 부시를 원색적으로 호칭). "미제호전세력들이 테로분자들을 〈지원〉하는 나라들과 미싸일과 대량살륙무기를 〈확산〉시키는 〈불량배국가〉들을 작전목표로 할것이라고 공공연히 선포한것은 우리를 목표로 삼겠다는것을 시사한 것이다. (중략) 미국이야 말로 세계최대의 불량배국가이다."[173] b.c. "핵문제가 설사 해결된다고 해도 그 무슨《인권,테로,미싸일,상용무력,마약,	 A. "정치도박군 존슨", "대통령임기를 채우지못하고 쫓겨난 협잡군(닉슨)", "거짓말쟁이 카터", "억만장자들의 정치마술사 레간"[174], "전쟁광신자 포드"[175](북한의 과거 미 대통령 비하 호칭의 예). B. "우리 나라에서는 사람들의 인격과 자주적권리가 실질적으로 존중되고 보호되고있습니다. (중략) 미국식가치관에 기초한 인권개념이 우리 나라에 적용될수 없으며 더우기 그것을 정치적목적에 리용하거나 나라들사이의 관계발전의 전제로 내세우는것은 옳은 처사라고 볼수 없습니다."[176] (김일성의 미국의 대북 인권의제 정치적 이용에 대한 반론). "우리가《특별사찰》을 받아들이면 그 다음에는 미제가《인권》문제 같은것을 트집잡아 우리에게 또 압력을 가하려고 할것입니다."[177] (1994.4 핵사찰 압력에 대

172) 〈조선중앙통신/외무성대변인〉「부쉬의 유치한 언동을 단죄」(2004.8.23); 〈조선중앙통신〉「부쉬는 파쑈폭군」(2004.8.24).

173) 〈조선중앙통신/로동신문〉「새로운 국가테로로 공화국압살위한 〈테로지원국〉, 〈불량배국가〉소동」(2002.1.10).

174) 박동진(1983), 60~91쪽.

175) 리병철,『력사에 남긴 사죄문』(평양: 금성청년출판사, 1992), 140쪽.

176) 〈김일성 저작집 제44권〉(1994.4.16), 371~372쪽.

177) 〈김일성 저작집 제44권〉(1994.4.20), 396쪽.

위조화폐》 등의 《문제》들이 해결되기 전에는 조미관계정상화를 실현할수 없다고 말하고있다. 그들의 언행은 미국이 우리나라와의 관계에서 궁극적으로 추구하고 있는 목적이 무엇인가 하는것을 명백히 알수있게 한다. 그것은 한마디로 말하여 우리의 《제도전복》이다."[178]	한 김일성의 답변).
b.c. 미국은 '인권유린국'이며 인권을 타국의 정권타도를 위한 수단으로 활용한다는 비난은 상기 항에 이미 기술하였으므로 생략. BDA(마약, 위폐) 의제도 마찬가지.	"현시기 지구상에서 사회적불평등이 가장 심하고 인민들에 대한 억압과 인권유린이 가장 혹독한 나라는 바로 서방제국주의나라들이며 제국주의자들이 만들어놓은 괴뢰국가들입니다."[180] (1977년 김일성 발언). "미제국주의자들이 사회주의나라에서 인권이 보장되지 않는다고 걸고들지만 세계적으로 인권이 제일 유린되고있는 나라는 미국입니다."[181] (1990년 김정일 발언). "(미국은) 《인권옹호》의 간판밑에 다른 나라의 내정에 간섭하는 제국주의자들이다."[182] (1994, 김정일)
c.d. "미호전세력들은 우리의 미싸일이 세계 여러 지역들을 《타격》할수 있다는 여론을 펌으로써 동맹국들을 저들의 미싸일방위체계수립에 대한 지지와 협력에로 이끌어 내여 그에 필요한 자금과 기술문제를 해결하며 한편 그에 대한 국제적인 반대 비난을 누갖히려 하고 있다. (중략) (또한) 미호전세력들은 우리의 《군사적위협》을 구실로 어느 때든지 조선반도에서 새 전쟁을 일으키려 하고 있다."[179] (미국이 '북한 미사일 위협론'을 펼치는	C. 내정간섭: "다른 나라의 정치, 경제, 사상, 문화 등 모든 분야에 간섭하며 그 나라의 자주권을 침해하는 침략적 행위. 내정간섭에는 그 침략의 형태에 따라 무장침략, 경제침략, 사상문화적 침략 등이 있다."[183] (북한 정치사전의 내정산섭 정의) '2차대전 이후 미중앙정보국은 100여차

178) 〈조선중앙통신/로동신문〉 「〈제도전복〉야망을 포기하라」(2005.6.27).

179) 〈조선중앙통신/로동신문〉 「미국은 왜 《미싸일위협》선전도수를 높이는가」(2003.10.1).

180) 〈김일성 저작집 제32권〉(1977.12.15), 536쪽.

181) 〈김정일 선집 제10권〉(1990.1.11), 34쪽.

182) 〈김정일 선집 제13권〉(1994.11.1), 477쪽.

183) 정치용어사전』(평양: 사회과학출판사, 1970), 138쪽; 『정치사전』(1973), 244~245쪽.

'숨은 의도'를 해석. 미국의 군사위협 과장).

c. "다른 나라들에 대한 내정간섭을 저들이 주도하는 세계지배질서확립을 위한 중요한 수단으로 여기고있는 미국은 다른 나라들이 미국식《자유》와《민주주의》를 받아들일것을 강압적으로 요구하면서 그에 순응하지 않는 나라들에 대해서는 정치,경제적압력을 가하거나 지어는 군사적침략행위도 서슴없이 감행하고 있다."[184] (미국의 내정간섭 비난).

c. "제국주의자들의 〈원조〉는 하나를 주고 열, 백을 빼앗아 가기 위한 략탈과 예속의 올가미이다"[185] (원조를 경제침략 차원의 내정간섭으로 인식).

d. "미국은 경제제재와 봉쇄로 우리나라

례의 군사정변과 수많은 전복파괴음모를 감행하였다.'[186] (북한은 도미니카 공화국, 가나, 쿠바, 과테말라 등을 미에 의한 체제전복의 예로 듬. 전두환도 미 CIA가 심어놓은 주구(走狗) 라고 북한은 주장[187]).
'북한은 1983년 아웅산 테러, 1987년 KAL기 폭파를 자신과 무관한 남한과 미일의 자작극 및 모략사건으로 항변함'[188] (측근정치를 통한 정보 독점 · 통제는 당국의 대미 비난 선전을 효율적으로 수용 가능케 함).

D. "적(미제국주의자들은)들은 우리 나라에 정치적압력과 군사적위협뿐아니라 경제봉쇄까지 들이대고 있습니다. 그래서 우리 당과 인민이《고난의 행군》을 하지 않으면 안되게 되였으며 그 과정에 많은 고생을 하게 되였습니다."[189] (선군정치 시기 김정일, 경제실정을 미국의 책임

---

184) 〈조선중앙통신/로동신문〉「내정간섭은 미국의 상투적인 침략수법」(2006.8.20).

185) 〈조선중앙통신/로동신문〉「제국주의자들의 〈원조〉는 략탈과 예속의 올가미」(2001.11.25).

186) 박동진(1983), 97~132쪽.

187) 김선철 · 안명철(1985), 14~20쪽.

188) 「랑군폭발사건」(1984), 328~329쪽;「조선민주주의인민공화국 외교부 비망록: 랑군폭발사건에 대한 버마당국의 〈공판〉과 관련하여」(1984), 626~633쪽. 〈로동신문〉「남조선괴뢰도당은 반공, 반공화국 소동을 당장 걷어치우라」(1983. 10.14); 〈로동신문〉「음흉한 정치목적에 그 바탕을 두고 있다」(1983. 10.17).「남조선려객기사건」(1984), 330~331쪽.

189) 〈김정일 선집 제14권, 자강도의 여러 부문 사업을 현지지도하면서 일군들과 한 담화〉「자강도의 모범을 따라 경제사업과 인민생활에서 새로운 전환을 일으키자」(1998.1.16~21, 6.1, 10.20, 10.22), 394~395쪽.

(북한)를 최대한 고립시키고 경제군사적 으로 무력하게 만든 다음 힘으로 제압하려 하고 있다."[190]	으로 돌림). "우리에게 군량미가 없다는 것을 알면 미제국주의자들이 당장 쳐들어올것입니다."[191] (김정일, 미국의 위협을 과장하며 군량미 비축을 주문).

190) 〈조선중앙통신/로동신문〉 「전쟁을 불러오는 무모한 제재와 봉쇄정책」(2005.11.19).

191) 「우리는 지금 식량 때문에 무정부 상태가 되고 있다」(1996년 12월 김일성 종합대학 창립 50돌 기념 김정일의 연설문) 『월간조선』(1997.4), 311쪽.

제6장
맺음말

• • •

필자는 이 책을 개괄적으로 요약한 후 스스로의 평가와 함께 마무리할까 한다. 필자는 이 책을 통해 북한의 대미 비난 레토릭 근저에 깔린 반제반미 투쟁 경로 및 대미 역사인식의 형성과 심화 과정을 추적하여 북한의 대미 불신이 오랜 기간을 두고 구조적으로 깊이 내면화 되어 왔음을 보여주었다. 김일성 항일무장투쟁 전통에서 출발한 북한의 반제반미투쟁 노선은 다양한 경로이탈 제약 요소에 의해 그 생명력을 잃지 않고 강화되어 왔다. 해방 후 김일성은 자신의 항일무장투쟁 경력을 권력의 정통성으로 내세우며 반제투쟁을 지속하였다. 김일성은 일본제국주의를 대체할 주적으로 '남한을 강점한 미제국주의'를 지목하고 대내 권력투쟁과 더불어 반제반미투쟁을 격화하면서 한국전쟁을 도발한다. 전쟁기 국가권력의 일체를 장악한 김일성은 이를 이용하여 타 파벌의 지도자들을 제거하고 권력을 독점한다. 김일성의 권력독점은 김일성 혁명사관이 투영된 반미 역사의식의 형성을 의미하였고 김일성 유일체제 하에서 북한의 대미 불신은 돌이킬 수 없이 공고화되어 내면화되는 과정을 걷게 된다. 한국전쟁의 상흔은 주민들의 자발적 반미 인식체계 수립을 가져왔고 북한의 반미 의식은 정권 차원의 대미 정보조작과 맞물려 확대재생산된다. 주체사상의 자주 노선이 지향하는 국가안보 · 체제안보 · 정권안보 영역에서의 북미 간 충돌은 북한의 대미 불신을 오랜 기간을 두고 심화시킨다. 그리하여 구조적으로 내면화된 대미 불신은 부시 행정부 시기 대북강경책에 상응하는 강경한 대미 비난 레토릭으로 표면화되고 경수로 지원을 둘러싼 북미 간 줄다리기 끝에 제네바합의의 붕괴라는 결과를 낳는다. 부시 행정부 시기 북한의 대미 비난 레토릭은 필자가 과거 김일성 · 김정일 담화를 기초로 구성한 반제반미투쟁(대미 불신)의 기원과 경로 및 대미 인식의 구조적 틀에서 벗어나지 않고 모두 그 안에 포획되고 있음을 알 수 있다. 다시 말해 북한의 대미 비난 레토릭은 미국의 대북정책 변화에 따른 전술적 수사가 아닌 내면화된 대미 불신을 바탕으로 한 일관성 있는 신념의 토로라는 것이다. 그러한 레토릭은 내면화된 불신의 연속성과 깊이를 반증하며 북미 상호 배신에 따른 제네바합의 붕괴를 설명한다.

필자는 "북한의 대미 비난 레토릭은 과연 전술적 수사인가 아니면 신념의 토로인가" 라는 의문에서 출발해 북한의 의식체계 속에 뛰어들어 북한의 대미 불신과 관련하여 두 가지 수확을 얻었다고 스스로 평가한다. 하나는 북한의 대미 불신은 외부세계가 생각하는 것보다 훨씬 깊이 구조적으로 내면화되어 있다는 것이고, 다른 하나는 그 불신의 뿌리는 김일성 항일무장투쟁에서 시작되었다는 것이다.

북한의 대미 불신은 미국이나 외부의 세계가 북한에 대해 느끼는 불신이 아닌 북한 스스로 외부를 바라보는 대외 인식에 기초한 불신을 의미하므로 내재적 시각을 바탕으로 한 북한연구가 불가피하다. 이를 두고 북한의 시각뿐 아니라 북한의 입장과 이익까지 대변하는 내재적 시각으로 폄하해서는 안 된다. 외부세계가 바라는 것은 북한이 핵을 포기하고 국제사회의 책임있는 일원으로서 개혁과 개방의 길을 나섬으로써 주민들의 삶의 질을 제고하고 인권을 보장하는 체제로 전환하는 것일 것이다. 이러한 체제 전환을 유도하기 위한 대북 정책을 수립하기 위해서는 북한이 왜 어떤 생각을 하고 있는지 정확한 분석과 판단이 필요하다. 지금까지 북한을 바라보는 국제정치학의 시각은 남한중심 혹은 서구중심의 사고에 경도되어 북한이 느끼는 안보불안의 실체를 제대로 파악하지 못하고 있다는 것이 필자의 소견이다. 그러한 경도된 외부의 시각 중의 하나가 북한의 대미 비난 레토릭은 협상의 우위를 점하기 위한 전술적 수사에 불과하다는 것이다. 북한은 정권을 수호하기 위해 어떤 거짓말이든 하고 의도적으로 긴장을 고조시켜 내부결속을 다지며 외부세계의 지원을 '갈취'해왔다는 선입견에 영향을 받은 것이다.

하지만 이 책은 북한의 대미 비난 레토릭은 전술적 수사가 아닌 내면화된 대미 불신에 기초한 자신의 신념을 토로하는 것이라는 결론을 내리고 있다. 물론 전술(fake)이냐 신념(faith)이냐 라는 이분법적인 재단을 가하는 것에 대한 비판이 있을 수 있으나 전자에만 치중된 지금까지의 대북관에서 탈피하려는 시도와 후자에 대해 지금껏 등한시해 왔다는 반성이 이 책의 출발점이다. 전술에서 신념 쪽으로 시각의 무게중심을 옮긴 것이다. 해방 이후 미소 냉전이 본격화되는 시점부터 김일성이 반제반미투쟁의 기치를 높이며 내뱉는 대미 인식은 현재 북한의 그것과 다를 바 없다. 당시의 김일성의 연설문과 부시행정부 시기(혹은 현재)의 김정일(혹은 김정은)의 연설문 또는 북한 관영매체나 역사서의 대미 인식과 대미 비난 논리를 담은 글들을 서로 교차 비교해 보면 시사적인 문구만 빼고 어느 것이 어느 시점에서 누가 한 말(글)인지 서로 분간이 되지 않을 정도로 일치한다. 이에 대해 혹자는 북한이 오랜 기간 일관성 있게 통일된 전술적 수사를 구사해 왔다고 일축 해버릴지 모른다. 이 주장을 받아들여 북한이 '능수능란하게' 일관성을 유지하며 전술적 수사를 구사해 왔다고 인정하더라도, 행위자가 동일한 레토릭을 반세기 넘게 반복해왔고 앞으로도 계속 반복한다면 그 레토릭은 행위자의 신념이야 어떻든 결과적으로 외부 시각으로는 신념으로 인식된다는 정당한 반론을 제기할 수 있다. 이 책 제5장(〈부록 5〉에 추가 정리)은 부시 행정부 시기 대미 비난 레토릭을 과거의 레토릭과 비교하여 동일한 논리와 유형의 레토릭이 반복되고 있음을 보여주었다. 그리고 부시행정부 시기 대미 인식 또한 과거의 경로를 이탈하지 않고 대미 불신의 기원으로부터 뻗어 나온 각 안보영역별 경로의 연장선상에 놓여 있음을 보여주었다. 필자는 〈부록 5〉에 김정은 시기에도 동일한 논리와 유형의 대미 비난 레토릭이 반복되고 있음을 추가로 정리하여 북한의 반제반미투쟁의 경로의존성을 재확인하였다.

또 다른 남한(서구)중심의 대북관에 경도된 국제정치적 시각은 한국전쟁만을 북미 간 상호 불신의 기원으로 인식하는 단순논리이다. 서로 치열한 전쟁을 치렀고 정전 상태이니 당연히 상호 적개심과 불신이 팽배할 것이라는 단순화된 논리이다. 이는 북한의 대미 불신이라는 자아적 사고를 지배하는 보이지 않는 초자아(집단무의식)를 태동시킨 김일성의 항일무장투쟁(반제국주의투쟁)의 중요성을 간과한 것이다. 수령 중심의 당 · 국가체제 아래에서 북한은 수령의 교시를 무비판적으로 받아들이며 수령이 지목한 적을 당과 전 인민의 공동의 적으로 간주하여 타도대상으로 삼는 '사회정치적생명체'가 될 것을 국가권력에 의해 강요받고 있다. 북한의 모든 대미 불신은 김일성이 제시한 "제국주의의 침략적, 략탈적 본성은 절대로 변하지 않는다"라는 대명제로부터 파생되어 나왔다고 해도 과언이 아니다. 반미투쟁 또한 반제국주의투쟁이라는 포괄적 개념에 포함되는 하위개념이다. 따라서 북한은 반미반제투쟁이라 부르지 않고 반제반미투쟁이라고 호칭한다. 국내 문헌 중 적지 않은 수가 북한의 '반제반미'를 인용하면서 남한중심적 사고를 바탕으로 반미를 반제에 앞서 배치해 '반미반제'로 표기하는 오류를 범하고 있다. 북한의 반미의 기원은 김일성의 반제국주의 투쟁인 항일무장투쟁이라는 것은 두말할 필요가 없겠다. 김일성은 제국주의의 속성은 변하지 않아 투쟁하여 타도하는 것만이 유일한 해결책이라는 결론을 내렸기 때문에 일단 제국주의로 낙인찍히면 끝까지 타협하지 않고 투쟁하여 격멸시켜야 하는 대상이 되어버린다.

'제국주의의 악의적 실체'에 대한 김일성의 신념은 자신의 직접적 경험과 정치적 필요성 두 가지의 배경에 의해 확고부동하게 굳어졌다. 하나는 일제에 쫓기며 빨치산 부대원과 펼친 항일무장투쟁 경험이고 다른 하나는 해방 후 항일무장투쟁을 정권의 정통성으로 내세우며 정적들과 벌인 김일성의 정치권력투쟁이다. 정치적 목적을 위해 한반도에서 퇴거한 일제를 대체할 제국주의가 필요하였고 미국이 일제의 빈자리를 메워주었다. 김일성이 1937년 '보천보전투의 포고문[〈부록 3〉]'에서 규탄한 '일본제국주의'를 '미제국주의'로 수정해 읽어보면 해방 후 김일성의 대미 비난 레토릭과 신기할 정도로 일치한다. 예컨대 일제[미제]는 "조선민족의 피를 빨아 배를 불리는 흡혈귀"이며 조선동포들을 "유린학살하고" "재산을 모조리 략탈하고 비참한 식민지노예의 생활[과] 전쟁의 도구로 내몰고 있다"는 김일성의 주장은 해방 후 한국전쟁을 준비하며 '정의의 전쟁'이라는 명분쌓기에 동원한 대미 비난 레토릭과 완전히 일치한다. 미소냉전이 본격화하면서 모든 정치엘리트들이 반제반미투쟁에 동참하고 김일성의 반제반미투쟁은 권력투쟁과 맞물려 격화되어 한국전쟁도발이라는 역사의 중대한 전환점을 맞이한다.

한국전쟁의 기억이 전쟁 이후 북한의 대미 안보불안을 촉발시켰다는 데는 누구나 동의할 것이나 김일성의 항일무장투쟁과 대미 불신과의 구체적 연결고리를 찾는 노력은 간과되었다. 김일성은 선전과는 달리 실제로는 그다지 '보잘것없는' 성과를 거둔 항일무장투쟁 경력을 과장하여 신화화 · 통치이념화 하였으며 이를 바탕으로 타 파벌과 권력투쟁을 해야 했으므로 정통성과 경쟁우위 강화 차원에서 반제반미투쟁의 기치를 그 누구보다도 높이 치켜들어야 했다. 반제반미투쟁의 클라이맥스인 한국전쟁은 그의 피할 수 없는 역사적 경로가 된다. 한국전쟁 이후 북한의 대미 불신이 내면화되는 기간에도 김일성의 항일무장투쟁 혁명전통은 반제반미투쟁의 동력을 지속적으로 제공한다. 김일성은 한국전쟁 이후 대내외적 정치적 자율성을 제고하고 안보불안을 타개하기 위한 통치이념으로 주체사상을 제시하였다. 북한은 "김일성동지와 김정일동지의 혁명사상은 주체사상으로 대표된다"[1]고 정의하며

---

[1] 사회과학출판사 편, 『주체사상의 철학적 원리(주체사상총서1)』(서울: 백산서당, 1989), 16쪽.

김일성은 1930년대 "항일혁명투쟁의 전 과정에 (주체사상을) 구현하였다"[2]고 기술하고 있다. 김정일의 후계 체제 형성기 김정일의 리더십 확립에 핵심적인 역할을 했던 것은 김일성 혁명전통 계승이었다. 김정은도 2013년 신년사에서 "주체혁명위업을 계승완성" 할 것을 다짐하고 있다. 김일성 사후 1990년대 후반 대량 아사자가 발생하는 상황에서도 김정일은 미국의 위협을 과장하며 김일성 항일무장투쟁기 '고난의 행군' 정신으로 어려움을 극복할 것을 주문하였다.

앞서 살펴보았듯이 김일성의 항일무장투쟁은 대미 불신의 태동기, 형성기, 내면화(구조화)기 모두에 걸쳐 반제반미투쟁이라는 제도로부터의 경로 이탈을 막는 강력한 제약요인으로 작용하였다. '김일성이 항일무장투쟁을 하지 않았으면 역사는 어떻게 바뀌었을까'라는 반사실적 질문은 그의 항일무장투쟁이 제도를 형성하고 경로의존적 역사의 진행에 미친 지대한 영향력을 일러준다. 비논리적인 억지 주장을 하고 자기 착각과 환상에 빠져 실리를 챙기지 못하는 것처럼 보이는 북한의 행태는 외부세계를 어리둥절하게 만들 때가 많다. 그러나 이것 또한 김일성 항일무장투쟁으로부터 기원된 반제반미투쟁(대미불신)의 경로의존적 제도가 북한의 행위를 제약하며 단기적 실리를 좇아 경로를 이탈하는 것을 막음으로써 보이는 현상으로 이해할 수 있다. 이와 더불어 김일성 항일무장투쟁은 해방 이후 정치파벌 간의 치열한 권력투쟁과 맞물려 대미 안보불안을 촉발시킨 한국전쟁의 동인(動因)으로 작용하였다는 점에서 북한의 대미 불신의 근인(根因, underlying cause)이라고 감히 부를 수 있다.

경수로 지원을 둘러싼 줄다리기 끝에 북한은 미국의 경수로 지원 의사가 없음을 확신하고 핵실험을 강행하여 제네바기본합의를 붕괴시켰다. 북한은

---

2) 『정치사전』(1973), 1055쪽.

미국이 먼저 배신하였다는 자기 논리와 확신을 가지고 있어 합의 붕괴 이후 대미 불신은 학습효과에 의해 더욱 심화되는 결과를 낳았다. 따라서 앞으로 6자회담이 재개되더라도 북한은 결코 경수로를 포기하지 않을 것으로 보인다. 진정한 비핵화를 향한 가시적인 성과를 내기 위해서는 북한의 안보불안을 해소시켜 대미 불신을 약화시켜야 한다. 북한의 대미 불신은 안보불안으로 촉발된 국가안보 · 체제안보 · 정권안보의 틀 속에서 체계적으로 구조화되고 내면화되어 공고화 과정을 거쳤음을 앞서 본문에서 살펴본 바 있다. 내면화된 불신은 단기간에 해소될 수 없다는 점에서 북한의 대미 인식체계의 거대한 하부구조를 이해하는 것은 북한의 행동반경을 예측해야 하는 대북 협상가들에게 있어 매우 중요하다. 특히 김정일 사망 후 3대 세습 체제 출범에 따른 불확실성이 가중되는 시기에는 더욱 그러하다. 반면 안보불안해소에 기초한 대북 접근법이 20만 명의 주민을 정치범 수용소에 가두고 인권을 유린하는 독재 정권의 영속화에 기여할 수도 있다는 우려는 정책입안자가 풀어야 할 또 다른 숙제이다.

끝으로 본서의 한계를 스스로 지적하며 마무리하고자 한다. 이 책은 북한의 지도자와 역사서 및 관영매체를 중심으로 북한의 대미 불신의 기원을 파악하고 역사적 경로를 추적하였으므로 주민의 실제의 삶을 재구성하는 미시사[3]보다 정치지도자 중심의 거시사에 머무르는 한계를 가지고 있다. 특히 공적 영역에서 확인된 북한의 대미 불신 외에 사적 영역 또는 북한 주민 개개인의 대미 불신의 수용도에 대해서 현지 주민을 상대로 직접 확인할 방법은 없다. 물론 탈북자 30명을 대상으로 정성적(qualitative) 인터뷰를 수행해 공적 영역의 대미 불신을 북한 주민들이 가감 없이 그대로 수용하고 있음을 간접적으로 확인하긴 하였지만 이것이 실제 북한 주민 전체를 놓고 판단할

3) 곽차섭 엮음, 『미시사란 무엇인가』(서울: 푸른역사, 2000), 53쪽.

수 있는 기준이 되지는 못하므로 책의 완성도를 높이기 위해서는 미시사적인 추가 연구가 필요하다.[4] 정권 차원의 대미 정보조작과 상징조작이 주민들에게 어떻게 투영되는지도 확인할 필요가 있다. 본문에서도 지적하였듯이 북한 당국은 주민들의 반미 선전선동 과정에 수많은 왜곡과 과장 및 논리의 비약을 범하고 있어 주민들도 분명 의구심을 품을 것이고 이를 무마하기 위해 나름대로의 새로운 논리를 개발하고 있다. 예를 들어 미국의 대북 쌀 지원을 김정일의 선군정치 앞에 무릎 꿇은 미국으로 묘사하는 것이 그것이다. 주민들의 의구심을 무마시키기 위해 북한당국이 개발하는 새로운 논리는 무엇인가에 대한 연구도 본서에 추가하여 좋은 소재가 될 수 있을 것이다. 이 책은 시간과 자료의 한계로 북한의 대미 역사왜곡을 일부만 구체적으로 확인하였을 뿐이다.[5] 북한의 대미 불신의 신념 체계 수립에 중요한 영향을 미친 대미 역사왜곡의 사례와 배경을 체계적으로 분석하지 못한 아쉬움이 남는다.

---

4) 남근우는 북한사회는 복종과 저항의 정치가 공존하고 있어 공식과 비공식 사회 간에 간극이 존재하므로 이 간극을 극복하기 위해서는 미시사적 연구방법론이 필요하다고 말한다. 남근우, 「북한의 복종과 저항의 정치: 생산현장에 나타난 공식 · 비공식 사회관계(1950~70년대)」(한양대학교 박사학위논문, 2008).

5) 예를 들어 셔먼호 사건과 셰난도어 사건 관련 김일성의 증조부 김응우가 특정 시점 갑자기 북한 역사서에 등장하였고 같은 사건에 대해 출판 시기별로 전혀 다른 내용의 영웅담이 소개되고 있다는 것이다. 또한 역사 사료에 따르면 평양감사가 셔먼호 격침에 크게 기여한 군민 27명에 대해서 조정에 포상을 요청하는 장계를 올렸는데 그 명단에 북한 역사서가 기술한 '영웅' 김응우는 포함되어있지 않았다는 것을 확인하였다.

부 록

〈부록 1〉 북한 정치사 주요 연표

연 도	사 건
1866	제너럴 셔먼호 사건.
1868	셰난도어 사건.
1871	신미양요.
1945.8.8	소련, 대일 선전포고.
8.13	소련군 청진 상륙(웅기, 나진 진격 후).
8.15	일본, 무조건 항복.
8.26	소련군 평양 입성(조선 주둔 소련군사령부 개설).
10.10~13	조선공산당 북조선 서북5도 책임자 열성자대회 개최(조선공산당 북조선 분국 창설).
10.14	소련점령군, 평양군중대회에 김일성을 전설적 항일무장투쟁을 펼친 '민족의 영웅' 으로 북한주민에게 소개.
10.16	이승만 미국에서 귀국.
11.3	조만식 평양에 조선민주당 창당.
12.17~18	조선공산당 북조선 분국 제3차확대집행위원회에서 김일성을 책임비서로 선출.
1946.1.5	반탁 입장을 취한 조만식 연금.
2.8.	'북조선 각 정당, 각 사회단체, 각 행정국 및 각 도, 시, 군 인민위원회대표 확대협의회' 개최. 북조선 임시 인민위원회(위원장 김일성) 창건.
3.5~말	북조선임시인민위원회, 토지개혁 단행.
6.24	북조선임시인민위원회, 노동개혁법 공포.
7.30	북조선임시인민위원회, 남녀평등권에 관한 법령 공포.
8.28	북조선공산당과 조선신민당 합당으로 북조선로동당 창당(위원장 김두봉, 부위원장 김일성 · 주녕하).
9.1	북조선로동당 기관지 『로동신문』 창간.
10.1	김일성대학 개교.
1947.2.17~22	북조선 도 · 시 · 군 인민위원회 개최. 북조선인민위원회 구성. 상임위원회 선거(위원장 김두봉). 북조선인민위원회 성립(위원장 김일성).
3.12	미국, 트루먼 독트린 발표.
10.5	소련, 코민포름(Cominform) 창설.

연 도	사 건
10.12	혁명가 유자녀 교육을 위한 만경대혁명학원 설립.
10.18	2차 미소공동위원회 결렬
1948.2.8	조선인민군 창건.
4.3	제주 4·3사건 시작.
8.15	대한민국정부 수립 선포(하지, 미군정 폐지 발표).
9.9	조선민주주의인민공화국 수립 선포(수상 김일성, 부수상 박헌영·김책·홍명희).
12 말	북한에서 소련군대 철수 완료.
1949.6.30	북조선로동당과 남조선로동당, 조선로동당으로 합당(위원장 김일성, 부위원장 박헌영·허가이).
1950.6.25	6·25 전쟁 발발.
6.26	최고인민회의 상임위원회에서 김일성을 위원장으로 하는 군사위원회 구성 정령 채택.
7.1	최고인민회의 상임위원회에서 김일성 수상을 조선인민군 최고 사령관으로 임명.
9.28	조선인민군 서울에서 철수.
10.25	중국군 참전.
1951.1.31	내각 부수상 김책 사망.
1952.3.3	미·영군 전쟁범죄 조사를 위한 국제민주변호사협회(IADL) 조사단 도착.
1953.7.27	정전협정 정식 조인.
8.3~6	이승엽 일파의 '미제간첩'사건 재판. 이승엽 등 사형선고.
8.5~9.	조선로동당 중앙위원회 제6차 전원회의, "박헌영의 비호 하에서 리승엽도당들이 감행한 반당적 반국가적 범죄적 행위와 허가이의 자살사건에 관하여" 결정서 채택.
1956.8.30	조선로동당 중앙위원회 전원회의 개최('8월 종파사건' 발생).
1958.3.3	조선로동당 제1차 대표자대회 개최. 김두봉 등 8월 종파사건 관련자들을 반김일성 쿠데타 기획 죄목으로 전원 숙청. 천리마 운동 시작.
10.26	중국 인민지원군, 북한으로부터 완전 철수 발표.
1959.12.16	재일동포 및 첫 귀국선 청진항에 도착(975명).
1961.7.6	'조·소 우호협조 및 호상원조 조약' 체결(김일성 모스코바 방문).
7.11	'조·중 우호협조 및 호상원조 조약' 체결(김일성 베이징 방문).
1962.12.10	4대군사노선(전인민 무장화, 전지역 요새화, 전군 간부화, 전군 현대화) 채택(로동당 제4기 5차 전원회의).

연 도	사 건
1966.8.12	『로동신문』 "자주성을 옹호하자" 제하 논설을 통해 소련 · 중국 노선을 배격하는 자주노선 선언.
1967.5.4~8	당중앙위원회 제4기 15차 전원회의에서 '갑산파' 숙청.
1968.1.21	1 · 21 사태(김신조 등 무장공비 일당 청와대습격사건).
1.23	북한, 미 정보수집함 푸에블로호 나포.
12.23	푸에블로호 승무원 송환.
1969.4.15	북한군, 미 정찰기 EC-121 격추(승무원 31명 전원 사망).
1970.11.2	조선로동당 제5차 당대회에서 당 규약 전문에 '주체사상'을 마르크스 · 레닌주의와 함께 공식지도이념으로 명문화.
1972.7.4	7 · 4 남북공동성명 발표.
1972.12.27	신헌법 공포: 주석제 신설(김일성 유일지배체제 법제화).
1973.9.4~7, 7~17.	당중앙위원회 제5기 제7차 전원회의, 김정일을 비서국 조직 · 선전 담당 비서에 선출.
1974.2.11~13	당중앙위원회 제5기 제8차 전원회의, 김정일을 당중앙위원회 정치위원회 위원에 선출하며 후계자 공식화.
1976.8.18	판문점 공동경비구역 '도끼살인사건'발생.
1980.10.10~14	조선로동당 6차대회, 김정일을 당정치국 상무위원, 비서국 비서, 군사위원회 군사위원 선출로 후계체제 확립.
1983.9.1	소련, 대한항공 보잉 747기 격추.
10.9	아웅산 테러.
1984.9.8	외국자본 투자 유치를 위한 '합영법' 제정.
10.4	남한 수재민에 대한 구호물자 전달.
1987.11.29	KAL기 폭파사건.

〈부록 2〉 해방 전후 김일성 연보

연 도	사 건
1912.4.15	평양 근교 만경대에서 부(父) 김형직과 모(母) 강반석의 장남 김성주(金成柱)로 출생.
1919 가을	만주로 이주하여 소학교 입학.
1923.4	평양으로 돌아옴.
1925.1	만주로 돌아감.
1926.6.5	부친 김형직 사망
1927.1.17	만주 길림성 위원(毓文)중학교로 전학.
1929 가을	파괴단체 가입죄로 체포되어 구금.
1930.5	감옥에서 석방.
1932.4.25	만주에서 최초의 항일 빨치산 부대를 조직했다고 주장. (북한에서는 이 날을 조선인민군의 창건일로 기념).
1932.7.31	모친 강반석 사망.
1933	만주에서 한인과 중국인 혁명가가 이끄는 소규모 유격대 활동에 참가.
1936.2	중국인 양징위를 사령관으로 동북항일연군이 결성됨.
1937.6.4	김일성이 이끄는 유격부대가 압록강변의 한국마을 보천보를 공격함.
1938.11	동북항일연군 2방면군의 군장이 됨.
1938.12~ 1939 봄	일본 토벌대를 피해 압록강 연안 북부국경일대로 이동(일명 '고난의 행군')
1940.2.23	일본 토벌대에 의해 양징위 피살.
1941.3	소련으로 피신하여 소련 극동군 산하의 88여단에 입대. 동지 김정숙과 혼인.
1945.9.19	해방 후 소련에서 북한으로 돌아옴.
1945.10.14	소련 점령당국에 의해 평양군중대회에서 항일혁명의 민족 영웅으로 북한주민들에게 소개됨.
1945.12.17	조선공산당 북조선분국 위원장.
1946.2.8	북조선 임시인민위원회 위원장.
1946.8.28	북조선로동당 부위원장.
1946.10.1	김일성대학 개교.
1946.11.23~24	남조선로동당 창당.

연 도	사 건
1947.8.10	북조선중앙력사박물관에 현대사실 신설. 김일성투쟁자료 전시.
1948.9.9	조선민주주의인민공화국 수립. 초대 수상.
1949.6.30	북조선로동당 남조선로동당 흡수하여 조선로동당 결성. 김일성 위원장, 박헌영·허가이 부위원장.
1949.9.22	김일성 처 김정숙 분만 중 사망.
1955.12.28	주체사상에 관한 연설.
1963.	김성애와 재혼.
1972.12	새로운 사회주의 헌법 공포. 주석.
1994.7.8	사망.

* 서대숙(1989), 290~294쪽을 기초로 재구성.

〈부록 3〉 보천보전투의 포고문

간악무쌍한 강도 일본제국주의는 조선을 강점하고 20여년동안 총독정치라는 식민지통치로써 조선동포들을 유린학살하고있다. 그러므로 우리 조선동포들은 놈들에게 피와 땀으로 된 재산을 모조리 략탈당하고 비참한 식민지노예의 생활을 하게 되였다. 뿐만아니라 놈들은 우리 민족을 제2차대전의 《선봉대》로 하여 중국을 침략하는 전쟁의 도구로 내몰고 있다.

우리 조선민족은 생사존망의 위기에 봉착하였다.

우리들은 자기 민족의 출로를 개척하고 자기 살길을 타개하며 일본제국주의를 타도하고 조국을 광복하기 위하여 싸우는 조선인민혁명군이다. 우리들이 6~7년간 만주광야에서 필사적투쟁으로 일본제국주의략탈자들에게 치명적타격을 준것은 세인이 다 인정하는바이다.

본군은 조선에 있는 애국지사와 열혈적인 본군용사들의 강력한 단결에 기초하여 조선민족의 피를 빨아 배를 불리는 흡혈귀 조선총독부와 직접 싸울 목적으로 두만강과 압록강을 건너 함남북일대에 원정하게 되였다.

가련한 조선동포형제들! 속히 출동하여 반일민족통일전선에 단결하여 각종 투쟁으로써 본군의 유격전쟁에 호응하라!

하루속히 일제통치를 분쇄하고 진정한 조선인민의 정부를 수립하는데 매진하자!

1937년 6월 1일

조선인민혁명군 북조선원정대 사령 김일성

* 김우종 주필, 『동북지역 조선인 항일력사사료집 제9권』(흑룡강조선민족출판사, 2005), 35~36쪽. 동 포고문은 1937년 6월 4일 김일성의 보천보전투 전에 작성된 것으로 보이며 〈김일성저작집제1권〉에도 수록되어 있다. 일제를 미제로 바꿔 읽어보면 당시 김일성의 대일관과 해방 이후 북한의 대미관이 거의 일치하는 것을 알 수 있다.

〈부록 4〉 주요 북핵문제 연표

연도	사건
1961	영변 원자력연구센터 착공(1964.4 오픈).
1963	IRT-2000 실험용경수로(2MWt) 착공(1965 부분가동, 1967 정상가동)
1979	영변 5MWe 흑연감속로 착공(1986 가동, 1994 동결, 2003 재가동).
1985.12	북한 NPT 가입.
1986	영변 5MWe 흑연감속로 가동.
1987	방사화학실험실(재처리시설) 착공. -5MWe 흑연감속로 부속시설로 1989~1991년 3차례에 걸쳐 6~8kg의 플루토늄 추출. 2003.6월 20~24kg, 2005.9월 10~14kg 플루토늄 추출.
1990.9	한소수교.
1991.1~2	걸프전.
1991.9	남북 유엔 동시가입.
1991.9	부시, 전술핵무기 철수 선언.
1991.11	92년 팀스피리트훈련 중단 결정.
1991.12	남북기본합의서 채택.
1991.12.31	〈한반도비핵화공동선언〉 채택.
1992.1	북한, IAEA 안전협정 정식 서명(1992.4 발효).
1992.8	한중수교.
1993.2	IAEA 대북 특별사찰 결의안 채택.
1993.3	북한, 준전시상태 선포.
1993.3	팀스피리트훈련 재개.
1993.3	북한, NPT 탈퇴선언.
1993.4	김정일, 국방위원장 취임.
1993.5	북한, 첫 핵탄두미사일 노동미사일(MRBM) 시험발사.
1994.3	북한, "서울 불바다" 발언.
1994.5	북한 8,000개 연료봉 교체작업 시작(인출된 연료봉은 냉각조에 보관하였다가 2003년 재처리됨).
1994.6	페리 국방장관, 대북 군사옵션을 클린턴에 보고. 김일성-카터 협상 타결. 클린턴, "대화 기간 중 핵동결시 북미고위급회담 재개" 발표.
1994.7.8	김일성 사망.
1994.10.21	북미기본합의(제네바합의) 체결.

연 도	사 건
1995.1	미국, 대북 중유제공 개시.
1995.3	한반도에너지개발기구(KEDO) 설립.
1995.12	북한-KEDO간 경수로공급협정 체결.
1996	전병호 로동당 군수비서 파키스탄 방문(북한-파키스탄 "미사일-HEU 커넥션" 구축.
1996.4	미일 신안보공동선언.
1997.2	황장엽 망명.
1997.8	경수로공사 착공.
1997.9	노동미사일 실전배치 포착.
1997.12~ 1998.8	4자회담 본회담 6차례 개최(성과없이 결렬). -북한: 주한미군 철수 및 북미평화협정 의제화 요구. -한미: 주한미군 철수 의제화 반대, 남북평화협정 및 미중의 보장체제 제안.
1998	클린턴 행정부, 북한 HEU 관련 원심분리기 구입 시도 포착.
1998.5	인도 및 파키스탄 핵실험.
1998.8	뉴욕타임즈, 금창리 지하핵시설 의혹 보도. -1999.5, 2000.5 사찰결과 빈공간으로 확인됨.
1998.8.31	대포동미사일 시험발사.
1999.3	〈아미티지 보고서〉 의회 제출.
1999.5	일본, 신가이드라인 관련법(주변사태법, 자위대법 개정안) 통과.
1999.6	1차 서해교전.
1999.9	〈페리 보고서〉 의회 제출.
1999.9	베를린 북미고위급회담. -미국, 경제제재 추가완화 발표. -북한, 미사일시험발사 유예 선언.
2000.6.15	남북정상회담.
2000.10	조명록 특사 워싱턴 방문. 북미공동커뮤니케 발표.
2000.10	올브라이트 국무장관 방북.
2001.1	부시 취임.
2001.3	한미정상회담. 부시, 김정일에 대한 "상당한 회의감" 표출.
2001.6	부시, 대북정책검토 내용 발표. -미사일 검증, 재래식 군사력 문제 등에 대한 "진지한 논의" 의사 표명. 이에 대해 북한은 무장해제 의도라며 반발 및 경수로 제공 지연에 따른 전력손실 보상 요구.
2001.9.11	9·11 테러.

연 도	사 건
2001.10	미, 아프간전쟁 돌입.
2001.11	북한, 2개의 반테러협약 서명.
2002.1.29	부시, 연두교서에서 북한을 "악의 축"으로 규정.
2002.6	부시, 선제공격 독트린 발표.
2002.6	2차 서해교전.
2002.7.1	7·1 경제관리개선조치.
2002.9	북일정상회담. 평양선언 발표.
2002.10	제임스 켈리 동아태차관보 방북. HEU 문제 제기.
2002.12	미사일을 선적하고 이동 중이던 북한선박 '서산호' 미-스페인 공동작전으로 나포.
2003.1	북한, NPT 탈퇴 및 안전협정 무효화 선언.
2003.3	이라크전쟁 시작.
2003.6	일본, 〈무력공격사태법〉, 〈자위대 개정안〉 등 유사법제 통과.
2003.6	미국 주도의 PSI 발족.
2003.7	북한, 미국에 8,000개 폐연료봉 재처리 완료 통보.
2003.7	미 하원 "경수로지원 중단" 세출예산 통과.
2003.8	1차 6자회담.
2004.2	2차 6자회담.
2004.6	3차 6자회담.
2004.9	미 상원, 〈북한인권법〉 통과.
2004.11	부시 재선.
2005.2	북한, 핵보유선언. 6자회담 참가 무기한 중단 선언.
2005.6	김정일-정동영 회담. 김정일, "비핵화는 김일성 주석의 유훈" 언급.
2005.9.19	4차 6자회담 2단계회담에서 〈9·19 공동성명〉 채택. -핵문제해결과 한반도평화체제구축 논의 동시추진.
2005.10	미국, 대북 금융제재(BDA) 개시.
2006.5	KEDO 집행이사회, 경수로사업 종료 결정.
2006.7	대포동2호 시험발사(실패 추정).
2006.10	북한 외무성 성명: "앞으로 핵시험(핵실험)을 하게 된다."
2006.10.9	북한 지하핵실험.

* 다음 문헌을 기초로 재구성함. 임수호, 「실존적 억지와 협상을 통한 확산: 북한의 핵정책과 위기조성외교(1989~2006)」(서울대학교 박사학위논문, 2007), 303~322쪽.

〈부록 5〉 부시행정부 · 김정은 시기 북한의 대미 비난 레토릭 분류* **

〈5-1〉 북한의 국가안보 차원의 대미 비난 레토릭

1. 미국의 군사 · 핵위협 비난

(1) 미국의 직접적 군사위협 비난

〈조선중앙통신/로동신문〉 「미국방성의 〈북조선의 위협〉설을 론평」(2001.1.30)

〈조중통/로〉 「날로 더욱 로골화되는 새 전쟁도발책동」(2001.3.17)

〈조중통〉 「태평양지역미군총사령관의 〈제1주적〉발언 비난」(2001.3.22)

〈조중통/민주조선〉 「용납할수 없는 태평양지역 미군총사령관의 호전적망발」(2001.3.31)

〈조중통〉 「미해군은 무엇을 서두르는가？」(2001.4.7)

〈조중통/유엔주재 조선상임대표〉 「〈미싸일방위〉체계수립에 대한 대응조치는 한계가 없다」(2001.4.12)

〈조중통/로〉 「〈국가미싸일방위〉체계에 강력한 대응으로 대답할 것이다」(2001.4.14)

〈조중통〉 「새로운 개념의 미군려단창설은 로골적인 전쟁준비책동」(2001.5.18)

〈조중통/외무성대변인〉 「미국의 미싸일요격시험에 자위적대응조치」(2001.7.20)

〈조중통/로〉 「미싸일방위체계수립은 공화국을 무력으로 압살하려는 야망의 산물」(2001.8.15)

---

* 제5장의 각 절, 항과 관련된 북한의 관영매체 보도문 중 제목 그 자체로 북한의 대미 비난 레토릭과 논조가 잘 드러나는 것만 골라 주제별로 '〈매체〉 「제목」(년.월.일)' 형식으로 정리하였다.

** 〈조선중앙통신/로동신문〉은 축약해 〈조중통/로〉으로 표기하였으며, 조선중앙통신과 로동신문의 날짜가 다를 경우 로동신문을 기준으로 작성하였다.

〈조중통/민주조선〉「미국의 우주폭격기 개발을 단죄」(2001.8.16)
〈조중통/로〉「미국의 〈무기공급선〉파괴 비밀명령은 선전포고」(2002.12.1)
〈조중통/로〉「〈군사적제재〉는 반통일적범죄행위」(2002.12.18)
〈조중통/로〉「〈서산〉호사건은 전쟁의 불집을 일으키는것」(2002.12.19)
〈조중통/로〉「대화와 량립될수 없는 선제공격기도」(2003.1.30)
〈조중통/로〉「미국이 평화적핵시설을 기습공격하면 전면전쟁의 불씨로 된다」(2003.2.6)
〈조중통/로〉「침략전쟁도발을 위한 미국의 계획적인 군사행동」(2003.2.7)
〈조중통/로〉「미국의 체계적무력증강을 폭로」(2003.2.9)
〈조중통/로〉「실천단계에 들어 선 미제의 침략흉계」(2003.2.12)
〈조중통/로〉「미국의 군사연습들은 북침핵선제공격연습」(2003.2.21)
〈조중통/로〉「미국의 제2조선침략전쟁계획에 따른 무력의 전진배치」(2003.3.2)
〈조중통/로〉「미제의 위험한 대조선공군전략」(2003.3.9)
〈조중통/로〉「미국이 군사적방법을 선택하는 경우 자위적보복조치로 대답」(2003.3.16)
〈조중통/로〉「미국의 정탐비행재개를 비난」(2003.3.19)
〈조중통/로〉「대조선선제공격기도를 로골적으로 드러낸 부쉬의 군사적대응발언」(2003.3.20)
〈조중통/로〉「미국의 〈최대의 압박〉이란 곧 힘의 행사를 의미」(2003.3.24)
〈조중통/로〉「미국인〈소개훈련〉은 조선반도 전쟁박두를 시사」(2003.4.6)
〈조중통/로〉「미국의 봉쇄작전에 물리적인 보복조치로 대응」(2003.6.17)
〈조중통/로〉「미군의 배비변경은 선제공격전략에 따른 사전조치」(2003.6.27)
〈조중통/로〉「미국방부장관의 전쟁폭언 규탄」(2003.7.1)
〈조중통/로〉「미국의 봉쇄놀음은 불법무도한 범죄행위」(2003.7.23)
〈조중통/로〉「미제의 기도는 선제공격」(2003.7.29)
〈조중통/로〉「〈작전계획 5030〉은 북침전쟁계획의 최종완성판」(2003.8.5)
〈조중통/로〉「미국의 대조선〈봉쇄작전〉은 군사적침략의 선행작전」(2003.8.9)

〈조중통/로〉「조선선박을 단속,나포하는 공중 및 해상훈련을 비난」(2003.9.13)
〈조중통/로〉「대조선봉쇄를 노린 다국적해상검색연습」(2003.10.14)
〈조중통/로〉「미군의 첨단무기배비는 북침을 위한 군사적움직임」(2004.1.13)
〈조중통/로〉「북침전쟁을 예고하는 미국인 대피소동」(2004.2.20)
〈조중통/로〉「미제의 무모한 반공화국군사적모험기도」(2004.3.5)
〈조중통/로〉「미제 220여차의 공중정탐행위 3월」(2004.4.1)
〈조중통/로〉「민주조선 전쟁위험을 증대시키는 미국의 군사적책동」(2004.4.2)
〈조중통/로〉「미제는 조선반도정세를 전쟁접경에로 몰아가는 장본인」(2004.4.11)
〈조중통/로〉「미제의 강도적인 《선제공격전략》의 반동성과 위험성」(2004.6.9)
〈조중통/로〉「선제공격을 위한 미군의 재배치놀음」(2004.6.16)
〈조중통/로〉「미군 스텔스전투폭격기 배치는 북침전쟁기도의 실천」(2004.7.2)
〈조중통/로〉「미국의 무모한 해상봉쇄기도」(2004.7.12)
〈조중통〉「세계적인 미군재편성재배치의 위험성에 대하여」(2004.8.4)
〈조중통/로〉「《작전계획 5027-04》 비난」(2004.8.9)
〈조중통/로〉「세계를 겨냥한 미국의 선제공격기도」(2004.9.5)
〈조중통/로〉「제2조선전쟁도발을 위한 침략무력전진배비움직임」(2004.9.24)
〈조중통/로〉「미국의 현실화되는 선제공격위협」(2004.10.4)
〈조중통/로〉「무모한 해상봉쇄책동에 강경대응할것이다」(2004.10.15)
〈조중통/민주조선〉「PSI는 미국의 해상봉쇄를 통한 대조선국제적포위망 구상」(2004.10.24)
〈조중통/민주조선〉「미국방성의 새 전쟁계획씨나리오 규탄」(2004.12.4)
〈조중통/로〉「위험계선에 이른 선제공격기도 《패트리오트》부대전개」(2004.12.15)
〈조중통/민주조선〉「미국의 《폴컨》계획을 규탄」(2005.3.29)
〈조중통/로〉「선제공격을 노린 위험한 움직임」(2005.4.18)
〈조중통/로〉「《반공화국 전쟁폭언》-미7함대사령관의 망발」(2005.4.27)
〈조중통/로〉「허위와 날조선전뒤에는 군사적침략이 따르기 마련이다」(2005.5.22)
〈조중통/로〉「《전쟁광신자의 모험적인 기도》-《1421》전략」(2005.12.19)

〈조중통/로〉「침략적《반테로전쟁》확대를 노린 위험한 군사전략」(2006.1.5)
〈조중통/로〉「미제 1월에 190여차의 공중정탐행위」(2006.1.30)
〈조중통/로〉「《위험한 선제공격기도》-《미 4개년국방전략보고서》」(2006.2.21)
〈조중통/민주조선〉「무엇을 노린 군사적움직임강화인가」(2006.3.12)
〈조중통/외무성대변인〉「미《국가안보전략보고서》는 강도적인 선전포고문건」(2006.3.21)
〈조중통/로〉「미제가 3월에 180여차의 공중정탐행위」(2006.3.31)
〈조중통/민주조선〉「불순한 목적을 노린 군사적움직임」(2006.4.26)
〈조중통/로〉「호전광들의 범죄적인 북침모의」(2006.5.22)
〈조중통/로〉「《다국적북침전쟁을 위한 불장난》-《림팩-2006》」(2006.6.26)
〈조중통/로〉「통할수 없는 군사적공갈책동」(2006.7.3)
〈조중통〉「위험단계에 이른 공중정탐행위-올해 상반년 1,000여차」(2006.7.6)
〈조중통/로〉「《무모한 전쟁도발기도》-《림팩-2006》」(2006.7.10)
〈조중통/민주조선〉「무엇을 노린 요격미싸일배비인가」(2006.7.11)
〈조중통/로〉「침략적인 국제정탐범죄의 왕초」(2006.7.13)
〈조중통/로〉「북침전쟁을 노린 무모한 전쟁불장난 《림팩-2006》」(2006.7.20)
〈조중통/로〉「새로운 군비경쟁을 몰아오는 무모한 책동」(2006.8.2)

〈로동신문〉「군비경쟁을 조장격화시키고있는 미국을 단죄」(2012.3.28)
〈로동신문〉「미국의 범죄적인 생화학전흉계 폭로단죄」(2013.4.6)
〈로동신문〉「미국의 새로운 국방전략의 위험성을 폭로」(2012.2.28)
〈로동신문〉「미국의 신형요격미싸일시험발사놀음을 규탄」(2012.5.21)
〈로동신문〉「미제의 대조선침략정책은 파산을 면할수 없다고 강조」(2012.3.3)
〈로동신문〉「미호전세력의 반공화국군사적소동을 단죄」(2012.3.23)
〈로동신문〉「세계평화파괴의 주범」(2013.1.31)
〈로동신문〉「아시아태평양《재균형》론은 무력증강론이다」(2013.2.13)
〈로동신문〉「위험계선에 도달한 미호전세력들의 새 조선전쟁도발책동을 단죄」

(2012.5.14)
〈민주조선〉「남조선강점 미제침략군무력 증강하는 미국의 목적 폭로」(2013.4.6)
〈민주조선〉「미국과 남조선호전광들의 위험한 북침전쟁도발계획 폭로」(2013.3.18)
〈민주조선〉「미싸일요격시험에 숨은 흉심」(2012.11.6)
〈민주조선〉「위험천만한 군사적도발」(2013.2.27)
〈민주조선〉「위험천만한 미국의 싸이버전략」(2012.6.12)
〈민주조선〉「첨단기술의 군사적도용은 범죄이다」(2012.7.17)
〈조선중앙통신〉「력사의 교훈을 망각한 미제의 새 전쟁도발책동」(2012.7.26)
〈조선중앙통신〉「미국의 단말마적인 반공화국군사적위협책동」(2013.3.22)
〈조선중앙통신〉「미군 《B-2A》폭격기를 조선반도에 투입」(2013.3.29)
〈조선중앙통신〉「미군재편성은 공격형의 배비변경이다」(2012.5.25)
〈조선중앙통신〉「미제가 선제공격무기들을 남조선주변에 급파」(2013.4.3)
〈조선중앙통신〉「전쟁계획들을 통해 본 미국과 남조선당국의 호전적본성」(2013.4.23)
〈조선중앙통신〉「조선 외무성 대변인 미국의 침략무력증강책동을 단죄」(2012.6.18)
〈조선중앙통신〉「조선반도긴장격화의 장본인 미국」(2013.3.15)
〈조선중앙통신〉「조선중앙통신사 론평 미국의 《B-52》투입 규탄」(2013.3.20)
〈조선중앙통신〉「조선중앙통신사 론평 미국의 대조선도발책동 비난」(2013.4.2)
〈조선중앙통신〉「조선평화옹호전국민족위 미제침략군무력의 대대적증강 비난」(2013.3.31)
〈조선중앙통신〉「조평통 미륙군 화학대대의 남조선 재배치 규탄」(2013.4.3)

(2) 미국의 핵위협 비난

〈조중통/로〉「핵전쟁을 막는것은 초미의 시대적과제」(2001.2.8)
〈조중통/로〉「미국은 핵위협의 장본인」(2001.8.26)
〈조중통/로〉「로동신문 핵전쟁을 방지할데 대해 언급」(2002.5.24)

〈조중통/로〉「미국의 핵전쟁책동에 경계심 늦추면 돌이킬수 없는 후과 초래」(2002.6.17)

〈조중통/로〉「미국은 〈핵위기〉를 몰아 오는 장본인」(2002.11.26)

〈조중통/로〉「미국의 새형의 핵무기개발을 규탄」(2002.12.3)

〈조중통/로〉「조선반도에 최악의 사태를 몰아 온 장본인은 미국」(2003.1.16)

〈조중통/로〉「미국의 다음세대 핵무기개발책동을 규탄」(2003.3.4)

〈조중통/로〉「미국의 핵선제공격기도에 대처한 억제력을 갖춘것은 천백번 정당하다」(2003.5.11)

〈조중통/로〉「대조선핵공갈책동의 범죄적목적」(2003.8.2)

〈조중통/로〉「미국의 새로운 미싸일 및 소형핵무기개발책동과 군사연습 비난」(2003.9.2)

〈조중통/로〉「신형무기개발 및 생산에 광분하는 미국을 규탄」(2003.10.9)

〈조중통/로〉「미국의 소형핵무기개발 중지를 요구」(2003.11.11)

〈조중통/로〉「전쟁방지의 결정적수단은 핵억제력밖에 없다」(2003.12.18)

〈조중통/로〉「부쉬의 소형핵무기개발책동은 인류의 규탄을 면할수 없다」(2003.12.20)

〈조중통/로〉「부쉬행정부 소형핵무기연구 재개지시 핵범인으로서의 정체」(2004.1.26)

〈조중통〉「현실화되는《핵선제공격전략》」(2004.4.9)

〈조중통/로〉「미국호전세력들의 위험한 핵전쟁시도」(2004.4.12)

〈조중통/로〉「시대의 흐름과 요구에 역행하는 무모한 핵선제공격기도」(2004.5.19)

〈조중통/민주조선〉「반공화국핵압살의 어리석은 망상을 버려야 한다」(2004.5.20)

〈조중통/로〉「우리 공화국을 핵으로 압살하려는 무모한 행동」(2004.6.5)

〈조중통/로〉「미국의 림계전핵시험 규탄, 핵억제력의 강화 주장」(2004.6.7)

〈조중통/로〉「핵무기로 세계를 지배하려는것은 어리석은 망상」(2004.7.2)

〈조중통/로〉「실천단계에 들어선 북침핵선제공격기도」(2004.10.1)

〈조중통/로〉「또다시 드러난 핵전쟁광신자의 정체」(2004.11.15)

〈조중통/민주조선〉「핵재난을 몰아오는 위험한 군사적책동」(2004.11.16)

〈조중통/로〉「자위적억제력은 미제의 핵전쟁에 대처하기 위한것」(2004.11.21)
〈조중통/로〉「기동타격무력에 의한 불의의 핵선제공격을 노리는 호전광들」(2004.11.30)
〈조중통/로〉「〈북핵한계선〉은 핵선제공격을 위한 구실」(2004.12.3)
〈조중통/로〉「새로 밝혀진 전술핵무기사용을 전제로 한 미국의 핵전쟁계획」(2004.12.6)
〈조중통/조평통대변인〉「미국의 핵선제공격계획《8022-02》를 단죄」(2005.5.19)
〈조중통/로〉「새로운 핵전쟁지휘체계수립을 위한 무분별한 움직임」(2005.5.29)
〈조중통/로〉「대조선핵위협부터 청산하여야 한다」(2005.6.7)
〈조중통/로〉「《핵선제공격명분을 세우려는 궤변》-PSI성과 공개」(2005.6.13)
〈조중통/로〉「미국의 핵선제공격기도에 무관심할수 없다」(2005.9.21)
〈조중통/민주조선〉「위험천만한 핵전쟁모략」(2005.9.22)
〈조중통/로〉「《군비증강정책이 가져온 귀결》-소형핵무기연구비 삭감」(2005.10.13)
〈조중통/로〉「더욱 로골화되는 군사적패권야망」(2005.11.28)
〈조중통/로〉「최신예핵항공모함 요꼬스까배비 로골적인 핵선제공격기도」(2005.12.11)
〈조중통/조평통대변인〉「미국의 핵공격협박 규탄」(2006.1.20)
〈조중통/로〉「핵선제공격을 노린 위험한 군사행동」(2006.2.7)
〈조중통/민주조선〉「변함없는 핵선제공격기도의 발로」(2006.2.15)
〈조중통〉「미국이 핵무기를 사용하려한 사실 탄로」(2006.2.22)
〈조중통/로〉「〈방위〉의 간판을 단 핵선제공격준비」(2006.4.13)
〈조중통/로〉「핵범인의 흉악한 정체는 절대로 가리울수 없다」(2006.5.20)
〈조중통/로〉「핵군비경쟁조장과 핵전파의 주범」(2006.6.15)
〈조중통/로〉「숨길수 없는 핵범인의 정체」(2006.6.27)
〈조중통/로〉「핵전쟁위험을 몰아오는 반인류적범죄행위」(2006.7.28)
〈조중통/로〉「민족의 운명을 핵으로 위협하는 침략자」(2006.8.21)
〈조중통/로〉「핵전쟁위험을 몰아오는 무모한 도발책동」(2006.8.27)

〈조중통/로〉「핵군비경쟁을 몰아오는 범죄행위」(2006.9.13)
〈조중통/로〉「핵전쟁위험을 몰아오는 세계최대의 핵범인」(2006.9.29)

〈로동신문〉「《핵선제타격》을 노린 위험천만한 도발」(2013.2.25)
〈로동신문〉「남조선에 핵전쟁장비 끌어들이는 미국의 책동 단죄」(2013.4.8)
〈로동신문〉「당당한 핵 보유국으로」(2012.12.2)
〈로동신문〉「력사는 핵진범인들의 정체를 고발한다」(2012.7.15)
〈로동신문〉「미국을 세계최대의 핵범죄국가로 락인」(2012.4.29)
〈로동신문〉「미군의 증강은 북침핵전쟁도발기도의 발로」(2013.4.3)
〈로동신문〉「북침핵전쟁계획은 자멸계획」(2013.3.28)
〈로동신문〉「적들의 핵위협에 대처한 정의로운 대응조치」(2013.2.14)
〈로동신문〉「조선반도에 핵전쟁장비들을 끌어들이는 미국의 속심」(2013.4.17)
〈로동신문〉「핵광신자들의 정체는 가리울수 없다」(2012.10.14)
〈로동신문〉「핵위협과 전파의 장본인」(2012.11.7)
〈로동신문〉「핵위협의 근원제거는 조선반도평화와 안전보장의 근본담보」(2013.1.31)
〈로동신문〉「핵전쟁광신자인 미국의 범죄적정체」(2013.3.25)
〈로동신문〉「핵전쟁연습의 도발적성격과 위험성」(2013.3.24)
〈로동신문〉「핵전쟁을 몰아오는 무모한 침략적기도」(2013.2.23)
〈민주조선〉「북침핵전쟁도발에 환장한 미국의 망동 규탄」(2013.4.1)
〈조선중앙통신〉「대조선핵선제공격은 자멸을 재촉하는 망동」(2013.2.28)
〈조선중앙통신〉「대화의 막뒤에서 핵무력을 총집결하는 미국」(2013.4.24)
〈조선중앙통신〉「미군 핵선제타격훈련에 광분」(2013.3.20)
〈조선중앙통신〉「미제가 조선반도주변으로 핵항공모함들 기동」(2013.4.6)
〈조선중앙통신〉「세계적인 핵위협과 군비경쟁의 장본인」(2012.10.3)
〈조선중앙통신〉「조선 미국의 핵무기에 의거한 군사적패권정책과 위협공갈책동을 규탄」(2012.9.12)

〈조선중앙통신〉 「조선반도에서 기정사실로 된 핵전쟁」(2013.3.29)

〈조선중앙통신〉 「조선에 대한 핵위협을 끊임없이 증대시켜온 미국」(2013.1.29)

〈조선중앙통신〉 「조선인민군 총참모부 미국의 핵타격수단 전개책동 비난」(2013.4.4)

〈조선중앙통신〉 「미국의 핵전쟁장비 련이어 전개 비난」(2013.4.5)

〈조선중앙통신〉 「미국의 핵전쟁수단들의 조선반도수역 출동 비난」(2013.4.4)

〈조선중앙통신〉 「핵무기현대화책동을 합리화하려는 어리석은 기도」(2012.6.6)

〈조선중앙통신〉 「핵위협을 계단식으로 확대해온 미국의 범죄행위」(2013.3.6)

〈조선중앙통신〉 「핵전쟁야망에 들뜬 미제의 범죄적행적」(2013.1.29)

〈조선중앙통신〉 「핵주범의 《비핵세계》타령」(2012.1.17)

〈조선중앙통신〉 「조선인민군 최고사령부 대변인 미국의 로골적인 핵공갈을 그보다 더 위력한 조선 식의 군사적대응으로 짓부셔버릴것이라고 강조」(2013.3.21)

2. 미국의 일본 및 남한과의 '군사공모' 비난

(1) 미일안보공조('미일군사결탁') 비난

〈조중통/로〉 「위험한 미일군사적결탁」(2001.2.6)

〈조중통/로〉 「일본의 〈유사시법제〉 정비 최종검토 비난」(2001.2.15)

〈조중통/로〉 「수수방관할수 없는 위험한 미일군사적결탁책동」(2001.3.14)

〈조중통/민주조선〉 「미국과 일본은 경거망동하지 말아야 한다」(2001.3.20)

〈조중통/로〉 「미일공동성명은 힘에 의한 대조선압살야망」(2001.3.24)

〈조중통/로〉 「미국회하원 외교위원회 위원장의 일본과거청산회피두둔을 비난」(2001.4.3)

〈조중통/민주조선〉 「일본의 〈미싸일방위〉체계수립가담에 강력히 대응」(2001.4.3)

〈조중통/로〉 「손아래 동맹자의 가련한 처지」(2001.4.18)

〈조중통/로〉 「일본이 미제의 전쟁책동에 가담하는것은 자멸의 길」(2001.4.26)

〈조중통/민주조선〉「무엇을 노린 아미타지의 헌법수정강박인가」(2001.5.18)

〈조중통/로〉「미일의 합동군사연습 증가계획을 규탄」(2001.5.19)

〈조중통/로〉「일제의 〈종군위안부〉범죄를 두둔하는 미국을 단죄」(2001.5.29)

〈조중통〉「신문들 일본반동들의 〈집단적자위권〉 행사 주장을 단죄」(2001.6.9)

〈조중통/로〉「미일동맹강화를 단죄」(2001.6.13)

〈조중통/로〉「위험한 미일사이의 군사적결탁을 규탄」(2001.7.1)

〈조중통/로〉「미일의 공동침략문서」(2001.7.10)

〈조중통/로〉「미일공동소해특별훈련은 명백히 침략적인 전쟁연습」(2001.7.19)

〈조중통/로〉「머슴군의 가련한 신세」(2001.7.25)

〈조중통/로〉「미국앞에서 쩔쩔 매는 일본」(2001.8.4)

〈조중통/로〉「일본인민에게 불행과 고통을 들씌우는 미군기지」(2001.8.10)

〈조중통/로〉「미국은 일본이 과거청산을 회피하도록 부추기고 있다」(2001.8.27)

〈조중통〉「위험천만한 미일의 군사적일체화 완성 책동」(2001.8.29)

〈조중통/로〉「〈일미안전보장협의위원회〉 비난」(2001.9.1)

〈조중통〉「미일군사동맹강화 력설을 비난」(2001.9.11)

〈조중통/로〉「〈미일안보조약〉견지를 비난」(2001.9.13)

〈조중통/로〉「〈북조선위협〉설을 떠드는 미일반동들의 검은 속심」(2001.9.25)

〈조중통/민주조선〉「일본의 미국보복조치 적극 참여를 비난」(2001.9.29)

〈조중통/민주조선〉「일본당국자의 대미병참지원 정당화를 비난」(2001.10.23)

〈조중통/로〉「테로사건과 관련한 일본의 군국화책동 비난」(2001.11.18)

〈조중통/로〉「독이발을 드러낸 미국의 〈충견〉」(2001.11.23)

〈조중통/로〉「미일〈전략적대화〉란 전쟁정책을 강화하기 위한 군사적공모결탁」(2002.2.12)

〈조중통/로〉「미군과 〈자위대〉 협력강화모의는 전쟁의 불을 지피려는 위험한 움직임」(2002.2.18)

〈조중통/로〉「물지게군삯도 받지 못하는 일본」(2002.3.9)

〈조중통/로〉「일본군국주의의 전쟁책동을 저지파탄시키자」(2002.6.29)

〈조중통/로〉「미국의 부질 없는 핵압력〈공조〉놀음」(2002.12.9)

〈조중통/로〉「일본의 대조선핵압력소동편승은 우리에 대한 직접적인 군사적위협」(2003.3.25)

〈조중통/로〉「미군의 송이폭탄사용을 비호한 일본을 비난」(2003.5.26)

〈조중통/로〉「미일〈정상회담〉은 대조선압박과 〈응징〉을 위한 위험한 모의」(2003.6.8)

〈조중통/로〉「로동신문 일본이 미국과 야합하여 자주권을 침해하면 보복타격」(2003.6.23)

〈조중통/로〉「미국의 대조선〈국제적포위망〉형성책동에 편승하는 일본을 규탄」(2003.8.5)

〈조중통/로〉「〈군사력행사의 선택안 견지〉는 핵문제에 대한 일본의 태도」(2003.8.11)

〈조중통/로〉「미국의 〈일본해〉표기는 대일일변도정책의 발로」(2003.8.29)

〈조중통/로〉「미제의 제2조선전쟁준비와 《원정공격군》」(2003.9.28)

〈조중통/로〉「해외팽창을 합법화하려는 위험한 기도」(2004.8.11)

〈조중통〉「주일미군재편성은 선제공격전략실현을 노린 위험한 움직임」(2004.8.11)

〈조중통/로〉「미일당국은 반공화국국제공조소동을 그만두어야 한다」(2004.8.14)

〈조중통/로〉「표면화되고있는 미일모순과 대립」(2004.9.1)

〈조중통/민주조선〉「도꾜만앞바다 PSI《해상합동훈련》 비난」(2004.10.12)

〈조중통/로〉「미일공동작전계획 《5055》은 대조선침략흉계의 산물」(2004.12.27)

〈조중통/로〉「제2조선전쟁의 불구름을 몰아오는 위험한 군사적결탁」(2005.1.25)

〈조중통/민주조선〉「혹가이도에서의 미군,《자위대》합동군사훈련 규탄」(2005.2.5)

조중통/로〉「독도문제에 뻗친 미국의 마수」(2005.4.1)

〈조중통〉「일본방위청의 《선제공격》모의시험」(2005.4.30)

〈조중통/로〉「제2조선전쟁도발을 위한 주일미군무력의 재편성배비책동」(2005.5.8)

〈조중통/로〉「《부당한 2중기준적용행위》-《동맹국》핵개발 묵인,조장」(2005.5.18)

〈조중통/로〉「〈미일안보체제〉강화책동의 위험성」(2005.6.12)

〈조중통/조평통대변인〉「미일의 침략적공모결탁을 규탄」(2005.7.30)

〈조중통/민주조선〉「《〈위협〉대처가 아니라 침략준비이다》-일본의 군사동향」(2005.8.6)

〈조중통/로〉「《군사적지배야망실현을 노리고》-미핵항공모함 요꼬스까배비」(2005.11.9)

〈조중통/로〉「핵군비경쟁을 촉진시키는 무분별한 행위」(2005.11.30)

〈조중통〉「법률가위 《죠지 워싱톤》요꼬스까배비 철회해야할것이다」(2006.1.30)

〈조중통/로〉「새 전쟁준비완성을 위한 모험적인 책동」(2006.2.3)

〈조중통/로〉「미일공동군사연습의 위험성」(2006.5.5)

〈조중통/로〉「〈일미방위협력지침〉개정책동의 위험한 내막」(2006.5.12)

〈조중통/로〉「대립과 모순의 시한탄을 안고있는 미일동맹」(2006.5.17)

〈조중통/로〉「《대미추종에 환장한자들의 역겨운 추태》-《북조선인권법》」(2006.6.26)

〈조중통〉「뿌리깊은 침략적공모결탁범죄」(2006.7.29)

〈조중통/로〉「무모한 전쟁광기」(2006.9.14)

〈로동신문〉「미제의 반동적인 3각군사동맹조작책동」(2012.9.19)

〈로동신문〉「용납될수 없는 미싸일방위체계구축책동」(2012.10.15)

〈로동신문〉「위험한 군사적공모결탁책동」(2012.11.25)

〈로동신문〉「지역의 평화와 안전을 파괴하는 위험한 군사적결탁」(2012.7.13)

〈민주조선〉「일본의 대미추종행위의 속심을 폭로」(2012.1.17)

〈조선중앙통신〉「남조선일본군사협정체결문제를 통해 본 미국의 본색」(2012.7.14)

〈조선중앙통신〉「리명박역적패당과 일본반동들의 범죄적인 군사적결탁책동을 만천하에 고발한다」(2012.8.13)

〈조선중앙통신〉「미일의 레이다전개공모는 무엇을 노린것인가」(2012.9.10)

〈조선중앙통신〉「재침야망실현을 위한 위험천만한 책동」(2012.1.18)

(2) 한미합동군사훈련 및 미국의 남한 무장 비난

＊ 한미합동군사훈련 비난

〈조중통/로〉「더욱 긴장해 지는 조선반도정세」(2001.3.19)

〈조중통/로〉「전쟁불장난을 걷어 치워야 한다」(2001.4.18)

〈조중통〉「위험한 북침전쟁연습」(2001.4.21)

〈조중통/로〉「미제호전계층과 남조선군부는 정세를 어디로 끌고 가려는가」(2001.4.23)

〈조중통/로〉「〈련합전시증원연습〉은 〈팀 스피리트〉의 재판」(2001.4.27)

〈조중통/로〉「미군의 〈대규모기동훈련〉을 규탄」(2001.5.14)

〈조중통/민주조선〉「미국보수세력들은 〈군사적공조〉놀음을 걷어 치워야 한다」(2001.7.10)

〈조중통/로〉「련합기뢰전훈련은 북침을 노린 전쟁연습」(2001.7.12)

〈조중통/로〉「아시아태평양지역을 틀어 쥐려는 군사전략」(2001.7.14)

〈조중통/외무성대변인〉「조선외무성 대변인 〈을지 포커스 렌즈〉합동군사연습을 규탄」(2001.8.22)

〈조중통/로〉「미국은 전쟁위험을 증대시키는 군사행동을 그만두어야 한다」(2001.8.28)

〈조중통/로〉「미국방성 부차관보의 미군무력유지발언 비난」(2001.9.12)

〈조중통/민주조선〉「정세를 악화시키는 북침공격훈련」(2001.11.16)

〈조중통/로〉「미국의 시대착오적인 대조선정책」(2001.12.4)

〈조중통/민주조선〉「미국은 군사적위협을 조성하는 장본인」(2001.12.4)

〈조중통/로〉「북남합의에 어두운 그림자 비끼게 하는 합동군사연습」(2002.8.20)

〈조중통/로〉「미국남조선〈년례안보협의회〉는 우리에 대한 선전포고」(2002.12.15)

〈조중통/로〉「〈독수리〉전쟁연습 개시를 규탄」(2003.3.5)

〈조중통/로〉「미국의 군사연습책동을 단죄」(2003.3.10)

〈조중통/로〉「미국남조선합동군사연습은 제2조선전쟁을 위한 종합적인 군사작전」(2003.4.2)

〈조중통/로〉「미국의 군사적움직임은 침략적대조선전략의 산물」(2003.4.3)
〈조중통/로〉「미제가 침략적군사행동을 강화하는 한 조선에서 핵전쟁은 피할수 없다」(2003.4.3)
〈조중통/로〉「미국이 들고 나오는 핵문제〈련합전선〉형성을 규탄」(2003.5.20)
〈조중통/로〉「〈전시련합증원훈련〉 규탄」(2003.6.21)
〈조중통/로〉「〈을지 포커스 렌즈〉전쟁연습계획을 당장 취소하라」(2003.7.30)
〈조중통/로〉「〈을지 포커스 렌즈〉연습강행은 참을수 없는 도발」(2003.8.18)
〈조중통/로〉「북침을 노린 위험한 전쟁불장난」(2004.3.15)
〈조중통/로〉「북침을 겨냥한 모험적인 불장난《을지 포커스 렌즈-04》」(2004.8.11)
〈조중통/민주조선〉「위험한 북침흉계《을지 포커스 렌즈-04》」(2004.8.12)
〈조중통/외무성대변인〉「《을지 포커스 렌즈-04》 규탄」(2004.8.20)
〈조중통/로〉「대결과 전쟁을 몰아오는 위험한 군사행동」(2004.8.25)
〈조중통/로〉「핵폭탄을 물고 날아드는《독수리》」(2004.9.3)
〈조중통〉「남조선핵문제의 주범은 미국이다」(2004.12.14)
〈조중통/로〉「미국은 북침전쟁연습계획을 당장 취소하라」(2005.3.10)
〈조중통/조평통대변인〉「합동군사연습책동을 단죄규탄」(2005.3.11)
〈조중통/외무성대변인〉「미국과 남조선당국의 대규모전쟁연습책동을 규탄」(2005.3.15)
〈조중통/조평통대변인〉「남조선강점 미제2사단개편놀음을 규탄」(2005.3.17)
〈조중통/로〉「북침선제공격을 노린 무력개편놀음」(2005.3.22)
〈조중통〉「미제2사단개편놀음은 무엇을 보여주는가」(2005.3.22)
〈조중통/로〉「핵전쟁위험을 크게 증대시킨 북침연습소동」(2005.3.26)
〈조중통/민주조선〉「전쟁능력강화를 위한 미군재편성」(2005.3.26)
〈조중통/로〉「북침전쟁연습은 대조선압살정책의 산물」(2005.4.2)
〈조중통/로〉「전조선과 동북아시아를 겨냥한 미강점군의 개편놀음」(2005.4.6)
〈조중통/조평통대변인〉「《5029》북침전쟁계획은 완전 백지화되여야 한다」(2005.5.6)

〈조중통/로〉「《평화를 위협하는 도발행위》-미2사단개편」(2005.6.22)
〈조중통/외무성대변인〉「《을지 포커스 렌즈-05》 6자회담에 영향」(2005.8.24)
〈조중통/민주조선〉「무력공갈로 얻을것이 있겠는가」(2005.8.30)
〈조중통(2005.9.4)/민주조선(2005.9.3)〉「대화와 전쟁연습은 량립될수 없다」
〈조중통/조평통대변인〉「북침합동군사연습 강행에 경고」(2006.3.13)
〈조중통〉「판문점대표부 북침전쟁연습대처, 선제공격권리는 우리에게도 있다」(2006.3.14)
〈조중통/민주조선〉「핵재난을 몰아오는 위험한 책동」(2006.3.21)
〈조중통/로〉「6.15실천 북측위원회 대변인 북침합동군사연습 규탄담화」(2006.3.25)
〈조중통〉「핵선제공격을 노린 위험한 전쟁연습」(2006.3.27)
〈조중통/로〉「《엄중한 군사적도발》-《을지 포커스 렌즈》」(2006.7.31)
〈조중통/로〉「새 전쟁도발을 노린 무모한 군사적움직임」(2006.8.1)
〈조중통/민주조선〉「북침을 위한 위험천만한 불장난」(2006.8.1)
〈조중통/로〉「선제공격을 노린 무모한 불장난」(2006.8.16)
〈조중통/민주조선〉「전쟁위험은 어디서 오는가」(2006.8.22)
〈조중통〉「판문점대표부《을지 포커스 렌즈》를 정전협정무효선언으로 간주」(2006.8.22)
〈조중통/로〉「북침전쟁을 위한 모험적인 불장난」(2006.8.23)
〈조중통〉「새전쟁도발의 전주곡」(2006.8.29)
〈조중통/조평통대변인〉「《을지 포커스 렌즈》 규탄」(2006.9.2)
〈조중통/로〉「북침을 노리는 호전광들」(2006.9.4)
〈조중통/로〉「새 전쟁도발야망의 뚜렷한 발로」(2006.9.4)
〈조중통/로〉「전쟁도발을 위한 위험한 움직임」(2006.9.26)
〈조중통〉「조평통 미군《개편》은 곧 무력증강, 반공화국침략전쟁의 전주곡」(2006.10.7)

*** 미국의 남한 무력 증강 비난**

〈조중통/로〉「남조선당국의 무력증강 책동」(2001.5.12)

〈조중통/민주조선〉「군사적우위확보를 위한 이지스함 배비」(2001.6.15)

〈조중통/민주조선〉「미국의 대남조선 미싸일수직발사장비 판매결정을 비난」(2001.7.3)

〈조중통/로〉「미제의 무기구매 압력소동을 론평」(2001.7.21)

〈조중통/로〉「남조선에서의 미군전력강화를 엄중시, 총대를 더욱 강화할것이다」(2001.10.21)

〈조중통/로〉「남조선에 미싸일요격레이다를 배치하려고 하는 미국을 규탄」(2001.12.1)

〈조중통〉「미국의 특수미싸일부대창설은 도발적적대행위」(2002.1.11)

〈조중통/로〉「스텔스전투폭격기의 남조선 계속배치를 비난」(2003.5.14)

〈조중통/로〉「남조선강점 미군의 〈전력증강계획〉 규탄」(2003.6.4)

〈조중통/로〉「남조선의 〈패트리오트 3〉도입을 비난」(2003.6.18)

〈조중통/외무성대변인〉「미국의 이지스구축함배비에 결정적인 자위적대응조치」(2004.3.31)

〈조중통/민주조선〉「《F-15E》전투폭격기대대 남조선배치를 규탄」(2004.9.1)

〈조중통/로〉「남조선당국의 위험천만한 군비증강책동」(2004.10.4)

〈조중통/민주조선〉「전쟁위험을 증대시키는 행위-신형《패트리오트》 광주 배치」(2004.12.7)

〈조중통/조평통대변인〉「미국은 남조선에서 항공모함전단을 당장 끌어내가야 한다」(2005.3.15)

〈조중통/조평통대변인〉「미군핵추진잠수함 정박은 조선반도비핵화선언 위반」(2005.3.26)

〈조중통〉「미국핵잠수함이 남조선에 입항한 사실 탄로」(2005.3.27)

〈조중통/반핵평화위대변인〉「미군핵잠수함 남조선 정박 비핵화원칙을 위반」(2005.3.29)

〈조중통/조평통〉「최첨단신형미싸일의 남조선배비 규탄」(2005.4.1)

〈조중통/조평통대변인〉「스텔스전투폭격기 남조선배치 6.15통일대축전 파탄」(2005.6.1)

〈조중통/로〉「스텔스전투폭격기투입은 엄중한 반공화국군사적도발」(2005.6.3)

〈조중통〉「남조선군의 무력증강계획 폭로」(2006.1.13)

〈조중통/로〉「용납할수 없는 반민족적범죄행위-핵추진잠수함개발」(2006.4.5)

〈조중통〉「조평통 미국의 침략전쟁책동중지를 요구-《엔터프라이즈》부산입항」(2006.7.21)

〈조중통〉「조평통 남조선의 정탐위성발사는 지역정세를 격화시키는 도발」(2006.8.1)

〈조중통〉「조평통 보도 남조선미군기지들에 렬화우라니움탄 274만발 보유」(2006.8.18)

〈조중통〉「조평통 남조선군부호전세력의 최신무기개발도입책동 규탄」(2006.9.15)

＊ 미국의 남한 핵무장화 의혹 제기

〈조중통/외무성대변인〉「남조선의 우라니움농축문제에 주의를 집중해야 한다」(2004.9.11)

〈조중통/외무성대변인〉「영국외무성대표단의 조선방문결과에 언급 - 남조선핵실험 해명되기전에는 6자회담에 나갈수 없다」(2004.9.16)

〈조중통/로〉「남조선핵추문은 핵문제해결의 장애물」(2004.9.18)

〈조중통/로〉「부당한 2중기준은 허용될수 없다」(2004.9.20)

〈조중통/로〉「동족을 위협하는 핵무장화책동」(2004.10.6)

〈조중통/외무성대변인〉「조선반도의 비핵화문제를 론하자면 남조선의 핵문제부터 토의해명하여야 한다」(2004.10.6)

〈조중통/민주조선〉「비밀핵실험의 진상을 밝혀야한다」(2004.10.7)

〈조중통〉「핵문제 2중기준을 버려야 한다」(2004.11.20)

〈조중통/로〉「남조선핵문제는 말끔히 해명되여야 할 범죄」(2004.12.12)

〈조중통/민주조선〉「2중기준적용은 절대로 허용될수 없다」(2004.12.14)

〈조중통〉「《핵물질행불사건》은 철저히 해명되여야 한다」(2005.10.14)

〈조중통/반핵평화위대변인〉「《우라니움행처불명사건》의 진상규명 요구」(2005.10.15)

〈조중통/민주조선〉「2중기준정책은 절대로 용납될수 없다」(2005.10.22)

〈조중통/로〉「허용될수 없는 2중기준」(2005.10.23)

〈조중통〉「반핵평화위 성명 남조선의 핵추진잠수함개발,핵무장화책동 규탄」(2006.4.1)

*** 미국의 북한 급변사태 관련 작전계획 수립 비난**

〈조중통/로〉「미국의 〈돌발상황대비 작전계획〉은 침략계획」(2003.1.23)

〈조중통/조평통대변인〉「《작전계획 5029-05》규탄」(2005.4.17)

〈조중통/민주조선〉「《모험적인 북침전쟁계획》-《작전계획5029-05》」(2005.4.20)

〈조중통/민주조선〉「《같고같은 북침전쟁계획》-《5029》」(2005.5.10)

〈조중통/민주조선〉「《선제공격을 노린 위험한 군사적움직임》-《한터》배치계획」(2005.8.9)

*** 한미합동군사훈련, 미국의 남한 무력 증강 등 비난**

〈로동신문〉「《미싸일정책선언》은 공공연한 북침전쟁선언」(2012.10.19)

〈로동신문〉「《블루릿지》호의 남조선입항목적을 폭로」(2012.3.6)

〈로동신문〉「남조선과 미국의 《맥스 썬더》연습을 규탄」(2012.5.12)

〈로동신문〉「남조선미국《련합군사령부》는 해체되여야 한다」(2012.7.12)

〈로동신문〉「남조선에 첨단군사장비들을 들이미는 미국의 속심을 폭로」(2012.5.28)

〈로동신문〉「남조선호전광들이 정세를 폭발국면에로 몰아가고있는데 대해 폭로」(2012.3.3)

〈로동신문〉「미국과 남조선당국의 북침전쟁도발책동을 단죄」(2012.1.30)

〈로동신문〉「미국과 남조선의 반공화국군사적모의 목적 폭로」(2012.5.9)

〈로동신문〉「미국과 남조선호전광들의 북침전쟁책동은 멸망을 앞당기는 어리석은

망동이라고 규탄」(2013.3.5)

〈로동신문〉「미국남조선당국의 합동군사연습책동을 규탄」(2012.2.20)

〈로동신문〉「북침합동군사연습은 평화에 대한 엄중한 도전」(2012.10.30)

〈로동신문〉「위험천만한 북침핵선제공격연습」(2012.8.20

〈로동신문〉「위험한 북침선제공격선언」(2012.10.12)

〈로동신문〉「전쟁위기를 고조시키는 위험한 불장난」(2012.10.28)

〈로동신문〉「핵전쟁광신자들의 위험한 군사적모의」(2012.11.5)

〈로동신문〉「핵전쟁도발 노린 미국과 추종세력들의 군사적광란 규탄」(2013.3.6)

〈민주조선〉「《키 리졸브》,《독수리》합동군사연습은 철두철미 북침전쟁연습이라고 주장」(2012.2.10)

〈민주조선〉「미국과 남조선당국의 군사적망동을 규탄」(2012.1.27)

〈민주조선〉「미국과 남조선호전광들의 북침핵전쟁연습을 단죄」(2013.3.5)

〈민주조선〉「수수방관할수 없는 위험한 군사적결탁」(2012.11.6)

〈조선중앙통신〉「《방어》의 탈을 쓴 전쟁연습--조선중앙통신사 론평」(2012.2.4)

〈조선중앙통신〉「《키 리졸브》훈련 강행,북침합동군사연습 본격적단계에 돌입」(2013.3.11)

〈조선중앙통신〉「《호국》훈련의 침략적정체는 가리울수 없다--조선중앙통신사 론평」(2012.11.1)

〈조선중앙통신〉「60년동안 지속되고있는 북침전쟁연습」(2013.4.8)

〈조선중앙통신〉「더욱 드러난 전쟁광신자들의 정체」(2012.5.28)

〈조선중앙통신〉「미국과 그 추종세력의 반공화국제재책동은 파산을 면치 못할것이다」(2012.6.20)

〈조선중앙통신〉「미국과 남조선의《호국》훈련은 누구를 겨냥한것인가」(2012.10.31)

〈조선중앙통신〉「미국과 남조선의 미싸일방위협력은 새로운 군비경쟁을 초래할것이다--중국의《해방군보》가 강조」(2012.7.3)

〈조선중앙통신〉「미국과 남조선의 새로운 움직임은 아시아지역안전에 부정적인 영향을 미칠수 있다」(2012.10.28)

〈조선중앙통신〉 「본격적인 단계에 이른 미싸일분야의 결탁」(2012.11.8)

〈조선중앙통신〉 「조국평화통일위원회 대변인담화」(2012.2.4)

〈조선중앙통신〉 「조선반도 핵 위기를 가상한 합동훈련 감행」(2012.12.11)

〈조선중앙통신〉 「조선반핵평화위원회 남조선을 핵전파,핵전쟁위험지역으로 만든 미국과 남조선당국의 죄행을 폭로」(2012.3.14)

〈조선중앙통신〉 「조선외무성 대변인 위성발사문제와 관련한 미국의 이중기준을 비난」(2013.2.2)

〈조선중앙통신〉 「조평통 미국,남조선의 북침전쟁책동과 《대화》타령 비난」(2013.4.24)

〈조선중앙통신〉 「평화와 안정의 파괴자는 누구인가」(2012.11.12)

〈조선중앙통신〉 「합동군사연습을 통해 드러난 남조선호전광들의 추악한 정체」(2012.9.27)

〈조선중앙통신〉 「핵전쟁머슴군의 무모한 도발광기」(2012.5.28)

〈조선중앙통신〉 「핵전쟁의 불구름을 몰아오는 미제와 남조선호전광들」(2012.9.11)

3. 한국전쟁 '북침' 도발과 전쟁기 미군 '만행' 비난

〈조중통/민주조선〉 「미제의 집단살륙만행진상을 밝혀 내야 한다」(2001.4.28)

〈조중통〉 「전쟁도발자의 정체는 감출수 없다」(2001.7.28)

〈조중통/로〉 「미제의 침략과 전쟁책동을 단호히 짓부시자」(2002.6.25)

〈조중통〉 「〈문명인〉 들의 대중적 학살 만행」(2002.6.25)

〈조중통/로〉 「미군의 남조선강점력사는 대중적학살만행의 력사」(2003.6.4)

〈조중통/로〉 「과거 미제의 조선인학살에 형사적책임추궁권리를 행사」(2003.6.24)

〈조중통/로〉 「지난 조선침략전쟁준비를 발광적으로 다그쳐온 미제의 정체」(2004.6.24)

〈조중통/로〉 「미제는 조선전쟁도발자, 날강도적인 침략자」(2004.6.25)

〈조중통/로〉 「조선전쟁시기 핵공격을 기도한 미제의 죄행」(2004.6.27)

〈조중통/로〉「력사는 조선전쟁도발자 미제를 고발한다」(2006.6.25)

〈로동신문〉「유엔의 이름을 도용하여 감행한 미제의 전쟁책동을 고발한다」(2012. 6.27)

〈로동신문〉「힘의 우세는 미제의 독점물이 아니다」(2012.6.25)

〈조선중앙통신〉「미국은 조선전쟁도발자로서의 정체를 가리울수 없다」(2012.6.27)

〈조선중앙통신〉「미국의 조선전쟁도발과 국제적배경」(2012.6.26)

〈조선중앙통신〉「제2의 6.25전쟁을 몰아오는 미제」(2012.6.24)

〈조선중앙통신〉「조선반도평화보장의 기본장애물 미제침략군」(2012.1.6)

〈5-2〉 북한의 체제안보 차원의 대미 비난 레토릭

1. 반제반미 민족주의와 자주권 수호를 위한 민족의 단결 촉구

(1) 반미 민족주의 촉구

〈조중통/로〉「민족자주의 원칙은 통일문제해결의 근본원칙」(2001.1.4)

〈조중통/로〉「조선민족끼리 손 잡으면 통일은 문제 없다」(2001.1.6)

〈조중통/로〉「온 민족의 대단결은 곧 조국통일」(2001.1.7)

〈조중통/로〉「온 민족이 화합하고 단결하여 통일을 이룩할것을 호소」(2001.1.11)

〈조중통/로〉「자주통일의 획기적국면 위한 중대한 조치」(2001.1.12)

〈조중통/로〉「북남공동선언리행에 자주통일이 있다」(2001.1.14)

〈조중통/로〉「외세와의 공조가 아니라 동족과 공조하여야 한다」(2001.1.19)

〈조중통/로〉「우리 민족은 조국통일의 주인」(2001.1.24)

〈조중통/로〉「조선민족끼리 통일의 문을 여는것은 공동선언의 기본정신」(2001. 1.26)

〈조중통/로〉「통일의 열쇠는 우리 민족이 쥐고 있다」(2001.1.27)
〈조중통/로〉「민족자주통일선언을 높이 들고 나가자」(2001.1.28)
〈조중통/로〉「북남공동선언리행의 주인은 조선민족」(2001.2.4)
〈조중통/로〉「민족자주정신이 차넘치는 긍지 높은 선언」(2001.2.6)
〈조중통/로〉「조선민족끼리 통일하는것은 공동선언의 기본정신」(2001.2.18)
〈조중통/로〉「민족공조로 통일문제해결을 주장」(2001.2.19)
〈조중통/로〉「북남공동선언의 철저한 리행을 강조」(2001.2.21)
〈조중통/로〉「조선통일의 장애물들을 제거할것을 호소」(2001.2.23)
〈조중통/로〉「전 민족대단결로 조국통일위업을 성취할 것을 호소」(2001.3.1)
〈조중통/로〉「북남공동선언의 기치를 높이 들고 나가는것은 정세의 요구」(2001.3.22)
〈조중통/로〉「높이 추켜 들어야 할 민족공동의 투쟁의 기치」(2001.3.27)
〈조중통/로〉「북남공동선언을 지킬데 대해 강조」(2001.6.5)
〈조중통/로〉「반외세자주화투쟁에 살 길이 있다」(2001.6.10)
〈조중통/민주조선〉「1년동안의 북남공동선언리행과정은 무엇을 보여 주는가」(2001.6.28)
〈조중통/민주조선〉「외세와의 〈공조〉를 걷어 치워야 한다」(2001.6.29)
〈조중통/민주조선〉「외세의 지배와 간섭은 민족단합을 가로 막는 기본장애」(2001.8.10)
〈조중통/로〉「외세에 의존하면 망한다」(2001.9.10)
〈조중통/로〉「반미자주화에 자주통일이 있다」(2001.11.21)
〈조중통/로〉「사대와 외세의존은 통일의 장애」(2001.11.22)
〈조중통/로〉「로동신문 민족자주통일대행진에 떨쳐 나설것을 호소」(2002.1.3)
〈조중통/로〉「북남공동선언의 기본정신을 존중해야 한다」(2002.1.4)
〈조중통/로〉「조선민족의 운명은 조선민족이 지켜야 한다」(2002.1.5)
〈조중통/로〉「지난해 온 세상에 높이 떨쳐진 주체조선의 존엄과 권위」(2002.1.5)
〈조중통/로〉「자주의 흐름은 어떤 힘으로도 막을수 없다」(2002.1.16)

〈조중통/로〉「민족자주는 통일, 외세의존은 분렬의 길」(2002.5.31)
〈조중통/로〉「조국통일3대원칙을 철저히 실현하여 민족자주통일을 이룩하자」(2002.7.4)
〈조중통/로〉「민족자주는 침략과 분렬책동을 짓부시는 위력한 무기」(2002.8.7)
〈조중통/로〉「조선민족제일주의정신을 지닌 우리 인민의 혁명적기상」(2002.9.21)
〈조중통(2002.10.22)/로동신문(2002.10.21)〉「민족적존엄과 자존심을 투쟁으로 지켜야 한다」
〈조중통/로〉「전 민족의 존엄과 안전, 리익을 지키는 애국애족의 정치」(2002.11.3)
〈조중통/로〉「반미투쟁은 평화와 안전을 위한 근본담보」(2002.11.26)
〈조중통/로〉「미군무죄판결은 민족의 존엄에 대한 우롱」(2002.11.28)
〈조중통/로〉「민족공조로 핵재난의 위험을 막아야 한다」(2002.11.28)
〈조중통/로〉「전체 조선민족은 미제의 침략정책에 철추를 내려야 한다」(2002.12.20)
〈조중통/로〉「평화통일을 위한 출로는 견결한 반미투쟁에 있다」(2002.12.22)
〈조중통/로〉「민족의 안전과 리익은 민족자신이 지켜야 한다」(2003.1.12)
〈조중통/로〉「로동신문 민족주체의 위력은 평화를 수호하는 힘 있는 담보」(2003.2.26)
〈조중통/로〉「완강한 반미반전투쟁에 평화와 통일이 있다」(2003.4.21)
〈조중통/로〉「우리의 전쟁억제력은 온 민족을 위한것이다」(2003.6.2)
〈조중통/로〉「사설 사생결단으로 미제와 싸워 민족의 존엄과 자주권을 지키자」(2003.6.25)
〈조중통/로〉「반미반전투쟁은 절박한 민족적과제」(2003.6.26)
〈조중통/로〉「민족대단결은 반미반전투쟁에서의 승리의 담보」(2003.8.24)
〈조중통/로〉「민족이 단합하여 반전평화투쟁을 벌려야 한다」(2003.10.6)
〈조중통/로〉「높은 민족적자존심은 우리 겨레의 자랑」(2004.3.5)
〈조중통/로〉「반미는 자주이고 평화이며 통일이다」(2004.3.18)
〈조중통/로〉「미국은 민족공동의 원쑤, 민족공동의 투쟁대상」(2004.5.12)
〈조중통/로〉「반미자주는 애국이며 통일」(2004.6.29)

〈조중통/로〉「미국없이 우리 민족끼리 살아나가자」(2004.10.30)

〈조중통/로〉「반미반전투쟁은 평화와 통일을 위한 투쟁」(2004.11.4)

〈조중통/로〉「6.15공동선언에 도전하는 반민족적범죄」(2004.11.5)

〈조중통/로〉「민족자주공조를 확고히 실현하여야 한다」(2005.1.8)

〈조중통/로〉「민족의 피값을 받아내야 한다-미군민간인대학살」(2006.3.8)

〈조중통/로〉「미제의 범죄적인 대조선정책은 파탄을 면할수 없다」(2006.3.9)

〈조중통/로〉「반전평화수호는 민족의 중대한 과제」(2006.3.11)

〈조중통/로〉「견결한 애국의지로 미제의 전쟁책동을 분쇄해야 한다」(2006.9.28)

〈로동신문〉「민족반역의 무리들을 매장하고 력사의 새 장을 펼치자」(2012.12.19)

〈로동신문〉「민족자주는 조국통일의 근본립장이라고 강조」(2012.1.20)

〈로동신문〉「온 겨레가 정의의 통일애국성전에 총궐기해나설것」(2013.3.30)

〈로동신문〉「온 겨레가 힘을 합쳐 자주통일의 돌파구를 열어나갈데 대해 강조」(2012.1.4)

〈로동신문〉「조선민족의 자주통일의지는 꺾을수 없다」(2012.12.27)

〈로동신문〉「통일운동의 승리는 조선민족의 단합된 투쟁에 있다고 강조」(2012.1.30)

〈조선중앙통신〉「6월은 반미반독재의 거족적인 투쟁을 부른다」(2012.6.21)

〈조선중앙통신〉「김일성사회주의청년동맹 거족적인 전민항쟁에 떨쳐나설것 호소」(2013.4.4)

〈조선중앙통신〉「미군범죄를 끝장내는 길은 반미투쟁에 있다」(2013.3.26)

〈조선중앙통신〉「민족의 화해와 단합은 조국통일의 결정적담보」(2012.1.11)

〈조선중앙통신〉「반미공동전선형성을 위한 움직임」(2012.1.25)

〈조선중앙통신〉「조국통일민주주의전선 중앙위원회 전체 조선민족에게 고함 발표」(2013.3.17)

〈조선중앙통신〉「해내외 전체 동포들에게 보내는 호소문」(2012.1.31)

(2) 남한의 ‘반민족주의적 대미 부화뇌동’ 비난

〈조중통/로〉 「남조선 〈국방부장관〉의 호전적망발을 규탄」(2001.3.31)

〈조중통/로〉 「민족배신자들을 그대로 둘수 없다」(2001.4.30)

〈조중통/민주조선〉 「남조선의 미국제 미싸일발사대 구입요청을 비난」(2001.5.11)

〈조중통/로〉 「외세와 짝자꿍이를 하는것은 반민족, 반통일행위」(2001.5.31)

〈조중통/로〉 「더욱 악랄해 지고 있는 안팎의 분렬주의자들의 반통일책동」(2001.9.26)

〈조중통/로〉 「〈한나라당〉의 〈핵문제〉 단호대처주장을 규탄」(2002.10.31)

〈조중통/로〉 「미국의 궤변에 맞장구를 치는 〈한나라당〉의 망동은 선군정치에 대한 도전」(2002.11.7)

〈조중통/로〉 「철도련결중단책임을 우리에게 씌우려고 한 남측언론 비난」(2002.11.29)

〈조중통/로〉 「미국〈정찰비행기사건〉 시비질한 남조선 〈대북성명〉 비난」(2003.3.10)

〈조중통/로〉 「남조선 〈초경계태세〉는 사대매국적망동」(2003.3.24)

〈조중통/로〉 「남조선 〈이라크파병동의안〉통과는 친미사대굴종행위」(2003.4.4)

〈조중통/로〉 「미국의 반공화국핵소동에 동조하는 남조선〈국방부 장관〉을 비난」(2003.5.10)

〈조중통/로〉 「남조선외교당국자의 〈핵문제〉해결제안거부발언에 혐오감」(2003.6.2)

〈조중통/로〉 「미군《감축》은 식민지지배를 강화하기 위한 압력」(2004.8.3)

〈조중통/로〉 「《기념비》건립놀음은 반통일전쟁기도」(2004.8.12)

〈조중통/로〉 「《주적론》고집은 파멸의 길」(2004.8.22)

〈조중통/로〉 「《자주국방》설에 숨겨진 북침흉계」(2004.11.30)

〈조중통/로〉 「북침무력증강은 공동선언에 대한 배신행위」(2004.12.9)

〈조중통/민주조선〉 「북침전쟁책동에 공조하는 반역행위」(2005.2.1)

〈조중통/로〉 「《미군기지이전계획》에 도장 찍은것은 굴욕적인 위험한 행위」(2005.2.4)

〈조중통〉 「남조선당국은 《유사시계획》들을 없애버려야 한다」(2005.3.2)
〈조중통/로〉 「〈평화재건〉의 간판밑에 벼리는 북침의 칼」(2005.9.14)
〈조중통/민주조선〉 「근본문제부터 풀어야 한다」(2005.10.27)
〈조중통/로〉 「민족공조에 배치되는 침략적공모결탁」(2005.11.11)
〈조중통/로〉 「또 하나의 추악한 친미굴종행위」(2006.1.12)
〈조중통〉 「미군《전략적유연성》문제에 남조선당국이 추종」(2006.1.26)
〈조중통/로〉 「전쟁의 참화를 몰아오는 친미굴종행위」(2006.1.28)
〈조중통〉 「남조선당국은 PSI훈련참가결정을 철회하여야 한다」(2006.2.9)
〈조중통/로〉 「침략적인 외세와의 위험한 공모결탁」(2006.2.11)
〈조중통/로〉 「외세와의 전쟁《공조》는 곧 파멸의 길」(2006.3.1)
〈조중통〉 「남조선강점 미군유지비 증액을 강요」(2006.3.11)
〈조중통/로〉 「동족을 반대하는 외세와 결탁하는것은 자멸행위」(2006.3.28)
〈조중통/로〉 「외세와의 합동군사연습을 완전히 중단해야 한다」(2006.5.10)
〈조중통/로〉 「《굴욕적인 사대매국행위》-오염미군기지이관」(2006.8.2)
〈조중통/민주조선〉 「침략과 매국의 더러운 흥정판」(2006.8.2)
〈조중통/로〉 「재침을 노린 위험한 대미군사적추종행위」(2006.8.30)
〈조중통〉 「남조선호전세력의 무인폭격기개발책동」(2006.8.31)
〈조중통/로〉 「외세와의 공조는 북남관계발전의 기본장애」(2006.9.15)

〈로동신문〉 「남조선당국의 친미사대매국정책을 폭로」(2012.3.19)
〈로동신문〉 「동족대결을 끝장내는것은 현시기 절박한 과제」(2013.1.23)
〈로동신문〉 「리명박역적패당을 조선민족의 첫째가는 타도대상으로 락인」(2012.3.14)
〈로동신문〉 「북침전쟁발발을 예고하는 위험신호」(2012.6.1)
〈로동신문〉 「통일의 장애물은 제거되여야 한다고 주장」(2012.1.28)
〈민주조선〉 「《북선제타격작전계획》 비난」(2012.5.13)
〈민주조선〉 「미국과 그 추종세력들의 반공화국망발 규탄」(2013.3.13)

〈조선중앙통신〉「겨레의 통일념원을 짓밟고 북남관계를 최악의 파국에 몰아넣은 리명박역적패당의 10대죄악을 결산한다」(2012.2.21)

〈조선중앙통신〉「리명박《정권》은 동북아시아의 평화와 안전을 엄중히 교란시킨 책임에서 벗어날수 없다」(2012.1.20)

〈조선중앙통신〉「미국의 전쟁마차를 끄는 하수인」(2012.5.30)

〈조선중앙통신〉「북남관계를 완전파국에로 몰아넣은 역적패당의 반민족적범죄는 절대로 용납될수 없다」(2012.1.12)

〈조선중앙통신〉「북침핵전쟁도발을 위한 군사적결탁」(2013.3.30)

〈조선중앙통신〉「우리의 존엄과 체제를 심히 모독한 리명박쥐새끼를 가장 비참하게, 가장 수치스럽게 죽탕쳐버리고야말것이다」(2012.4.23)

〈조선중앙통신〉「적대세력들의 《핵포기》망발 비난」(2013.3.14)

〈조선중앙통신〉「주구들의 군사동맹강화를 재촉하는 상전」(2012.8.6)

〈조선중앙통신〉「핵전쟁하수인의 너절한 《핵공조》추태」(2012.9.17)

2. 북한의 체제 · 이념과 제국주의 속성과의 정체성 충돌

(1) 제국주의의 본성과 악의적 실체 폭로

〈조중통/로〉「제국주의는 멸망의 운명을 돌려 세울수 없다」(2001.1.2)

〈조중통/로〉「가장 위험한 침략세력으로 등장한 일본」(2001.1.5)

〈조중통/로〉「대동아공영권을 실현해 보려는 망동」(2001.1.6)

〈조중통/로〉「일본은 과연 어디로 가려 하는가」(2001.1.9)

〈조중통/로〉「일제의 천인공노할 성노예범죄에 대한 응당한 국제적 판결」(2001.1.10)

〈조중통/로〉「일본당국자의 〈세계평화유지〉 발언을 론평」(2001.1.14)

〈조중통/로〉「국제사회에서 강권과 전횡은 허용되지 말아야 한다」(2001.1.16)

〈조중통/로〉「일본의 유엔평화유지활동 군사참가의사를 비난」(2001.1.19)

〈조중통/로〉「해외침략을 합법화하려는 일본반동들의 책동을 규탄」(2001.1.24)

〈조중통/로〉「〈인도주의〉간판을 단 〈평화유지작전〉의 진상/로동신문」(2001.1.26)

〈조중통/로〉「바닥이 드러난 일본집권계층들의 검은 속심」(2001.1.28)

〈조중통/로〉「제국주의자들의 가짜 〈평화〉에 속지 말아야 한다」(2001.2.11)

〈조중통/로〉「미국의 〈국가미싸일방위〉체계 수립책동의 위험성을 폭로」(2001.2.22)

〈조중통/외무성대변인〉「조선외무성대변인 일본의 침략력사 왜곡을 규탄」(2001.2.23)

〈조중통/로〉「〈대서양방위〉구상의 침략적본질」2001.3.7)

〈조중통/로〉「침략적본성과 지배야망의 발로」2001.3.15)

〈조중통/로〉「또다시 드러난 지배주의야망」2001.3.16)

〈조중통/로〉「미국은 국제정세를 긴장시키는 장본인」(2001.3.22)

〈조중통/로〉「일본 자민당의 헌법개정안을 론평」(2001.3.22)

〈조중통/로〉「집요한 패권주의적야망」(2001.3.23)

〈조중통/로〉「미국의 미싸일요격시험은 세계의 평화와 안전을 위협하는 도발행위」(2001.4.20)

〈조중통〉「미국은 세계평화의 교란자」(2001.5.30)

〈조중통/로〉「미국을 침략자, 략탈자로 단죄」(2001.6.12)

〈조중통/로〉「미제의 새 전쟁도발책동을 단호히 짓부셔 버릴것이다」(2001.6.25)

〈조중통/로〉「부쉬의 〈위협〉망발을 규탄」(2001.7.2)

〈조중통/로〉「변함 없는 조선재침야망」(2001.7.7)

〈조중통/민주조선〉「세계제패를 노린 〈미싸일방위〉체계수립책동」(2001.7.21)

〈조중통/민주조선〉「미국의 미싸일은 무엇을 노리는가」(2001.8.25)

〈조중통/로〉「미국의 부질없는 군사쁠럭조작기도」(2001.9.2)

〈조중통/로〉「미군사장비 아시아지역이동을 비난」(2001.9.6)

〈조중통/민주조선〉「유럽주둔 미군병력과 전투기술기재들 이동배비를 규탄」(2001.9.11)

〈조중통/로〉「미국의 새로운 생물무기연구개발 비난」(2001.9.14)

〈조중통/로〉「반제의식을 높일데 대하여 강조」(2001.9.22)

〈조중통/민주조선〉「남조선에 대한 미국의 무력증강책동은 로골적인 지배야망의 발로」(2001.10.20)

〈조중통/로〉「전 미국대통령 부쉬의 미군유지주장은 아시아지배야심을 대변」(2001.11.25)

〈조중통/로〉「제국주의자들의 〈원조〉는 략탈과 예속의 올가미」(2001.11.25)

〈조중통/민주조선〉「다른 나라들의 군사력강화에 대한 간섭은 미국식거만성의 발로」(2001.12.19)

〈조중통/로〉「미국은 대조선압살정책을 버려야 한다」(2001.12.31)

〈조중통/로〉「미국이야말로 악의 제국이다－부쉬의 〈악의 축〉론을 해부함」(2002.2.14)

〈조중통/로〉「일본군국주의와는 끝까지 싸워야 한다」(2002.6.13)

〈조중통/로〉「제국주의의 악랄성과 교활성에 각성을 높여야 한다」(2002.10.20)

〈조중통/로〉「미국식초대국주의의 강도적론법은 통할수 없다」(2002.12.4)

〈조중통/로〉「미제의 세계제패전략에 경각성을 높여야 한다」(2002.12.11)

〈조중통/로〉「제국주의와는 사소한 양보도 없이 싸워야 한다」(2002.12.29)

〈조중통/로〉「미국의 〈대화〉타령은 위장평화술책」(2003.2.4)

〈조중통/로〉「미국의 변장술에 경각성을 높여야 한다」(2003.2.18)

〈조중통/로〉「미국은 조선반도에서 평화의 파괴자, 전쟁의 화근」(2003.3.28)

〈조중통/로〉「미국은 국제법을 란폭하게 위반하는 세계최대의 불량배국가」(2003.4.5)

〈조중통/로〉「미제는 세계평화의 악랄한 파괴자」(2003.4.13)

〈조중통/로〉「미국의 세계지배전략에 경각성을 높여야 한다」(2003.5.13)

〈조중통/로〉「〈미국의 안전수호〉는 세계제패를 위한 강도적구호」(2003.5.25)

〈조중통/로〉「미제의 침략적본성은 절대로 변하지 않는다」(2003.6.5)

〈조중통/로〉「미제는 조선반도의 평화와 안전의 파괴자」(2003.9.16)

〈조중통/로〉「미제의 뢰물매수작전의 위험성을 폭로」(2003.9.19)

〈조중통/로〉「미제의 심리모략전은 침략과 지배의 악랄한 수법」(2003.10.28)

〈조중통/로〉「독점자본의 리익을 대변하는 미국식《가치관》의 반동성」(2003.11.7)

〈조중통/로〉「미국의 대아시아전략과 새로운 조선전쟁준비책동」(2003.11.13)
〈조중통/로〉「미제는 평화의 악랄한 원쑤」(2003.11.28)
〈조중통/로〉「미국은 지역의 평화와 안정파괴의 주범」(2003.12.10)
〈조중통/로〉「미국의 량면술책은 통할수 없다」(2004.1.30)
〈조중통/로〉「미제는 평화와 안정의 악랄한 파괴자」(2004.10.30)
〈조중통/로〉「미국의 패권주의정책은 파탄을 면할수 없다」(2004.2.9)
〈조중통/로〉「미국의 일방주의는 핵무기전파를 낳는 근본요인」(2004.3.21)
〈조중통〉「파산을 면치 못할 미국의 중동지배전략」(2004.4.2)
〈조중통/로〉「미제와 자본주의에 대한 환상을 없애야 한다」(2004.5.15)
〈조중통/로〉「자주위업을 가로막는 인류공동의 원쑤」(2004.6.30)
〈조중통/로〉「세계를 휩쓰는 반미열풍, 더욱더 고립되는 미국」(2004.9.2)
〈조중통/로〉「미국의 대조선,대아시아군사전략의 〈최중요거점〉」(2004.9.23)
〈조중통/로〉「미국의 일방주의가 계속되는 한 세계는 결코 평화로울수 없다」(2004.10.28)
〈조중통/로〉「제국주의사상문화적침투를 조금도 허용하지 말아야 한다」(2004.11.22)
〈조중통/로〉「힘에 의한 세계제패는 미국의 변함없는 야망」(2005.2.6)
〈조중통/로〉「침략과 지배주의정책은 그 무엇으로써도 정당화될수 없다」(2005.2.12)
〈조중통/로〉「부당한 구실을 내들고 침략을 일삼는것은 미제의 상투적수법」(2005.2.19)
〈조중통/로〉「〈제국〉시대의 전쟁체제재현을 위한 헌법개악놀음」(2005.2.25)
〈조중통/로〉「힘에 의한 미국의 세계제패야망」(2005.3.6)
〈조중통/로〉「미국이 떠드는 《자유,민주주의》는 침략과 간섭의 구호」(2005.3.10)
〈조중통/로〉「미국의 《원조》는 략탈과 예속의 올가미」(2005.3.24)
〈조중통/로〉「미국식세계지배질서확립을 위한 침략교리-《반테로전》」(2005.4.7)
〈조중통/로〉「거짓정보를 류포시키는것은 미국의 상투적인 침략수법」(2005.4.17)
〈조중통/로〉「포악하고 교활한 량면술책」(2005.4.27)
〈조중통/로〉「미국식〈민주주의〉의 반동성은 감출수 없다」(2005.11.16)
〈조중통/민주조선〉「미국의 강도적본성의 집중적인 발로」(2006.1.4)

〈조중통/로〉「미국의 《민주주의확산》책동의 악랄성」(2006.1.30)

〈조중통〉「미국식《세계화》는 파산을 면할수 없다=국제정세해설=」(2006.2.2)

〈조중통/로〉「《전환외교》정책-미국식《민주주의》의 침략적본질」(2006.2.21)

〈조중통/민주조선〉「무엇을 노린 〈자유와 민주주의〉전파인가」(2006.2.21)

〈조중통/로〉「미국식지배질서수립을 위한 간악하고 교활한 책동」(2006.3.1)

〈조중통/로〉「《전략적유연성》의 침략적본질과 위험성」(2006.3.12)

〈조중통/로〉「자주권말살과 평화파괴를 노린 미제의 〈반테로전〉》」(2006.4.3)

〈조중통〉「세계를 위협하는 미국의 경제침략」(2006.4.6)

〈조중통/로〉「미국의 아시아태평양지배야망의 침략적본질과 위험성」(2006.5.18)

〈조중통/로〉「미국의 《자유, 민주주의확산》책동은 파산 면할수 없다」(2006.8.24)

〈조중통/로〉「침략자가 당한 응당한 징벌」(2006.9.1)

〈조중통/로〉「파산의 운명을 면치 못할 미국의 대외정책」(2006.9.6)

〈조중통/로〉「세계를 혼란과 공포에 빠뜨리고 평화를 파괴한 미국의 〈반테로전〉」(2006.9.20)

〈조중통/민주조선〉「독점적지배야망의 발로」(2006.10.4)

〈조중통/로〉「미국의 《반테로전》은 날강도적인 세계정복전쟁」(2006.10.6)

〈로동신문〉「제국주의의 사상문화적침투책동을 분쇄하여야 한다」(2012.1.30)

〈로동신문〉「군비경쟁은 미국을 함정에 빠져들게 할것이라고 강조」(2012.4.22)

〈로동신문〉「미국은 침략무력의 전방전개놀음을 걷어치워야 한다」(2012.5.8)

〈로동신문〉「미국의 《태평양국가미래상》의 허황성을 폭로」(2012.5.19)

〈로동신문〉「미국의 강도적론리와 전횡은 통할수 없다」(2013.1.6)

〈로동신문〉「미국의 멸망은 불가피하다고 강조」(2012.3.9)

〈로동신문〉「미국의 반공화국제재책동은 파탄을 면할수 없다」(2013.3.20)

〈로동신문〉「미국의 아시아포위망형성의 위험성」(2012.5.13)

〈로동신문〉「미국의 침략적인 해양전략을 저지파탄시켜야 한다」(2012.8.10)

〈로동신문〉「미제에 대한 환상과 공포는 곧 죽음이다」(2012.10.18)

〈로동신문〉 「세계제패를 노린 미싸일방위체계수립책동」(2013.1.19)

〈로동신문〉 「위험한 세계제패기도」(2012.12.6)

〈로동신문〉 「자주는 정의이고 승리이다」(2012.12.8)

〈로동신문〉 「제국주의자들의 《평화》타령은 전쟁전주곡이다」(2012.6.18)

〈로동신문〉 「제국주의자들의 기만술책에 경각성을 높여야 한다고 강조」(2012.1.29)

〈로동신문〉 「조선전쟁은 강도적인 세계제패전략의 필연적산물」(2012.7.21)

〈로동신문〉 「핵무기의혹설에 비낀 검은 속심」(2012.6.23)

〈로동신문〉 「현실화된 일본의 핵무장화」(2012.7.1)

〈조선중앙통신〉 「미국은 평화의 파괴자,교란자」(2013.3.19)

〈조선중앙통신〉 「일본은 오늘도 피고석에 있다」(2012.3.20)

〈조선중앙통신〉 「조선을 세계제패야망실현을 위한 전략적요충지로 간주하고있는 미국」(2012.7.7)

〈조선중앙통신〉 「조선의 핵억제력은 자주권수호의 강력한 담보」(2013.3.18)

〈조선중앙통신〉 「조선인민의 철천지원쑤인 미제침략자들을 소멸하라」(2013.3.20)

〈조선중앙통신〉 「조선전쟁은 미제의 대내외정책의 필연적산물」(2012.6.25)

〈조선중앙통신〉 「조선중앙통신사 론평 미국의 아시아태평양중시정책 비난」(2013.4.20)

〈조선중앙통신〉 「조선중앙통신사 론평 세계평화와 안정파괴의 주범」(2012.5.8)

〈조선중앙통신〉 「평화와 안정파괴의 주범, 군비경쟁의 장본인」(2013.1.15)

〈조선중앙통신〉 「핵무장화,군사대국화를 합법화한 범죄행위」(2012.6.24)

(2) 미국을 반통일 · 민족분열세력으로 규정

〈조중통/로〉 「미국지배층은 긴장격화에서 무엇을 노리는가」(2001.3.25)

〈조중통/로〉 「외세의 반통일공세를 짓부셔 버릴데 대해 강조」(2001.3.25)

〈조중통/로〉 「미제는 조선의 통일을 바라지 않는다」(2001.3.28)

〈조중통/로〉 「미제의 변함 없는 본심」(2001.3.29)

〈조중통/로〉 「화해와 협력의 파괴를 노리는 미국」(2001.3.30)

〈조중통〉「일맥상통한 〈위협〉설」(2001.3.31)
〈조중통/로〉「외세의 반통일책동을 짓부셔 버릴데 대하여 지적」(2001.4.2)
〈조중통/로〉「남조선강점 미군은 침략군이다」(2001.5.6)
〈조중통〉「미국은 금강산관광사업을 방해하지 말아야 한다」(2001.5.16)
〈조중통/아태위대변인〉「금강산관광사업 가로 막는 미국을 비난」(2001.8.8)
〈조중통〉「미국은 자주통일의 방해자」(2001.8.25)
〈조중통〉「미국은 북남대화에 또다시 제동을 걸지 말아야 한다」(2001.9.29)
〈조중통/로〉「무력압살흉계를 드러낸 미군사령관의 발언」(2001.10.30)
〈조중통/민주조선〉「미국 보수세력들의 미군 남조선영구강점기도를 비난」(2001.11.24)
〈조중통/로〉「통일분위기가 식어 가고 있는 책임은 미국에 있다」(2002.1.16)
〈조중통/로〉「자주적평화통일의 장애물들은 제거되여야 한다」(2002.3.11)
〈조중통/로〉「북남철도, 도로련결을 방해하는것을 테로행위로 락인」(2002.11.18)
〈조중통/로〉「철도, 도로련결공사를 가로 막는 미국을 규탄」(2002.11.22)
〈조중통/로〉「미국은 영화까지 대조선멸시정책에 악용」(2002.12.17)
〈조중통/로〉「북남경제협력제도분과회의를 가로 막은 미국을 규탄」(2002.12.21)
〈조중통/로〉「미제의 반통일침략책동을 짓부셔 버릴것이다」(2003.1.4)
〈조중통/로〉「미제의 반통일책동을 짓부셔 버려야 한다」(2003.1.11)
〈조중통/로〉「남조선의 반미투쟁을 모독하는 미국회의원들의 망발」(2003.1.21)
〈조중통/로〉「미국의 대조선정책은 악의 정책」(2003.2.4)
〈조중통/로〉「미국남조선〈군사동맹〉강화를 꾀하는 불순한 행위」(2003.7.14)
〈조중통/로〉「미국은 평화와 자주통일의 악랄한 방해군」(2004.1.7)
〈조중통/로〉「미국은 평화와 통일,민족공조의 악랄한 방해자」(2004.1.31)
〈조중통/로〉「미제는 조선의 평화와 통일을 반대하는 침략세력」(2004.3.2)
〈조중통/로〉「미국의 화해와 협력, 통일에 대한 방해책동」(2004.6.16)
〈조중통/로〉「미제의 반통일,반공화국책동을 짓부셔버려야 한다」(2004.11.17)
〈조중통/로〉「미국은 화해와 협력의 악랄한 훼방군」(2004.11.22)

〈조중통/로〉 「미국은 평화와 자주통일의 악랄한 방해군」(2005.1.7)

〈조중통/로〉 「극도에 이른 미제의 반공화국반통일책동」(2005.3.22)

〈조중통/로〉 「《대화분위기에 찬물을 끼얹는 행위》-라포트의 폭언」(2005.7.12)

〈조중통/로〉 「조미대결을 격화시키고 조선반도비핵화를 가로막아나선 장본인」(2005.12.31)

〈조중통/로〉 「미제는 조선반도평화의 주되는 위협세력」(2006.1.25)

〈조중통/로〉 「민족의 통일지향에 대한 엄중한 도전」(2006.3.30)

〈조중통/로〉 「조선반도의 평화를 위협하는 기본장본인」(2006.6.26)

〈조중통/로〉 「미제의 남조선강점정책은 악의 정책」(2006.7.17)

〈조중통/민주조선〉 「조선반도정세를 악화시키는 장본인」(2006.8.18)

〈조중통/민주조선〉 「북남대결을 조장하는 범죄행위」(2006.9.26)

〈로동신문〉 「공화국은 어떤 경우에도 자주권을 포기하지 않을것이라고 강조」(2012.5.14)

〈로동신문〉 「미제는 조선반도의 평화를 파괴하는 장본인」(2012.8.26)

〈로동신문〉 「침략적인 대결정책실현을 위한 범죄적수단」(2013.2.5)

〈조선중앙통신〉 「《미국의 범죄적책동은 조선반도충돌의 근원이다》」(2013.4.12)

〈조선중앙통신〉 「광주시를 《피의 목욕탕》으로 만든 미국」(2012.5.16)

〈조선중앙통신〉 「미국은 조선반도 긴장격화의 장본인」(2012.6.27)

〈조선중앙통신〉 「민족분렬의 장본인, 핵위협의 주범」(2012.8.29)

(3) 주한미군철수 주장

〈조중통〉 「이제집으로 돌아 가는것이 더 좋을것이다」(2001.3.29)

〈조중통/로〉 「미군철수문제부터 론해야 한다」(2001.4.16)

〈조중통/민주조선〉 「미군철수는 조선반도군축의 선결조건」(2001.4.18)

〈조중통/로〉 「남조선강점 미제침략군은 전쟁의 화근」(2001.4.22)

〈조중통/로〉 「미군철수는 조선반도군축의 선결조건」(2001.4.29)

〈조중통/로〉「미군의 남조선강점은 합리화될수 없다」(2001.5.14)
〈조중통/로〉「미군철수는 남조선인민들의 한결같은 요구」(2001.5.22)
〈조중통/로〉「남조선강점 미군을 하루 빨리 철수시켜야 한다」(2001.5.25)
〈조중통/민주조선〉「〈상용무력축감〉을 론하기에 앞서 미군부터 철수시켜야 한다」(2001.5.26)
〈조중통/로〉「미군철수가 선행되여야 한다」(2001.5.28)
〈조중통/민주조선〉「미군철수를 떠난 조선반도군축은 실현될수 없다」(2001.6.1)
〈조중통/로〉「남조선강점미군의 철수는 시대와 민족의 요구」(2001.7.18)
〈조중통/외무성대변인〉「외무성대변인 미군의 남조선강점은 종식되여야 한다고 주장」(2001.7.24)
〈조중통/민주조선〉「미군철수가 선행되여야 한다」(2001.8.7)
〈조중통/로〉「미군철수는 조미관계를 개선하기 위한 선결조건」(2001.8.8)
〈조중통/로〉「현 시기 대미정책의 최우선과제는 미군 철수」(2001.8.16)
〈조중통/외무성대변인〉「미군철수는 더 이상 미룰수 없는 초미의 문제」(2001.9.6)
〈조중통/로〉「남조선강점 미군철수를 주장」(2001.9.8)
〈조중통/로〉「남조선에서의 미군철수를 주장」(2001.9.10)
〈조중통〉「우리의 상용무력은 미국의 침략무력에 대응하기 위한것」(2001.9.13)
〈조중통/로〉「미국은 남조선강점 미군철수의 정치적용단을」(2001.9.15)
〈조중통/로〉「통일의 장애물들을 쓸어 버려야 한다」(2001.10.2)
〈조중통/민주조선〉「미군철수는 조국통일의 필수적요구」(2001.10.19)
〈조중통/로〉「미군이 남조선에 남아 있을 구실은 없다」(2001.10.24)
〈조중통〉「신문들 남조선강점 미군철수를 주장」(2001.10.30)
〈조중통/민주조선〉「미군의 남조선강점과 조미대화문제에 대한 원칙적립장은 불변」(2001.11.6)
〈조중통/로〉「유엔의 결의대로 남조선강점 미군을 철수하여야 한다」(2001.11.19)
〈조중통/로〉「미군철수문제는 조미관계, 조선문제해결의 핵심」(2001.12.19)
〈조중통〉「신문들 남조선강점 미군철수를 주장」(2001.12.25)

〈조중통/로〉「조선반도에서 전쟁위험을 제거할데 대해 강조」(2002.1.20)
〈조중통/로〉「미군사령부 부참모장의 민족내부문제에 대한 간섭을 비난」(2002.12.3)
〈조중통/로〉「남조선의 반미투쟁은 지극히 당연하다」(2002.12.13)
〈조중통/로〉「남조선강점 미군철수는 시대의 요구」(2003.2.23)
〈조중통/로〉「반미자주통일의 시간표를 앞당기자」(2003.6.9)
〈조중통/로〉「견결한 반미투쟁으로 미제의 남조선강점을 끝장내자」(2003.6.21)
〈조중통/로〉「남조선강점 미군은 불행과 고통의 화근」(2003.8.7)
〈조중통/로〉「미군의 남조선주둔은 불법, 비법의 군사적강점」(2003.8.23)
〈조중통/로〉「남조선미국《련합군사령부》는 지체없이 해체되여야 한다」(2003.11.8)
〈조중통/로〉「미제침략군들의 범죄는 강점정책이 가져온 필연」(2003.12.3)
〈조중통/로〉「미군기지는 이전이 아니라 철폐되여야 한다」(2004.3.11)
〈조중통/로〉「새것창조투쟁의 기본목표는 미군철수」(2004.5.19)
〈조중통/로〉「미군철수는 남조선사회의 진보와 조국통일의 선결조건」(2004.5.20)
〈조중통/로〉「남조선강점 미군철수는 현실의 절박한 요구」(2004.5.23)
〈조중통/로〉「자주성과 존엄을 짓밟는 미국의 남조선강점정책」(2004.6.2)
〈조중통/로〉「우리 민족끼리 힘을 합쳐 미군을 철수시키고 자주통일 이룩하자」(2004.6.15)
〈조중통/로〉「미군은 《감축》이 아니라 전면철수되여야 한다」(2004.8.6)
〈조중통/로〉「미국의 침략적인 남조선강점을 기어이 끝장내자」(2004.9.10)
〈조중통/로〉「미제의 남조선강점은 모든 민족적불행과 고통의 근원」(2004.9.22)
〈조중통/로〉「미군철수투쟁은 민족을 위한 애국투쟁」(2004.9.23)
〈조중통/로〉「미군철수투쟁에 과감히 떨쳐나서야 한다」(2004.9.26)
〈조중통/로〉「〈유엔군사령부〉를 해체하고 미군을 철수시켜야 한다」(2004.9.28)
〈조중통/로〉「죄악의 미제강점사는 종식되여야 한다」(2004.10.4)
〈조중통〉「남조선강점 미군은 조선반도의 평화와 통일의 암적존재」(2004.10.13)
〈조중통〉「남조선강점 미군은《유엔》의 감투를 뒤집어쓴 침략의 무리」(2004.11.7)
〈조중통/로〉「미제침략군의 남조선강점을 끝장내야 한다」(2004.11.14)

〈조중통/로〉「미군을 철수시키기 위한 투쟁을 힘있게 벌릴데 대해 강조」(2005.2.19)
〈조중통/로〉「남조선에서 미군을 철수시키는것은 미룰수 없는 과제」(2006.2.27)
〈조중통/조평통대변인〉「미군의 남조선강점영구화책동을 규탄」(2006.8.3)
〈조중통/민주조선〉「미군《지속주둔》문서를 인정하지 않을것이다」(2006.8.5)
〈조중통/로〉「《용납 못할 로골적인 침략선언》-미군장기주둔 명문화」(2006.8.7)
〈조중통/로〉「남조선강점 미군철수는 시대의 절박한 요구」(2006.8.19)
〈조중통/로〉「미제의 남조선강점은 불법무도한 침략행위」(2006.9.8)
〈조중통/로〉「미군을 철수시키는것은 우리 민족의 의지」(2006.10.4)

〈로동신문〉「랭전의 유물은 제거되여야 한다」(2012.6.23)
〈로동신문〉「미제침략군을 남조선에서 하루빨리 철수시켜야 한다」(2012..1.12)
〈로동신문〉「미제침략군의 철수는 절박한 민족사적과제」(2012.9.8)

〈5-3〉 북한의 정권안보 차원의 대미 비난 레토릭

1. 체제전복과 정권교체 위협관련 북한의 대미 비난

〈조중통/로〉「압살정책으로는 얻을것이 없다」(2001.3.18)
〈조중통/로〉「〈붕괴〉를 꿈 꾸는 세력과는 대화도 관계개선도 하지 않다」(2001.3.31)
〈조중통〉「볼튼의 임명은 랭전복귀시도가 구체화되고 있음을 시사」(2001.4.3)
〈조중통/외무성대변인〉「미국의 〈테로에 관한 년례보고서〉 비난」(2001.5.4)
〈조중통/로〉「대조선적대시정책부터 버려야 한다」(2001.7.16)
〈조중통〉「미국방성 부장관의 〈북조선위협〉발언 비난」(2001.8.1)
〈조중통〉「미국무장관의 〈북조선위협〉발언 비난」(2001.8.2)
〈조중통/로〉「미국은 속에 품은 칼부터 내놓아야 한다」(2001.8.18)

〈조중통/외무성대변인〉「미국의 〈살륙무기검증〉주장 비난」(2001.11.28)

〈조중통/로〉「우리는 결코 전쟁을 두려워 하지 않는다」(2001.12.8)

〈조중통/로〉「미제가 〈반테로〉를 구실로 전쟁을 택한다면 징벌타격의 불을 토할 것이다」(2001.12.9)

〈조중통/로〉「새로운 국가테로로 공화국압살위한 〈테로지원국〉, 〈불량배국가〉소동」(2002.1.10)

〈조중통/로〉「부쉬의 〈악의 축〉론은 곧 조선전쟁론」(2002.2.11)

〈조중통/로〉「불가침조약체결제안에 대한 태도는 핵문제해결의사가 있는가 없는가를 가르는 시금석」(2002.11.1)

〈조중통/로〉「미국의 〈전쟁〉부정발언은 완전히 위선」(2002.12.13)

〈조중통/로〉「미제의 횡포무도한 대조선적대시압살정책은 파탄을 면할수 없다」(2002.12.14)

〈조중통/로〉「미국이 우리의 사회주의를 말살하려고 날뛰여도 끄떡 없다」(2003.2.25)

〈조중통/로〉「미국의 반공화국핵전쟁책동은 대화와 평화에 대한 도전」(2003.3.15)

〈조중통/로〉「우리를 너무나도 모르고 있는 것은 미국의 가장 큰 비극」(2003.3.17)

〈조중통/로〉「평등과 신뢰에 기초한 조미협상이 필요하다」(2003.3.18)

〈조중통/로〉「제2핵위기사태를 몰아 온 미국의 범죄적흉계」(2003.3.22)

〈조중통/로〉「미국방성 부장관의 〈경제압력〉발언을 규탄」(2003.6.4)

〈조중통/로〉「〈자유아시아〉방송을 통한 미제의 심리전」(2003.6.13)

〈조중통/로〉「미국이 우리 〈문제〉를 유엔에 끌고 간다면 강한 비상조치로 대응」(2003.6.20)

〈조중통/로〉「미국이 유엔을 대조선핵압박공간으로 도용하면 수습할수 없는 사태」(2003.6.30)

〈조중통/로〉「미제의 공화국압살기도는 어리석은 망상」(2003.8.14)

〈조중통/로〉「유엔안보리상정주장은 국제사회의 회담기대에 대한 도전」(2003.8.25)

〈조중통/로〉「날을 따라 악랄해지는 미제의 반공화국압살책동」(2003.11.17)

〈조중통/로〉「부쉬의 《대량살륙무기전파방지를 위한 제안》은 강도적인 날조품」

(2004.3.3)

〈조중통/외무성대변인〉「공화국을 모함하는 미국부대통령 체이니의 망발을 규탄」(2004.4.18)

〈조중통〉「신문들 미국의 반공화국압살책동을 규탄」(2004.5.28)

〈조중통/로〉「불공정한 일방적강박은 백해무익하다」(2004.6.21)

〈조중통/로〉「미국은 대조선적대시압살책동을 중지하여야 한다」(2004.8.9)

〈조중통/외무성대변인〉「부쉬의 유치한 언동을 단죄」(2004.8.23)

〈조중통〉「부쉬는 파쑈폭군」(2004.8.24)

〈조중통〉「《체제전복》기도는 허황한 망상」(2004.8.30)

〈조중통/민주조선〉「부쉬의 언행 강도의 본색을 드러낸 궤변」(2004.10.5)

〈조중통〉「《급변사태대비비상계획》은 반공화국대결전략」(2004.10.15)

〈조중통〉「경제제재-반공화국대결선언」(2004.10.30)

〈조중통/로〉「미제의 악랄한 반사회주의전략과 와해책동」(2004.11.26)

〈조중통/로〉「침략과 지배를 위한 미국의 강도적인 억지수법」(2004.11.27)

〈조중통/로〉「미국의 대조선적대시압살정책은 절대로 실현될수 없다」(2004.12.17)

〈조중통/민주조선〉「남조선미국련합군사령관 라포트의 망발을 규탄」(2005.1.15)

〈조중통/로〉「미국의 반공화국경제제재정책의 반동성과 악랄성」(2005.2.5)

〈조중통/외무성대변인〉「우리 최고수뇌부를 걸고든 부쉬를 단죄」(2005.4.30)

〈조중통/민주조선〉「《흉심은 가리울수 없다》-《폭정의 전초기지》취소요구의 외면」(2005.5.14)

〈조중통/외무성대변인〉「미국무장관의 《무서운 정권》망발을 규탄」(2005.5.14)

〈조중통/로〉「〈제도전복〉야망은 허황한 망상이다」(2005.5.17)

〈조중통/로〉「미국은 북침공격기도를 절대로 감출수 없다」(2005.5.27)

〈조중통/로〉「〈신속기동단〉은 〈제도전복〉을 위한 별동대」(2005.5.31)

〈조중통/외무성대변인〉「체이니 망언은 6자회담에 나오지 말라는 소리나 같다」(2005.6.2)

〈조중통/외무성대변인〉「언명 부쉬대통령의 발언이 달라지지 않는가를 지켜볼것」

(2005.6.3)

〈조중통〉「《제도전복》기도는 허황한 망상」(2005.6.7)

〈조중통/로〉「〈제도전복〉야망을 포기하라」(2005.6.27)

〈조중통/로〉「제국주의자들의 심리모략전을 짓부셔버려야 한다」(2005.7.6)

〈조중통〉「6자회담과 《제도전복》은 량립될수 없다」(2005.8.29)

〈조중통/로〉「대조선〈제도전복〉책동은 실패를 면치 못한다」(2005.10.5)

〈조중통/로〉「신뢰조성은 문제해결의 기초의 기초」(2005.10.26)

〈조중통/외무성대변인〉「미국당국자의 《폭군》발언을 규탄」(2005.11.8)

〈조중통/로〉「전쟁을 불러오는 무모한 제재와 봉쇄정책」(2005.11.19)

〈조중통〉「내부교란을 위한 《트로이목마》작전」(2005.11.30)

〈조중통/외무성대변인〉「버쉬보우의 망발을 규탄」(2005.12.10)

〈조중통/조국전선대변인〉「미국대사 망발은 6자회담공동성명 배신」(2005.12.12)

〈조중통/로〉「《무엄한 도발,참을수 없는 모독》-미국대사 망발」(2005.12.13)

〈조중통〉「평화옹호위 미국대사폭언은 침략전쟁의 위험한 전주곡」(2005.12.13)

〈조중통/로〉「악랄하고 집요한 미국의 대조선제재봉쇄책동」(2006.1.13)

〈조중통〉「미국의 《북붕괴》대비《모의훈련》 규탄」(2006.1.23)

〈조중통/로〉「《로골적인 북침전쟁도발기도》-라이스 망발」(2006.1.25)

〈조중통/로〉「호전광의 파렴치한 망발」(2006.3.14)

〈조중통/민주조선〉「《정면돌파의 길로 나갈것이다》-《폭정국가》지명」(2006.3.28)

〈조중통〉「미국무장관발언은 대조선압박정책합리화가 속심」(2006.7.24)

〈로동신문〉「미국은 공화국을 힘으로, 심리전으로 압살할수 없다고 강조」(2012.03.3)

〈로동신문〉「미국의 대조선적대시정책은 파탄을 면치 못한다」(2012.7.16)

〈로동신문〉「미호전세력의 망발을 단죄」(2012.1.28)

〈조선중앙통신〉「민주조선 미국의 새로운 군사첩보기관창설의 목적을 폭로」(2012.5.8)

〈조선중앙통신〉 「부질없는 망동」(2012.7.20)

2. 체제전복을 위한 '내정간섭' 의제 비난

(1) 인권

*** 미국을 인권유린국이라 비난**

〈조중통/로〉 「미국은 인권유린의 극악한 원흉」(2004.3.4)

〈조중통/로〉 「세계최대의 인권유린범죄자는 강도 미국」(2004.3.30)

〈조중통/로〉 「남조선에 심각한 인권상황을 몰아온 장본인은 미국」(2004.4.21)

〈조중통/로〉 「세계는 인권유린의 원흉 미국을 단죄한다」(2004.5.11)

〈조중통/로〉 「인권법정의 피고석에 나서야 할 대상은 미국」(2004.5.26)

〈조중통/로〉 「낱낱이 드러난 인권유린왕초의 범죄적정체」(2006.2.15)

〈조중통/민주조선〉 「《제코나 씻으라》-미국은 세계최대의 인권범죄자」(2005.4.24)

〈조중통/민주조선〉 「《이래도 미국이 인권옹호국인가》-《코란》모독사건」(2005.5.22)

〈조중통〉 「인신매매의 왕초가 떠드는 《인신매매타령》」(2005.6.6)

〈조중통〉 「인신매매,인권유린의 왕초는 미국」(2005.9.13)

〈조중통/로〉 「인권유린왕초의 극악무도한 화학전만행」(2005.11.23)

〈조중통〉 「미국은 최대의 인권유린범죄자이다-세계인권선언 57년」(2005.12.9)

〈조중통/로〉 「세계는 인권유린의 원흉 미국에 규탄의 포화를 들씌워야 한다」(2005.12.22)

〈조중통/로〉 「미국을 인권재판장에 끌어내야 한다」(2006.2.23)

〈조중통/로〉 「인권유린원흉의 가소로운 〈인권〉소동」(2006.3.21)

〈조중통/로〉 「력사의 징벌을 받아야 할 세계최대의 인권유린자」(2006.4.28)

〈로동신문〉「기만적이고 반동적인 미국선거제도」(2012.12.7)
〈로동신문〉「미국의 인권유린범죄를 폭로」(2012.4.23)
〈로동신문〉「살인자들이 범람하는 미국」(2012.12.20)
〈로동신문〉「인간의 자유와 권리를 무참히 짓밟는 자본주의」(2012.12.13)
〈조선중앙통신〉「미국과 괴뢰패당의 유인랍치, 모략과 테로, 파괴 암해범죄의 전모를 까밝힌다」(2012.8.7)
〈조선중앙통신〉「미국은 인권유린의 란무장, 세계최악의 인권교살제국」(2012.5.22)
〈로동신문〉「미국식자유는 범죄의 근원」(2012.11.23)

*** 미국의 인권 의제화는 정권타도를 위한 위장전략이라 주장**

〈조중통/외무성대변인〉「외무성대변인 미국이 〈인권문제〉를 가지고 우리를 걸고든것을 규탄」(2001.3.1)
〈조중통/로〉「오만무례한 내정간섭행위」(2001.3.16)
〈조중통〉「미국 〈북조선인권위원회〉 발족은 악랄한 모독」(2001.11.5)
〈조중통/로〉「미국이 〈인권문제〉를 걸고 우리를 어째보려는것은 망상」(2003.4.22)
〈조중통〉「조선 대표 유럽 동맹의 〈인권 결의안〉을 배격」(2004.4.18)
〈조중통/로〉「대조선고립압살을 노린 악랄한 《인권》공세」(2004.9.3)
〈조중통/외무성대변인〉「미국의 《북조선인권법안》은 대조선적대선언」(2004.10.4)
〈조중통/로〉「《북조선인권법안》은 대조선적대선언」(2004.10.13)
〈조중통/로〉「《체제전복》을 노린 대조선적대선언 《북조선인권법안》」(2004.10.18)
〈조중통/로〉「미국의 《인권》공세의 침략성」(2004.11.13)
〈조중통/로〉「반동적인권공세에는 혁명적인권공세로, 〈힘〉에는 힘으로」(2004.12.28)
〈조중통〉「《인권워치》의 판에 박은 시비질」(2005.1.20)
〈조중통/로〉「미국의 모략적인 《인권》공세는 악랄한 인권유린행위」(2005.1.28)
〈조중통〉「조선대표 유럽동맹이 《인권문제》구실로 미국의 적대시정책에 편승」(2005.4.1)
〈조중통/로〉「미국식《인권기준》은 절대로 보편화될수 없다」(2005.6.9)

〈조중통〉 「대화를 파탄시키려는것인가-《북조선인권대회》」(2005.7.20)
〈조중통/로〉 「《간교한 량면술책의 극치》-《북조선인권문제담당특사》」(2005.8.27)
〈조중통〉 「《인권》소동은 대결밖에 가져올것이 없다」(2005.10.29)
〈조중통〉 「《인권》소동 압력은 대화상대방에 대한 모독」(2005.11.8)
〈조중통/로〉 「용납될수 없는 불공정한 미국식《인권기준》」(2005.11.11)
〈조중통/로〉 「미국식 몽둥이인권」(2005.11.18)
〈조중통/외무성대변인〉 「《인권결의》를 비법적인 문건으로 배격」(2005.11.21)
〈조중통〉 「누구를 위한 《인권결의안》채택인가」(2005.11.22)
〈조중통/로〉 「미국식《인권》론은 자주권유린을 합리화하기 위한 궤변」(2005.12.2)
〈조중통/조선법률가위대변인〉 「《인권결의》강압채택에 반박」(2005.12.5)
〈조중통/민주조선〉 「《공정성이 결여된 무책임한 처사》-《인권결의안》」(2005.12.9)
〈조중통〉 「용납될수 없는 반공화국광증-《인권대회》」(2005.12.9)
〈조중통/외무성대변인〉 「조선외무성 반공화국《인권》소동에 핵억제력,자위적국방력 강화」(2005.12.19)
〈조중통/외무성대변인〉 「부쉬행정부의 황당한 반공화국《인권》소동」(2006.3.13)
〈조중통/로〉 「《독단과 강권외교의 실패》-유엔인권리사회창설」(2006.3.22)
〈조중통/로〉 「실패한 〈인권외교〉」(2006.5.24)

〈조선중앙통신〉 「미국식《인권》의 량면성」(2012.6.20)
〈조선중앙통신〉 「조선외무성 대변인, 반공화국《결의》를 배격」(2012.3.26)
〈조선중앙통신〉 「조선외무성, 미국의 대조선《인권》타령 비난」(2013.4.23)

(2) BDA (마약, 위폐 등)

〈조중통/외무성대변인〉 「미국의 《마약,화페위조설》모략행위를 단죄」(2005.10.18)
〈조중통/로〉 「《대화와 제재는 량립될수 없다》-미 《자산동결》결정」(2005.11.2)
〈조중통/로〉 「전쟁을 불러오는 무모한 제재와 봉쇄정책」(2005.11.19)

〈조중통〉「9.19공동성명후 《불법국가》깜빠니야 확대」(2005.11.29)

〈조중통/외무성대변인〉「미국측 금융제재해제회담 회피 비난」(2005.12.2)

〈조중통/민주조선〉「6자회담 가로막는 금융제재문제해결에 성의를 보여야 한다」(2005.12.13)

〈조중통/외무성대변인〉「6자회담진전을 바란다면 금융제재를 풀어야 할것」(2006.1.9)

〈조중통〉「제재와 압력은 6자회담재개의 차단물」(2006.1.17)

〈조중통〉「6자회담을 파탄시키려는 도발적인 행위」(2006.1.25)

〈조중통/외무성대변인〉「금융제재해제가 미국의 정책변화의지 징표」(2006.2.9)

(3) 북한 위협론(핵, 미사일, 테러 등)

〈조중통/민주조선〉「무엇을 노린 〈미싸일위협〉타령인가」(2001.3.17)

〈조중통/로〉「〈미싸일위협〉은 미국의 자작품」(2001.3.19)

〈조중통/로〉「미국은 우리의 〈위협〉구실로 〈미싸일방위〉체계 수립기도」(2001.4.2)

〈조중통〉「〈핵문제〉와 관련한 불순한 모략책동」(2001.6.16)

〈조중통〉「졸렬하기 그지없는 〈미싸일방위〉명분」(2001.7.12)

〈조중통/로〉「〈미싸일방위〉체계수립책동을 합리화하기 위한 터무니 없는 궤변」(2001.7.17)

〈조중통/로〉「있지도 않는 〈미싸일위협〉을 걸고 들지 말아야 한다」(2001.7.22)

〈조중통/로〉「미국이 떠드는 〈미싸일위협〉설은 궤변」(2001.8.2)

〈조중통〉「미국방장관의 〈미싸일위협〉설은 궤변」(2001.8.21)

〈조중통/로〉「〈미싸일위협〉을 걸고 벌리는 미국의 압력소동을 규탄」(2001.9.17)

〈조중통/로〉「미중앙정보국의 〈미싸일수출〉보고서를 비난」(2001.9.22)

〈조중통/로〉「대조선적대시책동의 도수를 높이려는 〈테로〉, 〈미싸일위협〉발언」(2001.11.24)

〈조중통/민주조선〉「〈생화학무기위협〉을 운운하는 미국을 비난」(2001.12.11)

〈조중통/로〉「허위기만적인 〈미싸일위협〉설」(2002.11.12)

〈조중통/로〉「미국은 허위날조적인 〈핵계획〉설을 버려야 한다고 강조」(2002.11.19)

〈조중통/로〉「〈핵 및 미싸일위협〉론은 외곡날조된 강도적론리」(2002.11.20)

〈조중통/로〉「〈생화학무기문제〉조작으로 조미관계는 더욱 악화된다」(2002.11.27)

〈조중통/로〉「미사법성 〈테로명단〉은 악랄한 반공화국적대시모략책동」(2002.11.28)

〈조중통/로〉「미국의 〈북조선핵위협〉소동은 핵선제공격 정당화 위한것」(2002.12.5)

〈조중통/로〉「미싸일수출과 관련하여 〈국제규칙〉을 따지고 들려는 미국 비난」(2002.12.26)

〈조중통/로〉「〈핵위협〉설은 미국의 핵지배전략을 합리화하기 위한 궤변」(2002.12.28)

〈조중통/로〉「미국의 방해책동 없으면 경제는 훨씬 전진」(2003.1.14)

〈조중통/로〉「〈북조선의 핵활동은 국제적위협〉은 책임회피를 위한 궤변」(2003.1.24)

〈조중통/로〉「미국무성 차관 볼튼의 비렬한 〈핵개발〉날조선전」(2003.2.3)

〈조중통/로〉「미국은 〈테로문제〉를 입에 올릴 자격이 없다」(2003.4.8)

〈조중통/로〉「미국은 국제적모략과 테로의 왕초」(2003.4.29)

〈조중통/로〉「미국의 〈위협〉론은 뒤집어 놓은 침략의 구호」(2003.5.4)

〈조중통/로〉「〈테로〉의 모자를 씌워 보려는것은 어리석은 망상」(2003.5.14)

〈조중통/로〉「미싸일수출을 헐뜯은 미국을 비난」(2003.7.2)

〈조중통/로〉「〈이라크의 우라니움구입〉설 날조사실이 폭로」(2003.7.31)

〈조중통/로〉「미국은 왜 《미싸일위협》선전도수를 높이는가」(2003.10.1)

〈조중통/로〉「미국은 《인권,테로문제》를 놓고 훈시할 처지에 있지 못하다」(2003.10.3)

〈조중통/로〉「미《2003년 테로보고서》《테로지원국》지정을 규탄 」(2004.5.12)

〈조중통〉「《륙불화우라니움밀매》설은 추악한 음모」(2004.5.29)

〈조중통/로〉「생화학전을 기도하는 진범인」(2004.6.15)

〈조중통〉「《핵과학자 김광빈〈망명〉》은 황당무계한 허위모략」(2004.8.4)

〈조중통/로〉「《비법적인 핵무기제조》설을 떠드는 미국의 속심」(2004.8.19)

〈조중통/로〉「《위험성》여론화는 강도의 거꾸로 된 론리」(2004.8.24)

〈조중통/로〉「《우라니움농축》설은 고의적으로 꾸며낸 너절한 조작극」(2004.10.2)

〈조중통/로〉「《탄도미싸일발사》여론은 선제공격을 노린 불순한 기도」(2004.10.12)

〈조중통/민주조선〉「무엇을 노린 《미싸일위협》소동인가」(2004.10.14)

〈조중통/로〉「미국이 떠드는 《대량살륙무기제거》는 침략의 구실」(2004.10.17)

〈조중통/로〉「부쉬일당의 비렬한 반공화국모략선전」(2004.10.27)

〈조중통〉「《화학무기인체실험》설은 필요에 따라 꾸며낸 랑설」(2004.12.4)

〈조중통/로〉「미국식《민주주의》를 전파하기 위한 침략교리-《반테로전》」(2004.12.15)

〈조중통/외무성대변인〉「《테로지원국》으로 걸고든 미국을 규탄」(2005.5.2)

〈조중통〉「조선민주법률가협회 미국이 국제테로분자를 비호, 테로문제에서 2중기준」(2005.5.27)

〈조중통/민주조선〉「〈랍치관련결의안〉은 왜 필요한가」(2005.6.5)

〈조중통/로〉「불순한 목적을 노린 모략적인 〈북조선위협론〉」(2005.6.8)

〈조중통/민주조선〉「침략전쟁확대를 노린 위험한 움직임」(2005.12.27)

〈조중통/로〉「미국은 인류의 생존을 위협하는 가장 흉악한 핵범인」(2006.1.9)

〈조중통/외무성대변인〉「미싸일발사는 정상 군사훈련의 일환」(2006.7.6)

〈조중통/로〉「군사적침략에 앞서 감행되는 미제의 날조선전」(2006.8.13)

〈조중통/로〉「내정간섭은 미국의 상투적인 침략수법」(2006.8.20)

〈로동신문〉「《핵안전수뇌자회의》의 불순한 목적을 폭로」(2012.2.24)

〈로동신문〉「남조선당국의 《핵안전수뇌자회의》개최목적을 폭로」(2012.3.1)

〈로동신문〉「미국과 남조선당국이 광고하는《북도발》설의 기만성을 폭로」(2013.3.16)

〈로동신문〉「음흉한 목적을 추구하는《도발》론과 《위협》설」(2012.12.28)

〈로동신문〉「조선반도에서 긴장을 격화시키는 도발자는 과연 누구인가--미국과 괴뢰패당이 떠드는 《북도발론》의 정체를 해부함」(2012.6.29)

〈민주조선〉「군사적패권을 노린 무모한 망동」(2013.2.11)

〈조선신보〉「《광명성-3》호, 초점은 발사후 유관국들의 행동」(2012.4.4)

〈조선신보〉「미국의 약속위반이 초래한 후과」(2012.4.18)

〈조선중앙통신〉「《고농축우라니움에 의한 핵무기제조》설은 황당무계한 날조품」(2012.7.6)

〈조선중앙통신〉「로동신문 미군부의《도발》론과 《위협》설의 목적 폭로」(2012.12.28)

〈조선중앙통신〉「미국의 《북조선위협론》은 아시아태평양지배론이다」(2012.8.18)

〈조선중앙통신〉「민주조선 조선의《위협》을 운운한 미국 비난」(2013.3.2)

〈조선중앙통신〉「우리에 대한 그 어떤 도발도 선전포고로 간주할것이다」(2012.3.21)

〈조선중앙통신〉「조선외무성 대변인 미국은 평화적위성발사에 대해 이중기준을 적용하지 말아야 한다고 주장」(2012.3.27)

〈조선중앙통신〉「조선외무성 대변인 조선을 부당하게 걸고든 8개국수뇌자회의 선언을 배격」(2012.5.22)

〈로동신문〉「력사는 국제적모략과 음모의 왕초 미국을 고발한다」(2012.11.13)

〈로동신문〉「미제의 반공화국테로행적을 파헤친다」(2012.8.14)

〈로동신문〉「우리 인민에게 저지른 미제의 죄악은 반드시 결산될것이다」(2012.10.27)

〈조선중앙통신〉「음모가들의 너절한 모략극」(2012.2.25)

〈로동신문〉「미국은 대조선적대시정책을 포기하여야 한다」(2012.9.8)

〈로동신문〉「파탄된 현 미행정부의 대조선 강경정책」(2012.12.4)

〈조선중앙통신〉「미국의 대조선적대시정책은 조선반도핵문제해결의 기본장애--조선민주주의인민공화국 외무성 비망록」(2012.8.31)

참고문헌

1. 북한 문헌

(1) 역사서

강석희, 『조선에 대한 미제의 사상문화 침략사』(평양: 과학백과사전출판사, 1987).

교육도서출판사 편, 『조선력사』(평양: 교육도서출판사, 1982).

교육도서출판사 편, 『미제와 일제의 조선침략 죄행: 1930~1990년대』(평양: 교육도서출판사, 2002).

김석형, 『조선력사』(1953년 6월 30일 교육성 발행; 도쿄: 학우서방 번각, 1954).

김일성종합대학, 『조선민족해방투쟁사』(평양: 김일성종합대학, 1949).

김희일, 『미제의 조선침략사 1』(평양: 조선로동당출판사, 1961).

리나영, 『조선민족해방투쟁사』(평양: 조선로동당출판사, 1958).

문석준, 『조선력사』(함흥: 함경남도교육문화부, 1945).

박태호, 『조선인민의 정의의 조국해방전쟁사 3』(평양: 사회과학출판사, 1983).

사회과학원 력사연구소 외국사연구실, 『미일제국주의의 공모결탁에 의한 조선침략사 1』(평양: 사회과학출판사, 1974).

사회과학원 력사연구소 외국사연구실, 『미제의 아세아침략사』(평양: 과학백과사전출판사, 1977).

사회과학원 력사연구소, 『조선전사: 원시편』(평양: 사회과학출판사, 1979).

사회과학원 력사연구소, 『조선전사 13(근대편 1)』(평양: 과학백과사전출판사, 1980).

사회과학원 력사연구소, 『조선전사 14(근대편 2)』(평양: 과학백과사전출판사, 1980).

사회과학원 력사연구소, 『조선전사 22: 현대편 항일무장투쟁사 7』(평양: 과학백과사전출판사, 1981).

사회과학원 력사연구소, 『조선전사 25(현대편 조국해방전쟁사 1)』(평양: 과학백과사전 출판사, 1981).

사회과학출판사 편, 『일본군국주의의 조선침략사 (1968-1910)』(평양: 사회과학출판사, 1975).

원종규, 『조선인민의 반침략투쟁사(근대편)』(평양: 과학백과사전출판사, 1994).

조선력사편집위원회, 『歷史諸問題 11권』(평양: 조선력사편집위원회, 1949).

조선로동당출판사 편, 『조국광복회 운동사 1』(평양: 조선로동당출판사, 1986).

학우서방 편, 『조선력사(하)』(1962년 발행; 학우서방 1963년 번각발행).

허종호, 『조선인민의 정의의 조국해방전쟁사 1』(평양: 사회과학출판사, 1983).

(2) 단행본

강덕비 편, 『사회주의적 애국주의』(평양: 조선로동당출판사, 1963).

강제욱 편, 『항일무장투쟁 시기 로동운동』(평양: 조선로동당출판사, 1964).

고상진, 『조선전쟁시기 감행한 미제의 만행』(평양: 사회과학출판사, 1989).

과학원 언어문학연구소, 『항일무장투쟁 과정에서 창조된 혁명적 문학 예술』(평양: 과학원출판사, 1960).

국제문제연구소, 『력사가 본 조선전쟁』(평양: 사회과학출판사, 1993).

금성청년출판사 편, 『위대한 조국해방전쟁시기 소년들의 투쟁』(평양: 금성청년출판사, 1982).

김선철 · 안명철, 『민족의 쓰레기』(평양: 근로단체출판사, 1983).

김일 · 오진우 · 림춘추, 『항일무장투쟁경험 1』(평양: 조선로동당출판사, 1983).

김주섭, 『남조선에서의 미제의 식민지 예속화정책(1945-1948)』(평양: 조선로동당출판사, 1957).

김철우, 『김정일장군의 선군정치』(평양: 평양출판사, 2000).

김택원 외, 『미제 강점하의 남조선 (정치편)』(평양: 조선로동당출판사, 1963).

김화효, 『력사의 고발: 6.25조선전쟁과 《제3차 세계대전》음모이야기』(평양: 평양출판사, 2004).

김희일, 『미제는 세계인민의 흉악한 원쑤』(평양: 조국통일사, 1974).

등대사 편, 『미제는 조선 전쟁의 도발자』(평양: 등대사, 1990).

리병철, 『력사에 남긴 사죄문』(평양: 금성청년출판사, 1992).

박동진, 『승냥이 미제의 죄악』(평양: 금성청년출판사, 1983).

박양엽 외, 『항일혁명투쟁주요로정』(평양: 근로단체출판사, 1986).

백봉, 『민족의 태양 김일성장군』(평양: 인문과학사, 1968).

사회과학원 철학연구소, 『우리당의 총대철학』(평양: 사회과학출판사, 2003).

사회과학출판사 편, 『주체사상의 철학적 원리(주체사상총서1)』(서울: 백산서당, 1989).

석윤기, 『고난의 행군』(평양: 문예출판사, 1991).

송국현, 『우리 민족끼리』(평양: 평양출판사, 2002).

송승환, 『우리 민족제일주의와 조국통일』(평양: 평양출판사, 2004).

오현철, 『선군과 민족의 운명』(평양: 평양출판사, 2007).

윤명현, 『우리 식 사회주의 100문 100답』(평양: 평양출판사, 2004).

윤석원, 『일제는 조선 인민의 철천지 원쑤』(평양: 조선로동당출판사, 1963).

윤현철, 『"고난의 행군"을 락원의 행군으로』(평양: 평양출판사, 2002).

인권연구 및 교류협회, 『남조선의 인권실상』(평양: 평양출판사, 1993).

임권순, 『신천의 원한을 잊지말자』(평양: 금성청년출판사, 1987).

정경섭, 『제국주의자들이 떠벌이는 〈인권옹호〉의 반동성』(평양: 조선로동당출판사, 1992).

정영남 외, 『신천박물관』(평양: 조선화보사, 2009).

림춘추, 『항일무장투쟁시기를 회상하여』(평양: 조선로동당출판사, 1960).

조선로동당 당력사연구소 편, 『항일빨찌산 참가자들의 회상기 1』(평양: 조선로동당출판사, 1959).

조선로동당출판사 편, 『사회주의적 애국주의에 대하여』(평양: 조선로동당출판사, 1958).

조선로동당출판사 편, 『항일무장투쟁시기의 김일성동지의 교시』(평양: 조선로동당출판사, 1968).

조선로동당출판사 편, 『고난의 행군』(평양: 조선로동당출판사, 1977).

조선로동당출판사 편, 『항일빨찌산참가자들의 회상기』(평양: 조선로동당출판사, 2003).

조선민주주의인민공화국 최고재판소 편, 『미제국주의 고용간첩 박헌영 리승엽도당의 조선민주주의인민공화국정권 전복음모와 간첩사건 공판문헌』(평양: 국립출판사, 1956).

조선인민군출판사소 편, 『항일빨찌산 참가자들의 전투회상기 1』(평양: 조선인민군출판사, 1960).

조선인민군출판사소 편, 『항일빨찌산 참가자들의 전투회상기 2』(평양: 조선인민군출판사, 1960).

조선작가동맹 중앙위원회, 『불멸의 력사 고난의 행군』(평양: 문예출판사, 1976).

조선청년사 편, 『항일무장투쟁시기 청년공산주의자들의 사업경험』(도쿄: 조선청년사, 1969).

조선청년사 편, 『항일유격대원들은 자신의 혁명화를 위하여 어떻게 힘썼는가』(도쿄: 조선청년사, 1970).

조선청년사 편, 『고난의 행군의 피어린 자욱』(도쿄: 조선청년사, 1970).

차준봉, 『누가 조선전쟁을 일으켰는가』(평양: 사회과학출판사, 1993).

최성욱, 『우리 당의 주체사상과 사회주의적 애국주의』(평양: 조선로동당출판사, 1966).

최승섭, 『미제는 침략과 전쟁의 원흉』(평양: 조선로동당출판사, 1984).

한설야, 『영웅김일성장군』(평양: 신생사, 1947).

한설야, 『승냥이(한설야 선집 단편집)』(조선작가동맹출판사, 1960).

허종호, 『미제의 극동정책과 조선』(평양: 사회과학출판사, 1987).

허종호, 『미제의 극동침략정책과 조선전쟁 (1)』(평양: 사회과학출판사, 1993).

허종호, 『미제의 극동침략정책과 조선전쟁 (2)』(평양: 사회과학출판사, 1993).

황만청, 『보천보의 메아리』(평양: 금성청년출판사, 1987).

황재헌, 『조선전쟁도발의 흑막』(평양: 금성청년출판사, 1995).

(3) 논문

강석희, 「조선침략을 위한 미, 일 제국주의의 공모야합에 대한 력사적인 고찰」, 『력사과학』(1965년 제2호).

강석희, 「19세기 50-70년대 일본 인민과 아세아인민을 반대하여 맺어진 미일관계」, 『력사과학』(1966년 제2호).

강석희, 「《조미수호통상조약》은 예속적이며 불평등적인 조약」, 『력사과학』(1982년 제1호).

김경희, 「제2차세계대전후 미제의 세계석유자원독점책동」, 『력사과학』 루계181호(2002년 제1호).

김병철, 「조선침략의 초시기 미제의 대조선정책을 실현하기 위한 미국선교사들의 책동」, 『력사과학』 루계199호(2006년 제3호).

김영남, 「이전 유고슬라비아에서의 꼬쏘보분쟁과 미제의 간섭책동」, 『력사과학』 루계 196호(2006년 제1호).

김영식, 「랭전종식후 미제의 반꾸바책동의 로골화와 그 전면적파산」, 『력사과학』 루계179호(2001년 제3호).

김용남, 「우리 나라에서 발견된 인류화석과 조선사람 기원 문제의 해명」, 『력사과학』(1981년 제4호).

김일연, 「20세기 후반기 남아프리카인종주의자들을 적극 비호한 미제의 책동」, 『력사과학』 루계183호(2002년 제3호).

김희일, 「1868년 조선에 대한 미국의 침략조직과 그 실패」, 『력사과학』(1956년 제2호).

김희일, 「1871년 미국의 조선침략과 그를 반대한 조선인민의 투쟁」, 『력사과학』(1959년 제6호).

렴춘경, 「혁명전 이란을 반공거점으로 전변시키기 위한 미제의 책동」, 『력사과학』 루계199호(2006년 제3호).

리경철, 「위대한 수령님의 현명한 령도밑에 항일무장투쟁시기에 마련된 조선어발전의 튼튼한 토대」, 『문화어학습』 루계 제214호(2003년 제3호).

리룡일, 「로일전쟁시기 일제의 조선침략을 적극 비호조장한 미제의 책동」, 『력사과학』 루계193호(2005년 제2호).

리명철, 「《셔먼》호사건조작직후 조선침략을 더욱 강화하기 위한 미국의 교활한 책동」, 『력사과학』 루계193호(2005년 제2호).

리상훈, 「항일무장투쟁시기에 발휘된 자력갱생의 혁명정신」, 『근로자』 루계 제226호(1963년 제12호).

리영수, 「미제의 대중국 《원조》정책과 그 침략적본질」, 『력사과학』 루계187호(2003년 제3호).

리정란, 「랭전종식후 우리 나라에 돌려 진 미제의 반사회주의책동의 예봉」, 『력사과학』 루계183호(2002년 제3호).

리정애, 「조국해방전쟁시기 미제공중비적들이 공화국 북반부에서 감행한 폭격만행의 야수성」, 『력사과학』 루계 184호(2002년 제4호).

리정애, 「조선전쟁시기 공화국북반부인민들에 대한 미제의 계획적이며 조직적인 살인만행」, 『력사과학』 루계 196호(2006년 제1호).

리창국, 「19세기말-20세기초 미제의 극동침략정책」, 『력사과학』(1967년 제1호).

리철, 「조선전쟁시기 감행된 남조선인민들에 대한 미제의 야수적학살만행" 『사회과학원학보』 루계 제31호(2001년 제3호).

림선혜, 「18세기 말 - 19세기 전반기 미국의 극동지역에 대한 침략행동」, 『력사과학』 루계185호(2003년 제2호).

방문권, 「1930년대 일제의 만주침략에 대한 미제의 적극적인 지지」, 『력사과학』 (1964년 제1호).

안명일, 「미제의 신천학살만행의 야수성」, 『력사과학』 루계 185호(2003년 제1호).

안명일, 「미제의 조선분렬정책에 적극 추종하고있는 일본군국주의자들의 범죄적 책동」, 『력사과학』 루계196호(2005년 제4호)

장우진, 「원시문화에 반영된 조선사람의 단일성」, 『력사과학』(1977년 제2호).

장창섭, 「제2차세계대전시기 발칸지역을 장악하기 위한 제국주의렬강들의 책동」, 『력사과학』 루계177호(2001년 제1호).

장창섭, 「제1차세계대전시기 발칸지역나라들을 강점하기 위한 제국주의렬강들의 책동」, 『력사과학』 루계178호(2001년 제2호).

전성호, 「위대한 수령 김일성동지의 령도밑에 항일무장투쟁시기 창조발전된 혁명적 시가문학의 사상예술적특성" 『조선어문』 루계제130호(2003년 제2호).

전영률, 「일본군국주의자들이 조선전쟁에서 감행한 세균전만행의 죄악」, 『력사과학』(1984년 제4호).

정영애, 「제2차세계대전후 대아프리카군사전략실현을 위한 미제의 책동」, 『력사과학』 루계177호(2001년 제1호).

최광국, 「미일사이의 《호상방위원조협정》과 종속적인 군사적결탁의 강화」, 『력사과학』 루계196호(2006년 제1호).

최복실, 「미제의《지역안보전략》에 따르는 미 · 일 · 남조선 3각 군사동맹 조작책동」, 『력사과학』(1998년 제2호).

최원근, 「항일무장투쟁시기 조선공산주의자들의 군중전취사업" 『근로자』 루계 제301호(1967년 제3호).

최태진, 「19세기 70-80년대에 있어서의 조선에 대한 미국의 침략기도」, 『력사과학』(1958년 제6호).

최태진, 「1882년 조미수호통상조약의 침략적 본질」, 『력사과학』(1960년 제6호).

한광, 「19세기중엽 극동침략의 전초기지를 확보하기 위한 미국의 책동」, 『력사과학』 루계196호(2005년 제4호).

(4) 사전류, 간행물 및 성명

『대중정치용어사전』(평양: 조선로동당출판사, 1957).

『대중정치용어사전』(평양: 조선로동당출판사, 1964).

『정치용어사전』(평양: 사회과학출판사, 1970).

『정치사전』(평양: 사회과학출판사, 1973).

사회과학원 철학연구소, 『철학사전』(평양 사회과학출판사, 1970; 도쿄, 학우서방 번각발행, 1971).

사회과학원 철학연구소, 『철학사전』(평양: 사회과학출판사, 1985).

사회과학원 력사연구소, 『력사사전 I』(평양: 사회과학출판사, 1971).

사회과학원 력사연구소, 『력사사전 II』(평양: 사회과학출판사, 1971).

사회과학원 력사연구소, 『력사사전(2)』(평양: 과학백과사전종합출판사, 2000).

사회과학원 김일성동지혁명력사연구소, 『력사사전(3)』(평양: 과학백과사전종합출판사, 2001).

사회과학원 언어학연구소, 『현대조선말사전』(서울: 백의, 1988).

〈조선중앙통신〉

〈로동신문〉

〈민주조선〉

〈조선중앙연감〉

「일본 타도(打倒)에 있어서 쏘련의 결정적 역할」, 『조선중앙연감』(평양: 조선중앙통신사, 1949).

「외무상 성명 및 서한」, 『조선중앙연감』(평양: 조선중앙통신사, 1953).

「미제침략군의 범죄적 만행」, 『조선중앙연감』(평양: 조선중앙통신사, 1982).

「위대한 수령 김일성동지의 로작: 그레네이더 뉴쥬얼운동당 중앙위원회 정치위원회 위원장이며 그레네이더인민혁명부 총리인 모리스 비쇼프를 단장으로 하는 그레네이더 당및정부대표단을 환영하여 베푼 연설에서 한 연설" 『조선중앙연감』(평양: 조선중앙통신사, 1984).

「랑군폭발사건」, 『조선중앙연감』(평양: 조선중앙통신사, 1984).

「조선민주주의인민공화국 외교부 비망록: 랑군폭발사건에 대한 버마당국의 〈공판〉과 관련하여」, 『조선중앙연감』(평양: 조선중앙통신사, 1984).

「남조선려객기사건」, 『조선중앙연감』(평양: 조선중앙통신사, 1984).

〈외무성대변인성명〉

〈아태위대변인성명〉

〈조평통대변인성명〉

〈반핵평화위대변인성명〉

〈조국전선대변인성명〉

〈인민보안성대변인성명〉

〈조선법률가위대변인성명〉

(5) 김일성 · 김정일 연설, 선집 및 저작물

『김일성 선집』(평양: 조선로동당출판사):
제2권(1954), 제4권(1954, 재판발행), 제5권(1963, 학우서방 번각).

『김정일 선집』(평양: 조선로동당출판사):
제1권(1992), 제7권(1996), 제8권(1998), 제9권(1997), 제10권(1997), 제11권(1997), 제12권(1997), 제13권(1998), 제14권(2000), 제15권 (2005).

『김일성 저작선집』(평양: 조선로동당출판사):
제3권(1975, 제2판), 제4권(1968), 제5권(1972), 제8권(1982).

『김일성 저작집』(평양: 조선로동당출판사):
제1권(1979), 제2권(1979), 제3권(1979), 제4권(1979), 제5권(1980), 제6권(1980), 제7권(1980), 제8권(1980), 제9권(1980), 제12권(1981), 제13권(1981), 제15권(1981), 제17권(1982), 제18권(1982), 제20권(1982), 제22권(1983), 제23권(1983), 제24권(1983), 제27권(1984), 제32권(1986), 제33권(1987), 제34권(1987), 제35권(1987), 제38권(1992), 제39권(1993), 제40권(1994), 제41권(1995), 제42권(1995), 제43권(1996), 제44권(1996).

김일성, 『(김일성 회고록) 세기와 더불어 6권』(평양: 조선로동당출판사, 1995).

김정일, 『주체철학에 대하여』(평양: 조선로동당출판사, 2000).

김정일, 『주체의 혁명전통에 대하여』(평양: 조선로동당출판사, 2002).

2. 국내 문헌

(1) 단행본

강성학, 『시베리아 횡단열차와 사무라이: 러일전쟁의 외교와 군사전략』(서울: 고려대학교출판부, 1999).

강성학, 『무지개와 부엉이: 국제정치의 이론과 실천에 관한 논문 선집』(서울: 박영사, 2010).

강철환, 『수용소의 노래: 평양의 어항』(서울: 시대정신, 2005).

강평원, 『지리산 킬링필드』(서울: 선영사, 2003).
경남대학교 북한대학원 엮음, 『북한연구 방법론』(파주: 한울, 2003).
고재홍, 『한국전쟁의 원인: 남북 군사력 불균형』(파주: 한국학술정보, 2007).
곽차섭 엮음, 『미시사란 무엇인가』(서울: 푸른역사, 2000).
김경민, 『어디까지 가나 일본 자위대』(서울: 아침바다, 2003).
김경민, 『일본인도 모르는 일본』(서울: 자유포럼, 1998).
김경학 외, 『전쟁과 기억: 마을 공동체의 생애사』(파주: 한울아카데미, 2005).
김계동, 『한반도의 분단과 전쟁: 민족분열과 국제개입 · 갈등』(서울: 서울대학교출판부, 2000).
김광운, 『북한 정치사 연구: 건당 · 건국 · 건군의 역사』(서울: 선인, 2003).
김국신, 『미국의 정책과 북한의 반응』(서울: 통일연구원, 2001).
김기진, 『한국전쟁과 집단학살: 미국 기밀문서의 최초 증언』(서울: 푸른역사, 2005).
김남식, 심지연 편저, 『박헌영 노선 비판』(서울: 세계, 1986).
김동춘, 『전쟁과 사회: 우리에게 한국전쟁은 무엇이었나?』(서울: 돌베개, 2000).
김명호, 『초기 한미관계의 재조명: 셔먼호 사건에서 신미양요까지』(서울: 역사비평사, 2005).
김삼웅, 『해방 후 양민학살사』(서울: 가람기획, 1996).
김성호, 『1930년대 연변 민생단사건 연구』(서울: 백산자료원, 1999).
김세균 외, 『북한체제의 형성과 한반도 국제정치』(서울: 서울대학교출판부, 2006).
김열수, 『국가안보: 위협과 취약성의 딜레마』(파주: 법문사, 2010).
김영세, 『게임이론』(서울: 박영사, 1998).
김영택, 『한국전쟁과 함평양민학살』(광주: 사회문화원, 2001).
김영호, 『한국전쟁의 기원과 전개과정』(서울: 성신여자대학교 출판부, 2006).
김종찬, 『한반도 핵게임』(서울: 새로운 사람들, 2005).
김주환, 『미국의 세계전략과 한국전쟁』(서울: 청사, 1996).
김태우 · 김재두, 『미국의 핵전략 우리도 알아야 한다』(서울: 살림, 2003).
김학준, 『북한의 역사 제1권: 강대국권력정치 아래서의 한반도분할과 소련의 북한

군정개시(1863년~1946년 1월)』(서울: 서울대학교출판부, 2008).

김학준, 『북한의 역사 제2권: 미소냉전과 소련군정 아래서의 조선민주주의인민공화국 건국(1946년 1월~1948년 9월)』(서울: 서울대학교출판부, 2008).

김학준, 『한국전쟁: 원인 · 과정 · 휴전 · 영향』(서울: 박영사, 2010, 제4수정 · 증보판).

노근리사건희생자심사보고서 작성기획단, 『노근리사건희생자심사보고서』(서울: 노근리사건희생자심사및명예회복위원회, 2006).

노병천, 『이것이 한국전쟁이다』(서울: 21세기군사연구소, 2000).

민주주의 민족전선 편집, 『해방조선 II』(서울: 과학과 사상, 1988),

박갑동, 『박헌영: 그 일대기를 통한 현대사의 재조명』(서울: 인간신서, 1983).

박길용 · 김국후, 『김일성 외교비사: 사후에 밝혀진 김일성 외교전략』(서울: 중앙일보사, 1994).

박영호, 『2006년 QDR의 특징 분석과 한반도 안보에 주는 시사점』(서울: 통일연구원, 2006).

박재영, 『국제정치 패러다임』(서울: 법문사, 1996).

박주현, 『게임이론의 이해』(서울: 해남, 1998).

박찬승, 『마을로 간 한국전쟁: 한국전쟁기 마을에서 벌어진 작은 전쟁들』(파주: 돌베개, 2010).

박형중, 『'불량국가' 대응 전략: 기본개념들과 비판적 검토』(서울: 통일연구원, 2002).

박형중, 『북한의 개혁 · 개방과 체제변화: 비교사회주의를 통해 본 북한의 현재와 미래』(서울: 해남, 2004).

박호성, 『남북한 민족주의 비교연구: '한반도 민족주의'를 위하여』(서울: 당대, 1997).

백학순, 『북한 권력의 역사』(파주: 한울, 2010).

서대숙, 『현대 북한의 지도자: 김일성과 김정일』(서울: 을유문화사, 2000).

서보혁, 『(탈냉전기) 북미관계사』(서울: 선인, 2004).

서보혁, 『북한 정체성의 두 얼굴』(서울: 책세상, 2003).

서재진, 『북한의 개인숭배 및 정치사회화의 효과에 대한 평가연구』(서울: 통일연구원, 1993).

서재진,『북한의 맑스-레닌주의와 주체사상 비교연구: 체제형성에 미친 영향과 개혁 · 개방의 논리를 중심으로』(서울: 통일연구원, 2002).

서재진,『주체사상의 이반: 지배이데올로기에서 저항이데올로기로』(서울: 박영사, 2006a).

서재진,『김일성 항일무장투쟁의 신화화 연구』(서울: 통일연구원, 2006b).

서중석 외,『전쟁 속의 또 다른 전쟁: 미군 문서로 본 한국전쟁과 학살』(서울: 선인, 2011).

손호철,『해방 60년의 한국정치, 1945~2005』(서울: 이매진, 2006).

송두율,『현대와 사상: 사회주의 · (탈)현대 · 민족』(서울: 한길사, 1990).

스칼라피노 · 이정식,『한국 공산주의운동사II: 해방 후 편(1945~52)』(서울: 돌베개, 1986).

신일철,『북한 '주체철학'의 비판적 분석』(서울: 사회발전연구소, 1987).

신일철,『북한 주체사상의 형성과 쇠퇴』(서울: 생각의 나무, 2004).

신주백,『1930년대 민족해방운동론 연구 II: 만주 항일무장투쟁자료편』(서울: 새길, 1990).

신주백,『1920~30년대 중국지역 민족운동사』(서울: 선인, 2005).

안드레이 란코프,『북한 워크아웃』(서울: 시대정신, 2009).

안명철,『완전통제구역 (북한정치범 수용소 경비대원의 수기)』(서울: 시대정신, 2007).

안찬일,『주체사상의 종언』(서울: 을유문화사, 1997).

원동진,『게임 이론』(서울: 형설출판사, 2004).

육군사관학교,『국가안보론』(서울: 박영사, 2005).

윤기관 외,『현대북한의 이해』(서울: 법문사, 2004).

이신철,『북한 민족주의운동 연구(1948-1961, 월북 납북인들과 통일운동)』(서울: 역사비평사, 2008).

이이화 외,『다 죽여라 다 쓸어버려라: 한국전쟁전후 민간인학살에 관한 짧은 기록』(서울: 한국전쟁전후 민간인학살 진상규명 범국민위원회, 2003).

이종석,『현대북한의 이해: 사상 · 체제 · 지도자』(서울: 역사비평사, 1995).

이종석, 『새로 쓴 현대북한의 이해』(서울: 역사비평사, 2000).

이종석, 『조선로동당연구: 지도사상과 구조변화를 중심으로』(서울: 역사비평사, 2003).

이춘근, 『과학기술로 읽는 북한 핵: 평화를 위한 남북한 원자력 협력은 불가능한가』(서울: 생각의 나무, 2005).

이한영, 『대동강 로열패밀리 서울잠행 14년』(서울: 동아일보사, 1996).

이한영, 『김정일 로열 패밀리』(서울: 시대정신, 2004).

이호재, 『핵의 세계화와 한국 핵정책』(서울: 법문사, 1981).

이흥환, 『미국 비밀 문서로 본 한국 현대사 35 장면』(서울: 삼인, 2002).

이흥환, 『부시행정부와 북한』(서울: 삼인, 2002).

임경석, 『이정 박헌영 일대기』(서울: 역사비평사, 2004).

임동원, 『피스메이커』(서울: 중앙북스, 2008).

전갑생, 『한국전쟁과 분단의 트라우마』(서울: 선인, 2011).

정성장, 『현대 북한의 정치: 역사 · 이념 · 권력체계』(파주: 한울, 2011).

정현수 외, 『중국조선족 증언으로 본 한국전쟁』(서울: 선인, 2003).

주영복, 『내가 겪은 조선전쟁』(서울: 고려원, 1990).

중앙일보 특별취재반, 『조선민주주의인민공화국』(서울: 중앙일보사, 1992).

중앙일보 특별취재반, 『조선민주주의인민공화국(하)』(서울: 중앙일보사, 1993).

최성, 『북한정치사: 김정일과 북한의 권력엘리트』(서울: 풀빛, 1997).

통일부 편, 『2008 통일백서』(서울: 통일부, 2008).

통일연구원 편, 『새터민의 증언으로 본 북한의 변화』(서울: 통일연구원, 2007).

통일연구원 편, 『북한인권백서』(서울: 통일연구원, 2009).

하연섭, 『제도분석: 이론과 쟁점』(서울: 다산출판사, 2011).

하영선, 『한반도의 핵무기와 세계질서』(서울: 나남, 1991).

한국전쟁전후 민간인학살 진상규명 범국민위원회, 『한국전쟁전후 민간인학살 실태보고서』(파주: 한울아카데미, 2005).

현성일, 『북한의 국가전략과 파워 엘리트-간부정책을 중심으로』(서울: 선인, 2007).

홍용표, 『김정일 정권의 안보딜레마와 대미 · 대남정책』(서울: 통일연구원, 1997).
황장엽, 『북한의 진실과 허위』(서울: 시대정신, 2006).
황장엽, 『나는 역사의 진리를 보았다』(서울: 한울, 1999).
황장엽, 『황장엽 회고록』(서울: 시대정신, 2010).

(2) 논문

강정구, 「연구방법론」, 『북한의 사회』(서울: 을유문화사, 1990).
강진호, 「해방 후 한설야 소설과 김일성의 형상」, 『민족문학사연구』(2004).
고용권, 「북한의 통치이념과 통일 전망」, 『현대이념연구』(1996).
고유환, 「북한의 핵보유 선언과 '9 · 19 공동성명' 평가와 과제」, 『북한학연구』 창간 號(2005).
고지훈, 「해방 직후 조선공산당의 대미인식」, 『역사문제연구』 제17호(2007.4).
곽승지, 「북한체제 연구의 쟁점」, 현대북한연구회 엮음, 『현대북한연구의 쟁점 2』(파주: 한울, 2007).
김경민, 「미 · 일의 대북정책 동향과 한 · 미 · 일 정책공조」, 『통일연구원 학술회의 총서 04-02』(2004).
김선명, 「신제도주의 이론과 행정에의 적응성」, 『한 · 독 사회과학논총』 제17권 제1 號(2007년 여름).
김성한, 「신보수주의 이념과 전략」, 『주요국제문제분석』(외교안보연구원, 20003년 6월).
김성한, 「신군사안보 패러다임과 해외주둔 미군 재배치 전략」, 『정책연구시리즈 2004-9』(서울: 외교안보연구원, 2005년 1월).
김수민, 「북한 정권의 정통화 시도 1945-1950」, 『북한연구학회보』 제3권 제2호(1999).
김연각, 「북한의 통치 이데올로기: 1955~2007」, 『한국정치연구』 제16집 제1호(2007).
김영수, 「북한의 통치 이데올로기의 변화」, 『현대북한연구』 4권 1호(2001).
김용현, 「로동신문 분석을 통한 북한정치 변화연구: 1945~1950」, 『북한연구학회보』 제7권 제1호(2003a).

김용현, 「북한 군사국가화의 기원에 관한 연구」, 『한국정치학회보』 37집 1호(2003b),

김재웅, 「북한의 논리를 통해 재구성된 미국의 상(1945~1950)」, 『한국사학보』 제37호(2009).

김정배, 「한민족 본토기원설과 진국의 고대국가설」, 김정배 편, 『북한이 보는 우리 역사』(서울: 을유문화사, 1989).

김주환, 「특집 근현대의 변혁운동과 90년대: 해방직후 북한의 대미인식과 민주기지론」, 『역사비평』 통권10호(1990).

김태운, 「주체사상의 자주적 입장과 북한의 대외정책: 주체사상 형성기 북한의 대외정책을 중심으로」, 『호남정치학회보』 제13집(2001).

남기정, 「한국전쟁과 일본의 전쟁협력정책: 대미협력과 대유엔협력의 간극」, 강성학 편, 『유엔과 한국전쟁』(서울: 리북, 2004).

노태구, 「맑스의 민족주의 이해에 대하여: 레닌의 제국주의론으로」, 한국정치학회 춘계학술회의(2000).

라종일, 「한국 전쟁의 의미」, 김철범 편, 『한국 전쟁을 보는 시각』(서울: 을유문화사 1990).

류길재, 「김일성 · 김정일의 문헌을 어떻게 읽을 것인가」, 경남대학교 북한대학원 엮음, 『북한연구 방법론』(서울: 한울, 2003).

류재갑, 「6 · 25전쟁과 북한의 통일 정책」, 신정현 편, 『북한의 통일정책』(서울: 을유문화사, 1989).

민병원, 「1970년대 후반 한국의 안보위기와 핵개발: 이중적 핵정책에 관한 반사실적 분석」, 『한국정치외교사논총』 제26집1호(2005).

방정배, 「북한 '선군정치'의 정치적 함의」, 『통일문제연구』 제25~26집(2003~2004).

배성동, 「조선로동당의 조직과 기능」, 강성윤 외, 『북한 정치의 이해』(서울: 을유문화사, 2000).

부르스 커밍스, 「북한의 조합주의」, 김동춘 엮음, 『한국현대사 연구 I』(이성과현실사, 1988).

서석민, 「선군정치 시대의 당-군 관계 연구: 핵심 엘리트의 위상 변화를 중심으로」, 『사회과학연구』 제15집 1호(2007).

송대성, 「미국의 2006 「국가안보전략(NSS)」 핵심내용 및 의미」, 『세종논평』 No. 44 (세종연구소, 2006).

신주백, 「김일성의 만주항일유격운동에 대한 연구」, 『역사와 현실』 제12권(1994).

신주백, 「김일성 가짜설」, 역사비평 편집위원회, 『논쟁으로 본 한국사회 100년』(서울: 역사비평사, 2000).

안영섭, 「남북한 언론체제의 차이에 관한 소고” 『한국정치학회보』 34집 3호(2000).

안찬일, 「조선민주주의인민공화국: 통치이념 및 체제변형의 58년」, 『北韓』(2006.9).

양무진, 「주체사상과 선군사상: 지배이데올로기의 변화 가능성」, 『한국과 국제정치』 제24권 제3호(2008).

유정갑, 「북한의 주체사상과 정치사회화에 관한 연구」, 『정책과학연구』 11집(2001).

유홍림, 「북한 통치 이데올로기의 형성과 변화」, 김세균, 『북한체제의 형성과 한반도 국제정치』(서울: 서울대학교출판부, 2006).

육영수, 「냉전시대 북한의 ‘주체적’ 서양역사 만들기: 력사사전(1971) 분석을 중심으로」, 『역사학보』 제200집(2008.12).

윤황, 「김정일의 선군영도체계 구축에 따른 선군정치의 기능 분석: 로동신문의 담론을 중심으로」, 『한국동북아논총』 제57호(2010).

이명석, 「합리적 선택론의 신제도주의」, 정용덕 외, 『합리적 선택과 신제도주의』 (서울: 대영문화사, 1999).

이미경, 「북한의 대외관계와 주체사상의 형성: 한국전쟁 시기를 중심으로」, 『국제정치논총』 제41집2호(2001).

이미경, 「북한의 역사서술 속의 대미인식의 특징과 함의」, 『한국정치외교사논총』 제25집 제1호(2003a).

이미경, 「국제환경의 변화와 북한의 자주노선 정립: 1960년대 시기를 중심으로」, 『국제정치논총』 제43집 2호(2003b).

이완범, 「분단국가의 형성 2: 소련점령군과 ‘조선민주주의인민공화국’의 수립」, 김용직 편, 『사료로 본 한국의 정치와 외교: 1945~1979』(서울: 성신여자대학교출판부, 2005).

이원웅, 「미국의 대북한인권정책: 목표, 수단, 영향」, 『북한연구학회보』 제9권 제2호(2005).

이종석, 「북한연구의 진전을 위한 일제언: 연구방법과 문헌분석을 중심으로」, 서울대학교 대학원 자치회 편, 『반시대』 창간호(1994).

이호철, 「행위자와 구조, 그리고 제도: 제도주의의 분석수준" 『사회비평』 제14권(1996).

장성호, 「정치기제로서 북한의 주체사상이 체제에 미친 영향」, 『사회과학연구』 제15호(2002).

장성호, 「북한체제변화에 있어서 주체사상의 제약요인 분석」, 『대한정치학회보』 11집 1호(2003).

전미영, 「통일담론에 나타난 남북한 민족주의 비교연구: 통일이념의 모색」, 『국제정치논총』 제43집 1호(2003).

전우택, 「북한주민들의 사회의식 및 김일성 부자에 대한 태도 조사 -남한 내 탈북자들에 대한 설문 조사를 중심으로」, 『통일연구』 제9권 제1호(2005).

전현준, 「김일성: 빨치산에서 수령으로」, 강성윤, 『김정일과 북한의 정치: 어제 오늘 그리고 내일』(서울: 선인, 2010).

정성장, 「스탈린체제와 김일성체제의 비교연구: 지도이념과 권력체계를 중심으로」, 『국제정치논총』 제37집 2호(1997).

정성장, 「주체사상과 북한의 개혁 · 개방」, 『동북아연구』(2000).

정성장, 「김정일의 '선군정치': 논리와 정책적 함의」, 『현대북한연구』 4권 2호(2001).

정성장, 「북한정치 연구와 남한중심주의」, 『정치 · 정보 연구』 제10권 1호(2007).

정성장, 「김정일 정권의 선군정치와 권력엘리트」, 곽승지 외, 『김정일의 북한, 어디로 가는가?』(서울: 한울, 2009).

정성장, 「김정일 시대 북한 국방위원회의 위상 · 역할 · 엘리트」, 『세종정책연구』 제6권 1호(성남: 세종연구소, 2010).

정영철, 「북한 종교정책의 변화와 현재" 『남북문화예술연구』 통권 제3호(2008).

정우곤, 「주체사상의 변용 담론과 그 원인: '우리 식' 사회주의, '붉은기 철학', '강성대국'을 중심으로」, 『북한연구학회보』 제5권 제1호(2001).

정준표, 「죄수의 딜레마 게임과 겁쟁이 게임에 관한 소고」, 『국제정치연구』 제9집 2호(2006).

정진아, 「북한이 수용한 '사회주의 쏘련'의 이미지」, 『통일문제연구』 통권 제54호(2010년 하반기).

정창현, 「북한 지배엘리트의 구성과 역할」, 세종연구소 북한연구센터 엮음, 『북한의 당·국가기구·군대』(파주: 도서출판 한울, 2007).

조철호, 「1970년대 초반 박정희의 독자적 핵무기 개발과 한미관계」, 『평화연구』 9권 1호(2001).

주봉호, 「주체사상의 이론적 변용 담론」, 『대한정치학회보』 9집 2호(2001).

진희관, 「북한에서 '선군'의 등장과 선군사상이 갖는 함의에 관한 연구」, 『국제정치논총』 제48집1호(2008).

최완규, 「북한연구방법론 논쟁에 대한 성찰적 접근」, 경남대학교 북한대학원 엮음, 『북한연구 방법론』(파주: 한울, 2003).

하연섭, 「역사적 제도주의」, 정용덕, 『신제도주의 연구』(서울: 대영문화사, 1999).

한성훈, 「북한 민족주의 형성과 반미 애국주의 교양」, 『한국근현대사연구』 제56집(2011년 봄호).

한성훈, 「조선인민군의 당·국가 인식과 인민형성: 동원, 징병, 규율을 중심으로」, 『사회와 역사』 제89집(2011).

홍성후, 「마키아벨리 통치술로 본 북한의 핵개발정책분석" 『한국동북아논총』 제46집(2008).

(3) 학위논문

강오순, 「신뢰와 불신에 관한 문화심리학적 연구: 신뢰와 불신의 기반 분석」(중앙대학교 사회심리학 학위논문, 2003).

김광용, 「북한 '수령제' 정치체제의 구조와 특성에 관한 연구」(한양대학교 정치외교학과 박사학위논문, 1995).

김광진, 「북한의 외화관리시스템 변화연구」(경남대 북한대학원대학교 석사학위논문, 2008).

김연철, 「북한의 산업화 과정과 공장관리의 정치(1953~1970): '수령제' 정치체제의 사회경제적 기원」(성균관대학교 정치학 박사학위논문, 1996).

김용현, 「북한의 군사국가화에 관한 연구: 1950~60년대를 중심으로」(동국대학교 정치학과 박사학위논문, 2001).

남근우, 「북한의 복종과 저항의 정치: 생산현장에 나타난 공식 · 비공식 사회관계(1950~70년대)」(한양대학교 정치외교학과 박사학위논문, 2008).

서유석, 「북한 선군담론에 관한 연구」(동국대학교 북한학과 박사학위논문, 2008).

송정호, 「김정일 권력승계 공식화 과정 연구: 1964~1986년을 중심으로」(한양대학교 정치외교학과 박사학위논문, 2004).

임수호, 「실존적 억지와 협상을 통한 확산: 북한의 핵정책과 위기조성외교(1989~2006)」(서울대학교 정치학과 박사학위논문, 2007).

정영철, 「김정일 체제 형성의 사회정치적 기원: 1967~1982」(서울대학교 사회학과 박사학위논문, 2001).

조철호, 「박정희 핵외교와 한미관계 변화」(고려대 정치외교학과 박사학위논문, 2000).

한기범, 「북한 정책결정과정의 조직행태와 관료정치: 경제개혁 확대 및 후퇴를 중심으로(2000~09)」(경남대학교 정치외교학과 박사학위논문, 2009).

허정범, 「북한의 숙청연구: 기능과 유형을 중심으로」(경남대학교 북한대학원 석사학위논문, 2005).

(4) 언론

『DailyNK』『NEWDAILY』『VISION 21』『경향신문』『국민일보』『내일신문』
『데일리 서프라이즈』『데일리안』『동아일보』『매일경제』『문화일보』『세계일보』
『연합뉴스』『오마이뉴스』『자주민보』『조선일보』『중앙일보』『프레시안』
『프리존뉴스』『한국일보』『월간조선』『월간 말』『YTN』『MBC』

3. 국외문헌

(1) 단행본

Axelrod, Robert, *The Evolution of Cooperation* (New York: Basic Books, 1984).

Ayoob, Mohammed, *The Third World Security Predicament: State Making, Regional Conflict, and the International System* (London: Lynne Rienner Publishers, 1995).

Bagby, Wesley M., *America's International Relations Since World War I* (New York: Oxford University Press, 1999).

Becker, Jasper, *Rogue Regime: Kim Jong Il and the Looming Threat of North Korea* (New York: Oxford University Press, 2005).

Breen, Michael, *Kim Jong-il: North Korea's Dear Leader* (Hoboken: John Wiley & Sons, 2004).

Buzan, Barry, *People, States, and Fear* (Hertfordshire: Harvester Wheatsheaf, 1991).

Carr, E. H., *What is History?*, 2nd edition from 1961 (London: Macmillan Press, 1986).

Clausewitz, Carl von, *On War* (New York: Penguin Books, 1968).

Cumings, Bruce, *The origins of the Korean war: liberation and the emergence of separate regimes 1945-1947* (Princeton: Princeton University Press, 1981).

Cumings, Bruce, *Child of conflict: the Korean-American relationship, 1943-1953* (Seattle: University of Washington Press, 1983).

Cumings, Bruce, *The Korean War: A History* (New York: Modern Library Chronicles, 2010).

Endicott, Stephen; Hagerman, Edward, *The United States and Biological Warfare: Secrets from the Early Cold War and Korea* (Bloomington: Indiana University Press, 1998).

Freedman, Lawrence, *The Evolution of Nuclear Strategy* (New York: Palgrave Macmillan, 2003).

Gleason, Abbott, Totalitarianism: *The Inner History of the Cold War* (New York: Oxford University Press, 1995).

Harrison, Selig S., *Korean Endgame: A Strategy for Reunification and U.S. Disengagement* (Princeton: Princeton University Press, 2002).

Hawk, David, *The Hidden Gulag: Exposing North Korea's Prison Camps: prisoner's testimonies and satellite photo*(U.S. Committee for Human Rights in North Korea, 2003).

Hobbes, Thomas (edited by Richard Tuck), *Leviathan* (New York: Cambridge University Press, 1996).

Hong, Yong-Pyo, *State Security And Regime Security* (Hampshire: Antony Rowe Ltd., 2000).

Jervis, Robert, *American Foreign Policy in a New Era* (New York: Routledge, 2005).

Job, Brian L., *The Insecurity Dilemma: National Security of Third World States* (Boulder: Lynne Rienner Publishers, 1992).

Keohane, Robert O. and Joseph S. Nye, Jr., *Power and Interdependence: World Politics in Transition* (Boston: Little Brown, 1977).

Kupchan, Charles A., *The End of the American Era: U.S. Foreign Policy and the Geopolitics of the Twenty-first Century* (New York: Alfred A. Knopf, 2002).

Morgenthau, Hans J. (7th Ed. revised by Kenneth W. Thompson and W. David Clinton), *Politics Among Nations: The Struggle for Power and Peace* (New York: McGraw-Hill, 2006).

Myers, B. R., *The Cleanest Race: How North Koreans See Themselves-And Why It Matters* (New York: Melville House, 2010).

Nye, Joseph S., *The Paradox of American Power: Why the world's only superpower can't go it alone* (New York: Oxford University Press, 2002).

Nye, Joseph S., *Soft Power: The means to success in world politics* (New York: Public Affairs, 2004).

Oberdorfer, Don, *The Two Koreas* (Indianapolis: Basic Books, 2001, Revised and Updated from 1997).

Radványi, János, *Psychological Operations and Political Warfare in Long-term Strategic Planning* (New York: Greenwood Publishing Group, 1990).

Salmon, Andrew, *Scorched Earth, Black Snow* (London: Aurum, 2011).

Schroeer, Dietrich, *Science, Technology, and the Nuclear Arms Race* (New York: John

Wiley & Sons, 1984).

Staar, Richard Felix, *Foreign policies of the Soviet Union* (Stanford University: Hoover Institution Press, 1991).

Suh, Dae-sook, *The Korean Communist Movement,* 1918~1948 (Princeton: Princeton University Press, 1967).

Suh, Dae-sook, *Kim Il Sung: The North Korean Leader* (New York: Columbia University Press, 1988).

Waltz, Kenneth N., *Man, the State, and War,* originally published in 1959 (New York: Columbia University Press 2001).

Woodward, Bob, *Bush at War* (New York: SIMON & SCHUSTER, 2003).

(2) 논문

Albright, David "Holding Khan Accountable, An ISIS Statement Accompanying Release of Libya: A Major Sale at Last", *ISIS Reports* (December 1, 2010).

Albright, David and Paul Brannan, "Disabling North Korea's Uranium Enrichment Program", *ISIS Reports* (January 20, 2011).

Babst, Dean V., "A Force for Peace", *Industrial Research,* Vol. 14, No. 4 (April 1972).

Boas, Taylor C., "Conceptualizing Continuity and Change: The Composite-standard Model of Path Dependence", *Journal of Theoretical Politics,* Vol. 19, No. 1 (2007).

Cha, Victor, "What the Bush Administration Really Thinks about Sunshine Policy", *Paper presented to a forum at the Institute of Far Eastern Studies*, May 24-26, 2003, Seoul, South Korea.

Cha,, Victor D., "Hawk Engagement and Preventive Defense on the Korean Peninsula", *International Securities,* Vol. 27, No. 1 (2002).

Clemens, Elisabeth S. and James M. Cook, "Politics and Institutionalism: Explaining Durability and Change", *Annual Review of Sociology*, Vol 25 (1999),

David, Paul, "Clio and the Economics of QWERTY", *The American Economic Review*, Vol. 75, No. 2 (May 1985).

Doyle, Michael W., "Kant, Liberal Legacies, and Foreign Affairs", *Philosophy and Public Affairs*, Vol. 12, No. 3 (Summer 1983).

Doyle, Michael W., "Kant, Liberal Legacies, and Foreign Affairs, Part 2", *Philosophy and Public Affairs,* Vol. 12, No. 4. (Autumn, 1983).

Garwin, Richard L., "Reactor-Grade Plutonium Can be Used to Make Powerful and Reliable Nuclear Weapons: Separated plutonium in the fuel cycle must be protected as if it were nuclear weapons." Congressional Testimony (1998).

Gat, Azar, "So Why Do People Fight? Evolutionary Theory and the Cause of War", *European Journal of International Relations*, 15(4) (2009).

Gelpi, Christopher F. & Griesdorf, Michael, "Winners or Losers? Democracies in International Crisis, 1918–94", *American Political Science Review* Vol. 95, No. 3 (September 2001).

Hall, Peter A. and Rosemary C. R. Taylor, "Political Science and the Three New Institutionalisms", *Political Studies*, XLIV (1996).

Harrison, Selig S., "Did North Korea Cheat?" *Foreign Affairs* (January/February 2005).

Kim, Sung-han, "U.S. Policy toward North Korea under the New Security Doctrine", *IRI Review*, Vol.7, Number 1 (Fall 2002).

Koelble, Thomas, "The New Institutionalism in Political Science and Sociology", *Comparative Politics*, Vol 27, No. 2 (Jan. 1995).

Krasner, Stephen D., "Approaches to the State: Alternative Conceptions and Historical Dynamics)", *Comparative Politics*, Vol. 16, No. 2 (1984), B. Guy Peters and Jon Pierre, *Institutionalism* (London: SAGE, 2007).

Kristol, Irving, "The Neoconservative Persuasion", Volume 008, Issue 47, *The Weekly Standard* (August 25, 2003).

Machiavelli, Niccolo (translated by Ninian Hill Thomson), *The Prince* (New York: Grolier, 1968).

Mahoney, James, "Path Dependence in Historical Sociology", *Theory and Society*, Vol. 29, No. 4 (Aug., 2000).

Mark, J. Carson, "Explosive Properties of Reactor-Grade Plutonium", *Science & Global*

Security, Volume 4 (1993).

Miller, Edward Alan and Jane Banaszak-Holl, "Cognitive and Normative Determinants of State Policymaking Behavior: Lessons from the Sociological Institutionalism", *Publius*, Vol. 35, No. 2 (Spring 2005).

Niksch, Larry A. "North Korea's Nuclear Weapons Program", *CRS Issue Brief* (June 1995).

North Korea Advisory Group, *Report to The Speaker* (U.S. House of Representatives, November 1999).

Peters, B. Guy, Jon Pierre, and Desmond S. King, "The Politics of Path Dependency: Political Conflict in Historical Institutionalism", *The Journal of Politics*, Vol. 67, No. 4 (Nov. 2005).

Pierson, Paul, "Increasing Returns, Path Dependence, and the Study of Politics", *The American Political Science Review*, Vol. 94, No. 2 (June 2000).

Ray, James Lee, "A Lakatosian View of the Democratic Peace Research Program", *Progress in International Relations Theory* (Cambridge, MA: MIT Press, 2003).

Reiss, Mitchell and Gallucci, Robert, "Red-Handed", *Foreign Affairs* (March/April 2005).

Rice, Condoleezza, "A Balance of Power that Favors Freedom", October 1, 2002. (The Manhattan Institute's Wriston Lecture).

Thelen, Kathleen, and Sven Steinmo, "Historical Institutionalism in Comparative Politics", Sven Steinmo, Kathleen Thelen, and Frank Longstreth, *Structuring Politics: Historical Institutionalism in Comparative Analysis* (Cambridge: Cambridge University Press, 1992).

(3) 언론

Bill Powell and Tim McGirk, "The Man Who Sold the Bomb", *TIME* (Feb. 6, 2005).

Bruce Cumings, "Why Did Truman Really Fire MacArthur? ⋯ The Obscure History of Nuclear Weapons and the Korean War" *Le Monde Diplomatique* (December 2004).

Christopher Marquis, "Absent From the Korea Talks: Bush's Hard-Liner", *The New York*

Times (September 2, 2003).

Howard Fineman, "I Sniff Some Politics", *Newsweek* (May 27, 2002).

Ishaan Tharoor, "A.Q. Khan's Revelations: Did Pakistan's Army Sell Nukes to North Korea?", *TIME* (July 7, 2011)

John Pomfret, "N. Korea pressing forward on nuclear program, report says", *Washington Post* (Oct. 7, 2010).

Joseph Kahn and Susan Chira, "Chinese Official Challenges U.S. Stance on North Korea", *New York Times* (June 9, 2004).

Martin Kettle, "Bush shows a cold shoulder in place of Clinton's hands across the Pacific", *The Guardian* (March 9, 2001).

Philip Gourevitch, "Alone In the Dark: Kim Jong Il plays a canny game with South Korea and the U.S.", *New Yorker* (Sep. 8, 2003).

Victor D. Cha, "American Neoconservatives", *Chosun Ilbo* (June 14, 2003).

"Nation: In Pueblo's Wake", *TIME* (Feb. 2, 1968).

(4) 번역서

가브릴 코로트코프 지음, 어건주 옮김, 『스탈린과 김일성』(서울: 동아일보사, 1993).

고준석 저, 유영구 역, 『비운의 혁명가, 박헌영』(서울: 글, 1992).

김우종 주필, 『동북지역 조선인 항일력사사료집 제9권』(흑룡강조선민족출판사, 2005).

데이비드 콩드 지음, 최지연 옮김, 『한국전쟁 또 하나의 시각 2』(서울: 과학과 사상, 1988).

디터 클라인 대표집필, 권영경 옮김, 『자본주의 정치경제학 II (제국주의 편)』(서울: 세계총서, 1990).

로버트 만델 지음, 권재상 옮김, 『국가안보의 변모: 개념적 분석』(서울: 간디서원, 2003).

박갑동 지음, 구윤서 옮김, 『한국전쟁과 김일성』(서울: 바람과 물결, 1990).

브루스 커밍스 지음, 남성욱 옮김, 『김정일 코드』(서울: 따뜻한손, 2005).

샐리그 해리슨, 이홍동 외 옮김, 『코리안 엔드게임』(서울: 삼인, 2003).

서대숙 저, 현대사연구회 역, 『한국 공산주의 운동사 연구』(서울: 화다, 1985).

서대숙 지음, 서주석 옮김, 『북한의 지도자 김일성』(서울: 청계연구소, 1989).

스벤 린드크비스트 지음, 김남섭 옮김, 『폭격의 역사』(서울: 한겨레신문사, 2003).

스즈키 마사유키 지음, 유영구 옮김, 『김정일과 수령제 사회주의』(서울: 중앙일보사, 1994).

스티븐 엔디콧 · 에드워드 해거먼 저, 안치용 · 박성휴 역, 『한국전쟁과 미국의 세균전』(서울: 중심, 2003).

안드레이 란코프, 김광린 역, 『소련의 자료로 본 북한 현대정치사』(서울: 오름, 1999).

안소니 브루어 지음, 염홍철 옮김, 『제국주의와 신제국주의: 마르크스에서 아민까지』(서울: 사계절, 1984).

와다 하루키 지음, 이종석 옮김, 『김일성과 만주항일전쟁』(서울: 창작과 비평사, 1992).

와다 하루키 저, 서동만 · 남기정 역, 『북조선: 유격대국가에서 정규군국가로』(파주: 돌베개, 2002).

윌리엄 파운드스톤/박우서 역, 『죄수의 딜레마』(서울: 양문, 2004).

찰스 암스트롱 지음, 김연철 · 이정우 옮김, 『북조선 탄생』(파주: 서해문집, 2006).

찰스 프리처드, 김연철 · 서보혁 역, 『실패한 외교: 부시, 네오콘 그리고 북핵위기』(서울: 사계절, 2008).

크리스토프 블러스 지음, 임을출 · 박민형 옮김, 『한반도 딜레마』(파주: 한울, 2009).

캘빈 S. 홀 지음, 유상우 옮김, 『프로이드 심리학 입문』(서울: 홍신문화사, 2010).

피터 헤이즈(Peter Hayes) 저, 고대승 · 고경은 역, 『핵 딜레마: 미국의 한반도 핵정책의 뿌리와 전개과정』(서울: 한울, 1993).

후지모토 겐지, 신현호 역, 『김정일의 요리사』(서울: 월간조선, 2003).

Tim Beal 저, 정영철 역, 『북한과 미국: 대결의 역사(North Korea: The Struggle Against American Power)』(서울: 선인, 2010).

V. I. 레닌 지음, 남상일 옮김, 『제국주의론』(서울: 백산서당, 1988).

4. 인터넷(최종검색일 2013년 7월 1일)

콜린 퍼거슨 사건 및 재판 내역

http://law.jrank.org/pages/3671/Colin-Ferguson-Trial-1995.html

http://en.wikipedia.org/wiki/Colin_Ferguson_(convict)#cite_note-PierrePierre1210-1

http://articles.sfgate.com/1995-01-27/news/17792496_1_colin-ferguson-black-man-mr-ferguson

IADL(국제민주변호사협회) 홈페이지

http://www.iadllaw.org/

International Association of Democratic Lawyers, "REPORT ON U.S. CRIMES IN KOREA",(March 31, 1952)

http://www.uwpep.org/Index/Resources_files/Crime_Reports_1.pdf

에릭 시로트킨 북한 방문기

http://www.iadllaw.org/files/Myths%20of%20the%20Hermit%20Kingdom%20A%20Sojourn%20of%20Truth%20to%20North%20Korea.pdf

KEI 초청 2010.11 방북 헤커 박사 북한 우라늄 농축시설 등 핵프로그램 관련 특별강연 및 Q&A 동영상

www.c-spanvideo.org/program/nuclearfac

럼스펠드의 '북한정권붕괴' 종용 공문 회람 관련 뉴스

http://www.threeworldwars.com/world-war-3/ww3-31.htm

유엔 홈페이지: 침략의 정의(definition of aggression)

http://untreaty.un.org/cod/avl/ha/da/da.html

경수로 원자로 가동 기간 대비 Pu240과 Pu239 증가량

http://nuclearinfo.net/Nuclearpower/WebHomeNuclearWeaponsProliferation

MBC, 「이제는 말할 수 있다―황해도 신천 사건」(2002.4.21). VOD

http://vodmall.imbc.com/genre/genre_program.aspx?progCode=1000459100057100000

ISIS Reports [David Albright and Paul Brannan, "Disabling North Korea's Uranium

Enrichment Program", *ISIS Reports* (January 20, 2011)]
http://isis-online.org/isis-reports/detail/disabling-north-koreas-uranium-enrichment-program

미 백악관 국가안보전략보고서(NSS) 2006)
http://www.whitehouse.gov/nsc/nss/2006/nss2006.pdf

KBS 뉴스(2010.6.24), "소련, '남침 준비 부족, 게릴라전 주력하라"
http://news.kbs.co.kr/tvnews/news9/2010/06/24/2118018.html#//

핵물리학자 의회 보고: "원자로급 플루토늄으로도 강력한 핵무기 제조가 가능하다."
http://www.fas.org/rlg/980826-pu.htm

미에너지성 발표: 원자로급 플루토늄으로 핵무기 제조가 가능함을 확인.
http://permanent.access.gpo.gov/websites/osti.gov/www.osti.gov/html/osti/opennet/document/press/pc29.html

이재봉 블로그, "푸에블로호 나포와 미국의 굴욕"
http://blog.daum.net/pbpm21/104

워싱턴포스트, 북한 핵개발 책임자 전병호가 A.Q. 칸 박사에게 보낸 비밀 편지 전문
http://www.washingtonpost.com/wp-srv/world/documents/north-korea-letter.html

찾아보기

ㄷ

ㄹ

ㅁ

ㅂ

ㅅ

영문요약 (English Summary of the Book)

The Outcry of a Scorpion

The Origin and Deepening of North Korea's Distrust of the United States: Kim Il Sung's Guerrilla Struggle Against Imperial Japan, the Korean War, and the Collapse of the Agreed Framework

—Stephen (Sung-hak) Kim

This book was prompted by a question about North Korea's threatening rhetoric: Is it just a tactic to wring greater concessions out of negotiations, or does it express what North Korea truly believes to be the evil nature of its archenemy, the United States?

In order to determine whether it is brinkmanship or a genuine expression of belief, the author traced North Korea's distrust of the United States back to its origin, traveled along the historical path of that distrust, and found that it was, indeed, structured and deep enough to be considered "faith" to a degree that is nearly religious.

The book illustrates that the collapse of the "Agreed Framework" nuclear agreement, during the Bush administration, was attributable to a combination of North Korea's deep-rooted distrust of the U.S. and what Pyongyang considers to be Washington's "anti-North Korean policy." It also delves into how North Korea's ongoing "anti-imperialist, anti-American struggle" originated from Kim Il Sung's guerilla struggle against imperial Japan in the 1930s, and how it has intensified due to reinforcing "path-dependent" factors of history, further deepening Pyongyang's distrust of Washington.

The historical genesis of North Korea's distrust of the United States is traced to Kim Il Sung's guerilla struggle during the occupation period. Installed by the Soviet Union as North Korea's leader after World War II ended Tokyo's imperialism and ushered in the division of the peninsula by the great powers, Kim Il Sung derived his legitimacy from his fight against imperial Japan, thereby differentiating himself from political rivals who did not have experience of armed struggle. He also substituted "imperial" America for imperial Japan, rallying North Korea to embark upon an "anti-imperialist, anti-American struggle" to carry on his revolutionary legacy. Kim's guerilla campaign against imperial Japan was magnified and elevated to mythological status. Its transformation into a national governing philosophy paved the way for North Korea's anti-imperialist, anti-American struggle. With the full-fledged onset of the Cold War, all political elites fell into line in the anti-imperialist, anti-American fight, which, coupled with a power struggle, escalated into a new phase: the Korean War.

After launching the war, Kim invoked and wielded sweeping wartime powers under which he eliminated the leaders of all three rival factions — *Namrodang-pa* (communists from the South Korean Worker's Party), *Yan'an-pa* (Korean communists from China), and *Soryon-pa* (Koreans from the Soviet Union) — laying the groundwork for his dictatorship. Kim's loyal Manchurian guerrilla group crushed the last-ditch challenge by the *Yan'an* and Soviet factions in August 1956, leaving no political elites to oppose him. Left unchecked, Kim Il Sung's anti-American historical views, stemming from his revolutionary legacy, became deeply rooted in North Korean society and remain so to this day. The trauma suffered by North Koreans during the war as a result of indiscriminate and devastating U.S. military attacks entrenched an anti-American mindset in North Korea, while Kim Il Sung's monopoly on power strongly discouraged deviation from the path-dependent, anti-imperialist, anti-American struggle.

The formidable presence of the U.S. military in South Korea, which thwarted North Korea's "liberation war," triggered extreme anxiety in Kim Il Sung with regard to security. In response, Kim proclaimed *Juche* (self-reliance) as a governing philosophy of the nation with *Jaju* (independence) being its guiding principle in the realms of politics, economy, and defense. The concept of *Jaju* vis-à-vis security informed the anti-U.S. framework of distrust with respect to national security, ideological security, and regime security. North Korea's distrust of the United States was reinforced by acceptance of both anti-American perceptions — arising from the trauma caused by the U.S. military during the war — and state-sponsored propaganda. The American threat was systematically fabricated and exaggerated in public communication campaigns to solidify and deepen distrust.

In terms of national security, wartime trauma naturally led the people of North Korea to adopt an anti-American perspective, and the North Korean government's propagandizing of the war as an invasion by the South under the auspices of the U.S., as well as its fabrication and exaggeration of wartime massacres of North Korean civilians by the U.S. Army, amplified North Koreans' senses of victimization and anti-American hostility. Recurring nuclear and military threats by the U.S. after the Korean War hardened North Korea's distrust of the U.S.

In terms of ideological security, North Korea's distrust of the United States arose from an identity conflict between *Jaju* of the *Juche* idea and the "intrinsic, invasive nature of the American Empire." North Korea's xenophobic nationalism of resistance, coupled with the *Juche* idea, magnified the perception of Americans as completely alien and incompatible with Koreans in any way, deepening the distrust of the U.S. still further.

The fabrication and exaggeration of the American threat at the cost of the national interest in an effort to perpetuate the dictatorship pertain to regime security. Kim Il Sung leveled trumped-up charges against his strongest rival, Park Heon-young, a homegrown communist leader, declaring him to be an "American spy" and having him executed to pass the blame for the failure of the war on to him and to assume a tighter grip on power. Kim's son and successor, Kim Jong Il, would blame North Korea's national economic failure in later years on U.S. policy designed to isolate and suffocate the nation, and strongly emphasized his *Songun* (military-first) politics. Channeling a huge volume of already limited resources toward the military has exacerbated the country's dire economic situation. North Korea views Washington's agenda on human rights, terrorism, and weapons of mass destruction as plots to overthrow its regime through interference in domestic affairs, and lashes out at the U.S. while tightening control over its people.

In the face of the Bush administration's aggressive North Korea policy, North Korea unleashed its harshest rhetoric ever. Such rhetoric was not tactical improvisation to counter "shifting" North Korea policy of the U.S. Rather, it fell within the structural framework of deep distrust and stayed on the path that began from the origin of distrust (anti-imperial, anti-American struggle). Anti-American statements by Kim Il Sung during the post-World War II and Cold War periods, for example, were repeated by the North Korean official media's anti-American rhetoric, issue by issue, during the Bush administration. In short, the North Koreans are expressing their faith, on the basis of deeper distrust of the United States, in a consistent manner. The collapse of the Agreed Framework resulting from mutual defection, as in a "prisoner's dilemma," testifies to the depth of North Korea's distrust of the United States. Both countries sought to avoid their worst-case scenario by abandoning the Agreed Framework. The U.S. tried to avert the risk of supplying light water reactors that could potentially be used for production of plutonium for a nuclear arsenal, whereas North Korea feared losing its *Jaju* after dismantling its nuclear program if the U.S. reneged on the deal. This explains the North Korean obsession with the light water reactor and with its secret uranium enrichment program as a guarantee against U.S. non-compliance.

Kim Il Sung's legacy of guerilla struggle against imperial Japan, which impregnated North Korea with distrust of the United States, still deters North Korea from deviating from the path of anti-imperialist, anti-American struggle while justifying North Korea's ongoing suspicion of the U.S. North Korea appears mired in narcissistic delusion at the expense of its national interest, and its aberrant behavior often puzzles the outside world. The world may be less puzzled if it understands that North Korea's latitude for action is limited by its ideology of anti-Americanism originating from Kim Il Sung's guerrilla struggle against imperial Japan, thereby keeping it from deviating, in pursuit of its self interest, from its original path. The rise in North Korea's distrust of the U.S. following the collapse of the Agreed Framework indicates that North Korea will not give up its demand for the provision of light water reactors should the six party talks resume. Only when the extreme security concerns of North Korea are eased to its satisfaction, and its distrust of the United States is alleviated, will those responsible for policy on North Korea be able to expect real progress toward the denuclearization of North Korea. To be sure, these policy makers confront a delicate balancing act in the face of the criticism that any means of effectively reducing Pyongyang's security concerns may serve to perpetuate the dictatorship.

저자소개

김 성 학 (Stephen Kim)

-한양대 자원공학과 졸
-한국외대 통번역대학원 석사
-고려대 정치학 석사
-한양대 정치학 박사
-미 시사주간지 TIME 수석기자

경기도 용인에서 출생하여 자라났다. 한양대 자원공학과를 졸업하고 한국외대 통번역대학원 석사, 고려대 정치학 석사를 거쳐 다시 한양대에서 정치학 박사학위를 받았다. 북한의 정체성을 이해하기 위해 '티핑 포인트'에 해당하는 1만 시간 이상을 투자하여 혼신을 기울인 끝에 이 책을 탄생시켰다. 이 중 상당 시간을 북한의 원전을 찾아 읽는 데 공을 들였다.
저자는 한양대 공대 재학 시절부터 핵물리학을 독학하였다. 그런 지식을 바탕으로 '경수로 핵전용 가능성의 정치 · 군사적 효용가치'를 기술적으로 분석해 『북한학보』에 소개하기도 하였다. 통역 대학원을 졸업하고 1,000회가 넘는 국제회의 통역 경력을 가진 그는 TIME에 한반도 담당 수석기자로 영입되어 10년간 북한 이슈를 깊숙이 취재하고 있다. 2009년 초에는 북한 김정은 후계확정을 TIME에 최초로 단독 보도하여 거의 모든 국내 언론이 재인용 한 바 있다. 2017년 대선 기간에는 문재인 후보를 단독 인터뷰하여 그의 대북정책을 소개하였고, 이후 TIME 커버스토리로 출판되어 2주 만에 국내 역대 도서 최단시간 최대 판매부수(11만 부)를 기록하기도 하였다.
20대에 프로복서 생활을 4년간 한 경험이 있고, 이후 축구에 몰입해 주 2~3회 출전, 매 경기 90분 풀타임을 왕성하게 소화하고 있다. 독학으로 진화심리학과 양자철학을 공부하고 있고, 관련 학회 세미나에도 매달 참석하고 있다. 박사학위를 받은 후에는 시와 소설도 집필하고 있으며 남다른 이력과 이공계와 사회과학을 넘나드는 시야를 바탕으로 북한을 내재적 시각으로 재조명하여 파헤친 실체를 이 책에 담았다.